钦州发展研究院出版基金资助

广西北部湾城市群合作与开放发展

GUANGXI BEIBUWAN CHENGSHIQUN
HEZUO YU KAIFANG FAZHAN

傅远佳◎主编

邓　辉◎副主编

经济管理出版社
ECONOMY & MANAGEMENT PUBLISHING HOUSE

图书在版编目（CIP）数据

广西北部湾城市群合作与开放发展/傅远佳主编.—北京：经济管理出版社，2019.6
ISBN 978-7-5096-6593-0

Ⅰ.①广… Ⅱ.①傅… Ⅲ.①北部湾—城市群—国际合作—经济合作—研究—文集
Ⅳ.①F299.276.7-53

中国版本图书馆 CIP 数据核字（2019）第 089568 号

组稿编辑：丁慧敏
责任编辑：丁慧敏　张广花
责任印制：黄章平
责任校对：陈晓霞

出版发行：经济管理出版社
　　　　　（北京市海淀区北蜂窝 8 号中雅大厦 A 座 11 层　　100038）
网　　　址：www.E-mp.com.cn
电　　话：（010）51915602
印　　刷：三河市延风印装有限公司
经　　销：新华书店
开　　本：720mm×1000mm /16
印　　张：25.75
字　　数：611 千字
版　　次：2019 年 6 月第 1 版　　2019 年 6 月第 1 次印刷
书　　号：ISBN 978-7-5096-6593-0
定　　价：98.00 元

目 录

一、向海经济与创新发展

二、南向通道与城市协同

三、海洋文化交流与合作

一、向海经济与创新发展

北部湾城市群背景下"北钦防"城市产业同质化发展研究

钦州学院经济管理学院讲师　占金刚

【摘要】 "北钦防"（北海市、钦州市、防城港市）作为北部湾城市群的重要组成部分，应主动避免城市间的相互竞争，实现资源的有效配置，防止产业构成上的同质化，减少区域间的竞争。本文从"北钦防"城市产业发展的现状出发，通过定量的研究方法，运用相关度测算指数对"北钦防"城市产业间发展的同构化进行有效的测算，了解区域间的产业同构化现状，打造"北钦防"城市间的产业错位发展，避免相互间的竞争，实现可持续发展。

【关键词】 北部湾城市群；城市产业；同质化发展

一、引言

由于位置相近，所在区域的经济发展水平相似，人民的收入水平和消费水平差别也不大，所以"北钦防"三个城市在第一产业和第三产业的发展上的差距不是很明显。第二产业是国民经济中的支柱产业，对所在城市的经济发展具有重要的影响，第二产业在地区上的发展会推动整个地区经济水平的快速发展。从人类历史的发展中我们不难发现，目前世界上的主要发达国家都是通过工业革命发展起来的，而工业革命中第二产业在当时的经济发展中处于绝对的主导地位。本文通过对"北钦防"三个城市的第二产业中的主要工业行业进行相应的研究，探讨 2017 年 1 月 20 日国务院批复同意建设北部湾国家级城市群后，作为北部湾城市群重要组成部分的"北钦防"，如何在构建城市群的大背景下，通过对城市的资源、发展现状、技术条件等方面的研究，找准城市发展的定位，制定城市的发展战略、发展目标，明确发展方向和产业结构，主动避免城市间的相互竞争，实现资源的有效配置，防止产业构成上的同质化，减少区域间的竞争，是专家学者关注的话题。国内学者也提出了许多值得借鉴的研究成果。关于城市定位，胡小渝（2016）认为，城市的发展必须从自身的实际和城市群的整体规划出发，合理地确定城市功能定位，发展相关产业，推进产业的集聚和整合，最终形成一个合理的分工协作体系[1]；李崇峰（2016）认为，城市发展须对城市群及各组成城市进行合理定位，根据定位选择合适的重点发展的产业，实现错位发展，才能够促进区域协调发展，构建一个合理的区域产业分工协作框架，力图形成合理的分工格局[2]。关于城市产业协同发展，黄浩（2016）在发挥各自城市的优势产业下，积极协调与区域内其他城市产业间的优势，实现互补，加强协作，共同发展[3]；罗晓红（2016）通过对产业发展中打破行政壁垒的研究，开展产业间的分工协作，避免同质化竞争，打造产业集群携手发展[4]。关于城市错位发展方面，袁宣（2017）在坚持城市产业错位发展的基础上，对城市的产业发展方向等进行科学的规划定位，实现城市在区域上的协同发展，以避免城市间产业的同质化和相互竞争的现象，形成在区域间具有各自城市特色的产业集群[5]。

总体而言，我国学者关于城市产业错位发展，从城市间的定位、协同发展、错位发展等不同的方向进行了大量的研究，取得了一定成果，但在研究方法上更多地集中在定性分析上，定量分析法运用得较少。本文运用产业结构相似指数和区位熵法定量分析广西北海市、钦州市和防城港市错位发展情况，促进城市间健康发展。

二、"北钦防"城市产业发展的现状

(一)北海市的产业发展现状

1. 北海市的基本经济状况

北海市作为我国的沿海开放城市，区域内拥有深水良港，是我国大西南地区的便捷出海通道，同时处在西部大开发和东盟经济群范围内，区位优势显著。北海市利用自身的优势区位条件，大力发展本地区的经济，经济发展水平不断提高，在广西壮族自治区（以下简称"广西"）范围内具有较强的经济实力和较高的发展水平。

如表 1 所示，2016 年北海市实现了国内生产总值（GDP）1007.28 亿元，占广西 GDP 总量（18245.07 亿元）的 5.52%；按常住人口 164.37 万人计算，人均地区生产总值（GDP）达 61619 元，是广西人均地区生产总值（GDP）（38042 元）的 1.62 倍；北海市 2016 年实现财政收入 166.31 亿元，占广西财政收入（2454.05 亿元）的 6.78%；社会固定资产投资总额为 1011.10 亿元，占广西社会固定资产投资总额（17652.95 亿元）的 5.73%；社会消费品零售总额为 225.34 亿元，占广西社会消费品零售总额（7027.31 亿元）的 3.21%。

表 1　2016 年北海市主要经济指标

国内生产总值（GDP）（亿元）	1007.28
占广西 GDP 总量的比重（%）	5.52
人均地区 GDP（元）	61619
是广西人均地区 GDP 的倍数（倍）	1.62
财政总收入（亿元）	166.31
占广西财政总收入的比重（%）	6.78
社会固定资产投资总额（亿元）	1011.10
占广西社会固定资产投资总额的比重（%）	5.73
社会消费品零售总额（亿元）	225.34
占广西社会消费品零售总额的比重（%）	3.21

资料来源：《北海市国民经济和社会发展统计公报》《广西统计年鉴》。

2. 北海市产业结构现状

由表 2 可知，北海市 2010 年到 2016 年的城市三次产业的比重由高到低分别为第二产业、第三产业、第一产业，其中北海市的第一产业在整个产业结构中的比重呈现不断降低的趋势（在 2015 年出现小反弹）；第二产业在 2010~2014 年整个产业结构的比重不断上升，2014 年达到最高值，为 53.1%，2015 年出现下降后，再次呈现出上升的趋势；第三产业在 2010~2014 年整个产业结构的比重呈现不断下降的趋势，2015 年又有所上升，但 2016 年又下降了 0.6%。通过近年来北海市城市产业结构的比重变化可以得出，北海市的经济发展水平尚处于工业发展的初始阶段。

表 2　北海市 2010~2016 年三次产业的生产总值和比重

年份	三次产业的生产总值（亿元）	三次产业的比重（%）
2010	87.20、167.90、146.36	21.7∶41.8∶36.5
2011	115.45、207.39、173.75	23.2∶41.8∶35.0
2012	128.07、310.00、192.73	20.3∶49.1∶30.6
2013	142.81、373.65、218.53	19.4∶50.8∶29.8
2014	151.36、454.51、250.15	17.7∶53.1∶29.2
2015	159.40、450.10、282.50	18.0∶50.0∶32.0
2016	175.09、516.14、316.05	17.4∶51.2∶31.4

资料来源：《北海市国民经济和社会发展统计公报》。

（二）钦州市的产业发展现状

1. 钦州市基本经济状况

钦州市位于我国的南部，地处南海之滨，北部湾经济区南北钦防的中心位置，是西南地区最便捷的出海通道；历史上曾出现冯子材、刘永福等知名人物，拥有三娘湾等众多自然旅游资源。

如表 3 所示，2016 年钦州市实现了国内生产总值（GDP）1102.05 亿元，占广西 GDP 总量（18245.07 亿元）的 6.04%；按常住人口计算，人均地区生产总值（GDP）达 33982 元，是广西人均地区生产总值（GDP）（38042 元）的 0.89 倍；钦州市在 2016 年财政总收入为 154.08 亿元，占广西财政收入（2454.05 亿元）的 6.28%；社会固定资产投资额为 950.9 亿元，占广西社会固定资产投资（17652.95 亿元）的 5.39%；社会消费品零售额为 373.63 亿元，占广西社会消费品零售额（7027.31 亿元）的 5.32%。

表 3　2016 年钦州市主要经济指标

国内生产总值（GDP）（亿元）	1102.05
占广西 GDP 总量的比重（%）	6.04
人均地区 GDP（元）	33982

续表

是广西人均地区 GDP 的倍数（倍）	0.89
财政总收入（亿元）	154.08
占广西财政收入的比重（%）	6.28
社会固定资产投资（亿元）	950.9
占广西社会固定资产投资的比重（%）	5.39
社会消费品零售额（亿元）	373.63
占广西社会消费品零售额的比重（%）	5.32

资料来源：《钦州市国民经济和社会发展统计公报》《广西统计年鉴》。

2. 钦州市产业结构现状

自 2011 年以来，钦州市的产业结构得到不断优化，特别是在三次产业结构中的比重，第一产业占整个产业结构的比重不断下降，第二产业、第三产业的比重不断上升，这体现了随着社会经济的发展，城市的产业结构会不断地发生变化，特别是农业人口劳动力人口的转移和生产技术的进步，导致第一产业在整个国民经济的比重不断下降，这是社会发展和产业革命的必然结果。

表 4　钦州市 2010~2016 年三次产业的生产总值和比重

年份	三次产业的生产总值（亿元）	三次产业的比重（%）
2010	132.35、205.49、166.34	26.2∶40.8∶33.0
2011	157.50、284.80、206	24.1∶45.0∶30.9
2012	168.23、328.98、227.27	23.2∶45.4∶31.4
2013	181.77、316.85、255.13	21.1∶42.1∶33.8
2014	193.91、338.94、322.12	22.7∶39.6∶37.7
2015	205.18、381.75、357.49	21.7∶40.4∶37.9
2016	221.12、481.89、399.04	20.1∶43.7∶36.2

资料来源：《钦州市国民经济和社会发展统计公报》。

由表 4 可知，钦州市在 2010~2016 年中，三次产业结构的比重不断地调整和变化。在三次产业结构中，第一次产业结构在整体上出现不断下降的趋势，其在 2014 年有小幅度上升；第二次产业在三次产业结构的比重，出现了提升—下降—再提升的波浪式趋势，表明钦州市的第二产业在国民经济中的比重并不稳定；第三产业在三次产业结构中的比重与第二产业相似，其在国民经济中的比重在不同的年份不断地变化，但总体呈不断上升趋势。从钦州市的三次产业结构的比重中可以看出，2011 年以来钦州市的产业结构处于不断地优化调整过程中，第二产业、第三产业在钦州市的整个国民经济中的地位和作用不断增强，城市也不断地向工业化城市阶段发展。

（三）防城港市的产业发展现状

1. 防城港市基本经济情况

防城港市地处北部湾经济区范围内，是我国唯一与东盟国家有着海陆联系的城市，辖区范围内交通便利，是我国大西南地区便捷的出海通道，拥有五个国家级口岸，其中东兴口岸是全国陆路通关人数最多的口岸，与东盟国家联系便利；建设有西部地区的第一个核电站——红沙核电站，还布局建设钢铁产业和有色金属加工业。城市依托港口优势，大力发展以重工业为主的重工业产业集群。

如表5所示，2016年防城港市实现了国内生产总值（GDP）676.12亿元，占广西GDP总量（18245.07亿元）的3.71%；按常住人口计算，人均地区生产总值（GDP）73197元，是广西人均地区生产总值（GDP）（38042元）的1.92倍；2016年防城港市实现的财政总收入为75.61亿元，占广西财政收入（2454.05亿元）的3.08%；社会固定资产投资总额为600.14亿元，占广西社会固定资产投资总额（17652.95亿元）的3.40%；社会消费品零售总额为111.89亿元，占广西社会消费品零售总额（7027.31亿元）的1.59%。

表5　2016年防城港市主要经济指标

国内生产总值（GDP）（亿元）	676.12
占广西GDP总量的比重（%）	3.71
人均地区GDP（元）	73197
是广西人均地区GDP的倍数（倍）	1.92
财政总收入（亿元）	75.61
占广西财政收入的比重（%）	3.08
社会固定资产投资额（亿元）	600.14
占广西社会固定资产投资额的比重（%）	3.40
社会消费品零售额（亿元）	111.89
占广西社会消费品零售额的比重（%）	1.59

资料来源：《防城港市国民经济和社会发展统计公报》《广西统计年鉴》。

2. 防城港市的产业结构现状

经济的发展和产业结构的变化发展存在着联系。在一个发展中的社会，随着生产资料和生产技术的聚集，必然带动区域经济的发展，而社会生产的发展，同时必将带动整个产业结构的调整，优胜劣汰，进而再次促进产业健康、合理、有序地发展。2011年以来，随着社会经济的发展，防城港市的产业结构得到不断的优化和调整，特别是第二产业在整个国民经济结构中的比重在2016年时更是达到了57.1%，接近60%。其他产业也处于不断的变化调整过程中。

由表6可知，在2010~2016年，防城港市的三次产业的结构比重不断变化，其中，防城港市的第一次产业的结构比重不断下降（在 2015 年出现 0.2% 的小幅回升）；第二产业有不断上升的趋势（在个别年份出现小幅度下降）；第三产业出现下降的趋势。防城港市产业结构经历了第二产业、第三产业、第一产业的结构变化，其尚处在工业化的起步阶段。

表 6　防城港市 2010~2016 年三次产业的生产总值和比重

年份	三次产业的生产总值（亿元）	三次产业的比重（%）
2010	47.84、164.87、106.83	15.0：51.6：33.4
2011	57.70、224.27、137.86	13.7：53.5：32.8
2012	61.65、243.28、152.60	13.5：53.2：33.3
2013	68.45、296.08、160.61	13.0：56.4：30.6
2014	70.84、340.36、177.74	12.0：57.8：30.2
2015	75.75、353.00、191.98	12.2：56.9：30.9
2016	80.88、386.26、208.98	12.0：57.1：30.9

资料来源：《防城港市国民经济和社会发展统计公报》。

三、"北钦防"城市产业的同质化分析

（一）研究方法

1. 产业结构相似指数

产业结构相似指数是联合国工业发展组织国际工业研究中心首先提出的度量方法，此后被国内外的众多学者用于产业结构同质化的实际应用研究中。其具体表达方式如式（1）所示。

$$S_{ij} = \sum_{n=1}^{m} X_{in} X_{jn} \bigg/ \sqrt{\sum_{n=1}^{m} X_{in}^2 \sum_{n=1}^{m} X_{jn}^2} \qquad (1)$$

式（1）中，S_{ij} 表示产业结构的相似程度；下标中的 n 表示所在地区所选取的产业；X_{in} 和 X_{jn} 表示这一产业某一部门 n 在所在地区整个产业结构中的比重。

式（1）中假设：如果 $S_{ij} = 1$，表明所选取的两个城市的 i 和 j 的产业结构存在同构，即两个城市在所在地区的同一产业 n 中，两个城市的某产业部门 n 在所在地区的产业中，所占的产值份额是均等的；如果 $S_{ij} = 0$，表明所选取的两个城市的产业在所在地区的产业是完全分工的；如果 $S_{ij} \leqslant 1$，表明所选取的两个城市的产业在所在地区的产业中存在一定的分工。所以当 S_{ij} 越大，所选取的两个城市在所在地区的产业分工越不明显，产业间的同构化现象越严重，需要进行相应的产业结构调整；反之则说明所选的两个城市在所在地区的产业结构分工明确，产业间的同构化程度不高。目前，在产业结构相似性指数的运算过程中，学术界通常以 $S_{ij} = 0.90$ 作为实际运算过程中的分界点，用以区分两城市间的产业结构同质化程度的分析与研究。本文也采用此标准进行相关的数据计算。

2. 区位商法

区位商法又称地方专业化指数，由美国学者哈盖特首先提出，用于测定地区产业部门

在区域空间上的集聚水平。其公式的具体表达方式如式（2）所示。

$$LQ_{ij} = \frac{q_{ij}}{q_j} / \frac{q_i}{q} \tag{2}$$

式（2）中，LQ_{ij}表示城市的专业化指数，q_{ij}表示 j 城市的 i 产业的具体产值，q_j 表示的是 j 城市所在地区全部产业的总产值，q_i 表示 i 产业在全国所有地区中的总产值，q 表示全国所有地区的所有产业的总产值。

式（2）中假设：当 $LQ_{ij} > 1$ 时，表明该城市产业专业化程度高，其城市产业具有很强的地方性；反之，说明该城市的产业专业化程度不高，其城市产业不具有很强的地方性。

对于城市产业现状的发展研究，目前通用的做法是，采用产业结构相似指数和地方专业化指数相结合的研究方法，通过两者的计算结果，对所研究的地区城市的产业发展进行比较分析，以达到相互借鉴与配合的效果。

（二）"北钦防"城市产业同质化实证分析

本文用"北钦防"地区国民经济中第二产业的规模以上工业的工业增加值作为产业同构化指数和地方专业化指数的计算数据来源，主要因为这一指标在地理位置方面影响"北钦防"地区的产业发展情况。

1. 产业结构相似性指数分析

对于"北钦防"城市产业错位发展的研究，本文采用产业结构相似性指数对"北钦防"城市的具体产业同构程度进行了相关的测算。其中采用了"北钦防"地区 2011~2016年，规模以上工业产值数据来测算地方产业结构相似性指数：包括农副产品加工业，木材加工和木、竹、藤、棕、草制品业，造纸和纸制品业，石油加工、炼焦和核燃料加工业，化学原料及化学制品制造业，医药制造业，非金属矿物制品业，黑色金属冶炼和压延加工业，电力、热力生产和供应业，黑色金属矿采选业，有色金属矿采选业，有色金属冶炼及压延加工业，酒、饮料和精制茶制造业 13 个主要产业。

由表 7 可知，"北钦防"地区的产业同构程度不高，不存在明显的竞争关系，北海—钦州在 2012 年和 2013 年存在着较高的产业同构现象（达到了评判标准的 0.9 以上），但其产业间的同构程度在 2013 年后出现不断下降的趋势，在 2016 年时降到了 0.6833 的水平。在其他年份"北钦防"地区的规模以上工业行业的产业同构现象都处在较低的水平，尤其是钦州—防城港的产业同构程度更低，但有不断上升的趋势，不过还在合理的区间内；北海—防城港的产业同构化程度在 2011 年处在了 0.8209 的水平，在产业同构评判标准之下，其他年份则在 0.4~0.7 徘徊，较为合理。

表 7 "北钦防"三市 2011~2016 年主要规模以上工业产业结构相似指数对比

年份	北海—钦州	北海—防城港	钦州—防城港
2011	0.4522	0.8209	0.1728
2012	0.9534	0.4497	0.2309
2013	0.9045	0.5624	0.3143
2014	0.8367	0.6200	0.3285

年份	北海—钦州	北海—防城港	钦州—防城港
2015	0.6839	0.7023	0.4136
2016	0.6833	0.6712	0.5004

资料来源：通过北海市、钦州市、防城港市三市统计局相关部门整理的数据计算得出。

2. 区位商法分析

由于本文从城市产业间的错位发展研究角度出发，因此在使用区位商法的时候，本文对公式中的字母进行了重新赋值，以更好地运用于对"北钦防"地区城市产业错位发展的研究，由于区位商法在前文已经进行了阐述，在此就不再着重介绍，主要对"北钦防"地区主要行业的区位商法的计算结构进行研究。

从表8可知，北海市在2011~2016年主要的工业行业部门中，石油加工、炼焦和核燃料加工业，黑色金属冶炼及压延加工业具有较高的地方专业化水平，其他行业则都处在地方专业化指数评判的标准之下，其行业间的专业化水平较低。2011~2016年，钦州市石油加工、炼焦和核燃料加工业，木材加工和木、竹、藤、棕、草制品业，造纸和纸制品业，黑色金属矿采选业，有色金属矿采选业具有较高的专业化水平；其他行业则都处在地方专业化指数评判的标准之下，其行业间的专业化水平较低。防城港市农副食品加工业，酒、饮料和精制茶制造业，黑色金属冶炼及压延加工业具有一定的专业化水平，其他行业则都处在地方专业化指数评判的标准之下，其行业间的专业化水平较低。

表8 "北钦防"地方专业化指数

年份	行业\城市	农副食品加工业	化学原料及化学制品制造业	黑色金属冶炼及压延加工业	电力、热力生产和供应业	非金属矿物制品业	石油加工、炼焦和核燃料加工业	木材加工和木、竹、藤、棕、草制品业	造纸和纸制品业	医药制造业	黑色金属矿采选业	有色金属矿采选业	酒、饮料和精制茶制造业	有色金属冶炼及压延加工业
	北海市	0.48	0.28	0.38	0.21	0.09	0.28	0.17	—	0.07	—	—	—	—
2011	钦州市	0.57	0.18	0.25	0.36	0.13	5.28	0.05	0.56	0.40	0.23	—	—	—
	防城港市	1.89	0.27	0.43	0.30	0.27	—	—	—	—	—	—	—	—
	北海市	0.62	0.12	0.45	0.20	0.07	2.13	0.17	0.02	0.01	—	—	—	—
2012	钦州市	0.71	0.20	0.23	0.31	0.16	4.66	0.97	0.46	0.32	—	—	—	—
	防城港市	1.93	0.19	0.55	0.25	0.29	—	—	—	—	—	—	0.34	—
	北海市	0.70	0.14	0.71	0.20	0.07	2.20	0.15	0.02	0.01	—	—	—	—
2013	钦州市	0.70	0.32	0.22	0.30	0.23	3.51	1.21	0.92	0.37	0.74	—	—	—
	防城港市	1.85	0.19	0.78	0.25	0.33	—	—	—	—	—	—	0.37	0.03
	北海市	0.73	0.06	0.93	0.19	0.07	2.07	0.11	0.02	0.01	—	—	—	—
2014	钦州市	0.64	0.38	0.24	0.27	0.24	3.22	1.56	1.07	0.48	0.92	1.15	—	—
	防城港市	1.49	0.20	0.85	0.23	0.35	—	—	—	—	—	—	0.90	0.61

年份	行业 城市	农副食品加工业	化学原料及化学制品制造业	黑色金属冶炼及压延加工业	电力、热力生产和供应业	非金属矿物制品业	石油加工、炼焦和核燃料加工业	木材加工和木、竹、藤、棕、草制品业	造纸和纸制品业	医药制造业	黑色金属矿采选业	有色金属矿采选业	酒、饮料和精制茶制造业	有色金属冶炼及压延加工业
	北海市	0.72	0.08	1.47	0.19	0.07	1.80	0.10	0.02	0.01	—	—	—	—
2015	钦州市	0.64	0.53	0.33	0.24	0.35	2.81	2.39	1.09	0.54	1.31	1.66	—	—
	防城港市	1.58	0.24	1.17	0.20	0.37	—	—	—	—	—	—	0.97	0.95
	北海市	0.66	0.10	1.68	0.19	0.07	2.02	0.16	0.13	0.01	—	—	—	—
2016	钦州市	0.68	0.51	0.41	0.25	0.40	2.27	3.00	1.15	0.54	1.47	1.45	—	—
	防城港市	1.73	0.26	1.26	0.31	0.38	—	—	—	—	—	—	1.07	0.88

资料来源：根据《"北钦防"国民经济和社会发展统计公报》《中国统计年鉴》整理得出；表中的"—"表示当年相应的行业缺少数据。

（三）小结

"北钦防"地区产业同构化指数和地方专业化指数的计算结构表明，在"北钦防"地区产业同构化现象不明显（其中北海市与钦州市在 2012 年、2013 年的产业同构指数超过了本文所采用的地区同构划分的分界点，分别达到了 0.9534、0.9045，但从 2014 年开始，同构指数下降到了 0.9 的判定标准之下，在 2016 年时下降到了 0.6833）。结合产业相似性指数、区位商法和地区的产业类型得出，在"北钦防"地区，北海市和钦州市在石油化工行业存在着一定程度的产业同构，在今后的发展过程中，应该合理有效地促进北海市和钦州市地区石油化工行业可持续与健康发展，激发地区间的产业活力，避免相互间不健康的竞争。

四、"北钦防"城市产业错位发展的定位与对策

根据国务院批复的《北部湾城市群发展规划》、广西壮族自治区人民政府印发的《北部湾城市群发展规划广西实施方案》等，将北海市、钦州市、防城港市作为北部湾城市群的重要组成部分和重要节点城市。将以南宁市核心城市为支撑，以北海市、防城港市、钦州市、玉林市、崇左市为重要节点，构建"一湾双轴、一核两极"的广西北部湾城市群框架，促进同城化发展，辐射带动沿海、沿边城镇，强化陆海空间管控，建设宜居城市和蓝色海湾城市群。

"北钦防"地区产业的发展定位是：北海市重点发展电子信息、生物制药、海洋开发等高技术产业和出口加工业，拓展出口加工区保税物流功能，保护良好生态环境，成为人居环境优美舒适的海滨城市。钦州市、防城港市发挥深水大港优势，建设保税港区，发展临海重化工业和港口物流，成为利用两个市场、两种资源的加工制造基地和物流基地。

（一）建立区域间有效的合作共享机制，促进区域间的一体化发展

随着区域经济的不断发展和完善，区域间经济的发展会逐渐向一体化发展。所以在社会主义市场经济条件下，应该充分发挥市场在资源优化配置中的决定性作用，同时发挥政

府的宏观调控作用，促进区域经济沿着合理的轨道发展。区域城市间的经济活动存在着一定的互补性，促进着区域间各要素的自由流动，而建立合理有效的合作共享机制，可避免区域间的地方保护思想，防止相互间的不合理竞争，避免造成经济发展过程中严重的资源浪费现象。因此，在"北钦防"城市产业结构的发展选择上应该考虑从区域的角度出发，从区域的整体上考虑，在区域城市产业的发展方向上，建立区域城市间的城市各要素市场的资源共享机制，特别是应该加强区域城市政府间在城市产业发展选择方面的有效沟通，从区域整体出发，本着区域整体的观点，通过打破城市政府间在经济发展过程中各自为政的经济保护壁垒，以实现区域经济的健康发展。

（二）树立错位发展理念，协调资源优势互补，促进区域产业的协调发展

树立错位发展理念。"北钦防"地区政府在发展本城市产业经济的过程中，应树立错位发展的产业发展理念，从本城市和区域两个角度出发，合理规划自身的产业布局，在城市产业的发展选择过程中，不应局限于短期的发展目标，而是从城市和区域的长远发展出发，立足自身，从自身的实际情况出发，发挥自身的比较优势，同时借鉴发达地区的发展经验，开拓城市的长远产业。

制定合理的产业发展规划。"北钦防"地区在城市产业的发展选择上，应该从相应政府部门对本地区的发展规划出发，同时再结合城市自身的资源条件，制定各自的城市总体发展规划，从区域的角度对"北钦防"地区城市产业谋篇布局，制定切实的相应产业发展规划。"北钦防"地区以市场为导向，发挥各自城市间的比较优势，充分利用各自城市的优势资源，大力发展高起点、高质量的沿海工业，高技术产业和现代服务业，承接产业转移，形成特色鲜明、竞争力强的产业结构。

培育错位发展的市场主体。企业作为城市产业的主体，对城市的经济发展具有重要的支撑作用。"北钦防"应该充分利用自身的独特区位优势，从面向东盟地区、连接大西南、服务北部湾出发，加强与国内外的合作，拓展"北钦防"地区开放合作平台，建设具有现代化水平的沿海港口群和区域间的物流中心，大力引进相关的市场主体，打造"北钦防"地区自身的产业集群，扩大招商引资，承接广东等发达地区的产业转移。北海市立足于自身优势，重点发展电子信息、生物制药、海洋开发等高技术产业和出口加工业，钦州市、防城港市发挥深水大港优势，建设保税港区，发展临海重化工业和港口物流。同时打造"北钦防"地区产业间的相互配套能力，加强城市产业间的相互协作，发挥城市产业对区域经济发展的"乘数效应"，构筑区域间的城市产业链，增强"北钦防"地区在整个北部湾城市群中的竞争力。

（三）促进政府行为和角色的转变

城市政府在城市产业的发展中占有重要的地位，其中城市政府的产业政策对城市产业的形成和发展起着决定性的作用，也是城市产业出现同构化现象的重要因素，所以促进政府行为和角色的转变，对于构建合理的区域产业布局至关重要。第一，建设服务型政府。在城市产业的发展过程中，应该发挥市场和政府的作用，其中，在经济的发展过程中，市场起决定性作用。同时，应加强政府在经济发展中的宏观调控作用，把两者结合起来，更好地服务城市产业经济的发展，在市场调节失灵且城市产业的发展过程中出现了相互竞争的同构现象时，政府就应该发挥宏观调控的作用，引导城市产业向错位发展的合理方向发展。第二，改革政府间的政绩考核体系。由于我国目前的政绩考核体系，一定程度上使得一些地方政府为了所谓的政绩，对于城市产业的发展，仅从自身城市的角度出发，从而忽略了区域发展的整体利益，造成了城市产业发展间的相互竞争关系，造成资源的严重浪费，不利于资源节约型社会和经济可持续发展的建设。

（四）打造"北钦防"三市区域产业集群

产业集群，即在一个区域内拥有许多在规模、层次和等级等方面不同的产业，但相互之间存在着相互关系的产业集聚，它们之间通过各种联系形成一个紧密结合的产业发展网。"北钦防"地区地理位置和发展水平相似，因此在产业的发展过程中，应通过合理的规划和产业的发展引导，利用"北钦防"地区的区位优势，加强"北钦防"地区的产业合作，提高资源的使用效率，形成区域间的完整产业链，培育区域间的产业品牌，增强区域间的综合竞争力，使"北钦防"地区在激烈的产业发展竞争中处于有利的发展地位，利用"合力"加快区域经济的快速发展。

参考文献

［1］胡小渝.成渝城市群协调发展及对策建议［J］.现代商业，2016（26）：26-28.

［2］李崇峰.辽中南城市群城市功能定位研究——基于区域协调发展的视角［D］.中共中央党校博士学位论文，2016.

［3］黄浩.川南四市错位发展的思考［J］.宜宾学院学报，2016，16（11）：46-53.

［4］罗晓红.川渝合作：从错位发展到携手共赢［J］.四川行政学院学报，2016（6）：86-88.

［5］袁宣.特色产业集群贵在错位发展［N］.辽宁日报，2017-04-11（011）.

［6］高惠燕.厦漳泉同城化产业合作协调研究［D］.集美大学硕士学位论文，2013.

［7］崔彩周.产业错位发展的合作机制及其利益补偿：自珠三角分析［J］.改革，2012（7）：63-72.

［8］曹蓬.城市群产业同构、竞争阴影与协同发展研究［D］.云南大学硕士学位论文，2016.

"向海经济"创新型产业集群探索与研究

广西科学决策研究会副会长、副研究员　谭湖

【摘要】"打造好向海经济"就是要将发展步伐从沿海区域迈向更深、更远的海洋，发展海洋产业，最终提升海洋经济在经济社会发展中的地位，发挥海洋经济对推动经济持续健康发展和维护国家主权、安全、发展利益的重要作用。这不仅是向海洋要资源、要财富，更重要的是关系到国家安全和长远发展，同时也是发展"21世纪海上丝绸之路"的重要战略。

本文通过对创新型产业集群的基本特征、类型、重要性、主要问题、现状特点以及发展对策、创新要素等问题进行分析，对发展向海经济创新型产业集群进行探索与研究，提出一些粗浅的看法，以此请教于各位同仁。文章主要包括以下三个部分的论述：一是对创新型产业集群的深刻认识；二是对发展向海经济创新型产业集群创新要素的思考；三是阐述发展向海经济创新型产业集群的战略支点。

【关键词】向海经济；创新；产业；探索；研究

一、对创新型产业集群的深刻认识

（一）创新型产业集群的基本特征

创新型产业集群是指产业链相关联企业、研发和服务机构在特定区域聚集，通过分工合作和协同创新，形成具有跨行业跨区域带动作用和国际竞争力的产业组织形态。创新型产业集群可以理解为：以创新型企业和人才为主体，以知识或技术密集型产业和品牌产品为主要内容，以创新组织网络和商业模式等为依托，以有利于创新的制度和文化为环境的产业集群。与模仿型产业集群相比，其创新程度较高；与劳动密集型产业集群相比，它属于知识或技术密集型产业集群；与传统产业集群相比，它属于现代产业集群。

创新型产业集群的基本特征表现在以下四个方面。一是拥有大批致力于创新、不断开展创新活动的创新型企业、企业家和人才，这里的企业包括供应商、用户企业、竞争企业和相关企业（互补性企业、关联企业）等。二是集群内的主要产业是知识或技术含量较高的产业，如高新技术产业和知识或技术密集的其他产业（甚至包括正在转型的传统产业）。三是具有创新组织网络体系和商业模式，在产业集群内和周边地区有较多高等院校、科研机构、行业组织（协会和商会等）、中介机构（律师、会计、资产评估等）、金融机构、公共服务机构（政府和事业单位）、市场组织（要素市场）和技术基础设施（通信等）等，拥有不断创新的商业模式，拥有一个或若干在国内外市场上较有影响的品牌产品。四是具有有利于企业创新的制度和文化环境，如鼓励企业创新的法律和政策环境，鼓励创

新、相互学习、容忍失败的文化氛围，致力于创业和创新的企业家精神等。

（二）创新型产业集群的类型

按照产业类型，可分为传统产业创新型产业集群、高新技术产业创新型产业集群。创新型产业集群不仅存在于高新技术产业，也存在于传统产业。按照创新类型，可分为产品或技术主导创新型产业集群和商业模式主导创新型产业集群。也就是说，创新型产业集群中的创新是有多种含义的，不仅包括产品创新、技术创新等，还包括商业模式创新、渠道创新、品牌创新等。

（三）创新型产业集群的重要性

发展创新型产业集群是推进区域创新的重要途径。

第一，创新型产业集群是区域内创新型企业最好的生存基地。创新型企业在创新型产业集群内能得到较好的专业化服务，发展创新型产业集群可促进区域创新的基本主体——创新型企业的发展。

第二，创新型产业集群是区域内教育科研机构的支持者和需求者，是创新型人才施展才华的大舞台，发展创新型产业集群可成为区域创新的重要动力。

第三，创新型产业集群是区域内研究机构产品的重要市场，发展创新型产业集群可促进区域内研究机构的产业化和市场化。

第四，创新型产业集群是产业集群的一种重要类型。创新型产业集群可以很好地将区域内各种创新主体和要素整合起来，发展创新型产业集群可有力地支撑区域创新体系。

（四）创新型产业集群的主要问题

第一，对创新型产业集群的认识还很模糊。虽然产业集群是产业发展的基本规律，但我国直到近些年才普遍运用产业集群这个概念，许多人对产业集群特别是创新型产业集群的认识还较模糊。例如，一些人将产业集群理解为产业集中、产业聚集或产业链等，将创新型产业集群单纯理解为以高新技术产业为主的集群。同时，一些地方对发展产业集群存在不少误区，如将发展主导产业（或支柱产业）等同于发展产业集群；将发展工业园区简单等同于发展产业集群，"乡乡建区""镇镇办园"，过分强调产业的地理集中；有的地方不顾当地的条件，过分强调打造（或拉长或延伸）"产业链"，硬搞产业"成龙配套"，导致"大而全"或"小而全"；过分依赖大企业或大项目发展产业集群，忽视中小企业在产业集群形成中的主要作用；重视"七通一平"、基础设施等硬环境建设，忽视文化交流等软环境建设。

第二，创新型产业集群发展的制度环境不完善。产业集群的发展离不开制度环境的支撑，创新型产业集群的发展还需要政府的适当引导。虽然近年来我国创新型产业集群得到了长足发展，但总的来看，创新型产业集群发展的制度环境还不完善。主要体现在：有关法规不健全；鼓励发展创新型产业集群的政策还很缺乏；政府职能转变滞后，"缺位"与"越位"并存，公共服务不够；行业协会等非政府组织发育缓慢；知识产权保护乏力，产权信用环境较差；金融担保机构、教育机构和中介服务机构不足；僵硬的行政区划不利于生产要素大范围流动和聚集等。

第三，一些创新型产业集群产业层次和附加值偏低。由于我国许多创新型产业集群尚处于形成初期，主要依靠低成本战略来形成竞争优势，因此创新型产业集群普遍存在产业层次和产品附加值偏低的问题。例如，一些集群中企业产品的技术和知识含量偏低，高附加值产业和产品不够；低附加值产业集群较多，高新技术产业集群较少；自主创新能力弱，集群大而不强，抽样调查表明珠江三角洲地区自主研发的企业比例不到40%，多数企业没有核心技术；作为技术创新基础的劳动力技能较低，在一些制造业集群中甚至出现了严重的"技工荒"；因受保守型传统文化的约束，集群内企业的创新意识不够，人才流动性较低。

第四，一些创新型产业集群的分工协作水平较低。创新型产业集群本是分工协作不断深化的一种重要表现形式，但由于受市场制度不完善和信用环境较差的影响，许多地方创新型产业集群的分工协作水平较低，不能适应发展的需要，表现为集群内企业外包意识差、产业链不完善。例如，深圳有家具、钟表、服装、机械、鞋业、工艺六个传统产业集群，都具有相当的经济规模，但多数产品及其零部件在单一企业内部完成，配套企业"吃不饱"；集群内同类企业恶性竞争，相互压价，开展合作和联合较为困难，没有形成相互支撑、相互依存的专业化分工协作产业网络；一些创新型产业集群临近大学或研究机构，但由于缺乏良好的合作机制和合作氛围，除了中关村等少数高校区外，这些大学或科研机构并未较好地成为产业集群创新的重要源泉。

（五）创新型产业集群的现状特点

我国创新型产业集群具有以下特点：市场是推动其形成的基础力量；中小企业是其基本主体；制造业是其主要行业；沿海发达地区是其主要分布区域。

第一，市场是推动我国创新型产业集群形成的基础力量。我国的创新型产业集群是改革开放的产物，近十年来发展迅速。产业集群的本质是企业和产业在区域上的分工协作关系，分工协作深化的基本前提是市场的产生和扩大。随着我国改革开放的不断深化，市场机制日趋完善，创新型产业集群由此迎来了快速发展的时期。广东、浙江、江苏、福建、山东等沿海省份率先形成了较好的市场条件，因此产生了大批具有创新活力、产品和品种不断更新、产品技术含量越来越高、品牌越来越响、在国际市场上不断攻城略地的创新型产业集群。与此同时，政府也在创新型产业集群的形成过程中发挥了重要作用，特别是政府通过建立高新技术产业开发区，促进了一批创新型产业集群的形成。20世纪80年代，中央开始进行高新技术产业开发区的试验，1988年国务院批准建立了北京新技术产业开发试验区，鼓励和引导广大科技人员走出封闭的大学和科研院所，推动高新技术产业化。1988年以来，国家先后分3批批准了53个国家级高新技术产业开发区和61个各类省级高新技术产业开发区。

第二，中小企业是我国创新型产业集群的基本主体。产业集群蕴含的竞争力主要表现为集合竞争力，表现为一群相关企业紧密分工协作而产生的竞争力，这些企业不一定是大企业。产业集群的这一特点非常适合我国市场经济逐步发育、在国际市场上竞争力逐步提升的实际。因此，许多地区和企业自觉地通过依靠中小企业、发展产业集群，在激烈竞争的国际市场上找到了自身的定位，获得了可观的市场份额。事实上，近年来，在我国创新型产业集群的形成过程中，中小企业一直发挥着主要作用。最典型的就是浙江中小企业支撑着绝大部分创新型产业集群。即使是联想、海尔、华为等著名的大企业，在成为真正的大企业之前，也是其所在产业集群中极具活力的中小企业。随着中小企业的迅速成长，创新型产业集群中的大企业越来越多。

第三，制造业是我国创新型产业集群的主要行业。虽然在部分大城市的著名创新型产业集群中（如北京中关村、上海张江和深圳高新技术产业区等），高新技术产业是其主要行业，但在我国绝大多数崭露头角的创新型产业集群中，制造业特别是轻纺制造业仍然是主要行业。如温州的打火机产业集群、诸暨大唐镇的袜业产业集群、绍兴柯桥的轻纺产业集群、湖州织里的童装产业集群、东莞的电子产业集群、惠州的电子信息产业集群、中山小榄镇的五金制造产业集群、河北白沟的箱包皮革产业集群、辽宁佟二堡的皮革产业集群等都是以制造业为主。但在制造业发展过程中，服务业特别是生产性服务业也相应得到快速发展，如吴江电子产业集群围绕引进的中国台湾地区著名电子品牌企业，集聚了中小专业化配套服务企业近200家，服务业逐步从生产企业内部转移到企业外部，从而派生出一批包装、运输、仓储、物流、信息、培训、咨询、贸易、设计开发、中介服务、金融保险等领域的服务型企业。

第四，沿海发达地区是我国创新型产业集群的主要分布区域。创新型产业集群对市场化程度、开放水平、地理区位、交通通信、产业配套环境和创新意识等有较强的依赖性。相比之下，沿海地区较多较早地具备了这些条件，因此，我国的创新型产业集群主要分布在沿海发达地区，尤其是浙江和广东两省。中西部地区只有零星的创新型产业集群，而且发展水平普遍较东南沿海地区低。中西部较成形的产业集群（有的还达不到创新型产业集群的标准）主要有河北邢台清河的羊绒产业集群、河北白沟的箱包皮革产业集群、石家庄辛集的皮革产业集群、江西景德镇的瓷器产业集群、新余的职业教育产业集群、长沙浏阳的花炮制造产业集群、长沙的工程机械产业集群、河南漯河的食品加工产业集群、湖北仙桃彭场镇的无纺布产业集群、内蒙古鄂尔多斯的羊毛加工产业集群、重庆的摩托车产业集群、四川宜宾等地的酒业产业集群、西安的民办教育产业集群等。中西部地区产业集群的分布密度较东南沿海地区明显偏低。

（六）促进创新型产业集群发展对策

第一，将培育创新型产业集群作为促进产业结构转型升级的重要途径。随着资源环境约束的加强、国际竞争的激烈和消费结构的升级，我国许多地方特别是沿海地区面临产业结构转型升级的紧迫任务。对那些没有形成产业集群的地方来说，要集约利用土地等资源，向产业集群演化。对那些已形成产业集群的地方，则要向以高附加值产业和品牌产品为主要内容的创新型产业集群转型升级。

第二，大力引进和培育创新型企业和人才。创新型企业和人才是创新型产业集群的主体，培育创新型企业和人才是发展创新型产业集群的基础手段。要通过政策引导等多种手段，大力引进、培育和发展创新型企业，例如，从国内外引进创新型企业特别是"种子型"创新型企业，融入各地的产业集群；鼓励发展重点企业的配套企业，对其提供必要的政策扶持；鼓励各地培育本地创新型"种子企业"；加强知识产权保护，提供信息、资金和技术等服务，降低企业创新成本；鼓励创新型企业之间开展技术合作和培训交流。建立吸纳和使用创新型企业家队伍的制度和机制，努力创造让优秀创新型企业家人尽其才的优良环境。要有计划地推进区域教育体系建设，为创新型产业集群提供源源不断的人才支持。积极实施人才战略，建立良性的引才、育才、用才机制。

第三，建立有利于创新型产业集群成长的制度和政策环境。良好的制度和政策环境对创新型产业集群的形成和发展非常关键。建立有利于创新型产业集群成长的制度和政策环境主要包括：一是要改革行政区划体制和城乡分割体制，打破地区垄断，改变扭曲的价格机制尤其是要素价格形成机制，建立全国统一市场，为创新型产业集群开辟更广阔的要素来源渠道；二是完善产权特别是知识产权保护的法律体系，促进区域和企业自主创新；三是促进社会诚信建设，培育鼓励创业和创新、宽容失败、支持人才合理流动的区域创新文化，塑造区域品牌等。

第四，建立有利于创新型产业集群成长的服务体系。创新型产业集群的发育成长仅靠市场是不够的，还需要依靠政府和非政府组织。政府和非政府组织要为创新型产业集群的发育成长提供以下几方面的服务：发展风险投资，推动银企合作，规范信用担保，完善金融服务体系；鼓励行业协会维护企业权益；鼓励高等院校和科研机构为集群内企业提供智力服务；在集群内建设一批技术创新服务中心、创业服务中心、教育培训机构、信息服务中心等；鼓励集群内企业开展区域整体营销，推进区域产业品牌建设；建议政府有关部门对产业集群进行全面普查，建立产业集群统计体系和数据库，绘制产业集群地理分布图；等等。

二、发展向海经济创新型产业集群创新要素的思考

发展向海经济创新型产业集群要有国际发展大格局的思维、世界科技创新强国的思维、驱动创新发展战略的思维。

21世纪，创新是企业倡导的主题，也是企业经营中一直努力的方向，企业都在强调创新，从产品创新到营销模式创新，从战略创新到品牌创新，从内部管理创新到文化体系创新。但很多企业在宣导创新，时刻提醒并倡导内部员工努力创新的同时，企业的经营与决策者自己却又不知道怎么样去创新，如何去创新。"一个没有创新能力的民族，难以屹立于世界民族之林"。一个民族如此，企业亦如是。

"打造向海经济"，发展创新型产业集群，发展环境复杂，发展任务繁重，发展难题较多，面对千头万绪的工作，怎样抓？怎么干？"要着力实施创新驱动发展战略，抓住了创新，就抓住了牵动经济社会发展全局的'牛鼻子'。抓创新就是抓发展，谋创新就是谋未来。我们必须把发展基点放在创新上，通过创新培育发展新动力，塑造更多发挥先发优势的引领型发展，做到人无我有、人有我强、人强我优。"在打造向海经济中发展创新型产业集群尤其要如此。

（一）创新贯穿于打造向海经济发展创新型产业集群的一切工作中

创新不是个别领域和某一方面的创新，而是全面创新，涉及上层建筑与经济基础，生产关系与生产力的全要素、全系统、全方位的改革创新。我国"十三五"规划纲要提出："必须把创新摆在国家发展全局的核心位置，不断推进理论创新、制度创新、科技创新、文化创新等各方面创新，让创新贯穿党和国家一切工作，让创新在全社会蔚然成风。"

第一，理论创新是打造向海经济发展创新型产业集群的先导。理念和理论创新是一切创新的源泉，只有理念理论发生转变，才能进一步看清中国经济发展形势、全球经济发展趋势，明确向海经济中发展创新型产业集群方向，对存在问题做出准确而及时的分析与判

断，做出正确的行动。历史已经证明："我们党之所以能够历经考验无往而不胜，关键就在于不断进行实践创新和理论创新。"实践创新和理论创新永无止境。毛泽东思想、邓小平理论、"三个代表"重要思想、科学发展观都是在实践基础上的理论创新。党的十八大以来，我们党继续与时俱进，推进马克思主义不断发展，形成了习近平新时代中国特色社会主义思想。这是我们打造向海经济发展创新型产业集群的行动指南。

第二，制度创新是打造向海经济发展创新型产业集群的保障。只有符合创新发展的制度才能保护创新、促进创新。打造向海经济发展创新型产业集群，要从体制机制上解决资源错配、结构扭曲、收入分配不平衡等不利于创新发展的问题。要"实施创新驱动发展战略，要增强紧迫感，把更多精力用在研究增强创新能力上，着力破除制约创新驱动发展的体制机制障碍，完善政策和法律法规，创造有利于激发创新活动的体制环境"。

第三，科技创新是打造向海经济发展创新型产业集群的关键。社会生产力的发展离不开技术进步，科学技术也是生产力。只有科技创新，才能提高劳动生产率，提高发展质量和效益，进而破解产能过剩、资源环境制约等经济社会发展难题。打造向海经济发展创新型产业集群要突破"瓶颈"、解决深层次矛盾和问题，其根本出路在于创新，关键是要靠科技力量。当前，从全球范围看，创新驱动是大势所趋。机会稍纵即逝，抓住了就是机遇，抓不住就是挑战。从国内看，创新驱动是形势所迫。我国经济总量已跃居世界第二位，同时，我国人口、资源、环境压力越来越大。我们在打造向海经济发展创新型产业集群过程中，要推动新型工业化、信息化、城镇化、农业现代化同步发展，必须及早转入创新驱动发展轨道，把科技创新潜力更好地释放出来，充分发挥科技进步和创新的作用。

第四，文化创新是打造向海经济发展创新型产业集群的基础。在创新发展战略下，文化创新一方面要创新出符合时代特征、具有中国特色的新文化，另一方面要培植爱创新、崇创新、争创新的创新文化，让创新成为时代主旋律，让创新者成为时代骄子。打造向海经济发展创新型产业集群，要弘扬中华优秀传统文化，处理好继承和创造性发展的关系，重点做好创造性转化和创新性发展。

（二）创新是打造向海经济发展创新型产业集群引领发展的第一动力

从要素驱动、投资驱动转向创新驱动是适应和引领经济新常态的必由之路。过去我国经济增长主要是依靠劳动力、资本、资源三大传统要素投入，是一种典型的要素驱动型增长模式。随着劳动力、资源、土地等价格上扬，过去依靠低成本驱动的经济发展方式已难以为继，在新时代打造向海经济发展创新型产业集群，必须把发展动力转换到创新驱动上来。也就是说，在新常态下，发展动力要从主要依靠资源和低成本劳动力等要素投入转向创新驱动。新技术、新产品的开发靠创新，新模式、新业态的培育靠创新，新行业、新产业的形成靠创新，新供给、新需求的增加靠创新。打造向海经济发展创新型产业集群唯有依靠创新尤其是科技创新，走创新发展之路，才有出路，才能推动向海经济迈向更高阶段、更高水平、更高层次。

发展向海经济绝对不能走老路，要通过创新驱动发展创新型产业集群。

（三）创新是塑造向海经济发展创新型产业集群的先发优势

我国"十三五"规划纲要提出，"塑造更多依靠创新驱动、更多发挥先发优势的引领型发展。"创造"先发优势"、打造"引领型发展"，需要依靠创新培育发展高端产业，构建我国经济发展新优势，加快实现我国在重要科技领域由跟跑者向并行者和领跑者的根本转变。

我国同发达国家的科技经济实力差距主要体现在创新能力上。在激烈的国际竞争中，唯创新者进，唯创新者强，唯创新者胜。在打造向海经济发展创新型产业集群实际工作中，我们必须抓住创新这个"牛鼻子"，用创新解决发展难题，用创新培植发展优势，用创新开拓发展境界。要实现"向海经济"发展目标，基点在创新，着力点在创新，突破点在创新。落实创新发展理念、实施创新驱动发展战略，为"打造向海经济"列车添加新动力、打造新引擎，推动中国沿海经济持续健康快速发展。

三、发展向海经济创新型产业集群的战略支点

向海则兴。21世纪是海洋世纪，打造向海经济、写好"21世纪海上丝绸之路"新篇章正当其时。

打造好向海经济，必须找准切入点，明确时间表，分清轻重缓急，扎实有序推进，发展创新型产业集群，使之成为全区经济新增长、高增长、裂变式增长的持续健康发展的蓝色引擎。发展向海经济重点要抓好以下五个战略支点：

（一）科学规划有序推进沿海港口建设

港口建设是发展向海经济的基础性工程，也是打造好向海经济的战略抓手。要"建设好北部湾港口，打造好向海经济"。要根据科学规划和各港口区域的比较优势，有序推进沿海港口建设。要优先开展重点港口大型专业化泊位、重大项目配套码头泊位的建设，促进各港口实现错位发展，坚持一张蓝图绘到底，早日建成区域性国际航运物流中心、先进装备制造业基地、国际邮轮客运中心，为壮大向海经济规模提供坚实基础。

（二）着力发展创新型海洋产业集群

"靠海吃海念海经"，要重视利用海洋资源发展海洋产业。发展海洋产业特别是海洋战略性新兴产业是我国经济社会发展的现实需要，也是发展向海经济的重要路径。应立足区域特色，依托"一带一路"门户建设和促进西南中南地区开放发展新的战略支点，努力提高海洋资源开发能力，着力推动海洋经济向质量效益型转变。发展创新型产业集群，提高海洋开发能力，扩大海洋开发领域，突出重点，加快发展现代海洋产业，提升海洋传统产业，重点发展海洋战略性新兴产业，全面提升海洋服务业，培育壮大相关海洋产业，努力形成现代渔业、滨海旅游、现代港口、现代海洋服务业和海洋新兴产业五大产业集聚区，大幅度提高海洋产业对地区经济社会发展的贡献率。

（三）坚持开发与保护并举，全面促进海洋经济持续健康发展

"资源开发不是单纯讲经济效益，而是要达到社会、经济、生态三者效益的协调。"发展向海经济必须坚持开发与保护并举方针，着力推动海洋开发方式向循环利用型转变，全面促进海洋经济持续健康发展，让人民群众吃上绿色、安全、放心的海产品，享受到碧海蓝天和洁净沙滩。打造向海经济发展创新型产业集群要下定决心，绝不能以牺牲海洋生态环境为代价，不能走先污染后治理的路子，要走出一条具有中国特色和广西元素的海洋生态文明建设新路、向海经济发展新路。

（四）大力推进"创新+"模式，实施向海经济创新型产业集群发展战略

例如"创新+高端""创新+环保""创新+品牌"等，让"创新+"如同基因一般，融

入向海经济发展血脉，形成经济发展的新力量，悄悄改变向海经济创新型产业集群发展的格局，全力推进向海经济供给侧结构性改革。主要是瞄准科技含量高、资源消耗少、经济效益好、发展潜力大的新兴产业，以攻克关键技术、膨胀产业规模、提高核心竞争力为主攻方向，加快形成工业增长新引擎。围绕主导产业和战略性新兴产业发展需求，通过实施"创新+高端"战略，重点对高端装备制造、新能源、新材料等领域进行技术攻关，产业迈向中高端水平，推动形成现代产业体系，新技术、新产业、新业态蓬勃发展。以创新引领转型发展，推进科技、工艺、管理等各环节优化升级。实施"创新+环保"可走多赢生态路，发展产、学、研一体化的生态产业示范基地，实现经济效益、生态效益、社会效益的多赢。

（五）着力写好"21世纪海上丝绸之路"新篇章

"21世纪海上丝绸之路"是打造好向海经济的支撑。广西从汉代起就开辟了海上丝绸之路，形成了"徐闻、合浦南海道"，这也是我国第一条有史料记载的官方的与外国交往的航海丝路。穿越历史云烟，今天的广西，要从历史中汲取智慧，发挥独特优势，把广西经济社会发展纳入"一带一路"倡议框架中谋划。要全面推进"一带一路"国际通道建设，建设好有机衔接的重要门户。以北部湾区域性国际航运中心为依托，面向东盟及"21世纪海上丝绸之路"沿线国家，加快建设以航空为先导、公路为基础、铁路为动脉、水运为辅助的海上国际大通道，尽快建成海上互联互通交通网，充分发挥广西"一带一路"有机衔接重要门户的功能。此外，还要密切加深与东盟国家的海洋人文交流等，夯实中国与东盟各国合作的社会土壤，把"打造向海经济"发展创新型产业集群国际化，使其融合、深度发展。

总而言之，海洋经济是孕育新产业、引领新增长的广阔空间。目前世界海洋经济形成了四大支柱产业：海洋渔业、海洋交通运输业、海洋石油和天然气业、滨海旅游业。

自20世纪后期海洋经济在我国兴起以来，发展速度始终高于同期国民经济的整体发展速度。经济全球化始于海洋，现今各大经济体的发展重心仍向沿海区域不断转移。据统计，世界上70%的大城市、人口和工业资本聚集在临海100公里内的陆地，而且比例还在继续上升。2016年我国海洋生产总值达70507亿元，比2015年增长6.8%，占国内生产总值的9.5%；而不少临海国家海洋经济占GDP的比重达到15%~20%；美国、日本等发达国家甚至超过50%。2017年金砖国家峰会形成共识，深化海洋经济合作，是未来金砖国家经济发展能否获得新动力的关键，蓝色经济将成为全球经济增长的新引擎。

可见，发展向海经济创新型产业集群的重要性、必要性和紧迫性。

参考文献

［1］高怡冰，林平凡．产业集群创新与升级［M］．广州：华南理工大学出版社，2010.

［2］赵忠华．创新型产业集群网络结构与绩效研究［M］．哈尔滨：哈尔滨工业大学出版社，2009.

"一带一路"背景下广西北部湾经济区体育旅游发展模式

广西钦州市钦北区长滩中学二级教师 张逢钦

【摘要】"一带一路"倡议为广西北部湾经济区体育旅游的社会价值、经济价值和文化价值的充分发挥提供了机遇，有助于促进广西北部湾经济区体育旅游客源市场不断拓展，推动体育旅游产品形式逐渐多元化；但目前该区域体育旅游发展过程中存在产品缺乏特色、管理机制不完善、专业人才匮乏等问题；可通过构建体育项目展演模式、社区参与模式、"体育+产业"融合模式、中外合作开发模式和"互联网+体育旅游"等多种模式促进广西北部湾经济区体育旅游的深入发展。

【关键词】"一带一路"；北部湾经济区；体育旅游；发展模式

一、引言

习近平总书记于 2013 年提出"一带一路"重大倡议，"一带一路"是"新丝绸之路经济带"和"21 世纪海上丝绸之路"的简称，途经中亚、东南亚、南亚、西亚和东非等 64 个国家，它是中国扩展商业贸易、维护边疆安全、延伸国家利益的新型之路。在"一带一路"背景下，旅游业的发展在经济领域中逐渐占据重要地位，体育旅游作为一种休闲健身旅游方式逐渐发展起来。所谓体育旅游，从广义上讲，是指旅游者在旅游中所从事的各种身体娱乐、身体锻炼、体育竞争、体育康复及文体交流活动与旅游地、体育旅游企业及社会之间关系的总和[1]。广西北部湾经济区包含南宁市、钦州市、北海市、防城港市、玉林市、崇左市六个城市，作为"沿海、沿江、沿线"城市，拥有良好的区位条件及丰富的体育旅游资源。目前，广西北部湾经济区的体育旅游发展水平相对滞后，其资源优势尚未得到充分的发掘利用，难以适应"一带一路"发展的要求。基于此，通过将广西北部湾经济区体育旅游资源进行归类整理，并对"一带一路"背景下该区域体育旅游发展现状进行分析，进而构建体育旅游发展模式，以期为促进广西北部湾经济区体育旅游的持续健康发展提供参考。

二、广西北部湾经济区体育旅游发展概况

（一）广西北部湾经济区体育旅游资源概述

体育旅游资源是指在自然界或人类社会中凡能对体育旅游者产生吸引力，并能进行体育旅游活动，为旅游业所利用且能产生经济、社会、生态效益的客体[2]。广西北部湾经济区拥有丰富的滨海旅游资源和众多的传统体育项目，根据文献资料法将该区域体育旅游资

源归纳为滨海类和传统体育项目两大类，滨海类可分为海上运动类、海滩类、海岛类，传统体育项目主要包括节庆类和民俗类。其中，滨海类主要分布在北海银滩国家旅游度假区、钦州龙门七十二泾旅游区、防城港江山半岛度假区、涠洲岛等区域，以海上冲浪、帆板运动、海水浴、潜水运动、海上摩托艇、游泳等海上体育运动，北海银滩沙滩运动会、环北部湾自行车赛、北海银滩风筝赛、沙滩球类比赛、沙滩摩托车赛等海滩类体育赛事以及游艇观光、海上垂钓、攀岩、徒步健身、定向越野等海岛类休闲体育项目为主，形成了海上体育运动、沙滩体育赛事及海岛休闲体育项目三者相结合的特色滨海类体育旅游项目。传统体育项目类主要分布在北海市、防城港市和钦州市等地的特色村寨，经过不断的实践逐渐发展成了以京族"哈节"、钦州伏波庙会、京族歌圩日、京族敬酒舞、京族花棍舞、活捉鸭竞赛、水上木偶戏、"上刀山下火海"、竹竿舞、板鞋、打陀螺、龙舟等传统节庆和民俗活动为核心的体育旅游项目。这些丰富的体育旅游资源为广西北部湾经济区发展体育旅游奠定了扎实的基础。

（二）广西北部湾经济区体育旅游发展的价值

1. 社会价值

体育旅游作为新型健身、休闲、娱乐的重要方式，日益受到广大游客的喜爱，广西北部湾经济区体育旅游是该区域充分发展旅游业、传承民族文化、鼓励全民健身的重要途径。近年来，广西北部湾经济区体育旅游形式多样，通常是将旅游与少数民族体育运动会、民俗节庆、民间传统体育赛事相结合，吸引众多游客参与其中，不仅开拓了旅游市场，也充分展现了广西北部湾经济区的风土人情、地域文化，让游客在健身娱乐中充分感受体育旅游的内涵，增强了当地的知名度，加快了该区域旅游经济转型升级的步伐。可见，体育旅游不仅有健身娱乐、传承文化等社会功能，而且在推动社会和谐发展方面也具有较大的促进作用。

2. 经济价值

随着"一带一路"建设的深入实施，旅游业的发展逐渐成为经济增长的重要指标，近年来，广西北部湾经济区将旅游业发展融入"一带一路"建设，逐步扩大旅游客源市场，同时借助自身的体育旅游资源优势，大力创新体育旅游发展路径，并取得了较好的经济效益。如防城港市举办的首届京族"哈节"，共接待了区内外游客约 20 万人次，其中外来游客约 11 万人次，实现约 1600 万元的旅游收入。另外，滨海类体育旅游的开展、传统民俗活动的举办均涉及"吃、住、行、游、购、娱"旅游六大要素的消费，可见，发展体育旅游有助于带动相关产业的发展，促进广西北部湾经济区的经济发展。

3. 文化价值

广西北部湾经济区体育旅游项目大多依托滨海资源和传统体育项目而开发，蕴含着丰富的文化价值。其一，传统体育项目作为当地民众繁衍生息、不断发展的产物，承载着广西北部湾经济区的文化形态，是当地民众文化和智慧的结晶，具有较高的文化价值。其二，随着国家对体育旅游的重视度逐渐增强，体育旅游的文化价值也日益凸显，与之有关的学术研究正愈发凸显其重要性，广西北部湾经济区传统体育项目经过多年的实践不断完善，沉淀了该区域悠久的民族文化，部分传统体育项目被列入非物质文化遗产保护名录，对于研究体育非物质文化遗产活态传承与保护具有重要的参考价值，有利于增强广西北部湾经济区体育旅游项目的文化内涵及其吸引力。

三、"一带一路"背景下广西北部湾经济区体育旅游发展现状

（一）体育旅游日益受到政府重视

体育旅游在推动区域旅游业发展、社会和谐和经济增长等方面发挥着重要作用。政府作为体育旅游的引导者，主要从政策和资金两方面支持广西北部湾经济区体育旅游的发展。在政策上，国务院下发的《广西北部湾经济区发展规划》明确提出要"推进特色旅游业的快速发展"，并专门规划了133公里休闲憩岸线，用于高档休闲疗养健身等设施建设，这就有助于体育旅游基础设施建设。广西北部湾经济区各级政府也积极发力，形成了政府扶持主导体育旅游发展的局面，如北海市出台了《北海市人民政府关于加快发展体育产业促进体育消费的实施意见》，明确规定将休闲体育项目融入北海市旅游业发展建设规划，并落实税费政策，助推体育旅游的发展。此外，部分沿线国家对中国实施免签证政策，东南亚国家联盟（以下简称"东盟"）10国旅游团6天入境免签政策以及51国公民72小时过境免签政策，简化了游客过境签证的程序[3]，有利于广西北部湾经济区体育旅游的快速发展。在资金上，地方政府加大对滨海类和传统体育项目旅游资源的资金投入，同时以奖励的方式吸纳国内外资金投入到体育旅游当中，广开资金筹措渠道，鼓励社会各层面投资开发或合资开发体育旅游项目，完善体育旅游基础设施和配套服务设施，为广西北部湾经济区体育旅游发展提供良好的资金保障。

（二）体育旅游发展市场逐渐扩大

随着"一带一路"倡议的推进，广西北部湾经济区体育旅游市场正逐步扩大。首先，设施联通使该区域与"一带一路"沿线各国的合作交流日益频繁。2016年，广西壮族自治区政府努力构建海上东盟、陆路东盟、衔接"一带一路"、连接西南中南、对接粤港澳的"五大通道"，着力打造南宁市和桂林市两大国际机场以及通向中南半岛的陆路通道，积极推进中国与东盟在信息、文化、技术等方面对接融合的"14344"工程建设，加快广西同"一带一路"的有机衔接，尤其是广西北部湾经济区作为面向东盟、联结海路与陆路的重要门户，可优先享有同沿线国家沟通合作发展体育旅游的机会，使广西北部湾经济区体育旅游市场逐步扩大。其次，广西北部湾经济区依托中国与沿线国家的战略伙伴关系，为当地体育旅游提供良好的宣传平台，吸引外商投资，促进本地旅游企业和国外旅游企业的合作，增强体育旅游的对外辐射力。再次，近年来，在《全民健身计划纲要》的引领下，体育旅游逐渐成为全民健身计划的重要内容，广西北部湾经济区体育旅游市场也因此由原来的本地市场逐渐扩大到全国市场。最后，在日益密切的国际往来中，不同国家间的文化差异也逐渐缩小，有利于扩大该区域体育旅游的国外市场。

（三）体育旅游形式日趋多元化

广西北部湾经济区体育旅游资源丰富，涵盖滨海类和传统体育两大方面的内容，不同的体育旅游资源因特征各异，其形式也各不相同。体育旅游最传统的形式当属传统体育运动会，在此，钦州市做了较好的示范，其曾作为广西第六届和第十三届少数民族传统体育运动会的举办方，拥有丰富的经验，特别是将当地的传统体育项目如国际龙舟赛、竹竿舞、抢花炮等，通过传统体育运动会的形式引导各地的人民参与其中，打造成体育旅游品

牌，扩大了传统体育项目的知名度和影响力。另外，广西北部湾经济区依托北海银滩、钦州三娘湾、防城港金滩等沿海优势，发展滨海体育旅游，如冲浪、沙滩田径赛、沙滩足球、帆板等海滩体育旅游项目，充分发挥了滨海资源优势。在此基础上，该区域利用传统体育旅游资源，在一些民族节庆日如龙舟节、京族"哈节"、抢花炮节等节庆活动中开展体育旅游，既传承了当地民族文化，又吸引了游客前来体验，有效地促进了当地体育旅游的发展。另外，广西北部湾经济区将体育旅游与其他产业融合，以度假村、滨海体育游乐园、民俗体验馆等形式开展体育旅游，如钦州市的疍家风情小镇，将民俗节庆类体育旅游与海产品加工结合，进行产业化运作，形成体育旅游产业链，有效地促进了体育旅游的发展。

（四）广西北部湾经济区体育旅游发展存在的问题

（1）体育旅游发展缺乏品牌特色。目前，广西北部湾地区体育旅游开发形式较为大众化，缺乏一定的品牌特色，主要表现在以下三个方面。首先，北部湾体育旅游发展主要依托滨海旅游资源及传统体育旅游资源进行开发，大部分体育旅游项目的开发形式与其他地区出现雷同，如滨海体育旅游资源开发就是以较普遍的沙滩排球、冲浪、帆船等形式开发，这些形式在其他地区也较常见，不具当地特色。其次，政府部门或开发商将传统体育旅游资源作为体育旅游项目开发时，缺乏对传统民族文化的深度挖掘，展现形式仅流于表面，未充分考虑游客的体验满意度，如北海市的耍花楼、咸水歌，钦州市的龙舟赛、"上刀山下火海"等，虽然在开发过程中也为游客设置了体验环节，但开发主要注重其展现形式，导致游客无法充分了解和感受其中的文化内涵，也无法体验传统体育项目带给人们身体上的感官体验。最后，广西北部湾经济区的体育旅游发展缓慢，旅游景区的主管部门主要通过吸引游客到景点旅游观光，赚取门票钱，未能充分借助当地资源如京族竹杠舞、活捉鸭竞赛、顶竿、顶头、踩高跷等开展一些新颖的体育活动。

（2）体育旅游管理机制不完善。体育旅游的发展，除了需要树立一定的特色品牌以外，建立行之有效的体育旅游管理机制也是关键。目前，广西北部湾经济区旅游管理机制仍然存在诸多不足，主要表现在体育旅游开发管理机制不完善及多层次立体化运行机制尚未建立。首先，广西北部湾经济区体育旅游开发工作主要以"自上而下"的政府主导模式为主，各市、县在制定相关的管理办法、实施细则过程中，缺乏对当地体育旅游资源的详尽了解，因此制定的体育旅游开发管理办法不够全面，使体育旅游开发管理缺乏针对性。其次，体育旅游从开发到运营所涉及的行业、部门较多，包括各级政府、旅游企业、管理人员、社区居民、学界等多个主体，由于各主体对于发展体育旅游的目标、责任有所不同，因此需要构建起一个多层次立体化的协调机制，以便当地体育旅游协调有效运行，实现体育旅游整体效益的最大化。在参与广西北部湾经济区体育旅游管理运行的主体中，仍是以政府部门为主，旅游企业为辅，其他主体参与较少，并且目前尚未建立一个体育旅游的专门管理机构，加之各主体间协作意识较为淡薄，合作默契不高，不利于该区域体育旅游的有效管理。

（3）体育旅游的专业人才缺乏。体育旅游的开发需要大批复合型体育旅游人才，尤其是广西北部湾经济区对复合型旅游人才需求较大。[4]首先，"一带一路"背景下广西北部湾经济区尤其需要精通各国语言和旅游专业知识丰富的复合型人才。就目前而言，熟悉沿线国家语言及文化并擅长体育旅游管理的专项人才严重缺乏；导致体育旅游的服务、管理和经营水平较低，在一定程度上制约了该区域体育旅游的发展。其次，体育旅游对专业人才的要求较高，除了需要具备较强的沟通能力之外，还需要掌握体育技能、野外急救技能、体育旅游活动指导等能力。目前广西高校将体育与旅游相结合的专业很少，只有广西体育高等专科学校开设了运动休闲服务与管理专业，加上广西北部湾经济区缺乏与沿线国家建立"跨国联盟—校企联合"之类的人才培养等机制，每年培养的学生无法满足体育旅游发展的需要。此外，相对滞后的经济发展速度是制约高层次专业人才到当地从事体育旅游工作的重要因素，部分地区甚至出现人才外流现象，不利于当地体育旅游的发展。

四、"一带一路"背景下广西北部湾经济区体育旅游发展模式

（一）体育项目展演模式

体育项目展演模式主要是针对广西北部湾经济区与沿线国家的文化差异开展的体育旅游模式，是将宜人的自然风光与体育旅游巧妙融合，使自然景观与人文景观交相辉映，向外来游客充分展现该区域的民俗风情，使游客感受到当地的特色文化，体验别样的风土人情，符合"一带一路"倡议"民心相通"的建设要求。该模式主要以展演的形式展现京族"哈节"、防城港国际龙舟赛、抢花炮、京族摸螺舞、敬酒舞等富有区域特色的体育旅游资源，在政府的支持下积极招商引资，依托该区域著名海滩、大型景区等自然实景为舞台，打造出独具北部湾经济区特色的大型实景展演。同时在保留当地民间文化精髓的基础上，运用现代技术将传统民俗进行包装展演，如在京族"哈节"，以现代高科技手法，在海滩边上布置声、光、电齐全的绚烂舞台，打造大型海滩风情展演，其中京族摸螺舞、敬酒舞等一些独具特色的体育旅游项目，可充分依托海滩作为舞台进行实景表演。通过一系列的体育项目展演，突出区域文化特色，增强广西北部湾经济区城市软实力，使体育旅游加快融入"一带一路"建设中。

（二）社区参与模式

社区居民是旅游发展的主要影响者，一个区域旅游业发展的速度、区域文明程度、游客满意度等皆与社区居民息息相关，可以说社区参与是广西北部湾经济区全面发展体育旅游的重要保障，是调动民众积极参与体育旅游开发决策及运营管理，促进体育旅游可持续发展并融入"一带一路"建设的重要途径。首先，社区参与模式要突出社区居民的主体地位，即当地居民应对体育旅游发展充满自豪感且积极为其出谋划策，充分利用当地的资源，满足游客"吃、住、行、游、购、娱"各方面的需求。一方面，需要政府加大财政投入，完善各项基础设施，引导旅游企业创新；另一方面，需要征求社区居民的宝贵建议，与当地居民合作，提升各行业的服务质量，打造一个开放式体育旅游胜地。其次，要通过社区参与模式实现体育旅游可持续发展，既要让社区居民能够共享体育旅游带来的福利，又要重视游客满意度，通过旅游服务质量的提升，满足游客的体验需求，特别是游客精神上的满足，因而需要政府和社区居民共同努力，营造文明和谐的社会氛围，为游客提供一个全方位、高品质的体育旅游环境，从而逐渐融入"一带一路"，实现体育旅游的可持续发展。

（三）"体育+产业"融合模式

"体育+产业"融合模式主要是将体育项目与广西北部湾经济区的旅游产业、文化产业、加工产业等融合起来，注重旅游效益与产业经济效益的统一。该模式主要依托当地的海洋非物质文化遗产资源以及海鲜产品资源，在开展体育旅游的过程中，增添一些内涵丰富的海洋非物质文化遗产项目，如将已形成产业的北海贝雕技艺制作融入舞龙、打陀螺等传统体育项目当中，在为游客提供体育旅游体验的同时，提供传统技艺制作体验，还可将游客亲手制作的作品作为纪念品送给游客，既传播传统文化，又丰富该区域体育旅游的内涵。此外，广西北部湾经济区可依托丰富的海鲜产品，将体育赛事与海上作业相结合，如将赛龙舟与捞海鲜相结合，让游客体验民族传统体育项目，同时为捕捞行业做出贡献。或是体育旅游与海鲜美食结合，即充分利用海鲜产品制作特色美食或加工成现成海产品吸引游客，满足游客舌尖上的需求。"体育+产业"融合模式一方面需要政府加强对广西北部湾经济区体育旅游研究领域的投入，开发更多新型体育旅游项目。另一方面需要大量体育旅游专业人才，为游客提供各项优质的服务，促进该区域体育旅游发展。

（四）中外合作开发模式

"一带一路"倡议的实施为广西北部湾经济区发展体育旅游扩大了客源市场，增加了外来投资机会，中外合作开发模式是该区域打造"一带一路"特色体育旅游品牌的重要方式。该模式是以当地的体育旅游资源为主，联合沿线国家的政策、资金、市场为辅的合作开发模式，通过中外合作整合沿线国家旅游资源及游客喜好，打造体育旅游特色品牌。为保障该模式的有效运行，应建立各国政府主导、企业投资资金、沿线国家游客积极参与的多层次立体化运营机制，实现多方协作，保障各国游客到广西北部湾经济区旅游的过境签证、人身安全等问题。此外，"一带一路"沿线国家较多，涉及不同的地域文化、传统风俗、宗教信仰及政治经济活动等方面，目前该区域与这些国家的往来并不深入，广西北部湾经济区可通过与沿线国家政府的政策沟通，合作开发体育旅游项目，在提高知名度的过程中相互弘扬与学习各国文化，既加深对各国文化的了解，又能建立深厚的友谊，从而吸引更多国外游客。

（五）"互联网+体育旅游"模式

"互联网+体育旅游"模式重在利用网络优势集中广西北部湾经济区体育旅游资源，充分发挥互联网的共享和高效功能。该模式是指在当地开展体育旅游的基础上，建立区域体育旅游资源"大数据"，通过提供该区域体育旅游信息搜索平台、旅游品牌资源共享平台、旅游人才交流平台、互联展现平台等，方便快捷地展现广西北部湾经济区体育旅游的多元资讯，有助于体育旅游在沿线国家快速宣传。其中，市场对体育旅游的需求是主要动力，该模式需要政府统一引导，企业牵头，当地民众积极参与，要求运用"互联网+"实现体育旅游人才的系统培养，针对体育旅游存在的问题，建立问题解决数据库，在此基础上对体育旅游项目进行合理调整，以适应"一带一路"倡议要求。此外，该区域可依托互联网适当开展跨文化体育旅游网络体验，通过增加体验性和趣味性较强的体育旅游活动项目，如"互联网+哈节"体验场景，"互联网+水下观光"VR体验、"互联网+北部湾民俗节庆"平台等，吸引更多沿线国家游客，提升广西北部湾经济区开展体育旅游的质量及效率。

五、结论

体育旅游增添了广西北部湾经济区城市的魅力，增强了城市的知名度，展现了当地的著名景点、特色文化以及人文素养。广西北部湾经济区拥有滨海类、节庆类、民俗类等多种体育旅游资源，但随着经济社会的发展以及"一带一路"倡议的推进，该区域的体育旅游发展面临着基础设施、专业人才、文化差异、产品创新能力等多方面的挑战。为此，提出体育项目展演模式、社区参与模式、"体育+产业"融合模式、中外合作开发模式、"互联网+体育旅游"五种发展模式，以期为促进广西北部湾经济区体育旅游与"一带一路"建设协同发展提供若干参考借鉴。

参考文献

［1］李香华，钟兴永. 体育旅游与健身［M］. 北京：北京体育大学出版社，2003.

［2］袁书琪，郑耀星. 体育旅游资源的特征、含义和分类体系［J］. 体育学刊，2003，10（2）：33-36.

［3］白崇萍. 桂林会展旅游探析［J］. 特区经济，2007（7）：165-166.

［4］万兆彬. 非物质文化遗产传承人培养与职业教育融合发展路径——以民族地区为例［J］. 广西民族师范学院学报，2017（1）：25-28.

广西海洋渔村"三产融合"障碍诊断及应对研究

钦州学院经济管理学院副教授　朱念

【摘要】在梳理"三产融合"相关文献的基础上，构建广西海洋渔村"三产融合"发展的指标体系，提出广西海洋渔村"三产融合"可持续度和障碍度等模型。通过分析广西海洋渔村"三产融合"发展现状，计算广西海洋渔村"三产融合"可持续度和障碍度，诊断发现，广西海洋渔村"三产融合"发展的主要障碍表现在公路客货运周转量、农林牧渔服务业产值、农村用电量、第三产业比重、农民人均纯收入、第二产业产值六项指标，从而提出完善发展适合当地特色新业态、加强海洋渔村电网建设、提高海洋渔村农民收入、大力发展特色第二产业等应对措施。

【关键词】海洋渔村；"三产融合"；障碍诊断

一、引言

农村"三产融合"是指农业和农产品加工业及农业相关服务业三次产业的融合发展，是推动中国农业现代化和农村经济发展的新经济业态。2015年中央一号文件首次提出农村"三产融合"发展，2016年中央一号文件再次强调要推进农村三产深度融合，提升农业产业附加值[1]，2017年党的十九大报告把促进农村一二三产业的融合发展作为乡村振兴战略的重要内容，这表明农村"三产融合"逐步上升为国家打破农业发展不平衡、不充分发展的对策。广西海洋渔村自然资源丰富，海洋生态环境宜人，具有独特的海岛海洋渔村风貌、渔家风情、民俗文化，具有"Sea""Sand"和"Sunshine"的"3S"特征，但总体经济发展水平与开发程度落后，面临着基础设施建设滞后、科技水平低、人才资源短缺等问题，广西海洋渔村"三产融合"发展水平有待进一步提高。

基于对现有文献的整理和分析，学者们从不同角度对"三产融合"的内涵、发展思路、实现途径等方面进行了研究。在农村"三产融合"内涵界定方面，日本农业学家最早提出了"三产融合"的内涵即是在农业生产进程中逐步完成向第二、第三产业延伸[2]。郑风田等（2015）指出农村一二三产业融合发展是以农业为基础和依托，借助产业渗透、产业交叉和产业重组方式，通过形成新技术、新业态、新商业模式延伸农业产业链，由第一产业向第二产业和第三产业拓展[3]。在产业融合发展的动力方面，于刃刚、李玉红（2003）提出技术创新是产业融合现象产生的内在驱动力[4]。赵霞等（2017）对农村"三产融合"的内涵界定、现实意义及驱动因素进行了具体分析[5]。在推进农村"三产融合"发展思路及实现路径探索方面，韩一军（2015）指出农村"三产融合"发展要以农民增收为主线，农业为依托，农产品加工业为引领，技术创新为动力，融合机制为纽带[6]。李小静（2016）在研究"三产融合"发展的内生条件基础上，对"三产融合"发展的途径进行深入剖析。但学者对农村

"三产融合"鲜有从障碍诊断视角进行研究。因此，本文利用可持续度与障碍度模型，对广西海洋渔村"三产融合"发展的障碍进行诊断，并提出相应的对策建议。

二、广西海洋渔村"三产融合"评价指标体系与障碍诊断模型

（一）模型的选择

在参考前人研究成果的基础上，考虑到可持续度与障碍度在障碍诊断模型中运用广泛，能直观地反映障碍程度，因此，本文从障碍诊断视角对广西海洋渔村"三产融合"发展的障碍进行诊断。

（二）指标体系的构建

在借鉴国内外相关研究成果的基础上，以广西海洋渔村"三产融合"为评价目标，构建广西海洋渔村"三产融合"评价指标体系，共分为海洋利用、经济效益、社会和谐3个一级指标，16个二级指标（见表1）。

表1　广西海洋渔村"三产融合"指标体系及权重

准则层	权重	指标层	指标代码	权重
海洋利用指数	0.045	海水养殖面积（公顷）	U_1	0.4902
		淡水养殖面积（公顷）	U_2	0.0378
		海水产品产量（万吨）	U_3	0.1796
		淡水产品产量（万吨）	U_4	0.2924
经济效益指数	0.509	第一产业产值（万元）	U_5	0.0934
		第二产业产值（万元）	U_6	0.1435
		第三产业产值（万元）	U_7	0.1990
		农林牧渔业总产值（万元）	U_8	0.0843
		农林牧渔服务业产值（万元）	U_9	0.2380
		农村用电量（万千瓦小时）	U_{10}	0.2272
		农业机械总动力（千瓦）	U_{11}	0.0101
		乡村人口数（户籍人口，万人）	U_{12}	0.0046
社会和谐指数	0.446	公路客货运周转量（万吨公里）	U_{13}	0.7805
		城镇化率（%）	U_{14}	0.0038
		农村居民消费价格指数	U_{15}	0.0005
		农民人均纯收入（元）	U_{16}	0.2153

（三）指标权重的确定

本文采用熵权法确定评价指标权重，步骤如下：

1. 评价指标数据的规范化处理

在获取指标数据时，大多数指标的单位往往不一致，因此，对指标数据进行规范化处理，即把指标数据转化为相对值，以便计算综合指标值。

2. 计算指标值的比重

用 P_{ij} 表示第 j 项指标下第 i 年指标值的比重,计算公式为 $P_{ij} = u_{ij} / \sum\limits_{i=1}^{n} u_{ij}$ (i = 1, 2, …, m)(j = 1, 2, …, n)。

3. 计算熵值的大小

用 e_j 表示第 j 个评价指标的熵值,计算公式为 $e_j = -k \sum\limits_{i=1}^{m} p_{ij} \ln p_{ij}$(j = 1, 2, …, n)。公式中,k = lnm,当 p_{ij} = 0 时,即 $p_{ij} \ln p_{ij}$ = 0,我们用 g_j 表示第 j 个指标的差异系数,且有 g_j = 1-e_j,各个年份指标数据值的差异性大小,通过该指标的差异性系数决定。数据值的差异大小与指标差异系数的大小成正比,当数据差异性变大时,则 g_j 变大,此时该指标对综合评价的影响变大,即权重变大[7]。当某个指标下的数值都相等时,则该指标对总体评价的影响为 0,差异性系数达到最小值,为 0。

4. 确定各指标因子权重

用 w_j 表示各指标因子权重,依次计算出每类因子权重,计算公式为 $w_j = g_i / \sum\limits_{j=1}^{n} g_i$ (n = 1,2,3,…,20)。

5. 计算每个子目标的权重

用 d_i 表示上层结构的对应权重,d_i 的值根据层次结构分析理论,并且依据一定的比例来确定。依据公式 g_j = 1-e_j,可得到参评因素的效用值 g_i。计算子目标下所有指标的效用值总和,将各效用值 g_i 相加即可,记为 d_k(k = 1, 2, 3),同时计算所有参评因素的效用值之和,用 F 表示,F = $\sum\limits_{k=1}^{3} d_k$,对应子目标的权重为 $w_k = d_k / F$,并依此计算出每个子目标的权重,每一指标对应总目标评估值为 $f_{ij} = w_j p_{ij}$[8]。

6. 广西海洋渔村"三产融合"的可持续度

描述特定时间广西海洋渔村"三产融合"可持续程度高低的"三产融合"可持续度(D)是"三产融合"水平(L)、"三产融合"能力(P)和"三产融合"协调(C)组成的函数,即:D = F(L, P, C)。

7. "三产融合"水平

用 L_i 表示"三产融合"可持续利用水平,X_i 表示某一指标（U_i）在某一时态下的数值大小,海洋渔村"三产融合"可持续利用水平的计算公式为 $L_i = X_i / a_i$。公式中,a_i 代表指标 U_i 的目标值 i 表示各项指标的序号（i = 1, 2, …, n）。当某一指标具有负功能时,"三产融合"水平的计算公式为 $L_i = (X_i / a_i)^{-1} = a_i / X_i$,由此可进一步推出海洋渔村"三产融合"的总体发展水平为 L = $\sum\limits_{j=1}^{k} \left(\sum\limits_{i=1}^{n} L r_i \right) w_j$。公式中,$W_j$ 代表第 j 个因子的权重;r_i 代表第 i 个单项指标的权重;L 值的大小代表广西海洋渔村"三产融合"在某一时态下的总体发展水平。

8. "三产融合"能力

"三产融合"能力表现为一定时段内,广西海洋渔村"三产融合"水平与理想的广西海洋渔村"三产融合"水平之间的差值。当 X_i 为某一指标（U_i）在某一时刻的值时，我们可以得出"三产融合"能力（P_i）的计算公式为 $P_i = (a_i - X_i)/a_i$。当遇到有负功效的指标时，"三产融合"能力的计算公式变为 $P_i = (X_i - a_i)/X_i$。广西海洋渔村在某一时态下的综合应用能力为：$P = \sum\limits_{j=1}^{k}\left(\sum\limits_{i=1}^{n}Pr_i\right)w_j$。公式中，$W_j$ 与 r_i 的意义与前文相同，P 表示广西海洋渔村"三产融合"在某一时态下的总体发展能力。

9. "三产融合"协调

"三产融合"协调用于表示海洋利用、经济效益、社会和谐三者之间的协同程度，同时也是为达到一定的协调性水平而实施的相关政策措施的有效程度。设 $U_i(i=1, 2, \cdots, n)$ 为广西海洋渔村"三产融合"评价指标变量，其中（a_i, b_i）是系统在稳定范围内的极值大小，用 $U_A(u_i)$ 来表示各指标变量对系统协调的功能函数，海洋渔村"三产融合"协调度在某一状态下的指标变量 u_i 对系统协调的功能公式表示，可分为以下两种情况：①当 $U_A(u_i)$ 具正功能时：$U_A(u_i) = (X_i - b_i)/(a_i - b_i)$（$i=1, 2, \cdots, n$）；②当 $U_A(u_i)$ 具负功能时：$U_A(u_i) = (b_i - X_i)/(b_i - a_i)$（$i=1, 2, \cdots, n$）[9]。

在上述公式中，X_i 表示变量 u_i 在某一状态下值的大小，A 表示在一个稳定的范围内。本文采用几何平均法来计算协调度，由此可得出海洋渔村"三产融合"协调度公式为 $C = \sum\limits_{j=1}^{k}\left(\sum\limits_{i=1}^{n}U_A(u_i)r_i\right)w_j$，C 表示广西海洋渔村"三产融合"在某一时态下的总体发展的协调程度。

10. "三产融合"可持续度

广西海洋渔村"三产融合"在某一时刻的可持续程度（D）用几何平均数表示为 $D = \sqrt[3]{L \times P \times C}$。当前，学界对可持续度尚未达成统一的划分标准，多数学者对可持续度范围的划分如表2所示；结合广西海洋渔村实际情况及发展阶段，本文将可持续度划分如下（见表2）。

表2 可持续度范围的划分

序号	可持续度	学者界定范围	本文界定范围
1	高	$0.8 < D \leqslant 1.0$	$0.85 < D \leqslant 1.0$
2	较高	$0.6 < D \leqslant 0.8$	$0.65 < D \leqslant 0.85$
3	中等	$0.5 < D \leqslant 0.6$	$0.45 < D \leqslant 0.65$
4	较低	$0.4 < D \leqslant 0.5$	$0.25 < D \leqslant 0.45$
5	低	$0 < D \leqslant 0.4$	$0 < D \leqslant 0.25$

11. 障碍诊断模型

障碍诊断模型是在对"三产融合"可持续程度评价的基础上，加入三个与障碍因素判定相关的因子贡献度、指标偏离度与障碍度，从而构成的障碍诊断模型。

用 R_j 来表示因子贡献度，代表单个因子对总目标的效用程度，即单项指标对总体目标的权重，计算公式为 $R_j = w_j w_i$，w_j 为第 j 项单项因素权重，w_i 为第 j 项单项因素所属的第 i 个子目标权重[10]。

指标偏离度用 P_j 表示，用来说明单项指标与广西海洋渔村"三产融合"可持续程度发展目标之间的差距，即单项因子评估值与百分百的差值，$P_j = 1 - a_j$[11]。

障碍度用 A_j 表示，代表单个因子对"三产融合"协调度及可持续发展的影响值，是障碍诊断的目标和结果，$A_j = R_j P_j / \sum_{j=1}^{n} (R_j P_j)$，由 A_j 值的大小可以得出海洋渔村"三产融合"可持续发展的主要障碍因素。

三、广西海洋渔村"三产融合"评价及障碍度分析

（一）广西海洋渔村"三产融合"的基本情况

广西海洋渔村由北海市、防城港市、钦州市三市的海洋渔村构成。根据广西壮族自治区海洋和渔业厅统计，广西有居民海岛 14 个，海岛面积达 103.2 平方千米，海岸线长 197.5 千米，海岛人口有 66756 人，沿海海洋渔村数量 42 个，涂滩面积 1.38 万亩，渔业船舶 2254 艘，从事渔业人口 3.36 万人。

（二）海洋水产品加工业发展低水平徘徊

如图 1 所示，2013～2016 年，广西海洋渔村海洋渔业生产总值逐年上升的同时，海洋水产品加工业产值却逐年减少。这表明海洋水产品加工业产值较低，且发展不稳定，"三产融合"发展缺少工业支撑，"三产融合"的发展水平较低。

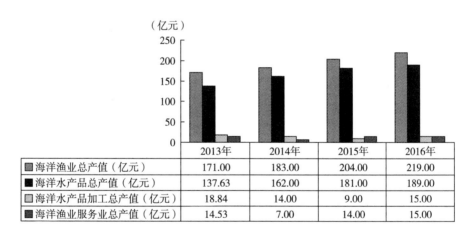

（亿元）

	2013年	2014年	2015年	2016年
■海洋渔业总产值（亿元）	171.00	183.00	204.00	219.00
■海洋水产品总产值（亿元）	137.63	162.00	181.00	189.00
□海洋水产品加工总产值（亿元）	18.84	14.00	9.00	15.00
■海洋渔业服务业总产值（亿元）	14.53	7.00	14.00	15.00

图 1　2013～2016 年广西海洋渔村海洋渔业生产总值变化情况

资料来源：2016 年广西壮族自治区海洋和渔业厅。

（三）农林牧渔服务业发展低端锁定

如图 2 所示，广西海洋渔村农林牧渔业总产值和服务业产值呈上升态势，但农林牧渔服务业产值占比低，表明广西海洋渔村农业生产性服务业规模小，发展缓慢，海洋渔村"三产融合"的发展程度处于低端锁定状态。

（四）海洋渔村休闲农业滨海旅游发展同质化趋势明显

近年来，广西海洋渔村大力发展滨海旅游，凭借其独特的自然与地理优势，规划渔家

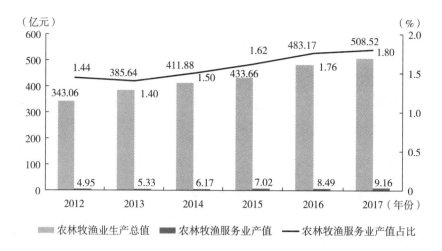

图2　2012~2017年广西三市沿海地区农林牧渔业总产值情况

资料来源：2012~2017年防城港市、钦州市、北海市三市统计年鉴。

乐旅游项目，将海洋渔村推入市场。广西海洋渔村具有多样的渔家旅游活动，如租船捕鱼虾、海上冲浪、出海观海豚等。以钦州市为例，初步统计，截至2017年底，钦州市沿海地区开展渔家乐经营场所20多家，有渔船、游艇共40多艘。但这些游乐设施与北海市、防城港市相近，同质化明显，差异化程度不高。

（五）"三产融合"发展模式多样，但无样板式模式

目前，广西海洋渔村的"三产融合"模式中，农业产业内部的融合（实行稻田生态综合种养方式）、农业产业链的延伸融合（特色海洋产品加工）、农业与其他产业之间的融合（渔家乐）与用先进技术对农业的渗透型融合（"淘宝""抖音"等）四种模式均有所发展，涉及农业生产前期、中期、后期以及流通到市场消费四个阶段，这一过程延长了农业产业链，提高了农业的附加值，但未形成具有可复制的成功样本经验，无可复制的、可推广的成功样板渔村。

（六）数据的获取与指标界限确定

结合广西海洋渔村"三产融合"发展的实际状况及建模需要，数据指标主要包括海洋利用指数、经济效益指数与社会和谐指数。数据来源于北海市、钦州市、防城港市三市的统计年鉴、统计公报，以及三市统计局提供的数据。本文的指标体系由16个指标构成，每项指标的目标值、上限值主要参考《广西"十三五"规划》《钦州市"十三五"规划》《北海市"十三五"规划》《防城港市"十三五"规划》等规划文件，考虑海洋渔村的实际进行微调。指标的下限为2012年的实际值。考虑到数据的可获得性及数据获取难易程度，采用2016年的数据作为评价的基础数据。

（七）指标权重的确定

首先，将2012~2016年的16个指标层指标按照熵权法的计算步骤，得出指标层和准则层的指标权重。其次，以准则层指标为单位。最后，采用熵权法，计算出海洋利用指标层16个指标的权重（结果见表1）。

（八）"三产融合"的可持续度

分别测算"三产融合"水平、能力和协调。在此基础上，计算广西海洋渔村"三产融合"可持续度，计算结果如表3所示。

表3　广西海洋渔村"三产融合"可持续度各指标情况

准则层	指标层	2012年	2016年	目标值	"三产融合"水平	"三产融合"能力	"三产融合"协调	"三产融合"可持续度
海洋利用指数	海水养殖面积（公顷）	47939.6	61352	93243	0.6580	0.3420	0.2961	0.4054
	淡水养殖面积（公顷）	14759	15499	35827	0.4326	0.5674	0.0351	0.2051
	海水产品产量（万吨）	1621774	1872045	9267282	0.2020	0.7980	0.0327	0.1741
	淡水产品产量（万吨）	141308	167017	584328	0.2858	0.7142	0.0580	0.2280
经济效益指数	第一产业产值（万元）	2176690	3041871	15832840	0.1921	0.8079	0.0634	0.2142
	第二产业产值（万元）	6858736.27	10251945.31	52793251.81	0.1942	0.8058	0.0739	0.2261
	第三产业产值（万元）	4153702.11	6663968.51	28473282.68	0.2340	0.7660	0.1032	0.2645
	农林牧渔业总产值（万元）	3444014	4855423	18231735	0.2663	0.7337	0.0954	0.2652
	农林牧渔服务业产值（万元）	49466	84852	426238	0.1991	0.8009	0.0939	0.2465
	农村用电量（万千瓦小时）	35343.28	48250.39	218325.53	0.2210	0.7790	0.0705	0.2299
	农业机械总动力（千瓦）	2095261	2377234	8152387	0.2916	0.7084	0.0466	0.2127
	乡村人口数（户籍人口，万人）	171.93	174.61	210	0.8315	0.1685	0.0704	0.2145
社会和谐指数	公路客货运周转量（万吨公里）	2326981	3278047	14823875	0.2211	0.7789	0.0761	0.2358
	城镇化率（%）	52.63	56.37	65.38	0.8622	0.1378	0.2933	0.3266
	农村居民消费价格指数	103.07	101.27	100.50	0.9924	0.0076	0.7004	0.1742
	农民人均纯收入（元）	7569.33	12343.53	62832.82	0.1965	0.8036	0.0864	0.2389

可持续度是系统内部与外部各要素之间的一种和谐状态及良好的相互关系。根据上述评价方法，以2012年为基数年，对2016年广西海洋渔村"三产融合"可持续度进行评价。从表3可知，三大准则层16项指标中小于0.25的共计12项，大于0.25小于0.45的共计4项。即可持续度指标可持续度评价"低"的共计12项，可持续度指标可持续度评价"较低"的共计4项。2016年广西海洋渔村"三产融合"可持续度偏低，均处于不协调状态。

由表4可发现，从"三产融合"水平、能力与协调的综合值对比来看，"三产融合"能力的综合值最高，"三产融合"水平的综合值次之，"三产融合"协调的综合值最低。这说明广西海洋渔村"三产融合"具备一定的发展能力，但是"三产融合"水平不高，广西海洋渔村"三产融合"协调性较差，表明"三产融合"在广西海洋渔村处于各自为政的状态，未能实现"1+1+1>3"的效果。受"三产融合"水平、能力与协调的影响，广西海洋渔村"三产融合"可持续程度综合值为0.2478，处于低水平状态，说明广西海洋渔村"三产融合"系统内部与外部各要素之间尚未形成和谐状态及良好的相互关系。

表4　"三产融合"可持续度计算结果

准则层	"三产融合"水平	"三产融合"能力	"三产融合"协调	"三产融合"可持续度
海洋利用指数	0.0206	0.0242	0.0076	0.3225
经济效益指数	0.1116	0.3976	0.0429	0.0179
社会和谐指数	0.0975	0.3485	0.0354	0.1726
综合值	0.2297	0.7704	0.0859	0.2478

（九）"三产融合"障碍度

在计算"三产融合"可持续度的基础上，根据以下计算公式：①$R_j = w_j w_i$；②$P_j = 1 - a_j$；③$A_j = R_j P_j / \sum_{j=1}^{n} R_j P_j$，从而分别计算出广西海洋渔村"三产融合"因子贡献度（R_j）和指标偏离度（P_j）及障碍度（A_j），计算结果如表5所示。

表5　海洋渔村"三产融合"障碍度指标

准则层	指标层	因子贡献度 R_j	指标偏离度 P_j	障碍度 A_j
海洋利用指数	海水养殖面积（公顷）	0.0220	0.3420	0.9750
	淡水养殖面积（公顷）	0.0017	0.5674	0.1247
	海水产品产量（万吨）	0.0080	0.7980	0.8334
	淡水产品产量（万吨）	0.0131	0.7142	1.2143

准则层	指标层	因子贡献度 R_j	指标偏离度 P_j	障碍度 A_j
经济效益指数	第一产业产值（万元）	0.0476	0.8079	4.9873
	第二产业产值（万元）	0.0731	0.8058	7.6429
	第三产业产值（万元）	0.1013	0.7660	10.0746
	农林牧渔业总产值（万元）	0.0429	0.7337	4.0880
	农林牧渔服务业产值（万元）	0.1212	0.8009	12.5992
	农村用电量（万千瓦小时）	0.1157	0.7790	11.6981
	农业机械总动力（千瓦）	0.0051	0.7084	0.4729
	乡村人口数（户籍人口，万人）	0.0023	0.1685	0.0508
社会和谐指数	公路客货运周转量（万吨公里）	0.3481	0.7789	35.1928
	城镇化率（%）	0.0017	0.1378	0.0303
	农村居民消费价格指数	0.0002	0.0076	0.0002
	农民人均纯收入（元）	0.0960	0.8035	10.0155

根据障碍度计算结果，按障碍度值大于5为主要障碍因子，可以得出广西海洋渔村"三产融合"障碍因素主要有6项，分别为公路客货运周转量、农林牧渔服务业产值、农村用电量、第三产业产值、农民人均纯收入、第二产业产值，其中有5项因子属于准则层的经济效益指数，这表明广西海洋渔村"三产融合"发展系统协调性及可持续程度受到经济效益指数影响较大。其他10项因素障碍度值小于5，可视为次要障碍，其中第一产业产值的障碍度约为5，与第三产业产值的障碍度值约为10，为次要因素中的主要因素，表明第一产业与第三产业的产值制约了广西海洋渔村"三产融合"的发展。

（十）障碍诊断结论

根据广西海洋渔村海洋利用、经济效益、社会和谐方面的数据，采用协调度、可持续度和障碍度模型对广西海洋渔村"三产融合"发展条件进行协调性评价、可持续程度评价与障碍诊断。研究表明，广西海洋渔村"三产融合"协调度偏低，总体上处于不协调阶段，可持续度为0.2478。通过障碍度诊断，得出影响广西海洋渔村"三产融合"可持续发展的主要障碍因素为：①公路客货运周转量小，交通网络体系薄弱，物流信息服务能力较差；②农林牧渔服务业产值与第三产业比重低且发展慢，休闲渔业、滨海旅游潜力和优势未充分发挥；③农村用电量较小，海洋渔村电力设备陈旧落后，难以满足广西海洋渔村"三产融合"发展的需要；④海洋渔村农民人均纯收入较低，导致渔民"洗脚上岸"或异地打工，渔村人口逐渐减少，严重制约广西海洋渔村"三产融合"发展；⑤第二产业产值低，农产品加工业对"三产融合"带动力弱，影响了海洋渔村"三产融合"的整体发展水平。

四、广西海洋渔村"三产融合"发展的对策建议

（一）完善海洋渔村交通体系，优化基础设施环境

一方面，通过广西海洋渔村加强道路建设，特别是贫困偏远海洋渔村基础设施和信息化服务设施的建设，实现村村通公路，提高公路客货运周转量；另一方面，要加强交通基础设施的管理与维护，提高基础设施的安全性、耐久性和通行能力。与此同时，构建能高效通达广西海洋渔村的绿色智能综合交通运输体系。

（二）发展适合当地特色新业态，提升海洋渔村产业融合的层次

发展具有海洋渔村特色生态产业，扩大服务业规模，促进海洋渔村第三产业稳步发展。在品牌上，打造海洋渔村区域特色品牌，加强科技与农业之间的融合度；在融合方式上，鼓励渔民利用互联网对特色农产品进行宣传推广，"线上线下"结合拓宽销售渠道；在农业功能拓展上，加强引导海洋渔村农业与旅游休闲业、文化教育等产业融合，打造亮点与特色，完善基础设施条件与提高服务水平。

（三）加强海洋渔村电网建设，满足"三产融合"用电需求

加大海洋渔村电网资金投入，及时更新陈旧的用电设备、线路，保障农村供电质量。加强海洋渔村电网的管理和维护，加快乡村电网管理人才队伍的培养与开发。提高海洋渔村居民的安全用电意识。积极利用清洁能源，如太阳能、风能、潮汐能等，让海洋渔村电力资源得到充分利用，从而满足海洋渔村三大产业融合发展过程的用电需求。

（四）提高海洋渔村农民收入，激发"三产融合"发展内生动力

加强对海洋渔村产业融合的政策落实，为贫困、薄弱的农业经营主体提供信贷支持担保，减轻农业成本负担；重视海洋渔村农业产业制度建设和监督管理，创造一个公平、公正、和谐的发展环境，保障海洋渔村农民共同分享海洋渔村"三产融合"发展的红利；注重发展非农产业，改变农业增长方式，拓宽农民增收渠道。

（五）大力发展特色第二产业，推动海洋渔村产业融合发展

结合广西海洋渔村实际，发展特色海洋水产品加工业，建设农产品加工基地，提升第二产业产值。提高海洋渔村海洋资源的开发技术水平，发展绿色、高效海洋经济。扩大完善渔业养殖基地和渔业水产品加工基地建设，改善渔业经济生产模式；调整和提高海岛沿岸海域的综合利用功能，推广与完善海洋渔船安全救助信息系统，为海洋渔业经济活动提供救济与保障，推动海洋渔村产业融合发展。

参考文献

［1］姜长云.日本的"六次产业化"与我国推进农村一二三产业融合发展[J].农业经济与管理，2015（3）：5-10.

［2］李小静.农村三产融合发展的内生条件及实现路径探析[J].改革与战略，2016（4）：83-86.

［3］郑风田，崔海兴，程郁.产业融合需突破传统方式[J].农业工程技术，2015（26）：39.

［4］于刃刚，李玉红．论技术创新与产业融合［J］．生产力研究，2003（6）：175-177.

［5］赵霞，韩一军，姜楠．农村三产融合：内涵界定、现实意义及驱动因素分析［J］．农业经济问题，2017，38（4）：49-57+111.

［6］韩一军．加快推进农村一二三产融合发展［J］．黑龙江粮食，2015（11）：27-28.

［7］周裕丰，刘菊鲜．农村土地利用协调性评价及障碍诊断——以广州市为例［J］．广东农业科学，2011，38（14）：154-156.

［8］薛红霞，刘菊鲜，罗伟玲．广州市城乡发展协调度研究［J］．中国土地科学，2010，24（8）：39-45.

［9］谭永忠，吴次芳，叶智宣，丁洪建，牟永铭．城市土地可持续利用评价的指标体系与方法［J］．中国软科学，2003（3）：139-143.

［10］刘菊鲜，梅昀，罗伟玲．城市土地利用协调性评价及障碍诊断——以广州市为例［J］．中国集体经济，2011（25）：80-81.

［11］徐靖宇．基于循环经济视角的土地可持续利用研究——以昆明市为例［D］．云南财经大学硕士学位论文，2011.

以"一带一路"南向通道陆海枢纽城市建设为契机加快推进钦州市向海经济发展

广西钦州市旅游发展委员会市场推广科科长　黄柏

【摘要】 改革开放以来，我国高度重视海洋经济发展，在党的十八大、十九大报告中都明确提出了海洋强国的战略目标。随着国家"一带一路"倡议与钦州市"一带一路"南向通道陆海枢纽城市建设目标的深入实施，为钦州市发展向海经济带来了千载难逢的机遇。近年来，在钦州市委、市政府的正确领导下，钦州市向海经济发展取得了显著成效，但仍然存在向海管理体制机制滞后、扶持力度有待加强、向海环境污染问题日益突出、渔业资源破坏严重、用海供需矛盾突出、向海产业结构布局不够合理、向海资源开发利用整体水平不高、向海经济和科研力量薄弱等问题。笔者认真分析了目前钦州市向海经济发展的现状、机遇与优势，并就如何以"一带一路"南向通道陆海枢纽城市建设为契机，加快推进钦州市向海经济发展提出了加强组织领导，加大政策扶持力度，加大资源整合力度，健全科学管理体制机制，优化向海经济结构，加强海洋环境保护，加强向海人才队伍建设等对策建议。

【关键词】 加快；钦州向海经济；发展

一、引言

改革开放以来，我国高度重视海洋经济发展，在党的十九大报告中提出要以"一带一路"建设为重点，坚持"引进来"和"走出去"并重，遵循共商共建共享原则，加强创新能力开放合作，形成陆海内外联动、东西双向互济的开放格局。同时，习近平总书记在党的十九大报告中提出"坚持陆海统筹，加快建设海洋强国"。这充分体现了我国坚定不移发展海洋经济、保护海洋生态环境、建设海洋强国、坚决维护国家海洋权益的决心。随着国家"一带一路"倡议与钦州市"一带一路"南向通道陆海枢纽城市建设目标的深入实施，钦州市向海经济将迎来千载难逢的发展机遇。钦州市位于广西北部湾经济区的中心位置，在大西南及广西沿海经济区域中处于十分重要的战略地位。钦州市共有海岸线562.64公里，陆地海岸线长520.8公里，海洋资源丰富，发展向海经济的条件得天独厚，发展向海经济既有助于调整及优化钦州市海洋产业结构与空间布局，又有利于缓解陆域经济发展带来的资源、能源及生态环境等的压力。同时，还可以为经济社会提供新的可持续发展空间和新的经济增长点，对促进钦州市乃至广西沿海经济社会繁荣发展具有重要的战略意义。

二、钦州市发展向海经济的机遇与优势

（一）发展向海经济的机遇

党的十九大报告已将海洋强国的战略目标纳入了国家大战略之中，还提出了提高海洋

资源开发能力，发展海洋经济，保护海洋生态环境等战略目标。同时在《中华人民共和国国民经济和社会发展第十三个五年规划纲要》里也提出了拓展蓝色经济空间，坚持陆海统筹，发展海洋经济，科学开发海洋资源，保护海洋生态环境，优化海洋产业结构，发展远洋渔业，推动海水淡化规模化应用，扶持海洋生物医药、海洋装备制造等产业发展，加快发展海洋服务业，发展海洋科学技术，重点在深水、绿色、安全的海洋高技术领域取得突破，推进智慧海洋工程建设，等等。还有，近几年国家、广西壮族自治区和钦州市又相继出台了《全国海洋经济发展规划（2016—2020年)》《全国海洋功能区划（2011—2020年)》《广西壮族自治区海洋功能区划（2011—2020)》和《钦州市海洋功能区划（2008—2020)》等规划。由此可见，这些战略与规划纲要的出台，为钦州市发展向海经济提供了强有力的支持，也为钦州向海经济带来了良好的发展机遇。

（二）发展向海经济的优势

1. **政策平台优势**

钦州市作为对外开放城市，在国家西部大开发中，既可享受国家西部大开发优惠政策，又可享受国家民族区域自治相关政策。尤其随着钦州市"一带一路"南向通道陆海枢纽城市建设目标与《广西北部湾经济区升级发展行动计划》的进一步组织实施，同时借助钦州港国家经济技术开发区、保税港区、中马产业园、整车进口口岸、全国加工贸易梯度转移重点承接地等叠加的优惠政策平台，将使钦州向海经济发展拥有良好的政策平台支持。

2. **便捷的交通网络优势**

钦州市毗邻粤港澳，距离新加坡约1338公里，距离越南的海防约160公里，距离菲律宾的马尼拉836公里。钦州市拥有吞吐能力达亿吨的深水良港，有高铁、高速公路，还有向东连接北海市和广东，向西连接防城港市和越南的滨海一级公路，海陆空交通网络十分发达。

3. **地理位置优势**

钦州市地处广西沿海地区的中心位置，背靠大西南，北邻广西首府南宁市，东与北海市和玉林市相连，西与防城港市、越南的广宁省毗邻。钦州海域东以丹竹江和大风江一线与北海海域相邻，西以茅岭江—龙门岛西部与防城港海域相连。钦州市陆地海岸线长520.8公里，共有309个海岛。同时，钦州市是华南经济圈、西南经济圈与东盟经济圈的结合部，是大西南最便捷的出海通道，是连接中国西南、华南、中南与东盟大市场的重要枢纽，同时也是沟通太平洋与印度洋的航道之一，地理位置优势凸显。

4. **海洋资源优势**

钦州市拥有丰富的海洋资源，渔业资源种类繁多、数量大。有海洋鱼类约500种，蟹类十几种，还有中华白海豚、鲨、文昌鱼、海马、海蛇等珍稀动物。主要浅海滩涂经济生物分布广泛，浅海有众多的虾类、蟹类、螺类、贝类、鱼类和藻类等。近岸可养殖面积达130万亩，茅尾海是钦州市四大海产品（大蚝、对虾、青蟹、石斑）的主产区。茅尾海是全国最大的大蚝天然苗种繁殖基地。

5. **滨海旅游资源丰富**

钦州市作为我国西部沿海旅游城市，是一个以海洋生态观光、滨海休闲度假、海上运动休闲为主要功能的天然滨海旅游胜地，拥有丰富的滨海旅游资源，比如，拥有国家 AAAA 级旅游景区的中华白海豚之乡三娘湾、国家级海洋公园茅尾海、国家 AAA 级旅游景区七十二泾（龙门群岛），还有大面积著有海上"活化石"之称的红树林，以及古朴、生态的沙角渔村和大环半岛渔村等。

6. 港口资源独特丰富，条件优越

钦州市拥有海岛数量为广西沿海总数的 50%，海岸线长约 560 公里，宜建港岸线约 86.1 公里，深水岸线约 54.5 公里。潮流流速大，泥沙回淤少，天然屏障良好，水深条件优良，具有建设深水良港的天然条件。

三、目前钦州向海经济发展的现状

（一）主要成效

一直以来，钦州市各级党委和政府高度重视向海经济发展，海洋资源得到了深入整合与优化，向海经济发展取得了显著成效。据统计，2015 年广西海洋生产总值为 1010 亿元，占广西生产总值的 6%；2016 年广西海洋生产总值为 1233 亿元，占广西生产总值的 6.8%；2017 年广西海洋生产总值为 1394 亿元，占广西生产总值的 7.3%；2018 年 1~6 月，广西海洋生产总值为 713 亿元，同比增长 12.4%。而 2015 年钦州市海洋生产总值为 405.4 亿元，占广西海洋生产总值比重为 40.1%；2016 年钦州市海洋生产总值为 450 亿元，占广西海洋生产总值比重为 36.5%；2017 年，钦州市海洋经济总产值为 523 亿元，占广西海洋生产总值比重为 37.5%；2018 年 1~6 月，钦州市海洋生产总值为 213.9 亿元，占广西海洋生产总值比重为 30%。还有，钦州市海洋产业结构得到进一步优化，空间产业布局逐渐趋于科学合理，海洋传统产业得到了进一步提升。产业集聚能力不断增强，海洋经济规模不断扩大。目前，钦州市向海经济已初步形成港口运输业、临海工业、海洋渔业、滨海旅游业等良性互动发展的态势，向海经济正逐渐成为钦州市经济社会发展的重要支撑。

（二）主要存在问题

多年以来，尽管钦州市向海经济发展迅速，但还存在不少问题与困难。比如，向海经济占地区生产总值比重与海洋资源优势很不匹配，还有向海产业规模不够大、发展质量不够高、发展方式总体比较粗放、高技术产业和服务业发展滞后、向海资源开发总体水平低、向海生态环境不容乐观及陆地开发与向海发展统筹亟待加强等问题。主要表现如下：

1. 向海管理体制机制相对滞后

目前，钦州市还没形成科学的向海综合管理体系。一方面，钦州市还没形成海上执法"合力"，在管理上仍存在着交叉和空白。另一方面，各涉海部门之间仍存在着管理权限和管理范围不清晰与不协调等问题，难以适应向海开发建设的趋势和要求，不能满足现代向海经济发展的需要。

2. 扶持力度有待加强

目前，钦州市对促进向海经济发展的相关扶持政策还不够完善。尤其是在用海、用水、用电、用气等方面的扶持政策措施，仍需进一步完善。另外，在财税政策方面，对向海新兴产业发展的扶持力度明显不强，财政性资金使用分散，投资支持方式难以适应向海新兴产业的发展需要。

3. 向海环境污染问题日益突出

随着钦州市经济社会和临港工业的迅速发展，陆源污染和海源污染呈加剧趋势，特别是临海工业、海水养殖、城镇化和旅游业的快速发展，以及城市生活和工业废弃物、航运业的排污、农用化肥和农药的过量排放等，都严重污染了向海生态环境。

4. 渔业资源破坏严重

海洋环境污染、海滩围垦破坏、水利和海洋工程对生态环境的破坏等，造成海洋渔业资源大量衰退。尽管每年实行伏季休渔制度，为鱼类生长、繁育提供了条件，但由于过度发展海洋养殖业，大量竹排、渔船、网具的增多，尤其是沿岸定置竹排、网具、违规的拖网捕捞和养螺，对幼鱼成长造成严重危害，严重制约了海洋渔业资源的健康发展。

5. 用海供需矛盾突出

向海经济发展上升为国家发展战略后，钦州市的向海开发力度进一步加大，港口建设、临港工业和城市的发展等用海的需求旺盛。同时滨海旅游、渔业等建设工程用海范围也不断扩大。尤其是自 2010 年起，国家第一次把围海填海计划纳入国民经济和社会发展计划，实行计划指标控制性管理，目前钦州市用海供需矛盾明显突出。

6. 向海产业结构布局不够合理

钦州市的向海产业结构布局主要存在宏观指导不够强，产业空间分布不够合理，产业结构不够优化，向海资源消耗和环境压力过大等问题。同时，还存在区域分工体系不够完善、协调配合不够、无序竞争等问题。比如，传统海洋交通运输业、海洋矿产业所占比重较大，而海洋装备制造业、新兴海洋产业等所占比重较小。

7. 向海资源开发利用整体水平不高

长期以来，由于受到计划经济和"重陆轻海"的政策影响，钦州市的向海资源开发利用率低，向海产业所形成的规模比较小，仍然停留在以海水养殖、海洋运输、海洋盐业等传统产业为主的阶段。一些新兴的向海产业尚未形成规模，传统向海产业又处于粗放型发展阶段，再加上向海科技储备不足，向海资源的开发利用一直处于较低水平。

8. 向海经济和科研力量薄弱

目前，钦州市向海经济和海洋科技教育人才队伍建设仍严重滞后。钦州市向海经济相关科技人才十分缺乏，海洋科研能力薄弱，高层次海洋科技人才和涉海科研人员几乎是空白，没有一所国家级海洋研究机构，也没有一个为海洋管理提供技术支撑与服务的海洋技术中介咨询机构。海洋科技创新体系尚未形成，海洋科技投入不足，企业科技研究力量不强，科技研发及科技成果转化产业化程度较低，科技对现代海洋产业的贡献率仍处于较低水平。

四、加快推进钦州市向海经济发展的对策建议

（一）加强组织领导

为更好地推进钦州市向海经济又好又快地发展，建议各级党委政府成立向海经济发展领导小组，领导小组的主要职责是指导向海经济发展总体规划的修订与实施，加强对向海产业政策、重点项目的宏观指导与协调，检查与督促向海产业发展的有关政策措施的贯彻

落实等。

（二）加大政策扶持力度

进一步完善促进钦州市向海经济发展的相关扶持政策措施。健全在用海、用水、用电、用气等方面的扶持政策及扶持海洋战略性新兴产业发展的优惠政策。加强对海水综合利用、海洋新能源开发、海水养殖、远洋渔业、海洋产业节能减排、海洋环境保护等行业的支持扶持力度。在财政、资金、土地、税收等方面，要对向海产业给予大力支持，鼓励促进向海新兴产业快速发展。增加公共财政对海洋管理的投入，加大对向海生态环境保护、防灾减灾、基础设施建设等公益事业领域的支持力度。创新投融资模式，多渠道吸纳资金投入，鼓励和引导民间资本积极参与向海经济发展，扩大直接融资比重，鼓励金融机构加大对海洋渔业和海洋新兴产业的信贷支持，科学引导和调整向海产业投资结构，全面构建多元化的投融资机制。

（三）加大资源整合力度

加大向海资源整合力度，坚持规划先行原则，高标准编制《钦州市向海经济发展规划》及相关行业的规划。统筹陆海经济布局、陆海环境整治和灾害防治、陆海开发强度与利用时序，处理好海洋领域规划与陆地规划的衔接，并积极融入广西北部湾海洋业相关发展规划。提高向海经济发展规划实施的权威性，一律杜绝不符合向海经济发展规划的新建、改建、扩建项目的立项和开工，防止低水平及重复的项目建设。

（四）健全科学管理体制机制

健全与创新向海产业综合管理体制机制，在执行国家和广西壮族自治区有关海洋法律法规的基础上，进一步完善地方法规实施体系，如制定海域使用、环境保护、自然保护区等管理领域的规范性文件和实施方案等。加强海上执法队伍建设，强化海洋综合执法，构建依法用海、治海、管海的科学管理体系。

（五）优化向海经济结构

通过优化空间布局，合理配置生产要素，构建层次清晰、定位鲜明的向海经济开发新格局，不断提高向海经济发展质量与水平，加快形成钦州市新的经济增长点。一是提升海洋传统产业。利用海洋先进技术对渔业、盐业等传统海洋产业进行技术改造，促进传统海洋产业向规模化、集约化方向发展，提高产业的生产能力和经济效益。二是大力发展海水养殖业，逐步向海洋农牧化发展。三是控制近海捕捞，积极发展远洋和外海渔业。四是积极调整并发展海洋第二产业，坚持以高新技术为支撑，着力培育港口运输、临港工业、船舶修造、海水利用业、海洋能源等主导产业，巩固壮大海洋工程装备制造业。五是加强海洋生物技术开发研究，培育海洋药物、生物制品业及海洋可再生能源业。六是大力发展海洋第三产业，充分利用三娘湾、茅尾海、七十二泾等特色滨海旅游资源，开发滨海观光、休闲、度假、运动、康体疗养游等旅游产品，打造独具特色的滨海旅游品牌。

（六）加强海洋环境保护

完善向海生态环境保护协调合作机制。坚持海陆统筹、河海兼顾。在开发利用向海资源过程中，要坚持优先保护生态，做到在保护中开发和在开发中保护。完善海洋环境监测预警机制，加强对海洋环境的监测、监视和执法管理。加大对石油和化学工业、能源工业、造纸、粮油加工、冶金、修造船等企业排污的管理，提高船舶和港口防污设备的配备率。加快滨海城市生活污水、垃圾处理和工业废水处理设施的建设，不断完善配套污水管网以及配套垃圾渗滤液处理工程。加强对近岸水体、海域沉积物等有机污染物评估和海域环境的污染监测，严防海上突发污染事故的发生。加强对填海、围海及开采海砂等用海的动态监控管理，防止对海域、海岛及海岸的破坏性利用。加强对红树林、中华白海豚等特色生态系统和珍稀海洋生物的保护，构建海岸生态防护带。强化渔业资源保护管理，严格控制近海捕捞强度，严格执行休渔、禁渔制度，积极开展渔业资源增殖放流，加强人工鱼礁和海洋牧场建设，保护水生生物物种。加大滩涂、浅海养殖的控制，防止过度养殖。严格执行《中华人民共和国海域使用管理法》《中华人民共和国海洋环境保护法》《中华人民共和国渔业法》等法律法规，进一步规范海洋开发秩序，依法审批和监督各类海洋开发活动。加大海洋知识的宣传力度，增强全民用海意识。

（七）加强向海人才队伍建设

加强向海经济、管理、科技人才队伍建设，创新人才引进激励机制，鼓励引进国内外海洋经济、海洋科技及海洋管理的高端人才。加大海洋人才教育培训基地的投入建设，充分发挥北部湾大学海洋学院的作用优势，强化培训教育，努力提高海洋人才队伍的整体素质。发挥海洋科研技术力量，加强与国内外海洋院校、海洋科研咨询机构及企业的交流合作，为各种海洋人才提供发展活动的空间与机遇。采用多渠道、多方式，进一步扩大培养和引进向海人才的规模和范围。努力建设一支业务精通、法律意识强、政治思想觉悟高的向海人才队伍。

浅析北部湾向海经济与创新发展

钦州市浦北县金浦中学教师　谢广红

【摘要】21世纪是海洋的世纪，"向海则兴，背海则衰"，打造向海经济正当其时。广西与东盟国家海陆相连，是我国西部沿海沿边的少数民族自治区，发展向海经济具有不可替代的战略地位和得天独厚的资源禀赋优势。广西目前经济增长的主要动力来自南部靠海的广西北部湾经济区，"打造好向海经济"就是要推动沿海区域面向海洋发展，提升海洋经济在经济社会发展中的地位，发挥海洋经济对推动经济持续健康发展，维护国家主权、安全、发展利益的重要作用。积极推进科技创新，加快海洋经济结构优化升级，提升海洋经济在经济社会发展中的地位，是广西向海经济健康发展的迫切需求，也是广西打造"21世纪海上丝绸之路"重要门户的必由之路。

【关键词】北部湾；向海经济；创新；发展

一、引言

广西被定位为"一带一路"有效衔接的重要门户，"打造向海经济"意味着城市需要面向海洋发展，向海洋要资源和财富。而建立"大进大出"的临港产业带、发展高端的海洋装备和深海生物技术，以及面向"一带一路"沿线国家建设远洋航运服务，都可以是"向海经济"的实现方式。落点在广西和北部湾区域，港口群的建设将强化"向海经济"的布局，带动中国的临港工业、海洋装备制造走向东盟等"一带一路"国家。

二、发展向海经济的原因

广西目前经济增长的主要动力，来自南部靠海的广西北部湾经济区，包括南宁市、北海市、钦州市、防城港市四座城市。北部湾南面靠海，再加上铁山港对北部湾经济区的支撑作用，北部湾发展"向海经济"有着得天独厚的优势。

中国社会科学院研究员、中国区域经济学会秘书长陈耀认为，"向海经济"意味着沿海区域要面向海洋发展，重视海洋资源的利用，要向海洋要资源、要财富。要依托港口群构建"大进大出"的临港产业集群，比如发展大型海洋装备、深海生物技术转化、海洋资源开发利用等海洋经济，这些都是探索"向海经济"的有效形式。[1]

对于这两方面的"向海经济"，广西北部湾经济区已有所探索。根据《广西海洋经济可持续发展"十三五"规划》，广西对北海市、钦州市、防城港市三座城市发展海洋经济均有明确定位：北海市着重发展电子信息、石化、新材料等临海先进制造业，积极发展海洋生物医药产业、南珠特色产业；防城港市着重发展钢铁、有色金属、核电等龙头临港工业，突出发展沿边贸易和生态旅游，推进北部湾现代物流中心建设；钦州市着重发展石化、海洋工程、装备制造等现代临港产业，积极发展海洋生物医药和港航服务业。广西北部湾经济区和东盟开放合作办公室常务副主任魏然认为，"作为中国西南地区最便捷的出海口，广西北部湾经济区已经从10年前基本没有重大项目落户的'产业荒漠'成长为地区重要的产业基地，逐步形成以石化、电子信息、冶金新材料、粮油食品、造纸、海洋等为主导的特色现代产业体系。[1]'向海经济'，正在中国西部沿海逐渐发展壮大"。

这一变化源于北部湾经济区发展临港产业、推动海洋经济向质量效益型转变的现实需要，也源于"一带一路"建设给北部湾经济区带来的发展新机遇。

广东外语外贸大学陈万灵教授认为，"临港布局产业的好处在于，通过缩短运输路线和形成规模上的'大进大出'，最大限度地降低成本，而广西的区位优势又有利于货物的快速疏散"。[2]得天独厚的区位优势使得中国的临港工业产品、海洋装备制造可以通过北部湾经济区更便捷地走向"一带一路"国家。

随着"一带一路"倡议的实施，通过加快发展临港工业、海洋装备制造业、远洋捕捞业等现代海洋产业推动中国与东盟等"一带一路"沿线国家的合作，成为广西打造区域蓝色引擎的重要路径以及北部湾经济区打造向海经济的极佳选择。

三、认识和把握北部湾海洋经济与科技现状

以天然良港为依托建立起临港产业经济带，是广西开发向海经济的有效形式。北部湾经济区拥有蕴藏着丰富的海洋资源的近13万平方公里海域面积。根据《广西海洋经济可持续发展"十三五"规划》，北部湾经济区内六市根据自身优势和现有基础，按照临港大工业、战略性新兴产业和加工贸易产业三大领域，科学布局八大产业集群。通过积极引进项目和产融对接，北部湾经济区的临港产业已建成装备制造、能源、生物医药和健康、轻工4个千亿元产业集群，电子信息和冶金精深加工2个3000亿元产业集群，以及石化、粮油和食品加工2个2000亿元产业集群。当前，6市产业差异化发展格局初步形成，产业链、创新链、供应链相对完善，临港产业的规模效应逐渐显现，为向海经济的腾飞奠定了坚实基础。[3]

2007年形成了广西北部湾港，它由钦州港与防城港、北海港组成，拥有大型、深水、专业化码头群形成的规模优势，资源丰富、区位独特，是中国距离东盟最近的港口群，也是西南、中南地区最便捷的出海口。面向东盟开放发展，提升互联互通水平，主动融入"一带一路"的建设，这是北部湾港口群肩负的历史使命，也是升级发展难得的历史机遇。自2013年中国—东盟港口城市合作网络建立以来，北部湾港与东盟国家港口城市在相互通航、港口建设、港航信息、国际贸易等方面开展深度交流与合作。

如今，北部湾经济区依托港口和临港产业集群，快速发展向海经济。

四、打造向海经济的关键

（一）大力推进港口建设

港口建设是发展向海经济的基础性工程，也是广西打造好向海经济的战略抓手。习近平总书记在合浦铁山港公用码头同工人们交谈时，就明确要求广西要建设好北部湾港口，打造好向海经济。钦州市要根据《广西北部湾港总体规划》和各港口区域的比较优势，有

序推进沿海港口建设。要优先开展重点港口大型专业化泊位、重大项目配套码头泊位的建设，促进各港口实现错位发展，坚持一张蓝图绘到底，早日建成区域性国际航运物流中心、先进装备制造业基地、国际邮轮客运中心，为壮大向海经济规模提供坚实基础。

（二）努力发展好海洋产业

"靠海吃海念海经"，发展海洋产业特别是海洋战略性新兴产业是我国经济社会发展的现实需要，也是北部湾打造向海经济的重要路径。应立足区域特色，依托"一带一路"门户建设和打造西南中南地区开放发展新的战略支点，努力提高海洋资源开发能力，着力推动海洋经济向质量效益型转变。要提高海洋开发能力，扩大海洋开发领域，突出重点，加快发展现代海洋产业，提升海洋传统产业，培育壮大、重点发展海洋战略性新兴产业，全面提升海洋服务业，培育壮大相关海洋产业，努力形成现代渔业、滨海旅游、现代港口、现代海洋服务业和海洋新兴产业五大集聚区，大幅度提高海洋产业对全区经济社会发展的贡献率。

（三）全力保护海洋生态环境

"资源开发不是单纯讲经济效益，而是要达到社会、经济、生态三者效益的协调"。发展向海经济必须坚持开发与保护并举的方针，着力推动海洋开发方式向循环利用型转变，全面促进海洋经济可持续发展，让人民群众吃上绿色、安全、放心的海产品，享受到碧海蓝天、洁净沙滩。要下定决心，绝不能以牺牲海洋生态环境为代价，不能走先污染后治理的路子，要走出一条具有中国特色和广西元素的海洋生态文明建设之路、向海经济发展之路。

（四）着力为写好"21 世纪海上丝绸之路"新篇章贡献广西元素

"21 世纪海上丝绸之路"是打造好向海经济的支撑。广西从汉代起就开辟了海上丝绸之路，形成了"徐闻、合浦南海道"，这也是我国第一条有史料记载的官方与外国交往的航海丝路。穿越历史云烟，今天的广西，要从历史中汲取智慧，发挥独特优势，把广西经济社会发展纳入"一带一路"建设框架中谋划。要全面推进"一带一路"国际通道建设，建设好有机衔接的重要门户。以北部湾区域性国际航运中心为依托，面向东盟及"21 世纪海上丝绸之路"沿线国家，加快建设以航空为先导、公路为基础、铁路为动脉、水运为辅助的海上国际大通道，尽快建成海上互联互通交通网，充分发挥广西"一带一路"有机衔接重要门户的功能。要大力发展边海经济，加快推进东兴、凭祥国家重点开发开放试验区建设和跨境合作，完善口岸和保税物流体系，培育和壮大边海经济带。此外，还要密切加深与东盟国家的海洋人文交流等，夯实中国与东盟各国合作的社会土壤。[4]

五、实现北部湾向海经济提速发展需要创新

（一）加强海洋学科和平台建设，打造高端科研高地

加快建立国家海洋局第四海洋研究所、北部湾大学、北京航空航天大学北海学院；大力支持广西大学、广西民族大学等高校办好海洋学院，申报海洋专业学科点，支持广西大学建设以海洋学科为支撑的世界一流学科群；积极筹建中国—东盟国家海洋科技联合研发中心、监测预报中心、科技创新信息公共服务平台等；建立海洋技术创新和产业发展的战

略联盟，推动"政产学研用"协同创新。

（二）实施人才兴海战略，柔性会聚海洋科技人才

明确培养引进海洋人才的类型和重点，实施人才兴海战略。在实施产业人才引进工程方面，组织有需求的企业到海洋经济发达省份和人才聚集地区开展专场招聘活动，满足当前广西海洋产业人才需求；在实施海洋产业紧缺人才培训工程方面，鼓励企业与广西内外海洋专业培训机构合作，开展针对性强的技能培训和再培训，尽快补齐紧缺人才"短板"；在实施高端海洋人才引进工程方面，增加海洋经济和科技领域的高端人才引进指标，大力支持海洋经济与科技领域"人才小高地"建设，积极培育海洋高端创新能力。

（三）深化产学研合作，构建"市场—孵化器—中介"三位一体的成果转化体系

首先，促进科技成果与市场需求的有效衔接，推进科技成果商品化、市场化、产业化，提高海洋科技成果转化率和对经济发展的贡献率。其次，鼓励大企业与科研院所和高校联合共建海洋科技孵化器、新型产业孵化基地和科技成果转化基地，建立和完善海洋科技推广体系。最后，加快推进科技中介的专业化。推动科技创业服务中心、技术产权交易所、科技咨询中心等服务机构的社会化、专业化建设；支持企业、社会团体或个人创办海洋科技中介机构，鼓励科技中介跨行政区设立分支机构；推动广西本地与国内外知名中介机构的交流与合作，尽快实现与东盟等国家的国际服务规范接轨。[5]

北部湾应充分发挥地理优势，大力发展向海经济，向海经济欲要快速稳定地发展，需要不断地创新。

参考文献

［1］戴春晨．首提"向海经济"：北部湾如何向海而生？［N］.21世纪经济报道，2017-04-21.

［2］庞革平．首提向海经济 广西北部湾经济区打造蓝色引擎［N］.人民网广西频道—广西要闻，2017-06-21.

［3］张红璐，庞冠华．建设好北部湾港 打造好向海经济［N］.广西日报，2017-09-30.

［4］王钰鑫．打造向海经济的几个重点［N］.广西日报，2017-05-16.

［5］王英辉．打造海洋科技创新链 支撑引领向海经济健康发展［N］.广西日报，2018-05-08.

生态城市群　让北部湾走可持续发展道路

——论南向通道背景下的城市协同发展

钦州市灵山县三隆镇金西小学教导主任　梁超源

【摘要】 广西北部湾作为后发展地区，面临工业化、城市化与环境保护的两难选择，走城市群发展生态化道路是化解发展难题、实现新跨越的唯一正确选择。本文认为，北部湾生态城市群建设既要贯彻以人为本、全面协调可持续发展的城市发展观，立足生态资源优势与特色，实施建设生态广西战略，又要通过区域协调与发展，使北部湾区域形成一个空间结构合理、开放度高、辐射力强、经济繁荣、社会和谐和生态良好的重要国际区域经济合作区。

【关键词】 广西北部湾经济区；发展战略；城市群；生态建设

一、建设生态城市群是城市发展战略的重大转型

所谓城市群是指在特定的地域范围内具有相当数量的不同性质、类型和等级规模的城市，依托一定的自然环境条件，以一个或两个特大城市（或大城市）作为地区经济的核心，借助综合运输网的通达性，发生与发展城市个体之间的内在联系，共同构成一个相对完整的城市"集合体"。基于对资本、技术、人才和信息等要素的巨大集聚和辐射功能，城市群已经成为区域经济社会发展新的增长极。广西北部湾经济区要建成中国—东盟开放合作的物流基地、商贸基地、加工制造基地和信息交流中心，成为带动并支撑西部大开发的战略高地和开放度高、辐射力强、经济繁荣、社会和谐和生态良好的重要国际区域经济合作区，必须以城市群的构建与发展作为重要载体和支撑。但是，广西不能走西方发达国家和地区城市化的老路。西方发达国家和地区城市群是工业化和城市化互动发展的产物，资本主义工业增长模式在缔造财富神话和城市帝国的同时，也酿成了生态恶化的现代"城市病"。空气和水的质量下降、绿地减少、自然资源枯竭、能源紧张和废弃物排放，以及对稀缺、拥挤的城市空间的激烈竞争等种种迹象表明，环境退化已经成为现代城市可持续发展的"瓶颈"。人们深刻反思工业文明弊端的结果，催生了城市可持续发展理念，《寂静的春天》《增长的极限》和《我们共同的未来》三部著作和相关研究报告的问世，反映了环境与生态问题已经从学者个人关注演变成全球共识，均衡发展、可持续发展理念日渐深入人心，并被提升为全球性发展战略。由于环境与生态问题集中表现在城市化进程中，城市生态化建设模式逐渐受到全球关注。20世纪70年代联合国教科文组织（UNESCO）发起的"人与生物圈"计划（MAB），首次提出"生态城市"这一崭新的城市概念和发展模式；1974年国际生态学会专门成立了一个城市生态专业委员会来协调各国的城市生态研究；1992年联合国环境与发展大会通过的《21世纪议程》倡导必须把更多的城市栖息地

问题放到最重要位置；在 2002 年约翰内斯堡联合国可持续发展世界首脑会议上，生态城市规划被公认为各国政府向可持续发展努力的一个具体行动。与此同时，生态城市建设也在世界范围内广泛开展，美国、日本和澳大利亚等国相继开展了生态城市的建设计划。由此可见，城市发展目标的生态取向已经成为走出"人类困境"和实现城市可持续发展的必然选择。

二、建设广西北部湾生态城市群的基础、条件与存在问题

生态城市群是城市群构建与生态文明建设的结合，是生态文明理念和内涵在城市体系构建中的体现，其内涵包括：城市群生态环境一体化保护；城市群生态资源优势互补、共享和集约利用；城市群经济和产业的生态化改造和生态化升级；城市群人际关系和谐构建；城市群文化生态多样性的保护与繁荣发展；等等。建设生态城市群至少可以实现以下三个目标：①克服工业化、现代化环境下城市发展的困境，实现城市可持续发展；②回归城市的人本理念与人性关照，解决现代城市人的生态生存问题；③发挥城市生态协同效应，增强城市竞争力，为区域经济社会全面协调可持续发展提供动力。

（一）广西北部湾经济区已经具备建设生态城市群的基本条件和基础

1. 独厚的自然生态条件

广西北部湾经济区（以下简称"北部湾经济区"）主要由南宁市、北海市、钦州市和防城港市四市所辖行政区域组成，另外加上玉林市、崇左市两个市物流区，即"4+2"。北部湾经济区不仅区位优势明显，而且自然生态环境与资源禀赋优越独特，具有发展生态型城市群的比较优势。

一是海洋生态环境与资源优势。北部湾海岸港湾水道众多，天然屏障良好，依托优越的建港自然条件可建成亿吨现代化大型组合港，形成以南宁市为中心，以防城港、北海港和钦州港三大港口为纽带的西南出海大通道。北部湾近海海域有海洋生物 900 多种，良好的红树林和珊瑚礁具有极大的科研和生态价值。

二是生态旅游资源优势。北部湾是广西重要的旅游资源分布区，主要有被列入国家级旅游度假区的北海银滩，火山岩地质地貌景观，涠洲岛、斜阳岛、山口国家级红树林生态自然保护区，国家级北仑河口海洋自然保护区，钦州湾"七十二泾"和龙门诸岛，以及京族三岛等特色旅游资源。

三是矿产、水能等资源优势。广西是全国 10 个重点有色金属产区之一，广西沿海地区和北部湾蕴藏着丰富的石油和天然气资源。

2. 有力的政策导向

自党的十六大以来，转变经济发展方式和建设"两型社会"（资源节约型、环境友好型社会）已经成为我国城市化的明确导向，党的十七大首次提出的建设社会主义生态文明的战略方针，为城市发展注入了生态文明的丰富内涵。党的十七届五中全会审议通过的《中共中央关于制定国民经济和社会发展第十二个五年规划的建议》强调要完善城市化布局和形态，逐步形成辐射作用大的城市群，"城市规划和建设要注重以人为本、节地节能、生态环保、安全实用、突出特色、保护文化和自然遗产，强化规划约束力，加强城市公用设施建设，预防和治理'城市病'"。广西壮族自治区党委、自治区政府审时度势，立足

广西实际，于 2007 年提出了建设生态广西战略；2008 年 2 月，国务院批准正式实施的《广西北部湾经济区发展规划》确立了"建设具有浓郁亚热带风光和滨海特色、辐射作用大的南（宁）北（海）钦（州）防（城港）城市群"的战略目标，并把布局优化、整体协调、生态友好和可持续发展确定为北部湾城市群发展的战略重点。由此可见，建设北部湾生态城市群是落实科学发展观，实现广西新发展的重大区域发展战略。

3. 完善的交通运输网络

完善的交通运输体系是城市群发育的必要条件。随着北部湾地区的开放开发，北部湾城市群已经逐步成为中国—东盟的海陆空交通枢纽。在已经建成南宁市通往沿海三个港口的高速公路的基础上，通往东盟的陆路国际通道——南宁市至友谊关高速公路和南宁市至河内的国际列车已经建成通车。北部湾港已经建成万吨级以上的泊位 46 个，综合通过能力 1.15 亿吨，广西北部湾港与世界上 100 多个国家和地区的 200 多个港口有贸易运输合作。在航空方面，广西已开通至新加坡等东盟 8 个国家 11 个重要城市的国际航班。

4. 迅速增强的经济实力

近年来，北部湾城市群发展迅速，综合实力显著增强，各项主要经济指标增速位居广西前列。广西北部湾经济区生产总值从 2006 年的 1434 亿元增加到 2009 年的 2450 亿元，年均增长 16.7%。2009 年北部湾经济区逆势而上，生产总值增长 15.9%，比广西壮族自治区高 2 个百分点，比全国高 7.2 个百分点。

5. 强劲的城市化发展势头

虽然北部湾城市化率仍低于全国平均水平，但高于广西平均水平，且发展后劲充足。"十五"期间北部湾（广西）经济区城市化水平增加了 11.5 个百分点。《广西北部湾经济区发展规划》获国务院批准实施以来，北部湾经济区成为我国发展最快、最有活力的地区之一，广西壮族自治区党委和政府计划投资 1465 亿元，重点建设项目 391 项，到 2012 年城市化率达 45%，到 2015 年城市化率达 50%。

6. 良好的实践创建基础

广西壮族自治区党委、政府对生态文明建设高度重视，广泛发动群众实施生态广西建设战略，创建生态示范区和文明生态村，实施环境综合整治等环境保护和生态建设工程，取得了明显的成效，为建设生态城市群打下了良好的基础。广西森林覆盖率达 54.2%，建立了 76 个自然保护区，空气、地表水环境质量保持良好。南宁市以创建符合国家考核标准的生态城市为目标，强化污染物减排和环境保护，优化生态环境，打造宜居城市，先后荣获"国家园林城市""联合国人居奖"和"全国文明城市"等荣誉称号。北海市围绕打造"中国最适宜人居的滨海生态城市"目标，贯彻"生态立市"的城市发展思路，提升城市形象和城市品位，先后荣获"中国十佳宜居城市"和"中国人居环境范例奖"。南宁市、北海市、钦州市、防城港市四市均制定了《生态市建设规划》，倾力打造经济、社会、环境和谐发展的生态城市，山清水秀、碧海蓝天的良好生态环境已经成为北部湾城市群的一大品牌。

（二）建设北部湾生态

1. 城市群发展不完善

可持续发展的生态城市群是建立在完善的城市群功能基础之上的。目前，北部湾城市群城市化、工业化水平低，集聚能力与辐射带动能力弱，远不能适应广西经济社会全面协调可持续发展的需要。2008年，北部湾经济区城市化率为39.23%，而全国的城市化率为45.68%，东部沿海地区的长三角、京津唐以及珠三角三大城市群，城市化率更是高达60.5%。由此可见，北部湾地区的城市化水平仍低于全国的平均水平，与我国"三大城市群（圈）"相比差距较大。此外，北部湾地区的工业化水平比全国平均水平低20个百分点，即使是作为北部湾城市群中心的南宁市，与国内同类一些大城市相比，也存在经济规模和聚合力偏小、产业和人才的集聚程度低、难以通过扩散将城市经济的各种优势辐射到周边地区及更广大区域并带动周边地区发展的问题。

2. 粗放式经济增长方式没有根本改变，城市化进程的生态问题开始凸显

2005～2008年，北部湾经济区的新型工业化总水平比珠三角、长三角和环渤海各经济区总平均水平分别低0.1、0.135、0.14，虽然资源使用与环境保护指标好于珠三角，但比长三角、环渤海经济区差，作为重化工布局区域的防城港市和钦州市差距更明显，这表明北部湾城市群粗放式经济增长方式没有根本改变，特别是具有高消耗、高排放和高污染特征的重化工业对北部湾城市群资源环境的压力不容忽视。

3. 区域内各城市之间产业趋同，导致无序竞争和资源浪费

北部湾各市主导产业同构现象较为严重，港口运输、石油化工、林浆纸一体化、钢铁和生物制药等在主要港口城市工业总产值中所占比重及排序均靠前，南宁市、北海市、钦州市、防城港市各市对区域公共池塘资源的竞争指数呈"拉锯式"态势，这表明区域对公共池塘资源无序竞争加剧。此外，依靠重复建设、资源浪费和污染叠加进行的同构竞争也给广西北部湾城市群的可持续健康发展带来了巨大挑战。

三、建设广西北部湾生态城市群的总体构想与路径

（一）总体构想

生态城市群是经济系统、人文系统与生态系统在优化的城市空间结构中的有机整合和有序运行，其目标是达到城市群可持续发展，实现能量聚集与辐射功能的最大化和最优化。因此，北部湾生态城市群建设既要贯彻以人为本、全面协调可持续发展的城市发展观，立足南宁市、北海市、钦州市、防城港市及周边城市的生态资源优势与特色，实施建设生态广西战略；又要通过区域协调与发展，使北部湾区域形成一个空间结构合理、开放度高、辐射力强、经济繁荣、社会和谐及生态良好的重要国际区域经济合作区。为此，各中心城市要依托自身生态环境和资源优势，明确城市功能定位，塑造各具特色又互补整合的生态城市形象。把南宁市建设为区域性国际生态宜居城市。产业生态方面，重点发展高效益、低消耗和低污染的高技术产业、加工制造业、商贸业和金融、会展、物流等现代服务业，建设保税物流中心，充分发挥中心城市的聚焦与辐射作用。环境生态方面，打响中国"绿城""水城"品牌，发挥亚热带自然气候环境与资源优势，保护大明山水源涵养与生物多样性功能区和马山县弄拉自然保护区等九大生态系统及重要物种栖息地，保护城市自然植被、水域，修复内河湖泊生态，建设与中国"绿城""水城"相适应的城市生态系统。文化生态方面，传承和保持壮乡多民族聚居生态文化，促进民族团结和社会和谐，营造与"首善之区"相适应的社会人文生态氛围，塑造具有秀丽岭南风光、浓郁民族风情和

鲜明时代风貌的现代化生态宜居城市形象。把北海市建设为滨海生态商贸旅游城市。产业生态方面，重点发展电子信息、生物制药和海洋开发等高技术产业及出口加工业。环境生态方面，发挥亚热带滨海资源优势，对北海银滩、斜阳、涠洲岛火山岩进行生态开发，精心保护英罗红树林保护区和海底珊瑚礁生态状貌，突出"天下第一滩"和滨海湿地特色。文化生态方面，保护北海骑楼老街，追溯海上丝绸之路文脉印迹，彰显中外文化交汇蕴含，挖掘南珠文化、疍家民俗和"咕哩村""咕哩寨"地域特色，汇聚浓郁的北部湾海洋风情，形成生态与休闲旅游融为一体，历史文化和海洋文化内涵丰富，渔家民风民俗文化独具特色、人居环境优美舒适的海滨商贸旅游城市。把钦（钦州市）防（防城港市）建设为临海生态工业城市和生态港口物流城市。产业生态方面，发挥深水大港优势，特别注重临海重化工业和港口物流产业的生态监控，保护碧海蓝天，发展绿色口岸经济，依托边境口岸开展边境贸易与旅游。环境生态方面，钦州市突出滨海生态特色和"中华白海豚家园"品牌，整合海上奇观"七十二泾"、麻蓝仙岛和大环半岛等自然景观及刘永福、冯子材故居等人文景观；防城港市围绕"三岛三湾"打造"城在海中和海在城中"的全海景生态城市，同时，对京族民俗文化进行挖掘、研究和展示，使两市形成融滨海美景、人文气质、民族特色和边关风情为一体的现代化生态口岸城市群。各中心城市以上述生态目标为导向，依据《广西北部湾经济区发展规划》蓝图，增强经济与产业要素的聚集与辐射能力。南宁市作为核心城市与"北钦防"三个副中心及周边城市之间要加强互动与协同，形成大、中、小城市等级较为完整、层级较为清晰和类别较为齐全的城市体系，形成合理有序的城市群空间发展格局。

（二）建设路径

1. 把转变经济发展方式与聚集生态产业结合起来，增强城市群可持续发展能力

产业集聚是城市群的经济基础和发展动力。建设北部湾生态城市群要以发展生态效益型经济为目标，进行经济结构调整和产业结构优化。

一是要坚持走新型工业化道路。H. 钱纳里和 M. 塞尔奎因关于城市化率与工业化率比较的世界模型显示，工业化水平与城市化水平成正比。北部湾作为后发展地区，工业化水平低是导致城市化率低的重要原因，因此，北部湾地区不能跨越工业化阶段，但又不能走粗放式工业发展老路，必须走新型工业化道路，加强信息化与工业化的结合，大力发展高新技术产业，打造以北海市、南宁市电子产业为主导的北部湾"硅谷"，把培育北部湾临海石化产业基地、钢铁能源产业基地和林浆纸一体化基地与创建循环经济示范区结合起来，构建生态工业生产模式，形成低碳生态工业集群。

二是培育和引进龙头企业，带动农业的集约化和产业化，积极推广应用生态农业技术，按照结构合理化、技术产品标准化、生产环境生态化和资源利用高效化的要求发展生态农业集群。

三是整合北部湾生态旅游资源，延伸生态旅游产业链，南连海南三亚，北通越南下龙湾、河内，构筑环北部湾生态旅游圈。

四是依托南宁市综合交通枢纽中心，整合北钦防沿海港口群，形成高效节约型现代物流基地。同时，大力发展金融、文化、会展、信息及中介服务等生态友好型第三产业。

2. 把集约利用资源与保护生态环境结合起来，建设山川秀美的宜居家园

一是对土地、矿产和油气等不可再生资源集约和节约利用，科学规划城市布局，严格

控制建设用地规模，提高土地使用效率，推行清洁生产，节能减排，促进各城市区域之间形成共生互动的循环型产业。

二是对水资源、动植物资源等可再生资源实行补偿开采，防止和治理河海水域污染，控制渔业资源捕捞强度，严格保护珍稀动植物种群，维护生态系统的整体性和多样性。

三是积极开发利用生物能、太阳能、核能等清洁能源和可再生能源。

四是强化城市环境综合治理，保护天然林地、草地和湿地等生态系统，整治城市内河、湖泊、近海生活和工业污染，恢复生态和景观功能，净化、绿化、美化城市空间，构建经济繁荣、社会和谐、生态宜居和环境优美有机统一的城市体系。

3. 把弘扬生态伦理文化与营造城市文明风气结合起来，建设"两型社会"

现代文明的生态文化体系是生态城市群的灵魂。要以生态伦理价值观为引导，以推动形成生态生产生活方式为目标，营造崇尚绿色生产和绿色消费的社会氛围。

一是发挥社会舆论引导作用，通过主流媒体披露生态恶化的严峻形势，鞭挞破坏生态环境的丑恶行径，传播生态伦理价值理念，唤醒和增强公众的环境意识。

二是重视内心信念的力量，培育和弘扬人类对自然万物的基本同情心、恻隐心，使其内化为人的第二天性，外化为与自然界和睦为友的具体行为。

三是强化道德规范约束，制定和完善调解人与自然利益关系的行为规范，转变人的社会行为方式，促进人与自然和谐。

四是积极开发体现北部湾山水、民族、人文特色和普及生态知识，倡导生态文明的文化产品，做强做大生态文化产业。

4. 把生态客观规律与主体创建活动结合起来，探索生态城市群建设模式

主体参与性是生态城市群的重要特征。城市是人生存和活动的空间，生态城市的构建反映了城市人对生态的本质诉求，是人们自觉运用生命系统与环境相互作用的规律，创造经济社会与环境生态同生共荣、和谐发展的生存空间的活动过程。生态客观规律与主体创建活动的统一是生态城市构建的本质内容和显著特征。既要从北部湾地区实际出发，遵循生态规律，探索符合广西地域、自然、资源、人文和民族特点的生态文明建设模式，又要重视和充分发挥实践主体的创造作用。

一是发挥各级政府的主导作用，成立北部湾生态城市群领导协调机构，加强环保、资源开发、产业布局和跨行政区域的重大项目建设方面的协作和联动，统筹解决生态城市建设中的重大问题。

二是尊重群众的首创精神，总结提炼人民群众建设生态文明的新经验并加以推广，充分调动社会公众的参与热情，形成全民参与生态城市建设的合力。

三是创新活动载体，通过创建生态工业园区、生态农业示范区、生态产业示范基地和开展"碧海行动""城乡清洁工程"等行之有效的活动，发挥示范带动作用，把生态城市群建设落到实处。

四是发挥政策导向与市场配置生态资源的作用，建立生态补偿机制，鼓励和引导更多的社会资金投向环境保护、生态建设和资源高效综合利用的产业。

五是创新保障机制，包括建立健全依法监督机制、民主科学决策机制、经济政策和投融资支持机制以及人才培养引进机制等，确保生态城市群建设战略的顺利推进。

参考文献

［1］王新哲．广西北部湾城市群协同效应研究［J］.城市问题，2008（5）：41-45.

［2］黄方方．论"首位城市建设"——兼论强化南宁市功能作用［J］.改革与战略，2009，25（1）：122-127.

［3］詹浩勇，冯金丽．广西北部湾经济区新型工业化评价与发展研究——基于区域化比较的视角［J］.广西社会科学，2010（10）：26-30.

［4］人民网．中共中央关于制定国民经济和社会发展第十二个五年规划的建议［Z］.2010.

关于创建"广西北部湾国际 IP 文旅
试验区"概要论述

广西中国—东盟经济文化研究院执行院长兼文化艺术专业
委员会主任、高级产业规划师 林荫路

【摘要】文旅 IP 产业是指与人的休闲生活、文化行为、体验需求密切相关的领域，主要是以旅游业为龙头的娱乐业、服务业和文化产业等多元融合形成的经济形态和产业系统。近年来，文化旅游 IP 产业风头正劲，从市场增长到国家政策再到产业投资，已成为引领我国消费升级的主要引擎。在新时代全球化和城镇化背景下，新场景、新技术、新产品、新模式带来"文化旅游+"的异彩纷呈。笔者结合近期对广西北部湾城市文旅 IP 产业的研究和积累，概要论述和探讨创建"广西北部湾国际 IP 旅游试验区"的战略定位、发展目标、实施范围、功能划分，以及带动广西"桂林+北部湾"南北呼应，跨年造就广西新一轮国际 IP 文旅产业的变革、趋势和商机。

【关键词】广西北部湾；国际 IP 文旅；文旅试验区；战略定位；发展目标；实施范围；功能划分；规划理念

一、战略定位

第一，依托年度中国—东盟博览会、中国—东盟自由贸易区、"一带一路"始发港，以及广西北部湾经济区和广西北部湾建设"国家边境旅游试验区"的优势，立足广西北部湾，服务中国—东盟，面向世界，探索建设"体现北部湾特色、符合边境国情"的发展定位。

第二，借鉴国际旅游试验区建设成功经验，不以建设大型单一主题公园（重资产业态）为重点，而是以发展"科技文化娱乐业、高新技术服务业、休闲旅游观光业、论坛会议展览业、影视动漫传媒业、国际赛事演艺业、体育竞技体彩业、国际医学整形业、国际康复疗养业、文化金融服务业"当今世界"极具活跃的十大文旅贸易产业"（轻资产业态）定位为主导，强调通过人的全面发展，充分激发发展活力和创造力，打造更高层次、更高水平的人文开放型国际 IP 文旅试验区。打造开放层次更高、营商环境更优、辐射作用更强的国际 IP 文旅博览与贸易开放新高地。

第三，建立以制度创新为核心的国际 IP 文旅试验区，包括以开放投资管理制度和贸易便利化为重点的文化贸易监管制度、以资本项目可兑换和金融服务业国际开放为目标的金融创新制度，形成与国际投资贸易通行规则相衔接的制度创新体系，充分发挥文化贸易、科技创新等重点功能承载区的辐射带动作用，力争建设成为开放度更高的文旅投资贸易便利、货币兑换自由、监管高效便捷、法制环境规范的国际 IP 文旅试验区，对标建设成为中国—东盟自由贸易区深度合作示范区、"21 世纪海上丝绸之路"重要枢纽、中国—东盟自由贸易区协同发展、广西北部湾国际 IP 文旅试验区高水平对外开放平台、北部湾经济区新一轮改革开放先行区和制度创新试验田、面向中国—东盟和世界的高水平国际 IP 文旅试验区。

二、发展目标

经过 5~15 年的开发建设和改革试验，营造国际化、市场化、法治化营商环境，构建开放型国际 IP 文旅经济新体制，实现中国—东盟自由贸易区的深度合作，形成国际经济合作竞争新优势，力争建成符合国际高标准的法制环境规范、投资贸易便利、辐射带动功能突出、监管安全高效的符合"国家边境旅游试验区"导向的国际 IP 文旅试验区。到 2025 年，试验区建设取得重要进展，国际 IP 文旅产业开放度显著提高；到 2030 年，试验区制度初步建立，营商环境达到国内一流、国际先进水平；到 2035 年，试验区的制度体系和运作模式更加成熟，营商环境跻身泛北部湾区域的前列。建设文化教育开放先导区和国际商务服务休闲旅游基地，打造促进广西北部湾城市经济适度多元发展的新载体，有力推动广西北部湾城市阔步迈向"北部湾国际 IP 文旅休闲度假城市产业集群"，为广西文旅国际 IP 产业商业模式推开一扇新的大门。

三、实施范围

北部湾国际 IP 文旅试验区的实施范围可涵盖北部湾城市适合规划发展的区域，按照"极具活跃的十大文旅产业"为主导的"一区多片，分布集群"点面关联布局发展模式，试验区涵盖"科技文化娱乐业、高新技术服务业、休闲旅游观光业、论坛会议展览业、影视动漫传媒业、国际赛事演艺业、体育竞技体彩业、国际医学整形业、国际康复疗养业、文化金融服务业"十个组团片区。

一是试验区推动文化和旅游融合发展，大力发展网络文化、数字内容、网络购物、动漫游戏等新兴文化消费，促进传统文化消费升级。

二是鼓励在广西北部湾重点生态区推行商品林赎买制度，探索通过林业带土地和转让、租赁、置换、地役权合同等方式规范流转土地和经济林，逐步恢复和扩大"十万大山"亚热带雨林等自然生态空间，打造全域生态文明的文旅试验区。

三是大力推进"广西北部湾国际 IP 文旅试验区"离区免税购物，旅游消费领域对外开放，积极培育旅游消费新热点，下大气力提升服务质量和国际化水平，打造北部湾城市新兴的国际 IP 文旅业态丰富、品牌集聚、环境舒适、特色鲜明的"互联网+"店面体验国际旅游消费胜地，让新兴的互联网企业将"广西北部湾国际 IP 文旅试验区"视为创业的热土。

四、功能划分

以广西北部湾城市"国家边境旅游试验区"为重点，按北部湾各个城市规划区域布局的特点，因地制宜，量身定做，分别划分为科技文化娱乐业、高新技术服务业、休闲旅游观光业、论坛会议展览业、国际赛事演艺业、体育竞技体彩业、影视动漫传媒业、国际医学整形业、国际康复疗养业、文化金融服务业十个组团片区。

五、规划理念

提出创建"广西北部湾国际 IP 文旅试验区",其宗旨在于有步骤地打造出广西北部湾城市国际文旅项目的超级 IP,培育属于广西北部湾"国家边境旅游试验区"独特的国际 IP 文旅项目、IP 品牌。

"IP"是英文"Intellectual Property"的缩写,直译为"知识产权"。它的存在方式多元化,可以是一个故事,也可以是某一个形象,运营成功的 IP 可以在漫画、小说、电影、玩具、手游等不同的媒介形式中转换。在好莱坞,超级 IP 电影的成功例子早已比比皆是,如《哈利·波特》《指环王》《星球大战》《变形金刚》等系列影片。在广西,开国内实景演出先河的《印象·刘三姐》和刚进入南宁市五象新区的《方特东盟神画》,都是国际文旅 IP 项目的成功例子。

成功的文旅景区通常都能给人这样的感觉:没去之前,道听途说,心驰神往;去到之后,乐在其中;即使离开很久了,也念念不忘。为什么能达到这种效果?简单地说,就是该景区打造了一个主题鲜明、形象生动、直击人心、易于传播,同时非常容易延展产品的超级 IP,这个 IP 的存在,就能让景区收获"口碑"和"金杯"。

六、比较结论

首先,创建"广西北部湾国际 IP 文旅试验区",虽然重点在广西北部湾城市,但是广西其他旅游城市同样也会受到辐射和带动作用。其他文旅关联产业也会获得集群式的发展,包括设计、金融、传媒、游戏、相关装备等,以文旅装备产业为例,游乐经济和夜游经济为游乐装备、VR 等产业发展带来了巨大的市场,获益企业有方特、万达、利亚德、东方园林等。现在做文旅项目开发运营,要充分考虑文旅 IP 产业链的组成,利用好旅游服务平台的大数据和入口导流,与文旅关联企业建好合作关系。

其次,从文旅开发到产业开发往往表现在"文化旅游+"的产业上。文化旅游产业涉及不同产业的垂直、水平和侧向合作,包括健康产业、体育产业、文化创意、休闲娱乐、会展商贸、设备制造、教育研学等。探讨农业、工业、服务业、文旅 IP 产业互动的区域旅游全要素开发,可以为广西北部湾地区产业转型提供巨大的想象空间。

最后,正是有了这样的发展潜力,市场上出现了文旅创客空间的概念,将文化创意与技术创新相结合,融合农业、工业、商贸业等传统行业,激发艺术、地产、设计、会展、金融、交易等行业活力,推动新兴产业业态的创新发展。文旅项目的开发要关注到文旅 IP 产业化的趋势,融入相关产业的创业创新空间,可能会收到意想不到的效果。

从以上三个发展趋向来展望,笔者认为,创建"广西北部湾国际 IP 文旅试验区"是"天时地利人和",科学规划建设符合国家"一带一路"倡议的发展方向。

审计在营商环境建设中的作用及策略研究

——以北部湾经济区为例

广西壮族自治区审计厅专业技术人员　梁荣耀

【摘要】 党的十九大报告提出，要推动形成全面开放新格局，实行高水平的贸易和投资自由化便利化政策。作为后发展地区，北部湾经济区在营商环境方面还有很大的提升空间，如何充分发挥区位优势，打造全面开放新格局，是当前面临的一项重要任务。审计作为综合经济监督部门，有国家治理现代化保障功能，在促进营造良好的营商环境、提升贸易便利化水平方面承担着重要的服务职责。本文结合审计实践，以北部湾经济区为例，分析审计在营商环境优化建设中的作用、任务和不足，从而提出一些具体的对策建议。

【关键词】 审计；营商环境；贸易便利化；北部湾经济区

一、引言

粤港澳大湾区研究院发布的《2017 年中国城市营商环境报告》包括软环境、市场环境、商务成本环境等 6 大类指标[1]。根据报告，北部湾城市群营商环境与东部沿海城市相比存在不少差距。以北部湾经济区核心城市——南宁市为例，该市营商环境指数在全国 35 个主要城市中排第 27 名，其中软环境和市场环境分别排第 30 名和第 34 名。在便利度较高的杭州市开办一家企业需要 31 个工作日和相当于当地人均年收入 5.7% 的费用，而在南宁市开办企业则要 46 个工作日和相当于地方人均收入 16.5% 的费用。对比之下，城市营商环境的优劣、区域竞争力的高低一目了然。

二、改善北部湾经济区营商环境的战略意义

东盟是"一带一路"涵盖的重要区域，寻求中国—东盟自贸合作是实现"一带一路"倡议至关重要的环节。从历年世界银行发布的《营商环境报告》来看，东盟各国营商环境质量不断改善，为贸易投资提供了很大便利。我国连续 8 年成为东盟最大的贸易伙伴，彼此贸易投资规模在"一带一路"沿线所有国家中占据相当比重：2016 年，中国与东盟区贸易额为 23065.8 亿美元，占沿线国家贸易总额的 32.1%[2]。以东盟为特色，是北部湾经济区在发展过程中重要的立足点[3]。随着中国—东盟自贸区的建立，北部湾经济区成了中国对接东盟的"桥头堡"，优先推进该区域营商便利化，符合自贸区成员国培育成熟市场体系的意愿，有利于我国实施区域发展总体战略和优化区域经济结构。

三、审计在推进营商环境建设中的地位和作用

作为国家治理体系重要组成部分，审计在推动政策贯彻落实、促进资源有效配置、市

场深度融合等方面能发挥"助推器"作用，这对深化北部湾经济区"创新优化营商环境"改革，建设"一带一路"的国际陆海贸易新通道的意义重大。

（一）服务"优化营商环境"政策措施的贯彻落实

目前，全国各地都在深化商事制度改革、出台政策推进简政放权，如 2018 年 6 月，广西出台了《关于进一步深化改革创新优化营商环境的若干意见》系列文件。为保证这些政策的落地生根，有效推动国家"放管服"改革，审计积极发挥国家治理的功能，对相关政策落实和执行情况开展监督，揭示政策执行过程中的漏洞、评估政策所发挥的效果。一方面维护政令畅通，另一方面促进政府及其部门优化自身行为，全面激发市场活力。

（二）服务保障"一带一路"贸易畅通建设

当今国际政治经济形势错综复杂，反经济全球化、贸易保护主义抬头等一些外部环境因素加大了"一带一路"沿线投资贸易风险。为了实现《推动共建丝绸之路经济带和 21 世纪海上丝绸之路的愿景与行动》所提出的"着力研究投资贸易便利问题，消除贸易壁垒，构建区域内和各国良好的'营商环境'"的愿景[4]，审计机关应发挥其预防、揭露、抵御的功能，对优化营商环境、提升贸易便利化方面政策保障措施的执行和效果情况进行审计，及时发现问题，提前发出预警，维护国家经济安全，为"一带一路"贸易畅通合作护航。

（三）服务建设国际化法治化营商环境

北部湾经济区为国际区域经济合作区，涉及大量跨国商事活动，建设营造稳定的可预期的法治化营商环境十分重要。因此，可通过开展审计，对我国在参与全球经济治理、制定国际经贸规则中取得的经验和存在的问题进行深入分析，推动完善顶层设计、加强立法、推动商事争端解决机制的建立，更好保护企业参与国际贸易投资的利益。

四、审计服务营商环境建设中存在的"短板"和障碍

（一）没有及时转变审计理念

当前实施的营商环境审计，范围相对局限于地方政府及其组成部门，延伸审计也仅限于部分行业协会和商会组织。然而，在北部湾经济区，许多商事行为的资金流、业务流、物资流、信息流均呈现出国际性、市场性和社会性的特点。因此，审计工作应深入到不同的商事主体，特别是到民营、外资、小微企业中开展。营商环境审计工作不能因循守旧，必须及时转变审计理念，树立国家治理观念，紧跟时代"潜入"每个商业环节，增进审计服务全社会的意识和能力。

（二）没有准确把握着力点

放眼全国和东盟，对标国内外先进标准，北部湾经济区营商环境存在产业链配套不足、进出口手续繁杂、过境运输的便利度不高等突出"短板"。然而，当前审计工作没有完全围绕如何弥补这些"短板"去进行，较多关注政务服务，没有抓住北部湾经济区优化营商环境的紧迫需求。对促进中国—东盟贸易便利化方面，审计关注度更是不够。

（三）专业胜任能力不足

营商环境对许多审计人员来说是新事物，审计人员对相关评价机制、方法论和指标体

系相对陌生，对投资和贸易规则、法律制度也缺乏研究，从而无法确保审计工作的与时俱进和审计结果的专业性、权威性，成为制约营商环境审计工作推进的较大障碍。

（四）工作模式不成熟

对于营商环境审计模式，各地区都还处于探索阶段，未能形成比较全面、成熟的审计模式及其相应的审计流程，其中整合程度不高的问题比较突出。一方面，营商环境审计涉及面广，任务繁重、工作细碎，审计力量严重不足；另一方面，有些审计内容和项目交叉重叠，但是在实施时各自为政，没有对审计成果进行共享，出现了不必要的重复审计检查。

（五）法律法规不完善

2017 年 8 月，最高人民法院出台意见，提出为改善营商环境提供司法服务和保障。但要完善投资融资等法律法规体系还有相当长的路要走。法律法规依据不健全、审计标准规范缺乏等问题给审计工作带来较大困扰，集中体现为审计范围不确定、审计模式模糊、审计工作不协调等诸多问题，严重制约了审计支持作用的有效发挥。

五、审计服务营商环境建设的策略

（一）围绕"一带一路"倡议，全面做好审计监督

1. 加强商务审批和服务事项改革各项政策落实情况的审计

关注在工作布置、责任明确、配套文件、政策宣传、资源保障等方面的执行情况。进一步加大对政策落实"中梗阻"的揭露和查处，重点关注审批前置条件、中介服务、"红顶收费"等容易滋生问题的环节，检查是否仍存在政务审批授权不充分或运行不规范的问题，是否存在权限下放不配套、不同步的情况。

2. 加强政府信用和市场体系公平性的审计

关注是否存在对企业不公平对待或搞地方保护、滥用行政权力去限制竞争的行为；关注国家机关与社会资本合作相关协议的履行，是否存在违约不兑现投资政策和优惠条件的情况，从减轻企业税负入手，选取针对性的条款来检查税收优惠政策执行情况。

3. 加大对国际贸易管理的审计

在国家放松对外贸易投资前置审批的政策背景下，应加大对海关管理、透明政府的审计，确保企业能获得可预见的、高效率的通关时效；加大对信息支持、市场开拓、人员培训等对外贸易服务和支持政策落实的审计，推动完善北部湾经济区贸易投资管理机制，促进企业贸易投资规范、理性、有序、有效进行。

4. 对要素供给保障开展审计

当前北部湾经济区仍存在要素供给效率低、项目落地难的情况。一是要检查在用地、批地各环节是否存在手续繁、关卡多、时间长等慢作为的情况，同时要揭露土地利用粗放低效问题，检查是否存在一边占而不用或多占少用，一边却被以各种门槛为名挤压用地需求的问题；二是关注生产经营所需用电、用水、用林、用海等审批慢和成本高，导致企业生产负担重的问题；三是关注园区发展情况。产业园区作为一种区域开发的政策工具，在改善营商环境方面起重要作用。在北部湾经济区，相继建立了中国—马来西亚产业园等 14 个国际产业园区，审计应关注园区公共技术服务平台建设和运营情况，检查是否存在利用

行政资源影响进行垄断经营和违规收费的情况。

5. 对政策实施效果开展审计

一是关注政府性引导基金的定位及其撬动、引导作用的发挥。从设立、运营、管理、回收整个过程的关键环节上去发现问题，分析原因，并提出针对性的建议。二是关注金融政策扶持效果。对北部湾经济区当地金融机构内保外贷、外汇贷款、贸易融资等综合金融业务开展审计，并根据小微企业贷款额度、规模、担保变化情况，掌握金融机构对营商环境建设的支持情况及实际取得的效果。

（二）探索合理有效的营商环境审计模式

1. 融入政策跟踪审计"1+N"模式

政策跟踪审计采取以"1"个跟踪审计项目为依托，糅合"N"个其他审计项目的"1+N"的组织方式，它围绕"放、管、服"的中心，对一揽子重大政策的落实情况进行审计，是新常态下审计发挥治理国家作用的体现。

目前，涉及营商环境的各项审计及其主要内容如表1所示。由表1可知，其他几种类型审计在内容上与营商环境审计（调查）多有重合或相似之处，因此可以根据实际工作需要，以综合性、宏观性较强的政策跟踪审计为基础，将营商环境审计放在"1+N"的框架下统筹安排、协同实施，有利于整合审计资源，提升审计效率。

表 1　涉及营商环境的各项审计及其主要内容

审计项目	优化营商环境情况审计	领导干部经济责任审计	重大政策跟踪审计	专项资金审计
审计内容	1. 政务服务和信用 2. 生产要素供给保障 3. 企业融资服务 4. 企业税负 5. 市场公平体系	1. 执行经济法律法规及政策情况 2. 制定和执行重大经济决策情况 3. 财政收支的真实、合法、效益情况 4. 落实工作目标责任情况 5. 建立和执行内部控制制度情况 6. 廉洁从政情况	1. 重大项目完成 2. 重大政策落实 3. 简政放权推进 4. 重点资源保障	1. 项目申报立项 2. 资金分配 3. 资金管理和使用 4. 项目效益

2. 开展动态审计监督

优化营商环境是一项长期的系统工程，既要打攻坚战，又要打持久战。这决定了营商环境审计是一项持续性和常态化的工作。通过对营商环境建设实施动态跟踪审计，根据经济政策变化适时调整审计方案，提高审计针对性，及早发现妨碍营商环境建设的问题和障碍，督促及时整改，提升审计监督服务效果。

3. 贯穿绩效审计理念

将绩效审计理念贯穿于营商环境审计各个领域，对优化营商环境的实施情况进行科学绩效评价，重点看是否取得了扎实的效果，是否获得了社会的认可，提出改进的建议，推进创新驱动，推动政府职能转变，确保工作取得实效。

（三）提升审计服务营商环境建设的能力

1. 转变审计理念

我国在以"一带一路"倡议为重点的全面开放新格局中正实现以下三个转变：一是从

资金项目引进为主向"引进来"和"走出去"并重转变；二是从贸易大国向贸易强国转变；三是从优惠政策吸引投资向准入前国民待遇加负面清单管理制度转变。国家审计要紧扣这些新时代特色，不断转变、创新审计理念，融入地方实际有效开展工作，为改善我国营商环境、推动建立新型国际经贸投资规则体系提供建设性意见。

2. 构建营商环境审计大数据审计工作模式

在营商环境审计中，会接触到丰富的评价指标体系和政策执行效果数据信息，利用信息化手段，构建大数据审计工作模式，在大数据整合与指标分析等关键环节取得突破性进展，可为深入分析政策审计打下基础。

3. 提高审计规范化水平

依据现行法律，找准审计参与营商环境建设的定位、角度，坚持依法审计、文明审计，推动政策审计法律法规建设，为审计参与营商环境建设服务提供较为完善的法律依据。此外，为了提高审计工作的规范性，还应结合审计实务的具体需要，探索制定相关审计操作规范，为营商环境审计工作的审计对象选择、审计质量控制、审计报告撰写等提供操作指引。

4. 加强审计胜任力

在营商环境审计中，要求审计人员具有较强风险感知能力和宏观分析能力，通过审计能对普遍性、苗头性问题发出预警，防止演变为趋势性、全局性问题。并且要在揭示问题基础上，进行深层次原因分析，提出强化管理、防范风险的有效建议。当前，许多审计人员的知识面与审计技能还不能完全适应上述要求。需要审计机关多措并举提高人员的专业化素质，以及从专业知识和综合能力等多方面优化审计人才队伍结构。

参考文献

［1］粤港澳大湾区研究院 . 2017 年中国城市营商环境报告：广州、北京、深圳、上海居前四位［EB/OL］.［2017－11－08］. http：//money. 163. com/17/1108/13/D2NNHDL8002581PP. html，2018-08-12.

［2］国家信息中心 . "一带一路"大数据报告（2017）［EB/OL］.［2018-04-19］. ht-tp：//www. sic. gov. cn/News/553/9030. htm，2018-08-15.

［3］王功清 . 北部湾经济区：巧打"东盟牌"［EB/OL］.［2018-04-19］. http：// gx. people. com. cn/n2/2016/0419/c371361-28176228. html，2018-08-17.

［4］国家发展改革委外交部商务部 . 2015 中国钢铁工业科技与竞争战略论坛暨《世界金属导报》2015 年会论文集［C］. 防城港，2015.

海洋渔业助力钦州市向海经济研究

钦州市委党校教师　尹继承

【摘要】 习近平总书记在广西视察时提出"向海经济"。海是钦州市得天独厚的优势。钦州市拥有海岸线长度 563 公里，所辖海域面积约 2000 平方公里，而海洋渔业又是促进钦州市渔民增收的重要产业，也是钦州市海洋经济发展的重要引擎。大力发展现代海洋渔业是一个重要抓手。

【关键词】 钦州市；渔业；向海经济

一、引言

2017 年 4 月 19 日，习近平总书记在广西视察时指出，广西有条件在"一带一路"建设中发挥更大作用，要立足独特区位，释放"海"的潜力，并首次提出北部湾要打造"向海经济"。钦州市拥有海岸线长度 563 公里，所辖海域面积约 2000 平方公里，海岛数量为 294 个，其中有居民生活的海岛有 6 个，无居民生活的海岛 288 个，并拥有一个 135 平方公里的内海，是全国最大的半封闭式内海，内海风平浪静，可开发潜力巨大。[1]海是钦州市得天独厚的优势，而海洋渔业又是促进钦州市农民、渔民增收的重要产业，也是钦州市海洋经济发展的重要引擎。这是当前值得研究的一个重要课题。

二、渔业在钦州市向海经济中的现状

钦州是中国古代海上丝绸之路始发港的重要组成部分。海岸线长 563 公里，海域面积达到 1442 平方公里，有 2 个渔港，其中国家中心渔港 1 个，为犀牛脚渔港，一级群众渔港 1 个，为龙门港。现有海洋捕捞机动渔船 1740 艘，达到 35900 总吨，功率达 67070 多千瓦，其中大中型渔船 258 艘。

钦州市是中国"大蚝之乡""白海豚之乡"，是中国近海极少数能看到野生海豚的地方。2015 年钦州市大蚝养殖面积达 15 万亩，产量达 22 万吨，产值达 13 亿元；年制作蚝片 1 亿支（串）左右，大蚝养殖产量排全国第一位，"钦州大蚝" 2011 年获得国家农产品地理标志登记保护。2016 年，钦州市大蚝养殖面积达 15.8 万亩，产量达 24 万吨，大蚝综合产值达 26 亿元。[2]对虾、大蚝、青蟹、石斑鱼是钦州市的四大著名海产。

据统计，2016 年钦州市水产品产量达 56.7 万吨，在广西排名第三。其中海水产品产量为 40.94 吨，占全市水产品总产量的 72.12%，海洋渔业产值达 50.99 亿元，占渔业产值的 60.64%。目前，大宗养殖产品有大蚝、对虾、金鲳鱼、鲈鱼、文蛤、青蟹等。

2017 年钦州市全年水产畜牧业产值达 172.22 亿元，同比增长 3.93%。其中，渔业产值达 80.22 亿元，比 2016 年增长 5%；2017 年全市水产品产量达 59.29 万吨，同比增长 4.47%。

三、钦州市渔业在向海经济中进行的有益探索

靠海吃海，近年来，钦州市充分发展海洋渔业经济，不断探索海洋渔业和现代渔港规划建设工作。

（一）渔业招商引资工作实现历史性突破

成功引进阿蚌丁现代渔业产业园项目，总投资 5.2 亿元。引进钦州桂柳牧业有限公司广西钦北防地区海鸭蛋产业化项目，总投资 3.2 亿元。2017 年钦州蚝情节签约项目 6 个，投资金额达 50.8 亿元。

（二）休闲渔业创建工作得到国家农业农村部、广西壮族自治区海洋和渔业厅充分肯定

三娘湾渔村荣获"国家级最美渔村"称号，钦南区那雾山生态园等 3 个休闲渔业示范基地荣获"全国休闲渔业示范基地"称号，钦州市八仙兰天鹅湖生态园等 3 个休闲渔业基地获得"广西休闲渔业示范基地"称号。大蚝品牌效应凸显。"钦州大蚝"荣获第十五届中国国际农产品交易会组委会授予的"2017 年中国百强农产品区域品牌"荣誉，"钦州蚝情节"荣获国家原农业部授予的"国家级示范性渔业文化节庆"荣誉。成功举办 2017 年钦州蚝情节暨蚝业发展高峰论坛，大蚝产业效益显著提高，有力推进钦州大蚝产业发展。钦州港区大蚝养殖示范区、钦南区虾虾乐现代特色农业示范区获评自治区级现代特色农业（核心）示范区，现代特色农业示范区创建再创佳绩。

（三）现代渔港规划建设迈出可喜步伐

2005 年开始实施的犀牛脚渔港扩建工程项目，因资金缺口无法竣工验收问题通过争取有望解决，为现代渔港升级改造和产业特色小镇布局打下基础。

（四）海洋牧场建设取得新进展

《钦州市海洋牧场建设规划》顺利通过国家农业农村部专家组评审，钦州市获国家农业农村部批准为国家级海洋牧场示范区创建单位，并安排 2000 万元资金给予支持。渔船油补工作走在全广西前列，得到广西壮族自治区海洋和渔业厅的充分肯定和表扬。

四、钦州市海洋渔业存在的主要问题

（一）渔港基础设施严重滞后，渔业生产配套服务设施没有得到改善

由于多年来资金投入不足，渔港基础设施和配套服务设施跟不上现代渔业发展的需求，防灾减灾能力弱化，不能有效保障渔民生产安全和支撑现代渔业发展需要。

（二）渔业生态环境和资源保护压力加大，非法捕捞现象没有得到有效遏制

由于近岸海域受到不同程度的污染，加上非法捕捞现象屡禁不止，近海渔业资源进一步衰退，造成渔业资源保护和海洋生态环境保护压力加大。

（三）渔业品牌引领产业发展有待加强

品牌建设投入不足，科技力量和创新能力不足，一二三产业融合发展不足，综合利用

和深加工处在起步阶段，品牌引领带动作用不够显著。

（四）现代生态养殖工作推进压力大，部分项目推进缓慢

国家农业农村部和广西壮族自治区水产畜牧兽医局高度重视生态养殖推进工作，钦州市也提出了要实现生态惠民的目标，但目前该市生态养殖工作还处于起步阶段。由于财政资金缺乏，畜禽养殖污染整治工作推进难度大。随着工业的发展，现代渔业的规模养殖用地越来越少，项目用地矛盾日益突出。

（五）没有渔业龙头加工企业和交易市场

钦州市海洋水产资源虽然丰富，但由于缺乏大型的水产品交易市场及渔业加工龙头企业，大部分海洋水产品直接以初级产品的形式在码头交易，或被收购后运往湛江市和北海市的水产品市场进行集散交易，无渔业加工龙头企业和成熟的冷链物流，海洋渔业产业体系没有形成。

五、渔业助力钦州市发展向海经济对策

（一）积极打造广西现代渔港经济示范区

围绕振兴钦州市渔港经济重任，全力打造广西现代渔港经济示范区。一是全力配合住建部门做好犀牛脚中心渔港升级改造、产业特色小镇、现代化渔港经济区融合发展规划，争取完成概念性规划。二是做好犀牛脚中心渔港扩建项目分标段建设验收，解决十多年来一直没有解决的历史遗留问题。争取犀牛脚中心渔港扩建项目四标段工程竣工验收，同时争取国家农业农村部和广西壮族自治区政府同意钦州市调整渔船油补结余资金 2500 万元，开工建设犀牛脚中心渔港扩建项目三标段。三是争取中合三农（广东）集团公司现代渔业生态特色小镇建设、广西义信渔业公司东帝汶水产深加工园区和东盟水产品交易市场等项目落户犀牛脚渔港并开工建设。

（二）扎实做好现代特色农业示范区创建和休闲渔业工作

钦州市要力争创建自治区级现代特色农业核心示范区 2 个、县级现代特色农业示范区 4 个、乡级现代特色农业示范区 6 个，促进特色优势产业集聚、新型经营主体集群发展，推动农村一二三产业深度融合发展，为钦州市水产畜牧业发展注入新动能和新活力。大力发展休闲渔业，推动休闲渔业基地提档升级，集中打造一批集渔事体验、科普教育、休闲垂钓、文娱购物、美食观光为一体的精品休闲渔业示范基地。

（三）推进海洋牧场示范区建设，切实做好白海豚保护区建设管理

按照钦州市海洋牧场建设规划，扎实推进海洋牧场一期工程项目，建设人工鱼礁、海藻场、贝类底播、深水网箱等设施。认真做好钦州湾中华白海豚保护区筹建工作，积极配合国家农业农村部渔业渔政管理局与联合国教科文组织开展生物多样性工作，在钦州市开展全国首个中华白海豚自然保护与利用示范区建设。努力把海洋牧场建设成为渔业资源增殖的养护园、中华白海豚的家园、渔民群众的创业致富园和滨海旅游的乐园。

（四）大力发展钦州市大蚝产业

2018 年是钦州市大蚝产业发展的关键之年，是钦州市大蚝品牌走向全国、走向世界的关键之年。要重点做好蚝苗种资源保护和人工育苗攻关工作，申报"茅尾海南部近江牡蛎

国家级水产种质资源保护区"。抓好建立大蚝规模化标准化生态养殖和离岸抗风浪养殖示范基地。开展水质监测和环境监控。抓好大蚝一二三产业融合发展，延长大蚝产业链，提升大蚝综合利用和深加工能力。争取设立国家贝类体系首席科学家钦州市大蚝工作站，确保钦州市大蚝产业做大做强。力争"十三五"期末，由目前养殖面积15.8万亩增加到25万亩，产量达50万吨，综合年产值超100亿元，把"钦州大蚝"打造成中国知名品牌。以"钦州市大蚝"产业为主体，建成国家级现代特色农业产业园和联结东盟的"一带一路"渔业合作示范区。

（五）陆海统筹全力推动渔牧业养殖上新台阶

按照钦州市政府颁布的养殖用海规划，大力推进深海抗风浪网箱养殖发展，力争2018年底钦州市发展到200个深水网箱规模。加快引进推广东海大黄鱼这一优质品种，解决深海网箱养殖良种供应本地化问题。建立钦州市渔业生态养殖院士工作站，推广水产绿色生态养殖新模式，促进养殖业健康可持续发展。全面开展生态养殖场认证工作，完成钦州市规模养殖场实现生态养殖的目标任务。

（六）全力打好"非法捕捞"综合整治攻坚战

以渔政渔监职能整合和机构调整改革为契机，进一步理顺渔政渔监管理体制，整合渔业执法资源，加大执法监管力度，按照钦州市委、市政府的部署要求，在钦州市政府打击非法捕捞专项工作领导小组办公室及相关职能部门的共同努力下，确保钦州市非法捕捞现象得到有效遏制，切实保护好海洋生态环境和中华白海豚赖以生存的美丽家园。

（七）建设规划科学、布局合理的海鲜专业市场

钦州市有对虾、大蚝、青蟹、石斑鱼四大著名海产，但没有海鲜专业市场，建设海鲜专业市场有利于保护和开发海洋渔业资源，提高资源开发利用程度；有利于活跃城乡经济、增加财税渠道和农民收入；有利于吸引外来游客，延长游客留钦时间，带旺人气，增加旅游收入。加强科学研究利用海鲜等资源，一是要合理布局海鲜专业市场，设置相配套的海鲜加工餐饮；二要建设沿海渔村渔家乐，强化经营管理，杜绝欺客宰客行为。

六、结论

"向海经济"是习近平总书记在广西视察时多次提及的词汇，意在激励北部湾经济区各市，钦州市各级政府应努力打造好新时代钦州市——"海上丝绸之路"重要节点城市、南向通道海陆枢纽城市。向海经济是新时代钦州市经济增长的实现方式。钦州市应结合其自然资源优势，发展渔业助力向海经济，在渔业规模、深海养殖技术、品牌建设、拓展水产品精深加工和营销渠道，加强海洋牧场建设，坚持休渔禁渔制度等方面下功夫。钦州市要向海发展，实现蓝色增长，大力发展现代海洋渔业是一个重要抓手。

参考文献

[1] 尹继承."一带一路"背景下广西钦州"向海经济"发展路径研究[J].广西经济管理干部学院学报，2018（1）：1.

[2] 傅华等."一带一路"让钦州面朝大海产业花开[N].经济日报，2018-01-27.

探讨南向通道背景下如何提升县域经济协同发展能力

——以灵山县域经济发展为例

钦州市灵山县人民政府办公室信息股股长　宁威智

【摘要】随着国家"一带一路"倡议的深入推进，中新互联互通南向通道（以下简称"南向通道"）有效整合国际、国内两个市场两种资源，特别是充分发挥广西对东盟陆海相连的独特优势，打通对内连接中国西北地区和西南地区，对外连接东南亚、中亚，并经中欧班列连接欧洲的南北大动脉，实现"一带"与"一路"的有机衔接。县域经济作为"一带"与"一路"节点上的发展单元，起着承上启下的作用。灵山县作为北部湾经济区核心区域城市之一，也处于"一带一路"、南向通道建设的节点之中，顺应了大开放、大通道、大港口、大产业、大物流的新格局，面临着千载难逢的机遇。本文主要以灵山县域经济发展为例，深入剖析县域经济如何在南向通道背景下，发掘自身发展潜力，补足自身"短板"，并探讨县域经济如何在南向通道背景下提升发展能力，积极融入国家"一带一路"建设中，在打造向海经济发展中，勇争"弄潮儿"。

【关键词】南向通道；县域经济；发展能力；新格局

一、发展背景和目标战略

党的十九大做出了"推进形成西部大开发新格局""坚持陆海统筹，加快建设海洋强国""以'一带一路'建设为重点，坚持'引进来'和'走出去'并重，遵循共商共建共享原则，加强创新能力开放合作，形成陆海内外联动、东西双向互济全面开放格局"等新部署。习近平总书记在视察广西时做出了积极融入"一带一路"建设、充分释放"海"的潜力、打造好向海经济等重要指示。灵山县在深入学习贯彻党的十九大精神和习近平总书记视察广西重要讲话精神中，抢抓中新互联互通南向通道建成的重大机遇，顺应了"建设'一带一路'南向通道陆海枢纽城市，构建大开放、大通道、大港口、大产业、大物流新格局"的新时期钦州市发展新目标新思路，并结合县情，提出了"一城三基地"战略定位、"四大发展战略"和"五个灵山"目标，明确了争当钦州市"一带一路"南向通道陆海枢纽城市建设排头兵，主动融入五大新格局，深入实施"交通兴县、产业强县、商贸活县、生态立县"发展战略，不断提升县域经济发展能力。

二、找准优势，剖析发展潜能，不断增强县域经济实力

从区位优势分析。灵山县作为钦州市副中心城市，距离南宁市、钦州市、北海市、防城港市、玉林市、贵港市等城市均为100多公里路程，形成"1个半小时"经济圈。灵山县处于北部湾的后腹地，处于"一带一路"、南向通道的大动脉当中，具有"背靠大西

南、面向东南亚"的地缘优势。

从资源禀赋分析。灵山县总人口近 170 万，是广西的第三人口大县，人口红利突出。现有青壮年劳动力 90 多万人，其中外出务工的 40 多万人已经成为了各行业熟练技术工人。目前，县城建成区面积达 20 平方公里，常住人口达 21 万人，是《广西北部湾经济区发展规划》按照中等城市规模规划建设的三级城镇建设区。县内旅游资源丰富，自 2009年起被评为"广西优秀旅游县"。其中，著名景点有六峰山国家 AAA 级景区、中国历史文化名村、广西楹联第一村大芦古村、千年古荔园、马鞍山灵山人遗址、烟霞山等。辖区自然资源丰富，品种繁多，有花岗岩、石灰岩、大理石、石膏、铀、锌、铁、锰等 30 多种矿产资源。同时，盛产水稻、荔枝、龙眼、芒果、香蕉、西瓜、茶叶、莪术等亚热带水果和经济作物，其中荔枝种植面积、产量均居全国前列，茶叶、水果产量居广西前列。奶水牛、驯养蛇、梅花鹿等特色养殖业远近闻名。灵山县是"中国荔枝之乡""中国奶水牛之乡""中国养蛇之乡""中国名茶之乡"。

从发展潜力分析。灵山县是钦州市副中心城市和广西南部最具魅力、最具投资潜力的中小城市之一。钦州市作为广西与东盟国家开放开发的"桥头堡"和最前沿阵地，拥有最便捷的沿边沿江沿海等独特区域优势和连接东盟国家最便捷的出海通道。中马产业园更是国际园区合作的新模式和"自治区改革创新先行园区"，将被打造成为中国—东盟自由贸易区升级版、广西建设西南中南新战略支点。随着"双核驱动"战略（即广西北部湾经济区、西江经济带）的实施，灵山县融入"一带一路"建设、南向通道战略发展的地缘优势日益突出，经济发展潜力更显巨大。

从县域经济发展分析。近年来，灵山县紧紧抓住广西北部湾经济区发展战略机遇，主动参与"一带一路"建设、南向通道战略发展，围绕发展最基础、最关键、最薄弱的环节，全力补"短板"、破"瓶颈"、增优势，推动全县经济社会实现高质量发展。2016 年和 2017 年，全县地区生产总值分别为 258.5 亿元和 284.93 亿元，同比分别增长 9.7%、8.3%；规模以上工业总产值分别为 285.2 亿元和 305.7 亿元，同比分别增长 21.5%、26.9%；财政收入分别为 10.41 亿元和 11.01 亿元，同比分别增长 1.8%（完成钦州市下达的 10.4 亿元指标）、5.8%；固定资产投资分别完成 188.3 亿元和 225.6 亿元，同比分别增长 23.8%、19.8%；城镇居民人均可支配收入分别为 29326 元和 31467 元，同比分别增长 7.5%、7.3%；农民人均可支配收入分别为 10955 元和 11777 元，同比分别增长 8.8%、7.5%。大力调优产业结构，三次产业结构调整为 19.3∶35.9∶44.8。2016 年以来，灵山县累计新引进国内协作项目 517 个，到位资金 136.8 亿元，引进外资项目 10 个，总投资3.88 亿美元。

三、对标发展战略，理清发展"短板"，着力找准发展突破口

近年来，灵山县主动融入"一带一路"，连接南向通道，破解交通基础设施建设落后、骨干支柱产业薄弱等制约县域经济发展"瓶颈"，经济社会有了较大发展。与此同时，交通基础设施落后、产业大而不强、物流产业不健全等阻碍县域经济发展的因素依然存在，距离大开放、大通道、大港口、大产业、大物流新格局仍存在一定的差距。

（一）交通基础落后，与构建大开放、大通道新格局不匹配

近年来，灵山县虽然在道路交通基础设施方面加大了投入，特别是 2016 年以来，全

县交通基础设施建设累计投资 32.17 亿元，建成了一批内接外联的交通干线。但交通基础设施方面缺陷的存在严重阻碍了灵山经济的发展，也让民众没法很好享受到改革开放和国家高速发展的成果。除了已于 2017 年底建成通车的钦州市至灵山县一级公路（灵山县段）以及正在建设的大塘至浦北高速公路（灵山县段）外，缺少高等级公路、高铁等交通渠道向外联通。到目前为止，灵山县城还没有通高速公路和铁路，县内到县外的交通公路还是主要靠二级公路，这与广西第三人口大县、劳务输出大县的地位不相适应。钦州市到六景镇的高速公路虽然经过灵山县，但距县城 40 多公里；灵山县到兴业县的二级公路大部分路面已严重损坏，而且灵山县的大部分企业都是从广东引资的企业，企业原料购进和产品销售基本在广东。交通基础设施落后，对企业的发展及灵山县的经济发展极为不利；灵山县至邕宁区的二级公路虽然是近几年才开通，但部分路面已损坏，而由于路面窄，车流量大，车速受到了限制，灵山县到南宁县由原来的一个半小时，增至两个多小时。因此，灵山县纵横出入境交通十分不便，与构建大开放、大通道新格局不匹配。

（二）产业大而不强，尚难构成大产业新格局

2016 年以来，灵山县深入推进产业强县战略，加快产业集聚发展，日益壮大实体经济。工业企业方面，把十里工业园、陆屋临港产业、武利工业园三大园区作为产业发展主战场，着力培育壮大骨干企业，推动机电、卫浴、电镀三大新兴产业和电子信息、木材加工、食品加工及包装、纺织服装等优势产业集聚发展。农业产业方面，深入推进"特色农业升级工程"，打造了养蛇、养鹿、养蜂、香鸡、奶水牛林下经济"五张名片"。创建（提升）现代特色农业（核心）示范区 21 个，县级以上农业产业化龙头企业达到 48 家，发展农民专业合作社 855 家，家庭农场 258 家。现代服务业方面，加大扶持和培育限额以上贸易企业（以下简称"限上企业"），零售业、住宿、餐饮等限上企业达 43 家，规模以上服务业达 20 家。

虽然灵山县在工业、农业、服务业等产业发展方面比较全面，但总体上显得大而不强，且主要集中在木材加工、食品、建材、纺织服装及皮革产业等传统产业；而新兴产业如医药制造、电子信息、风电能源等产业项目较少。例如，目前灵山县被列入规上工业企业统计口径的 83 家工业企业当中，电子信息企业仅有 2 家、医药制造企业仅有 1 家。产业发展后劲不足导致工业经济增长面临较大压力。主要表现在：一是部分企业生产易受国家政策和季节性因素影响。部分规上企业中受环保、战略性退出因素影响停产。二是产值减产的企业多。主要涉及出口企业和劳动密集型的企业，受外部经济环境和用工不足影响，1~9 月月度减产企业 16 家（占规上企业总数的 16.86%），同比减产 68.3%。三是亿元企业较少，企业竞争力弱。由于部分企业申请进行数据修订后，亿元企业占规上企业总数的 51%。四是新增 1 家规模以上工业企业入库，工业经济发展形势缺乏支撑点。产业发展后劲不足，难以形成产业集群。

（三）物流网络不完善，与大物流新格局尚存差距

现代物流是南向通道建设带来的最直接的产业。它贯穿一二三产业，连接生产与消费，既是基础性的产业，也是综合性强、渗透力强的复合型先导性产业，发展潜力大，带动作用强。物流服务网络的构成，既包括线下的交通基础设施，也包括线上的电商服务。除前文所述交通基础落后外，电商物流方面也存在以下问题：一是电子商务发展相对滞后，自主品牌少。灵山县工业企业多为农副产品加工等传统行业，企业发展单一，劳动密集型企业多，科技含量不高，导致了企业对地理位置布局和本地资源的依赖性，在信息化建设方面资金投入少。虽然灵山县内电子商务企业（含网店）主体 300 多家，从业人员近 1800 人，但电商销售主要是以代理外地品牌为主，代理本地的自主品牌不多，品牌知名度不高。虽然灵山县成功打造了广源电商的"魅荔灵山""柑美灵山"和"香下人"电商的"红颜枝己"，鹿鼎记电商的"给荔"和天御电商的"巧妇 9 妹"等品牌，但相对一个物产丰富的农业大县来说仍显单薄。二是农村物流基础设施落后，灵山县在推进农村电商服务站点建设中因道路偏远、物流成本高、资金紧缺问题，当前仍有 30% 的行政村未设有村级电商物流服务点。三是在现代物流方面，灵山县还没有一个统一集中的物流园，资源不集中，不便于货物的收发。整体而言，由于交通不够发达，灵山县快递物流成本仍然较高，许多快递物流业务只覆盖到县镇一级，极少涉及村一级，解决农村物流"最后一公里"仍任重道远。上述问题的存在，与形成大物流新格局尚存差距。

（四）主动融入，补足"短板"，加快提升县域经济协同发展能力

区位优势就是发展优势，地缘经济就是县域经济。灵山县所处的通道节点，决定了县域经济的发展必须与国家和北部湾的发展战略紧密融合在一起，应积极参与到"一带一路"建设、南向通道的发展战略当中去，紧紧抓住千载难逢的机遇，在实施"双核驱动"发展的辐射带动下，补足"短板"，实现大开放、大通道、大港口、大产业、大物流新格局的有机衔接，不断提升县域经济协同发展能力。

1. 牢固树立开放合作意识，着力构建大开放新格局

首先，要在思想上牢固树立开放合作的思维。坚持开放包容的胸怀、态度和精神，进一步解放思想，牢固树立开放发展的理念，从更高层面、以更广视角谋划县域发展。其次，要持续深化"放""管""服"改革，着力优化营商环境。通过开展"服务企业年"等活动，强化服务企业工作。着力解决企业招工难、融资难等问题，在推动现有企业投产增效的同时，加快新引进企业的落户建设进程；按照"简化程序、提高效率"的原则，继续深化行政审批再提速，加快新政务服务中心大楼建设步伐，严格落实行政审批提速实施方案，整合审批职能，争取行政审批局获批设立，组建公共资源交易中心；推进投资项目联审联批，推行"多证合一、一照一码"和"先照后证""证照分离"改革，逐步建立健全网上受理、审批工作机制，为投资客商和办事群众提供线上线下审批服务，推动"最多跑一次"的行政审批改革落地见效，着力破解办事难点、堵点问题，进一步优化经济发展环境。最后，以招商引资为抓手，加大对外开放合作。一是整合各类资源，"大招商、招大商"。充分利用北部湾开放开发的前沿优势和南向通道的机遇便利，积极实施"引进来、走出去"的战略，面向东盟开展有针对性的招商。二是推进与东盟各国的能源和资源领域开发合作，充分发挥灵山县特色农业、制造业、加工业等产业优势，加强与东盟各国发展贸易。三是研究制定出台《灵山县招商引资工作管理办法》，强化招商引资工作绩效考核。充分发挥县内各工业园区的优势。在巩固现有招商成果基础上，促进入驻企业加快投产、发展壮大的同时，重点引进机电制造、卫浴生产、循环经济产业和电子电器、装备制造、农产品深加工等工业企业，力争 2018 年新引进机电企业、卫浴企业、循环经济企业各 50 家以上；十里创业新城新引进电子、玩具、服装、食品加工等企业 20 家以上。在对外开

放合作的同时，更进一步扩大开放领域，着力构建大开放新格局。

2. 突破交通障碍"瓶颈"，融入大通道、大港口新格局

积极融入中新互联互通南向通道建设，努力凸显灵山县在钦州市大通道建设的主战场地位。一是加速推进大塘镇至浦北县高速公路灵山县段、沙坪镇至大塘镇公路等项目建设，重点推进灵山县绕城一级公路开工建设，继续推进南宁市新福镇至灵山县一级公路（二改一）、伯劳镇至北部湾华侨投资区二级公路等一批项目前期工作。争取贵港市经灵山县至北海市城际铁路项目列入广西壮族自治区交通建设近期规划并早日开工建设；加快推进横县簕竹村至灵山县、南宁市伶俐镇至钦州市陆屋镇等二级公路建设，努力创建广西壮族自治区"四好"公路示范县。真正实现灵山县到南宁市、钦州市、北海市、防城港市、玉林市、贵港市等北部湾核心六市"1个半小时"经济圈。二是升级完善基础性公路体系。完善环城公路建设，扩大公共交通覆盖范围，提升城区交通疏导能力。推进县城至一些重要乡镇等"半小时圈"交通建设。争取实现85%的自然村通水泥混凝土路面，100%的建制村通客车。三是力争实现城际铁路零的突破。协助上级部门加快玉林市至钦州市、南宁市经横县至灵山县城际铁路的规划建设。四是大力发展水路交通。争取扩建沙坪港及疏浚航道，积极融入西江经济带，努力衔接广西壮族自治区内最便捷的国际水运大通道。五是加快通用机场规划建设。大力发展灵山县通用航空事业，规划建设旺圩通用机场，争取将该项目纳入广西第一批通用机场规划建设，提升灵山县民航综合保障能力和服务水平。从"路水空"方面优化交通运输结构，建立立体式交通体系，融入大通道、大港口新格局。

3. 培育壮大产业体系，加固构建大产业新格局

一是深入推进产业强县战略，培优做强"三大工业园区产业"。加快完善十里工业园、陆屋工业园、武利工业园三大园区基础设施建设，重点完善园区道路、排污（水）管网、供水、供电、污水处理厂、信息网络等工程，为企业入驻提供基本保障，重点把机电、卫浴、循环经济三大产业培育成为全县工业支柱产业，全面融入钦州市大产业格局。加快完善一期标准厂房及配套设施建设，着重抓好陆屋机电产业园二期标准厂房建设。二是做强特色农业产业，增强农业发展能力。围绕灵山荔枝、奶水牛、茶叶、柑橘、凉粉草等特色农业产业，扶持一批重点农产品生产加工企业，提升农产品深加工水平和产品档次，开拓市场份额，增加经济效益；以龙头企业和合作社为依托，进一步推动无公害蔬菜、有机茶叶、有机水牛奶等高品质特色农业发展，力争新增市级重点龙头企业1家以上、县级重点龙头企业2家以上。围绕灵山荔枝、茶叶、优质稻、柑橘、奶水牛、梅花鹿、养蛇、香鸡、生猪等特色优势产业，推动现代特色农业（核心）示范区增点扩面、提质升级，把灵山县百年荔枝（核心）示范区创建为广西壮族自治区五星级示范区，推动灵城县街道帽岭奶水牛养殖示范区、烟墩镇石瓯山茶产业示范区和陆屋镇超达柑橘产业示范区等一批县、乡级现代特色农业示范区建设。三是重点规划建设两个特色小镇，培育特色城镇产业体系。首先，建好陆屋机电特色小镇。紧紧抓住陆屋镇入围全国特色小镇建设行列这个难得的机遇，积极争取、充分利用国家政策和项目资金支持，加快完善小镇的规划，加快推进在建的机电、卫浴标准厂房和配套设施建设进程，逐步推进功能配套场馆建设，集中力量把陆屋机电特色小镇打造成为广西特色小镇和工业旅游的一面旗帜；进一步强化措施，瞄准机电和卫浴两大产业，加大招商力度，力争年内进驻和促进投产企业大幅增长，到2018

年底达到企业进驻150家以上、投产80家以上的目标。其次，规划建设灵山荔枝特色小镇。依托灵山县百年荔枝（核心）示范区和新圩千年古荔园，以田园综合体项目建设为支撑，规划建设集古荔观赏、农业科普、农事体验、产品展销、果品加工、度假休闲等为一体的灵山县荔枝特色小镇，让中国荔枝之乡的品牌更响亮。四是充分发挥灵山县内各工业园区的优势，整合各类优势资源。积极承接东部产业转移，以十里工业园标准厂房、浙商城、陆阳新城等一批骨干产业基地为依托，着力培育形成电子、食品、医药制造等六个产值达10亿元以上、五个产值达5亿~10亿元的产业集群。

4.加快完善物流体系，顺应大物流新格局

一是依托紧靠钦州市保税港区的优势，整合灵山县物流资源，构建一个集中统一的物流园，建设大型综合物流基地。通过引进、培育现代物流企业集团方式，大力发展第三方物流，形成面向东盟、连接西南、通达珠三角的高效便捷低成本物流服务体系。进一步扩大与东盟和西南地区腹地市场合作，努力推进物流与加工、贸易互动发展，形成产业集群。

二是加快电子商务和物流产业协同发展。大力开展电子商务示范基地创建，结合灵山县情构建"一中心一园三平台五基地"的电商发展框架体系，即（建成县级电商公共服务中心，打造三科电商创业园，搭建县供销社、县邮政、乐村淘3个电商平台，构建广源、志大、威龙、正久、三科5个电商创业孵化基地），打通农村电商和物流服务"最后一公里"。

三是结合县域经济的发展特点，可考虑设立专项财政扶持资金加大农村电商物流建设，鼓励快递物流公司把物流网点覆盖到行政村一级，真正实现打通电商物流服务"最后一公里"。

四是结合打造"码上灵山"智慧城市体系建设，着力建设智慧物流体系，把物流产业贯穿到一二三产业当中，加快农村产业融合发展，助推乡村振兴。

参考文献

［1］灵山县人民政府.灵山概况［Z］.2018.

［2］把握新机遇　实现新作为　加快建设"一带一路"南向通道陆海枢纽城市［N］.人民网—广西频道，2018-01-04.

［3］《广西加快推进中新互联互通南向通道建设工作方案（2018~2020年）》。

［4］陈耀.京津冀协同发展背景下省会城市提升的战略思考［N］.经济与管理，2015（2）：10-22.

［5］陈龙跃.在提升竞争力中加快县域经济的发展［J］.中国福建省委党校学报，2003（8）：63-65.

珠江—西江经济带建设背景下广东与广西区域城市旅游竞争格局研究

河池学院经管学院副院长、副教授　韦福巍

【摘要】以广东省与广西壮族自治区 35 个主要城市的旅游竞争力为研究对象，构建区域城市旅游竞争力指标评价体系，采用因子分析法进行定量分析与研究，得到城市旅游竞争力综合评价结果。结果表明，区域城市旅游竞争力主要与产业基础、支撑条件、交通设施、环境保障 4 个公因子相关；区域城市旅游竞争力呈现出以"珠三角"城市群（广州市、深圳市、佛山市、东莞市、惠州市、中山市、珠海市、江门市）为区域中心，南宁市与桂林市为区域次中心，各城市竞合并存的空间格局；根据因子综合得分，区域城市旅游竞争力划分为强（广州市、深圳市）、较强（东莞市、佛山市、珠海市、南宁市、中山市、惠州市、桂林市、江门市）、较弱（柳州市、汕头市、肇庆市、湛江市、玉林市）、弱（其余城市）4 个等级，区域中心极化作用显著。

【关键词】城市旅游竞争力；因子分析法；广东；广西

一、引言

《珠江—西江经济带发展规划》于 2014 年获得国务院批复并上升为国家发展战略，规划的提出对广东与广西构建经济一体化、促进区域经济发展具有十分重要的作用，为打造我国跨省区流域经济合作发展模式提供了实践参考。自全面实施全域旅游发展战略以来，广东与广西两省区的旅游产业经济发展态势良好，区位地缘、文化融合、资源优势及政策保障等因素将为区域旅游产业的合作发展注入强大活力。在"2016 中国肇庆·首届西江旅游论坛"上，提出了打造"珠江全域旅游国家示范区"的设想，建议"两广"（广东和广西）联手先行走在全国前列。本文选取广东和广西共计 35 个地级以上城市为研究对象，构建区域城市旅游竞争力指标评价体系，对城市旅游竞争力进行综合评价研究，旨在为区域旅游发展布局优化提供实用参考。

二、研究综述

城市旅游竞争力一般是指作为旅游目的地的城市与其他旅游目的地城市相互比较时，在旅游资源、经济社会发展水平、地理区位、自然生态环境等方面所表现出来的相对优势。研究区域内城市间的旅游竞争力状况对于了解区域旅游产业的发展问题、调整城市旅游发展定位方向、优化旅游产业结构布局具有重要作用。国外城市旅游竞争力方面的研究始于 20 世纪 60 年代初美国学者 Stansfield[1]针对城市休闲研究时做的城市旅游业重要性的论述，然后研究过程经历了"比较优势、竞争优势和竞争力"三个演变阶段[2]。国内的相关研究最早出现于 20 世纪 90 年代，定性研究法则是初始时期的普遍研究方法。随着城市旅游竞争力的加剧和研究技术手段的升级，定量研究成为新的研究方法，在技术路径上主要倾向于采用数学模型及数理统计的方法对某个特定区域范围的城市展开综合评价研究。国内学者在研究城市旅游竞争力方面主要运用主成分分析法、因子分析法、聚类分析法、回归分析法、层次分析法等定量测度方法对不同尺度时空单元区域内的城市旅游竞争力进行研究评价，测评依据以影响城市旅游竞争力的直接或间接因素为支撑，能够较为精准地揭示城市旅游竞争力的竞合关系与演变趋势[3~13]。不足之处主要表现为两点：一是研究的方法与技术手段目前还没有统一的执行标准，选取的指标侧重点不一，系统化的评价体系尚未形成；二是研究区域的界定存在较大的主观性，有些研究区域内的城市旅游产业之间相关性不强，导致评价的结果往往在学术理论及社会实践价值上有待商榷。旅游产业是综合性的经济产业，旅游竞争力的衡量应从多层面、多角度测度。因子分析法可以将数据简化，适宜在众多变量中把握信息的规律。因此，在权衡调查意见并确保指标效益最大化的前提下，选取具有较强旅游产业集群关系与国家战略意义的跨省区范围的"两广"区域作为研究对象，基于因子分析法对该领域内的相关研究进行完善。

三、研究过程

（一）研究区域

广东省区域包括广州市、深圳市、珠海市、汕头市、佛山市、韶关市、河源市、梅州市、惠州市、汕尾市、东莞市、中山市、江门市、阳江市、湛江市、茂名市、肇庆市、清远市、潮州市、揭阳市、云浮市 21 个城市，广西壮族自治区区域包括南宁市、柳州市、桂林市、梧州市、北海市、防城港市、钦州市、贵港市、玉林市、百色市、贺州市、河池市、来宾市、崇左市 14 个城市。

（二）数据来源及评价指标体系构建

为确保研究数据的客观性、准确性、衔接性，广东省 21 个城市的指标数据来源于《广东统计年鉴》，广西壮族自治区 14 个城市的指标数据来源于《广西统计年鉴》，数据指标的含义解释保持一致。根据专家意见网络调查结果，结合指标选取科学性、整体性、可操作性的原则[14]，考虑到指标数据获取难易程度及有效合理反映城市旅游竞争力差异[15]，从经济水平竞争力、社会保障竞争力、生态环境竞争力及旅游产业竞争力 4 个维度构建评价指标体系模型（见图 1）。其中，经济水平竞争力因素包括 6 个指标：人均 GDP（元）（X_1），第三产业占 GDP 比重（%）（X_2），固定资产投资总额（亿元）（X_3），城镇居民人均可支配收入（元）（X_4），社会消费品零售总额（亿元）（X_5），进出口贸易总额（万元）（X_6）；社会保障竞争力因素包括 8 个指标：常住人口总量（万人）（X_7），失业保险参保人数（人）（X_8），公共财政预算收入（亿元）（X_9），公共图书馆机构数（个）（X_{10}），邮电业务总量（亿元）（X_{11}），卫生技术人员（人）（X_{12}），住宿和餐饮服务人员数（万人）（X_{13}），公路里程（公里）（X_{14}）；生态环境竞争力因素包括 3 个指标：污水处理率（%）（X_{15}），人均公园绿地面积（平方米）（X_{16}），生活垃圾无害化处理率（%）（X_{17}）；旅游产业竞争力因素包括 5 个指标：旅游总收入（亿元）（X_{18}），国内旅游收入（亿元）（X_{19}），入境旅游人数（万人次）（X_{20}），国际旅游外汇收入（万美元）

（X_{21}），星级酒店数（个）（X_{22}）。

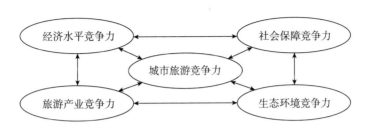

图 1　城市旅游竞争力综合评价体系模型

（三）研究方法

本次研究采用因子分析法（Factor Analysis）。因子分析的基本原理就是基于降维思想将反映研究对象的多项指标中具有密切相互关系的有关变量归为一类，并把每一类称为一个因子，然后用较少的若干个因子来代表原始变量中的大部分信息，从而克服在定量评价时因指标数量过多导致的烦琐问题以及因指标间存在相关性造成的结果不准确问题，同时使新的因子变量的可解释性变得更强[16]。在进行因子分析过程中，特征值大于 1 或方差累计贡献率大于 85% 一般被视为公因子选取的标准，以提取的各因子方差贡献率占因子方差贡献率之和的百分比作为权重，并将权重与各公因子得分进行加权求和即可得到城市旅游竞争力的综合得分，得分的高低与城市旅游竞争力的强弱成正比[17]。

（四）广东与广西区域内主要城市旅游竞争力综合评价

1. 指标数据的无量纲化处理

为避免指标量纲和量纲单位对评价结果造成影响，进行因子分析前必须对评价指标数据进行无量纲化处理，标准化公式为[17] $Z_{ij}=\dfrac{X_{ij}-\mu_j}{\sigma_j}$（i=1，2，…，22；j=1，2，…，35）。公式中 Z_{ij} 表示的是无量纲化后的样本值，X_{ij} 表示的是第 j 个城市的第 i 个指标的原始数值，μ_j 表示的是 X_{ij} 的均值，σ_j 表示的是 X_{ij} 的标准差。

2. 因子分析结果

依据因子分析模型与原理，采用 SPSS 软件对广东和广西区域内 35 个主要城市的 22 个评价二级指标原始数据进行因子分析，在实现数据标准化处理后进行运算，得到 KMO（Kaiser-Meyer-Olkin）值和 Bartlett 球形度检验结果（见表 1）以及各因子特征值（Eigenvalue）、方差贡献率（Contribution Rate of Variance）、方差累计贡献率（Cumulative Rate of Variance）（见表 2）。从表 1 可见，样本的 KMO 抽样适度测定值为 0.815，若以统计学家 Kaiser 给定的 0.7 的标准值为参照依据，表明可以做因子分析；Bartlett 球形度检验近似卡方值为 1844.890，在自由度 df 为 231 的条件下显著性概率 Sig. 为 0.000，小于 0.1%，说明 22 个二级指标样本之间存在显著相关性且比较适合做因子分析。如表 2 所示，运用主成分分析法提取因子，按照特征值大于 1 的界定标准共提取了 4 个公因子 F_1、F_2、F_3、F_4，且方差累计贡献率达到 87.106%，说明这 4 个公因子保留了原始指标数据的大部分信息，以它们为代表评价城市旅游竞争力能够在很大程度上减少原始指标数据复杂性产生的影响。

表1 KMO 检验和 Bartlett 球形度检验

取样足够度的 KMO 度量		0.815
Bartlett 球形度检验	近似卡方	1844.890
	df	231
	Sig.	0.000

表2 解释的总方差

公因子	初始特征值			提取平方和载入			旋转平方和载入		
	特征值	方差贡献率（%）	累计方差贡献率（%）	特征值	方差贡献率（%）	累计方差贡献率（%）	特征值	方差贡献率（%）	累计方差贡献率（%）
F_1	14.415	65.523	65.523	14.415	65.523	65.523	8.884	40.381	40.381
F_2	2.272	10.328	75.852	2.272	10.328	75.852	6.806	30.936	71.318
F_3	1.424	6.471	82.323	1.424	6.471	82.323	1.971	8.961	80.279
F_4	1.052	4.783	87.106	1.052	4.783	87.106	1.502	6.827	87.106

　　为获得旋转后的因子载荷矩阵，利用方差最大正交旋转法（Varimax）对因子载荷矩阵进行旋转（见表3），旋转后的因子载荷矩阵体现了原始变量与4个公因子之间的相互关系。其中，人均GDP、第三产业占GDP比重、城镇居民人均可支配收入、进出口贸易总额、常住人口总量、失业保险参保人数、公共财政预算收入、邮电业务总量、住宿和餐饮服务人员数、人均公园绿地面积、入境旅游人数、国际旅游外汇收入在公因子F_1中占有比较高的载荷，主要反映了支撑城市旅游快速发展的经济社会发展现状因素，可以解释为城市旅游竞争力基础因子；固定资产投资总额、社会消费品零售总额、公共图书馆机构数、卫生技术人员、旅游总收入、国内旅游收入、星级酒店数在公因子F_2中占有较高的载荷，这些指标信息反映了扩大城市内需促进旅游经济实现稳定发展的重要因素，可以解释为城市旅游竞争力增长因子；公路里程在公因子F_3中占有较高的载荷，反映了制约旅游业运行最普遍途径即公路运输的影响因素，可以解释为城市旅游竞争力交通因子；污水处理率与生活垃圾无害化处理率在公因子F_4中占有较高的载荷，这些指标信息指向了与旅游业可持续发展密切相关的环境因素，因此可以解释为城市旅游竞争力保障因子。把F_1、F_2、F_3、F_4旋转后的方差贡献率除以累计总方差贡献率的值作为权重并施以加权平均处理，可将城市旅游竞争力的综合得分函数写成表达式$F=0.464F_1+0.355F_2+0.103F_3+0.078F_4$。在式中，F表示的是某个城市的旅游竞争力综合得分值，F值的大小与城市旅游竞争力的强弱成正比。依据公因子得分系数矩阵可知（见表4），公因子F_1、F_2、F_3、F_4的得分函数分别为$F_1=0.085X_1+0.139X_2+\cdots-0.058X_{22}$；$F_2=-0.043X_1-0.043X_2+\cdots-0.161X_{22}$；$F_3=0.140X_1-0.177X_2+\cdots+0.061X_{22}$；$F_4=0.050X_1-0.038X_2+\cdots-0.003X_{22}$。

表3　旋转后的因子载荷矩阵

二级指标	公因子			
	F_1	F_2	F_3	F_4
人均GDP（元）（X_1）	0.735	0.343	0.392	0.157
第三产业占GDP比重（%）（X_2）	0.685	0.464	−0.183	−0.018
固定资产投资总额（亿元）（X_3）	0.444	0.812	0.082	0.137
城镇居民人均可支配收入（元）（X_4）	0.625	0.444	0.465	0.307
社会消费品零售总额（亿元）（X_5）	0.661	0.722	0.053	−0.002
进出口贸易总额（万元）（X_6）	0.922	0.126	0.184	0.070
常住人口总量（万人）（X_7）	0.631	0.621	−0.185	0.043
失业保险参保人数（人）（X_8）	0.918	0.278	0.160	0.076
公共财政预算收入（亿元）（X_9）	0.868	0.354	0.136	0.083
公共图书馆机构数（个）（X_{10}）	−0.045	0.642	−0.496	0.103
邮电业务总量（亿元）（X_{11}）	0.805	0.559	0.108	0.012
卫生技术人员（人）（X_{12}）	0.558	0.804	−0.052	0.090
住宿和餐饮服务人员数（万人）（X_{13}）	0.793	0.578	0.125	0.041
公路里程（公里）（X_{14}）	−0.161	0.092	−0.917	0.038
污水处理率（%）（X_{15}）	0.006	0.289	0.425	0.753
人均公园绿地面积（平方米）（X_{16}）	0.616	0.234	−0.119	0.000
生活垃圾无害化处理率（%）（X_{17}）	0.111	−0.097	−0.258	0.863
旅游总收入（亿元）（X_{18}）	0.478	0.855	0.029	0.000
国内旅游收入（亿元）（X_{19}）	0.417	0.883	0.004	−0.005
入境旅游人数（万人次）（X_{20}）	0.841	0.421	0.170	0.049
国际旅游外汇收入（万美元）（X_{21}）	0.753	0.608	0.159	0.025
星级酒店数（个）（X_{22}）	0.567	0.757	0.110	0.086

表4　公因子得分系数矩阵

二级指标	公因子			
	F_1	F_2	F_3	F_4
人均GDP（元）（X_1）	0.085	−0.043	0.140	0.050
第三产业占GDP比重（%）（X_2）	0.139	−0.043	−0.177	−0.038
固定资产投资总额（亿元）（X_3）	−0.117	0.218	0.071	0.033
城镇居民人均可支配收入（元）（X_4）	−0.004	0.038	0.209	0.147
社会消费品零售总额（亿元）（X_5）	0.000	0.112	0.010	−0.061
进出口贸易总额（万元）（X_6）	0.267	−0.224	−0.049	0.016
常住人口总量（万人）（X_7）	0.067	0.040	−0.151	−0.003
失业保险参保人数（人）（X_8）	0.220	−0.159	−0.042	0.013
公共财政预算收入（亿元）（X_9）	0.181	−0.113	−0.037	0.015
公共图书馆机构数（个）（X_{10}）	−0.133	0.222	−0.217	0.071
邮电业务总量（亿元）（X_{11}）	0.096	0.000	−0.007	−0.047

续表

二级指标	公因子			
	F_1	F_2	F_3	F_4
卫生技术人员（人）（X_{12}）	-0.046	0.161	-0.032	0.009
住宿和餐饮服务人员数（万人）（X_{13}）	0.083	0.012	0.005	-0.028
公路里程（公里）（X_{14}）	0.084	-0.040	-0.530	0.096
污水处理率（%）（X_{15}）	-0.182	0.137	0.245	0.491
人均公园绿地面积（平方米）（X_{16}）	0.176	-0.115	-0.158	-0.014
生活垃圾无害化处理率（%）（X_{17}）	0.112	-0.174	-0.265	0.649
旅游总收入（亿元）（X_{18}）	-0.107	0.227	0.048	-0.065
国内旅游收入（亿元）（X_{19}）	-0.134	0.257	0.049	-0.068
入境旅游人数（万人次）（X_{20}）	0.143	-0.067	0.002	-0.016
国际旅游外汇收入（万美元）（X_{21}）	0.052	0.045	0.040	-0.044
星级酒店数（个）（X_{22}）	-0.058	0.161	0.061	-0.003

　　将前面原始指标数据进行无量纲化处理后的数值代入 4 个公因子得分函数与综合得分函数式，分别获取广东与广西两省区 35 个主要城市旅游竞争力的公因子得分、综合得分与排序（见表 5）。从表 5 可以看出，广东与广西区域内 35 个主要城市的旅游竞争力差异分化比较明显，其中广东省的广州市、深圳市、东莞市、佛山市、珠海市、中山市、惠州市、江门市与广西壮族自治区的南宁市、桂林市的旅游竞争力综合得分大于 0，旅游竞争实力高于整个区域平均水平，作为"珠三角"核心城市的广州市与深圳市更是遥遥领先，而区域内其余 27 个城市的旅游竞争力综合得分均小于 0，表明旅游竞争力水平位于区域平均水平以下且实力相对较弱。区域内旅游竞争力得分排名前 10 位的城市中，有 8 个城市来自广东的"珠三角"地区，有 2 个城市来自广西最重要的国际旅游集散中心，旅游竞争力综合得分排名在 11～35 位的城市比较均衡地分布于广东省和广西壮族自治区两省区，区域内城市旅游竞争力在空间上呈现出明显的以"一个大中心，二个基本点，三条主轴线"为三角形基本构架、相互交错竞争并存的总体格局（见图 2）。从各主因子的得分情况看，广州市、深圳市、东莞市 3 个城市的旅游竞争力基础最强，得分值均大于 1，珠海市、佛山市、梅州市、惠州市、汕尾市、中山市、江门市、湛江市、茂名市也比较强，得分值为 0.1～1，河源市、肇庆市以 0～0.1 的得分值次之，其余城市的得分值则全部位于 0 之下；在城市旅游竞争力增长因子中，广州市、南宁市、桂林市的得分值最高，汕头市、佛山市、玉林市、百色市、河池市、崇左市的得分值也比较高，为 0.1～1，与城市旅游竞争力基础因子相比，广西有 6 个城市入围；珠海市、佛山市、中山市、北海市、防城港市、贺州市、崇左市的旅游交通因子得分值大于 1，广州市、深圳市、东莞市、潮州市、柳州市、梧州市、钦州市、贵港市、玉林市、来宾市的得分值为 0.1～1，高于区域平均水平，广东省和广西壮族自治区城市的数量比较均匀；在城市旅游竞争力保障因子得分值对比中，广西只有崇左市的得分值小于 0，而深圳市、珠海市、佛山市、惠州市、东莞市、中山市、江门市的得分值大于 0，广西城市的旅游可持续发展能力比较强。综上，目前区域内城市旅游竞争力较强的城市大部分集中在"珠三角"城市群及广西旅游产业实力

表5 广东省与广西壮族自治区的35个主要城市旅游竞争力综合得分及排序

省（自治区）	城市	公因子 F_1	排序	公因子 F_2	排序	公因子 F_3	排序	公因子 F_4	排序	综合得分	排序
广东省	广州市	1.14916	3	4.80945	1	0.29501	15	−0.61731	30	2.222801	1
	深圳市	4.47086	1	−0.0806	11	0.49817	12	0.35985	19	2.125246	2
	珠海市	0.71916	4	−0.60367	32	1.47508	3	0.56447	11	0.315349	5
	汕头市	−0.21582	18	0.14177	10	0.06691	18	−0.86559	31	−0.11044	12
	佛山市	0.27007	9	0.64618	5	1.05874	7	0.55614	12	0.507136	4
	韶关市	−0.06576	16	−0.15515	14	−1.18108	30	−0.078	24	−0.21333	16
	河源市	0.05386	14	−0.59802	31	−1.22844	31	−0.38382	27	−0.34377	32
	梅州市	0.19072	12	−0.32152	22	−1.87519	33	−0.51207	28	−0.25873	23
	惠州市	0.6126	5	−0.39479	25	−0.31779	24	0.33922	20	0.137823	8
	汕尾市	0.20633	11	−0.98092	35	−0.31054	23	−1.06344	32	−0.36742	33
	东莞市	1.89655	2	−0.86923	34	0.50798	11	0.54256	14	0.666064	3
	中山市	0.59078	6	−0.84724	33	1.26057	4	0.54763	13	0.145906	7
	江门市	0.35192	8	−0.29631	21	−0.4525	25	0.0248	22	0.013428	10
	阳江市	−0.16133	17	−0.55017	29	−0.08326	20	−0.14769	25	−0.29026	26
	湛江市	0.23218	10	−0.10222	12	−1.97732	35	−0.31646	26	−0.1569	14
	茂名市	0.35374	7	−0.5919	30	−1.46996	32	−0.54441	29	−0.23986	19
	肇庆市	0.07447	13	−0.29042	19	−0.90678	29	0.31259	21	−0.13756	13
	清远市	−0.00741	15	−0.2078	16	−1.96641	34	0.42199	16	−0.24683	21
	潮州市	−0.26808	19	−0.39706	26	0.77363	9	−2.60951	34	−0.3892	35
	揭阳市	−0.31424	20	−0.15944	15	−0.097	21	−1.34684	33	−0.31745	30
	云浮市	−0.33181	21	−0.45754	27	−0.02095	19	−0.06078	23	−0.32329	31
广西壮族自治区	南宁市	−0.80795	32	1.78608	2	−0.66302	27	0.67946	7	0.243876	6
	柳州市	−0.8246	33	0.66722	4	0.31211	14	0.92531	1	−0.04143	11
	桂林市	−0.8541	34	1.07341	3	−0.21183	22	0.79683	4	0.025092	9
	梧州市	−0.71232	29	−0.13568	13	0.83344	8	0.60646	8	−0.24553	20
	北海市	−0.69955	28	−0.28342	18	1.50883	1	0.5817	9	−0.22442	17
	防城港市	−0.64837	26	−0.4854	28	1.49103	2	0.40337	17	−0.28812	25
	钦州市	−0.54795	23	−0.29148	20	0.65977	10	0.74155	5	−0.23193	18
	贵港市	−0.48239	22	−0.25532	17	0.21477	17	0.5693	10	−0.24794	22
	玉林市	−0.68541	27	0.14789	9	0.28517	16	0.90528	2	−0.16554	15
	百色市	−0.858	35	0.31955	6	−0.75758	28	0.82938	3	−0.29801	27
	贺州市	−0.71323	30	−0.3306	23	1.16419	6	0.36861	18	−0.29964	28
	河池市	−0.71758	31	0.18785	8	−0.5753	26	0.72642	6	−0.26887	24
	来宾市	−0.61803	24	−0.33655	24	0.4623	13	0.53528	15	−0.31687	29
	崇左市	−0.63849	25	0.24308	7	1.22723	5	−3.79226	35	−0.37936	34

最强的两个城市，广东省城市旅游产业发展基础较为雄厚且现状良好，而广西因为经济社会发展条件相对薄弱导致城市旅游竞争力综合水平较弱，但发展潜力却比较大，广东省与广西壮族自治区必须强化区域旅游合作，推动区域旅游资源整合，提升区域旅游竞争力水平，为打造"珠江全域旅游国家示范区"起到实质性作用。

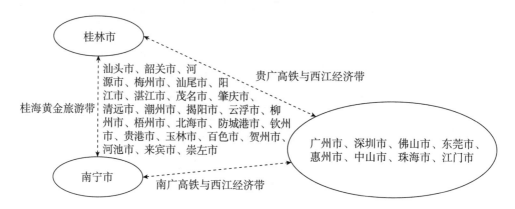

图 2　广东省与广西壮族自治区区域内主要城市竞争力总体空间格局

四、广东与广西区域城市旅游竞争力等级划分

根据城市旅游竞争力综合评价得分，将广东省与广西壮族自治区 35 个主要城市的旅游竞争力水平划分为 4 个等级（见表 6）。

表 6　广东与广西区域内 35 个主要城市旅游竞争力划分

城市旅游竞争力等级划分	城市分布
强城市旅游竞争力	广州市、深圳市
较强城市旅游竞争力	东莞市、佛山市、珠海市、南宁市、中山市、惠州市、桂林市、江门市
较弱城市旅游竞争力	柳州市、汕头市、肇庆市、湛江市、玉林市
弱城市旅游竞争力	韶关市、北海市、钦州市、茂名市、梧州市、清远市、贵港市、梅州市、河池市、防城港市、阳江市、百色市、贺州市、来宾市、揭阳市、云浮市、河源市、汕尾市、崇左市、潮州市

（一）强城市旅游竞争力

广州市、深圳市的城市旅游竞争力综合得分以大于 2 的绝对领先优势排在所有城市前列，属于强城市旅游竞争力类型。广州市作为国际大都市，是我国华南地区的经济中心和三大综合性门户城市之一，同时也是国家历史文化名城与岭南文化的发源兴盛地之一，在经济社会发展基础、旅游文化资源及地理区位条件中具有区域内其他城市无法比拟的优越性。深圳市与香港特别行政区毗邻，是我国改革开放以来建立的第一个经济特区和具有一定影响力的国际化城市，2014 年成为首个以城市为基本单元的国家自主创新示范区，依托强大的经济与科技实力，为城市旅游的高速发展奠定了坚实基础。2015 年广州市与深圳市的旅游总收入分别达到 2872.18 亿元和 1244.96 亿元，两者之和占广东与广西区域内旅游总收入的 33.38%。但是，广州市的城市旅游保障因子得分偏低，应加大环境整治力度和环境方面的经济投入，为广州市城市旅游的可持续发展提供支持。而深圳市的城市旅游增长因子得分为负数，说明应进一步扩大城市内需以确保旅游经济实现稳增长。

（二）较强城市旅游竞争力

东莞市、佛山市、珠海市、南宁市、中山市、惠州市、桂林市、江门市的城市旅游竞争力综合得分为 0~1，得分值均大于 0 且处于较高水平，属于较强城市旅游竞争力类型，虽然在某些方面竞争力不足，但其他方面的优势弥补了总体上存在的缺陷。东莞市目前拥有虎门鸦片战争博物馆、观音山等重点品牌旅游景区，AAAA 级以上景区数量达到 12 家，近年来通过积极推进业态融合发展规划建设会展游、体育游、乡村游、生态游、水乡游、古迹游等优质旅游产品体系，以打造"近代史文化旅游品牌"，拓展旅游产业发展新空间，极大地提升了城市旅游竞争力。东莞市的城市旅游竞争力增长因子较低，但城市旅游竞争力基础因子得分高达 1.89655，2015 年的旅游外汇收入为 157742.66 万美元，分别在"两广"区域内主要城市中排名第 2 位和第 3 位，显示了产业创新驱动与转型升级为旅游业发展注入的强大活力，而同样来自"珠三角"地区的佛山市、珠海市、中山市、惠州市、江门市等城市的旅游竞争力产生方式和东莞大致趋同，其中佛山市在各公因子的得分均为正值，是唯一的旅游竞争力要素比较均衡协调的城市。南宁市是广西的首府城市和中国—东盟自由贸易区合作的"桥头堡"，被评为"2016 年度中国最美特色旅游目的地"，在招商环境、经济活力、宜居绿色建设等方面获得高度认可，因而城市旅游竞争力增长因子得分较高，发展潜力较大。2015 年南宁市旅游总收入为 742.53 亿元，排在"两广"区域内主要城市中的第 3 位，仅次于广州市和深圳市。桂林市是国际旅游胜地和国家旅游综合改革试验区，自实施全域旅游发展战略以来，打造中国与东盟旅游合作的高端国际平台，通过统筹旅游资源和社会资源实现了对旅游业产业链的优化，加强了旅游基础设施和公共服务体系的建设力度，在更大程度上满足了旅游市场的需求，因而城市旅游竞争力较强。

（三）较弱城市旅游竞争力

柳州市、汕头市、肇庆市、湛江市、玉林市的城市旅游竞争力综合得分为 -0.2~0，得分相对较低且为负值，属于较弱城市旅游竞争力类型。柳州市、汕头市、玉林市的城市旅游竞争力基础因子得分较低、增长因子得分较高，而肇庆市、湛江市的情况刚好与之相反，表明有的城市虽然具备较好的社会经济基础，但由于支持旅游业可持续发展的系统不够完善，导致城市旅游竞争力总体水平偏弱，如肇庆市虽然拥有鼎湖山、七星岩等传统知名的旅游资源，但旅游产品结构老化，致使旅游竞争力走低，有的城市的旅游产业虽然缺乏核心大品牌的竞争力，但发展势头逐步向好。

（四）弱城市旅游竞争力

韶关市、北海市、钦州市、茂名市、梧州市、清远市、贵港市、梅州市、河池市、防城港市、阳江市、百色市、贺州市、来宾市、揭阳市、云浮市、河源市、汕尾市、崇左市、潮州市的城市旅游竞争力综合得分为 -0.4~-0.2，得分小于 0 且较大幅度低于平均水平，属于弱城市竞争力类型。在这些城市当中，大部分在旅游竞争力基础和旅游竞争力增长方面得分偏低，说明旅游产业发展的条件比较薄弱，旅游经济的支撑力量不足，因此严重地制约了城市的旅游竞争力。单从旅游总收入就可以看出,在弱旅游竞争力的城市中,旅游总收入最高和最低的分别是梅州市和防城港市,仅为313.46亿元和100.54亿元,分别只相当于广州市的10.91%和3.5%、平均水平的88.94%和28.56%,差距较大。

五、结论

研究结果表明,强和较强旅游竞争力的城市数量不足区域的1/3,大部分城市的旅游竞争力偏弱。广东与广西的城市旅游竞争力存在比较明显的空间差异特征,强旅游竞争力的城市大多数来自广东,而广东的城市旅游竞争力却出现两极分化态势,广西的城市旅游竞争力总体上较弱却相对均衡,只有南宁市、桂林市具有一定的优势。强旅游竞争力的城市过于集中在"珠三角"地区意味着"两广"区域旅游合作协调发展的格局尚未真正形成,竞争替代关系仍然占据着主导地位。因此,今后广东与广西区域内的竞合关系将以"一个大中心,二个基本点,三条主轴线"的格局为基本框架,按照错位有序、整体联动、优势互补的原则实施创新转型发展战略,加强区域旅游一体化建设,为打造"珠江全域旅游国家示范区"夯实基础。

参考文献

[1] Stansfield C. A. A Note on the Urban-non-urban Imbalance in American Recreational Research [J]. Tourism Review, 1964, 19 (4): 196.

[2] 王琪延, 罗栋. 中国城市旅游竞争力评价体系构建及应用研究——基于我国293个地级以上城市的调查研究[J]. 统计研究, 2009, 26 (7): 49.

[3] 王俊, 王琪延. 中国地级及以上城市旅游竞争力评价研究[J]. 经济问题探索, 2010 (2): 132.

[4] 刘中艳, 罗琼. 省域城市旅游竞争力测度与评价——以湖南省为例[J]. 经济地理, 2015, 35 (4): 186.

[5] 闫翠丽, 梁留科, 刘晓静等. 基于因子分析的城市旅游竞争力评价——以中原经济区30个省辖市为例[J]. 地域研究与开发, 2014, 33 (1): 63.

[6] 周礼, 蒋金亮. 长三角城市旅游竞争力综合评价及其空间分异[J]. 经济地理, 2015, 35 (1): 63.

[7] 潘立新, 彭建, 庞兆玲等. 安徽省城市旅游竞争力评价研究[J]. 旅游研究, 2015, 7 (2): 32.

[8] 陈晓, 李悦铮. 环渤海城市旅游竞争力差异及整合[J]. 地理与地理信息科学, 2008, 24 (1): 105.

[9] 武传表, 王辉. 中国沿海14个开放城市旅游竞争力定量比较研究[J]. 旅游科学, 2009, 23 (4): 13.

[10] 王丽. 基于AHP的城市旅游竞争力评价指标体系的构建及应用研究[J]. 地域研究与开发, 2014, 33 (4): 105.

[11] 张河清, 田晓辉, 王蕾蕾. 区域旅游业竞合发展研究——基于珠三角与长三角城市旅游竞争力的比较分析[J]. 经济地理, 2010, 30 (5): 871.

[12] 吴娟, 甘永萍, 徐小红. 广西西江经济带城市旅游竞争力评价[J]. 云南地理环

境研究，2015，27（5）：43.

[13] 姜峰，刘俊杰．基于空间互动关系的城市旅游竞争力研究——以广西为例[J]．商业经济研究，2015（3）：124.

[14] 赫美田．基于因子分析法的深圳高端旅游竞争力评价[J]．热带地理，2012，32（4）：452.

[15] 侯景新，尹卫红．区域经济分析方法[M]．北京：商务印书馆，2004.

[16] 卢纹岱．统计分析[M]．北京：电子工业出版社，2006.

[17] 万春燕，徐国良．福建省城市旅游竞争力评价研究[J]．亚热带资源与环境学报，2011，6（1）：73.

海洋生态文明建设与滨海旅游协同发展研究

——以北部湾经济区为例①

钦州学院讲师　张秋萍

【摘要】从世界范围来看，海洋生态文明建设、滨海旅游从衍生到协同发展都历经了一个发展过程。在海洋经济战略背景下，我国海洋生态文明建设与滨海旅游协同发展的呼声越来越高，并已成为地方乃至国家经济健康、可持续发展不可缺少的推动力和途径。当然，在现行社会经济条件下，二者的协同发展仍遇到不少挑战，本文以广西北部湾经济区的发展历程为例说明，须调整视角，从多个维度去看待、解决问题，以期实现良性互动和共同发展。

【关键词】海洋生态文明建设；滨海旅游；协同发展

一、引言

国家"十三五"规划、广西"十三五"规划均明确提出"海洋经济发展要牢牢守住生态和发展两条底线"的工作要求和方向。可见，实现海洋生态文明建设与海洋经济发展是二者共荣共存、和谐发展、有机统一的协同发展，具备文化战略和经济战略双重意义，符合国家发展走向。要建设海洋强国、实现"海洋梦"，不仅要通过科学的行政规划、完善的法律法案、及时有效的科学检测和海岸修复及维护来做好海洋生态文明建设，守住生态底线；同时，也要以产业发展为重要推动力和助力，充分发展海洋经济。而以滨海为主的海洋旅游是发展海洋经济的主体模式，要在全球宏观的话语体系中牢牢把握海洋主导权，就必须将海洋生态文明建设与海洋旅游经济有机结合。但环顾已有成果，对海洋生态文明建设与滨海旅游二者的协同发展鲜有探讨研究，且呈现出案例研究多而基础理论研究少、二手资料多而一手资料少、知名滨海城市关注多而其他滨海城市关注少甚至空白等方面的不对称[1]。基于此，本文试以北部湾经济区为例印证这一关系，尝试探讨其协同发展过程中存在的问题及解决对策，以期为国家海洋经济发展提供助力。

二、海洋生态文明建设与滨海旅游发展相辅相成

"生态文明"是人类顺应自然、保护自然，遵循人、自然、社会和谐发展这一客观规律而取得的物质与精神成果的总和，涵盖生态意识文明、生态制度文明、生态行为文明

---

①　国家社科基金项目"2017 年国家社科基金西部项目：环北部湾地区渔民流动与互动研究"（项目编号：17XMZ027）；广西高校人文社会科学重点研究基地北部湾海洋文化研究中心开放课题一般项目"广西海洋文化宣传与海洋意识教育研究"（项目编号：2016BMCC11）。

等。由"生态"到"生态系统",从"可持续发展"到"生态文明"和"生态民主"。已走过152年的历程。有研究认为,从经济学层面看其内涵,生态文明制度的建立是对以亚当·斯密为代表的西方经济学家提出的"理性经济人"假设的批判,是对工业文明制度下"人类中心主义"和"片面追求经济效益最大化"价值取向及其制度安排的变革,是从"体制""机制""政策""法规"等正式制度层面和"道德""观念""习俗""惯例"等非正式制度层面,发挥制度对生态文明建设的引导力、规范力和约束力,促进资源节约和环境友好生产生活方式在全社会推广[2]。而从受众来看,"生态文明"已由最初的独立的"自然"的单一体系演变为人类与自然的共同参与、共谋和谐。

在生态文明系统中,海洋是最大的生态系。可以说,海洋生态文明是生态文明建设中的基石,是不可替代的[3]。21世纪是生态文明的世纪,更是海洋生态文明的世纪。所谓:得海洋生态者,得海洋;得海洋者,得天下。对海洋生态重要性的认知及其可持续形态是海洋经济战略的基石与核心。伴随海洋经济发展与海洋生态文明矛盾的日益加剧,海洋生态文明建设已引起了国内外的广泛关注,对于先行者如美国、日本、韩国、新西兰、加拿大等国家在海洋生态建设方面的研究,我国可在生态补偿机制、污染物海洋排放等方面有所参照[4]。

我国海洋生态文明建设从2007年10月"生态文明被列入党的十七大报告"起,到2008年11月"国家战略需求、国际海洋生态系统、海洋生态文明建设三者结合",再到2012年党的十八大将海洋生态文明纳入"五位一体"总体格局。2015年5月,国家出台《中共中央国务院关于加快推进生态文明建设的意见》;2015年5月,中国社会科学院生态文明研究智库成立。2015年7月,国家海洋局印发《国家海洋局海洋生态文明建设实施方案》(2015~2020年)(以下简称《实施方案》)提出从加强海洋生态保护与修复等10个方面共31个主要任务推进海洋生态文明建设。2017年3月22日,国家海洋局提出,"十三五"期间将从严执行"生态红线制度",进一步推进"蓝色海湾""南红北柳""生态岛礁"三大生态修复工程,树立"还海于民"理念和加强海域使用管理以破解老百姓"亲海难"的问题;近年来,国家也相继出台《全民海洋意识宣传教育和文化建设"十三五"规划》《全国海水利用"十三五"规划》《海洋可再生能源发展"十三五"规划》《全国海洋系统法治宣传教育第七个五年规划(2016~2020年)》等,创建海洋生态文明示范区和海洋牧场示范区,相关各地市也相应陆续出台政策,直接或间接地为海洋生态文明建设保驾护航。2017年10月,山东、安徽、浙江纷纷建立智库着力生态文明建设。起步虽晚,但步伐不可谓不大、不实。

但毋庸置疑,海洋生态文明不是孤立、单方面存在的。国家"十三五"规划提到,"生态"和"发展"是海洋经济的两条底线。海洋生态文明建设,不能只停留在"文化"层面和口头的空喊发展,不管是从国民经济运行出发还是从社会民生福祉的角度出发,均要将其建设落到实处,要发展;而要发展,经济必须要先行。而将诸多经济路径和模式放置于"海洋"上时,无疑海洋旅游是最环保、最为具有可持续性,同时又是当下最有潜力的一种经济开发形式。若海洋意识走向自觉,且管理、引导得当,它的实施将与海洋生态文明建设在本质上不谋而合。

实际上,对旅游与生态协同发展的辩证探讨已具有学理上的合理性。对生态与环境在旅游中的重要性的认识与研究,学术上早已是一种"常态思维"。Beecher的"边缘效应"理论指出了生态系统与边缘交错的环境之间存在的正效应;顺应学科与社会发展的大融合趋势,一些学者进而研究存在于旅游可持续发展中的边缘效应及如何"扬正避负"[5]。在这个基础上，刘敏等进而提出"旅游生态补偿"的概念，并对其内涵和需要注意的重要问题提出看法[6]。可见，作为二者关系的延伸及拓展，海洋生态文明与滨海旅游协同发展在内在逻辑上，前者是根基，后者是拓展和延伸。一方面，良好的海洋环境是海洋旅游业得以发展的基础，海洋环境一旦遭到破坏，则不可逆转。因此，加强海洋旅游环境保护能提升海洋生态文明价值[7]。另一方面，对海洋环境要求极高、与海洋环境休戚相关的滨海旅游创新驱动及其健康良性的可持续快速发展，又反向促进海洋生态文明质的提升和飞跃。因此，二者协同发展，既是新常态下的形势所趋，更是创新"绿色"发展的本质要求和根本驱动力。

进一步来说，为免于上文所述的对"滨海旅游"探讨呈现的"案例多于理论"的困境，对海洋生态文明建设与滨海旅游二者的协同发展研究，应更多地侧重其"海洋"特质，将之置于海洋经济研究的框架之下进行考量。众所周知，随着陆地资源的衰竭和海洋高新技术的迅速发展，海洋经济已经成为独立的经济体系和沿海国家国民经济发展的重要动力以及国民经济的重要形态之一。从概念和内涵上看，海洋经济不仅包括海上经济活动，还应涵盖陆地区域的涉海经济活动，是囊括海洋产业及其相关产业在内的以开发、利用和保护海洋的各类产业活动以及与之相互关联的活动的总和。由海洋经济下的海洋产业体系关联图（见图1）可知，以滨海旅游为龙头和载体的海洋服务业贯穿既是海洋经济体系核心层，也是其支持层、外围层的重要组成部分，滨海旅游既是时代、形势所趋，也是反哺时代和经济发展的重要命脉。与此同时，对海洋的科学研究、教育、环境保护业等又是海洋经济及海洋产业的重要组成部分，作为海洋经济的必要支持，海洋生态文明建设的地位与作用也无法被忽视。因此，二者的协同发展在海洋经济理论体系中显示出了必要性和重要性。

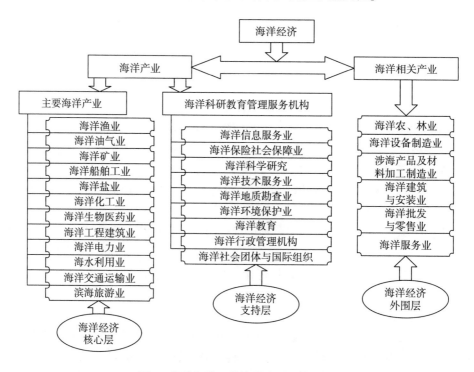

图1　海洋经济下的海洋产业体系关联

实践表明，在党中央、国务院的正确领导和各级海洋行政主管部门稳步推进海洋产业的结构调整下，海洋生态文明建设与海洋旅游协同发展的发展红利已然凸显。2017 年 3 月 16 日原国家海洋局发布的《2016 年中国海洋经济统计公报》（以下简称《公报》）显示，2016 年，全国海洋生产总值达 70507 亿元，比 2015 年增长 6.8%，海洋生产总值占国内生产总值的 9.5%。其中，第三产业增加值达 38453 亿元，占海洋生产总值的比重为 54.5%（见图 2）。

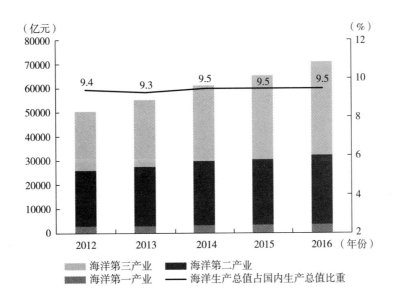

图 2　2012～2016 年全国海洋生产总值情况

资料来源：原国家旅游局官网。

而在海洋第三产业中，滨海旅游业增加值占海洋生产总值的比重高达 42.1%，对海洋经济增长的贡献率达 24.2%，是贡献最大的海洋产业（见图 3）；游艇消费市场正在形成，海岛旅游、休闲渔业等新业态成为滨海旅游的新热点。

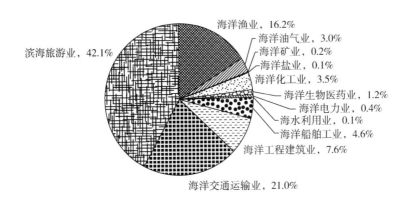

图 3　2016 年主要海洋产业增加值构成

资料来源：原国家海洋局官网。

实际上，滨海旅游在海洋产业中增加值的领先和绝对优势自 2009 年便已开始，2015年更出现爆发式增长（见表 1）。

表 1　滨海旅游发展形势

年份	第三产业增加值占海洋生产总值的比重（%）	涉海从业人员（万人）	滨海旅游业占当年海洋产业总量（%）
2009	47	3270	28.7
2010	48	3350	31.2
2011	47	3420	33.4
2012	48.8	—	33.9
2013	48.8	3513	34.6
2014	49.5	3554	35.3
2015	52.4	3589	40.6
2016	54.5	3624	42.1

资料来源：笔者根据原国家海洋局历年发布数据整理而成，"—"表示数据不详。

另据原国家海洋局网站发布的统计数据，2007～2016 年，在海洋产业增加值的构成中，滨海旅游业平均占比为 33.9%；其次是海洋交通运输业，平均占比为 24.83%；海洋渔业平均占比为 17.57%，其余产业占比均在 7% 之下。可见，经济发展新常态下，滨海旅游业保持稳速增长的"朝阳产业"态势。2017 年 1 月，《"十三五"旅游业发展规划》再次明确提出，大力发展海洋及滨水旅游。世界旅游与旅行理事会（WTTC）预测，到 2025年，中国旅游产业对 GDP 贡献比将超过美国旅游产业对 GDP 贡献比。

海洋旅游经济数据的攀升，无可否认是以海洋生态文明建设作为基础和内生力的；简而言之，海洋旅游经济红利的取得离不开海洋生态文明建设；海洋旅游成绩的取得是其与海洋生态文明建设有机结合、良性协同发展的结果。

三、海洋生态文明建设与滨海旅游协同发展的一个典型案例：北部湾经济区

北部湾经济区是将海洋生态文明建设与滨海旅游协同发展的一个典型案例。众所周知，北部湾经济区滨海风光旖旎，滨海旅游资源丰富，不仅是广西六大特色精品旅游线路之北部湾滨海跨国风情、广西七大旅游区之环北部湾滨海跨国旅游区打造和规划的主体，是我国西部大开发和面向东盟开放合作的重点地区，是构建泛北部湾海上国际旅游、滨海休闲度假游、东南半岛民族风情体验游等专题旅游线路，还是打造新旅游业发展平台的重要区域。

因此，国家《"十三五"旅游业发展规划》（以下简称《规划》）明确提出，"培育北部湾海洋文化旅游区等跨区域特色旅游功能区"，即以广西滨海特色旅游城市为引领，推进国际旅游集散中心建设；推进边境旅游合作示范区建设，促进与东盟国家的旅游合作，建设国际知名的海洋旅游目的地和国际区域旅游合作典范区。广西北部湾经济区还被涵盖在《规划》中所提出的国家精品旅游带之海上丝绸之路旅游带、国家旅游风景道之滇

桂粤边海风景道、特色旅游目的地之海岛旅游目的地等的推进和建设工程当中。广西"十三五"规划、《广西海洋经济可持续发展"十三五"规划》提出"向海图强，生态优先"，从"编制实施海洋主体功能区规划""优化整合沿海港口岸线资源开发""加强红树林、河口港湾湿地等海洋生态保护"等方面打造海洋经济强区。在这种思想的指导下，一批健康海洋旅游产业集群、一批北部湾国际滨海健康养生示范区、一批中医药健康旅游品牌正在积极打造，"健康旅游""智慧旅游"框架已然完成构建。具体到下辖各市，均根据自身不同的海洋文化资源及海洋地域性打造"滨海+生态"品牌。如钦州市主打集休闲、观光、生态、旅游为一体的新型农林渔产业形态，以邮轮游艇、海岛度假、滨海养生、生态乡村、红色文化和庄园度假为主要内容的旅游产业体系和消费业态；北海市则以构建生态海洋、和谐海洋为目标，以山口红树林国家级自然保护区、儒艮国家自然保护区等为依托，进行生态旅游区保护性开发，同时开展涠洲岛等滨海风情游；防城港市则以十万大山生态资源支撑带和滨海生态屏障为主骨架的生态安全格局，结合山海相依、陆海相连的特点，挖掘海洋文化内涵，着力打造"海在城中，城在海中"的美丽海湾城市，让游客感受防城港市的"边山海"之美。

从国家至广西再至地方，从顶层设计到地方细化贯彻、创造性发展，北部湾经济区的海洋生态文明建设与海洋旅游协同发展格局显示出系统性、完整性、操作性和价值性。2015年广西海洋经济统计公报显示，2015年广西海洋第三产业增加值占海洋生产总值的46.9%，滨海旅游业总收入达82亿元，占主要海洋产业增加值比重为14.2%，同比增长26.2%，增长幅度最大。

然而，海洋旅游从真正发轫继而产业化至今，不过三十余年时间，其与海洋生态文明建设的协同发展与磨合时日更短。因此，二者在协同发展的过程中，难免在体制和系统性、研究深度和广度、宣传与推广等方面存在诸多问题。经过调查与走访和对材料的缕析，笔者发现北部湾经济区相关的实践也同样面临许多挑战，主要表现在以下方面：

（一）北部湾经济区内未能真正形成海洋生态文明建设与滨海旅游协同发展共同体

当前，北部湾经济区内北钦防三市虽能围绕中央、广西的相关规划确定了海洋生态建设与滨海旅游协同的发展方向和具体发展路径，体现了滨海性、地域性、独特性，但受原有区市规划的独立性的遗留影响，三市各自规划，无法形成一致的合力。实质上，无论是《广西北部湾经济区发展规划》对北部湾经济区定位的全局性和统一性，还是"21世纪海上丝绸之路"的提出对广西北部湾经济区的影响和需求，抑或广西北部湾经济区内的经济发展共识和资源，以及文化的内生性及外向性提供的共同的意识形态基础和认知的同质性，北部湾共建海洋生态文明示范区都是形势所趋、形势所需。在此基础上，海洋生态文明建设与滨海旅游的协同发展才能真正形成合力。

（二）北部湾经济区内海洋生态建设与滨海旅游建设二者协同力仍较弱

这既是由发展共同体未能形成所决定的，同时也受地方经济发展水平、滨海旅游水平层次不高制约。环顾其现有的海洋生态文明建设与滨海旅游协同实践，仍显粗浅、层次和深度不够，零散、可持续性差，系统性和整体性缺乏，很容易造成"东一榔头西一棒子""打一枪换一个阵地"的曲折和摸索局面。与具体实践对应，对滨海旅游、海洋生态文明及二者协同发展的研究呈现"对陆地的关注仍多于海洋方面"的重此薄彼态势。显然，以这些既不符合海洋生态文明建设与滨海旅游协同发展的现实实践需要，也不符合海洋经济发展和国家经济大势。

（三）对二者协同发展的研究成果少，且较缺乏系统、充分的文献资料、统计信息等数据参考，研究方法、手段和创新均不够

经笔者查阅，对广西旅游与生态关系的研究论文仅寥寥几篇[8]，论及海洋旅游与海洋生态的成果则尚未发现。而开展此项研究的学术热情和冲动，却易被消解于数据的分散、凌乱及稀缺中。研究与现实、研究与数据的严重不对称，制约了研究的跨越与创新。此外，除了海洋产业自身的发展外，围绕二者协同发展的科技创新仍不够，目前最为紧要的是海岸线修复整治技术及其研究。所谓科技立国，要海洋强国，就必须科技先行，才能提供有条件、有保障的科学保护。

（四）全民海洋文化意识与生态文明意识的教育与宣传、在民众中的普及度有待提高

国家战略的实施，离不开良性互动的民众基础。当前北部湾经济区在各市海洋局等相关单位牵头下，已围绕海洋文化、海洋意识、生态文明意识等内容开展丰富多彩的宣传及教育。但"冰冻三尺非一日之寒"，我国海洋经济起步晚于一些资本主义国家，仍需要全民继续努力。

由此及彼，北部湾经济区在海洋生态文明建设与海洋旅游协同发展中面临的难题和挑战，在一定程度上具有广泛性，对它们的解决路径、方式和建议，同样对其他需二者协同发展的地域、区域具有参考和借鉴意义。

四、北部湾经济区滨海旅游与海洋生态文明建设协同发展的对策建议

为了指导北部湾经济区海洋生态文明建设与滨海旅游协同发展，本文认为，应编制《北部湾经济区滨海旅游与海洋生态文明发展"十三五"规划》，将其作为纲领性、总括性文件。该规划，不应只是被包含在其他规划或文件内的一部分，而应在专门针对、正视二者之间问题以及必要性的基础上专门拟定。众所周知，2015 年 7 月，广西首次红色旅游普查完成；2017 年 1 月底，广西红色旅游发展"十三五"规划编制完成，并正式印发实施。在与时俱进、创新包容的党的建设新时期，"海洋"与"红色"在推动旅游经济的本质上是一体的。旅游可助推红色教育升级，也可助推海洋生态文化建设升级。同理类推，该规划编制的立足点和内容，均至少要涵盖以下五个方面。

（一）注重海洋意识的宣传与海洋文化教育，是夯实二者协同发展的关键和根基

《全民海洋意识宣传教育和文化建设"十三五"规划》提出，海洋是人类社会生存和可持续发展的重要物质基础，是世界大国崛起过程中共同的战略选择和发展途径，要建设海洋强国需发挥海洋意识等软实力作用；提升全民海洋意识将有利于提升海洋战略地位，有利于形成民族进取精神，有利于提高全民科学素养，有利于弘扬社会主义核心价值观，有利于推动全球包容性发展，是海洋强国和"21 世纪海上丝绸之路"的重要组成部分。因此，国家的海洋战略必须扎根在其国民对海洋的认知中，培养国民自觉意识。从国家海洋局 2008~2016 年发布的《中国海洋经济统计公报》看，"海洋科研教育管理服务业"的费用也是逐年增加的，可见国家在海洋生态保护和意识宣传上的力度逐年加大。但当前海洋意识和海洋保护意识不强、不够是普遍存在的问题。这就要求北部湾经济区各地市充分

利用公共平台与学校的便利性和普适性，通过编制教材和生动易懂的免费海洋读本、在学校开设海洋课程、开展形式多样群众喜爱的普及活动等措施，加大宣传力度，将工作做到细处、实处。

（二）海洋与陆地特色小镇、文化遗产等元素及新农村建设、精准扶贫协同促进，发展"旅游+"

无论是海洋意识的宣传还是海洋文化教育，都须经济先行。只有经济上去了，让群众看到实实在在的实惠，才谈得上精神文明的提高。因此，在协同发展的历程中，发展旅游业是不容置疑的。结合以往的海洋生态与滨海旅游协同发展及研究"重陆地而轻海洋"的情况，本文认为，应以海洋与陆地上的物态元素或社会现象，如特色小镇、文化遗产，以及新农村建设、精准扶贫等的协同促进为前提，发展"旅游+"。国务院《"十三五"旅游业发展规划》提出，旅游已由过去的"吃住行游购娱"六要素，发展到厕所革命提出后的"吃住厕行游购娱"七要素；2017年，"全域旅游"首次被写进政府工作报告，"文商养学闲情奇"等新要素成为全域旅游的元素基础。要实现"旅游+"，可从以下方面着手：首先，眼光要放宽、放远，除了海水、沙滩、滨海度假区（村），还要看到滨海向内的渔村、城镇，须将山、地、海充分调动起来。结合北部湾经济区的客观地理环境，可适当注重对乡村生产性空间的充分开发利用。其次，旅游内容的丰富性和层次性必须要保证，结合海岛、游轮游艇游船、空中旅游，海洋资源在用于发展旅游的同时，还可重点发展研学旅行、海洋休闲、海洋度假和海洋疗养等。最后，深挖海洋文化与地方文化结合。在旅游中贯穿海洋生态文化及地方文化，在海洋生态和地方文化中推广旅游，二者应是互为一体的关系。以北部湾经济区而言，新石器时代贝丘遗址、古运河、古商道、古航道、古炮台、古庙宇、古建筑等历史遗迹俯拾皆是，是海豚、红树林、中华鲎等珍稀物种分布地，海洋资源、海洋生态景观丰富，还有着天然深水大港、七十二泾群岛、龙门港海洋牧场，民族元素浓厚，渔业民俗文化层次丰富，将它们充分、有机融合进滨海旅游中，是对海洋生态文明真正切实可行的一种保护方式，也是向国民宣传海洋文化、提高其海洋生态和保护意识的一种可行途径。对于以上这些，北部湾经济区都要努力完善、探索，充分挖掘滨海旅游和海洋生态文化中的潜在价值，创造更多"旅游+"发展空间。

（三）在坚持差异化和边际效应最大化的基础上，推进北部湾经济区"海洋生态文明示范区"共建及国家级海洋牧场示范区的申报

首先，2017年国家政府工作报告提出拟在全国设立10～20个海洋经济示范区。根据原国家海洋局《关于开展"海洋生态文明示范区"建设工作的意见》，"海洋生态文明示范区"建设的4项主要任务分别是优化沿海地区产业结构，转变发展方式；强污染物入海排放管控，改善海洋环境质量；强化海洋生态保护与建设，维护海洋生态安全；培育海洋生态文明意识，树立海洋生态文明理念。将这4项任务具化考量，则又可包括海洋经济发展、海洋资源利用、海洋生态保护、海洋文化建设和海洋管理保障5个方面33项具体指标。可见，在共建"海洋生态文明示范区"的过程中，既具体推进了海洋生态文明建设，又成就了滨海旅游开发所需的硬件措施和民众海洋意识，是双赢的举措。其次，如国家农业农村部所言，海洋牧场对于加强海洋渔业资源和生态环境保护，加快转变海洋渔业发展方式，不断提高海洋渔业可持续发展能力具有重要意义。综上所述，北部湾经济区具有共建海洋生态文明示范区和海洋牧场的天然优势和实力，应善借政策的"东风"，充分利用国家战略对该经济区的区域定位，调动各市的协同合力，在坚持差异化和边际效应最大化的前提下，最大限度地发挥经济区内各市的生态资源和生态优势，共建"海洋经济示范区"，积极申报国家级的海洋牧场示范区。当前，钦州市已在龙门港海域积极创建"海上牧场"，这个理念可以在北部湾经济区内推广。"牧场"，既"牧"蓝色渔业，也"牧"金色经济前景。

（四）科技、创新，建立滨海旅游与生态文明发展大数据

当今社会已然进入了高速发展、科技创新的大数据时代。因此，要打赢这场"蓝色"仗，科技化、信息化至关重要，海洋生态科学技术应放在首位。对于北部湾经济区而言，要做好海洋生态文明建设这项基本工作，必须围绕北部湾海洋赤潮爆发的预测、预警、风险评估、快速诊断与检测等形成技术方案，研发具有自主知识产权的产品，开展赤潮及除藻等必要治理。对于很多行业而言，如何有效利用大规模数据是赢得竞争的关键。对于滨海旅游与海洋生态文明而言，要想长足发展，也必须建立二者协同发展的大数据。建立广西旅游文献数据库[9]的建议显然已不能与时俱进地适应海洋经济的时代。那如何编制这个大数据呢？除了结合云计算、突破科学理论、数据管理等技术手段外，2016年12月19日国家旅游局召开的全国旅游统计工作会上，国家旅游局李金早同志提出的建设和发展我国旅游数据体系的六个要点，即"体系统一、科学适用、方法创新、合作接轨、世界眼光、人才保障"，以及《"十三五"全国旅游信息化规划》给了我们很重要的启示。同时，随着乡村建设浪潮的推进，电子商务使更多人才、资金、数据回归乡村，并将掀起一轮新的城镇化过程。电商发展与滨海旅游、海洋生态多元一体，也将是新的途径和趋势。

（五）在理论指导下，更多深入旅游实践，出研究精品

从海洋经济发展等相关研究内容来看，20世纪80年代以来，我国更多的是重视海洋资源的统计，《中国海洋年鉴》（1986）、《中国海洋经济统计年鉴》等就是这一时期的成果。20世纪90年代，中国的海洋工作的基本理念是以开发海洋资源、发展海洋经济为中心，1996年发布的《中国海洋21世纪议程》是中国实施海洋开发可持续利用的政策指南，1998年进入"国际海洋年"，中国掀起海洋经济研究的高潮。国内外海洋经济学术研讨会、考察访问活动、多边合作协商等此起彼伏，在此基础上，"海上中国""蓝色经济""蓝色国土"等概念也登上历史舞台。围绕这些概念形成了区域海洋经济研究的一系列发展规划，原国家海洋局印发了《海洋工作"十五"计划纲要》，继续强调可持续发展海洋经济的重要性[10]。具体到广西旅游研究而言，从知网呈现的1982年以来的数据看，基本经历了1982~1998年探讨旅游与"广西旅游大省"建设关系的起步阶段、1999~2010年旅游研究的培育提升阶段以及2011年后至今的飞速发展时期。但所呈现的研究成果涉及旅游实践的较少，论及滨海旅游与海洋生态实践的，更是屈指可数。可见，无论国内还是具体到广西壮族自治区，长久以来的海洋文化旅游及生态发展研究仍相对缺乏；尤其是基于旅游实践得出的研究成果更缺乏，更不用说精品。这就要求我们在人类学、社会学、历史学等诸多人文学科及相关理论的指导下，不但细化、深化研究，而且尽量出精品。

海洋生态文明建设与滨海旅游的协同发展是未来海洋文化的基本发展趋势，对中国海洋战略的实施与"21世纪海上丝绸之路"倡议的推进均有重要意义。党的十九大报告提

出了"美丽乡村""乡村振兴""精准扶贫"。而只有旅游、海洋、生态绿色发展三位一体，中国才能营建全新的海洋经济体系，真正让海洋生态文明建设与滨海旅游协同发展，让我们国家海洋经济"面朝大海，春暖花开"。

参考文献

［1］陈娟，杨敏．中国滨海旅游研究现状与发展趋势［J］．经济问题，2009（12）：113-115.

［2］刘登娟，黄勤，邓玲．中国生态文明制度体系的构建与创新［J］．贵州社会科学，2014（2）：17-21.

［3］张更农．海洋生态文明建设刍议［J］．海洋开发与管理，2016（3）：106.

［4］刘园园．海洋生态文明建设国际比较研究［J］．河北渔业，2015（6）：52-55.

［5］包广静，吴兆录．边缘效应与旅游区可持续发展研究［J］．云南财贸学院学报，2006（1）：44-49.

［6］刘敏，刘春凤，胡中州．旅游生态补偿：内涵探讨与科学问题［J］．旅游学刊，2013（2）：52-59.

［7］邓敏敏．加强旅游环境保护提升生态文明价值［N］．中国旅游报，2017-01-20（1）.

［8］韦福巍，周鸿，黄荣娟．区域城市旅游产业、社会经济、生态环境耦合协调发展研究——以广西14个地级市为例［J］．广西社会科学，2015（3）：24-28.

［9］秦付华．关于建设广西旅游文献数据库的思考［J］．桂林旅游高等专科学校学报，2006（3）：341-343.

［10］姜娜．人文交流与区域合作——南海合作与发展研讨会综述［J］．广西民族大学学报（哲学社会科学版），2014（1）：90.

从养生角度看中国—东盟红木文化发展前景①

钦州学院陶瓷与设计学院副教授　黄辉

【摘要】 近年来，中国与东盟一些国家的红木家具市场方兴未艾，红木家具文化在中国与东盟国家内蔚然成风。特别是不同材质红木的养生特性在家具设计与制作中体现和广泛应用。本文对红木家具做简要的界定，并采用分类研究法、比较法等从养生角度阐述红木家具的养生特性及中国—东盟红木文化发展前景。

【关键词】 中国—东盟；红木家具；养生；发展前景

一、引言

越南、老挝、缅甸、柬埔寨、泰国、印度尼西亚、马来西亚等东盟国家是重要的红木原材料产地，红木资源比较丰富。我国北部湾是重要的红木家具生产和红木家具文化底蕴深厚的地区，拥有一定的红木资源。特别是地处北部湾中心地带的广西壮族自治区，是与东盟唯一海陆相连的中国省区，其红木市场发展迅猛、后发优势明显。历年的中国—东盟博览会上，红木产业一直扮演着最主要的角色。据中国—东盟博览会秘书处提供的数据，2016 年，中国—东盟双边林产品贸易额达 318 亿美元，区域内林产品进出口贸易呈现强劲增长势态。广西红木从红木的原料加工到专业的贸工生产，从专业质量鉴定到全国集散中心的打造，已经走在了全国的前列，不仅将为更多的初识红木的旅游者和投资者提供周到、便捷的服务，也将会成为更多红木爱好者的"淘金之地"。

红木家具是中国传统家居文化的瑰宝，是古代劳动人民对自然、生活、理想的一种追求，是中国传统文化的重要组成部分。由于红木家具的材料具有特殊的纹理和气韵，红木家具诞生之初就受到崇尚自然的文人墨客的钟情，特别是明代的红木家具，由于大批文人的积极参与，使明式红木家具达到了中国传统家具的巅峰[1]。随着我国经济的发展，近些年，红木家具一直备受消费者的关注和喜爱，这不仅在于红木家具本身独树一帜的文化内涵，更重要的是红木家具与人们的养生有着独特的联系。

二、红木家具的特点及分类分析

红木是家具用材的一种，多产于东南亚一带，为热带地区豆科檀属木材，我国华南地区、西南一些地区也有引种栽培。木材花纹美观，材质坚硬、耐久，为贵重家具及工艺美术品等用材。"红木"是江浙及北方流行的名称，华南一带俗称为"酸枝木"。中国传统

---

① 基金项目：2018~2020 年广西本科高校特色专业及实验实训教学基地（中心）建设项目（产品设计专业，2018 年）。

红木家具历史悠久，工艺精湛，具有深厚的历史文化内涵和较高的艺术价值。所谓红木家具并不是某一树种家具，而是明清以来对在一定时期内出现的呈红色的优质硬木家具的统称。根据国标系列定义，红木家具所涉及的范围是以三科五属八类（见表1）的心材为原材料的家具[2]。根据木材学的界定，心材是指介于髓心与边材之间（通常颜色较深）的木质部。红木一般比较稀缺、名贵，其质地坚硬，纹理丰富，散发清香，自然怡人。以此制作成的红木家具，无论从味觉还是触觉角度来看，长期使用对人们的身体健康是十分有益的。

表1　三科五属八类

三科	五属	八类	学名	市场称谓
豆科、蝶形花亚科	紫檀属	紫檀木类	檀香紫檀	牛毛纹紫檀 金星紫檀 小叶紫檀
		花梨木类	越柬紫檀等七种	缅甸花梨 紫属花梨
	黄檀属	香枝木类	降香黄檀	海南黄花梨
		黑酸枝类	卢氏黑黄檀	大叶紫檀
			东非黑黄檀	紫光檀
		红酸枝木类	巴里黄檀等七种	老红木 老挝红酸枝 缅甸红酸枝 越南红酸枝
	崖豆属	鸡翅木类	百花崖豆木	丁纹鸡翅木 缅甸鸡翅木
			非洲崖豆木	非洲鸡翅木
苏木科	铁刀木属	鸡翅木类	铁刀木	铁刀木鸡翅木
柿树科	柿树属	乌木类	毛药乌木等四种	乌木
		条纹乌木类	苏拉威西乌木等两种	黑檀 印尼黑檀

三、红木家具的"味觉"养生

中国式的养生主要包括"养身"和"养心"两个方面。中国传统养生理论中，人的身心养生与人所处的物质环境有关，家具作为与人们生活息息相关的器具，对人的养生起着不可忽视的作用。在红木家具行业流行这样一句话："未见其木，先闻其味。"对于红木行家来说，一些珍贵的红木木材，有时候凭其味道就可以大致判断出是何种木材了。而且，有些红木散发出的味道还能起到降压安神等养生作用，如海南黄花梨、小叶紫檀、大红酸枝等。当人闻到红木家具散发出的味道而产生的感受就是这里指的"味觉"。

（一）海南黄花梨

海南黄花梨，俗称"香枝木"，是红木中的极品。海南黄花梨质地坚硬，色彩鲜美，具有行云流水般的纹理和温润如玉般的质感，更因其木节的花纹十分动人，又被古代文人戏称为"鬼脸"。黄花梨木，也被称为"降压木"，主要是因为其心材拥有中药降香的作用，《本草纲目》中曾有记载，降香有降血压、降血脂及舒筋活血的作用[3]。在刚开料的时候，海南黄花梨会散发出浓烈的香味，一般情况下黄花梨木材的香味比较清新淡雅。虽然海南黄花梨的降香味并不像沉香那样浓郁，但其香味却持久，那是一种自然的美，就如同一位素颜美艳的纯情少女，非常恬静闲适，雨天或者潮湿的天气也会散发出幽幽降香。对于老年人而言，由黄花梨木制成的器物是天然的保健品，比如床榻、椅子以及用木屑填充的枕头等，人在睡眠和养神的时候会闻到幽幽的降香，长此以往可以使筋骨活络，气血通畅，延年益寿，是保养身体的佳物。

（二）小叶紫檀

小叶紫檀散发出的不是浓郁的香味，准确来说小叶紫檀散发出的是独特的清淡优雅的香气。古时候的大家闺秀或豪门显贵大多选取紫檀木材来做衣柜，衣服放在衣柜中，时间长了衣服上会附着一种淡雅的檀香气味，令人悠然神往。一般来说，小叶紫檀在刚开料的时候与海南黄花梨木浓烈的香味不同，它会产生一种淡淡的檀香味，并且这种檀香还具有一定的药用价值。《本草纲目》中记载，紫檀有镇心安神、舒筋活血、消炎止痛等多种功效[4]。这种味道，闻之令人心旷神怡，对万事万物豁然开朗，可疏解压力。而且，紫檀木在经过反复揉搓之后，会散发出一种叫"木氧"的物质，而这种物质的香味淡而好闻，有着芳香行气、安神醒脑的作用。如果人们经常睡在紫檀木床上，便能使人的情绪稳定，有利于睡眠的改善，并且也能加快人体内的新陈代谢，促进细胞再造，防止皮肤老化。除此之外，紫檀还有一个优点，就是能起到驱虫驱蚊的作用，夏天睡在紫檀床上就会很少被蚊虫叮咬。

（三）大红酸枝

大红酸枝是热带常绿大乔木，在我国北方被人们称之为"老红木"，在广东和广西则被人们称之为"酸枝"，《国家红木标准》定为"红酸枝"。大红酸枝主要产自于印度以及老挝、缅甸、越南、泰国等东南亚各国。大红酸枝具有深色条纹，整体木材颜色一般呈现深红色，而产于老挝的大红酸枝多数呈现红褐色、深褐色、黑褐色，是公认的最好的酸枝木。但是其手感不如紫檀温润，由于大红酸枝密度大，因此有的酸枝木比紫檀还要重。除此之外，大红酸枝的香气有浓有淡，各有不同，虽然如此，但是它们整体都会呈现出一种优质老陈醋的高贵酸香味，有的酸枝木甚至还略带有一种蔷薇的香气，特别是新剖面，有一种令人陶醉的感觉，这种淡淡的酸香气能够帮助人们提神醒脑，对正在工作的人员来说，可减少工作中的差错率，提高工作效率。

四、红木家具的"触觉"养生

养生除了要重视"味觉"对人的养生作用之外，也要重视"触觉"的作用。"触觉"即指人与红木家具接触时产生的感受。通过对大量历史流传下来经典之作的测量评估，可以发现大多数家具中尺寸上的设计均讲究科学，并且多数都与人体工程学的比例关系吻合[5]。

（一）符合人体工程学理论的养生红木家具

人体工程学理论在人们生活产品设计中应用十分广泛。其中红木家具，无论是传统的还是现代的红木家具造型、结构都需要体现人与物的协调关系。颈椎病和腰椎病是现代人容易患的慢性疾病，这类疾病除了是由人们伏案久坐导致以外，家具大小、高低、尺寸，造型结构设计的不合理也是一个重要的影响因素。传统红木家具设计讲究严格的比例关系，不仅具有良好的视觉效果，而且具有良好的养生功能。如椅子靠背"S"形曲度与人脊柱的生长角度是相吻合的，椅子搭脑的弧形凹线适合人的后脑枕曲度，靠背的高度根据人坐下时脊柱高度而定，椅面的高度根据人的下肢长度而定，圈椅的扶手正适于人体坐下时双手自然舒展的姿态[6]。这种结构是在设计时运用人体工程学的知识，将人们的行为方式、身体结构与座椅造型融为一体。即使人们长时间坐上去也不会疲劳，较其他设计方式的家具更利于养生，在放松肌体的同时可使气血畅通，这就是红木家具在养生方面优于舒软沙发的一个重要的原因。

（二）符合中医理论的养生红木家具

明代的南官帽椅，是对明代四出头官帽椅的一种改良设计，设计出的官帽椅既简约美观，又能进行中医按摩，具有养生功效。它的搭脑和扶手两端均不露头，背部搭脑降至肩胛骨附近，肩胛骨位于胸廓的后面，是三角形扁骨，介于第 2~7 肋，分为两个面、三个角和三个缘。前面为肩胛下窝，是一大而浅的窝。后面有一横行的骨嵴，称为肩胛冈，冈上、下的浅窝，分别称为冈上窝和冈下窝。肩胛骨附近有肩井、肩髃、秉风、天宗、肩贞、肩内陵、曲池、合谷、七星台（肩中俞、肩外俞、曲垣、天宗、臑俞、肩贞）等。肩胛骨周围的穴位对治疗肩疼、颈疼很重要，肩胛及上肢按摩在于松弛肩胛骨周边韧带、缓解疲劳、促进上肢的血液循环等。与此同时，明代的南官帽椅的扶手和椅子背部两根立柱的榫头向上移动了几寸，形成扶手后高前低之势，更适合于坐者双手的放置。从人的身体结构、生理特征和使用舒适度对家具设计进行考量是红木家具受欢迎的重要原因之一，家具使用是否舒适直接决定着人的疲劳产生程度，影响着人们的身体健康。

五、结论

红木家具在养生方面的独特性，符合传统中医养生所倡导的"天人合一"的自然观。如今，随着人们对身体健康、生活品质的日益重视，红木家具不仅会因优良的选材、精美的造型设计和艺术文化价值，更会因其独特的养生效果，深受更多消费者的喜爱，并吸引其购买。原国家林业局张鸿文同志表示，随着中国—东盟自由贸易区升级和区域道路互联互通建设日益完善，近年来，中国林木产品进出口贸易快速增长，林木产品成为中国与东盟最重要的进出口货物之一，双方均有进一步扩大市场的需求。中国正在与东盟国家加强在速生丰产林培育、木材加工和林板一体化、特色经济林种植、森林生态旅游、林业生物质能源、林业资源保护、林业科技教育培训等方面的交流合作，推动区域各方林业合作从单一木材贸易向全方位发展。[7]因此，需要充分发挥红木家具在养生方面的独特作用，使广大消费者在使用红木家具的同时怡情养性、强健体魄。在我国"一带一路"倡议下，作为南向重要通道的中国广西及北部湾红木家具必定会具备更广阔的发展空间，红木文化也会更加深入人心，成为中国与东盟国家之间增强政治互信、扩大经济贸易、深化民族文化艺术交流的重要途径。北部湾红木文化的发展壮大也必将在北部湾城市群建设中产生不可估量的经济效益和文化效益。

参考文献

［1］田鹏飞．中国现代家具民族化研究现状与展望［J］．家具与室内装饰，2013（1）：34-36.

［2］卢翠香，邓力，徐峰等．红木家具红木种类及其识别［J］．广西林业科学，2012（4）：315-322.

［3］［4］岳文吉．五维视角看红木（3）［J］．开卷有益（求医问药），2014（1）：63.

［5］钱抒，黄薇．基于传统明式家具美学特征的治愈系客厅座椅设计［J］．家具与室内装饰，2015（7）：95-97.

［6］鲁群霞．SOHO办公形态对其办公家具设计影响的研究［D］．南昌大学硕士学位论文，2006.

［7］中国新闻网．中国—东盟红木贸易开启"新零售"时代［N］．财经频道，2017-11-20.

财政支出对广西北部湾经济区城市群城镇化质量的影响分析

防城港市社科联副调研员秘书长　谌永平

广西民族大学管理学院副教授　邹　嫄

【摘要】本文基于 2007～2017 年广西北部湾经济区城市群六个设区市区域的相关数据，从经济、人口、社会、生态四个方面构建城镇化质量水平的综合评价体系，运用熵值法和 SYSGMM 分析方法分析了广西北部湾经济区城市群财政支出对该地区城镇化质量空间格局分布演变的影响，进一步提出了提升广西北部湾经济区城市群城镇化质量水平的建议。

【关键词】城镇化质量；熵值法；财政支出

一、引言

城镇化建设是一个渐进的过程，投入大，但综合见效慢，需要大量、持续的资金支持。地方政府财政资金的投入不仅能够直接提高本地基础设施和公共服务水平，其投资使用方向也能够引导市场资金和资源向着有利于城镇化质量提升的领域进行配置。基于地方政府对各类财政支出方向的不同偏好，各地经济发展水平、公共服务水平、自然生态环境等各方面的发展都会受到影响，进而影响到城镇化质量的提高。

按照《广西北部湾经济区发展规划》，广西北部湾经济区城市群包括南宁市、北海市、防城港市、钦州市、玉林市和崇左市六个设区市，面积为 7.3377 万平方公里，2017 年常住人口为 2070 万人，城镇化率为 51%，地区生产总值达 8808 亿元人民币，占广西 GDP 的 48%。北部湾经济区城市群是国家稳步建设的城市群之一，在基础设施、产业升级、科技进步、改革创新、生态文明等方面的建设对广西起着重要的引领作用。2007 年以来，广西北部湾经济区城市群的城镇化建设取得了瞩目的成绩，2007 年广西北部湾经济区城市群的城镇化率为 21.25%，2017 年，城镇化率达到 51%，提高了近 30 个百分点，城镇化推进速度远远高于广西平均水平。但是，广西北部湾经济区城市群在城镇化建设快速推进的同时，区域间的贫富差距、城乡发展失衡等诸多问题一一出现，经济发展水平、资源禀赋、交通资源等方面的差异导致该区域内各地区城镇化水平不均衡。所以，如何利用财政资金支持城镇化建设以及提升城镇化质量，是广西北部湾经济区城市群乃至广西经济健康发展的重要组成部分。基于以上原因，本文分析广西北部湾经济区城市群各市财政资金对城镇化质量空间格局分布演变的影响，对广西北部湾经济区城市群制定提升城镇化质量及区域发展协调战略有一定的理论价值和实践指导意义。

二、文献综述

在城镇化质量与财政支出关系的研究方面，Cherry（1989）分析了上百个国家的经济发展相关情况，发现城镇化过程会伴随贫富差距拉大，所以政府需要在基础设施、公共服务、社会生态环境等方面加大投入，财政支出需要关注弱势群体；阿瑟·刘易斯在其著作《经济的增长》中提出，在市场经济里，弥补市场失灵的最主要方式之一是财政，城镇化进程中的基础设施建设、科教文卫投入、社会保障等主要依赖财政资金投入。Naughton（2007）研究结果显示，城镇化质量的提高不仅表现在城镇经济的增长，也表现在城乡之间、区域之间发展的协调性，对于经济较落后地区，财政支付转移作用巨大。

国内方面，于燕（2015）运用中国各省数据进行分析，结果发现，各地财政支出与城镇化质量水平呈显著的正相关关系，这一结论在西部地区表现得更加突出。王小华（2014）基于西部县域的数据分析，发现财政支出的增加有利于缩小城乡差距，促进城乡一体化协调发展。也有学者近年来关注广西的城镇化问题，李红（2017）研究了广西边境县域城镇化与人口迁移的时空演变状况。王新哲（2017）认为广西民族地区应该加大财政支持，发展小城镇，带动城镇化发展。本文初步尝试探讨广西财政支出对广西北部湾经济区城市群城镇化质量空间格局演变的影响，在指标设计上，把生态指标和公共服务指标考虑进去，力求研究内容更加全面、准确。

三、研究区域及研究方法

（一）研究区域及数据来源

本文的研究区域为广西北部湾经济区城市群，包括南宁市、北海市、防城港市、钦州市、玉林市和崇左市六个市。随着中国—东盟贸易区升级版的建设、国家"一带一路"倡议的推进以及"西部大开发"战略的深入实施，广西北部湾经济区城市群不断调整产业结构，经济迅速发展，城镇化建设持续推进，城镇化质量不断提高。图1显示了2007年广西14个市（包括市辖区）的城镇化率以及该地区平均城镇化率。柳州市、桂林市和梧州市位于前三，广西北部湾经济区城市群的六个市并无明显优势。图2显示了2017年广西14个市及该地区平均城镇化率，广西北部湾经济区城市群六市的城镇化率上升迅速，南宁市、北海市和玉林市三市市辖区城镇化率分别达到53%、52%和50%，位列广西前列，但是崇左市和钦州市的城镇化率较低，两市不仅远远低于南宁市、北海市，更是低于广西平均城镇化率水平。

为衡量财政资金支持城镇化程度的指标，本文采用了人均财政支出数据。为了便于比较，本文把广西北部湾经济区城市群六市的财政支出数据与其他8个市，一并绘图，如图3所示。图3显示了广西各地区2007年和2017年人均财政支出。由图3可知，2007年，广西北部湾经济区城市群六个市财政支出水平与其他城市差距不大，但是2017年，广西北部湾经济区城市群六市的财政支出高于广西平均财政支出水平。

本文用2007~2017年的广西相关数据，探讨财政支出对广西北部湾经济区城市群六个市城镇化质量水平空间分布格局的影响。所用数据和资料来源于历年的《广西统计年鉴》、《广西财政统计年鉴》、广西统计信息网以及历年的《广西壮族自治区国民经济和社会发

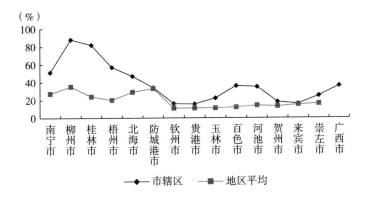

图1　2007年广西壮族自治区各设区市城镇化率及地区平均城镇化率

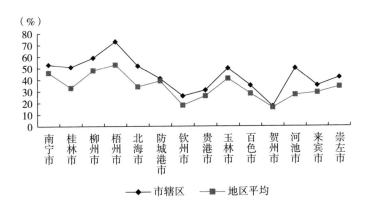

图2　2017年广西壮族自治区各设区市城镇化率及地区平均城镇化率

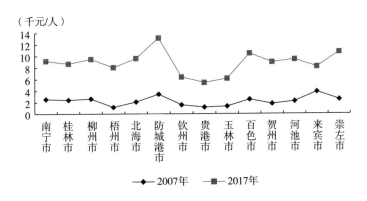

图3　2007年和2017年广西壮族自治区各地区人均财政支出

展统计公报》。

（二）研究方法

1. 构建新型城镇化质量评价指标体系和熵值法评价分析

本文借鉴前人研究成果，根据新型城镇化建设的内涵，从经济城镇化、社会城镇化、人口城镇化和生态城镇化四个方面选取18个指标，构建广西北部湾经济区城市群城镇化质量评价指标体系，力求客观、准确地反映广西北部湾经济区城市群的城镇化质量发展水平。本文基于广西北部湾经济区城市群2007~2017年的相关数据，运用熵值法对广西北部湾经济区城市群的城镇化质量进行综合评价。

2. 计量模型设计

为验证广西北部湾经济区城市群城镇化质量与地方财政资金支出的关系，设计以下计量模型：$Ub_{kt}=a_0+a_1Ub_{kt-1}+a_2CZ_{kt}+a_3X+u_k+b_t+e_{kt}$。其中，$k$和$t$分别表示观测地区和年份，$u_k$、$b_t$和$e_{kt}$分别表示随机区域因素、随机事件因素和残差，$Ub_{kt}$表示城镇化质量，$CZ_{kt}$表示财政支出能力，$X$表示其他控制变量，本文考虑交通条件（JT）、贫困与自然条件（ZR）、经济发展水平（RJGDP）几个因素，用SYSGMM分析方法进行检验。

四、实证分析

（一）广西北部湾经济区城市群城镇化质量水平测度

本文从经济城镇化、社会城镇化、人口城镇化和生态城镇化4个维度，选取18个指标，构建广西城镇化质量评价综合指标体系。按照熵值法的计算步骤，计算出各指标的权重，限于篇幅，文章仅列出2007年和2017年两年的对比结果，结果如表1所示。

表1 广西北部湾经济区城市群城镇化质量评价指标体系及权重

目标层	子系统层	指标层	2007年权重	2017年权重
城镇化质量水平	经济城镇化	人均GDP（元）	0.0621	0.0788
		人均地方财政收入（元）	0.0441	0.0584
		非农产业产值占比（%）	0.0802	0.0710
		人均工业产值（元）	0.0365	0.0518
		人均社会固定资产投资额（元）	0.0263	0.0591
		城乡人均可支配收入（元）	0.0521	0.0560
	社会城镇化	人均用电量（千瓦时/户）	0.0703	0.0714
		人均社会消费品零售总额（元）	0.0398	0.0391
		人均城市道路面积（平方米）	0.0597	0.0681
		人均居住用地面积（平方米）	0.0598	0.0670
		万人拥有卫生机构人员数（个）	0.0361	0.0451
	人口城镇化	非农人口比重（%）	0.0462	0.0451
		非农产业就业人口比重（%）	0.0677	0.0460
		城区人口密度（人/平方公里）	0.0774	0.0578
		城区面积（平方公里）	0.0677	0.0541
	生态城镇化	人均公共绿地面积（平方米/人）	0.0675	0.0445
		城市污水处理率（%）	0.0590	0.0431
		工业固体废物利用率（%）	0.0541	0.0436

由表1可知，2007年经济城镇化指标的权重为30.13%，2017年则上升到37.51%；2007年社会城镇化、人口城镇化以及生态城镇化指标的权重值分别为26.57%、25.90%、18.06%，2017年其权重值分别为29.07%、20.30%和13.12%。这表明，广西北部湾经济

区城市群城镇化质量贡献方面，经济城镇化和社会城镇化影响最大。2017年人均GDP的指标权重值达到7.88%，是所有指标中最高的，意味着经济的快速增长是推动广西城镇化的最重要因素。非农产业产值占比（%）、人均用电量（千瓦时/户）、人均城市道路面积（平方米）的权重值也比较高，说明城镇化发展越来越注重生活质量，对环境提出更高的要求。指标"人均社会消费品零售总额（元）"的贡献最小，因此发展经济，提高农民收入，增加其购买力，增强农村经济发展活力，逐步缩小城乡差距，是广西北部湾经济区城市群城镇化建设的重点。

（二）广西北部湾经济区城市群城镇化质量水平测度及空间格局分布演变

基于表1的城镇化质量评价指标体系，通过加权求和，可以测算出广西北部湾经济区城市群六个市（包括市辖区）及21个县级区域城镇化质量水平综合值。总体来看，2007~2017年广西北部湾经济区城市群城镇化质量保持增长趋势，2007年6个市城镇化质量综合得分均值为0.3144，2017年其城镇化质量得分均值达0.4899，上升了0.1755。综合得分较低的钦州市和崇左市，综合评分也从2007年的0.173、0.196分别上升到2017年的0.266和0.251。上升最快的城市为南宁市，2007年为0.541，2017年上升到0.761。

从广西北部湾经济区城市群城镇化质量空间格局变化观察，2007年城镇化质量水平得分最高的是南宁市，其次是北海市。钦州市县级区域、崇左市县级区域以及南宁市的县级区域综合得分较低。而到2017年，广西北部湾经济区城市群城镇化质量综合评分最高的依然是南宁市，其次是北海市、玉林市，崇左市县级区域城镇化质量综合得分排名有所上升，南宁市县级区域、玉林市县级区域城镇化综合得分上升较快，而钦州市县级区域、防城港市县级区域城镇化综合评分上升较慢。首先，2007年以后，广西经济增速提高，非农产业发展迅速，6个市市区的经济发展、基础设施建设、人民生活水平提高速度普遍高于县级地区。其次，政府在社会城镇化基础建设方面的投入较大，尤其是交通的改善，极大地促进了城镇化的推进。最后，北部湾经济圈发展提速，南宁市作为城市群的龙头，地位优越，进一步拉大了其与广西其他市的经济发展差距。

（三）计量模型实证分析

模型 $Ub_{kt} = a_0 + a_1 Ub_{kt-1} + a_2 CZ_{kt} + a_3 X + u_k + b_t + e_{kt}$ 中，被解释变量CZ即城镇化质量，本文通过对原始数据处理后，用熵权法算出各地的城镇化质量水平综合值。核心解释变量为财政资金支出，本文采用人均财政资金支出数据，加上交通条件（JT）、贫困与自然条件（ZR）、经济发展水平（RJGDP）三个控制变量。用人均公路里数和人均铁路里数衡量交通条件，用人均可支配收入衡量贫困与自然条件，用人均GDP衡量经济发展水平。本文用SYSGMM分析方法检验，结果如表2所示。

表2 财政支出对北部湾经济区城市群城镇化质量影响的检验结果

变量 \ 城市	玉林市	南宁市	钦州市	崇左市	北海市	防城港市
Ub_{kt-1}	0.421 ** (3.21)	0.451 *** (2.45)	0.4203 ** (3.00)	0.421 *** (3.27)	0.436 ** (2.54)	0.445 *** (3.66)

城市 变量	玉林市	南宁市	钦州市	崇左市	北海市	防城港市
CZ	0.2144** (1.98)	0.1182** (1.66)	0.2241** (1.98)	0.252** (2.09)	0.187** (1.78)	0.201** (1.99)
JT	0.131** (1.23)	0.154** (1.32)	0.142** (1.33)	0.198** (1.97)	0.116** (1.63)	0.135** (1.37)
ZR	0.181** (1.61)	0.144** (1.22)	0.188** (1.58)	0.155** (1.67)	0.106** (1.54)	0.125** (1.47)
RJGDP	0.314** (2.98)	0.3142** (2.66)	0.322** (2.76)	0.251** (2.22)	0.207** (1.99)	0.221** (2.19)
AR（2）p 值	0.2141	0.197	0.223	0.232	0.247	0.201
Sargan（p 值）	0.887	0.657	0.833	0.787	0.546	0.712

注："**""***"分别表示在5%、1%的水平上显著。

表2显示，广西北部湾经济区城市群2007年以来，人均财政支出对城镇化提高有明显正向影响，人均财政支出提高，城镇化质量相应提高，在经济相对落后的崇左市、钦州市表现尤其明显。这两个城市市场融资相对困难，所以公共设施的建设对财政资金的依赖性很强。经济发展水平对城镇化质量影响最大，人均GDP的影响达到20%以上，所以提升城镇化质量最重要的途径是发展经济。表2还显示，交通状况和自然条件的影响也不可小觑，所以城镇化质量的提升是一个综合性、系统性工程，需要财政支持、扶贫工作投入、交通建设、改善社会保障等各项工作一并进行。

五、提高广西北部湾经济区城市群城镇化质量的建议

（一）财政资金是提升广西北部湾经济区城市群城镇化质量的重要资金来源，同时需要拓宽融资渠道，扩大资金量

城镇化建设需要大量资金，由于城镇化建设过程中涉及大量公共服务，需要提供公共设施建设，这部分投入资金目前主要由财政资金承担。这类投入主要包括基础建设类财政支出、社会保障类财政支出、科教文卫类财政支出和资源环境类财政支出。2007年以来，广西北部湾经济区城市群在以上几方面的投入不断增加，带来了城镇化质量的提升。但是与东部发达省区相比，城镇化质量和城镇化率依然落后，原因之一是财政资金投入不足，其他商业资金融资不畅。城镇化建设是系统性工程，涉及产业升级、产业聚集、人口聚集以及资源要素聚集等各类经济活动，需要大量市场资金参与。所以，在提高财政资金投入的同时，需要拓宽融资渠道，吸引更多各类资金参与城镇化建设。

（二）经济发展水平是制约广西北部湾经济区城市群城镇化质量提升的最重要因素

受自然条件、交通区位条件、广西发展战略等因素的影响，广西第二产业、第三产业较发达地区分布在北部的桂林市、广西中部的柳州市以及南部和北部湾城市群地区。可以

预计，广西中部地区和南部地区的经济总量占广西经济总量的比重仍会不断增加。上述的分析显示，各类影响城镇化质量的因素中，经济发展水平对城镇化质量有显著的正向影响，在所有影响因素中，其影响程度最大。结合广西北部湾经济区城市群各地经济发展状况，南宁市、北海市地区城镇化质量较高，得益于经济的快速发展。2007~2017 年，上述地区年均 GDP 增长率均超过 8%。崇左市以及北部湾经济区城市群的一些山区县级区域，经济发展水平较低，直接影响了这些地区的城镇化质量的提升，因此，广西北部湾经济区城市群提升城镇化质量的根本还在于提高经济发展水平。

（三）加大扶贫力度

广西 54 个贫困县集中分布在广西西部地区、广西西北部地区、广西东部地区以及其他地区的县级区域，北部湾经济区城市群区域的一些县级区域也属于贫困地区，如南宁市的马山县、上林县，崇左市的龙州县、天等县等。这些地区土地贫瘠，产业基础薄弱，当地居民文化程度水平低，青壮年大多出去打工，城镇化任务很艰巨。黄亚平对中国的贫困村进行了画图，从其研究可知，广西的贫困面积很大，存在明显的贫困集聚现象，贫困高度集中，广西北部湾经济区城市群中的崇左市地区尤其严重。上述的分析显示，广西贫困地区也是城镇化质量较差的地区，贫困地区的大面积存在严重影响了广西北部湾经济区城市群的城镇化建设进程。所以，扶贫工作任务艰巨且意义重大，2007~2017 年，广西贫困集中区域城镇化质量提升，扶贫工作功不可没。所以，为了提升贫困地区城镇化质量，中央和广西地方财政需要加大对贫困地区的财政转移支付力度，增加财政专项扶贫资金规模，一般性转移支付资金、各类涉及民生的专项转移支付资金以及中央预算内投资也可以进一步向贫困地区倾斜。

（四）加强交通网络建设

交通网络分布也对城镇化质量提升有重要推动作用，交通网络的密集程度往往决定城镇化质量水平。目前，广西已经初步形成以南宁市为中心，以沿海港口为龙头，由铁路、公路、水路、航空组成，连接国内外的综合交通网络。但是，广西交通资源分布不均衡，交通中心为南宁市、桂林市和柳州市，铁路、高速公路都是从这三个城市辐射出去，位于交通中心或者附近的县域，经济发展普遍良好，城镇化进程推进较快；交通不发达地区往往信息闭塞，呈现出整体贫困格局。甚至一些地区道路交通建设的滞后造成城乡分离，各自为政，阻碍了城镇化的建设发展。上述分析显示，广西北部湾经济区城市群城镇化综合水平低的区域也是交通网络建设较差的区域，所以，交通建设是一个地区经济发展程度的决定因素之一，交通的密集程度往往决定着该区域的城镇化程度。广西西部地区、西北部地区以及大量县级区域的交通网络建设还比较落后，崇左市和河池市还没有通高铁，对于快速发展的广西，加快交通建设，刻不容缓。

六、结论

本文立足于城镇化内涵建立城镇化质量水平综合评价体系，运用熵值法和 SYSGMM 分析方法对广西北部湾经济区城市群各地城镇化质量差异进行分析，探究 2007~2017 年广西财政资金支出对广西北部湾经济区城市群各地城镇化质量水平空间分布格局演变的影响，结果发现，财政资金对广西北部湾经济区城市群各地城镇化质量水平的空间格局演变有显著的正向影响，二者呈正相关关系。2007~2017 年，广西北部湾经济区城市群各地城镇化质量水平不断提高，但是各地的城镇化质量水平差异也在拉大，广西北部湾经济区城市群县级区域城镇化质量水平普遍较低，与城市的差距不断拉大，标准差由 2007 年的0.066 扩大到 2017 年的 0.131。实证结果显示，经济发展水平、自然地理条件、贫困区域分布、交通网络建设等也对广西北部湾经济区城市群地区城镇化质量提升有显著影响。

广西北部湾经济区城市群各地自然条件和资源禀赋差异巨大，决定了经济活动布局空间的不均衡性。所以提高广西北部湾经济区城市群城镇化整体质量水平，缩小广西北部湾经济区城市群各地城镇化质量差距，需要不断缩小广西北部湾经济区城市群人均收入差距，提升各地公共服务水平，不仅要强调经济的繁荣，也要强调社会服务水平和生态环境协调等。最后，笔者提出四点提升广西北部湾经济区城市群各地城镇化质量的建议。

第一，城镇化融资方面，不仅需要加大财政资金投入，也需要吸引其他资金。因地制宜，发展各地优势产业，促进欠发达地区经济发展，促进城镇化质量水平提升。第二，发展经济，经济发展是城镇化质量提升最大的推动力。优化广西北部湾经济区城市群县域经济发展环境，有效降低物流成本，增强县域小微企业的竞争力。第三，通过财政政策倾斜，促进落后地区脱贫进程，加快推进广西北部湾经济区城市群县级区域的城镇化进程。充分发挥城镇化对刺激投资、扩大内需、带动就业和拉动经济增长的综合拉动效应，实现这些地区劳动力、资源和能源的就近利用，推进当地各项基础建设，提高公共服务水平。第四，加快交通建设。广西北部湾经济区城市群城镇化综合水平低的区域也是交通网络建设较差的区域，交通建设是一个地区经济发展程度决定因素之一，交通的密集程度往往决定着该区域的城镇化程度。

参考文献

［1］Pred，Allan R. The Spatial Dynanics of U. S. Urban—Industrial Growth，1800–1914［J］. Economic Geography，1966，44（4）：372–374.

［2］拉格纳·纳克斯. 不发达国家的资本形成问题［M］. 北京：商务印书馆，1966.

［3］Cherry H. Three Decades of Industrialization［J］. Word Bank Economic Review，1989（2）：145–181.

［4］Naughton B. The Chinese Economy：Transition and Growth［M］. London：The MIT Press，2007：132–322.

［5］阿瑟·刘易斯. 经济增长理论［M］. 郭金兴译，北京：机械工业出版社，2015：233–250.

［6］Paul Krugman. Increasing Returns and Economic Geography［J］. The Journal of Political Economy，1991：483–499.

［7］于燕. 新型城镇化发展的影响因素——基于省级面板数据［J］. 财经科学，2015（2）：131–140.

［8］王小华. 县域金融发展、财政支出与城乡居民收入差距的分层差异研究［J］. 当代经济研究，2014（9）：68–74.

［9］黄亚平. 欠发达山区县城新型城镇化动力机制探讨［J］. 城市规划学刊，2012（4）：43–47.

［10］李红等．边境县域城镇化与人口迁移的时空演变及机制分析——以广西为例［J］．热带地理，2017（3）：44-47.

［11］李国梁．河南城镇化协调发展评价与空间差异分析［J］．地理科学，2015（6）：32-36.

［12］陈烨峰．中国贫困村测度与空间分布特征［J］．地理研究，2016（12）：36-42.

［13］杨璐璐．中部六省城镇化质量空间格局演变及驱动因素［J］．经济地理，2015（1）：35-42.

［14］王新哲．民族地区新型特色小城镇发展模式与路径研究［J］．广西师范学院学报，2017（1）：35-42.

广西北部湾向海经济与创新发展

广西钦州市钦北区小董镇东联小学教师　黄艳辉

【摘要】广西北部湾经济区将"向海经济"确定为重要的发展目标，并将推进北部湾经济区内相关产业的升级，作为实现这一目标的手段并以此为资本进入区域内的实体经济提供引导、建立信心，进而为经济区"向海经济"的快速起步和统筹发展，提供能量和长效机制。

【关键词】向海经济；创新发展；信心；起步；对接平台

一、引言

为了契合习近平总书记在广西视察时提出的新要求，广西北部湾经济区将"向海经济"确定为重要的发展目标，并将推进北部湾经济区内相关产业的升级，作为实现这一目标的手段。经济区对此充满了信心，并已做出了详细的规划。

广西壮族自治区北部湾经济区和东盟开放合作办公室（以下简称"北部湾办"）产业发展处的负责人称，北部湾经济区将搭建一个常态化的产融对接平台，为资本进入区域内的实体经济提供引导、建立信心，进而为经济区"向海经济"的快速起步和统筹发展，提供能量和长效机制。这一平台目前已得到中国建设银行的战略支持。中国政策性银行—国家开发银行也表示有意在 2017 年中国—东盟博览会期间，与广西政府正式签署有关合作协议。

二、看广西

扩大沿海开放，打造北部湾经济区开放发展升级，是推动广西新一轮开放合作，实施开放带动战略的重要抓手。近年来，广西以北部湾港为依托，建立起现代化港口群、临港产业经济带、国际产能合作示范区等多位一体的发展格局，北部湾日益崛起，成为推动向海经济的"蓝色引擎"。

三、8 大产业，6 座城市，统筹发展

对金融在北部湾经济区内的流向进行引导的另一个重要目的，是要实现北部湾经济区 6 座城市的差异化发展，减少同质化竞争造成的内部博弈，避免在发展过程中走弯路，进而提升北部湾经济区产业升级的整体协调性。

北部湾办产业发展处邓洁丽博士表示，北部湾经济区将使用市场化的手段，对 6 个城市的产业升级进行统筹规划。以防城港市为例，政策与资金都向防城港市的冶金业倾斜，在长期的发展中，防城港市将会成为冶金企业投资的洼地，并逐渐在防城港市形成冶金业

的产业集群。

经济区已确定的重点发展的产业包括电子信息、冶金、石化、能源、健康与生物医药、装备制造、粮油和食品加工以及轻工制造业。这些产业将在北部湾经济区的统筹规划之下，根据城市的发展特点、优势资源等因素，被分别规划到南宁市、北海市、钦州市、防城港市、崇左市和玉林市这 6 座城市中。

四、建设好北部湾港，打造好向海经济

（一）北部湾港口群快速崛起

活力四射、通达四海的港口群是向海经济的基础。2007 年钦州港与防城港、北海港"三港合一"，整合成为广西北部湾港，拥有大型、深水、专业化码头群形成的规模优势，资源丰富、区位独特，是中国距离东盟最近的港口群，也是中国西南地区、中南地区最便捷的出海口。近年来，广西大力推进北部湾区域性国际航运中心等重大对外开放合作平台建设，加快构建功能配套、智能高效、安全便捷的现代基础设施体系。北部湾港先后建成防城港 20 万吨级码头及进港航道、钦州港 30 万吨级油码头、北海铁山港 1~4 号泊位等一批标志性工程。目前，广西北部湾港已经建成生产性泊位 260 个、万吨级以上泊位 83 个。

（二）融入"一带一路"大格局

面向东盟开放发展，提升互联互通水平，主动融入"一带一路"建设，是北部湾港口群肩负的历史使命，也是升级发展难得的历史机遇。自 2013 年中国—东盟港口城市合作网络建立以来，北部湾港与东盟国家港口城市在相互通航、港口建设、港航信息、国际贸易等方面开展深度交流与合作。一批"姊妹港""友好港"应运而生。中国广西钦州市至马来西亚、越南、缅甸、新加坡、印度尼西亚、泰国等东盟国家港口的集装箱航线开通；中国广西北部湾港与马来西亚关丹港实现了物流信息的互联互通。目前，广西北部湾港已经和东盟国家的 47 个港口建立海上运输往来，开通内外贸航线 44 条，与世界 100 多个国家和地区、200 多个港口通航，基本实现了东南亚、东北亚地区主要港口的全覆盖。为了更好服务"一带一路"，广西积极参与和推动中新南向通道建设，形成联通我国西北地区，经中国广西沿海沿边运达新加坡，进而辐射南亚、中东、澳大利亚的铁水联运大动脉。

（三）北部湾：港口和产业撑起"向海经济"

作为我国西南地区最便捷的出海口，广西以北部湾港为依托，建立起了现代化的港口群、临港产业经济带、国际产能合作示范区等多位一体的发展格局，打造出了一条有特色的"向海经济"发展之路——国家赋予广西"构建面向东盟的国际大通道，打造西南中南地区开放发展新的战略支点，形成'一带一路'有机衔接的重要门户"三大定位。广西发挥向海优势，以北部湾港为依托，建立起了现代化的港口群、临港产业经济带、国际产能合作示范区等多位一体的发展格局，"向海经济"发展之路越走越宽广。

（四）与多国港口互联互通

为何要发展"向海经济"？在中国社会科学院研究员、中国区域经济学会秘书长陈耀同志看来，"向海经济"意味着沿海区域要面向海洋发展，重视海洋资源的利用，要向海洋要资源、要财富。要依托港口群构建"大进大出"的临港产业集群，比如发展大型海洋

装备、深海生物技术转化、海洋资源开发利用等海洋经济，都是探索"向海经济"的有效形式。

北部湾经济区作为广西对外开放的重要窗口，拥有近13万平方公里的海域面积，蕴藏着丰富的海洋资源，在"一带一路"建设蓝图中，对于广西打造"向海经济"有着区位、政策、历史等多方面的优势。随着"一带一路"建设风生水起，北部湾经济区正依托港口和产业这两大"轮子"，打造一条有广西特色的"向海经济"发展之路。近年来，广西北部湾港先后建成防城港20万吨级码头及进港航道、钦州港30万吨级油码头、北海铁山港1~4号泊位等一批标志性工程，以及根据《北部湾城市群发展规划》积极打造中国—东盟港口城市合作网络，使港口基础设施和吞吐能力都迈上了新台阶。目前，广西北部湾港已经建成生产性泊位260个、万吨级以上泊位83个。2016年，在航运业持续低迷、全国规模以上港口增速趋缓的情况下，广西北部湾国际港务集团经营管理的三港区累计完成吞吐量1.396亿吨，同比增长9.02%。

与此同时，广西北部湾港积极拓展国际合作，加强与"一带一路"相关地区，特别是东盟国家的互联互通。2017年2月，中国广西北部湾国际港务集团继2014年入股马来西亚关丹港之后，又投资建设文莱摩拉港，实现了东盟港口与北部湾港的互联互通；不仅如此，当前广西北部湾港还积极推动并参与渝桂新"南向通道"建设，使其形成了一条连接东南亚、经中国广西至中国重庆到欧洲的亚欧海陆相连新通道，拓展"向海经济"之路。

加快西部陆海新通道建设　大力发展广西向海经济[①]

北部湾大学钦州发展研究院　傅远佳

【摘要】 海洋与开放是广西发展的两个最大优势，向海经济是新时代广西经济高质量发展的实现方式，西部陆海新通道不仅是"一带一路"有机衔接的国际通道，也是西部地区发展向海经济的重要推手。广西应当强化在西部开放和开发中的战略地位，加强广西北部湾大湾区一体化进程以及与粤港澳大湾区的合作，加快港口的软硬件建设以及公路综合交通体系建设，统筹推进沿海沿江陆路干线一体化发展，建立现代向海经济体系，构建新时代向海开放发展新格局。

【关键词】 西部陆海新通道；向海经济；问题；对策

一、引言

"坚持陆海统筹，加快建设海洋强国"。"加强创新能力开放合作，形成陆海内外联动、东西双向互济的开放格局"。这一指示，是习近平总书记在党的十九大报告中提出的，为新时代广西发展提供了基本遵循和方向。

2015 年 3 月 15 日，习近平总书记参加全国"两会"广西团审议时，从国家的层面出发，赋予广西"三大定位"的新使命、新任务。2017 年 4 月 19 日，习近平总书记考察广西时提出"向海经济"，并且指出要建设好北部湾港口，打造好向海经济。

广西认真贯彻落实习近平总书记在党的十九大、"一带一路"国际合作高峰论坛、视察广西等重要讲话精神，密切联系"三大定位"，内聚外合、纵横联动，提出了"南向、北联、东融、西拓"的推动全面开放的新举措。

广西发展要深度融入"一带一路"建设，加快国际陆海贸易新通道（以下简称西部陆海新通道）建设，进一步扩大开放和加强国际合作，开拓发展空间，聚集海洋财富，把广西建设成为"一带一路"有机衔接的重要门户，聚力打造成新时代西部地区开放开发的重要战略支点。

广西在开放发展过程中有两大优势，一是海洋资源丰富；二是发展格局开放。新时代新机遇，向海经济是新时代广西经济高质量发展的实现方式，西部陆海新通道建设是发展向海经济的重要推手。广西如何打好"海洋牌""开放牌"，依托西部陆海新通道建设推动向海经济发展，是摆在广西当前和今后相当重要的课题。

① 基金项目：国家社会科学基金项目"中国—东盟海上互联互通机制研究"（14XGJ004）阶段性成果，2018 年中国民建广西壮族自治区委员会议政课题"以西部陆海新通道建设推动广西向海经济发展"终期成果。

二、广西建设西部陆海新通道和发展向海经济的时代意义

(一)广西建设西部陆海新通道的时代意义

西部陆海新通道的建设,于广西而言意义是积极且深远的。第一,西部陆海新通道的建设对广大西部地区经济发展及开放程度有着显著的促进作用。该通道经广西北部湾地区出海,进一步加深与新加坡等东南亚国家的物流双向发展的合作深度及广度,延伸国际物流(东南亚、南亚、中东、非洲),积极探寻合作发展的机遇,广西借此机会可以加快地区经济国际化的发展进程。第二,西部陆海新通道的发展将优化西部地区出海贸易条件,降低了广西物流运输成本,广西处于该通道的主轴上,在降低本区域的经济发展成本的同时,也增强了与其他地区的贸易沟通,对广西经济贸易格局升级提供了一定程度上的支撑作用。第三,有助于加快北部湾大湾区的一体化进程,加快区域内部发展速度及提高发展水平。北部湾大湾区一体化进程加快有助于区域内产业、市场、政策等因素的协调配合,降低区域发展成本,在速度和质量上均有质的飞跃。同时注重与粤港澳大湾区的合作,承接产能转移,促进本地区的产业转型升级。这条西部陆海新通道的建设和发展对广西经济社会的繁荣进步有着重要的时代意义。

(二)广西发展向海经济的时代意义

广西壮族自治区位于中国西部沿海地区,面向南海,背靠大西南,东邻珠三角,且与东南亚国家相邻,地理位置优越,海洋资源丰富。借助上述优势积极发展向海经济对广西的经济社会发展有积极的促进作用。第一,发展向海经济有助于广西提高区域内经济发展活力,联动周边西部地区共同发展。向海经济推动了广西临港产业的发展壮大,北部湾经济区形成了电子产业、石油化工、冶金等现代临海工业体系。此外,随着向海经济的发展,北部湾地区与东盟多国经济往来更加紧密,形成了良好的贸易合作关系,进一步促进区域内经济良性发展。第二,广西发展向海经济有利于提高该地区吸引外商投资水平。在聚力发展向海经济的过程中要精细化海洋管理,把海洋产业进行分类开发,避免开发方式粗放造成资源浪费及开采过度。要注重海洋开发利用与高端技术的结合,深入挖掘向海经济潜力。在此基础上以地理区位为优势,加强与东南亚国家的经济合作,开创合作共赢的发展局面。

三、西部陆海新通道和向海经济的深刻内涵及其内在关系

西部陆海新通道与"一带一路"联系密切,西部陆海新通道是"一带"和"一路"有机衔接的国际通道,是"一带一路"建设进一步深化的重要组成部分,担负着促进中国西部区域协调发展和沟通中国西部省区市与东南亚、中亚等多个国家经贸交流互动的任务。该通道主要涵盖的地区和城市有广西壮族自治区、贵阳市、重庆市、成都市、兰州市和西安市等。主要的运输方式有铁路、公路、水运、航空等。通过这条国际通道的建设可以加强中国西部地区与中南半岛、中亚地区的联系,建设成南北沟通的良好国际开放合作格局,同时加强与南亚、中东、澳大利亚等国家经济、政治和文化交流。西部陆海新通道建设应当从国家开放战略和国家区域发展战略的最高层次出发进行统筹规划。首先,应合理利用人才、物流、信息、资金链等资源优势,加快区域内产业发展、加强园区基础设施

建设、优化区域内的营商环境。其次，应加快建设通道内的交通网络，以交通设施为基础，协助配合区域内经济繁荣发展。最后，优化区域内资源配置，实现区域经济和社会同步发展。

向海经济是指沿海地区及其腹地以一体化发展为基础，以产业为主导，依托陆海通道，统筹利用陆域和海域资源，加快开放开发进程，实现经济良性发展的相关经济活动。发展向海经济是新时代我国面对经济全球化及区域经济一化的重大举措，有利于我国扩大对外开放范围，高水平统筹陆海资源，着力推进区域内经济协调发展并且提高发展质量。发展向海经济应当在一定程度上协调处理好陆域开发与海洋开发、区域开发与开放合作、提升传统产业和发展新技术产业、资源利用开发与生态保护等关系。

西部陆海新通道建设和向海经济发展是相互影响、相互促进的关系。西部陆海新通道的建设为向海经济的发展提供了基础平台，向海经济的发展需要西部陆海新通道作为战略支撑。向海经济的最终发展目标是利用好海洋提供的全球性贸易通道，实现产业、贸易等全球化。而西部陆海新通道一端连接着腹地和沿海地区的产业，一端沟通着港口运输，与向海经济的发展紧密相连。

四、国内外建设向海通道，发展向海经济的经验启示

我国拥有广阔的海洋面积，有许多海洋经济潜能有待进一步挖掘，向海经济作为我国经济实现高质量发展的增长点，对我国经济发展起到了重要的支撑作用。目前，我国向海经济发展处于发展初级阶段，发展程度不均衡，与发达国家相比，有诸多方面需要改善提升。国内外向海经济发展的成功经验值得广西学习和借鉴。

美国对海洋的开发利用一直处于世界前列。美国在探索并挖掘海洋资源时有科学合理的规划，其政府机构扮演了引导和促进的关键角色，设有国家层面的国家海洋委员会，从顶层对国家与地方进行协调，积极满足各利益相关群体的发展要求。此外，美国也成立了海洋政策委员会，对海洋资源的开发利用行为进行规范，并出台相关政策法律。美国在发展向海经济中十分重视对高新技术的投入和使用及海滨特色风光的利用开发。向海产业发展主要集中在发展高科技类的新型产业以及旅游业。美国在沿海地区引进高科技产业，引导传统海洋产业转型升级，进而实现可持续发展。高科技及技术的投入使用，也大大提高了美国发展向海经济的效率，促进了向海经济的良性发展。相关数据显示，美国海滨旅游产值占美国旅游业总产值的2/3左右，而沿海地区独特的自然风光又进一步带动了向海经济的发展。

法国位于欧洲西部，地理位置优越，西北隔英吉利海峡与英国相望，西部紧靠大西洋，东部临地中海，海洋资源丰富。法国在发展向海经济时很注重对高新技术的开发利用，特别是潜水技术，法国的海洋潜水技术公司的潜水作业量占据世界潜水作业量的30%左右。此外，其先进的海洋勘探技术，使得法国与周边各国开展多边合作，共同开发和管理油气资源。法国的海洋养殖业也十分发达，养殖的品种丰富，经济价值高，其中最突出的是贻贝养殖，该品种的养殖历史悠久，消费市场广阔。

中国山东半岛在发展向海经济上也有了一定经验积累。在专门领导小组的组织领导下，山东半岛在2011年将黄河三角洲和区域内的资源整合，协调解决山东地区发展向海

经济的问题。规划设置了"山东蓝区"7个区域规划、25个专项规划和"四区三园①"等9个重点区域规划，制定《山东半岛蓝色经济区发展规划》等政策文件，为山东半岛蓝色经济发展提供强有力的政策保障。山东省以创新发展为发展理念，升级建设海洋开发管理机制，完善海洋开发检测网络，特别是建立了海洋综合管理大数据平台，进一步提高了海洋开发的效率，同时在一定程度上保持了海洋开发的质量②。此外，山东地区在发展向海经济时特别注重陆海统筹发展，确立了向海经济发展全局观，积极融入区域经济圈，促进海陆联动发展。

辽宁省在发展向海经济上十分重视"科技兴海"，注重高端科技的引入和应用，同时，相关政府部门也推出了一系列的政策法规，加强和规范海洋经济发展。辽宁省在发展向海经济上已取得了显著成绩，主要的海洋产业是：海洋资源类产业，如渔业、油气业、盐业等；船舶制造业；海洋运输业；旅游业等。

综合以上国内外发展向海经济的成功案例，对发展广西向海经济的经验启示主要有：

第一，政府部门应加大支持力度。在地方发展向海经济时，上级相关政府部门的扶持是必不可少的，政府部门扮演着重要的引导者和管理者的角色，广西应从宏观层面出台切实可行的政策，把向海经济的发展提升到广西发展战略的重要层面上，并给予大力支持。在发展过程中，应当树立创新发展理念，借鉴国内外优秀发展案例，循序渐进地开发海洋资源，构建特色优势海洋产业体系。

第二，树立"科技兴海"的理念，高层次高水平发展向海经济。广西濒临北部湾，海洋面积广阔，在利用海洋资源时，应科学规划，把海洋高新技术的引入放到经济工作重点中去，提高科学技术在海洋产业中的应用，提高海洋产业的发展层次，深入挖掘广西的海洋优势，在发展过程中同时注重信息技术和向海经济的结合。

第三，完善人才培养管理机制，优化人才政策环境。广西应大力引进向海经济专业型人才，支持科技要素和人才的双向流动。相关部门应大力支持北部湾大学等应用型海洋大学发展，培养出大量向海经济专业人才，突出技术创新、研发投入、科学技术的应用。

五、广西西部陆海新通道建设和向海经济发展的现状

（一）广西西部陆海新通道建设的现状

目前，广西"一带一路"西部陆海新通道建设全面推进。仅2018年上半年，广西积极采取措施，总投资3382亿元，着力推进通道项目实施，项目涉及铁路、公路、港口等多式联运的物流基础服务设施。其中钦州市打造西部陆海新通道枢纽城市取得显著成效。钦州港建设逐步提速，通航能力提高。2018年1~8月，钦州港港口吞吐量完成6532.2万吨，增长23.6%，预计2018年将达到1亿吨；多条西部陆海新通道国际海铁班列实现开通运营。"渝桂新""陇桂新""川桂新"（"蓉欧+东盟"）国际海铁联运班列在2017年陆续开通运营。广西首趟中欧班列（钦州市至波兰马拉舍维奇）于2018年1月首发成功，重庆市至钦州市下行班列2018年3月16日起实现"天天班"，泸州市至钦州海铁联运班

---

① "四区"，即青岛西海岸、烟台东部、潍坊滨海、威海南海四个海洋经济新区；"三园"，即青岛中德生态园、日照国际海洋城、潍坊滨海产业园三个中外合作园区。

② "生态红线"主要分为重要生态功能区、陆地和海洋生态环境敏感区、脆弱区三大区域。

列于 5 月 15 日试运行，"云桂新"班列于 5 月 18 日开通并计划于 2018 年下半年实现"天天班"，宜宾市至钦州市海铁联运班列于 5 月 22 日实现首发。2018 年以来，西部陆海新通道班列已经开行达到 406 列，累计运载集装箱 2.2 万标箱。此外，北部湾港内陆无水港体系建设正在推进，在西部陆海新通道沿线各西部地区主要节点城市和区内相关节点城市均已启动设立无水港，将有利于不断提升主干线的组货能力和运营效益。

（二）广西向海经济发展的现状

广西向海经济发展迅速，钦州保税港区成为广西首批 CEPA 试点示范基地之一，吸引了近 400 家中外企业落户，形成了航运物流、汽车进口、葡萄酒进口等特色产业。中马钦州工业园区已成为国际能力合作示范区。在工业园区的开发建设中，中国已经建立了以园区为载体促进国际能力合作的具有开拓性的积极实践。北海铁山港作为广西北部湾港的重要组成部分，自投入运行以来，铁山港的货物吞吐量呈跨越式增长，从 2010 年的 117 万吨增长至 2017 年的 1875.4 万吨，为临港企业的可持续发展奠定了坚实的基础。综上所述，北部湾大湾区已形成以电子信息、石油化工、冶金、新材料等为主的现代临海工业体系。

广西作为中国渔业大省，其海洋产品已销售到全球 70 多个国家和地区，广西的渔业部门与世界 70 多个国家和地区开展了合作项目，合作范围广泛，包括海洋养殖、渔业科研等领域。2018 年上半年，广西的海洋和渔业发展态势良好，保持在较高的发展水平，海洋生产总值约 713 亿元，同比增长 12.4%。除此之外，广西企业与毛里塔尼亚合作的远洋渔业综合开发项目，已取得一定成就，已建成 28 艘渔船的大型远洋船队，预计 2018 年总产值可达 19 亿元。

广西北部湾经济区作为广西向海经济的核心区域，2018 年经济增长强劲。广西首府南宁市在 2018 年上半年，农林牧副渔增加值按可比价格计算，增长了 3.5%；工业发展速度逐步提升，工业产值累计增长 6.3%；资本投入持续稳步增长，全市固定资产投资保持两位数增长，增速为 10.4%。防城港市 GDP 在 2018 年上半年增长 7.0%。分产业看，第一产业增加值增长 5.4%；第二产业增加值增长 6.1%，其中工业增加值增长 6.7%；第三产业增加值增长 9.2%。北海市在 2018 年上半年完成地区生产总值 503.11 亿元，同比增长 6.7%，经济社会稳健向好发展。信义玻璃项目、北海—山口成品油管道工程项目、北海银河城市科技产业城（二期）、3110 千伏冯家江变电工程等项目开工，合浦理昂农林废弃物发电等项目竣工。钦州市在 2017～2018 年全年地区生产总值完成 1309.8 亿元，增长 8.8%，比年度计划高 0.8 个百分点。

六、广西西部陆海新通道建设和向海经济发展存在的问题

（一）广西西部陆海新通道建设存在的问题

第一，西部陆海新通道基础设施建设亟待提速。广西拥有钦州港、防城港等优良港口，其中钦州港港口建设起步较晚，综合服务能力弱。港口现有条件无法进出国际集装箱远洋运输主力集装箱船；海铁联运运转不通畅，铁路数量少；海铁联运"最后一公里"问题尚未得到根本解决。

第二，物流运输成本高，港口缺少竞争力。例如钦州港，由于缺少自由贸易试验区的

优惠政策支持，在通关、贸易、航运、跨境电商等方面所需费用较高，使得许多货源选择从其他港口运输。钦州港码头总费用比广州黄埔、湛江、宁波、江阴等口岸高出大约30%，其中装卸费高出80%~200%，拆箱费高出50%~200%。

第三，相关政策体系不完善，在一定程度上阻碍了西部陆海新通道建设。西部陆海新通道建设过程中涉及土地、海洋、物流、海关、人才资源、资金融通等多个方面的协调配合，从当前发展情况来看，一些项目尚未形成国家层面的顶层设计，交通、贸易、物流、产业布局等方面尚未列入国家规划。

（二）广西向海经济发展存在的问题

第一，人力资源的综合素质不能满足向海经济社会发展的需要。广西人口众多，人口增长速度快，对该地区的资源消耗大，提供的廉价劳动力不符合向海经济的标准，在一定程度上阻碍了向海经济的发展。

第二，科技水平落后，资金不充足，无法为向海经济的发展提供强有力的支撑。发展向海经济对科技水平要求高，对资金供应的需求量大，缺少先进生产设备，专利技术的开发、先进技术的引进都有一定障碍，制约了经济的发展。

第三，基础设施建设问题突出。广西地处国家西南边陲，以丘陵地貌为主，开发成本较大，在历史发展进程中没有被充分建设利用，地区经济发展水平较低，对于区域内的基础设施建设重视力度不够。目前，铁路、公路、航空线路涵盖面较其他地区来看还是处于劣势。相关部门应科学合理规划广西区域内的路线，把"经济脉络"建设好、疏通好。

第四，相关配套政策存在缺口，覆盖不全面，有待完善。国家政策的大力支持对广西向海经济发展的帮助是根本保障。国务院批准实施的《西部大开发"十二五"规划》，对广西向海经济发展起到了重要的助推作用，北部湾经济区被列为国家重点支持的经济区后，为广西向海经济发展提供了强劲引擎。但除了开放战略和规划的支持外，广西向海经济发展缺乏中央大项目布局，缺乏大交通、大产业、高端产业的配套政策支持。同时，在借助国家政策扶持的同时，广西也应积极考虑并配合相应的优惠政策，对来投资的企业给予一定程度上的优惠，如税收优惠、港口费用优惠等，这样可以有效吸引多方企业来此投资。

第五，经济发展模式粗放，经济水平有待进一步提高。广西目前已开发发展各类经济模式，如工业、制造业、旅游业等，但是在发展中没有做到"精"，对区域内的资源没有充分开发利用，造成一定程度的资源浪费，导致向海经济增长缓慢。

七、加快西部陆海新通道建设，发展广西向海经济的建议

（一）加强北部湾大湾区一体化建设和合作

明确分工，充分发挥北海市、钦州市、防城港市的沿海区位优势和南宁市的首府优势，积极引导国内外企业和研发机构入驻，加大资金投入力度，提升广西北部湾大湾区经济总量和产业层次。加强协调，大力推进北部湾区经济、社会、文化一体化发展和产业合作，建立结构优化的北部湾区一体化向海产业链。

在推进北部湾大湾区发展中，第一，要注重对专业人才的引进。高端高素质人才对一个地区的发展有重要意义，广西应落实相关人才引进政策，扩展人才引进范围，从区域内

出发向全国范围延伸。第二，广西应拓展融资渠道，加大资金投入力度，为地区内经济发展提供充足的资金支持。广西应充分调动所辖市区的资源优势，如北海市、钦州市、防城港市等，利用好港口优势及海洋资源，大力发展海洋产业、临港产业等。第三，合理规划使用北部湾大湾区海洋资源，加强高新技术的投入使用，科学合理地规划区域发展。高新技术的引进使用可以精细化北部湾大湾区的经济发展方式，减少由于发展模式粗放带来的资源浪费等弊端。在此基础上合理整合规划北部湾大湾区的海洋资源，加强与海洋产业有关的高科技产业、文化产业、旅游产业的发展，全面提高北部湾大湾区的综合服务能力。

（二）加强北部湾大湾区与粤港澳大湾区合作

粤港澳大湾区的建设不仅为广东地区的发展助力，对广西发展向海经济也带来了众多机遇。港珠澳大桥如期开通，为粤港澳大湾区建设疏通了"主动脉"，给粤港澳大湾区建设带来了无限可能。北部湾大湾区与粤港澳大湾区相邻，在今后发展中可以借助粤港澳大湾区的经济辐射力度，抓住经济发展机遇，加强与广东省、中国香港、中国澳门地区的经济合作，打开新的发展渠道。

加强北部湾大湾区与粤港澳大湾区的合作，主要着重以下两个方面：第一，北部湾大湾区土地资源充足，可以承接粤港澳地区的劳动密集型产业以及新兴类产业的转移。同时给本地区的经济发展注入新的活力，带动广西北部湾大湾区经济、社会、人口综合素质的提升。第二，借助粤港澳大湾区经济发展的区域带动作用，进一步完善北部湾大湾区交通网络的建设，扩大区域内公路、铁路、航空线路的覆盖面，打通与广西北部湾大湾区的交通运输线路，为区域间经济活动交流提供便利条件。

加强与粤港澳大湾区合作应重点考虑如何吸引东部产业落户。第一，出台企业落户的优惠政策引导企业投资；政府积极推动相关优惠政策出台实施是企业落户的关键因素，政策环境便利对企业释放出良性投资信号。政策上的优惠给企业带来运营上的便利，降低运营成本，简化投资落户流程等。第二，优化北部湾大湾区的营商环境，加强区域内基础设施建设，为企业落户提供更为优质的服务资源。第三，积极开展企业交流投资推介会，提供交流合作的广阔平台。北部湾大湾区应抓住"一带一路"及"西部陆海新通道"建设带来的机遇，推进区域内企业"走出去"及区域外企业"引进来"，通过开展交流投资推介会等大型合作会展，给企业间提供深入了解的机会，在此基础上更多、更好地吸引东部企业落户并加强与粤港澳大湾区的深入合作。第四，积极承接粤港澳大湾区产业转移，提高本区域的经济发展层次，着力促进产业结构升级。应当合理利用区域内部的土地、自然资源等禀赋的优势，积极与粤港澳大湾区企业产业合作。

（三）加快西部陆海新通道港口软硬联通建设

聚力建设西部陆海新通道铁海联运主干线，特别是加强建设铁路和港口的无缝对接及提高该部分的运转效率。一方面，应着重规划建设钦州市集装箱办理站与港口对接问题。首先，应积极推动钦州港东站铁路集装箱办理站核心区建设，该项目用地建设不宜与大规模填海用地事宜捆绑，避免项目推进迟缓。其次，协调建设好港口与铁路运输的衔接区域，可在一定程度上节约运输时间以及运输费用，同时也可提高钦州港的运转效率。

另一方面，也要做好通道的"软联通"建设和物流服务。应进一步提高通关效率，尽快解决由多种因素造成的通关时间延长的问题。对通关费用等方面应提出明确且规范的收费标准，做到公开透明。积极探索开发现代航运服务业，如开通新的航线、新的船舶管理业务模式等，在此基础上提升北部湾港口的综合服务水平。此外，北部湾港应根据实际情况及时调整价格，以保证其在价格上具有竞争优势；在物流服务上也应明确目标，比如西部陆海新通道的物流服务方向应放在冷链物流及跨境电商的配套物流上，中国与东盟多个国家的贸易主要是海鲜产品、新鲜水果等生鲜食品，因此在此方面加强建设会大力提高向海经济的发展速度。

（四）加快构建西部陆海新通道公路综合交通体系

经过多年建设，广西对外交通比较通畅，但广西区域内各城市之间及城市内部的公路基础设施仍尚未形成大网络、多通道、大交通、大物流的发展格局，区域内市县之间、县区之间、乡镇之间"交通孤岛"现象突出，港口对县区腹地的辐射带动作用没有得到充分发挥，也制约了县域之间的经济交流和合作发展。区域内连接各主要开发区的高等级公路也不完善，一定程度上制约了开发区间的产业分工和联动发展。广西沿海港口与南宁没有货运快速专用通道，公交和货运混杂，影响了交通的安全和物流的通畅快捷，沿海港口工业园区周边道路设施不全，港口公路集疏运网络不健全等，制约着港口和城市的联动发展。

为通过通道建设吸引资金、技术、人才等经济要素到广西发展，发挥西部陆海新通道对广西经济的集聚和拉动作用，必须加快构建布局合理、通道多且衔接顺畅、功能互补的广西公路综合立体交通体系，改变对公路只是修修补补的传统做法，重点提升广西公路等级和路网密度，推动尽快规划建设南宁市到沿海三市的新高速公路主通道，建设广西北部湾经济区域内的多通道多环道的高速公路网络，加快建成发达便捷的区域内一级公路运输网，建设一批便捷的二级公路，实现县县通高速、镇镇通二级公路，加快公路物流基础设施，规划完善以公路物流集聚区、物流中心、百家配送中心、千村万店配送网络为平台的公路物流空间布局，使临港经济沿公路经济带向县区内陆腹地延伸。力争把西北、西南、中南地区经钦州港到新加坡的海陆联运线路建设成为国家重点支持、我国中西部地区和"一带一路"相关国家积极共同参与的西部陆海新通道，构建我国西南向海经济发展格局。

（五）依托西部陆海新通道建设，强化广西在西部开放开发中的地位

加快建设以大型化、多样化、专业化、现代化码头航线为前导，陆海通道为网络，国际现代物流体系为纽带，国际货物转口和贸易为平台，贸易加工和临港产业为基础，先进制造业和现代服务业为方向，海洋经济为优势，国际化国际营商环境为保障的广西"一带一路"西部陆海新通道——陆海城市群，并培育成为带动广西和西南向海经济发展的增长极。

加快布局广西沿海港口、西江水系港口与西南中南陆路、内河港的一体化规划和联合运作，通过"江—铁—海"多式联运，延伸并加密铁路集装箱班列，保障西部陆海新通道国际联运班列常态化，加快实现国际联运路线多、速度快、服务优、成本省的目标。积极采取措施，加密钦州港到新加坡的相关海陆联运线路，进一步提高西部陆海新通道的战略地位和国际影响力，构建好我国西部向海经济发展格局。

（六）依托西部陆海新通道建设，统筹推进广西沿海区域、沿江区域、陆路干线区域的向海一体化发展

目前，广西沿海及腹地地区发展存在着不充分、不平衡的问题，解决该问题应把发展

向海经济放在首位，带动城乡区域协调发展，合理规划统筹港口地区、特色小镇、美丽乡村等。在积极建设国家级开放平台、自由贸易试验区、临港工业配套试验区以及西部陆海新通道的基础上，优化发展港口经济、城市经济等。完善区域内立体交通网络，建立处处有路、路路相通的综合发展通道，促进经济社会文化的交流发展，推动腹地地区与沿海地区的联动发展。各地区相关政府部门应密切关注国家和地区向海经济发展动态，及时调整发展规划，做好政策引导，促进并引导本地区积极融入西部陆海新通道建设和向海经济发展中。

（七）依托西部陆海新通道建设，建立广西现代向海经济体系

广西依托西部陆海新通道，建立向海经济体系时应把握以下三点，首先，陆域产业与海洋产业之间有很强的互动性，二者应统筹兼顾。其次，要注重西部陆海新通道与广西产业结构相结合，同时提高高新技术的应用效率，扩大应用范围。最后，要建设好海洋产业集群和临港产业集群的发展平台，统筹规划好陆域和海洋的产业发展合作，构建二者紧密衔接机制，促进区域内外共同发展。

广西应当通过发展向海经济积极融入到国家现代化经济体系建设过程中，以供给侧结构性改革为主线，依托西部陆海新通道来进一步推进广西的经济转型升级并优化产业结构等。重点发展好石化、能源、船舶制造等传统工业，对于海洋新兴产业、电子信息产业等新兴产业应加大扶持力度。通过发展向海经济加快融入到国家创新驱动战略和国家制造强国战略中。抓住机遇，加快引进高新高端技术，加大发展先进制造业、现代服务业，发展港航现代物流，发展海洋新兴产业等新产业的力度。重点建设国家级石化基地、海洋先进装备业和海洋工程装备基地等。

（八）依托西部陆海新通道建设，构建广西向海开放发展新格局

广西应充分利用好"一带一路"倡议带来的机遇，充分利用好海洋和开放这两大优势，以发展向海经济和扩大开放为契机，依托西部陆海新通道的建设，加快钦州市推进钦州保税港等国家开放平台的建设和转型升级，让这个开放平台更具有自主权，也更具竞争力，进一步推进广西北部湾自由贸易港建设。此外，应依托西部陆海新通道建设，加快建立国际产能合作基地，进一步创新发展对外投资方式，加大投入力度来吸引和扶持相关国内企业在沿海地区建立国际化的生产基地，拓展国际投资市场，加强国际产能合作，让北部湾经济区内的企业走向国际。

参考文献

［1］蓝永信．西部陆海新通道："一带一路"建设的深化创新工程［N］．广西日报，2018-10-23（010）.

［2］周全．立足广西，面向粤港澳——广西贺州对接融合粤港澳大湾区建设研究［J］.经营与管理，2018（10）：120-122.

［3］钦州市社科联、钦州市政协研究室联合调研组．大力提升综合服务能力　加快推进"一带一路"西部陆海新通道陆海枢纽城市建设——广西钦州市融入"一带一路"建设的探析［J］.大陆桥视野，2018（9）：84-91.

［4］史东梁，张芳．辽宁省海洋经济发展问题研究［J］.环渤海经济瞭望，2018（8）：

85-86.

　　［5］张兰婷，倪国江，韩立民，史磊. 国外海洋开发利用的体制机制经验及对中国的启示［J］. 世界农业，2018（8）：66-71，212.

　　［6］张兰婷，史磊，韩立民. 山东半岛蓝色经济区建设的体制机制创新研究［J］. 中国海洋大学学报（社会科学版），2018（4）：27-35.

　　［7］谢文. 加强科技支撑发展向海经济［N］. 北海日报，2018-06-27（007）.

　　［8］潘欣. 以"一带一路"西部陆海新通道建设推动西部开发新格局［J］. 中国经贸导刊，2018（16）：31-32.

　　［9］范超，吕光一. 泛北部湾经济合作助广西经济高质量发展［J］. 金融世界，2018（6）：64-65.

　　［10］莫晨宇. 广西发展向海经济对策研究［J］. 经贸实践，2018（9）：80.

　　［11］尹继承. "一带一路"背景下广西钦州"向海经济"发展路径研究［J］. 广西经济管理干部学院学报，2018，30（1）：1-5.

　　［12］朱宇兵，黄宏纯. 广西北部湾经济区向海经济加快发展思路与对策研究［J］. 科教文汇（中旬刊），2018（2）：187-188.

　　［13］立足向海经济加强国际合作［J］. 当代广西，2018（2）：59-60.

　　［14］毛艳，叶芸. "一带一路"倡议下广西北部湾经济区海洋产业竞争力研究［J］. 经济研究参考，2017（70）：112-119.

　　［15］李懿，张盈盈. 国外海洋经济发展实践与经验启示［J］. 国家治理，2017（22）：41-48.

　　［16］高新才. 丝绸之路经济带与通道经济发展［J］. 中国流通经济，2014，28（4）：92-96.

　　［17］冯俐，陈东华. 建设陆路交通枢纽　大力发展"通道经济"［J］. 理论与当代，2012（12）：26-27.

　　［18］莫晨宇. 基于通道经济的钦州保税港区产业发展研究［J］. 广西民族大学学报（哲学社会科学版），2012，34（4）：89-93.

广西北部湾城市群的向海经济与发展

钦州市钦南区财政局　黄文瑶

一、引言

随着我国改革开放不断推进，经济发展区域化趋势日益明显。在东部沿海发展轴线上形成了较为成熟的环渤海、长三角和珠三角三大经济圈，另有海峡西岸和北部湾经济圈正处于发展初期。北部湾经济圈包括广西、广东、海南沿北部湾地区，区内以港口城市为主。周中坚较早地提出了北部湾经济圈（广西的钦州湾区、海南省、雷州半岛及越南的北部湾沿海地区）构想：建设港口体系、完善交通网络，依托区位优势、发展特色产业，传承历史、协调发展。2017 年习近平总书记到广西壮族自治区北海市考察时就强调，要建设好北部湾港口，打造好向海经济。广西被定位为"一带一路"有效衔接的重要门户，而北海市则是"门户枢纽"中重要的战略支点城市。

在多名专家看来，打造向海经济，意味着城市需要面向海洋发展，向海洋要资源和财富。而建立"大进大出"的临港产业带、发展高端的海洋装备和深海生物技术，以及面向"一带一路"国家建设远洋航运服务，都可以是"向海经济"的实现方式。落点在广西和北部湾区域，港口群的建设将强化"向海经济"的布局，带动中国的临港工业、海洋装备制造走向东盟等"一带一路"沿线国家。

二、广西北部湾城市群的向海经济

（一）广西北部湾城市群

广西北部湾城市群是以南宁市核心城市为支撑，以北海市、防城港市、钦州市、玉林市、崇左市为重要节点，构建"一湾双轴、一核两极"的广西北部湾城市群框架，促进同城化发展，辐射带动沿海沿边城镇，强化陆海空间管控，建设宜居城市和蓝色海湾城市群。在《国务院关于北部湾城市群发展规划的批复》中提到，《北部湾城市群发展规划》实施要全面贯彻党的十八大和十八届三中、四中、五中、六中全会以及中央城镇化工作会议、中央城市工作会议精神，深入贯彻习近平总书记系列重要讲话精神和治国理政新理念新思想新战略，认真落实党中央、国务院决策部署，统筹推进"五位一体"总体布局和协调推进"四个全面"战略布局，牢固树立和贯彻落实新发展理念，着力推进供给侧结构性改革，加快培育发展新动能，拓展发展新空间，以共建共保洁净海湾为前提，以打造面向东盟开放高地为重点，以构建环境友好型产业体系为基础，发展美丽经济，建设宜居城市和蓝色海湾城市群，充分发挥与"一带一路"有机衔接的重要门户作用和对沿海沿边开放互动、东中西部地区协调发展的独特支撑作用。

（二）向海经济

向海经济是指沿海区域要面向海洋发展，重视海洋资源的利用，要向海洋要资源、要财富。要依托港口群构建"大进大出"的临港产业集群，比如发展大型海洋装备、深海生物技术转化、海洋资源开发利用等海洋经济，都是探索"向海经济"的有效形式。

发展"向海经济"，是实现中央赋予广西社会经济发展战略定位的重要举措。"构建面向东盟的国际大通道，打造西南中南地区开放发展新的战略支点，形成'21世纪海上丝绸之路'和丝绸之路经济带有机衔接的重要门户"是中央赋予广西的新使命。在"一带一路"倡议提出三周年之际，习近平总书记进一步要求"打造好向海经济"，是广西推进"创新驱动、开放带动、双核驱动、绿色发展"战略新的具体路径，更是落实中央赋予广西社会经济发展战略定位的重要举措。《广西海洋经济可持续发展"十三五"规划》显示，广西对北海市、钦州市、防城港市三座城市发展海洋经济均有明确定位：北海市着重发展电子信息、石化、新材料等临海先进制造业，积极发展海洋生物医药产业、南珠特色产业；防城港市着重发展钢铁、有色金属、核电等龙头临港工业，突出发展沿边贸易和生态旅游，推进北部湾现代物流中心建设；钦州市着重发展石化、海洋工程、装备制造等现代临港产业，积极发展海洋生物医药和港航服务业。

三、广西北部湾城市群发展的优势

（一）政策优势

国家政策的大力支持对北部湾城市群的升级起着"催化剂"的作用。中央政府已经明确把加快广西北部湾经济区开发与建设作为推动泛北合作的重要举措和实现途径。广西北部湾经济区管委会办公室牵头组织编制了《广西北部湾经济区重点产业园区基础设施项目建设规划（2008—2020）》。中国商务部联合专家组着手制定的《泛北部湾经济合作行动路线图》不久也将出台，从陆上交通基础设施、港口与物流、贸易便利化、私营企业参与泛北合作等七个角度具体规划泛北部湾经济合作。

（二）地理优势

广西北部湾城市群具有得天独厚的区位优势与战略机遇。北部湾港不仅是我国大陆地区距马六甲海峡最近的港口，可与东盟47港构建互联互通的海上通道，还是西南中南地区最近的出海口，周边铁路密集，布局完善。防城港、北海港、钦州港、铁山港北部湾四港与区内铁路网无缝对接，南昆铁路、湘桂铁路、黔桂铁路、玉铁铁路等铁路线直通港口。作为同时服务"一带一路"的衔接门户，广西的区位优势凸显。广西还打造了临港产业经济带、国际产能合作示范区等重要载体，辐射东南亚全境，战略机遇较为突出。

四、广西北部湾城市群发展存在的问题及解决办法

（一）人才缺失

人口整体素质不高，专业人才需求缺口较大。在经济、科研各领域起主导作用的领军人才紧缺；熟悉国内外市场、熟悉国际法律惯例、精通东南亚外语的高层次人才缺乏。随着泛北部湾经济合作的不断推进，林浆纸、港口、海洋等产业专业人才需求缺口将进一步

扩大，人才供求矛盾将更加突出。

广西北部湾经济区应该大力引进和培养人才，打造人才"航空母舰"。首先是人才开放开发。要把北部湾经济区建设成为带动广西经济社会发展的龙头，关键在于深入实施"人才强桂"战略，打造人事改革综合试验区，构筑与项目建设、产业发展相适应的区域性人才高地。大力引进北部湾经济区急需紧缺的高层次创新创业人才。围绕北部湾经济区重点发展的石化、钢铁、林浆纸、修造船、电子信息、海洋开发等产业，大力引进经济发展急需紧缺的高层次人才。其次是与100多家高等院校、科技机构建立人才联系或培训基地，有针对性地吸引一批两院院士、博士后等高级研究型人才；定向培养博士、硕士研究生；通过举办培训班，选送优秀青年干部到发达国家和地区学习交流等方式，培养复合型人才。最后可以借鉴其他城市成功的典型例子，建立一个灵活、便捷、开放的人才机制及优化激励机制，为北部湾城市群的优化升级提供人才保障。

（二）经济问题及资金利用、产业发展

经济发展水平低、生产力水平低、经济基础薄弱、产业结构不合理等都是造成广西北部湾城市群经济发展速度缓慢的重要因素。

因此就需要拓宽投融资渠道，提高资金利用效率。首先要建立促进海洋经济发展的多元化投入机制，拓宽资金投入渠道：一是积极争取上级支持，努力拓展外生财源；二是抓好财政增收，通过抓好重大项目、重点企业、重点行业的税源培育，做大做强支柱财源，做好海域有偿使用等文章，为发展提供资金保障；三是大力吸引工商、民间、外商资本投资防城港市的海洋经济相关产业；四是争取外国政府、国际金融组织的贷款，拓宽资源开发与生态环境保护项目的投融资渠道。充分发挥市场机制作用，吸引社会资金和国际资金的投入。其次要用好用活资金，提高资金利用效率：一是构建海洋开发金融服务体系，构建区内民间融资体系，鼓励银行开展对海洋经济各行业的信贷工作，鼓励有经济实力和科研能力的企业，研究开发新技术和新产品，提高区域内资金的使用效率；二是规范海洋与渔业投入考评制度，加强涉海资金审计工作，实施涉海开发企业信用评价管理，提高资金使用效益。

以临港产业重点项目、文化旅游项目、物流项目、传统海洋产业项目与涉海产业基础设施项目为支撑，加快广西北部湾经济区向海经济发展。推进一合作试验区、一聚集区、两带一示范区建设，防城港市推进边海产业与养老、旅游产业结合，打造北部湾边海产业开放合作试验区。依托东兴沿边重点开放开发试验区，重点发展国际商贸物流、进出口加工、国际文化旅游、国际会展、金融、信息、旅游养老等现代产业，建成高度开放的国际经贸合作基地和国际旅游基地。

充分发挥防城港市、钦州市、北海市三市沿海区位优势，打造北部湾经济区临海产业聚集区。防城港市沿海重点发展钢铁、能源、粮油加工、冶金、海洋船舶及海洋工程装备等临海产业；钦州市沿海重点发展海洋药物与生物制品、现代物流、石油化工、海洋现代服务业等临海产业；北海市沿海重点发展现代海洋渔业、海洋生态养殖、海洋战略性新兴产业、先进装备制造业等临海产业，将三市沿海连成片区开发，形成北部湾经济区临海产业聚集区。

（三）城市间合作有难度

1. 区域优势趋同对政府合作的剥离效应

北部湾城市群沿海三市均为港口城市，钦州市、北海市、防城港市在相距不到200公里的狭小地域沿海岸线次第分布。其地理区位优势、资源优势、港口优势趋同，导致了三大港口之间的非良性竞争。毗邻的钦州市、北海市、防城港市三大港口竞相发展集装箱业务，分散稀释了有限的货源，削弱了北部湾港口群整体竞争力。沿海三市兴建港口码头缺乏整体部署和规划，使得北部湾经济区至今尚未形成过硬的货源基地和物流中心，缺乏对周边地区产生辐射和巨大吸引力的大型港口。

2. 政府间合作协调机制尚未有效建立

北部湾城市群虽然成立了广西北部湾经济区规划建设管理委员会，负责对广西北部湾经济区的统一管理、统一规划、统一开发建设，但在政府间合作组织制度、组织形式、利益共享和补偿等方面缺乏有效的政府间公共管理协调机制，在深度解决政府间公共管理与合作方面存在问题，这在一定程度上制约了地方政府间合作的推广。

（四）生态环境保护任务艰巨

1. 当前广西北部湾城市群正处于工业化加速发展阶段，城市群内的石化、冶金、能源、林浆纸等产业发展迅速

城市群跨越发展需求与地区资源环境约束的矛盾日益凸显，节能减排的任务日益艰巨，实现经济社会发展与生态环境保护协调的压力日益加大。

2. 加强海洋环境建设，推进海洋生态环境保护

一是着力加强海洋生态保护。开展红树林、河口、滨海湿地、海岛等特殊海洋生态系统及其生物多样性的保护。加强近海重要生态功能区域生态的修复和治理，开展海洋生态保护及开发利用示范工程建设。二是重点做好海洋污染防治工作。加快沿海城市、入海江河沿岸城市的生活污水、垃圾处理和工业废水处理设施建设，提高污水和垃圾处理率，严格控制近海环境污染。三是加强海岸、河口和滩涂的保护。根据海洋功能区划管理岸线的使用要求，预留一定的发展空间。对具有特色的自然海岸、生物海岸以及沿岸的红树林、珊瑚礁、海草场、滨海植被、沿海防护林等资源要加强保护。

五、发展"向海经济"

（一）发展"向海经济"，应始终坚持贯彻五大发展理念

在提出"打造好向海经济"的同时，习近平总书记还强调要在推动产业优化升级、转变发展方式、提高创新能力和深化改革开放上下功夫，这也是落实五大发展理念的要求。发展"向海经济"，向海洋要资源、要财富，拓展蓝色经济空间，是缓解发展资源和环境压力的重要手段。根据海洋经济发展示范区建设的要求，应着力优化海洋经济发展空间布局，构建海洋开发综合创新体系，优化升级海洋产业结构体系，强化海洋基础设施保障体系，完善海洋公共服务体系，建设蓝色生态屏障，努力实现"向海经济"与生态文明建设的协同发展。

（二）在发展"向海经济"的同时，也要保护海洋生态环境

"保护珍稀植物是保护生态环境的重要内容，一定要尊重科学、落实责任，把红树

林保护好。"习近平总书记的这一要求为加强海洋生态环境建设提供了基本遵循。我们必须建立健全海洋环境保护目标责任制，做到海洋保护工作目标落实、责任落实和措施落实。

基于政策倾斜和地缘优势，在泛北部湾经济合作背景下推进广西北部湾城市群建设，应通过提高城市群整体经济水平、建立城市间政府合作机制、引进和培育人才等措施，促进北部湾城市群的发展升级，从而推动整个广西经济社会全面发展。

全力破解制约"瓶颈" 加快发展向海经济

广西钦州市海洋局党组书记、局长 李远钦

一、引言

21世纪的经济是海洋经济,打造向海经济是广西的优势经济,也是广西的必由之路,正如习近平总书记在广西视察时强调的,要"打造好向海经济"。打造好广西向海经济,就是要加快广西北钦防沿海地区面向海洋发展,提升广西海洋经济在经济社会发展中的地位,发挥海洋经济推动广西经济持续健康发展的作用。钦州市是广西的滨海城市,是广西北部湾中心城市,是21世纪海上丝绸之路的重要城市。港口条件优越、有着丰富的海洋资源的钦州港是古代海上丝绸之路的重要始发港之一,早在1800年前的汉代便与东南亚发展商贸往来,如今的钦州市正加快建设成为"一带一路"的南向通道陆海枢纽城市。因此,钦州市要举全市之力破解海洋经济发展"瓶颈",加快向海经济发展,写好"21世纪海上丝绸之路"钦州市新篇章。

二、主动超前服务,推动项目建设,破解用海供需矛盾突出"瓶颈"

自2017年以来,钦州市在国家政策发生重大变化的情况下,全年共有11宗项目用海获得批复,面积达676.14公顷,占广西壮族自治区本级审批建设项目用海面积的70%,成为广西获批用海最多的城市,为推进"一带一路"南向通道、钦州港东航道扩建工程以及上海华谊等一批国家级重大项目用海建设做出突出贡献。

但我们也应清醒地看到,当前,钦州市海洋事业面临诸多重大挑战,首要问题是用海供需矛盾突出。一方面,钦州市加快建设"一带一路"南向通道陆海枢纽城市,南向通道等国家级重大项目建设用海需求强烈。另一方面,国家用海政策发生改变,《国务院关于加强滨海湿地保护严格管控围填海的通知》(国发〔2018〕24号)规定"完善围填海总量管控,取消围填海地方年度计划指标,除国家重大战略项目外,全面停止新增围填海项目审批",国家对围填海造地的宏观调控管理变得更加严格,对新增用海审批和集约节约用海提出更高要求。因此,钦州市要主动超前服务,推动项目建设,破解用海供需矛盾突出"瓶颈"。

(一)抓住重大历史机遇

首先要抓住国家层面机遇,习近平总书记到广西视察时明确提出要"打造好向海经济",党的十九大提出"坚持陆海统筹,加快建设海洋强国"的新部署,为新时代发展海洋事业指明了方向。其次要抓住广西壮族自治区层面机遇,广西壮族自治区明确提出要"突出陆海统筹,打造向海经济,推进海洋强区建设",进一步明确了广西打造向海经济、建设海洋强区的目标和思路。最后要抓住钦州市的发展机遇。钦州市委、市政府提出建设"一带一路"南向通道陆海枢纽城市，构建大开放、大通道、大港口、大产业、大物流新格局的新时期钦州市发展的新目标新思路，特别是 2018 年《政府工作报告》前所未有地把"充分释放海的潜力，发展向海经济，着力建设现代化经济体系"作为政府的首要发展任务，吹响了钦州市发展向海经济的号角。向海发展已是大势所趋，既体现国家、广西壮族自治区战略发展需要，也是新时代经济社会发展的迫切需要。可以说，释放好这片"海"的潜力，打造好向海经济，已成为引领经济社会发展的强大动力。

（二）全力推动重大项目建设

一是做到"三个主动"：主动服务用海项目建设，推动向海经济发展；主动对接用海企业，帮助用海企业解决面临的困难和问题；主动对接国家自然资源部、广西壮族自治区海洋和渔业厅，千方百计争取重大项目用海支持，为重大项目提供高效、精准的服务，为钦州市经济社会发展做出积极贡献。二是全力服务南向通道项目建设。提前服务、超前服务、全程跟踪，采取非常手段、非常方法，加大项目审批的跑办、盯办力度，积极配合钦州市发展和改革委员会、临海公司等部门单位做好中新互联互通南向通道铁路集装箱办理站、南向通道综合物流配送中心和上海华谊等重大项目用海报批跟踪服务工作，大力争取国家用海支持，促进钦州市向海经济发展。三是全力积极服务中国香港机场供砂项目。认真贯彻落实习近平总书记视察中国香港机场重要讲话精神，按照广西壮族自治区人民政府的部署要求，在广西壮族自治区相关部门的指导下，按照企业的需求，积极主动与相关单位沟通对接，提前开展供砂前期工作，把供砂工作落到实处，为中国香港机场供砂工作提供优质高效服务。四是以市场化方式服务企业用海。扎实推进海域使用权招拍挂，认真开展 30 万吨级油码头工程等 6 个项目的价格评估、出让方案、公告挂牌等前期工作，做好用海企业参与海域使用权招拍挂的各项服务保障工作，确保项目顺利实施。启动钦州湾外湾 B 区海砂招拍挂，发挥好海砂资源的社会效益和经济效益。五是主动处理影响用海企业发展的关键性问题。针对钦州市集装箱 CFS 物流等 27 个用海项目批复和证书坐标偏差问题，主动深入项目业主调研，认真听取意见建议，解决项目业主实际困难。积极向广西壮族自治区海洋和渔业厅汇报，认真做好坐标偏差纠正工作，服务好钦州市重大项目建设。

三、释放海的潜力，发展向海经济，破解空置海域问题突出"瓶颈"

2018 年上半年钦州市主要海洋产业初步核算为 214 亿元，同比增长 7.5%，预计占钦州市生产总值的 40%，占广西海洋生产总值的 32%，进一步缩小与全国平均水平的差距。

但我们也清楚地看到，当前钦州市空置海域问题仍较为突出。过去钦州市为引进项目促发展争取了大量用海指标，但由于宏观经济投资环境等因素影响，部分项目围填海批后实施建设不及时，空置了大量海域。2007 年以来，钦州市所有登记用海面积达 3947.11 公顷，其中已经投产运营的项目数量为 63 宗，总面积达 1152.84 公顷，占比为 29.2%。未投产运营项目的数量 94 宗，面积达 2794.27 公顷，占比达 71.8%。因此，钦州市要释放海的潜力，发展向海经济，必须要破解空置海域问题突出这一"瓶颈"。

（一）谋划好全市向海经济发展

加快编制完善《钦州市向海经济行动方案》，在钦州市委、市政府的统一领导下，海洋部门应围绕实施海洋经济强市目标，全力配合相关部门进一步优化调整海洋产业布局和海洋发展战略，统筹发展海洋一二三产业，培育海洋新产业新业态，探索建立海洋经济产业集聚区，着力构建向海经济的现代化产业体系。

（二）盘活好存量空置建设用海

编制《钦州市空置海域资源调查工作方案》，按照集约节约用海的原则，积极开展围填海现状调查，进一步摸清空置海域资源的来源、规模、现状、规划利用情况和存在问题，为钦州市委、市政府盘活现有空置海域资源提供科学决策，推进空置海域资源的有序开发利用，促进海洋经济持续发展。

四、坚持陆海统筹，强化环境治理，破解海洋生态环境突出问题"瓶颈"

近年来，钦州市海洋环境持续改善。据监测显示，2017年钦州市管辖海域全年四个季度平均水质优良率高于88%，部分季节海水水质有所改善，为广西近岸海域海水质量在环保部监测评价中排名全国第一做出积极贡献。2017年以来，以中央环保督察整改工作为突破口，扎实推进茅尾海综合整治一期工程、三娘湾综合整治一期工程和茅尾海国家级海洋公园、三娘湾白海豚监测监控基地等项目建设，强化钦州市重点海区监视监测，严格防控海洋环境污染，海洋生态环境整治取得初步成效。

但我们也清醒地看到，当前，钦州市海洋生态环境保护形势仍较严峻。受陆源入海污染影响，近岸海域生态环境承受巨大压力，海洋生态环境现状与满足群众对优美生态环境的需要还有不小差距。2017年国家海洋督察反馈意见指出，近岸局部海域水质不容乐观，局部流域和海域水质恶化，茅尾海水质连续五年为劣四类。入海河流方面，钦江部分断面水质近年来均为劣五类。因此，钦州市要坚持陆海统筹，强化环境治理，破解海洋生态环境突出问题"瓶颈"。

（一）整治陆源入海污染，提高近岸海域海水质量

实施"一核查一整治"行动。加快陆源入海排污口核查，制定《钦州市入海排污口污染源普查工作方案》，摸清核实入海排污口数量和超标排放原因，为入海排污口超标排放整治工作提供科学依据。启动入海河流整治行动，编制入海河流环境整治方案，实施大风江、钦江、茅岭江及沿岸农村环境综合整治，分流域、分区域、分海域落实整改责任，提高入海河流断面水质质量，总体改善近岸海域水质。

（二）实施海湾整治工程，改善海洋生态环境

推进"三大整治一大修复"工程，认真贯彻落实国家海洋生态文明建设实施方案，大力推进茅尾海综合整治，加快申报实施蓝色海湾整治，扎实推进三娘湾海域综合整治，推进"南红北柳"滨海湿地生态修复工程，全力改善海洋生态环境状况，确保符合第一类和第二类海水水质标准的海域面积占管辖海域面积的比例达88%以上。

（三）完善环境保护体系，构建海洋生态蓝色屏障

严格依法依规审查用海项目，严格限制高耗能、高污染、高耗水、资源消耗型产业用海及单纯以获取土地为目的的围填海项目。加快推进《钦州市海洋生态红线划定报告》颁布实施，科学划定海洋生态保护红线。加快建设茅尾海国家级海洋公园，全面提升海洋公

园管理能力。建立海洋环境监测新机制，适度调整监测指标和频率，加强对重点区域海域监视监测。建立海洋生态环境风险防控、入海污染物联防联控新机制，完善分类分级的海上应急监测及处置预案，着力提升海洋生态环境保护水平。

五、突出产业重点，注重科学发展，破解海洋产业发展不平衡、不充分突出问题"瓶颈"

自 2017 年以来，钦州市注重海洋规划引领发展，创新编制 4 项重大海洋规划，科学引领海洋事业持续健康发展。积极推进《关于加快建设海洋经济强市的意见》发布实施，引导海洋经济发展；组织编制《钦州市海洋生态红线划定报告》《钦州市海岸线保护与利用规划》，全面加强海洋生态环境保护；完成《钦州市海砂开采专项规划》，为优化海砂资源市场化配置提供技术支撑。

但我们也清楚地看到，当前，钦州市海洋产业发展不平衡、不充分。从数据上分析，海洋产业结构布局极不合理，2017 年，仅滨海旅游业、海洋渔业、海洋交通运输业 3 个产业就占钦州市海洋经济生产总值的 60.3%，而其他 11 个海洋产业中有 5 个产业发展指数为 0，剩下 6 个产业总和只占钦州市海洋经济生产总值的 39.7%，海洋产业布局远没有走上科学、合理、有序的发展轨道。因此，钦州市要突出产业重点，注重科学发展，破解海洋产业发展不平衡、不充分突出问题"瓶颈"。

（一）完成好全国海洋经济调查

重点做好 700 余家海洋企业和 3000 余家涉海单位摸底排查、信息核实，形成钦州市涉海单位名录库。认真做好钦州市 14 个主要海洋产业以及海洋科研、教育、管理、金融等服务业，以及钦州市工程项目、防灾减灾等 8 项海洋专题调查，"亮好"海洋经济家底，"握好"海洋经济脉搏，为钦州市委、市政府科学谋划向海经济发展提供重要依据。

（二）大力发展重点海洋产业

1. 海洋船舶及海工装备制造

加快推动中船钦州大型海工修造及保障基地建设，以船舶修造起步，逐步发展钻井平台、钻井船等海洋工程装备制造，带动发展港作机械、水上飞机、游艇、快艇及配套零部件，成为北部湾海洋装备制造基地。

2. 海洋交通运输

积极培育航运龙头企业，引导发展规模运输，在稳定运营现有内外贸集装箱航线的基础上，拓展经停、挂靠业务。加密钦州港至东盟国家主要港口的外贸航线，加快开通海上"穿梭巴士"，全面开展与越南海防等周边港口水水转运业务，争取开通至美洲、欧洲、非洲的远洋洲际航线。建设港航服务业聚集区，形成信息化、高端化、服务优质、功能完备的现代航运服务体系。

3. 现代海洋渔业

深入推进水产标准化健康养殖，建设大蚝、对虾、贝类等优势特色养殖基地，构建完善渔业良种体系。探索组建渔业公司，发展远洋渔业，推进捕捞业转型升级。重点打造龙门、犀牛脚渔港，加快发展海产品加工、流通、休闲渔业和碳汇渔业等新业态，着力构建集养殖、加工、冷链物流、休闲为一体的现代海洋渔业产业链。

4. 滨海生态休闲旅游

提升茅尾海国家海洋公园、七十二泾、大风江、三娘湾、麻蓝岛、沙角、沙井岛等景观品质，提高服务水平，发展以海豚节、观潮节、蚝情节、赶海节等为主题的海洋旅游文化，支持举办帆船帆板、赛艇、沙滩排球等海洋体育运动。建设集旅游、购物、娱乐休闲、运动、养生、会展、地产等于一体的现代滨海旅游示范基地，加强与东盟国家城市在旅游资源共享、游客互送、线路互推等方面的交流合作，将其打造成为国际海洋生态旅游休闲度假区。

5. 海洋新兴产业

探索开发大蚝、鲎、珍珠、深海鱼类、藻类等系列海洋生物制品，力争形成水产品育苗育种、海洋生物医药、保健品、生物农药、生物材料等海洋生物精深加工产业。培育涉海金融服务业，引导金融机构创新发展涉海金融产品，加大与东盟国家金融合作力度，打造区域性海洋金融服务中心。

六、强化海监执法，创造良好的环境，破解违法用海突出问题"瓶颈"

2017 年以来，钦州市海监执法不断强化，以"碧海""海盾""护岛"专项行动为抓手，严厉查处非法占用海域案件和海洋环评施工案件 3 宗，查处非法采砂案件 17 宗，用海秩序持续好转。

但我们也清醒地看到，当前，钦州市仍存在违法用海突出问题，例如有的在海上建造"海上渔家"餐饮乐园，对海洋环境造成污染，并存在安全隐患；有的非法用海养殖；有的非法占海捕捞；有的违法违规围填海；有的非法占用海域，开采海砂；等。因此，钦州市要强化海监执法，创造良好的环境，破解违法用海突出问题"瓶颈"。

（一）建设全国海洋工程环境保护执法示范单位

2016 年海监支队获评全国海洋工程环境保护执法示范单位，今后要充分发挥海监执法示范引领作用，全面强化海监执法规范化建设，推进执法质量和执法水平再上新台阶，促进钦州市用海秩序持续好转。

（二）推广全国海岛执法示范经验

进一步健全海岛定期巡查和执法信息档案管理工作制度，以制度化方式推进"一岛一档"工作，继续探索高效的海岛执法检查方式和海岛执法信息管理新模式，规范海岛开发利用秩序，严厉查处海岛违法案件，有效保护海岛生态环境。

（三）共建共创北部湾执法新模式

积极探索沿海三市联合执法新机制，提高北部湾海域海监执法监管水平，形成打击违法用海的高压态势，共建共创北部湾良好用海环境。

（四）严厉打击非法抽砂采矿行为

提请钦州市政府制定了《钦州打击非法抽砂采矿专项行动方案》，进一步遏制非法抽砂采矿的势头，保护好海洋生态环境。重点处理好群众反映强烈的大风江非法抽砂问题，给人民群众满意的交代。

（五）海洋规划引领发展

创新编制 4 项重大海洋规划，科学引领海洋事业持续健康发展。积极推进《关于加快建设海洋经济强市的意见》发布实施，引导海洋经济发展；组织编制《钦州市海洋生态红线划定报告》《钦州市海岸线保护与利用规划》，全面加强海洋生态环境保护；完成《钦州市海砂开采专项规划》，为优化海砂资源市场化配置提供技术支撑。

（六）规范养殖促进用海健康发展

在钦州市政府的统一领导下，加快组织修订钦州市养殖用海规划，全面核查养殖用海现状，建立养殖用海数据库，实现养殖用海动态管理。对不符合海洋功能区划和养殖用海规划的养殖用海项目及设施严格查处，坚决打击违规用海、无证用海、破坏海洋环境及渔业资源的非法养殖行为，全面加强养殖用海审批管理，推进养殖用海规范化、标准化管理，通过疏堵结合，科学合理引导沿海人民群众依法依规用海。

发展北部湾经济区临海工业要把好"生态关"

钦州市人民检察院副主任科员　陈明

一、引言

习近平总书记十分重视生态环境保护，党的十八大以来，习近平总书记反复强调："绿水青山就是金山银山。"这是习总书记对如何提升全面小康含金量、如何保护生态环境造福人民的思考。习近平总书记对生态环境保护多次做出指示，归纳起来就是要顺应人民对良好生态环境的期待。2017年4月19日习近平总书记考察广西时强调"广西生态优势金不换"，要求广西"坚持把节约优先、保护优先、自然恢复作为基本方针，把人与自然和谐相处作为基本目标，使八桂大地青山常在、清水长流、空气常新，让良好生态环境成为人民生活质量的增长点，成为展现美丽形象的发力点"。近年来，广西践行习近平总书记"绿水青山就是金山银山"充分证明了"绿水青山也是竞争力"。发展新型工业化要与环境保护有机结合，做到既要"金山银山"，又要"绿水青山"。广西北部湾经济区成立11年来，临海工业快速崛起。当前，广西正着眼未来，打造北部湾经济区升级版，推动产业集群化特色化发展。这就要求我们坚定不移践行习近平总书记"绿水青山就是金山银山"讲话精神，把好临海工业"生态关"。

二、把好临海工业入门关

生态文明建设，关系民族未来。正如习近平总书记所强调的："我国生态环境矛盾有一个历史积累过程，不是一天变坏的，但不能在我们手里变得越来越坏，共产党人应该有这样的胸怀和意志。"习近平总书记心系生态环境保护，更是要为子孙后代留下可持续发展的"绿色银行"。

根据"十三五"规划，广西未来在打造北部湾经济区升级版、推动产业集群化特色化发展中，重点打造石化、冶金、电子信息、轻工食品、装备制造五大"千亿级"产业集群。积极推进制糖、造纸、建材建筑等产业集群化发展。培育壮大包括南宁高新技术产业开发区（以下简称南宁高新区）和凭祥综合保税区、北海铁山港（临海）工业区在内的10个千亿元园区。同时围绕中马钦州产业园、南宁中国—东盟信息港等打造一批注重创新、有量更有质的高端化超500亿元园区，着力把北部湾经济区打造成为广西改革的"先行区"和"试验区"。这一临海工业产业集群化的建设，要以资源节约型和环境友好型社会建设为目标，以科学规划可持续发展为战略，把生态环保工作的关口前移，严格环境准入，把好项目的审批关，在打造临海工业产业集群化的同时，在严格执行"三个制度"上着力打造环保型经济强区。

（一）严格执行产业规划制度

要贯彻落实《国务院关于发布实施〈促进产业结构调整暂行规定〉的决定》，制定、健全和实施《广西北部湾经济区生态区建设总体规划》和《广西北部湾经济区循环经济建设规划》，不断更新环境管理理念，积极创新环境管理体制和工作机制，着力解决突出环境问题，努力破解发展难题，构建发展集约型、资源节约型、生态保护型、人与自然和谐相处的社会。特别要充分考虑区域环境资源承载能力，提高新上项目准入门槛，禁止国家明令淘汰的落后生产工艺和能耗大、污染重、效益差的项目入驻临海工业，原则上不再审批国家尚未明令禁止但不符合环境友好和经济区产业规划发展方向的项目，积极引导和发展低耗能、低污染、高技术含量、高产业附加值的先进生产能力。

（二）严格执行环保前置审批制度

环保前置审批是我国的一项法定审批制度，也是落实环保基本国策的重要抓手。《建设项目环境保护管理条例》规定："建设单位应当在建设项目可行性研究阶段报批建设项目环境影响报告书、环境影响报告表或环境影响登记表。"由此可见，进行环保审批是法定的义务。因此，发展和改革、规划、国土资源、工商等部门，要积极配合环保部门做好临海工业新建有环境影响的建设项目的环保前置审批工作，作为市场准入的一项重要制度，建立规划环评专家审查机制，从决策源头上防止环境污染和生态破坏，对不符合环保法律法规、不符合产业政策、选址不当和污染严重、可能造成重大环境影响和生态破坏的项目，一律不予审批。

（三）健全完善"绿色GDP"综合考评体系

健全完善"绿色GDP"综合考评体系，即突出广西"十三五"生态文明规划的目标任务要求，细化体现生态文明建设状况包括资源环境损害、资源消耗、生态效益等绿色发展指标，纳入生态文明建设考核目标评价体系，建立生态环境损害责任追究制度，并引入人民群众对环境质量满意度调查指标，以体现人民群众对绿色发展的满意感。对广西各级党委、政府生态文明建设目标实行"一年一考评价"机制。健全完善"绿色GDP"综合考评体系，就是要为那些营造"山清水秀的自然生态"的干部加油鼓劲，以"撸起袖子加油干"的担当精神，着力实现"八桂大地青山常在、清水长流、空气常新"的业绩；就是要给那些追求眼前"政绩"，心无所戒、行无所止，不惜破坏生态环境，将今天的"政绩"变成明天的"劣绩"的官员戴上"紧箍咒"。

三、把好临海工业监督关

自党的十八大以来，习近平总书记一直强调生态环境保护要"算大账、算长远账、算整体账、算综合账"。他明确指出，"绝不能以牺牲生态环境为代价换取经济的一时发展"，多次提出"既要金山银山，又要绿水青山""绿水青山就是金山银山"。随着《广西北部湾经济区发展规划》的实施，拥有丰富海洋资源和港口资源的广西沿海地区已经作为一个经济区来统筹开放开发，临海重化工业已经成为广西北部湾经济区的发展脊梁。国外发展重化工业已有几十年的历史，而纵观世界著名的重化基地特别是亚太地区重化工业发展，有许多成功经验和教训值得借鉴，而首先应该借鉴的是环境保护。如新加坡政府在产业发展战略策划阶段就开展环境影响评价工作，新加坡的裕廊化工岛是离岛而建的。因此，发展北部湾临海重化工业应借鉴新加坡经验，在提高"三个度"上把好监督关。

（一）提高责任凝聚度

要把临海工业的环保执法监察各项工作逐一分解到经济区各部门和各市，逐级签订目标责任书，实行严格的目标管理责任制和"一票否决制"。要出台《关于违反环境保护规定行政责任追究案件移送制度》，实行环保领导责任制、部门责任制、属地管理责任制和责任追究制。纪委监察局与环保执法检查领导小组成员单位要共同研究出台《联席会议工作制度》，明确分工，明确责任，分析问题，研究办法，形成由政府统一领导，环保部门牵头负责，纪委监察局督办，发展和改革、公安、工商、电力等部门配合联动，全社会共同参与的工作协调机制。

（二）提高执法透明度

针对环保工作可能出现的问题，各级纪检监察机关与环保部门要统一建立四项工作制度。首先是建立企业违法排污案件线索监督制度。环保部门要把领导批示、群众举报和执法检查中发现的案件线索的受理、办理等各个方面的情况和信息及时通报同级纪检监察机关。其次是建立环保行政处罚案件监督制度。环保部门要把行政处罚案件从立案、申请强制执行至案件移送诸环节等方面的信息通报同级纪检监察机关。再次是建立建设项目环评审批和验收监督制度。环保部门要把建设项目环评情况，从申报到竣工验收各方面的信息通报同级纪检监察机关。最后是建立 COD 在线监测情况监督制度。环保部门要把所有 COD 在线监测的各方面信息变动情况，及时通报同级纪检监察机关。

（三）提高监督规范度

建立健全环保执法监察工作长效机制，是规范执法行为、查处违法违纪案件、严格落实责任追究的有效手段。因此要建立健全《建设项目环境影响评价审批公开制度》等一系列制度，规范环保执法监察行为，营造良好的执法环境。针对企业存在的问题，注重综合整治，帮助查明原因，建章立制，及时下发《监察建议书》和《限期整改通知书》，督促其严格按规定进行整改。要通过建立上述机制，使环保执法监察工作纳入制度化、规范化的轨道，努力做到建立一个制度，规范一项行为，强化一方责任。同时要严格落实环保有关制度，畅通投诉举报渠道，设立举报电话，聘请环境保护监督员，使环保执法监察工作建立在深厚的群众基础上。

四、把好临海工业出口关

习近平总书记强调："要把生态环境保护放在更加突出位置，像保护眼睛一样保护生态环境，像对待生命一样对待生态环境。"党的十八大首次把"美丽中国"作为生态文明建设的宏伟目标，把生态文明建设摆上了中国特色社会主义五位一体总体布局的战略位置。过去几十年来，中国经济社会发展取得历史性成就，但也付出了资源环境方面的代价。当下，人民群众对清新空气、清澈水质、清洁环境等生态产品的需求越来越迫切。根据《广西北部湾经济区发展规划》，"临海工业废水排放必须达到国家标准，严禁任何类型的污水未经处理向海洋直接排放。"在严格控制污染物排放上，国外先进地区的经验值得借鉴。新加坡裕廊化工岛环保投资占园区基础设施总投资的 20%～30%，化工岛上推广污染物集中处理，由专业公司建立集中的废水处理厂，对危险废物焚烧炉实行专业运营，危险废物焚烧炉尾气净化率达 99.9999%。因此，作为中国 25 个地区性重要港口的钦州港和北海港，应借鉴国外先进地区经验，在借助优势发展沿海重化工大型工业中，力求"三个强化"，把好环保出口关。

（一）强化环境评价

《中华人民共和国环境保护法》指出，"一切企业、事业单位的选址、设计、建设和生产，都必须充分注意防止对环境的污染和破坏。在进行新建、改建和扩建工程时，必须提出对环境影响的报告书，经环境保护部门和其他有关部门审查批准后才能进行设计。"因此，要进一步落实科学发展观，实现既要经济发展更要蓝天碧水的可持续发展目标，就要把环境评价作为临海重化工大型工业建设的重要指标。要像引进中石油钦州千万吨炼油项目、武钢柳钢千万吨钢铁项目、千万亩速生林支撑的芬兰斯道拉恩索和印尼金光集团两大林浆纸一体化项目等大型项目一样，每家落户企业都要通过严格的环境评价，防止污染和其他公害的设施必须与主体工程同时设计、同时施工、同时投产。各项有害物质的排放必须遵守国家规定的标准。而且企业内设有重点环境保护区和污染物控制区，在这些区域内都有环境检测，对污染物超出规定指标的，环保部门就会对企业进行检查，限期整改。

（二）强化污水处理

污水处理关系人民群众的生产、生活和身体健康，事关经济社会可持续发展大局。目前北部湾经济区临海重化工大型工业项目正如火如荼进行，污染减排刻不容缓。因此必须加快重化工业区污水处理厂及配套管网建设，充分利用有限的水资源，减少废水排放。要坚持源头控制、综合治理、多策并举，优先破解环境约束"瓶颈"，努力实现污染排放强度和总量"双下降"。建立和推行主要污染物总量指标预算管理制度，对预支增量、总减排量、控制排放量实行一体化约束性管理，增强污染减排的刚性和动力。

（三）强化循环经济

要按照"减量化、再利用、资源化"的循环经济运行原则，在临海重化工业区建立起"资源—产品—废弃物—再生资源"的反馈式循环模式。在临海重化工业区大力发展循环经济，针对临海重化工业区特点加强循环经济的学习研究和宣传造势，采取综合措施，建立长效机制，推动循环经济的发展；要在尊重国家法律和市场经济规律的前提下，研究和探索厂内小循环、园区中循环和区域大循环的运行规律，创新发展模式，培养各类型、各层面的循环经济典型，总结经验，示范推动，形成普及小循环、突破中循环、创建大循环的工作格局，走可持续的科学发展道路。

营造北部湾山清水秀自然生态必须走好八步方略

——践行"绿水青山就是金山银山"发展理念的探析

钦州市群众艺术馆办公室主任　李秀兰

一、引言

2017 年 4 月 19 日，习近平总书记考察广西北部湾的生态文明建设时强调，"生态文明建设是党的十八大明确提出的"五位一体"建设的重要一项，不仅秉承了天人合一、顺应自然的中华优秀传统文化理念，也是国家现代化建设的需要。付出生态代价的发展没有意义。保护生态，和谐发展，是现在我们建设方方面面都要体现的理念。"广西生态优势金不换"，要坚持把节约优先、保护优先、自然恢复作为基本方针，把人与自然和谐相处作为基本目标，使八桂大地青山常在、清水长流、空气常新，让良好生态环境成为人民生活质量的增长点，成为展现美丽形象的发力点。当下，广西北部湾人民群众越来越迫切需求清澈水质、清新空气、清洁环境等生态产品。因此，我们要把习近平总书记关于"广西生态优势金不换"的重要讲话精神贯彻落到实处，行固本之举，谋长远之策，着力践行"绿水青山就是金山银山"发展理念，全力营造北部湾山清水秀的自然生态。

二、营造北部湾山清水秀自然生态必须走好八步方略

（一）增强营造山清水秀北部湾自然生态使命感

习近平总书记强调："要把生态环境保护放在更加突出位置，像保护眼睛一样保护生态环境，像对待生命一样对待生态环境。"习近平总书记于 2015 年的全国两会上参加了广西代表团审议，在赞叹"广西是个好地方"后，强调要保护好广西良好的生态环境。习近平总书记的重要讲话，给我们继续擦亮"广西生态优势金不换"这块金字招牌增添了无穷动力，增强了我们营造山清水秀北部湾自然生态使命感。广西北部湾山清水秀，生态良好，潜力巨大，森林覆盖率达 60.2%以上，正如习近平总书记所说："广西生态优势金不换。"广西北部湾生态优势金不换既是大自然的恩赐，也是北部湾实施生态战略的结果。近年来，为营造山清水秀自然生态，广西北部湾发出了《开展以环境倒逼机制推动产业转型升级攻坚战的决定》的号令，拉开了打一场营造山清水秀自然生态攻坚战的序幕；三港一市先后出台了《生态环境保护条例》，掀开了北部湾生态科学保护的全新一页；出台了《乡村建设重大活动规划纲要》，吹响了"美丽北部湾"乡村建设的号角。"生态乡村""清洁乡村""幸福乡村""宜居乡村"的步步推进，使北部湾大地天常蓝了，树常绿了，水常清了，地常净了。"清洁水源""清洁家园""清洁田园"等专项活动的开展，掀起了北部湾乡村环境卫生综合整治攻坚战。但是，我们不但要看到北部湾良好生态这一金字招

牌，更要清醒地看到当前广西北部湾环境保护的基础能力建设比较薄弱，发展与保护矛盾还比较突出。因此，我们要坚决贯彻落实习近平总书记关于"绿水青山就是金山银山"的重要讲话精神，增强营造山清水秀北部湾自然生态使命感，像珍爱生命一样保护好广西北部湾良好的生态环境。

（二）实施绿色发展战略

"绿水青山就是金山银山"，这是习近平总书记对如何更好造福人民、提升全面小康含金量的思考。作为"五位一体"总体布局的重要内容，生态文明建设被摆到重要的战略位置。广西壮族自治区第十一次党代会明确提出："着力营造风清气正的政治生态、团结和谐的社会生态、山清水秀的自然生态。"习近平总书记的嘱托重如山，广西北部湾践诺须躬行，北部湾有责任也有义务在生态文明建设的实践中发挥更大的示范作用。因此，我们要贯彻落实习近平总书记关于"绿水青山就是金山银山"的重要讲话精神，深入实施绿色发展战略，牢固树立绿色发展理念，科学推进城乡生态环境治理，建设生态宜居美丽北部湾。要努力营造"山清水秀北部湾自然生态"，在广西北部湾经济区掀起"生态立区、生态兴区、生态靓区、生态强区"新高潮，深入推进"美丽北部湾"乡村建设和"美丽北部湾·宜居城市"建设，深入挖掘乡土特色，加快历史文化名镇、传统村落和古树名木保护，注重保护历史文化街区，着力提升城市品质，打造海绵城市、管廊城市、智慧城市和文明城市，为北部湾各族人民创造良好的生产生活环境，让人民群众共享开放创新、管理高效、绿色生态、活力迸发、桂风壮韵鲜明的现代化宜居城市的绿色发展成果。

（三）大力发展生态经济

自党的十八大以来，习近平总书记十分重视发展生态经济，强调要"算大账、算长远账、算整体账、算综合账"。这个"账"就是发展生态经济的"账"，就是生态环境保护的"账"。习近平总书记明确指出："绝不能以牺牲生态环境为代价换取经济的一时发展"，多次提出"既要金山银山，又要绿水青山"。因此，我们要贯彻落实习近平总书记关于"既要金山银山，又要绿水青山"的重要讲话精神，大力发展生态经济。发展生态经济，广西北部湾有优势，国家有扶持，市场有需求，而且蕴含巨大商机。要把"金不换"生态优势转化为北部湾生态经济优势，抓重点——抓好生态工业，抓特色——抓好生态农业，抓环保——抓好生态服务业，实现生态乡村、生态城镇、生态人居、生态文化、生态民风同步建设，推动北部湾生态种养、生态产业、生态旅游全面发展，把新兴生态产业打造成为北部湾新的支柱产业和新的阳光产业，使"金不换"的生态优势真正转化为经济发展的生产力，让北部湾以更加洁净、更加优美、更加和谐、更加自信的形象展现在世人面前。

（四）强化环境的保护和治理

习近平总书记强调，顺应自然、追求天人合一，是中华民族自古以来的理念，也是今天现代化建设的重要遵循。在广西考察时，习近平总书记描绘广西绿色发展图景时提到，要使八桂大地青山常在、清水长流、空气常新，让良好生态环境成为人民生活质量的增长点、成为展现美丽形象的发力点。因此，在北部湾生态文明建设中，我们要贯彻落实习近平总书记关于"顺应自然、追求天人合一"的重要讲话精神，加强生态环境保护和治理，推动生态保护走向深入，实施煤电节能减排升级改造行动，快速发展城镇生活垃圾无害化处置设施建设，提高城镇污水处理率和生活垃圾无害化处理率，全力推动大气污染防治，加强城市地下管网建设改造和规范治理，实施工业烟粉尘和挥发性有机物治理，加强近岸海域海洋生态系统保护，着力推进农村供水、饮用水水源地保护、湿地保护的设施建设。敢于亮剑环境保护监管，铁腕整治执法，重拳出击破坏生态环境的行为，依法严惩环境违法犯罪行为绝不手软，始终保持高压态势，真正做到零容忍，实现全覆盖。

（五）构建生态安全屏障

在广西考察中，习近平总书记强调，广西要把人与自然和谐相处作为基本目标。只有实现人与自然和谐相处，才能不断释放"海"的潜力，激发"江"的活力。当前，广西北部湾实施生态惠民战略，就是要把习近平总书记对广西"实现人与自然和谐相处"的殷切希望，转化为履行"绿色责任""撸起袖子加油干"的强大动力，构建生态安全屏障，让生态文明的种子在释放"海"的潜力、激发"江"的活力中开花结果，为生态惠民做出更大贡献。在地理位置上，北部湾是祖国南疆和珠江上游的重要生态屏障，是粤港澳地区的重要生态屏障，生态环保建设事关北部湾千万人民生活环境和生命健康，这就要求我们贯彻落实习近平总书记"算大账、算长远账、算整体账、算综合账"的重要讲话精神，把发展与保护的大账、总账、长远账算好、算精、算细，着力构建广西北部湾"三港一市"生态安全格局，加强北部湾一片海生态保护。要坚守环境保护红线、底线不动摇，要加强公益林、天然林保护以及沿海防护林体系建设，坚决打好大气、水、土壤污染防治战役，实施山水林田湖海湿地生态保护和修复工程，实施城市空气达标管理，推进"银色海滩"岸滩整治等海洋生态整治修复，推进石漠化综合治理。要严格环保执法，担当"绿色责任"，高态势强化生态环境损害责任追究，铁手腕坚决惩处环境违法犯罪行为，硬措施解决人民群众反映强烈的环境污染和生态破坏问题，下大气力推动北部湾生态环境质量始终走在全国前列。

（六）完善生态环境保护目标管理责任制

习近平总书记考察广西强调要"在转变发展方式上下功夫"，首先要坚持绿色发展理念，彻底摒弃资源环境代价较大的发展方式。习近平总书记的重要讲话为我们继续擦亮"山清水秀生态美"这块金字招牌增添了无穷动力，鞭策我们加倍努力践行绿水青山就是金山银山，营造山清水秀北部湾自然生态，让广西北部湾的生态环境在各方面力量拧成一股绳中越变越好，绿色发展在心往一处想中越走越稳，人民生活在智往一处谋、劲往一处使中越来越幸福。因此，我们要贯彻落实习近平总书记关于"坚持绿色发展"的重要讲话精神，完善生态环境保护目标管理责任制。环保是北部湾千万人民的大事，我们要共同担负起"山清水秀生态美"的责任，形成齐抓共管的强大共识。坚持各级党委、政府对本地区环境保护工作负总责，坚持环境保护"党政同责""一岗双责"，要以更加奋发有为的精神状态、刻不容缓的紧迫感和使命感，更加坚决有力的措施、更加求真务实的思想作风，形成"党委政府总责、环保部门统管、相关部门齐抓、排污单位守法、社会公众共督"的大环保工作格局，把北部湾建设得更加和谐美丽。

（七）完善"绿色GDP"综合考评体系

2017年4月9日，习近平总书记满怀对边疆少数民族地区发展的关注牵挂，带着对广西4000多万人民的深厚感情，踏上八桂大地考察广西，要求把人与自然和谐相处作为基本目标，营造山清水秀广西自然生态。习近平总书记从国家整体生态文明建设大局和广西"金不换"的生态环境优势出发，让我们更好地履行"环境就是民生、青山就是美丽、蓝天也是幸福"的"绿色责任"，为维护国家和区域"青山常在、清水长流、空气常新"做出更多的"绿色贡献"。因此，北部湾生态文明建设要贯彻落实习近平总书记关于"绿色责任、绿色贡献"的重要讲话精神，自觉把思想和行动统一到习近平总书记的重要指示精神上来，着力完善"绿色GDP"综合考评体系。要严格执行《党政领导干部生态环境损害责任追究办法》和《广西党政领导干部环境保护过错管理办法》，以开展领导干部自然资源资产离任审计试点为抓手，增强领导干部的环境资源保护使感，坚决克服片面追求经济增长速度的倾向，坚持环境安全政绩考核、绩效考评"一票否决"，进一步完善适应不同主体功能区经济社会发展评价"绿色GDP"综合考评体系，大力开展"环保督政"，为各级领导干部戴上环保"紧箍咒"，从根本上改变GDP唯上的政绩观，从而促进北部经济增长方式的转变。

（八）形成推动生态文明建设的良好社会风尚

习近平总书记强调，在新的起点上，我们将坚定不移推动绿色发展，谋求更佳质量效益。"绿水青山就是金山银山"，保护环境就是保护生产力，改善环境就是发展生产力。这个朴素的道理正得到越来越多人们的认同。习近平总书记的重要讲话，既是对全国生态文明建设提出新的要求，也是对广西北部湾生态文明建设提出新的期望。当前，国家推动"一带一路"建设，给北部湾生态文明建设迎来了历史性的发展机遇。但是我们也应该清醒地看到，广西还是后发展欠发达地区，北部湾的最大"短板"仍然是发展不足，由于过去粗放的发展方式和历史欠账，当前北部湾经济发展与生态环保的矛盾日益突出，环境风险进入高发期。因而，加快北部湾快速发展、践行"绿水青山就是金山银山"、营造山清水秀北部湾自然生态，这是北部湾千万人民的强烈期盼。因此，我们要学习贯彻落实习近平总书记"保护环境就是保护生产力"的重要讲话精神，牢固树立"绿水青山就是金山银山"的理念，深入实施绿色发展战略，形成推动生态文明建设的良好社会风尚。生态环境保护，需要全广西北部湾上下汇集合力，需要各行各业、千家万户凝聚共识。要把"绿水青山就是金山银山"的生态意识教育融进青少年教育、家庭教育、学校教育，要通过组织开展好世界环境日、世界地球日、世界海洋日、世界水日和全国节能周等主题宣传活动，让北部湾人民牢记"保护环境就是保护生产力"，牢记"付出生态代价的发展没有意义"，牢记绿色转型绿色发展之路，就是北部湾特色的生态美、百姓富、产业优、人民群众幸福感强之路，培育绿色底线思维、绿色问题思维、绿色系统思维，从而以踏石留印、抓铁有痕的劲头，以钉钉子的精神，把"践行绿水青山就是金山银山、营造山清水秀北部湾自然生态"融入各项建设之中，让北部湾人民崇尚生态、顺应生态、亲近生态、包容生态，让"绿色"的发展理念装点北部湾人民的幸福指数，让清水长流、青山常在、空气常新的生态环境成为北部湾人民生活质量的增长点，让北部湾"金不换"生态优势成为展现北部湾美丽形象的精彩名片。

打造魅力钦州市应做足"五海"文章

钦州市中级人民法院　黄婷婷

一、引言

钦州市是英雄之州、大港之城、工业之都、海豚之湾、荔枝之乡、古陶之苑、商贾之家、聚财之地。2018 年广西《政府工作报告》中 10 处突出"魅力钦州",提出要加快推进"钦州华谊化工新材料一体化基地""钦州港金谷港区鹰岭作业区 3 号 4 号泊位""建成钦州港 30 万吨原油码头、钦州港东航道扩建一期、钦州港金谷港区鹰岭作业区 2 号泊位等项目""推进钦州港 20 万吨集装箱码头等项目前期工作""加快钦州港东站集装箱中心站、中新南宁国际物流园等 41 个项目建设""大力提升钦州保税港区"。因此,钦州市应抓住机遇,发挥优势,实施五个"活"战略,做足五个"海"文章,打造魅力钦州城。

二、造深海大港——盘活三步好棋

港口是吸引和聚集现代工业的最佳区域,国际贸易中 85% 是通过海上运输来完成的。钦州港是我国少有的天然深水良港,是孙中山先生《建国方略》中规划的"南方第二大港"。《广西北部湾经济区发展规划》指出,钦州港要"发挥深水大港优势,建设保税港区,发展临海重化工业和港口物流,成为利用两个市场、两种资源的加工制造基地和物流基地"。2008 年 8 月,钦州港被《全国沿海港口布局规划》列为全国 25 个地区性重要港口。因此,钦州港应围绕打造区域性国际航运中心、物流中心和北部湾沿海交通枢纽的目标,盘活三步好棋,培育港口核心竞争力,早日实现孙中山先生在《建国方略》中提出的把钦州港建设成为"南方大港"的伟大构想。

(一)以港招商

钦州市工业发展的希望在钦州港,钦州市现代物流业发展的希望在钦州港,钦州市实现跨越式发展的希望也在钦州港。因此钦州市应深入实施港产城联动发展战略,打造钦州港新城、中马产业新城、滨海新城三大港产城融合示范区,推进招商一体化,增强以港招商竞争力。在"以港招商"中,要全力以赴,正如 2018 年《钦州市政府工作报告》指出的,"强化招商引资,强化项目落地,强化项目服务,各级政府和相关部门要像对待自己亲人一样,用心服务企业,让企业家真正感受到家的温暖!"

(二)以航旺港

一条大航道决定钦州的未来。随着钦州港 30 万吨级支航道建成,钦州大航道建设已打通大港口"瓶颈",为钦州市加快大港口、大工业建设创造良好的条件,为钦州市经济腾飞插上坚实的翅膀。大航道支撑大物流,大港口托起大工业。当前,要大力实施"以航旺港"战略,2018 年《钦州市政府工作报告》指出:"加快建成 10 万吨级集装箱双向航道一期,同时加快二期建设,推进 20 万吨级集装箱航道及码头、大榄坪南 9#～11#泊位等大型航道前期工作,加密覆盖新加坡等国家或地区主要港口的集装箱直航航线,培育至欧美、非洲等远洋航线。"从而依托港口优势和区位优势,大力推进现代物流和国际贸易发展,将钦州市建设成为区域性的港口物流中心、西南地区最便捷的出海口岸和中国—东盟自由贸易区重要的国际物流枢纽。

(三)以业兴港

当前,围绕打造港口产业兴市,钦州港要实施以业兴港战略,2018 年《钦州市政府工作报告》指出:"依托中石油、华谊等龙头企业,重点突破化纤、合成橡胶、树脂等产业,大力发展特种化学品、化工新材料、精细化工等产业。推进与北港集团、中船、富士康、华为等企业联合招商,重点引进跨境电商、装备制造、物流配送、电子信息等领域知名企业入驻。"围绕打造海洋经济强市,建立招商项目快速落地综合协调机制,积极引进海洋生物制药、海产品精深加工项目落户钦州市;主动靠前服务,梳理和解决项目落地障碍,促进现代海洋渔业等重点海洋产业项目落户建设。从而做大特色现代海洋产业,真正实现以业兴港。

三、兴向海经济——布活三步方略

21 世纪是海洋的世纪。钦州管辖海域面积达上万平方公里,海洋功能区划面积约 2000 平方公里,海岸线长达 563 公里。"一湾相挽十一国"的北部湾带给钦州市带来的不仅是春暖花开的诗意,还有得天独厚的"蓝色"潜力。2017 年 4 月,习近平总书记视察广西时首次提出"要打造好向海经济",为钦州市如何释放海的潜力,给出了科学指南。海洋是钦州市发展的潜力所在、希望所在、未来所在。因此,钦州市要进一步布活三步方略,打造向海经济。

(一)以石攻玉

他山之石,可以攻玉。习近平总书记视察广西时强调:"要打造好向海经济。"钦州市应借鉴国际发展向海经济先进经验,树立做强向海经济理念,积极融入"南向通道"建设,充分释放海的潜力,发展向海经济。依托钦州市一片海的独特优势,向海洋发掘资源和财富。依托钦州市大港资源,大力发展石化、能源、海洋工程、装备制造等一批现代临港重大建设项目,实现赶超跨越。

(二)以链集群

围绕延伸石化产业链,积极建设北部湾大型修造船基地、新能源轻型载货汽车生产基地,集群发展临港产业。2018 年《钦州市政府工作报告》指出:"启动建设三墩循环经济示范岛,开展精细化工产业园、百万吨乙烷制乙烯、福佳丙烷综合利用等项目前期工作,加快建成运营 30 万吨级油码头,开工建设百万吨芳烃一期、新天德乙醇深加工等项目,推动中船 2 万吨级造船生产线、集装箱 CFS 项目开工建设,推进玉柴石化 30 万吨异辛烷等项目投产、钦州市至南宁市成品油管道按计划投产运行,加快华谊化工新材料一体化基地等项目建设,争取引进新浦凝析油综合利用等重大石化项目,加快打造千亿元国家级石化产业基地。"

（三）以策兴业

制订出台交通物流、商贸、服务业总部经济、电子商务等扶持政策。加快建设中马大数据及智能基站天线研发产业基地、金达雷 3D 打印技术等项目，争取华为云计算及大数据中心一期、信息港跨境数据中心等开工建设，建设中马钦州产业园区北斗导航服务业基地、保税港区国际贸易产业集聚创新示范区等平台。大力发展休闲娱乐、旅游等产业，建设茅尾海休闲度假区综合开发等重点旅游项目，大力发展全域旅游，推进三娘湾创 AAAAA 级景区、千年古陶城创 AAAA 级景区。

四、建陆海通道——走活三步路子

建设南向通道，将充分发挥广西与东盟陆海相连的独特优势，打通对内连接中国西北地区和西南地区，对外连接东南亚、中亚，并经中欧班列连接欧洲的南北大动脉，实现"一带"与"一路"的有机衔接，加快形成陆海内外联动、东西双向互济的开放格局。因此，钦州市要抢抓南向通道建设重大机遇，走好三步路子，建设陆海通道。

（一）以疏攻坚

围绕南向通道建设，加快港口集疏运建设，提升港口集疏运能力。着力完善布局、优化结构、强化衔接、提升服务，实现港口转型升级、多式联运发展、物流业"降本增效"。2018 年《钦州市政府工作报告》指出："加快实施钦州港火车站扩能改造、南钦铁路电气化改造等项目，建成钦港线与钦州港至大榄坪支线间联络线、钦州保税港区东卡口一期和铁路货场至码头'最后一公里'等海铁联运节点项目。加快推进南向通道物流基地、国际冷链中心等项目，集中破解港口配套设施'瓶颈'。"

（二）以箱通线

围绕南向通道建设，加快建设现代化集装箱干线港，及时调整港口、产业、城市等重点规划，尽快完成北部湾集装箱干线港规划。加大大榄坪、三墩等集装箱作业区开发力度，推动勒沟作业区 15 号泊位等一批码头验收开放；推进 20 万吨级集装箱航道等大型航道、码头工程等前期工作；加快 10 万吨级集装箱双向航道二期建设；推进与南向通道沿线节点城市合作建立"无水港"；加密覆盖新加坡等国家或地区主要港口的集装箱直航航线，培育至欧美、非洲等远洋航线；积极发展国际中转集拼业务，尽快开通中欧集装箱班列。

（三）以流联运

围绕南向通道建设，规划发展多式联运物流体系。推进中国—东盟中小企业贸易促进平台等建设，搭建线上线下物流信息平台，培育大宗商品交易市场；强化物流基础设施建设，优化物流节点空间布局，引进大型物流企业，培育多式联运龙头企业；筹划设立北部湾航运交易所，培育发展航运服务、海事服务和中介服务，加快建设区域性物流企业总部基地；深化与国内外港航物流企业的合作，争取建设北部湾航运服务集聚区及钦州港、皇马综合物流园等现代物流集聚区；强化县域与钦州港的物流联系，建设陆屋临港产业园物流园、浦北农产品物流中心等县域重点物流节点。

五、强沿海农业——激活三步跨越

钦州市是广西沿海金三角上的一块宝地。这里气候温和宜人，河流水库众多，土壤肥沃，植物繁茂。自然资源丰富，依水临海，有兴旺发达的农业，也有大有可为的海洋捕捞养殖业，农业开发有着很大的潜在优势。因此，钦州市要激活三步跨越，大力实施乡村振兴战略，加快推进农业农村现代化，加快补齐农业农村现代化"短板"，着力推进农业强、农村美、农民富，努力建设"生产发展、生活宽裕、乡风文明、村容整洁、管理民主"的社会主义新农村。

（一）以优布局

围绕"稳粮、增收、强基础、保民生"，浅海滩涂、丘陵台地、平原等地区，重点构建各具特色的产业带和产业区：沿海地带，重点发展高效海水养殖、捕捞、加工和海蛋鸭、肉鹅等产业；丘陵山区地带，重点发展畜牧、水果、林业、糖蔗和农产品加工等产业；平原地带，重点发展优质稻、蔬菜、水产、畜牧等产业。

（二）以新增值

加快新科技成果推广应用，加快农业科技进步，在"农业区域化布局、标准化生产、产业化经营"中大力发展高产、优质、高效、生态、安全农业，从而把钦州市打造成广西乃至全国重要的南亚热带农业和海洋渔业生产加工基地。2018年《钦州市政府工作报告》指出："以信息技术、农业新品种新技术新成果、海洋开发、节能降耗、清洁生产、新材料等为重点领域，引进、开发、应用一批关键技术、先进技术，建设一批科技含量高的项目，构建星火产业带，大幅度提高产品技术含量和附加值。"

（三）以特创优

现代特色农业是贯穿农业、农村的一条主线，是乡村振兴战略的核心。因此，钦州市要围绕"特"字做文章，做好特色农业规划，注重特色品牌培育，大力发展特色农业，做到人无我有，人有我优，人优我特，推动乡村产业振兴。2018年《钦州市政府工作报告》指出："实施现代特色农业示范区创建增点扩面提质升级三年行动，提升发展灵山百年荔枝、浦北佳荔水果产业、钦南虾虾乐、钦北那蒙特色苗木、钦州港大蚝养殖等一批现代特色农业示范区，争取创建更多自治区级核心示范区。继续创建全国、广西壮族自治区休闲渔业品牌，建设国家级海洋牧场示范区，大力发展大蚝、荔枝、火龙果、百香果等特色农产品加工业。实施质量兴农战略，加强特色农产品品牌建设，提升钦州大蚝、钦州富硒米、灵山荔枝、浦北芋头等特色农产品品牌价值。"

六、扬山海文化——写活三步起点

钦州市物华天宝，人杰地灵，有着丰富的自然资源，悠久的文明历史，灿烂的文化遗产，光辉的革命业绩。这里有绚丽的山水和迷人的海洋风光、悠久的历史文化和丰富的民族民间文化；这里有近代历史民族英雄刘永福、冯子材的"刘冯故居"、广西"第一楹联村"大芦村等人文景观和人间仙境北海银滩、"南国蓬莱"七十二泾等许多珍贵的自然景观；这里有采茶、海歌、跳岭头、唱春牛、舞青龙、耍花楼等多姿多彩的民间文化。这些为钦州市打造"山海文化品牌"打下了良好的基础。《钦州市"十三五"规划纲要》提出了五大发展目标："打造中国历史文化名城、打造面向东盟的对外文化贸易基地、打造中国—东盟网络影视基地、打造北部湾强势主流媒体、打造全国文化市场服务监管示范区。"因此，钦州市应写活三步起点，铸特色精品，扬山海文化。

（一）以特立足

钦州市文化的发展要做好"山"和"海"特色文章，把钦州市绚丽的自然风光、迷人的海洋风光、飘香的果林风光、斑斓的民族文化、悠久的历史文化和优美的亚热带生态环境很好地结合起来，实现文化与旅游、文化与经贸、文化与生态的结合，构建特色鲜明的钦州市文化。重点保护刘永福故居、冯子材故居、广东会馆、大芦村、越州古城遗址、南安州古城遗址、久隆古墓群等历史文物。提升文化品位，创建文化品牌，营造整体效应，把钦州市建设成为开放的、优秀传统文化与时代精神相结合的、具有南疆沿海特色的文化城市。

（二）以牌彰品

精心打造影响力大、辐射力强的文化活动品牌。围绕彰显钦州市特色文化、提升钦州市城市形象、丰富市民文化生活，着力打造以"三月三"壮族文化节、荔枝节、香蕉节、梨花节、赶海节为载体的文化旅游活动品牌，以古龙窑火祭大典为龙头的文化遗产主题日活动品牌，以提升农村基层文化服务功能为主的"文化乐民"品牌，以"蚝情节"为核心的海洋文化活动品牌，以烟墩大鼓大赛为重点的新春文化活动品牌。

（三）以制兴文

钦州市应着力建立健全打造文化精品的政策保障机制，加大对文化精品的扶持和奖励力度，培育文化领军人才，激发文化创作的灵感和热情，挖掘钦州市历史文化资源，催生刘永福和冯子材故居文化、陶艺文化等一批文化品牌。畅通民间民俗文化培育和开发渠道，推进文化与旅游、文化与经贸、文化与生态的融合。以精神文明建设"五个一工程"为龙头，激发和调动多出精品力的积极性、主动性、创造性，努力创作一批立得住、叫得响、留得下的优秀作品。

把"生态北部湾"建设成为践行习近平生态文明思想的"示范区"

钦州市文学艺术界联合会 黄孟林

一、引言

生态文明思想，是习近平新时代有中国特色社会主义思想的重要组成部分，是新时代的理论创新。"人与自然和谐共生""绿水青山就是金山银山""用最严格制度最严密法治保护生态环境""山水林田湖草是生命共同体""良好生态环境是最普惠的民生福祉"等新时代的理论创新，是习近平生态文明思想的具体体现，更是党的第五代领导集体的生态文明思想的结晶。"生态文明"是新时代的理论创新，是建设"生态北部湾"的金钥匙。当前，广西北部湾要以"生态文明"理念为价值遵循，从战略高度全力推进"生态北部湾"建设，把"生态北部湾"建设成为践行习近平生态文明思想的"示范区"。

二、践行"用最严格制度最严密法治保护生态环境"思想，在破解"生态文明建设体制机制不健全""瓶颈"中建设天蓝、地绿、水美的"生态北部湾"

"用最严格制度最严密法治保护生态环境"，彰显了习近平总书记的生态文明思想和党建设生态文明的坚定决心，为广西北部湾坚定不移建设"生态北部湾"指明了方向。"生态文明建设体制机制不健全"，是广西壮族自治区第十一次党代会分析出的当前广西面临的困难和问题之一。破解发展难题，建设"生态北部湾"，也正是习近平总书记视察广西的殷切期望。生态文明建设是新时代中国特色社会主义史无前例的事业，只有构建科学规范健全高效的体制，才能改变生态环境，才能实现生态文明。因此，当前建设"生态北部湾"要着力践行"用最严格制度最严密法治保护生态环境"思想，着力破解"生态文明建设体制机制不健全""瓶颈"，以热爱自然和敬畏自然的生态信仰，把广西北部湾的资源环境优势真正转化为经济优势；以尊重自然和保护自然的决心，创造绿色财富，建设天蓝、地绿、水美的美丽北部湾。

（一）以高效有力的协调机制和工作机制破解难题

一是针对生态文明建设中各种突出的问题，建立由发展和改革、环保、国土、农业、海洋、住房和城乡建设、水利、林业等部门组成的"生态北部湾"建设联动机制；二是针对以往环境保护主要依靠政府和部门单打独斗的状况，建立"企业承担主体责任，社会组织依法参与，新闻媒体舆论监督"的多元共治、社会参与环境治理机制；三是针对市场对低碳绿色环保发展方向和技术路线选择的决定性作用的实际，建立成果转化平台和中介服务机构，加快成熟、适用技术的示范和推广机制。

（二）以鼓励和激励的生态文明激发机制破解难题

一是建立"生态北部湾"市场配置机制，鼓励和激励企业、社会非营利组织和个人参与"生态北部湾"建设；二是建立生态补偿机制，出台《生态北部湾建设补偿办法》，推进生态北部湾建设；三是建立绿色产业发展机制，在"生态北部湾"建设中加速技术、资本密集型节能环保产业的发展；四是建立落后产能淘汰机制，要以国家要求淘汰的行业产能为重点，在"生态北部湾"建设中坚定不移地淘汰落后产能，即使牺牲一点工业经济增速也在所不惜。

三、践行"良好生态环境是最普惠的民生福祉"理念，在"破解资源环境约束趋紧""瓶颈"中打造生态文明建设先行区

生态文明是人类社会进步的重大成果，是建设新时代中国特色社会主义的一项重要战略。"良好生态环境是最普惠的民生福祉"理念表明，生态文明是最普惠的民生，生态文明也是最公平的公共产品。"资源环境约束趋紧"，这是广西壮族自治区第十一次党代会分析出的当前广西面临的困难和问题之二。破解发展难题，建设"生态北部湾"，也正是习近平总书记视察广西时所强调的"顺应自然、追求天人合一，是中华民族自古以来的理念，也是今天现代化建设的重要遵循"。习近平总书记的重要指示，为广西北部湾描绘了绿色发展蓝图，激励我们在"生态北部湾"建设中着力营造山清水秀的自然生态。因此，当前建设山清水秀的"生态北部湾"，要着力践行"良好生态环境是最普惠的民生福祉"理念，以壮乡人民"崇尚生态、顺应生态"的理念，着力破解"资源环境约束趋紧""瓶颈"；以壮乡人民"亲近生态、包容生态"的美德，努力打造中央赋予广西"国际大通道、战略支点、重要门户"生态文明建设先行区。

（一）在不遗余力推进节能减排中破解难题

一是以咬定青山不放松的决心狠抓节能减排，采取更有效的政策措施把污染排放和环境损害减少到最低，用更大力气在生态受保护、环境能容纳、资源能支撑的基础上实现"生态北部湾"。二是实施全民节能行动，狠抓节能减排，按照政府主导、企业主体、市场驱动、社会参与共同促进节能减排的战略实施，既要充分发挥政府主要领导是第一责任人的政府主导作用，也要充分发挥各级政府对区域节能减排负总责任作用，更要充分发挥企业严格执行节能环保法律法规和标准的主体责任的作用，真正形成企业和各类社会主体共同促进节能减排的工作格局。三是严格落实"生态北部湾"目标责任，狠抓节能减排，加大"绿色GDP"节能减排目标责任评价考核力度，并将考核结果作为"加油站"和"紧箍咒"，即"加油站"是给那些年度考核、目标责任考核、绩效考核、任职考察、换届考察的优秀领导班子和领导干部加油鼓劲，"紧箍咒"是专给那些为追求眼前"政绩"不惜破坏生态环境的干部戴上，让他们悬崖勒马。

（二）在不遗余力发展循环经济中破解难题

一是大力推行"六节"，即全力推行节水、节能、节材、节地、农村节药和节肥；二是大力发展两个"绿色"，即发展统一配送、连锁经营、电子商务等绿色流通业，大力发展以城市为中心的公共配送网络等绿色服务；三是大力推进"三个优"，即优化城镇空间布局、优先开发空闲和闲置土地、优化土地集约节约利用；四是大力提高"两个利用"，

即提高利用包装废弃物、园林废弃物、餐厨废弃物、报废汽车、废弃电器电子产品、建筑垃圾等城市废弃物回收和资源化利用，提高再生资源回收利用率和循环利用水平。

四、践行"人与自然和谐共生"思想，在破解"发展与保护矛盾凸显""瓶颈"中增强人民群众的获得感和幸福感

习近平"人与自然和谐共生"理念，生动体现了马克思主义生态观，分析阐述了"生态文明"的深刻内涵，明确提出了"生态文明"的重要原则。因此，习近平"人与自然和谐共生"理念，是我们建设"生态北部湾"的行动指南和重要遵循。"发展与保护矛盾凸显"，这是广西壮族自治区第十一次党代会分析出的当前广西面临的困难和问题之三。如何破解这一难题？习近平总书记视察广西时给我们指明了方向，即"在转变发展方式上下功夫"。这就要求我们首先要摒弃资源环境代价较大的发展方式，坚持绿色发展理念。"竭泽而渔"搞经济发展是脱离环境保护，"缘木求鱼"抓环境保护是离开经济发展。因此，针对破坏甚至损害生态环境的发展模式以及以牺牲环境为代价换取一时一地经济增长的做法，我们要践行"人与自然和谐共生"理念，以建设"生态北部湾"凝聚全社会推进绿色转型绿色崛起的强大合力，着力破解"发展与保护矛盾凸显""瓶颈"，促进人与自然和谐，提升绿色福利，增强人民群众的获得感和幸福感。

（一）增强人民群众在保护中发展的获得感

一是变传统的 GDP 核算体系为绿色 GDP 核算体系，变以牺牲长远利益换来短期效益的政绩观为长远的、可持续的政绩观，变环境损害、资源消耗、生态效益的生态文明建设状况为各级政府在保护中发展的政绩考核指标。二是转变把环境因素置于决策之外的决策模式，从源头落实环保基本国策，打赢石漠化治理、退耕还林、公益林保护等生态环境保护攻坚战，加大生态环境保护投入，多渠道、多途径筹措资金推进"生态北部湾"建设。三是像保护眼睛一样保护生态环境，坚持保护优先、生态优先，加强自然保护区建设，维护好生物多样性，切实做到坚守底线、不越红线，保护好广西北部湾的山山水水、一草一木。四是守住"三线"，即守住生态保护红线、环境准入底线和环境安全底线，加快"高消耗、高污染"的传统产业向"低投入、低效益"现代产业转型升级，摒弃导致严重资源、环境等生态危机的传统发展模式，大力发展环境友好、资源节约、持续发展、社会和谐的绿色经济，确保广西北部湾生态环境名片不变质、更出色，从而真正实现"生态北部湾"。

（二）增强人民群众在发展中保护的幸福感

一是以"重点开发、优化开发"的发展导向实现经济发展与人口资源环境相协调，以"禁止开发、限制开发"的区域定位，规范开发秩序，让高投入、高消耗、高排放、低效益的粗放型增长方式在"生态北部湾"建设中实现经济发展的"腾笼换鸟"和"凤凰涅槃"。二是牢固树立"人与自然和谐共生"的绿色发展理念，积极推进城市绿化，把绿化建设融入到"生态北部湾"的全程建设；推行"城市公交为主、共享单车为辅"的绿色出行，彻底取缔燃煤锅炉和炉灶。三是加快推进农村环境综合"四整治"，即专项整治农村垃圾，综合整治农村河塘，综合整治山水林田路，综合整治农村畜禽养殖污染。四是以"四个切实"大力发展生态经济，即切实把生态优势转变为发展优势，切实增强"生态北

部湾"的责任感，切实扭转生态优势突出但生态产业不强的局面，切实转变经济发展方式，走出一条具有广西北部湾特色的产业强、百姓富、生态美的"生态北部湾"之路，让广西北部湾大地蓝天常在、青山常绿、碧水长流。

五、践行"绿水青山就是金山银山"理念，在破解"绿色发展任务艰巨""瓶颈"中提升广西北部湾发展"含绿量"

习近平总书记从社会主义政治经济学的角度提出了"绿水青山就是金山银山"发展理念，这一"两山理论"，提示了改善环境就是发展生产力，保护环境就是保护生产力。习近平总书记的"绿水青山就是金山银山"理念，不但体现了中华民族永续发展的千年大计，而且为全球生态安全做出贡献。习近平总书记的"绿水青山就是金山银山"的理念，是指引建设"生态北部湾"的理论明灯。"绿色发展任务艰巨"，这是广西壮族自治区第十一次党代会分析出的当前广西面临的困难和问题之四。"绿色发展"是习近平总书记提出的理念。习近平总书记在视察广西时，从海岸到内河，所强调的就是把人与自然和谐相处作为基本目标。只有实现人与自然和谐相处，才能不断释放"海"的潜力，激发"江"的活力。习近平总书记强调："顺应自然、追求天人合一，是中华民族自古以来的理念，也是今天现代化建设的重要遵循。"因此，当前建设"生态北部湾"，营造"山清水秀的自然生态"，要践行"绿水青山就是金山银山"理念，坚持生态文明，顺应广西人民对美好生活的期待，着力破解"绿色发展任务艰巨""瓶颈"，提升广西发展"含绿量"，打造广西亮丽北部湾。

（一）在推进绿色惠民中提升广西北部湾发展"含绿量"

一是坚持绿色惠民就是最大的价值取向。近年来，习近平总书记多次就生态文明建设反复强调："绿水青山就是金山银山。"因此，绿色发展理念一定要以绿色惠民为价值取向。随着生态文明建设的推进，人们对山清水秀的自然生态的期望越来越高，山清水秀的自然生态在幸福指数中的地位不断凸显。但是，当前广西北部湾绿色发展任务仍然艰巨，成为建设"生态北部湾"的一大"短板"。这就要求我们把营造山清水秀的自然生态作为改善民生、打造广西亮丽北部湾的重要举措来实施，把保护生态环境作为保障民生、社会和谐稳定重要抓手来推进。二是坚持绿色惠民就是最普惠的民生福祉。习近平总书记指出："良好生态环境是最公平的公共产品，是最普惠的民生福祉。"当前，广西北部湾突出的民生问题之一就是生态环境恶化。我们要坚持绿色惠民，为人民群众提供干净的水和安全的食品；我们要坚持绿色发展，为人民群众营造清新的空气和优美的环境。三是坚持绿色惠民就是最实惠的扶贫。生态扶贫是脱贫攻坚的重要一环，我们要在任重道远的脱贫攻坚中敢于担当，大力推进生态扶贫，让贫困群众通过发展特色产业尽快走上稳定脱贫的道路。四是坚持绿色惠民就是最积极地回应群众诉求。当前不但要全力打造生态城市，更要全力打造"生态乡村"建设，努力让每一个村、每一个屯成为一道亮丽的风景，真正实现人民群众从"盼温饱"向"盼环保"的企盼、从"求生存"向"求生态"的追求转变。

（二）在推进绿色生产中提升广西北部湾发展"含绿量"

一是坚持绿色生产方式。绿色生产方式不但支撑绿色发展理念，而且直接决定"生态北部湾"的成色。面对当前"绿色发展任务艰巨"的"瓶颈"制约，只有践行"绿水青山就是金山银山"理念，大幅提高经济绿色化，大力推进绿色生产，才能实现习近平总书记描绘的八桂大地青山常在、清水长流、空气常新，良好生态环境成为人民生活质量的增长点、成为展现美丽形象的发力点"的广西北部湾蓝图。二是坚持构建绿色产业结构。全力推进科技含量高的清洁生产产业，加快发展资源消耗低的环保产业，大力发展环境污染少的绿色服务业，使绿色产业成为广西北部湾经济社会发展新的增长点，从而提高资源利用率，实现"经济效益、社会效益、生态效益"良性循环。三是坚持开展绿色变革，大力发展生态产业，以绿色产业引领广西北部湾经济社会发展转型升级，拿出更大的气魄和勇气进军新兴生态环保产业，实现生态产业规模化、集约化、标准化。

六、结论

综上所述，建设"生态北部湾"，只有用习近平总书记"人与自然和谐共生""绿水青山就是金山银山""用最严格制度最严密法治保护生态环境""山水林田湖草是生命共同体""良好生态环境是最普惠的民生福祉"等生态文明理念来引领，才能破解当前"绿色发展任务艰巨、资源环境约束趋紧、生态文明建设体制机制不健全、发展与保护矛盾凸显"四大"瓶颈"，才能发展壮大生态经济，才能提升经济社会可持续发展能力，才能走出具有广西北部湾特点的绿色转型、绿色崛起之路，才能建设一个资源高效利用、生态经济发达、制度健全完善、环境舒适宜居的生态文明北部湾，才能把"生态北部湾"建设成为践行习近平生态文明思想的"示范区"。

以开放倒逼改革　以开放促进发展

——关于防城港市开放发展的回顾与思考

防城港市政府发展研究中心主任　杨佰升

一、引言

改革开放以来，特别是国家实施西部大开发以来，防城港市坚持以开放促改革、促发展，开发开放与改革创新在这座边关城市有着鲜活的交集，创造了许多可复制可推广的"防城港经验""防城港模式"，为西部边境地区加快发展努力探索新思路、新路径，其重要的启示与意义值得思考。

二、防城港市开放发展取得的成绩与经验

乘着改革的东风，防城港市充分利用独特的沿边沿海优势，实施开放发展战略，经济社会取得巨大成就，从一个小渔港发展成为现代化港口城市。

综合发展实力不断提高。作为西南门户的防城港市，抢抓机遇，加大开放力度，推动经济跨越发展，创造了"防城港速度"，谱写了广西"春天的故事"，人均 GDP 在广西率先突破 10000 美元大关，多项指标保持两位数增长，后发优势明显，发展潜力巨大。在全国 294 个地级城市中综合竞争力持续彰显。

互联互通体系日臻完善。开放带动战略助推了防城港港航等基础设施的快速发展，如今防城港市已经成为我国沿海 26 个枢纽港之一，是西部第一大港口，港口吞吐能力达 1.5 亿吨，与 100 多个国家和地区的 200 多个港口通商通航。防城港市昂首迈入高铁时代，在广西率先实现县县通高速，形成北部湾城市之间与市内各区域之间的 1 小时经济圈。防东高铁和支线机场等交通项目正在加速推进，立体交通枢纽体系逐步完善。

现代沿海沿边产业初具规模。开放促进了产业产能合作，钢铁、有色、粮油食品、石化、装备制造、能源等百亿元级支柱产业初步形成，先进制造业和高新技术产业加快发展。商贸、物流、旅游、金融等现代服务业快速发展。一批现代服务业集聚区正在加快打造，建成全国最大煤炭进口配送基地、食用植物油籽加工基地和磷酸出口加工基地。

国家级开放平台不断增多。改革开放以来，防城港市进入全国第一批沿海开放城市行列。2008 年，防城港市作为北部湾经济区的核心城市也因此获得了一系列优惠政策，特别是 2010 年实施第二轮西部大开发以来，防城港市先后获批设立东兴国家重点开发开放试验区、沿边金融综合改革试验区、构建开放型经济新体制综合试点城市、边境旅游试验区等多个国家级开放平台，为发展开放型经济注入了新的活力。

对外交流的"防城港渠道"更为畅通。近年来，防城港市企业在东盟设立办事机构和投资办厂企业数量居广西前列，每年出口东盟货物和关税收入占广西总量的一半以上。开通中越边境跨国医疗救助绿色通道，建立中越消防合作机制。打造东兴—芒街商贸旅游博

览会、中国—东盟海洋渔业论坛升级版。中国—东南亚民间高端对话会、"魅力东盟·走入中国"文化之旅等一批重要国际活动在防城港市举办。每年通过举办中国—东盟青少年足球邀请赛、海上国际龙舟赛、北部湾国际海钓邀请赛、中国东兴—越南芒街元宵节足球赛等，为中国与东盟国家之间的合作交流提供平台，实现与东盟国家民间文化交流的制度化、常态化。

开放创新形成一批"防城港经验"。防城港通过支持创新发展，促进一批先行先试政策落地，推动了全市经济社会发展：建成全国第一个人民币与越南盾特许兑换业务试点、第一个东盟货币服务平台、第一家跨境保险服务中心；成功开展个人跨境贸易人民币结算、跨境贷款等业务；东兴试验区东盟货币汇率成为上海外汇交易中心官方汇率；东湾物流园成为全国首批国家级示范物流园区；防城港市成为全国 31 个农产品冷链流通标准化试点城市之一，承担全国和广西商事制度改革试点任务；发挥东兴试验区、构建开放型经济新体制试点试验城市、沿边金融综合改革试验区等国家级改革创新平台作用，统筹推进跨境劳务合作和居民登记管理制度、行政审批制度、大部门制等改革试点工作；加快边贸发展的做法被国务院督查组推荐为全国典型经验；在全国范围内率先启用边民互市"一指通"系统，率先上线运行国际贸易"单一窗口"；启用全国首个边境旅游网上办证预约系统，开通中国东兴—越南芒街跨境自驾游，实现跨境旅游的常态化。

三、防城港市开放发展的困难与问题

开放发展虽然取得了不菲的成就，但也存在许多问题和困难，主要表现在：

出海出边通道建设相对滞后。受历史原因影响，特别是在 20 世纪七八十年代，防城港市处于"东部在开放，边境在打仗；东部在发展，边境在站岗"的尴尬境地，基础设施建设缓慢，出海出边通道建设基本停滞，20 世纪 90 年代后虽有较大改善，但发展滞后的状况依然没有改变。防城港市港口岸线资源开发不充分，港航基础设施不完善，辐射能力不足。2012 年全市港口吞吐量就已突破亿吨，但大部分产业处于低端，在全国沿海主要港口城市中排名靠后。防城港市还没有直通越南的铁路、高速公路，也没有航空线路，现有的沿边道路质量较差，峒马公路施工进展缓慢。东兴口岸是全国出入境人数最多的陆路口岸，但通关通道主要依靠中越友谊大桥，北仑二桥尚未通车，配套设施还在建设当中。部分互市贸易还靠手提肩挑，通关能力有限。边境口岸联检设施和海关查验货场等基础设施不完备。

缺乏优良产业和科技人才支撑。防城港市总体上底子薄、经济总量小，是仍处于工业化中期阶段的欠发达地区，产业层次低，结构不合理较为突出，第一产业基础较弱、组织化程度低，规模化生产未全面铺开，农产品加工链不长，农业现代化程度不高；第二产业以传统产业为主，高端制造业和高新技术产业尚处于成长期，龙头产业项目上下游产业配套未形成，重大产业规模有待拓展；第三产业还停留在零售、住宿等传统服务业的水平，金融、养老养生等现代服务业仍处于起步阶段，文化旅游、跨境贸易等产业优势潜力深挖不够。战略性新兴产业尚处在起步阶段，三产比例不合理，结构不够优化。此外，防城港市科技创新力量比较薄弱，产业发展缺乏强有力的科技创新能力支撑，核心竞争力不强。科研院所、高校和企业研发中心的数量较少，层次较低。高等院校仅有广西财经学院防城港分校。创新创业载体、公共技术平台建设滞后，政策扶持力度较弱。企业创新主体意识不强，自主创新能力较弱，部分企业的装备水平、工艺技术还比较落后，新技术应用水平不高。科技品牌效应未形成。高素质和高水平的创新创业、管理、科技人才短缺，人才的支撑作用未能充分发挥。

跨境合作水平不高。20 世纪 90 年代建立了东兴边境经济合作区，近十年推动建设的防城边境经济合作区和东兴—芒街跨境经济合作区，总体上工作推进比较缓慢，与国内外的合作不够。防城港市沿边开放以商贸为主，过度依赖边境小额贸易政策，制约了外贸转型发展。进口主要以能源、矿产、农副产品为主，出口则以劳动密集型的轻工产品和低端机电设备为主，贸易层次较低，规模较小。边境企业多为贸易型，生产企业不多，进口的产品大多直接运往沿海经济发达地区进行生产加工，出口产品绝大多数来自其他省区，只是充当了大通道的作用，没有促进防城港市产业发展，对财政和就业贡献不大。防城港市与芒街地区均属于经济欠发达地区，缺乏技术和资金支持，双边产业合作没有很好地发展起来。越南政策不对等、边境口岸设施差等问题，也在一定程度上增加了跨境合作的难度。

开放体制机制创新不足。中越两国经济体制不同，加上中国—东盟自由贸易区合作框架的市场经济发展原则对两国贸易的发展造成了一定的限制，给中越双方在开放体制创新上带来了不少困难。缺乏推进跨境经济合作的沟通会晤机制，目前的对话途径主要通过双方沿边市、县一级地方政府不定期的互邀互访来实现，会晤层次不高，无法深入商谈跨境合作的实质性事宜。双方体制机制的差异及经济实力的差距，造成步调的不一致，阻碍了"两国一检"等通关便利化政策的推进。中越两国省际尚未建立金融合作关系，影响了人民币"走出去"等政策的深入开展及两国边境金融业的深度合作与发展。

服务贸易促进体系不完备。尽管防城港市服务贸易规模逐年扩大，但国际竞争力仍然不强，服务贸易仍是外贸的"短板"。防城港市双边贸易失衡，贸易结构简单。历年来防城港市对外贸易进口增幅远超出口，贸易逆差只增不减；贸易结构中，出口主要为中等技术含量的设备以及轻工产品，进口主要为原料和农业等初级产品。贸易服务合作水平不高，直接投入不足。双方边境城市产业结构相似，在吸引第三方国家投资上存在一定的竞争关系；近年来越南国内工程企业不断发展，越南政府对国外工程企业实施了一系列限制政策，贸易摩擦和贸易纠纷时有发生，在一定程度上降低了我国企业在越南的投资意向。政策的不明确导致互市贸易商品落地加工存在合法性问题，严重打击各方参与互市贸易的积极性。

城市间同质化竞争未能有效解决。由于环北部湾区域城市的区位条件、地理环境比较相似，北钦防三市临港产业发展定位相近，各自为政，形成"小而全"的局面。防城港市、崇左市、百色市边贸产业结构趋同，经贸交流层次较低，形式不多，同质竞争激烈。各地为了吸引企业或商家落户注册，相继出台了各种惠企政策，造成不必要的财力浪费。为了扩大投资、引进项目和增加统计数据，往往会迷失方向，大家都是围着项目转而不是围着产业转，造成同类项目不断重复投资建设，进一步加剧了同质化竞争。

四、防城港市加快开放发展的措施

防城港市取得了令人瞩目的成绩，走出了一条具有边海特色的开放促改革、开放促发展的路子，经验弥足珍贵，但仍有许多问题和困难需要解决。以开放倒逼改革，以开放促进发展，是我国新时代新一轮推进改革开放的战略，因此必须要解放思想，克服陈旧僵化的思维模式，把握好开放与改革、开放与发展的关系，大胆创新，精准发力，争当全国沿边开放发展排头兵。

（一）加快互联互通项目建设，夯实开放发展基础

第一，积极融入南向通道建设。加快建设向海通道，发展向海经济，抓好 40 万吨级码头及航道、30 万吨级航道、企沙南作业区航道及散货码头等港口基础设施项目建设，加快推进广西滨海公路企沙至茅岭段、钦防高速公路扩建、沙企一级路 4 改 8 工程、防城港市至东兴市铁路（经越南海防至河内）等临海公路、进港铁路设施建设；加快建设向边通道，抓好中越口岸互联互通铁路、高速公路建设，加快完善口岸基础设施建设，打造东兴、里火、峒中等口岸经济升级版。

第二，加快城市交通建设。织密城市路网，加快伏波大道、江山大道西段等城市道路建设，促进文昌新区、常山新区等片区路网通畅。打造东兴至茅岭滨海快速干线，尽快建成企茅大道、国门大道、拥军路地下隧道、马路至峒中二级公路、峒中至横模大桥，争取建设东湾大桥，实现滨海快速干线全面贯通。

第三，强化"软联通"建设。积极参与中国—东盟信息港建设，加快推动网络互联、信息共享。加快开展煤炭、油气、电力等领域的国际合作，打造跨境能源通道和区域能源网络。加强规划政策、标准规则、执法监管的对接合作，与越南等东盟国家建立区域间应对涉外突发事件、领事保护和海上搜寻救助合作机制，在边境打击走私、疫病防控、海洋气象灾害监测预警、森林火灾防范、生态环保、循环经济等领域加强合作。

（二）勇于先行先试，建设开放型经济新体制

第一，做足开放促创新探索。加快东兴试验区建设，有序推进试验区管理体制改革，促进管理机构高效运转、形成工作合力，加快推进跨境经济合作区、跨境金融合作区建设，大力发展跨境贸易、旅游、加工、金融、电商和物流六大跨境产业。加快边境旅游区试验区建设，推动试验区建设深度融入"一带一路"和南向通道建设，主动加强与国家和广西壮族自治区的对接，通过政策集成和制度创新，将人流、物流、资金流和信息流导入边境旅游试验区，探索全域旅游发展的"边境版"模式。抓好深化行政体制、互市贸易转型升级体制、跨境劳务合作体制、沿边金融综合体制、跨境旅游和跨境合作体制"六大改革"，推动开放型经济运行管理新模式、各类开发区（园区）协同开放新机制、推进国际投资合作新方式、质量效益导向型外贸促进新体系、金融服务开放型经济新举措和构建全方位开放新格局"六大探索"。

第二，完善服务贸易促进体系。加强与东盟国家经贸往来与合作，打造区域性商贸物流基地。加快大宗商品交易中心、国际农产品冷链物流中心等商贸物流园区项目建设，加快形成红木家具、五金机电、海鲜水果、中草药、矿产品五大类货物进出口市场。利用沿边金融综合改革试验区平台，探索符合沿边地区涉外经济发展的外汇管理模式，简化外债登记和外汇资本结汇程序，适时推动个人境外直接投资试点，促进贸易投资便利化。发挥防城港市政策叠加优势，大胆先行先试，加快发展服务贸易，解决好互市贸易商品合法性问题，重振边地贸易，把通道贸易变成口岸经济。

第三，培育新业态。新业态新产业对于推动防城港市经济转型升级、培育新的增长点具有重要作用，要花大力气培育发展新业态新产业。突出发展现代服务业，立足防城港市实际与优势，培育一批服务业新产业新业态，大力发展电子商务，建设外贸综合平台，加快推进跨境电商快递物流园项目建设。利用防城港市获批边境旅游试验区的有利时机，发展民宿旅游、房车露营地、高端养生度假等旅游新业态的产品，推进全域旅游发展。发展高新技术产业，聚焦发展生物医药、高端装备制造、新材料、新一代信息技术等新兴产业，从高新区新兴产业中培育新动能，发展新技术新业态。加快特色农业发展，继续实施特色农业示范区建设工程、海洋渔业发展工程、休闲农业工程、农村改革工程、龙头企业发展培育工程、农业服务工程"六大工程"，重点发展农村电商、乡村旅游、休闲农业、健康养生等新产业新业态。

（三）加强人文合作交流，搭建友好交往桥梁

第一，拓展对外交往渠道。加强与沿线国家国际合作主管部门及驻华机构、商会协会、民间友好团体等组织的工作联系，及时交流信息，增强互信。密切与华侨华人的联系，借助海外华商各项资源，大力推介防城港市优质产品，帮助企业和产品"走出去"。

第二，加强旅游开发共建。加快防城港市边境旅游试验区建设，探索旅游共建共享模式。加快建设国际邮轮母港、中越跨国旅游集散中心，开发跨境自驾游、边境旅游、海陆旅游环线游、滨海休闲度假、高山漂流、森林疗养等特色旅游产品，依托边民互市贸易中心开展游客免税购物，开展边境游网上预约办证，在旅客出入境比较集中的口岸实施"一站式"通关，设置团队游客绿色通道，把防城港市打造成"一带一路"国际旅游目的地。

第三，创新中越边境教育医疗合作。抓好海湾新区重点发展区域的教育基础建设，在优先满足国内教育需求的情况下，允许越南边民到防城港市的学校就读、升学，鼓励大专院校招收越南留学生，促进中越文明互学互鉴、两国民众相知相亲。投资建设中越友好医院，简化越南边民跨境医疗服务手续，为越南边民提供良好的医疗服务。放宽医疗管理做法，推动与东盟国家医疗职业资格互认。

第四，促进人文交流合作。深度参与中国—东盟博览会，实施中越东兴—芒街国际商贸·旅游博览会、中越跨境经济合作论坛暨东兴试验区推介会升级计划，构建并完善中国与越南等东盟国家在跨境经济、旅游以及金融等方面的合作会晤机制，使防城港市形成与东盟经贸人文交流的渠道。

（四）优化营商环境，提高市场配置资源能力

第一，推进投资和服务便利化。全面完成防城港市行政审批局的组建，切实发挥行政审批局部门职能，整合行政审批资源，借助投资项目在线审批监管平台，全面推行并联审批和网上审批，加快谋划建设市民中心，推进水、电、气等公共事业单位在中心设立服务窗口，确保大厅之外无审批。

第二，深化"放管服"改革。发挥防城港市行政审批局职能，完善权力清单、责任清单，建立负面清单。实施"多证合一""一照通"审批改革，强化事中事后监管。探索"证照分离"改革，推进企业登记全程电子化和电子营业执照应用，促进投资创业快捷化、企业服务便利化。进一步优化行政审批流程，推进网上审批，提升项目并联审批信息平台运行效率，实现政务服务便捷化。

第三，多渠道降低要素成本。抓好国家减税和广西壮族自治区降成本政策措施的落

实。用好跨境劳务合作政策，帮助企业降低劳动力成本。加强对特许经营领域的监管，防止要素价格不合理上涨。推进电力直接交易，完善管道燃气定价机制，多渠道降低水、电、气等生产经营成本。

（五）重构空间布局，促进开放双向协同发展

第一，加强与东盟国际合作。防城港市作为连接中国东盟的门户城市，要加强主动对接。积极主动参与"一带一路"和中国—东盟自由贸易区升级版建设，推动东兴试验区、跨境经济合作区、沿边金融改革试验区、边境经济合作区、边境旅游试验区等先行先试平台向纵深发展。

第二，加强地区间经济合作。充分利用防城港市作为中新互联互通南向通道重要节点城市的优势，不断开拓西南地区、中南地区、粤港澳等国内市场，加强与珠三角地区的经济合作，主动对接粤港澳大湾区建设，积极承担产业转移，通过发展经验的共享、人才的相互流动交流、信息技术水平的同步、政策环境的营造等多领域不断加快融合，提升区域合作产生的发展红利。加强城际合作，共建跨区域经济合作区，推动飞地园区建设。打破城市间的行政壁垒，建立健全合作机制，主动参与经济区域产业分工合作，推动城市经济社会协同发展。

第三，推动错位共赢发展。环北部湾区域的城市间经济同质化竞争激烈。防城港市既要立足自身沿海沿边和大港口大通道的优势，找准定位、凸显特色，扬长避短、创新开拓，走差异化发展道路，形成明显比较优势，又要深化与周边市场的联动融合，推动经济要素有序自由流动，实现优势互补、资源共享、共赢共进。

第四，构建边海开放发展新格局。建设边海经济带是防城港市深入推进改革开放、优化区域经济的重要举措。按照边海联动、点轴配合的思路，谋划布局港口经济、海洋经济、口岸经济、生态经济和互联网经济等六大经济业态，建设外向型经济体制创新的示范区。"沿海带"重点发展临港大工业、港口物流等配套生产性服务业、滨海旅游、海产品交易及冷链物流系统建设，打造沿海产业集聚新高地。"沿边带"重点建设区域性进出口贸易集散中转基地和进口原材料加工出口基地，发展加工贸易、跨境旅游、口岸物流等外向型产业，打造沿边口岸经济新高地。

推进向海经济高质量发展对策研究

中共防城港市委党校高级讲师　谢云

一、引言

广西的优势在海，希望在海，潜力在海。海洋既是广西经济社会发展的重要依托和载体，也是高质量发展的战略要地。如何贯彻落实党的十九大精神和习近平总书记视察广西时提出的"广西有条件在'一带一路'建设中发挥更大作用""打造好向海经济""写好'21世纪海上丝路'新篇章"的指示精神，把推进向海经济高质量发展纳入当前工作大局中去再审视和再认识，进一步优化向海经济布局，提升广西向海经济的影响力和核心竞争力，推进向海经济高质量发展？这是当下急需解决的重大实践课题，必须采取有效措施积极推进。

二、深刻认识推进向海经济高质量发展的重大意义

推进向海经济高质量发展是发挥广西海洋资源优势、拓展蓝色发展空间的有效途径和重要抓手，是广西推进供给侧结构性改革、形成发展新优势和新动能的必然要求，也是挖掘广西海洋潜力、建设一个"海上广西"的迫切需要。广西拥有北部湾面积为12.9万多平方公里，管辖海域约4万平方公里，拥有1005平方公里滩涂，20米水深以内的浅海面积达6488平方公里，面积达10平方公里以上海湾8个，沿海岛屿679个，岛屿岸线长531公里。港口、渔业、旅游、风能、矿产等资源得天独厚。发展好广西的海洋经济，不仅可以为广西经济的跨越发展和再造一个"海上广西"提供资源供给，还可以有效缓解广西陆域经济发展面临的资源困境、环境承载和人口压力，为海洋经济可持续发展提供新的空间。

党的十八大以来，习近平总书记站在新的历史高度，系统阐述了建设海洋强国的战略思想及发展海洋经济的一系列重大理论和实践问题，强调"要提高海洋资源开发能力，着力推动海洋经济向质量效益型转变"。在"一带一路"从图纸到广泛施工的关键时期，习近平总书记又进一步要求广西要"打造好向海经济"和"写好'21世纪海上丝路'新篇章"，这是要求广西向海洋要资源、要财富的动员令，也是写好21世纪海上丝绸之路广西新篇章的重要遵循，事关落实广西"三大定位"新使命和实现"两个建成"宏伟目标，事关广西能否在"一带一路"建设中发挥更大作用，必将为广西海洋经济发展提供重要引擎，必将在更高的层次、更广的范围、更高的要求上推动广西海洋经济的大开放、大提升，促进广西向海经济规模扩大，向海经济结构优化，加快传统海洋产业转型升级，加快战略性海洋新兴产业的强势发展，持续提高海洋服务业比重，加快推进海洋基础设施及生态环境的大发展。

三、当前广西推进向海经济高质量发展面临的机遇与挑战

当前，广西推进向海经济高质量发展面临着发展机遇叠加、政策优势明显的重要战略机遇期，前景十分光明。五年来，广西海洋经济发展势头很快，海洋布局进一步优化，海洋新兴产业实现了规模化增长。五年来，广西海洋环境保护与生态文明建设成效更加显著，海洋科技创新能力进一步提升，海洋基本能力建设进一步夯实，海洋在广西战略布局中的地位已经提升到了前所未有的高度，广西海洋事业正迎来新一轮加快发展的重大机遇。

然而，也要看到广西现阶段向海经济总体上还处在起步阶段，发展质量和效益不高，海洋开发程度较低，创新能力不强，海洋产业发展后劲不足，海洋领域人才匮乏，发展不平衡不充分等"短板"问题依然存在。传统渔业仍占主导地位，远洋渔业和海水养殖技术水平较低，优势特色品种养殖和深海养殖尚未形成规模化、产业化，大规模的海产品集散交易市场也没有很好地形成；产品精深加工率不高，初始产品居多，产值链短，附加值低。其他一些海洋产业也存在着资源开发利用方式粗放、规划布局重点不突出、产业集中度低等问题，海洋环境和资源问题越来越突出，海洋管理体制与海洋经济发展也不相称，涉海部门较多，存在多头管理乱象。

同时，随着防城港、钦州港、北海港三港整合，成立广西北部湾港，实行统一规划、统一建设、统一经营，由于行政干预、调控不力、分工不同和错位发展，港口原有的资源优势正在消失，三港同质化现象在加剧。特别是涉海产业园区建设方面，沿海三市呈现建设雷同、产业结构雷同，传统产业多、新兴产业少，高耗能产业多、低碳型产业少，临港产业布局相似，重复建设问题突出的态势。此外，港口码头建设滞后、临港工业基础薄弱、港口物流起步较晚、滨海旅游发展滞后，广西临港产业整体处于中低端水平，弊端日益突出，客观上已形成"两头挤压"的困局。

四、加快推进向海经济高质量发展的对策与思考

针对以上现象，如何根据中央赋予广西海洋发展的战略定位，结合广西丰富的海洋资源禀赋和区位优势，科学谋划广西向海经济大发展，把"打造好向海经济"纳入当前工作大局中去再审视和再认识，进一步优化向海经济布局，提升广西向海经济的影响力和核心竞争力，进一步推进向海经济高质量发展？笔者认为，必须采取以下对策措施：

（一）牢固树立海洋国土意识，统筹规划，构建向海经济高质量发展新格局

牢固树立海洋国土意识、海洋资源意识、海洋产业意识和海洋环境意识，注重沿海城市的联动互动建设和发展，跳出沿海行政区域"一亩三分地"的限制，置身于广西、中国—东盟乃至世界的全盘发展格局来考虑；要规划好推进向海经济高质量发展的路径图、施工图和时间表，这张蓝图何处着墨、怎样开篇，如何体现科学和创新发展的示范作用，都要通盘考虑；要坚持有所为有所不为的原则，利用资源环境的倒逼机制，带动海洋产业升级，调整优化结构，建立现代海洋产业体系；突破体制机制障碍，探索出一条集约高效、生态友好、环境秀美、健康持续的涉海发展路径，增强向海经济高质量发展的动力与活力。必须进一步补齐"短板"、发扬优势，聚焦向海各领域、各方面、各环节，以更高

的站位、更广的视野、更新的举措，加快推进向海经济的大发展。

坚持海陆统筹，强化集约节约用海。依托港口、铁路、高速公路网，通过边海联动、海陆联动，加强陆海资源、产业、空间的互动，促进海洋产业结构优化升级，培育出新动能，形成具有广西特色的现代向海经济体系和培育若干个世界级先进临港产业集群。要科学规划，形成"一本规划、一张蓝图、一个平台"，促进港口产业、临港工业、交通运输、海上工程、现代物流、生态环保的科学发展，共同打造向海综合产业带和向海经济圈，构筑广西向海产业聚集区，提升向海经济的辐射力和竞争力。

参与南向海陆通道建设，提升涉海经济的外向度和知名度。一是强龙头。积极推进涉海重点项目和龙头企业项目建设，实现以冶金、能源、粮油食品、海洋生物、海洋科技和海产品加工为核心的临港工业集聚发展。二是补链条。通过实施"南向海陆通道建设三年行动计划"，推进建设南向海陆通道沿线铁路、公路、海港、口岸、物流园区等基础设施，重点建设多式联运基地、港航服务中心，形成以海铁联运为主，以公铁联运、公海联运、跨境公路运输为辅的多式联运体系。三是构建"大进大出"临港产业集群。依托港口、经济技术开发区和高新技术开发区为重点的沿海工业产业园区，建设集临港产业集群和港口物流、临港工业于一体的现代化临港产业体系，围绕支柱产业精准招商，补足产业链条，发展钢铁、有色金属、食品、能源、石化、装备制造等支柱产业和高新产业。要以构建向海经济复合型产业链为目标，增强发展动力，提升传统产业，重点发展石化、钢铁、有色金属、核电等龙头产业，大力培育海洋生物、海洋医药、海洋工程、海洋风电、潮汐电站、海洋信息等新兴产业，促进涉海一二三产业的融合发展，形成向海经济增长域。

加强海洋生态保护，赋予向海经济新内涵。一方面，继续加强海洋生态保护与建设，将生态意识、红线意识、法律意识贯穿在发展向海经济的始终，着力加强海洋生态保护。对具有特色的自然岸线、生物海岸、海岛以及沿岸的红树林、滨海湿地植被、沿海防护林等特殊海洋生态系统及资源要加强保护，加强近海重要生态功能区域生态的修复与治理，开展海洋生态保护及开发利用示范工程建设。另一方面，建立健全近岸海域海洋环境协同保护机制，健全保护海洋生态环境的体制机制，加大海洋污染防控力度，强化海岸带和海岛的生态保护与科学利用，形成海岸沿线、近海海域、深海海域三大保护带，推进海洋生态经济、循环经济及节能减排，形成向海经济主体区域内分工合理、优势聚集、协同联动发展新格局。

（二）主动服务国家海洋战略，做好海洋经济发展的顶层设计

一是要积极争取国家将广西北部湾列入全国海洋经济发展试点地区，争取国家层面更大的支持力度。广西应积极争取国家在海洋资源开发、海洋科技创新、海洋生态文明建设、海洋权益维护、南海经略等方面的大力支持，争取成为全国海洋经济发展试点地区，争取国家批复广西海洋更多的系列配套政策，赋予财税、投融资、用海、现代产业体系、科技兴海人才支撑、开发保护、创新活力等方面更多的政策支持和自主权，使广西发展海洋经济有更多先行先试的机会。

二是要把发展海洋经济提升到自治区的重大发展战略上来。要借鉴国内外先进地区的经验，结合广西实际，落实好向海经济规划和各类涉海规划。要根据自身条件延伸海洋产业链，把海洋产业、科技、生态这"三驾马车"夯实，在高端、领先、优化上做文章，

"海洋强区"才能名副其实。要把提升传统产业科技含量、有序培育产业优势项目和优势产业作为重点发展产业，给予政策、信贷、土地、资金等方面的优惠与扶持，特别是在广西壮族自治区的重大战略上优先考虑和统筹布局。

三是要多维对接、立体向海，在广西北部湾畔设立"向海经济新区"。要借力广西"一湾相挽11国、一地背接三南"的地缘优势，站在"一带一路"倡议全局角度，落实国家南海经略、立体向海、亚欧对接、链接全球，主动衔接东盟互联互通规划、越南"两廊一圈"、印度尼西亚"海洋轴心国家"等战略与构想，积极推动广西海陆走廊建设和南向通道建设。建议在北部湾沿海地带设立广西"向海经济新区"。按照"湾区+新区""在岸+离岸"的优势叠加思路，将北部湾港及其周边1300多平方公里区域划为核心区，让潜力内生为动力，将优势转化为实力，有序推进、创新引领、高端突围，着力打造广西向海经济发展政策洼地、服务南海的国家军民融合创新示范区，建设保障和配套南海开发的腹链新区，争取国家批复试点探索实行更加开放的自贸港政策，形成广西向海经济的门户特区，增强辐射带动能力。

四是要制定完善海洋发展规划及涉海政策法规。尽快编制完善海水养殖、海水利用、海洋新能源开发、海洋旅游等领域具体规划，建立健全向海经济发展的政策支持体系，完善相关的财税和投融资政策，抓紧制定出台相关的涉海法规，为向海经济发展提供良好的政策和法制环境。在财税政策上，要通过财政补贴、政府低息贷款、财政直接投资、税收优惠返还等方式，加大对海洋生态环境保护、基础设施建设、深海养殖、远洋渔业和海洋新能源开发等战略性新兴产业的支持力度。在投融资政策上，要鼓励和引导民间资本和金融机构积极投资海洋产业，尽快形成政府、金融机构、企业、民间资本共同参与的多元化格局；完善海洋自然灾害保险机制，抓紧制定完善包括《海域使用管理法》《海洋环境保护法》《海洋交通法》《海洋资源法》和《渔业法》等相关涉海法规，使得涉海经济发展有法可依，有法必依。建议在广西壮族自治区层面成立"海洋工作领导小组"，对重大事项进行统一部署、统一规划、综合决策，统筹处理海洋事务，改变多头管理和管理缺失等乱象。

（三）前瞻思考，优化结构，绘制向海经济高质量发展新蓝图

1. 做大做强传统优势海洋产业和滨海旅游业

要以"一条主线""三大行动""六大重点"为切入点，大力发展远洋捕捞业，以海洋牧场建设为契机，打造一批海水养殖基地，构建面向东盟的海洋水产生产加工贸易集散地和智慧海洋牧场，延长捕捞、养殖、加工、冷链、运输、销售和配套服务产业链。大力发展以"亲海"为主题的滨海生态游、运动休闲游、耕海体验游和自驾游等新兴旅游业态，科学规划具有海边特色的滨海民宿客栈建设，打造参与性、体验性滨海旅游新项目，做大做强独具广西特色的滨海旅游业。在积极有效丰富海洋渔业"粮仓"的同时，全面实现"水清、岸绿、滩净、湾美"的海洋生态文明建设目标。实施"北部湾海洋文化提升工程"战略，培育海洋文化创意产业，充分挖掘广西的疍家文化、京族文化、伏波文化、港口文化等特色海洋文化资源，促进文化与旅游的融合。主动加强与东盟各国之间的旅游、交通、文化、环保、劳务、海上救助与合作等，加快形成中国—东盟物流、人流和信息流的高速通道。

2. 科学谋划向海经济高质量发展的新走向

要按照习近平总书记一定要把北部湾港口建设好的要求，补齐港口"短板"，加快建设港口和港口经济，牢牢把握供给侧结构性改革的新常态，从完善集疏运体系、推进港口环境治理、打造信息化平台建设等方面，有序推进沿海港口建设。优先开展重点港口大型专业化泊位、重大项目配套码头泊位的建设，促进各港口错位发展，提升港口竞争实力；主动融入全国通关一体化改革，建立集通关、检验检疫、海事、边检边防及船舶代理、外轮理货、引航、船舶供应、金融保险、保税物流等为一体的高效便捷通关服务支持系统和平台；推进港口与临港产业园区的有效对接和联动发展，推进港城融合，增强辐射带动力，提升临港产业竞争力，实现临港工业的大集聚、港口经济的大提速。要进一步加强研究，解决好广西向海经济发展中的深层次矛盾和问题，探索实行更高水平的贸易和投资自由化便利化政策，全方位提高广西向海对外开放的水平和层次，培育向海经济合作和竞争的新优势。

3. 加快发展战略性新兴海洋产业

要以海洋高新科技发展为基础，以海洋高新科技成果产业化为核心，从加快海洋战略性新兴产业发展优惠政策的研究制定，强化海洋战略性新兴产业领域的关键核心技术的自主创新，加强对海洋战略性新兴产业的资金支持力度，完善战略性海洋产业发展的体制机制建设等方面着手，加强研究探索，促进广西海洋战略性新兴产业快速健康成长。建立战略性新兴产业工业园区和军民融合专题园区、面向深远海的能源精深加工基地。大力发展海洋工程、海底机器人等智能海工装备、高端海工装备、北斗卫星导航等战略性产业，壮大海洋生物产业。释放海洋高端技术、高端人才的智慧产能，打造向价值链高端突围的海洋战略性产业策源地。

4. 科学谋划，优化临港产业布局

优化近岸海域空间布局，合理整治海域开发规模和时序，控制填海造陆总量，控制重化工业建设规模。建立以企业为主体、市场为导向、产学研深度融合的向海经济技术创新体系，打造临海产业聚集区。优化岸线开发，加强海岸生态保护，减少各类固液态物入海污染。进一步推动陆海统筹、联动发展，提高岸线、海域、海岛等海洋资源的集约利用水平。加快发展海洋科技服务，积极培育海洋科技信息服务企业，打造海上通信、海上定位、海洋资料及海洋科技情报等信息服务交流平台；加快发展海洋生物产业、海洋能源产业、海水利用产业、大型特种船舶、海洋风力发电设备、海上作业平台、深海金属矿产开采设备等产业，推动向海经济向产业化、高端化、专业化发展。

5. 大力实施创新驱动战略，拓展蓝色经济发展新空间

要构建链式布局、优势互补、协同创新、集聚转化的海洋科技创新体系和海洋科技成果转移转化体系，尽快形成一批具有自主知识产权的高水平科技成果转化和产业化。申请设立国家重点专项，积极争取设立重点科技专项，构筑海洋科技创新平台。加大对海洋科技和海洋教育的投入，建立健全广西海洋综合管理体系。引导广西高校设立海洋类学科专业，加快海洋科技人才培养和引进。在推动海洋工程装备制造高端化、海洋生物医药与制品系列化、海水淡化与综合利用规模化、海洋可再生能源利用技术工程化、海洋新材料适用化、海洋渔业安全高效化、海洋服务业多元化上，形成创新能力，打造科技创新引擎。

（四）建强港口，做大产业，推动涉海产业有序持续健康发展

首先，大力推进港口及临港产业大发展。根据《广西北部湾港总体规划》和各港口的比较优势，前瞻思考，补齐港口"短板"，从完善集疏运体系、推进港口环境治理、打造信息化平台建设方面，有序推进港口建设和港口经济建设，优先开展重点港口大型专业化泊位、重大项目配套码头泊位的建设，促进各港口实现错位发展。三大港口要按照建设现代化组合港的要求统筹规划，分工合作，理顺管理体制和运作机制，努力形成三港统筹协同发展新格局。积极推进港口与临港产业园区的有效对接，积极探索临海工业、临港产业合理布局与空间资源科学配置的有效途径，推动"港城产"融合发展。进一步加强研究，解决好广西向海经济发展中港口的深层次矛盾，探索实行更高水平的自贸港政策，培育向海经济合作和竞争新优势。

其次，培植壮大一批引领全国、东盟的海洋产业。重点发展海洋工程装备制造、海洋生物制药及生物制品、海洋再生能源、海洋新材料、海水综合利用、海洋节能环保等海洋新兴产业，大力发展海洋交通运输业、滨海旅游业、海洋渔业及配套服务业、海洋油气业及滨海矿业，发展一批在全国、东盟都具有示范意义的海洋产业，使广西的海洋产业成为全国乃至东盟的新经济增长点。围绕发展现代海洋渔业经济、推动海洋生态文明、强化科技成果转化与共享、加强人才培养交流等领域与东盟各国开展深度合作，广泛推动人才、技术、资源和产业的共享与互动。高起点开发、利用、保护北部湾海洋资源与环境，探索具有引领未来意义的海洋资源利用和管理模式，形成海洋经济发展生态示范区。

再次，找准海洋经济发展的切入点。立足区域特色，着力推动海洋经济向质量效益型转变，从海洋交通运输到滨海旅游，从海水利用到海洋工程装备制造，要向规模化、集群化、高端化发展，努力形成现代渔业、滨海旅游、现代港口、现代海洋服务业和海洋新兴产业五大集聚区，大幅度提高海洋产业对全区经济社会发展的贡献率。统筹好海洋经济发展与海洋环境保护，不但要海里捞金，更要养海富海，不但要靠海吃海，更要爱海护海。

最后，建立健全海洋环境监测系统。严格控制陆域污染物向海洋排放，加大企业的排污成本和违法惩治力度，重大涉海项目的生态环境影响要实行事先评估，建立健全海洋灾害预警机制和防灾减灾体系，加强海域防御工程建设，建立海岸生态防护网，加强沿岸滩涂保护和防潮堤坝建设，按照海洋功能区的划分科学用海，加强监督监管，加大执法力度。加强对海洋强区问题的前瞻性和战略性研究。

参考文献

［1］人民网. 决胜全面建成小康社会 夺取新时代中国特色社会主义伟大胜利——在中国共产党第十九次全国代表大会上的报告［EB/OL］. http：//politics. people. com. cn/n1/2017/1027/c1001-29613459. html.

［2］广西海洋经济可持续发展"十三五"规划［EB/OL］. http：//www. gxdrc. gov. cn/fzgggz/gyfz/zcfg/201704/W020170408392688061097. pdf.

［3］金湘军. 释放"海"的潜力 做足"边"的文章 率先建成广西"三大定位"重要节点［N］. 广西日报，2017-08-29（07）.

［4］广西壮族自治区水产畜牧兽医局．广西：海洋经济在召唤——我区加快建设海洋经济强区的调查、思考与建议［N］．广西日报，2015-09-16（09）.

［5］王钰鑫．打造向海经济的几个重点［N］．广西日报，2017-05-16（11）.

［6］杨廼裕．广西北部湾海洋资源利用现状与开发策略研究［J］．学术论坛，2011（5）：154-158.

［7］洪小龙．落实总书记指示　打造好向海经济［J］．广西经济，2017（11）：23-24.

［8］伍朝胜．打造好向海经济　写好海丝新篇章［N］．北海日报，2018-07-20（07）.

［9］朱宇兵，黄宏纯．广西北部湾经济区向海经济加快发展思路与对策研究［J］．科教文汇，2018（2）：187-188.

二、南向通道与城市协同

海洋物流对中国与东盟贸易影响的实证分析

广西工商职业技术学院讲师　黄艳

【摘要】 本文利用 2011~2015 年联合国贸发会班轮运输相关指数数据和海关贸易数据，运用引力方程模型实证检验了海洋物流对中国与东盟之间贸易的影响，在计量回归过程中分别采用混合 OLS、固定效应和随机效应三种方法进行实证检验，结果表明：海洋物流水平与双边贸易具有显著的正相关关系，即海洋物流水平提升 1% 将会导致中国与东盟贸易增长 0.846%。而且，这种正向影响关系不会因为计量方法的不同而具有显著差异，稳健性检验也进一步证实了海洋物流与双边贸易的正向关系。

【关键词】 海洋物流；中国与东盟；引力模型

一、引言与文献回顾

海洋物流是国际物流最为普遍的贸易运输方式，因其载货量大、成本低而成为广大出口商的首要选择。中国与东盟国家海陆相连，由于东盟国家经济水平较低，陆路运输基础设施并不完善，陆路口岸通过不够便捷，而东盟大部分国家临海，港口经济相对发达，因此中国与东盟之间的贸易运输方式主要以海运为主，海洋物流承载着双边巨大的货物贸易。据统计，中国与东盟 95% 以上的货物贸易是通过海洋物流运输完成的，海洋物流在双边贸易过程中发挥着巨大的作用。然而，由于东盟内部经济发展不平衡，东盟国家海洋物流水平也具有明显的差异性，海洋物流整体水平不高①。在国际贸易中，物流运输是影响双边贸易的重要因素之一，物流效率、物流成本等都会影响双边的贸易效率。从理论上看，物流水平的提高有助于提高双边的贸易效率，从而使得贸易额扩大。那么，物流水平对双边贸易的影响是否能够得到实证证据的支持？海洋物流对中国与东盟贸易的影响程度有多大？这些问题的研究对提升双边海洋物流水平从而促进中国与东盟贸易发展具有重要的现实意义。

目前国外针对物流对贸易影响的研究已有不少成果，有国外学者从区域组织方面进行了分析研究。比如，Guerrero、Lucenti 和 Galarza（2009）分析了拉美物流一体化现状，研究了国际物流成本和贸易便利化对双边贸易的影响。Batshur Gootiiz 和 Aaditya Mattoo（2009）研究发现物流服务部门是受保护最多的部门之一，在发达国家和发展中国家具有类似情况。

国内学者对我国物流运输服务贸易现状、竞争力及其影响因素进行了大量研究，如吴丹、王中涛（2011），肖寒霜、张咏华（2009），王晓东、胡瑞娟（2006），陈秀莲

---

① 根据联合国贸发会发布的班轮运输指数，2015 年东盟海洋物流平均值为 42.3，而中国为 167.12。

（2011），李瑞华、朱意秋（2008），李芳（2010）等。其分析认为中国物流运输贸易具有规模总量大、逆差大的特点，运用贸易竞争力指数（TC）、显示性比较优势指数（RCA）、市场占有率等指标衡量中国物流运输竞争力，认为中国物流运输竞争力不强。对于物流运输的影响因素，储昭昉、王强、张蕙（2012）研究发现物流运输服务开放度、货物贸易发展、服务业发展水平等因素对中国物流运输出口竞争力影响显著。张宝友（2014）运用协整和格兰杰实证研究中国物流标准与物流服务贸易竞争力关系，认为不同部门物流标准对服务贸易竞争力影响不同。毕玉江（2016）实证研究了 42 个国家影响物流服务贸易的主要因素，认为货物贸易发展对物流服务进出口具有推动作用，汇率、收入水平对物流服务贸易也有一定影响。

从已有国内外研究文献来看，对国际物流的研究主要集中在物流服务贸易的发展及其影响因素，目前鲜有研究海洋物流对中国与东盟贸易影响的文献，因此本文的研究丰富了这一领域的文献。

二、中国与东盟海洋物流与贸易的典型事实

在对海洋物流对中国与东盟贸易影响进行计量实证分析之前，我们先分析中国与东盟海洋物流合作现状，对两者的特征性事实进行简单的描述，以便对两者的关系有一个初步的认识。

近年来，中国与东盟海洋物流合作建设不断加深，主要表现在港口投资合作建设、航道开辟合作、港口信息共享合作三个方面。以广西为例，双方在海运合作方面最典型的案例是广西北部湾港口的合作建设。在港口投资合作建设方面，2012 年中国以股权投资形式投资印度尼西亚瓜拉丹容海港码头和丹那安普游轮码头以及越南海防国际港口铁路项目。在 2015 年中国—东盟投资合作工作会议上，中国表示将积极组织具有港口投资能力的企业到东盟国家投资。在航道开辟合作方面，广西北部湾港与东盟港口合作取得较大成效。北部湾港与世界上 100 多个国家和地区的 200 多个港口有贸易合作，与文莱、印度尼西亚、马来西亚、新加坡、越南等多个东盟国家具有海上运输往来，目前开通运营的东南亚、北亚的外贸直航线每周 13 班，中国香港中转航线每周 18 班，实现了到东盟主要港口的全覆盖（见表 1）。2010 年北部湾港—缅甸—马来西亚航线开通后，从北部湾港出口到缅甸仰光的集装箱运输仅需 12 天，较以往节省 7 天时间，极大地降低了运输成本，提高了货物的周转效率。北部湾港与新加坡裕廊港、柬埔寨西哈努克港缔结友好港，而且计划 2016 年与西哈努克港开通直航班轮。此外，截至 2015 年底，面向东盟另一重要港口湛江港开往东盟国家的外贸航线增至 5 条。在港口信息合作共享方面，中国与东盟逐渐加大了合作力度。2015 年 7 月，中国国家交通运输部国际司牵头举办相关会议，明确了中国与东盟港口信息互联共享工程。中国—东盟港口信息互联共享工程建设主要包括港口信息服务平台建设、咨询培训、国产集装箱码头作业（TOS）系统推广等，相关部门已经与广西北部湾国际港务集团达成合作意向，计划申请 2016 年中国—东盟海上合作基金的支持，共建中国—东盟港口信息工程。另外，中国与东盟在海洋经济、科技、安全等方面加大合作力度，在一定程度上为双边海洋运输提供了保障，如为促进中国与东盟航运发展制定的"中国—东盟海事培训及教育发展战略"、中国与东盟海上合作救灾演练等。

表 1 广西与东盟航线

航 线	挂 港
防城港外贸航线	防城港—蛇口—中国香港—新加坡—海防 蛇口—中国香港—海防—防城港—蛇口 新加坡—海防—防城港—大铲岛—中国香港 胡志明—旗河—防城港
钦州港外贸航线	钦州港—中国香港（中转东南亚） 钦州港—海防 钦州港—丹戎帕拉帕斯—新加坡 钦州港—中国香港—新加坡—缅甸仰光—马来西亚柔佛
北海港外贸航线	北海港—中国香港 北海港—蛇口—赤湾（中转东南亚）
湛江港外贸航线	湛江港—越南—马来西亚 湛江港—柬埔寨 湛江港—泰国 湛江港—新加坡—海防（越南） 湛江港—曼谷—巴生（马来西亚）

　　根据联合国贸发会发布的数据，我们可以采用"班轮运输的相关指数"（LSCI）衡量一个国家海洋物流发展水平，班轮运输的相关指数（LSCI）主要从最大船舶规模、服务量、集装箱运力配置（TEU）、班轮公司数量、船舶规模数量五个方面的信息汇总计算得出。其计算方法为：2004 年平均指数最大的国家的值为 100，对于每一部分数据，各国的数值都要除以 2004 年每部分数据的最大值，然后取每个国家五部分数据的均值，再用均值除以 2004 年的最大均值，最后乘以 100。其值越大，表明该国的海上运输能力越强；反之，则越差①。从表 2 可以看出，中国与东盟国家海洋物流水平差异性较大。从横向来看，2011 年中国海洋物流水平数值为 152.06，比所有东盟国家都要高；新加坡作为世界上港口最发达的国家之一，海洋物流水平数值为 105.02，位居第二。其他东盟国家海洋物流水平数值均不足 100，马来西亚海洋物流水平数值为 90.96，最小的是缅甸，海洋物流水平数值只有 3.22。值得注意的是，菲律宾作为岛国，对外贸易均需通过海洋物流完成，然而其海洋物流水平并不发达。从纵向来看，海洋物流水平进步较快的是马来西亚，2015 年相比 2011 年海洋物流水平提升了 21.57%，新加坡提升幅度也达到了 11.53%，其他东盟国家提升幅度均不大。但是从整体上看，中国与东盟国家海洋物流水平呈上升趋势。

表 2 2011~2015 年中国与东盟各国 LSCI

年份 ＼ 国家	中国	印度尼西亚	柬埔寨	缅甸	马来西亚	菲律宾	新加坡	泰国	越南
2011	152.06	25.91	5.36	3.22	90.96	18.56	105.02	36.70	49.71
2012	156.19	26.28	3.45	4.20	99.69	17.15	113.16	37.66	48.71

---

① 引用联合国贸发会定义及计算方法。

续表

国家 年份	中国	印度尼西亚	柬埔寨	缅甸	马来西亚	菲律宾	新加坡	泰国	越南
2013	157.51	27.41	5.34	6.00	98.18	18.11	106.91	38.32	43.26
2014	165.04	28.06	5.54	6.25	104.01	20.27	113.16	44.88	46.08
2015	167.12	26.98	6.69	6.23	110.58	18.27	117.13	44.43	46.36

资料来源：根据联合国贸发会数据库数据整理得到。其中老挝、文莱数据缺失。

自从 2010 年中国与东盟自由贸易区正式建成之后，双边 95%以上商品实行零关税，关税的下降和非关税壁垒的削减进一步释放了双边贸易潜力。2011~2015 年，中国与东盟贸易不断发展。2011 年，中国与东盟贸易额为 3630.88 亿美元，2014 年增加到 4001.46 亿美元，增长了 10.2%。2015 年中国与东盟贸易额达 4717.66 亿美元，相比 2011 年增长了约 30%。五年间，中国与东盟贸易额的平均增长率约为 7%。具体到东盟各国家，从 2011 年到 2014 年，马来西亚与中国贸易额增长了 13.3%，同时期新加坡与中国贸易增长了 25.2%，贸易额增加幅度较大。印度尼西亚与中国贸易额增幅相对较小，同时期为 4.9%，与其海洋物流水平提升幅度相当。整体上，从海洋物流和中国与东盟双边贸易额来看，两者基本具有相似的变化趋势。为了直观地观察到海洋物流水平与双边贸易之间的关系，图 1 描绘了各国海洋物流与双边贸易的二维散点图和回归的拟合趋势线。如图 1 所示，拟合回归线斜率为正，说明海洋物流与双边贸易具有正相关关系。当然，这只是初步的分析，接下来笔者将通过构建计量模型进行严格的实证检验。

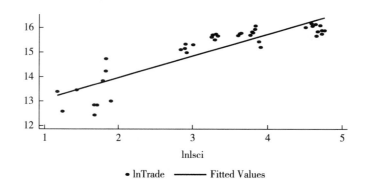

图 1　海洋物流水平与双边贸易的散点图和回归的拟合趋势线

三、模型设定与数据说明

（一）引力模型设定

目前在对双边贸易的研究中，引力模型使用最为普遍，而且自 20 世纪 60 年代以来，引力模型先后使用截面数据和面板数据分析了各种因素对双边贸易的影响，经验结果显示引力模型具有强大的解释力。因此，本文通过构建引力模型研究海洋物流对中国与东盟贸易的影响。模型设定为：

$$\ln Trade_{ijt} = \alpha_0 + \ln lsci_{ij} + \ln GDP_i + \ln GDP_j + \ln pop_i + \ln pop_j + \ln dist_{ij} + border_{ij} + \varepsilon_{ijt} \quad (1)$$

式（1）中，i、j、t 分别表示中国、东盟国家[①]和年份，lnTrade 表示被解释变量，表示国家 i 和 j 之间年贸易量的对数；lnlsci 表示各国海洋物流水平的对数，海洋物流水平用班轮运输的相关指数来衡量，是一个关键变量，物流水平越高，表明贸易便利程度越高，从而两国贸易量越大，预期回归系数为正；GDP_i 和 GDP_j 分别表示 i 国、j 国的国民生产总值，两国经济规模越大，则贸易额越大，预期估计系数为正；pop_i 和 pop_j 分别是 i 国、j 国的人口规模，人口规模越大，贸易量倾向于越大，预期系数为正；dist 表示双边距离，用两个弧面距离表示，一般而言，两国距离越远贸易成本越高，从而贸易量会减少，预期系数为负；border 表示两国边界虚拟变量，如果两国拥有共同的边界则取值为 1，否则取值为 0。如果两国拥有共同的边界，则贸易量较大，预期估计系数为正；ε_{ijt} 为误差项。

（二）数据说明

本文使用的是 2011~2015 年的平衡面板数据，中国与东盟双边贸易量数据来自于中国经济网统计数据库，国内生产总值（GDP）和人口规模数据来自于国际货币基金组织（IMF）数据库，双边距离（dist）来自 CEPII 数据库，为弧面距离。本文的核心解释变量——中国与东盟的海洋物流水平是班轮运输的相关指数（LSCI），来自联合国贸易和发展会议数据库。数据描述性统计如表 3 所示。

表 3　变量描述性统计

变量	均值	最大值	最小值	标准差
lnTrade	15. 10	16. 17	12. 42	1. 12
lnlsci	3. 48	5. 11	1. 16	1. 20
$\ln GDP_i$	20. 66	20. 83	20. 43	0. 14
$\ln GDP_j$	16. 52	18. 33	14. 06	1. 23
$\ln pop_i$	7. 21	7. 22	7. 20	0. 01
$\ln pop_j$	3. 81	5. 54	1. 64	1. 13
lndist	8. 16	8. 56	7. 75	0. 24
border	0. 25	1. 00	0. 00	0. 43

四、实证结果分析

（一）回归结果分析

根据第三部分引力模型设定，我们实证分析了海洋物流水平对中国与东盟贸易的影响，回归结果如表 4 所示。模型（1）运用混合 OLS 对式（1）进行回归，从结果可以看出，经过调整的拟合度为 0.95，整个模型的拟合度较好，变量选取较为合理，表明结果可

[①]　由于文莱和老挝数据缺失，本文选取的东盟国家为印度尼西亚、新加坡、柬埔寨、泰国、缅甸、菲律宾、越南和马来西亚。

信度较高。核心解释变量海洋物流水平系数为正，且通过1%的显著性水平检验，表明海洋物流水平对中国与东盟贸易具有显著的正向影响。具体来说，海洋物流水平每提高1%，中国与东盟双边贸易额将增加0.846%。这一结果符合笔者的预期，海洋物流水平的提高，有利于提高海洋运输效率，节约运输成本，从而减小"冰山成本"，避免"华盛顿苹果"损失，从而激发出口企业的出口动力，进而提高双边贸易额。其他控制变量中，东盟国家国内生产总值回归系数显著为正，表明东盟内部经济的发展有利于提升其与中国的贸易水平；东盟国家人口规模系数为正，且通过显著性水平检验，说明东盟人口规模扩大有利于双边贸易的发展。中国国内生产总值和人口规模系数为正，但是没有通过显著性水平检验，这可能与中国的对外贸易结构有关，中国作为对外贸易大国，与东盟贸易约占中国对外贸易总额的1/8，与东盟相比，中国与美国、欧盟等发达国家贸易额更大，这可能影响了国内GDP对中国与东盟的贸易效应。另外，双边距离和边界变量均不显著。

表4　回归结果

变量	模型（1）	模型（2）	模型（3）	模型（4）	模型（5）
	混合OLS	固定效应	随机效应	混合OLS	混合OLS
lnlsci	0.846*** （14.92）	0.591*** （2.46）	0.707*** （5.07）		
$\ln GDP_i$	1.737 （0.87）	0.558 （0.41）	1.553 （1.08）	−0.108 （−0.04）	0.144 （0.05）
$\ln GDP_j$	0.180*** （3.98）	1.705*** （3.56）	0.368*** （2.24）	0.265*** （2.82）	0.036 （0.38）
$\ln pop_i$	2.168 （0.63）	8.777*** （8.32）	−20.099 （−0.69）	16.728 （0.28）	−1.749 （−0.03）
$\ln pop_j$	0.251*** （7.03）	−6.38 （−1.64）	0.119 （0.71）	0.513*** （5.28）	1.024*** （7.55）
lndist	−0.065 （0.3）		−0.064 （−0.09）	−1.013** （−2.66）	−1.046*** （−3）
border	0.211 （1.41）		0.234 （0.57）	0.914*** （4.28）	0.161 （0.73）
lnka				3.887*** （8.06）	
lnhg					5.681*** （8.99）
国家效应	否	是	否	否	否
时间效应	否	否	否	否	否
N	40	40	40	40	40
R-adjust	0.95	0.67	0.55	0.55	0.9

注：混合OLS回归使用稳健聚类标准误估计。"***"表示在1%的水平上显著，"**"表示在5%的水平上显著。

混合OLS虽然在引力模型中应用较为广泛，但是对于面板数据具有一定局限性，忽略了面板数据中个体效应的存在，为了弥补这一不足，模型（2）运用固定效应对式（1）进行回归。为了避免受到国家特征影响，回归过程中控制了国家效应。从回归结果可以看出，海洋物流水平变量回归系数显著为正，通过1%显著性水平检验，表明海洋物流水平与双边贸易具有正相关关系，即海洋物流水平提升1%，中国与东盟贸易额将增加0.591%，与混合OLS回归结果较为接近。控制变量中，除了东盟国家人口规模变量系数为负之外，其他变量系数均为正，与预期一致。由于使用固定效应回归，个体中不随时间变化的变量被消除，因此无法得到双边距离和边界的回归系数。

固定效应假设了解释变量与误差项相关的情况，在这一假设前提条件下，固定效应回归结果是有效率的。然而，现实中可能解释变量并不一定与误差项相关，或者相关性没有那么大，这种情况随机效应估计效率较好。为了检验这一假设，笔者对模型进行了Hausman检验，检验结果P值为0.8，虽然这一结论拒绝了原假设，但是只在10%水平上显著，为了慎重起见，笔者对引力模型进行了随机效应回归，回归结果如模型（3）所示。从回归结果可以看到，海洋物流回归系数为正，通过1%显著性水平检验，进一步证实了海洋物流水平的提高对中国与东盟贸易具有显著的促进作用。对于其他控制变量，可以看到，只有东盟国家GDP系数显著为正，其他回归系数均不显著，模型的拟合度相比模型（1）和模型（2）也有所下降，然而这对笔者对核心解释变量的估计结果并不造成影响。

（二）稳健性分析

虽然笔者运用混合OLS、固定效应和随机效应三种方法对引力方程进行了回归分析，核心解释变量保持了较高的稳健性。但是，由于班轮运输相关指数衡量海洋物流具有一定的局限性，比如没有考虑到港口口岸效率和海关通关的便利性等，可能造成估计偏误。为了弥补这一缺陷，接下来，笔者构建港口口岸效率和海关环境便利化两个变量，进一步检验海洋物流对双边贸易的影响。本文采用世界银行对口岸和海关贸易便利化的测评指标，口岸效率表示港口口岸的工作效率，包括公路、铁路和口岸基础设施三个二级指标，取值范围为1~7，分值越高，口岸效率越高；用海关环境衡量海关通关手续、成本及海关管理水平，包括非常规支付与贿赂（1~7）、非关税壁垒（1~7）、海关手续繁简（1~7）和腐败指数（0~100）四个二级指标。由于指标数据来源和取值范围不同，无法直接进行计算，必须对数据进行指数化处理之后才能进行比较计算。具体处理方法是用二级指标原始数据分别除以其所能取得的最大值，即 $X = X_i/X_{max}$，X_i 表示原始数据，X_{max} 表示该指标所能取得的最大值，X 表示指数化处理之后的数值，然后计算算术平均数得到口岸效率和海关环境指标数据。

模型（4）中，lnka表示口岸效率的对数，混合OLS回归结果显示，口岸效率回归系数为正，且通过1%显著性水平检验，表明口岸效率的提高对中国与东盟贸易具有正向作用。双边距离显著为负，表明距离对双边贸易有负面影响；边界虚拟变量显著为正，表明拥有共同的边界对贸易具有促进作用。模型（5）中，lnhg表示海关环境的对数，回归系数显著为正，表明海关环境的提升对中国与东盟贸易具有显著的正面影响。口岸效率和海关环境是海洋物流必经的重要环节，对双边物流效率的提升具有重要作用，其回归系数显著为正，进一步从侧面印证了海洋物流水平的提升对中国与东盟贸易重要的促进作用。

五、结论与政策启示

本文利用 2011~2015 年班轮运输相关指数和贸易数据，运用引力方程模型实证检验了海洋物流水平对中国与东盟之间贸易的影响，在计量回归过程中分别采用混合 OLS、固定效应和随机效应三种方法进行实证检验，结果表明：海洋物流水平与双边贸易具有显著的正相关关系，海洋物流水平的提高能够促进中国与东盟之间贸易的增长，即海洋物流水平提升 1% 将会导致中国与东盟贸易增长 0.846%。而且，这种正向影响关系不会因为计量方法的不同而具有显著差异。稳健性检验也进一步证实了海洋物流与双边贸易的正相关关系。

研究结果具有明显的政策启示意义。海洋物流作为中国与东盟之间贸易的主要运输方式，必须要注重海洋物流水平的提升。随着"21 世纪海上丝绸之路"的持续推进，中国与东盟双边政府可以借助"丝绸之路"平台，加强海洋物流运输合作，着力提升双边海洋物流水平。首先，加强双边港口合作。港口在海洋物流中起到关键作用，港口基础设施决定着通过效率，东盟部分国家港口基础设施陈旧，货物吞吐量受到限制，可以与中国合作建设港口基础设施。其次，逐步实现通关一体化。双边海关部门有效对接，缩短港口通关时间，提升通关效率，改善海关制度环境。最后，加强中国与东盟班轮公司的合作与对接。企业是海洋物流运输的执行者，双边企业在集装箱标准、安全等方面直接对接有利于物流效率的提高，从而促进双边贸易发展。

参考文献

［1］肖溢．中国—东盟自由贸易区的贸易效应探讨［J］.商业经济研究，2016（7）：129-131.

［2］胡宗彪，朱明进．国际服务贸易成本影响因素的一个文献综述［J］.商业经济研究，2016（1）：131-134.

［3］陈秀莲．中国与东盟国家运输服务贸易竞争力的比较和提升的对策建议［J］.国际贸易问题，2011（1）：63-71.

［4］张宝友．标准对运输服务贸易竞争力的影响——基于我国总体与部门面板数据的实证［J］.国际商务研究，2014（9）：49-59.

［5］李晨，迟萍．海运服务贸易开放度对竞争力的门槛效应研究［J］.改革与战略，2015（12）：45-49.

［6］崔玮．我国运输服务贸易发展特征及战略选择［J］.技术经济与管理研究，2012（6）：105-109.

［7］赵倩．影响我国运输服务贸易出口的生产要素分析［J］.经济论坛，2009（12）：101-104.

［8］吴丹，王中涛．中国运输服务贸易国际竞争力综合分析［J］.国际商务，2011（6）：112-118.

［9］何伟．运输服务贸易比较优势的构成及变迁——基于美中两国 1992~2008 年贸易数据的比较［J］.国际贸易问题，2011（2）：90-97.

［10］陈秀莲．中国—东盟服务贸易一体化研究［M］.北京：中国社会科学出版

社，2013.

[11] 岑丽阳．中国—东盟区域物流合作研究[J].中国流通经济，2007（7）：23-26.

[12] 张静宜．中国—东盟自由贸易区服务贸易发展的思考[J].经济与管理，2010（6）：93-96.

[13] 吴怡．中国服务贸易细分行业出口竞争力研究文献综述[J].商业经济研究，2016（3）：137-139.

[14] 谢京辞，李慧颖．轴辐式海陆物流一体化网络构建研究[J].经济问题探索，2015（3）：1-8.

[15] 何伟，何忠伟．我国运输服务贸易逆差及其国际竞争力[J].国际贸易问题，2008（11）：74-79.

[16] 王晓东，胡瑞娟．我国运输服务贸易竞争力分析[J].国际贸易问题，2006（12）：58-62.

广西北部湾经济区加快新型城镇化建设的对策建议

钦州市边防支队三娘湾派出所　冯建红

【摘要】 城镇化是现代化的必由之路，也是我国最大的内需潜力和发展动能所在。当前北部湾经济区城镇化总体发展水平滞后、"群而不聚"突出、综合配套亟待完善、合作障碍依然存在，为此推进北部湾经济区新型城镇化需从提速人口城镇化进程、促进产城融合发展、加速实现"无缝连接"、加快城市一体化发展、建立合作协调新机制方面入手，显著提升广西北部湾经济区在全国城镇化战略格局中的地位和作用。

【关键词】 广西北部湾经济区；农民市民化；产城融合；城市一体化

一、广西北部湾经济区新型城镇化的现状分析

（一）"十二五"时期广西北部湾经济区发展现状

广西北部湾经济区地处西南、华南和东盟三圈结合部，是我国与东盟国家唯一的海陆均相连地区，区位优势和战略地位突出。"十二五"以来，经济区以占广西1/3的土地、占广西2/5的人口，创造了近1/2的经济总量和2/5的财政收入，建成泊位256个，与世界100多个国家和地区、200多个港口通航，高铁里程占广西的39.7%，高速公路通车里程占广西的40%以上，南宁机场完成4E级改建，南宁机场和北海机场已开通国内外航线100多条，发展支撑能力显著提升。城镇化步伐不断加快，城镇化率由2011年的42%上升至2015年的49.5%，比广西平均水平高约2.5个百分点，已经形成Ⅰ型大城市1个（南宁市）、Ⅱ型大城市2个（钦州市、玉林市）、中等城市2个（北海市、防城港市）、Ⅰ型小城市1个（崇左市）[1]。开放合作平台不断拓展，广西东兴国家重点开发开放试验区、广西凭祥重点开发开放试验区先行先试全面铺开，"两会一节"铸造的"南宁渠道"综合效应不断释放，中马"两国双园"、广西崇左中泰产业园、中越跨境经济合作区开创国际产能合作新模式，以南宁市、钦州市、凭祥市、北海市为重点的保税物流体系初步建成，率先提出"五个一体化"改革，推进"六市一关"，口岸发展步入黄金期，在国家"一带一路"和广西壮族自治区双核驱动等重大战略中的地位和重要性更加凸显。

（二）广西北部湾经济区城镇化存在的问题

第一，农民市民化进程缓慢。经济区城市群的城镇建成区面积从2008年的384.78平方公里增加到2015年的587平方公里，增长了52.55%，城市人口从838.24万人增加到1014.74万人，增长了21.06%，土地城镇化明显快于人口城镇化；同时，常住人口城镇化率与户籍人口城镇化的"剪刀差"依然存在，2015年仍然有239.81万人居住在城镇但没有城镇户籍，人口城镇化发展滞后。

第二，农业现代化滞后于城镇化。经济区城市群农业产值比重从 2010 年的 18.7%下降到 2015 年的 15.3%；就业占比则从 51.6%下降到 46.7%。就业结构与产业结构偏差值从 32.9%下降至 31.4%，虽然偏差下降了 1.5 个百分点，但是较高的偏差值也反映出经济区城市群就业结构转换滞后于产业结构转换，说明还有大量的人口留在农村，农业规模化、产业化经营的难度大，使农业现代化进程放缓，这在一定程度上也制约了新型城镇化建设。

第三，城镇化率落后于全国平均水平。2008~2015 年经济区城市群城镇化略高于广西平均水平，但是二者均处于全国平均水平之下（见图 1），且城镇化差距从 2008 年的 5.95 个百分点增长至 2015 年的 6.6 个百分点，说明经济区城市群城镇化的增长速度低于全国平均水平。

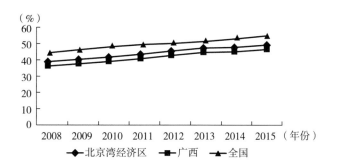

图 1　2008~2015 年广西北部湾经济区城市群与广西、全国城镇化比较

二、广西北部湾经济区新型城镇化的制约因素分析

诺瑟姆曲线表明，当城市化率触及 50%的时候，将会普遍出现"城市圈化"的特征。北部湾经济区自 2008 年开放开发上升为国家战略以来，城市化率由 2008 年的 41.04%上升至 2015 年的 49.5%，经济区城市群发展迅速，基本上形成了以南宁市为核心城市，北海市、钦州市、防城港市、玉林市、崇左市为中心城市的发展格局。但是，"城市群而不聚"、综合配套滞后、城市合作障碍等问题制约了城市群的发展，需从根源入手，加速北部湾经济区城镇化步伐。

（一）经济区城市群"群而不聚"突出

1. 核心城市的辐射带动作用弱

2015 年经济区城市群两个城市的城市指数（南宁市 326.29 万人，玉林市 237.57 万人）为 1.37，低于标准值 2，说明南宁市城市首位度优势不突出。从城市功能来看，2015 年南宁市 GDP 占广西的 20.29%；与周边省份首府城市昆明市（28.94%）、长沙市（32.09%）、成都市（35.88%）相比，分别低 8.65 个、11.8 个、15.59 个百分点。从城市辐射力来看，2008 年南宁市到钦州市、崇左市的断裂点分别为 51.82 公里、44.29 公里，而 2015 年断裂点分别为 51.65 公里、43.45 公里，分别缩小了 0.16 公里、0.84 公里，辐射力呈现下降趋势。

2. 城市群金字塔体系不稳固

中等城市类似于城市群金字塔的塔底，是城市群形成合力产业结构和分工的基础。经济区城市群有北海市、防城港市2个中等城市，人口规模占比为15.92%，无论数量还是规模均偏低，会削弱城市群内部凝聚力和逐级推进的扩散效应。另外，随着高铁通车、高速公路密度加大，南宁市作为经济区唯一的Ⅰ型大城市，强大的极化作用所产生的单向转移的"虹吸效应"，会在短期内吸引走北海市、钦州市、防城港市、玉林市、崇左市的资源、人才、资金、信息等高端生产要素，阻碍生产要素流动和城市间的经济协作互补，导致城市群内力量分散，内聚力不足。

3. 产业同质竞争特征明显

以南宁市为参照物（见图2），2011年、2013年、2014年北部湾经济区产业趋同度呈一致性发展态势，南宁市与其他五市的产业趋同度①基本超过0.9，其中南宁市—玉林市、南宁市—钦州市、南宁市—崇左市结构系数逐年递增，南宁市—北海市、南宁市—防城港市结构系数略有下降，无论是横向的两两比较还是纵向的动态比较，城市群各市仍然存在较为严重的同质化问题，城市群的城市分工、协作和互补不足，城市功能交叉、特色不显，新城建设贪大求全，重复性建设现象普遍，内耗性竞争负荷大，不利于城市群的一体发展。

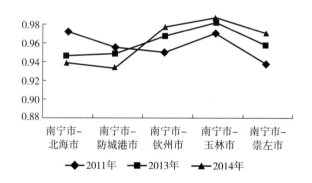

图2 2011年、2013年、2014年北部湾经济区城市群产业趋同度

（二）经济区城市群综合配套亟待完善

1. 基础设施建设较为薄弱

一是港口总体规模小，北部湾港码头泊位吨级普遍较低，一批大能力泊位和深水航道尚未建成，如钦州港20万吨级集装箱码头，防城港30万吨矿石专业码头和40万吨级散码头等；二是港航能力不足，北钦防码头建设较为分散，物流装卸速度低，仓储存放条件落后，周边配套设施滞后，对企业缺乏吸引力；三是港口集疏运体系不完善，港口与机场、跨境高速公路、城际快速通道建设等衔接不畅，多式联运发展不足。

---

① 产业趋同度计算公式为 $S_{ij} = \dfrac{\sum xin \cdot xjn}{\sqrt{\sum xin^2 xjn^2}}$，式中 i 和 j 表示两个城市，n 表示产业，xin 和 xjn 分别表示产业 n 在城市 i 和城市 j 的产值比重。

2. 综合交通运输相对滞后

各级公路规划缺乏统一协调，没有与铁路、轨道交通等统一规划；跨线铁路货物运输重复征收基价，造成物流成本的增加；航空航线少，各航空港仍存在竞合关系。

3. 对外开放有待提升

北海市铁山港口岸至今仍未能够正式对外开放，外轮无法靠岸，仅能用小船接驳将外轮货物运输进港；防城港口岸扩大开放方案仍未获批，现有渔澫港区一个开放港区，而防城港40多个码头泊位绝大部分不在渔澫港区，造成外轮运输货物无法直接到港，需用汽车或小船进行二次运输。

4. 人才培养略显不足

城市群现有普通高等学校47所，其中"211工程"院校1所，普通本科院校25所，占比达55.32%，高级别、高水平的院校缺乏；在人才培养上，海洋经济、港口航运、保税物流等专业开设不足，城市群急需紧缺型人才储备不足，创新型、复合型人才更是偏少[2]；在人才开发上，虽然形成了人才引进的绿色通道和配套政策，但是与发达地区相比，经济政治待遇不高，城市配套吸引力不足，导致人才引得进却留不住。

（三）经济区城市群合作障碍依然存在

1. 缺乏完善的合作协调机制

城市群由六个市级行政区组成，长期条块分割，形成了各自为政的局面，虽然在北部湾经济区和东盟开放合作办公室倡导下城市群开展了一系列的非制度性合作，但制度化议事、决策机制的缺乏，无形中增加了合作和交易成本，又因问责制、绩效考核制的不完善导致地方领导人的违约成本相对较低，使得城市群推进的大规模跨区域合作项目的执行力不高，导致地方政府"分工不合作"。

2. 缺乏合理的利益共享机制

受"地方本位主义"的影响，各市的开发建设、城市规划、产业布局均是基于地区利益最大化，面对有限的资源环境、市场份额、经济腹地，各市展开了激烈竞争，由于缺乏规范化合作双赢机制，导致高污染、高能耗项目重复上马，城市功能定位雷同，市场被人为分割，类似产业项目零散分布，使得各市发展规模受限，也造成了城市群的低效化。

3. 缺乏有效的政策制度保障

作为一种扭曲的市场经济，行政区经济表现为政府过分关注行政辖区范围内的事务，对提供跨界需求服务考虑较少[3]；城市群经济是一种"外溢化"和"无界化"的一体化经济，需将各种地方现行政策法规从整体高度理顺，完善城市群的发展战略。从城市群的形成与演化发展来看，弥补错位的行政区经济关键在于在行之有效的管理机构下，加强一体化的政策制度供给。

三、加快广西北部湾经济区新型城镇化的对策建议

《广西壮族自治区新型城镇化规划（2014—2020年）》提出，北部湾经济区新型城镇化定位是以南宁市为核心，与北钦防三市同城化，辐射带动玉林市、崇左市两市，打造城镇人口千万的国家级重点城市群。因此北部湾经济区应加快农业人口转移，增强城市产业支撑，强化核心城市功能，深化管理体制改革，构筑一体格局思路，加速新型城镇化步

伐。具体建议如下：

（一）推进农业人口市民化，加快人口城镇化进程

新型城镇化所倡导的人口城镇化并非是要实现所有农民职业的转换、地域的转移、户籍的转变，而是在生产生活、行为思维、价值观念以及社会权利等方面的提升，城市异地转移和农村就地转移均可实现上述目标。因此，农民市民化可以"进城""居村"多头并进，解决城乡要素流动、服务配置、素质提升、资金来源问题，加快推进城乡一体化。

1. 促进城乡生产要素自由流动

（1）户籍制度一体化。经济区要综合各市的承载能力和发展潜力，参照发展型城市的居住、就业和城镇社保参保年限落户标准，有序推进长期进城就业、新生代和返乡农民工市民化；适当放松城郊农业人口、城镇异地就业人员和高职院校毕业生等人员的落户制度，推动落实居住证制度。

（2）土地制度一体化。经济区要基于"还权赋能"，推进农村产权制度全面改革，农民将拥有集体土地抵押权、转让权和处置权，依托农村土地产权交易平台，进行农村集体土地和国有土地市场化流通，加速土地要素资本化、货币化，增强"进城农民"市民化能力，也缓解"居村农民"生活压力[1]。

（3）就业制度一体化。经济区要以一体化服务为抓手，实施农业转移人口就业培训工程，强化企业责任，鼓励高职院校、培训机构承担教育培训任务，完善农民工职业技能认定和小额贷款创业扶持，保障农业转移人口与市民同工同酬、同城同待遇。

2. 构建多元成本分担体系

（1）政府主导。经济区各市县政府承担农业转移人口在基本公共服务和基础设施等的成本，设置"进城农民"和"居村农民"市民化专项资金，多方筹措资金支持基本公共服务和公共设施均等化建设。

（2）社会参与。在大中小城市、小城镇以及新型农村社区建设中支持社会资本介入；鼓励农民利用"土地红利"和"产权利益"，主动承担市民化过程中的基本社会保障成本。

（3）企业贡献。企业协调好城镇职工与农民工关系，落实同工同酬制度，依法为农民工缴纳社会保险费用，强化农民工技能培训，以丰富的企业文化活动营造良好的市民与农民关系。

（二）优化产业结构，促进产城融合发展

北部湾经济区要按照新定位和比较优势原则，适度错位、合理选择主导产业，进一步优化产业空间布局，提高经济区内产业一体化发展水平和协作能力，加快形成面向东盟，辐射大西南的重要产业集群，提升经济区对外竞争力。

1. 打造分工协作相结合的先进制造业集群

（1）优化石油化工产业集群。依托钦州石化产业园、北海铁山港石化基地，重点发展原油加工、油气开发和化工新材料产业，延长石化产业链，发展乙烯、芳烃等中高端石化产品，构建滨海石油化工产业集群。

（2）培育装备制造产业集群。依托防城港钢铁精品基地、中船钦州大型海工修造及保障基地、玉林新型装备制造示范基地，重点发展轨道交通、智能制造设备、修造船、工程

机械等产业，加快先进装备制造产业集群。

（3）发展冶金精深加工产业集群。依托北海诚德镍洛合金加工项目、防城港金川有色金属基地、钦州金窝工业区、崇左生态锰产业示范基地，重点发展汽车用钢板、造船板、电工用钢板等高附加值钢材品种，大力发展工程机械、设备制造、建筑材料等关联产业，形成"全域统筹、错位发展"的冶金精深加工产业集群[2]。

（4）打造电子信息产业集群。依托南宁市、北海市、钦州市的高新技术开发区，重点发展电子元器件、计算机、通信设备、数字电视、软件开发服务，打造技术先进、竞争力强的电子信息产业集群。

（5）形成轻工食品产业集群。依托广西东盟经济技术开发区、玉林服装生产基地、崇左食糖交易中心，重点发展粮油加工、制糖等食品加工，茧丝绸、棉麻纺织品加工，大力发展果蔬、肉禽、水产品深加工，形成功能齐全的轻工食品产业集群。

2. 构建特色鲜明的现代服务业体系

（1）优先发展生产性服务业。依托中国—东盟国际物流基地、南宁港、钦州港、防城港、玉林市、凭祥市的物流园区，大力发展港口航运、保税物流、供应链管理、电子商务配送等现代物流业；依托广西沿边金融综合改革试验区，大力发展跨境金融、航运金融、互联网金融、商圈金融、供应链金融服务发展；依托南宁综合保税区、北海高新科技创业集聚区、东兴东盟产品电子商务产业园，大力发展跨境、移动、农村、供应链等领域电子商务；依托南宁中央商务区、玉林会展商务集聚区，加快发展会计、审计、税务、法律、企业管理等商务会展服务；依托南宁高新技术产业园、北海海洋科技创新园，大力发展研究开发、设计服务、科技咨询、检验检测认证、海洋科技服务等，推动生产性服务业高端化发展。

（2）加快发展生活性服务业。依托中国—东盟（南宁）健康产业城、北部湾国际滨海养生健康服务基地、中国（崇左）乐养城、玉林国际健康城，发展生命信息、高端医疗、健康管理、养生保健等康养产业；依托南宁农产品交易中心、中国—东盟（北海）水产品交易集聚区、北部湾（钦州）石化产品交易中心、北仑河国际商贸城、玉林福绵服装商贸基地、爱店国际中草药市场，发展批发零售、批量采购、厂家直销、国际贸易、商品展销、主体商城等商贸流通产业；依托中国（北海市、防城港市）—越南（下龙、砚港、胡志明市）—泰国—马来西亚—新加坡—印度尼西亚—文莱—菲律宾—中国（香港特别行政区—海口市—北海市）精品旅游线路，积极发展"全域旅游"；依托中国—东盟联合大学、北部湾大学城、玉林市职业教育园区，发展职业教育、留学教育、继续教育，推动生活性服务业优质化发展。

（三）协同推进基础设施，加速实现"无缝连接"

北部湾经济区围绕"一带一路"建设，重点推进大通道、航运中心、综合交通枢纽建设，共建共享高速公路、铁路、航运、航空网络，提升区域性国际互联互通水平。

1. 构建区域性国际大通道

（1）打造海上东盟通道，依托北部湾区域性国际航运中心，打通由北部湾港口向南通往东盟各港口以及南太平洋、印度洋的海上通道，编织中国—东盟港口城市合作网络。

（2）打造陆上东盟通道，依托凭祥市—河内和东兴市—河内高速公路、中国南宁市—

河内和防城港市—河内铁路、北仑河二桥和三桥、水口至驮隆界河二桥，打通中国南宁市—越南—老挝—柬埔寨—泰国—马来西亚—新加坡通道，支撑中国—中南半岛（中国南宁市—新加坡）经济走廊。

（3）南北国际新通道，依托贵南高速铁路、防城港市—崇左市—百色市—文山市铁路，打通以南宁市为枢纽，向北经贵阳市连重庆市，对接渝新欧国际铁路联运大通道，连接丝绸之路经济带的西部，建设衔接"一带一路"重要廊道。

2. 优化交通基础设施网络

（1）建设高等级的公路网络。重点建设通往云贵、珠三角方向的高速公路。改造国道、省道干线路网，打通省际通道，改造沿边公路和交通拥挤路段，形成出省出边、通江达海的完善的高等级公路网络。

（2）建设大能力的铁路网络。重点建设通向珠三角、中南地区、西南地区、东盟的铁路，扩能改造经济区内广西沿海铁路既有线、玉林市—铁山港铁路，加快张家界市—海口市铁路、南宁市—贵阳市客运专线、防城港市—东兴市铁路、防城港市—崇左市—百色市铁路规划，形成连通我国西南、中南、华南地区和东盟的高标准铁路网络。

（3）建设大联动的水运网络。发挥规划区域临海临江优势，重点建设北部湾沿海港口群和西江上游码头及航道，全面提升经济区水运能力，形成面向东盟、粤港澳海上便捷大通大道和直通珠三角的西江黄金水道。

（4）建设大密度的航空网络。加快建设南宁机场第二跑道及配套设施，以及玉林机场、北海机场，优化北部湾支线机场布局，积极发展伶俐、涠洲岛、钦南、容县、大新通用航空机场，加密南宁到东盟城市航班，构建便利顺畅的中国—东盟空中走廊。

（四）统筹区域城镇建设，加快城市一体化发展

以人的城镇化为核心，统筹六市城乡发展，提升核心城市综合功能，增强中心城市辐射能力，促进中小城市扩容提质，发展特色小城镇，加强城市新区规范建设，优化城镇布局。

1. 提升南宁市核心城市综合功能

（1）适度扩大城市规模。从上文分析可得，以南宁市当前的城市规模，要成为区域性国际城市、经济区的核心城市，辐射带动作用能力仍不足，以南宁中心城为龙头，重点向东向南拓展，争取南宁市五象新区创建国家级新区，带动空港新区、武鸣、扶绥等外围板块发展，形成多中心组团式都市圈，引领带动区域共同发展。

（2）提升南宁市首位度。依托南宁市—东盟经济开发区，发展机械与装备制造、纺织服装与皮革等产业，建设区域性加工制造基地；依托南宁市国家高新技术开发区，发展铝加工及电子信息等高技术产业[3]；依托绿城水城品牌，发展商贸业和金融、会展、物流、旅游等现代服务业。发挥首府核心城市服务业集聚优势，大力发展总部经济，逐步增强南宁市城市经济实力。

（3）打造都市圈增长极。加快五象新区基础设施建设，推进总部基地、文化产业城、体育产业城、三馆三街一中心建设；依托吴圩国际机场及其周边产业资源，打造空港经济区；整合相思湖新区及五合大学城，鼓励中高等院校进入并建校，促进高端要素集聚，形成南宁市都市圈核心增长极。

2. 增强中小城镇综合实力

（1）加快发展中小城市。发展壮大特色县域经济，加快培育一批经济强县，推动东兴市和凭祥市市区及宾阳县、横县、合浦县、灵山县、博白县、北流市、容县、陆川县、扶绥县、马山县、隆安县、上思县、上林县、浦北县等县城升级发展。其他县城立足特色化和专业化职能，建设成为城市一体化发展的重要载体。

（2）培育发展特色小城镇。发挥小城镇连接城市和农村的纽带作用，提升重点镇产业、商贸、服务、旅游、居住等综合服务功能，推动涠洲镇、南康镇、牛脚镇、百育镇、东门镇、硕龙镇、江平镇、新和镇等特色旅游、特色文化、特色工贸、特色生态名镇转型升级发展；落实百镇扶持壮大建设示范工程，将吴圩镇、南康镇、犀牛脚镇、企沙镇、大平山镇、东门镇等培育成为经济强镇，以重点镇带动县域城镇化发展[4]。

（五）突破行政管理分割，建立合作协调新机制

根据《广西北部湾经济区同城化发展推进方案》（桂政办发〔2013〕39号）和《北部湾城市群发展规划》（发改规划〔2017〕277号），以同城化和城市群为切入点，推进经济区新型城镇化建设已成为发展主要趋势，经济区六市应跳出行政区划界线，以新思路推进区域合作的有序开展，逐步提升国家新型城镇化的位次，增强经济发展内生动力。

1. 完善区域协调机制

（1）建立领导决策机制，强化北部湾经济区和东盟开放合作办公室的综合调控功能，建立六市市长联席机制，定期和不定期协商确定重大事项，协调解决重大问题，共同推进重大项目建设。

（2）建立激励与约束机制，在广西壮族自治区层面，可通过设立奖励资金、优惠政策等方式，鼓励各市参与跨区域合作项目，对表现积极和对一体化有突出贡献的地市给予奖励，对不作为或破坏区域合作的地市给予处罚。

（3）建立利益共享与补偿机制，设立经济区发展基金，用于协调跨区域的产业协调、人才培养、科技创新、基础建设、环境治理、生态补偿等，通过政策性、经济性利益补偿，实现了合作成果的共建共享。

（4）建立考核评价机制，联合制定适用于经济区各市政府绩效考核的指标体系，既考核各市行政区域的政府绩效，又对各市参与经济区一体化进行评估。

2. 推动共同市场建设

（1）建设形成一体化的要素市场，将有利于打破地区分割和行政垄断对市场的限制。试点推进要素市场改革，完善区域要素市场的价格形成机制，建立人力、资本、技术等要素交易平台，促进北部湾城市群内的自由流动。

（2）深化北部湾产权交易所集团股份有限公司，面向泛北资本市场、要素市场的交易市场平台构建，完善交易类、投融资、咨询等服务类型，打造泛北地区与全国知名的交易项目与资金对接平台。

参考文献

［1］蒋大国，胡倩．新型城镇化进程中农民市民化的双重路径［J］．江汉大学学报（社会科学版），2015（2）．

[2] 广西政府网.广西北部湾经济区"十三五"规划[EB/OL].http：//d. gxzf. gov. cn/file/2017/05/17/1495010827. pdf.

[3] 韩国丽.广西北部湾经济区主要领域的产业开放研究[J].科技进步与对策，2008 (12)：48-51.

[4] 广西政府网.《广西北部湾经济区发展规划（2014 年修订)》（桂政办发〔2014〕 97 号）[EB/OL].http：//www. gxzf. gov. cn/html/37626/20141205-435965. shtml.

试论构建北部湾中小企业集群示范带

贵州省恒丰企业经营管理研究院院长、研究员　杨毅

【摘要】本文提出构建北部湾中小企业集群示范带的课题，目的是通过采取对比分析等方法，分析构建北部湾中小企业集群示范带的重大意义，粗浅提出一些加快构建北部湾中小企业集群示范带的基本路径，以此推进北部湾经济区在"一带一路"倡议框架下和中国—东盟自由贸易区发展中全面发展向海经济。

【关键词】北部湾经济区；中小企业集群；构建示范带

一、引言

在"一带一路"倡议框架和中国—东盟自由贸易区加速发展的新时代，积极探索构建北部湾中小企业集群示范带，需要准确分析其示范带的重大意义，找准加快其示范带发展的基本路径，促进中小企业集群示范带建设发展的科学化、制度化、规范化，既推动北部湾经济区向海经济的科学发展，又推动其在中国—东盟自由贸易区中的示范引领作用。

二、构建北部湾中小企业集群示范带的重大意义

"习近平总书记曾指出，要建设好北部湾港口，打造好向海经济"①。学习贯彻落实习近平总书记对北部湾经济区发展向海经济的重要指示精神，采取各种切实有力措施来加快北部湾经济区向海经济的全面发展，主要措施之一就是应加快构建北部湾中小企业集群示范带。由此可见，构建北部湾中小企业集群示范带对北部湾经济区发展向海经济和中国—东盟自由贸易区的发展有着非常重要的现实意义。

（一）北部湾中小企业集群示范带是推动北部湾经济区经济转型发展的主要方式

由于北部湾经济区在向海经济发展上的不平衡，各个相关城市之间企业的竞争能力也不相同，各个相关城市在发展中小企业的选择上，一般是围绕各自城市特色产业逐步发展起来的。因此在当前深化供给侧结构性改革、推进产业升级发展中，在北部湾经济区构建中小企业示范带，努力把中小企业做得更大、做得更强、做得更优，不断发挥中小企业集群的示范效应，尽快促进北部湾经济区向海经济的转型发展，有序、有效地推动北部湾经济区向海经济的高质量发展。

（二）北部湾中小企业集群示范带是提升北部湾经济区企业竞争力的重要途径

北部湾中小企业集群示范带，是由无数个中小企业集群聚集组成，由若干厂商或若干

---

① 人民网．习近平广西考察：写好新世纪海上丝绸之路新篇章［EB/OL］．http://politics.people.com.cn/n1/2017/0420/c1024-2922270.html.

公司在某一地域内集中于某一产业,通过多类行动主体的共向努力,利用集群效应获得"1+1>2"的竞争优势。所以在北部湾经济区只有利用中小企业集群化发展,加快提升北部湾经济区中小企业在国内外的竞争优势,必将会在全国真正形成中小企业集群示范带动效应。

(三) 北部湾中小企业集群示范带是推动北部湾经济区向海经济快速发展的有效模式

北部湾中小企业集群示范带是推进北部湾经济区向海经济快速发展的基础,以北部湾经济区的中小企业集群示范带为支撑。北部湾中小企业集群示范带的重要内容是推进北部湾经济区向海经济的快速发展,实现推进北部湾经济区向海经济的重要途径是建立一批北部湾中小企业集群示范带,促使北部湾经济区向海经济目标全面实现。北部湾中小企业集群示范带,既能够促进北部湾经济区向海经济的发展,又能够带动无数新创中小企业的不断产生。培育和发展壮大的中小企业集群示范带是适应北部湾经济区向海经济新的更高的区域化、城市化、国际化的发展需要,这样既可以加快推动北部湾经济区向海经济进程,又可以促进北部湾经济区向海经济的快速增长。

三、构建北部湾中小企业集群示范带的基本路径

广西北部湾经济区(以下简称"北部湾经济区")地处我国沿海西南端,由南宁市、北海市、钦州市、防城港市四市所辖行政区域和玉林市、崇左市两市物流等组成,陆地国土面积达 4.25 万平方公里,2006 年末总人口为 1255 万人。广西北部湾经济区地处华南经济圈、西南经济圈和东盟经济圈的结合部,是中国与东盟、泛北部湾经济合作、大湄公河次区域合作、中越"两廊一圈"合作、泛珠三角合作、西南合作等多区域合作的交汇点。拥有长达 1595 公里的海岸线,深水岸线长达 160 多公里,是国内仅存的未大规模开发的连片沿海岸线,是我国沿海地区规划布局新的现代化港口群、产业群和建设高质量宜居城市的重要区域。加快广西北部湾经济区开发开放,是国家深化西部大开发,完善沿海经济布局,推动形成东部地区、中部地区和西部地区良性互动和国际区域经济合作的重大战略举措[①]。相关资料显示,"2017 年北部湾经济区主要经济指标继续领跑广西,'核'的作用更加明显:地区生产总值继续领跑广西。前三季度,经济区 4 市实现地区生产总值 4794.5 亿元,同比增长 8.6%,比广西高 1.6 个百分点。财政收入增速继续领先广西。前三季度,经济区 4 市实现财政收入 866.9 亿元,同比增长 11.4%,比广西高 3.7 个百分点。主要经济指标占广西比重逐步提高。前三季度,经济区 4 市地区生产总值占广西比重达 37.6%,较 2016 年同期上升 0.54 个百分点;财政收入占广西比重为 44.4%,比 2016 年同期提高 1.5 个百分点;社会消费品零售总额占广西比重为 38%,比 2016 年同期提高 0.8 个百分点。据统计,2017 年前三季度,经济区 4 市规模以上工业增加值同比增长 10.9%,增速分别比 2016 年同期上升了 2.2 个百分点,与 2017 年上半年持平,比广西高 4.2 个百分点"[②]。因此在当前和今后相当一段时期内,北部湾经济区应着力加快构建北部湾中小企业集群示范带,以建设中小企业集群示范带来推进创新北部湾经济区向海经济发展模式的

---

① 解读《广西北部湾经济区发展规划》八大关键词 [N]. 人民日报, 2008-02-28.
② 北部湾经济区 2017 年开放发展速写 [N]. 广西日报, 2017-12-29.

转变,有效推进北部湾经济区各个城市之间经济价值要素的集成与协同,促进北部湾中小企业集群示范带建设的全面发展和北部湾经济区经济社会各项目标的全面实现。

(一) 确立北部湾中小企业集群示范带的规划体系

1. 确立规划理念

北部湾中小企业集群示范带建设应注重广西民族地区实际及自主性建设,进一步强化示范引领作用。以系统的中小企业集群示范带建设为导向,根据北部湾经济区各个城市之间经济社会发展状况,制定中小企业集群示范带建设总体思路,确定分阶段目标和具体任务,科学布局中小企业集群示范带建设的生产空间、经营空间和服务空间。

2. 确立规划目标

北部湾中小企业集群示范带建设目标是对建设内容具体可操作性的系统规划框架,既应关注北部湾经济区各个城市之间经济发展转型等基础性目标,又应关注中小企业集群示范带的提升及规范生产、产品品牌培育发展、经营效益可持续的制度建设目标,既注重量化目标,又注重效用目标。北部湾经济区应设计符合不同中小企业集群示范带建设内容的专项规划,满足多向度、多层次的建设发展需求。中小企业集群示范带建设,既要突出北部湾经济区各个城市之间资源和开放特色,又要聚焦问题与差距,更要以"项目化"为主体形式,实现重点突破,以此带动北部湾经济区向海经济实现跨越式发展。

3. 确立规划原则

加快北部湾中小企业集群示范带发展方式的转型步伐,为建设中小企业集群示范带提供坚强的物质保障。从北部湾经济区各个城市之间经济发展方式转型上寻找突破口。将"企业+"理念融入产业发展,抓住移动互联网等新技术带来的发展机遇,依据自然资源禀赋和北部湾经济区承载力,科学优化产业结构,明确各类中小企业经济功能的定位及开发引导。强化营商环境保护,为建设中小企业集群示范带夯实基础。强化北部湾经济区中小企业集群营商环境保护,是中小企业集群示范建设的主攻方向,加强北部湾经济区营商环境的综合治理,加快推进中小企业集群示范带重点领域环境保护和治理,确保北部湾经济区以优异的营商环境走在全国前列。

(二) 培育北部湾中小企业集群示范带的体制机制

1. 培育依法依规的管控体制

北部湾中小企业集群带建设亟须依靠法制来加以支持和保障。为此,北部湾经济区应加强中小企业集群示范带的法制建设,加强中小企业集群带重点领域的立法,通过强有力的司法保障,使中小企业集群示范建设法制化、制度化。根据北部湾经济区的有关发展规划要求,充分利用现有的开发区或产业园区,建议先规划试点建设北部湾经济区自治区级1~2个中小企业集群示范带,或在市级先规划试点建设4个中小企业集群示范带,待取得成功经验后在县区级广泛规划建设一批县区级中小企业集群示范带。北部湾经济区应充分利用现有的开发区或产业园区,培育发展一批在北部湾经济区有较大影响力的中小企业集群示范带。同时还应充分利用现有的开发区或产业园区,培育发展一批在北部湾经济区有较大影响力的市级中小企业集群示范带,着力发展一批年营业收入在1000亿元以上的中小企业集群示范带,加快形成集散型和产地型并举的大集群、大市场、大流通格局。

2. 培育政府主导的协调机制

北部湾经济区应建立健全中小企业集群示范带建设工作领导组织体系，创建合作交流平台，主动协调各相关主管部门、各级政府间的利益格局，协调解决跨部门跨城市之间的重大事项，努力推进中小企业集群示范带的工作机制。北部湾经济区中小企业集群示范带建设不仅要突出地域的广延性，更要发挥集聚效应，努力拓展中小企业集群示范带建设，不断提升中小企业集群示范带水平，共享中小企业集群示范带等领域的成果经验。

3. 培育优秀企业的人才机制

人才是未来国际竞争的关键，为适应"一带一路"倡议和经济全球化及向海经济，北部湾经济区应采取多种有效方式，加快培养通晓国际贸易和国际化需要的高素质企业经营管理人才队伍。北部湾经济区应积极依托高等院校和大型企业调整传统的人才培养目标和人才培养模式，积极开设新的国际企业经营管理专业，创新人才培养方法和手段，培养出适应新形势下企业发展需求的技能应用型人才和经营管理急需的高端型人才，努力培养更多的国际企业人才。

（三）制定帮扶北部湾中小企业集群示范带的政策

1. 制定规划指导政策

北部湾经济区应按照中小企业强优发展的要求，尽快制定北部湾中小企业集群示范带发展的规划指导政策，进一步梳理、确定中小企业集群示范带重点培植和发展的支柱性企业，制定重点扶强扶优规划，选择若干带动性强、关联度大、市场前景广阔的强优中小企业进行大力扶持。当前北部湾经济区应努力引导中小企业在围绕品牌、产品的开发上做文章，积极聚集各类生产要素，扩大规模，提高档次，着力在中小企业强优发展上实现新的突破。

2. 制定结构调整政策

北部湾经济区应着眼于中小企业的国际化发展，尽快制定中小企业集群示范带发展的结构调整政策，打破地区分割、条块分割和地企分割的格局，切实调整第一产业、第二产业、第三产业结构，进一步促进沿边地区产业的结构调整。北部湾经济区应在调整布局结构中突出发展农林渔业、民族文化及会展旅游等支柱产业，尽快扶持一批品牌突出、技术领先、质量一流、信誉最佳的支柱性企业。

3. 制定引进人才政策

北部湾经济区应按照加快中小企业发展的要求，尽快制定北部湾中小企业集群发展的更加优惠的吸引人才政策措施，积极为中小企业引进各类急需紧缺人才，优厚招聘一批企业领军人才和高端经营管理人才。北部湾经济区为急需紧缺人才提供医疗和子女入学便利，为各类人才开设"绿色通道"，既可在广西城镇自主申请落户和直接申报评审高级职称，还可继续阶段性降低企业职工基本养老保险费费率，更可享受政府提供的租房或购房补贴等政策，这样真正为北部湾中小企业发展提供有效的人才支撑。

（四）建立北部湾中小企业集群示范带的资金帮扶

1. 建立行业发展专项基金

北部湾经济区应从中小企业自身发展需要出发，大力引导和支持行业协会建立中小企业发展专项基金，用于提升中小企业国际化发展的综合实力，使中小企业在北部湾经济区逐渐"走出去"中做强做优。

2. 建立财政专项支持资金

北部湾经济区应积极建立财政专项支持资金，专门为中小企业"走出去"提供发展所需的资金保障。

3. 建立财政金融帮扶资金

北部湾经济区应认真贯彻落实《中小企业促进法》和《国务院关于进一步促进中小企业发展的若干意见》以及北部湾经济区等有关规定，建立健全中小企业帮扶发展基金和中小企业帮扶贷款资金，共同扶持中小企业产业集群示范带发展，加大对服务平台和优势企业的扶持力度。北部湾经济区各金融机构要认真贯彻落实有关促进中小企业产业集群发展的金融支持文件精神，加强金融产品和服务创新，加大对中小企业产业集群的金融支持，加大对担保中小企业的支持力度，积极支持独资、股份制、会员制等各类形式的担保机构发展，为中小企业产业集群示范发展拓宽融资渠道。

（五）加强北部湾中小企业集群示范带的产业支撑

1. 加强企业升级

北部湾经济区应充分利用各个城市之间现有各类工业园区和开发区的资源，对中小企业进行整合、优化、提升，不断提高投资强度和土地集约化程度，促进产业集聚和升级。

2. 加强优胜劣汰

北部湾经济区应通过关停或转移资源消耗大、污染重、附加值低、科技含量低、发展潜力小的中小企业，改变传统的原地"腾笼换鸟"模式，将空闲土地置换到产业园区或开发区，实现土地资源的集约利用。

3. 加强园区示范

北部湾经济区应不断加强产业园区或开发区的基础设施建设，明确工业园区或开发区功能定位和产业配套，以龙头企业、核心企业、优势企业为主导，以产业合理布局和健全完善产业链为主线，实行产业链招商，多渠道吸引资金，形成在生产环节上下游连贯配套的成块、成片、成区的集中投入，培育和建设一批以大企业、大集团为骨干，以中小企业为配套，关联企业高度集中的先进工业园区或开发区。

（六）推进北部湾中小企业集群示范带的技术进步

1. 推进技术创新

北部湾经济区应确立中小企业研发活动的主体地位，完善中小企业创新机制，引导中小企业加大研发投入，鼓励中小企业建立研发机构，支持有条件、有潜力的中小企业在关键技术和关键工艺上进行技术改造与创新，培植一批具有自主创新能力、自主知识产权和核心技术的企业集团。

2. 推进技术突破

北部湾经济区应坚持对中小企业的原始性创新、集成创新、引进消化吸收再创新相结合，加强重点领域自主创新，突破关键技术。

3. 推进平台建设

北部湾经济区应与高等学校和科研院所及大型企业集团开展多种形式的"产学研"合作，建设一批高水平开放式的公共实验室和区域性、行业性的产业集群创新平台，加快完善科技和产业服务支撑体系，形成结构合理、功能完备、富有活力、开放竞争的中小企业自主创新体系。

（七）抓好北部湾中小企业集群示范带的品牌建设

1. 抓好品牌带动战略

北部湾经济区应大力实施品牌带动战略，提升中小企业产业集群内企业品牌意识，推动生产要素向名牌产品和优势企业流动，争创一批自治区级优质产品生产基地、促进中小企业品牌聚集发展，通过中小企业品牌聚集效应来培育国际品牌。

2. 抓好品牌建设

北部湾经济区应加强中小企业自主创新和标准、计量、质量等内部管理，不断提高产品质量和服务水平，鼓励中小企业建立综合品牌，开展中小企业形象和品牌标识的策划与宣传活动，促进名牌产品企业开展多层次、全方位联合协作，实现优势共享和协同发展。

3. 抓好品牌维护

北部湾经济区应深入中小企业开展质量论证工作，不断完善标准体系，全面提升产品质量，积极培育国际、国家、省名牌产品，对评为"国际名牌产品"和"中国名牌产品"的企业给予大力宣传和重点扶持，加大名牌推介力度，以名牌产品为依托，着力提升中小企业、产品的国内外知名度、美誉度，打造一批产业名市、名县、名镇，实现由产品品牌向国际性名牌的转变。

（八）发展北部湾中小企业集群示范带的优势企业

1. 发展龙头企业集团

北部湾经济区应严格按照现代企业制度的要求，科学规范中小企业内部治理结构，实施龙头企业带动，引导中小企业集聚发展。积极引进和扶持关联性大、带动性强的大企业、大集团，充分发挥龙头企业辐射、示范、信息扩散和销售网络的带动作用，积极引导各种资源向龙头企业集聚来提高核心竞争力。

2. 发展中小企业集群

北部湾经济区应鼓励和扶持龙头企业采用兼并、重组、托管、上市等多种经营方式，对其上下游配套企业进行重组改造或上市经营，发挥龙头企业的集聚带动效应，逐步吸引更多相关企业集群集聚，大力支持符合产业发展方向、具有相关配套条件的中小企业延伸产业链，卓有成效地推进北部湾中小企业集群示范带建设向纵深方向发展。

3. 发展行业优势企业

北部湾经济区应积极依托行业协会扶持中小企业的国际化视角，创新思维、创新发展模式、创新运营机制和管理机制，加强中小企业间的联合和交流，鼓励中小企业以先进的理念、先进的商品、先进的服务和雄厚的实力积极"走出去"参与国际竞争，着力培育一批具有国际竞争力的龙头企业。

总之，在"一带一路"倡议框架和中国—东盟自由贸易区发展下，北部湾经济区应积极构建一批中小企业集群示范带，既促使更多的中小企业尽快走上国际化发展新路，又推动北部湾经济区向海经济的快速发展。

浅谈广西北部湾城市与发展

广西钦州市钦北区新棠镇小学高级教师　黄凤考

【摘要】 广西北部湾城市合作与发展是桂粤琼全新的经济发展定位。广西北部湾城市发展要进一步推进同城一体化，建设现代综合交通运输体系，打造优势产业集群，推进公共服务均等化，形成开放一体化体制机制。

【关键词】 广西北部湾；城市；合作与发展

一、引言

作为生活在北部湾的人，今天有机会在这里表达对广西北部湾城市合作与发展的讨论，笔者以为：广西北部湾城市群发展是重大国家战略，为桂粤琼地区尤其是广西发展指明了方向，创造了机会。"一湾双轴、一核两极"城市群框架格局，指明了广西临港工业、商贸物流、新兴产业、滨海旅游等产业的发展方向和重点。因此，北部湾城市群将成为中国与东盟经贸合作的全新"接口"，国家有关部门也将在规划编制、体制创新、重大项目建设、优化行政区划设置等方面对北部湾城市群的发展给予积极支持。国家做出了顶层设计，提出北部湾城市群要实现向国家级城市群的战略性跃升，共建蓝色生态湾区，深化海陆双向开放合作和建立健全城市群协同发展机制。北部湾城市群强化以南宁市核心辐射带动，夯实湛江市、海口市的支撑作用，重点建设环湾滨海地区和南北钦防、湛茂阳城镇发展轴。这个城市集群陆域面积达到 11.66 万平方公里，拥有北部湾长达 4234 公里的海岸线，有关资料表明这里是中国与东盟之间唯一既有陆地接壤又有海上通道的经济板块。广西紧连东部的广东，与雷州半岛和海南岛是近邻。广西北部湾城市群包括南宁市、北海市、钦州市、防城港市、玉林市、崇左市 6 市，是国家重点开发的地区，已成为广西乃至全国新的经济增长极。加快发展广西北部湾城市群对于全面履行中央赋予广西的"三大定位"新使命，增强广西北部湾经济区辐射带动作用，推动广西建成国际通道、战略支点和重要门户，以及加快推进以人为核心的新型城镇化进程都具有重要的战略意义和示范作用。

二、借鉴中国发达城市群的发展模式（比如珠三角发展经验）

（一）促进城市群协同发展

做强做优重要城市，完善设施网络，健全服务功能，强化城市分工合作，提升产业、人口集聚能力。全面提升北海市、防城港市、钦州市对蓝色宜居湾区建设的支撑作用，突出玉林市带动粤桂交界地区发展和崇左市带动沿边城镇开发开放能力。推动北海市建设高新技术与海洋经济示范区、生态宜居滨海城市、海上丝绸之路旅游文化名城；防城港市建设面向东盟的国际枢纽港、国家重点开发开放试验区、生态海湾城市；钦州市建设"一带一路"有机衔接重要门户港、区域性产业合作新高地、现代化生态滨海城市；玉林市建设区域性先进制造业基地、国家现代农业示范区、南方药都、非公经济发展示范城市；崇左市建设面向东盟开放合作新高地、沿边开发开放桥头堡、边关风情旅游带核心区，使城市群有更大的发展空间。

（二）做强做精中小城市和特色小（城）镇

实施大县城战略，推进就地就近城镇化，打造一批特色鲜明、功能完备、产城融合、富有魅力的美丽特色小（城）镇。

（三）加快发展陆路边境口岸城镇

加强东兴、凭祥重点开发开放试验区建设，发展边境贸易，打造中国和越南开放合作的边境口岸城镇。

（四）建设宜居城市

建设"绿色、便捷、特色、和谐、智慧、创新"宜居城市，塑造良好环境品质。加强南宁市、北海市、钦州市、玉林市等智慧城市试点建设，推动新一代信息技术在城市建设管理、民生服务中的应用，大力发展智慧市政、智慧交通、智慧港口、智慧能源、智慧社区、智慧园区。搭建城市创新平台，推动"大众创业、万众创新"，打造一批创业创新示范基地。推进城市规划建设管理创新，完善城市治理，强化公众参与。

（五）加快建设重点新区

以推动向海经济发展，建设宜居宜业宜人新区为重点，集聚特色优势产业，增强创新驱动能力，推进功能混合和产城融合，为促进新型城镇化、发展向海经济和服务经济拓展空间，加快推进湛江—北海粤桂北部湾经济合作区建设。

（六）制定广西海洋主体功能区规划，实施海岸带综合管理，统筹陆海资源配置、陆海经济布局

以南宁市和北海市、钦州市、防城港市为依托，以海洋为拓展空间，以海洋资源可持续利用为重点，形成陆海一体发展新格局，推进"多规合一"。

（七）促进城市群产业联动发展

充分发挥面向东盟和沿海沿边优势，以创新为导向，加强与粤琼、东盟产业合作，有针对性地集聚产业高端发展要素，促进北部湾经济区产业链、供应链、创新链深度融合，打造特色鲜明、布局合理、区域联动的现代产业基地。

（八）培育发展绿色工业，推动临港工业绿色化改造

推动防城港、钦州港、铁山港等港区、重点工业园区以及北海、防城港、钦州等能源基地的绿色化改造。加快推进龙港新区一体化建设，打造北部湾新兴临港工业基地。培育新兴产业，重点打造电子信息、高端装备制造、新能源等新兴产业集群。打造北海、防城港、钦州新能源基地。加快发展生物医药、生物制造等生物产业，打造玉林南方药都，建设南宁国家高技术生物产业基地。

（九）加快发展现代服务业

大力发展现代物流，建设中国—东盟国际物流基地、南宁空港物流产业园等，打造防城港、钦州、玉林综合型现代物流基地，建设防城港东湾物流加工园、钦州保税港区、中国—东盟（玉林）中药材交易市场等。加大与湛江、海口现代物流合作，建设综合型现代物流基地。

（十）建设国际旅游休闲目的地

依托北海市、防城港市、钦州市等沿海城市，打造北部湾滨海旅游带。强化南宁市、北海市、崇左市、湛江市、海口市等交通连接，打造环北部湾特色旅游线路。整合沿海岸线旅游资源，发展精品邮轮游艇线路，推进在重点城市实行特定国家和地区免签、落地签政策。

（十一）培育发展特色农业产业集群

以打造"北部湾绿色健康食品"品牌为发展方向，培育壮大湛江、海口农业产业化龙头企业，初步建成绿色农业产业集群。

（十二）大力发展海洋经济

改造升级海洋渔业、航运业和海洋船舶工业等传统海洋产业。

（十三）依托南宁市、防城港市、钦州市优势产业创新平台，加快海洋动力环境卫星应用

（十四）深入参与中国—中南半岛经济走廊和中国—东盟港口城市合作网络建设，加快推进中马钦州产业园、中泰（玉林）旅游文化产业园、中泰（崇左）产业园、中国—文莱（玉林）健康产业园等产业合作新平台建设

（十五）构建区域间产业协作平台

加强与广东、海南两省联系，通过联合出资、项目合作、资源互补、技术支持等多种方式，支持各城市间合作共建产业园区，推进湛江—北海粤桂北部湾经济合作区建设。探索建立区域产业协作利益共享和持续发展的长效机制。

（十六）提高区域创新创业能力

加快建设一批跨省份关键技术创新平台和自治区级企业技术创新平台，建立科技基础设施、大型科研仪器和专利信息共享机制。加快建设一批返乡农民工创业园和边境扶贫产业园。探索建立国际合作人才培养模式，完善人才激励机制和科研人才双向流动机制。

（十七）推进广西北部湾城市群重大基础设施建设，提升城市群内外联通水平

进一步深化广西北部湾地区与香港特别行政区和澳门特别行政区的开放合作，积极融入粤港澳大湾区建设。深化桂台经贸交流，推动广西北部湾经济区与中国台湾地区产业对接合作。

（十八）加强与中南、西南地区的合作

加快形成西南、中南地区走向东盟的国际大通道，完善互联互通与商贸物流合作等重大事项合作机制。联合周边省份，共建跨区域、跨流域经济合作区，发展外向型经济。推

动经贸合作升级，提升外资利用水平。建立健全城市群协同发展机制，打破行政壁垒，强化协作协同，推动建立桂粤琼三省区合作推进机制，推进广西北部湾经济区同城化纵深发展。推动建立桂粤琼三省区合作推进机制。在已有的泛珠三角区域合作机制的基础上，联合广东省、海南省，建立桂粤琼三省区推进北部湾城市群合作机制，议定跨省区间重大事项。

（十九）健全广西北部湾城市群协作机制

充分发挥广西壮族自治区北部湾办公室统筹推进北部湾经济区发展的作用，健全广西北部湾城市群协作机制，定期组织召开城市群推进工作会议，协调推动跨市域重大事项。推进广西北部湾经济区同城化纵深发展。推动广西北部湾经济区在户籍同城化、交通物流同城化、社会信用信息一体化、口岸通关一体化、人力资源保障同城化、教育资源一体化等方面深入发展。推动经济区同城化向金融税务服务、人力资源培训、生态环境保护、商务服务等领域延伸。探索推进同城化由南宁市、北海市、防城港市、钦州市 4 个市扩大到玉林市、崇左市 2 个市。

（二十）创新利益协调机制

联合广东、海南两省，根据城市群建设实际需求，研究筹建北部湾城市群一体化发展基金，积极引入各类社会资本，重点支持跨地区基础设施建设、生态联防联治、重大公共服务平台建设等。探索将海南国际旅游岛建设先行先试和促进沿边地区开放的部分改革举措和政策，率先在广西北部湾城市群内推广。建立产业跨行政区转移的利益协调机制，探索建立跨行政区水资源开发利用、生态环境保护和生态补偿机制。

（二十一）强化部门协作

广西壮族自治区发展和改革委员会负责牵头加强与国家有关部门及广东省、海南省的沟通、联系，充分发挥桂粤琼三省区合作推进机制作用，组织召开联席会议；牵头抓好《广西壮族自治区人民政府关于印发北部湾城市群发展规划广西实施方案的通知》（桂政发〔2018〕2 号）（以下简称《规划》）实施的统筹协调和督促检查。广西壮族自治区北部湾办公室负责统筹推进广西北部湾城市群建设，推动基础设施等重大工程项目落地，广西住房和城乡建设厅牵头负责推进广西北部湾城市群宜居城市建设。

（二十二）加大政策支持

广西壮族自治区各有关单位积极在政策制定、项目安排、体制机制创新等方面给予北部湾城市群建设倾斜支持。实施项目带动，要以项目为引领，推动《规划》的实施取得务实成果。广西壮族自治区发展和改革委员会、广西住房和城乡建设厅、北部湾办公室要根据本方案中的重点任务，尽快研究提出近期区域性重大工程并组织实施，推动落地。

（二十三）推进城市群公共服务设施共建共享

建立北部湾人才市场，共享就业信息和人才信息，推行各类职业资格、专业标准在城市间统一认证认可。申请开展中国—东盟人力资源合作与开发试验区试点，加快中国—东盟人力资源服务产业园建设。建立高校专家资源合作和教师培训交流合作机制，加快创建北部湾大学。建立广西北部湾博物馆、"一带一路"文物和艺术品交流中心，建立城市群文化联盟与跨区域公共图书馆文献、地方文献共享网络平台，共同承办国际重大体育赛事。推进社会保障管理服务一体化，推行"互联网+人社（人力资源和社会保障）"，逐步实现城市群内社保"一卡通"，加快建立社保关系跨地区转移接续机制和跨省区市异地就医结算机制，建立健全城市群内跨区域社保业务经办机构的信息共享和业务协同机制，建立一体化的防灾减灾体制和区域性食品药品检验检测中心。

（二十四）由广西壮族自治区发展和改革委员会、住房和城乡建设厅、北部湾办公室牵头，建立广西实施《规划》年度监测机制，重大事项上报广西壮族自治区人民政府；联合广东、海南两省报请国家发展和改革委员会协调解决《规划》实施中的重要事项，适时对《规划》实施情况进行评估

（二十五）加大宣传力度

创新宣传方式，多形式、多渠道、全方位广泛宣传《规划》，充分调动广大人民群众的积极性和主动性，为落实《规划》营造良好的氛围。国家"十三五"规划纲要提出，要建设发展19个城市群、两个城市圈，构建"两横三纵"城市化战略格局。北部湾城市群背靠祖国大西南、毗邻粤港澳、面向东南亚，闪烁着"蓝色海湾，宜居宜业"两大亮点。

（二十六）要求桂粤琼三省区协作协同，探索建立以市场体系统一开放、公共服务共建共享、基础设施互联互通、生态环境联防联治等为重点的城市群协同发展模式，大力促进一体化发展

三、结论

总之，广西北部湾城市合作与发展要打破常规。坚持按"开放和绿色"出牌，把开放优势转换为产业优势，把保住一泓清水作为不可突破的底线，一定能建成海陆一体的蓝色生态广西北部湾城市的合作与发展。只要抓住机遇，不断改革创新，城市群的优势就一定会体现出来，广西就会越来越强。相信广西北部湾城市合作与发展的明天会更好。

参考文献

［1］广西壮族自治区人民政府关于印发《北部湾城市群发展规划广西实施方案》的通知（桂政发〔2018〕2号）。

［2］陈禹静.推动广西北部湾城市群发展的战略思考[J].学术论坛，2014，37（6）：58-61.

［3］《广西日报》，2017～2018年。

［4］《钦州日报》，2017～2018年。

浅谈广西北部湾城市群发展现状与展望

钦州市钦北区长滩中学二级教师　方增团

【摘要】城市群的出现与快速发展对经济的繁荣与信息的交流起到积极的作用，是区域发展的重要基础，产业竞争优势是决定区域竞争优势的核心，它的出现与快速发展对经济的繁荣与信息的交流起到了积极的作用。广西北部湾城市群作为全国重点城市群之一，应遵循经济发展规律。本文结合其实际和现状，对该城市群的建设进行了展望。

【关键词】广西北部湾；城市群；现状；展望

一、引言

进入 21 世纪，随着市场化改革的不断深入、城市化水平的不断提高，城市群的出现已经成为我国区域经济发展中的重要特点。近年来，国内形成一股针对城市群问题研究的热潮。城市群发展是经济发展符合客观经济规律且有益于经济的产物，是经济内部调节的结果，即"来自经济，服务经济"。城市群最大的优势是能够实现资源的集中，包括人才资源、经济资源、自然资源以及生产资料资源，实现资源在一个区域内的共享和产业分工，同时形成信息快速交换和人口统一管理，保证经济协调、稳定发展。本文先对广西北部湾城市群的现状做介绍，如良好的区位条件、南宁—北海"双核"结构特征明显；提出对促进广西北部湾城市群发展的展望，如充分发挥南宁市的核心城市作用、利用区位优势大力发展海洋经济、构筑互联互通的基础设施网络，以便更好地促进南宁市、北海市、钦州市、防城港市四市城市化水平的整体提高，达到以共建共保洁净海湾为前提，紧紧围绕面向东盟、服务"三南"（西南、中南、华南）、宜居宜业的战略导向，以改革创新为动力，以人的城镇化为核心，发展向海经济，强化区域联动，加强统筹协调，推动高质量发展的总目标，进一步实现广西北部湾城市群的经济又快又稳地增长。

二、城市群的基本概念

所谓城市群，是在一定的区域范围内，分布一定数量的，不同性质、类型和等级的城市，它们依托一定的自然环境、交通条件和信息网络，建立起内在的有机联系，并以一个或两个特大城市为核心，共同构成一个经济、社会、生态等密切联系且相对完整的城市"集合体"。

三、北部湾城市群简介

广西北部湾城市群，是指由广西沿海地区城市北海市、钦州市、防城港市及南宁市所辖的行政区域为主组成的城市群，该区域地处我国西南地区，是西部大开发和面向东盟开放合作的一个重点地区，对于国家实施区域发展的总体战略和互惠共赢的开放战略具有重要意义。南宁市是该城市群的核心城市，沿海有北海市、钦州市、防城港市三个港口城市，优良的港口区位为城市群整体经济的快速发展创造了条件。

（一）南宁市基本情况

南宁市是广西壮族自治区首府，是北部湾城市群政治、经济、文化、科技、金融、信息的中心，距离北海市 204 公里，距离钦州市 104 公里、距离防城港市 172 公里，是北部湾地区的重要交通枢纽。

（二）北海市基本情况

北海市地处广西南端、北部湾东北岸，是全国 14 个沿海开放城市之一，也是中国最美滨海城市之一。北海市是古代"海上丝绸之路"的重要始发港，也是国家历史文化古城。其旅游资源相对较为丰富，海洋旅游文化广泛受到大家的好评。

（三）钦州市基本情况

钦州市北邻首府南宁市，东与北海市和玉林市相连，西与防城港市毗邻，其下辖四区二县，即钦南区、钦北区、钦州港经济开发区、钦城管理区与灵山县、浦北县。钦州港是一个天然深水港，水质较好，近年来发展迅速。钦州市是出名的中国大蚝之乡、荔枝之乡和坭兴陶之乡。

（四）防城港市基本情况

防城港市位于我国大陆海岸线的最西南端，面向东南亚，西南与越南接壤，下辖港口区、防城区、东兴市、上思县，具有优良的港口优势，沿海拥有防城港、东兴、江山、企沙等国家一类口岸，为我国和东盟进行商品贸易和经济技术合作交流提供了便利的出海通道。

四、广西北部湾城市群的实际与现状

（一）良好的区位优势

广西地处华南经济圈、西南经济圈和中国—东盟经济圈的结合部，沿海、沿边、沿江，是我国唯一与东盟国家既有陆地接壤又有海上通道的地区。北部湾城市群背靠祖国大西南、毗邻粤港澳、面向东南亚，其四个主要城市各具特色和优势，相辅相成，内陆城市南宁具有政治、经济、科技的优势；北海市在开发港口的同时，可以大力发展旅游休闲业；钦州市和防城港市有强大的港口优势，则重点发展重工业和化学工业。利用其地理位置和便捷的交通，也可与越南进行边界贸易和经济技术合作，把我国商品引入东南亚市场。

（二）向南宁—北海"双核"结构转变

1. 南宁市是北部湾城市群的核心城市

从表 1 来看，南宁市在 2015~2017 年中的 GDP 均超过各个沿海城市，甚至还超过北海市、钦州市、防城港市三个城市 GDP 之和，成为广西北部湾城市群的经济中心。

表1 广西内陆城市南宁市与沿海三市 2015~2017 年的经济实力对比

城市		北海市	钦州市	防城港市	南宁市
GDP（亿元）	2015 年	892.08	944.42	620.72	3401.09
	2016 年	1007.28	1102.05	676.12	3703.39
	2017 年	1229.84	1309.82	741.62	4118.83

广西北部湾城市群以加快建设南宁市特大城市和区域性国际城市为目标，推进要素集聚，强化国际合作、金融服务、信息交流、商贸物流、创业创新等核心功能，提升南宁市核心城市综合功能和集聚辐射带动北部湾城市群的能力。

目前，南宁市着重建设的五象湖新区已建成广西规划馆、广西美术馆、南宁市青少年活动中心、南宁博物馆、五象湖公园等公益性项目和南宁三中等一批知名中小学校，广西文化艺术中心等正在建设，总部基地金融街、玉洞西及蟠龙滨水商住组团已初具雏形，广西医科大学口腔医院、广西国际壮医医院等优质医疗资源全面入驻。按照发展规划，到2018 年，总部基地金融街基本建成，"两基地一中心一商圈"基本成形，五象湖周边、沿江地带建设迈上新台阶，新区核心区域建设形成规模，经济实力大幅提升，现代产业加速集聚，城市发展生态宜居。

2. 北海市是北部湾城市群的沿海核心城市

在广西北部湾城市群三个沿海城市中，北海市是最早的国家级对外开放城市，城市交通基础设施较为完善，是广西沿海唯一一个拥有机场的城市，风景优美、气候宜人，曾被评为"中国十佳宜居城市"。而钦州市正处于由县城向城市转化的过程，防城港市则规模更小。从目前的经济发展状况来看，北海市的城市化进程明显领先于钦州市、防城港市，因此北海市可以充分发挥其特色和区位优势，最终建设成为沿海城市群中的核心城市。

五、对广西北部湾城市群产业的展望

随着北部湾经济区上升为国家战略，城市群的功能定位、经济职能、社会职能也不断明确，但是南宁市的带动能力弱、经济首位度不高；北海市的生活性服务业发展滞后；钦州市的产业结构单一、平台碎片化；防城港市的轻重工业发展失衡。因此在新形势下，北部湾城市群功能分工调整和优化尤为迫切，应加大力度完善城市群功能分工，充分发挥各自的产业优势，提升专业化水平。

（一）充分发挥南宁市的核心城市作用

南宁市作为北部湾城市群的中心，要在进一步提升自身经济实力的同时，辐射带动周边地区以及其余城市的发展，充分做好对沿海"北钦防"三市的示范作用。加强与北海市、钦州市、防城港市的信息沟通与统筹发展，减少不必要的重复建设、资源浪费，从而促进四市之间更高质量的合作与发展。

（二）利用区位优势大力发展海洋经济

"北钦防"沿海城市可以根据其地理条件发展沿海相关产业，但三市之间的功能分工也要明确。北海市在开发港口、建设临港工业的同时，应该充分发挥其宜居优势，进一步深化市场经济改革，推动现代服务业的发展，尤其是旅游休闲业和物流业，推动北海市建设高新技术与海洋经济示范区、生态宜居滨海城市、海上丝绸之路旅游文化名城；钦州市、防城港市则主要开发深水大港，发展临海重化工业和港口贸易，钦州市主要建设"一带一路"有机衔接重要门户港、区域性产业合作新高地、现代化生态滨海城市；防城港市建设面向东盟的国际枢纽港、国家重点开发开放试验区、生态宜居海湾城市。

（三）构筑互联互通的基础设施网络

在铁路方面，做好城市群内轨道交通规划布局研究，加快建设各个地区的铁路城际通道和加大力度投入电气化提速改造等项目。在公路方面，实施南宁市—钦州市—防城港市高速公路繁忙路段扩容改造工程，贯通广西滨海公路，推进广西沿边公路改造，加修大垌至蒲庙二级公路、原325国道扩建成钦州黎合江至邕宁南之间的一级公路，带动沿村、沿镇区的经济发展。在航空方面，加快建设南宁机场换乘中心及第二跑道，新建玉林机场，规划建设一批通用机场；提升南宁机场国际化水平，实现与东盟国家主要城市航线全覆盖。重点建设南宁全国性综合交通枢纽，推进北海市、钦州市、玉林市等综合交通枢纽建设，打造枢纽城市内部铁路、公路、机场、港口安全便捷换乘换装体系。

参考文献

［1］姚士谋．浅谈广西北部湾城市群建设现状、问题及对策［M］．北京：中国科学技术大学出版社，1992.

［2］吴冬霞，丁妍．广西北部湾城市群产业发展研究［J］．现代商贸工，2014，26（22）：41-42.

［3］张协奎，周鹏峰．广西北部湾城市群产业整合模式与发展策略［J］．广西社会科学，2017（7）：18-22.

［4］郁鸿胜．珠三角城市群发展与制度创新［M］．北京：人民出版社，2005.

［5］邬丽萍，伏晓玮．广西北部湾城市群产业——城市协同发展分析［J］．广西大学学报，2013，35（6）：15-21.

［6］莫滨，丁扬．广西北部湾城市群跨越发展研究［J］．规划师，2013，29（1）：71-75.

北部湾城市群：现状、问题与建议

江西师范大学地理与环境学院、广西宏观

经济学会　马宏智　赵樱洁　吕南辉

【摘要】北部湾城市群背靠祖国大西南、毗邻广东省、香港特别行政区、澳门特别行政区，面向东南亚，位于全国"两横三纵"城镇化战略格局中沿海纵轴最南端，是我国沿海沿边开放的交汇地区，在我国与东盟开放合作的大格局中具有重要战略地位。通过对北部湾城市群形成过程、发展条件、基本特征的梳理分析，发现城市群发展存在的问题，并针对城市群产业布局、城市结构调整、一体化机制等提出相应的对策建议。

【关键词】北部湾城市群；区域经济；空间结构；发展策略

一、形成过程

北部湾经历了由地理概念到经济概念，再到城市群，由小范围扩展到大范围的发展历程。地理位置上，北部湾位于中国南海的西北部，是中国广东雷州半岛、海南岛和广西壮族自治区及越南之间的半封闭海湾。经济概念上，北部湾是一直发展变化的。最初指南宁市、北海市、钦州市和防城港市四市所辖行政区域，陆地面积达 4.25 万平方公里，2006年末总人口为 1255 万人。2008 年 1 月 16 日国家正式批准实施《广西北部湾经济区发展规划》，提出把广西北部湾经济区建设成为重要的国际区域经济合作区，目标是建成中国经济增长第四极，并将玉林市和崇左市纳入经济区，至此广西北部湾经济区逐步成形。2017年 1 月 20 日，国家批复同意建设北部湾城市群。城市群是指一定地域空间范围内城镇密集、功能综合、网络完善、经济实力强大的城镇集合体。北部湾城市群规划范围包括了广西壮族自治区南宁市、北海市、钦州市、防城港市、玉林市、崇左市，广东省湛江市、茂名市、阳江市和海南省海口市、儋州市、东方市、澄迈县、临高县、昌江县，陆域面积达11.66 万平方公里，海岸线达 4234 公里，还包括相应海域。

二、发展条件

（一）自然条件

1. 地理环境优越

北部湾城市群横跨三大省区，毗邻粤港澳，面向东南亚，坐拥我国南部最大海湾——北部湾，地理位置优越。整体地形起伏较小，陆域基本是丘陵和平原地区，由北向南地形逐渐平缓开阔，海岸线全长约 4234 公里，曲折绵长，沿岸形成了深海良港。北部湾城市群属于热带和亚热带季风气候，雨量充沛，受海洋气候调节，夏季气候较为湿热，冬季温暖，为动植物生长提供了优质的条件。

2. 自然资源丰富

北部湾城市群面向北部湾，且腹地广阔，海洋、油气、农林、矿产等资源丰富，环境优良，利于发展养生、旅游等现代服务业。北海市是中国"四大渔场"之一，湛江市濒临南海，是南中国海上石油（油气）开发服务的重要基地。整个城市群属于热带、亚热带地区，主要土壤类型为砖红壤，农林作物资源丰富，包含大量的热带经济作物，如桉树、橡胶等。同时热带动植物种类繁多，生态环境容量较好。淡水资源较为丰富，有海南南渡江和广西西江等河流流经，同时北部湾海洋环境优良，提供了丰富多样的海洋资源。

（二）人文环境

北部湾城市群经济增速近年来保持在全国水平之上，发展活力日益提升。利用丰富的自然资源和人力资源，一系列的临港工业群、休闲旅游产业带正逐步形成，创新活力不断涌现。同时南宁市、湛江市等作为"一带一路"和面向中国—东盟自由贸易区的重要城市，交通条件不断完善。北部湾城市群现拥有湛江港、北海港、钦州港、防城港等几处重要港口，货物吞吐量超过 2 亿吨，其中湛江市港口历史悠久，是我国南方出海的优良运输港口，北海港、钦州港及防城港几处深水良港发展迅速，形成港口群。同时，南宁市作为北部湾城市群的核心城市，已经成为广西的区域性交通枢纽，打通了通往云南、贵州、湖南、广东以及毗邻国家越南的公路线，广西高铁线路连通北海市、钦州市、防城港市，境内建成了湘桂高铁、云贵高铁、南广高铁、贵广高铁等跨省高铁。粤桂琼三省区间的交通联系和经济合作不断加强。

历史上，北部湾城市群都属于长江以南的岭南地区，各城市文化同源、民俗相近，有较强的区域认同感。同时，三省区的海洋治理、旅游发展等领域的合作日益密切，有利于推动各区域的进一步合作。

（三）政策机遇

北部湾城市群横跨广东省、海南省、广西壮族自治区，靠海且腹地广阔，经过广西北部湾经济区的初步发展，再由广西牵头，将包括湛江市的粤西地区和海口市等城市纳入北部湾城市群发展范围。

2008 年，国务院通过并颁布了《广西北部湾经济区发展规划》，标志着北部湾经济区的开发上升为国家战略。2015 年 8 月 1 日，国务院发布了《全国海洋主体功能区规划》，要求对海洋空间利用模式认识清晰，提高海洋空间利用效率，增强海洋可持续发展能力。这对于属于沿海地区的广西北部湾和湛江市、海口市等成为沿海重要城市具有巨大意义。同时，湛江市、海口市和北海市作为"21 世纪海上丝绸之路"发展的战略支点城市，是"一带一路"倡议下重要的港口城市，已具备了良好的发展条件。

2017 年 3 月，国务院正式批复了《北部湾城市群发展规划》，定位于建设面向东盟，服务"三南"（西南、中南、华南）、宜居宜业的蓝色海湾城市群。这次大规模的战略部署，将进一步整合广东省、海南省、广西壮族自治区资源，加强区域合作分工，带动北部湾经济区腾飞。北部湾城市群的发展将有助于深化中国—东盟战略合作、促进"21 世纪海上丝绸之路"和"丝绸之路经济带"的互动，有利于拓展区域发展新空间、促进东中西部地区协调发展，有利于推进海洋生态文明建设、维护国家安全。

三、基本特征

（一）等级规模结构特征

1. 结构特征为多中心城市群体

按照城市规模划分的标准，根据城市常住人口规模的大小，分为超大城市、特大城市、大城市、中等城市、小城市，北部湾城市群大城市和小城市分别占47%和33%，缺少超大城市和特大城市，城市体系不完整，进而影响中心城市的辐射带动作用及点轴系统的形成。从人口上看呈多中心形态分布，不利于发挥增长极的作用。

2. 规模结构特征为漏斗型

北部湾城市群规模结构呈漏斗型规模体系，城市个数两级多、中间少，中等城市是城市体系中的薄弱环节（见表1）。其中大城市7个，中等城市3个，小城市5个。各城市规模类型内部差距较大，如在大城市中南宁市城区常住人口为370.80万，而钦州市只有122.59万人，相差3倍多。中等城市个数偏少，小城市偏多。

表1 2016年北部湾城市群城区常住人口规模等级分布

城市规模等级	数量（个）	城市数量占比（%）	城市（人口：万人）
大城市（100万~500万人）	7	47	南宁市（370.80）、玉林市（272.07）、湛江市（301.40）、茂名市（249.82）、钦州市（122.59）、阳江市（128.47）、海口市（174.58）
中等城市（50万~100万人）	3	20	北海市（92.52）、崇左市（77.00）、防城港市（52.36）
小城市（50万人以下）	5	33	儋州市（30.89）、东方市（19.35）、澄迈县（25.07）、临高县（19.55）、昌江县（12.32）

资料来源：《广西统计年鉴》（2017）、《广东统计年鉴》（2017）、《海南统计年鉴》（2017）。

3. 城镇化率总体低于全国平均水平，内部差距较大

首先，从总体上看，2016年北部湾城市群城镇化率低于全国同期平均水平，相差近7个百分点，发展空间还很大。其次，从行政区看，广西、广东、海南内部城镇化发展不协调，相差甚远。广西6市平均城镇化率为49.19%，广东3市平均城镇化率为44.24%，海南6市县平均城镇化率为54.28%。最后，从市县单元看，海口市城镇化率最高，达到77.78%，而崇左市最低，仅为37.21%，两者相差40多个百分点，两极分化严重，如表2所示。因此，加快整个区域的城镇化协调发展具有紧迫性。

表2 2016年北部湾城市群城镇化率

城市	城镇化率（%）	城市	城镇化率（%）
南宁市	60.23	阳江市	50.50
北海市	56.29	海口市	77.78

城市	城镇化率（%）	城市	城镇化率（%）
钦州市	37.80	儋州市	53.35
防城港市	56.36	东方市	45.78
玉林市	47.27	澄迈县	51.45
崇左市	37.21	临高县	43.87
湛江市	41.44	昌江县	53.47
茂名市	40.80		
北部湾城市群城镇化率（%）		50.24	
全国城镇化率（%）		57.35	

资料来源：根据《中国城市统计年鉴》（2017）计算所得。

（二）经济功能结构特征

1. 城市经济体量及产业结构分析

从总体上看，2016年北部湾城市群地区生产总值达到17481.71亿元，产业结构呈"三二一"型，但和国内主要城市群相比还有较大差距，如表3所示。

表3　2016年北部湾城市群与国内五大城市群GDP对比

城市群	地区生产总值（万亿元）
长三角城市群	14.7
珠三角城市群	6.8
京津冀城市群	7.5
长江中游城市群	7.1
成渝城市群	4.8
北部湾城市群	1.7

资料来源：根据《中国统计年鉴》（2017）计算所得。

从城市群内部看，北部湾城市群以第二产业、第三产业为主，其中海口市、南宁市和防城港市最为明显，二三产业比重达到了85%以上，海口市二三产业比重甚至接近95%，如表4所示。

表4　2016年北部湾城市群各城市三次产业占比

城市	地区生产总值（亿元）	生产总值比重结构（%）		
		第一产业	第二产业	第三产业
海口市	1257.67	5.10	18.6	76.3

城市	地区生产总值（亿元）	生产总值比重结构（%）		
		第一产业	第二产业	第三产业
儋州市	257.78	44.60	12.2	43.2
东方市	148.31	29.0	40.8	30.2
澄迈县	256.77	28.5	41.5	30.0
临高县	159.98	67.4	6.2	26.4
昌江县	101.17	28.0	41.6	30.4
南宁市	3703.33	10.7	38.5	50.8
北海市	1006.65	17.4	51.3	31.4
钦州市	1102.05	20.0	43.7	36.3
防城港市	676.04	12.2	57.1	30.6
玉林市	1553.83	17.9	42.8	39.3
崇左市	766.20	21.9	40.5	37.6
湛江市	2584.43	19.3	38.1	42.6
茂名市	2636.74	16.5	40.2	43.3
阳江市	1270.76	17.2	41.0	41.8

资料来源：《广西统计年鉴》（2017）、《广东统计年鉴》（2017）、《海南统计年鉴》（2017）。

2. 重点城市主要功能及定位

南宁市。以加快建设南宁特大城市和区域性国际城市为目标，集聚各种要素，强化国际合作、金融服务、信息交流、贸易物流、创业创新等核心功能，建设现代产业集聚区，规划建设五象新区等对外开放合作平台，打造"一带一路"有机衔接的门户枢纽城市和内陆开放型经济高地。

湛江市。充分发挥湛江市优势港口资源，加快区域性综合交通枢纽、先进制造业基地和科教创新中心建设。建设国家海洋经济创新发展示范城市、生态型海湾城市。

海口市。充分发挥海口市的综合政策优势，促进集约集聚发展，推进海口市、澄迈县、文昌市一体化，加快海南岛及南海海洋研发和综合产业开发基地建设。

3. 中心城市辐射带动

南宁市、湛江市和海口市作为北部湾城市群的中心城市，与长三角、珠三角中心城市上海市、广州市和深圳市相比，在经济总量和整体经济实力上都存在较大差距，从地区生产总值和人均地区生产总值等经济指标来看，经济实力明显偏弱，如表5所示。

表5 2016年北部湾、长三角和珠三角城市群中心城市经济对比

城市	GDP（亿元）	人均GDP（万元）
上海市	27466.15	11.36
广州市	19547.44	14.19

城市	GDP（亿元）	人均GDP（万元）
深圳市	19492.60	16.74
南宁市	3703.33	5.30
湛江市	2584.43	3.56
海口市	1257.67	5.91

资料来源：《中国城市统计年鉴》（2017）。

（三）空间结构特征

1. 点—轴开发模式

城市沿交通线的节点向外发展。主要发展轴线有南宁市—钦州市—北海市/防城港市（沿海铁路）城镇发展轴、南宁市—崇左市发展轴（城际铁路）、南宁市—玉林市（城际铁路）、阳江市—茂名市—湛江市（广湛高铁）城镇发展轴和海南环岛铁路西线发展轴。其中，沿海城镇是本区域经济发展需要重点突破的方向。

2. "一湾双轴、一核两极"空间结构

《北部湾城市群发展规划》指出，要突出北部湾区特色，加强南宁市核心辐射带动能力，增强湛江市、海口市的支撑作用。重点建设沿海地区，南宁市、北海市、钦州市、防城港市（以下简称"南北钦防"），湛江市、茂名市、阳江市（以下简称"湛茂阳"）城镇发展轴，提高土地利用效率和发展质量，建设"一湾双轴、一核两极"的城市群框架。"一湾"，指以北海市、湛江市、海口市等城市为支撑的环北部湾沿海地区，并延伸至近海海域。"双轴"，指南北钦防、湛茂阳城镇发展轴。"一核"，指南宁市核心城市。"两极"，指以海口市和湛江市为中心的两个增长极。

四、发展的主要问题

（一）城市总体发展水平不高

与长江三角洲、珠江三角洲、京津冀等城市群相比，北部湾城市群经济总量较小，人均GDP低于全国平均水平，人口密度和经济密度低于周边国家，传统产业转型升级面临突出困难，先进制造业和现代服务业发展相对滞后，需要进一步加快新旧动能的转换。

（二）中心城市功能亟待加强

城市群内部缺乏超大城市和特大城市，南宁市等中心城市规模结构仍然相对较小，城市化水平低，集聚和辐射带动作用较弱，对高端生产要素吸引力不强；城市功能不够健全，创新和创业缺乏活力，宜居水平有待提高；需要加强对外开放和沟通联结的枢纽作用，城市综合竞争力仍有待提高。

（三）城市间联系不够紧密

港口城市多以重化工业为主，相互间经济联系不够紧密，港口间存在无序竞争现象。各省份城市间缺少高效便捷交通通道，南宁市通往湛江市、海口市等广西壮族自治区外城

市便捷度偏低，产业结构趋同，分工协作不够，孤立发展特征较明显。

（四）基础设施有待完善

基础设施投入不足、欠账较多，高等级运输通道不够密集，机场航线设置偏少，许多重要城市需要从广州市、深圳市转机，与国内外联系通道不畅。城际交通网络不健全，如南宁市至崇左市、南宁市至湛江市城际高铁仍未建设，互联互通和运输服务水平亟待提高。

五、发展建议

（一）产业结构升级与空间布局优化

加快产业结构升级，增强城市群经济实力。北部湾城市群应该将开放优势转化为产业优势，积极参与面向东盟及"一带一路"沿线国家的国际产能合作，构建东盟企业进入中国大陆的"落脚点"，打造中国企业进入东盟市场的"始发站"，建设现代产业集聚区，聚集国际国内双向产业资源，弥补城市群的不足之处，扎实打造城市群的经济基础。

优化空间结构布局，增强城市群发展效率。以城市群为主体，加快提升中心城市功能，推动周边中小城市的发展，形成大中小城市和小城镇协调发展的城镇化空间格局。

加快建设城市间产业合作通道，加快南宁市至湛江市、南宁市至崇左市、玉林市至湛江市高铁建设，提升合作通达性；加强政企合作、企业联合、高等学校科研机构和民间智库合作，拓宽技术创新网络，增强合作动能。

（二）城市群结构调整方向

做大做强核心城市，发挥南宁市渠道的带动作用。加强南宁市核心城市竞争力是北部湾城市群发展的首要任务。全面提升南宁市的辐射、带动、吸纳和强大的集聚能力，加快形成推动区域经济发展的动力源和增长极。

加强海口市高端旅游和现代服务业的提质增效，做大做强旅游集散功能。凭借湛江市突出的对外开放区位优势，丰富的滨海资源，以重大项目为抓手，大力发展临港工业，打造区域海洋中心城市。

其他城市错位互动发展。钦州市、北海市、防城港市三个城市将建设海上经济集聚区，加快发展现代服务业和先进制造业。推动钦州市、防城港市深化城市化发展，加强东盟开放合作平台建设。湛江市、茂名市、阳江市沿海综合交通渠道的建设促进湛江市和茂名市的一体化发展，辐射带动阳江市等地区的发展。提升港口业的绿色发展水平，建设连接珠江三角洲与东盟、北部湾城市群连接港澳的大型通道。

（三）健全政策机制体系，推动区域合作及一体化发展

建立北部湾城市群建设委员会。形成北部湾城市群建设工作会议长效机制，定期组织各相关单位召开建设工作推进会、协调会，及时沟通城市群建设过程中存在的问题和遇到的阻碍；同时分享先进的经验，学习先进模式。

建立城市群间的联络机制。各地市设置专人专岗，上传下达，共同研究解决城市群发展的重大问题，明确各城市、城镇的职责分工，在目前单纯对单个城市考核基础上增加对城市群的考核。

抓紧成立北部湾城市群财税协调管理工作机构，制度化城市群财税协调机制，加强区域的沟通交流；通过定期会议、信息共享平台以及约定联合协商等多种方式建立财税政策协调平台，促进城市政府之间相互交流、协调和通报财税政策发展状况，共同探讨和研究制定有利于北部湾城市群健康有序发展的财税政策；从宏观尺度上加强对税收征管部门的协调，消除政策攀比、恶性竞争等问题，通过城市群统一的财税政策积极引导经济发展转型，调节区域产业结构。

（四）加快港口资源整合，大力发展向海经济

港口是经济社会发展的战略资源和重要支撑，是推进"一带一路"建设的重要支点。完善港口基础设施，建设高效、便捷的港口集疏运体系，加密集装箱班轮航线，推进中新互联互通南向通道基础设施建设。加快整合北部湾港口资源，推进港口一体化发展，有力促进港口提质增效升级、化解过剩产能、优化资源配置，对于建设国际一流港口、推动江铁海联运、打造向海经济具有重要意义。为深入贯彻习近平总书记关于港口发展的重要指示批示精神，要把握港口资源整合、集约利用的总体发展趋势，加强顶层设计和战略谋划，加快港口基础设施和集疏运体系建设，强化联动发展，打通南向通道，整合港口资源，释放"海"的潜力，打造向海经济。

"一带一路"背景下北部湾沿海城市合作与发展

广西民族大学研究生　陈晓殷

【摘要】汉朝时期，开辟海上丝绸之路，以合浦县作为始发港，促使北部湾地区成为中国古代贸易与对外交往的重要出海通道。现在，北部湾地区这块面朝大海、春暖花开的风水宝地，在"一带一路"的背景下，获得了更多发展机遇，若规划好该地区的城市发展，完善北部湾地区的产业结构，促进沿海城市之间的合作与发展，并且利用海洋生态资源，可进一步开启南向通道，发展向海经济，释放北部湾地区的内在潜力。

【关键词】：广西北部湾城市；海洋文化；南向通道；向海经济

一、引言

北部湾经济区于 2006 年 3 月正式成立。北部湾经济区由南宁市、北海市、钦州市、防城港市四市组成，延及玉林市、崇左市两市[1]。2017 年，经国务院同意，《北部湾城市群发展规划》（以下简称《规划》）正式发布。依照《规划》，北部湾城市群规划范围包括广西壮族自治区南宁市、北海市、钦州市、防城港市、玉林市、崇左市，广东省湛江市、茂名市、阳江市和海南省海口市、儋州市、东方市、澄迈县、临高县、昌江县，陆域面积达 11.66 万平方公里，海岸线长达 4234 公里，还包括相应海域。[2]

南向通道，全称为"中新互联互通南向通道"，是以重庆、广西、贵州、甘肃为重要节点，由中国西部省区市与新加坡等东盟国家利用铁路、公路、水运、航空等多种运输方式打造的国际贸易物流通道。[3]

向海经济，是指沿海区域要面向海洋发展，重视海洋资源的利用，要向海洋要资源、要财富。要依托港口群构建"大进大出"的临港产业集群，比如发展大型海洋装备、深海生物技术转化、海洋资源开发利用等海洋经济。[4]

广西北部湾经济区内的沿海城市群既是南向通道的重要节点，又属于《规划》内的范畴地区，沟通内陆与海洋，是把内陆与海洋紧密联系在一起的纽带。贯彻落实国家关于北部湾的指示，发展向海经济，开启南向通道，交流海洋文化，加强北部湾城市群协同合作，是我们当前重要的课题。出于地理位置的考虑，本文重点研究的是广西境内的北部湾经济区沿海地带的城市群，由北海市、钦州市、防城港市组成。

二、广西北部湾沿海城市的历史沿革

北部湾是指中国南海海域西北部的部分区域，它北面是广西壮族自治区南部地区，用海岸线来计算，就是东起合浦县洗米河河口，西至中越边境的北仑河河口，全长约为 1500 公里。东接广东省西部雷州半岛西海岸，以及海南省西海岸，西部连接越南东部的广大海岸线。[5]

西汉元鼎六年（公元前111年），北部湾地区属于汉朝的疆域，"元鼎六年，驰义侯遗兵未及下，上便令征西南夷，平之。遂定越地，以为南海、苍梧、郁林、合浦、交趾、九真、日南、珠厓、儋耳郡。"[6]其中，合浦郡、交趾郡、九真郡，均位于北部湾沿海地带。"合浦郡，武帝元鼎六年开，莽曰桓合。属交州。户万五千三百九十八，口七万八千九百八十。县五：徐闻，高凉，合浦，临允，朱卢。"[7]合浦县境相当于今广东廉江市和广西的防城港市、钦州市、灵山县、横县、浦北县、北海市、博白县、北流市、容县、陆川县、玉林市、邕宁区等县市（区）的全部，或一部分。[8]关于中国由北部湾地区对外交往的最早记录，出自《汉书》。

据《汉书·地理志》记载："自日南障塞，徐闻、合浦，船行可五月，有都元国，又船行可四月，有邑卢没国；又船行可二十余日，有谌离国；步行可十余日，有夫甘都卢国。自夫甘都卢国船行可二月余，有黄支国，民俗略与珠厓相类。其州广大，户口多，多异物，自武帝以来皆献见。有译长，属黄门，与应募者俱入海市明珠、璧流离、奇石异物，赍黄金，杂缯而往。所至国皆禀食为耦，蛮夷贾船，转送致之。亦利交易，剽杀人。又苦逢风波溺死，不者数年来还。大珠至围二寸以下。平帝元始中，王莽辅政，欲耀威德，厚遗黄支王，令遣使献生犀牛。自黄支船行可八月，到皮宗；船行可二月，到日南、象林界云。黄支之南，有已程不国，汉之译使自此还矣。"[9]由此可见，合浦县自古以来就是作为国家对外贸易的出海口，范围基本上囊括了现在的北部湾沿海城市，成就了绵延两千多年的海上丝绸之路。

（一）北海市

"朝沧梧而夕北海"，先秦时期，北海属于百越之地。秦统一后，在岭南设南海、桂林、象郡。北海属于象郡辖区。1876年中英《烟台条约》把北海开辟为通商口岸。据刘锦藻《清续文献通考》记载："光绪二年，中英《烟台条约》开合浦县之北海港为商埠。臣谨案：廉州府南滨巨海、北毗桂邕，为二省之藩篱，扼五省之门户。广西无海口，近邻廉郡殊便委输。自北海开埠后，滇、黔、桂三省货物咸出入于此。"[10]明确阐述了北海的地理位置特殊性，以及对于滇、黔、桂三省货物出口贸易的重要性。《北海杂录·港海》也记载："中国口岸，北海亦称便易……廉州、钦州'俱籍北海为门户'，进出口货物。"[11]近百年，北海港一直都是中国西南地区的重要对外贸易港口，是近代中国工商业经济体系不可缺少的力量之一。

北海市于1949年12月4日解放。1982年经国务院批准，成为旅游对外开放城市。1984年4月被国务院确定为进一步对外开放的十四个沿海城市之一。[12]

（二）钦州市

秦代，今钦州市属于象郡。秦灭亡后，公元前206年，今钦州市境划归南越国统治。西汉元鼎六年（公元前111年），今钦州市境属于合浦郡合浦县。南北朝时期，今钦州市境属于南朝。分出合浦县西部（今钦州市东部），置宋寿县，属宋寿郡。这是今钦州市的最早建制。依据明嘉靖《钦州志》记载："宋以宋寿宋广郡，宋寿县属交州后属越州"，"梁以宋寿县置安京郡，又以宋寿宋广安京三郡置安州。"[13]

到了隋朝，开皇十八年（598年），改安州为钦州，这是钦州名字的开始。1949年12

月 7 日，钦县全境解放，仍称钦县。1984 年 3 月 1 日正式成立市，至 1990 年底不变。[14]

（三）防城港市

防城在秦代以前，与北海市同属百越之地。汉代到东晋为合浦郡合浦县地。防城于 1949 年 12 月解放。1993 年 5 月国务院批准撤销防城各族自治县，成立防城区，隶属防城港市。[15]

三、北部湾沿海城市的发展优势

（一）地理区位优势

北部湾旧时被称交趾洋、广南湾、东京湾等，位于中国南海西北部，东临雷州半岛和海南岛，西到越南，南部面朝中国南海，北抵广西壮族自治区。东、西、北三面被陆地环绕，是一个半封闭的天然海港。北部湾全部位于大陆架上，大陆架宽约 260 里，水深由岸边向中央部分逐渐加深，最深处达 80 公尺，面积接近 13 万平方公里，比渤海面积略大。[16]北部湾沿海城市位于北部湾经济区内，北面沟通首府南宁市、崇左市，东面连接玉林市，西面与南面沟通东南亚国家，地理位置优越，交通便利。北部湾热带季风影响，吹西南风，夏秋湿热多雨，海面平均温度在 30℃以上。沿岸有许多热带动植物生长，因此，北部湾沿海城市自然环境优美，气候宜人，十分适合居住、生活。

（二）资源优势

1. 海洋生物资源

北部湾全部位于大陆架上，优越的地理区位为它带来了丰富的海洋生物资源。首先，大陆架海域受洋流影响，北部湾海水全年平均温度在 24℃左右，适中的温度有助于海底各种微生物的生长。其次，有红河、南流江、钦江等众多河流汇入北部湾，把陆地上的饵料带到了海洋，这给海底的各种海洋生物提供了丰富的食料。[17]诸如金枪鱼、比目鱼等鱼类，虾、蟹、藻类等，还有牡蛎、珍珠贝、文蛤等贝类，以及儒艮、中国鲎、海马等珍贵物种在此繁衍生息。《史记·货殖列传》记载："楚越之地，地广人稀，饭稻羹鱼，或火耕而水耨，果隋蠃蛤，不待贾而足，地埶饶食，无饥馑之患。"[18]光绪年间，梁鸿勋也曾描述："唯南洋面，老鼠山、青鳞山、狗头山、婆湾、东京山等处，出鱼甚丰，采捕者多往就之，水程一二日不等。"[19]除了海鲜种类丰富，著名的合浦珍珠也产自北部湾。一年四季，北部湾沿海城市的市场上都能看到各式各样的新鲜海产品。

2. 石油矿产资源

北部湾地区矿产资源主要有钛、铁、铅、锌等金属矿，以及高岭土、石英砂各类黏土，花岗岩等非金属矿，其中高岭土储量居全国首位。滨海地区矿产资源丰富，已探明的有 20 余种，主要有石英砂矿、陶瓷黏土、钛铁矿等。[20]涠洲岛和莺歌海则分别蕴藏着丰富的海底石油和天然气。2016 年初，中石化部署在北部湾海域的"涠四井"顺利完成两层含油层测试，并试获高产油气流，日产油气超过千吨。[21]

3. 海盐资源

北部湾存有大量的海盐资源。北部湾地区的海盐产业在古代就已经初具规模了，而且盐利丰厚，是地方政府重要的财政收入来源，据明嘉靖《钦州志》记载："以廉州白石、石康二场盐利给本州，及容钦蒙象等诸州。"[22]古代设立了专门的司盐机构，配备官员管理盐场,"海北提举司总辖雷廉高琼四府地方共一十五场,廉州府所辖三场,白沙场、白石场、西盐白皮场。"[23]可见,大量海盐储备是北部湾沿海城市一笔宝贵的财富。

4. 海洋文化资源

北部湾沿海城市不仅历史悠久,还因面朝大海,拥有别具风情的海洋文化资源。防城港市的白浪滩、金滩等;北海银滩、海洋之窗;钦州市三娘湾、龙门群岛等。此外,沿线海岸上生长有许多红树林,红树林是海滨湿地的重要屏障,可以抵御台风、潮汐等带来的自然灾害,防止水土流失,净化海水,释放负氧离子。红树林还是野生海鸟的栖息地,具有十分重要的海洋生态价值。广西北海市冯家江附近的渔民说:"尤其是台风天,红树林可为整个近海岸防风抵浪。"

(三)港口优势

北部湾地区的港口由钦州港、防城港、北海港组成。孙中山先生在《建国方略》里曾把钦州港规划为"南方第二大港"。2018年1~4月,广西北部湾港完成货物吞吐量7565万吨,同比增长18.2%,其中,外贸货物吞吐量4173万吨,增长13.2%。[25]

近年来,北部湾各港口依托海洋,都在不遗余力地打造"21世纪海上丝绸之路"新港口。钦州港已经开通运营印度尼西亚、泰国、越南、新加坡等多条覆盖东盟各国以及中国香港、中国台湾地区的外贸航线,开通运营海口市、广州市、厦门市等12条国内主要沿海港口的直航航线。北海港则加强客运码头建设,积极打造海上跨国旅游线路。不断完善北海至越南下龙湾的海上邮轮航线。防城港则坚持"大项目—产业链—集群化"的发展方向,重点发展临港工业和与之配套的生产性、生活性服务业,加快形成循环经济产业集群,建设西南地区最大的开放性、综合性港口产业集群。[26]2018年8月,西部四地联合开启南向通道,北部湾沿海城市积极发挥其港口作用,连接东南亚国家,为南向通道架起了便捷的桥梁。

(四)政策优势

2008年1月《广西北部湾经济区发展规划》由国务院颁布,北部湾经济区上升为国家战略。2013年"一带一路"倡议提出,北部湾地区作为古代海上丝绸之路的始发点,开始引起了世界的关注。为了打造"21世纪海上丝绸之路"的创新型港口,国家对北部湾地区给予了五大方面的政策支持,分别是综合配套、产业项目、保税物流、财政金融、开放合作等方面。[27]2017年,经国务院同意,《北部湾城市群发展规划》正式发布,政策惠及了北部湾经济区内的所有城市,还增加了广东省西部的湛江市、茂名市、阳江市,以及海南省沿海部分县市。2017年9月,重庆、广西、贵州、甘肃四地政府联合出台《关于合作共建中新互联互通项目南向通道的框架协议》,"南向通道"正式开启,北部湾沿海城市成为南向通道上的关键节点,积极地融入"一带一路"的大时代背景。2017年12月,广西壮族自治区出台《关于深化用海管理体制机制改革的意见》,肯定了北部湾沿海城市发展"向海经济"的方向。国家和地方出台的一系列政策法规,为北部湾沿海城市发展向海经济、开辟南向通道提供了一个有利的平台。

四、北部湾沿海城市发展存在的问题

（一）生态问题

北部湾海域曾被誉为"中国最后一片洁海"，但是近年来随着北部湾沿岸地区的经济发展，许多工业企业不断进驻，带来了一系列的生态环境问题。北部湾经济区的一些重大项目启动，填海造地现象越来越普遍，工业排污、农业排污、生活污水的直接排放，造成化工和重金属污染不断增多。随着陆地的污染，造成一定程度的近海污染。这给发展向海经济，开发利用海洋资源，开启南向通道带来严重的影响。

2016 年，《经济参考报》的记者曾做过调查，作为衡量海洋生态的重要指标，红树林和近海鱼类均在不断减少，北部湾海洋生态保护压力剧增。红树林总面积每年锐减 0.7%。而且在北部湾的钦州市、北海市等入海口，污染更加严重。环境部门监测显示，作为我国最大的半封闭内海的茅尾海已经成为无机氮含量最高的海域，近几年水质已到四类及劣四类水质标准以下。此外，廉州湾和茅尾海两大入海河口区，近年来曾多次发生赤潮异常现象。[24]2018 年 5 月 30 日开始，6 个中央环保督察组陆续进驻十个省区，开展了为期一个月的环境保护督察回头看的行动，发现北部湾部分城市的污染触目惊心。[28]2018 年 7 月《焦点访谈》栏目则公开曝光了污染严重威胁北部湾的视频。[29]北部湾沿岸海域受到污染，将直接影响整个北部湾的海洋生态系统，长远来看，将引发"蝴蝶效应"，影响海洋资源的有效利用，进而影响整个北部湾地区产业链。习近平总书记说过："要像保护眼睛一样保护生态环境，要像对待生命一样对待生态环境。"因此，生态问题在北部湾沿海城市合作与发展中是首要问题。

（二）文化问题

北部湾沿海城市凭着得天独厚的地理位置，拥有宝贵的海洋文化，却还未更深入地发掘，并把这些海洋文化元素融入到城市建设中。以钦州市为例，虽然钦州市属于北部湾沿海城市，但是市内与海洋文化元素沾边的物质建设和非物质建设，都屈指可数，作为沿海城市，钦州市的"海味"却不如北海市与防城港市那么明显。钦州市区与"海洋"相关的主题博物馆、广场、街道、艺术中心、青少年中心等基础设施很少。而防城港市有北部湾海洋文化公园、万海艺术影城、防城港市文化艺术中心、防城港市青少年活动中心，北海市有北部湾广场、海滩公园、海洋之窗等，从这些基础设施建设规划上，可以让人感受到浓浓的海洋风情。

（三）产业问题

产业分布不均衡，导致城市发展缓慢，这是目前中国城市发展遇到的难题之一。发展向海经济，意味着利用与海洋相关产业带动城市的产业，进而为城市的经济注入活力，但不等于只注重发展靠海港口片区的经济，对市区尤其是老城区不管不顾。以北部湾钦州市为例，市区的大片土地用来发展房地产，然而连续几年，钦州市房地产业发展不尽如人意，在市中心区有不少烂尾楼。例如，曾在钦州市商业大厦原址上建设的红日国贸；以及红极一时最后却土崩瓦解的半宙集团名下的大力神酒店等。[30]市区里中小型企业发展也极为吃力，临街的店铺生意冷清，最终因付不起租金纷纷倒闭。大型企业、重大项目集中入驻钦州港，港口区繁荣了，但是真正的市区一片萧条，出现了一个城市两个极端的景象。

五、北部湾沿海城市发展方向

（一）向海经济与创新发展

《广西海洋经济可持续发展"十三五"规划》显示，广西对北海市、钦州市、防城港市三座城市发展海洋经济均有明确定位。[31]

此外，北部湾沿海城市还可以参考国内其他沿海城市的发展方式、方法，例如，可以参考深圳、珠海等城市，引进高科技人才，利用人工智能、大数据、深度计算等手段，有效管理港口、码头、航运以及进出口货物，解决节约运输成本、缩短运输时间等问题，从而达到劳动力密集型向技术密集型过渡。

另外，北部湾沿海城市应鼓励外商进入市区或者县、乡镇开设公司、办事处等，通过降低租金、政府扶持、简化手续等积极手段，把向海经济引入城市基层，带动老城区经济的发展，提供更多就业岗位，以调整产业分布不均衡的局面，利用港口为城市内部注入活力。

（二）海洋文化交流与合作

古往今来，北部湾一直是个文化底蕴深厚的地区。具有地域特色的疍家文化，充满民族特色的京族文化，传承至今的南珠文化，以及历史悠久的渔业文化和海商文化等，构成了整个北部湾地区的海洋文化体系。建设海洋强国，少不了海洋文化产业。一方面，北部湾沿海城市应与南向通道上的沿海城市、国家和地区结为友谊城市，例如新加坡等，进行海洋文化的交流与合作，提升软实力，发展相关的海洋文化产业。例如：旅游产业：开展中新旅游项目合作、中泰旅游项目合作等，开辟新的旅游航线。影视文化产业：中国与东南亚国家联合拍摄北部湾海洋纪录片、南向通道纪录片、南珠文化纪录片、疍家文化纪录片等。艺术文化产业：联合举办北部湾海洋音乐节、沿海民族民俗节、大型沙滩歌友会、海洋美食节、海洋书画展、海洋诗词会等。[32]学术文化产业：联合开办北部湾地区学者交流会、海洋文化座谈会、南向通道国家地区学术交流会、南向通道国家地区青少年交流会等。在近海区域，还可以开展体育竞技产业的合作：国际帆船比赛、冲浪竞赛、海岸线徒步、沙滩马拉松等项目。

另一方面，完善城市中与海洋相关基础设施，把与海洋相关的因素融入到城市建设中，还要加强对青少年关于海洋文化的科普，可以加深市民与海洋的联系，让海洋文化根植于人们的心中。

发掘北部湾沿海城市的海洋文化，还可以借助历史名人、古籍文献、民谣歌曲舞蹈、神话传说等方式，提升北部湾沿海城市的海洋文化情怀，打造北部湾海洋旅游文化的品牌，让市民更了解海洋、更了解海洋文化，有助于更进一步完善北部湾沿海城市的文化体系，为北部湾沿海城市发展向海经济提供文化上的助推力。

（三）南向通道背景下的城市协同发展

1. 生态保护方面

北部湾沿海城市与南向通道上的城市合作，应该从先海洋生态保护方面入手。从《经济半小时》栏目曝光的视频可以看出，对于海洋污染的治理和产业整改，许多北部湾沿海地区的企业实际上是明修栈道，暗度陈仓。16次处罚，都拦不住企业非法排污。[28]要想真正发展向海经济，整个南向通道上的城市都有义务保护海洋的生态环境，应联合起来向人们宣传海洋生态文明，"人与海洋应该和谐相处，不能以牺牲海洋生态为代价"。

习近平总书记提到"绿水青山就是金山银山"。北部湾沿海城市在海洋生态保护方面以身作则，应该加大宣传力度，贯彻海洋生态文明意识。同时，加强监管，对非法排污的企业加大处罚力度。除此之外，还要利用大众媒体进行适时追踪报道，公开视频，透明监管，把企业违法排污公之于众，并通过电视、广播、报纸、网站、自媒体公众号、短视频等手段，曝光违法企业。此外，北部湾沿海城市应该联合出台关于海洋污染治理方面的办法细则，用以约束企业的行为。

2. 招商引资方面

在引入外资方面，北部湾沿海城市应该加强与南向通道上的城市、国家和地区进行商务合作，例如国内的南宁市、贵阳市、兰州市等；国外的新加坡、万象、曼谷、吉隆坡等。实行"一地多通"，在南向通道城市节点中任何一个城市，包括县、乡镇等地区设立企业，所开具的相关证明文件等，在北部湾城市里通用。尽力简化办事流程，竭尽所能给予创业者、投资者帮助，而不是在办事流程上故意为难、设限、给老百姓添堵。这样才能为发展向海经济、促进北部湾城市合作与发展尽绵薄之力。北部湾沿海城市的政府以及相关部门、单位的工作人员，应时刻牢记自己的使命，积极响应"一带一路"的倡议，同时转变陈旧保守的思想观念，共同携手以谦虚、开放、包容的姿态欢迎外商来本市投资办厂。提高政府及相关部门的公信力，提升服务质量，改善服务态度。以一种"积极、开放、包容"的思想观念为老百姓服务。

六、结论

随着改革开放的不断推进，环渤海地区、长江三角洲、珠江三角洲地区的城市，以海洋为依托，经济获得较快的发展，并且促进了文化、社会、思想其他方面的发展。以上海市、深圳市为例的沿海城市，经济更是辐射到全国。

海洋孕育生命，进而产生文明。西方国家很早就非常重视海洋，古罗马哲学家赛西罗就说过："谁控制了海洋，谁就控制了世界。"德皇威廉二世曾经说过："海神的三叉戟必须握在我们的手里。"由此可见，海洋对于一个国家政治、军事方面的重要性，更不用说，对于北部湾地区经济发展的意义。与海洋相关的工业、农业、文化等，都可能成为促进区域经济发展的支柱产业。

北部湾畔，海阔天宽，千帆竞发。创新发展向海经济，加深海洋文化交流与合作，但是在发展的同时，还要节能减排，有效治理污染，保护海洋生态环境，"绿水青山就是金山银山"。在文明利用海洋的前提下，充分释放"海"的潜力，进一步开启南向通道，与南向通道上的城市、国家和地区密切合作，让经济与生态结合，让城市与海洋结合，书写北部湾沿海城市协同合作发展的新篇章，这与"一带一路"倡议的理念一致，有助于提升整个北部湾地区的经济实力，进而为广西的经济发展注入活力，建设更加生态、和谐、文明的城市。

参考文献

[1] 广西北部湾网．北部湾经济区介绍[EB/OL]．[2016-05-08]．http：//www.

bbw. gov. cn/Article_Show. asp？ArticleID＝56441.

［2］参见《国家发展改革委住房城乡建设部关于印发〈北部湾城市群发展规划〉的通知》——《北部湾城市群发展规划》，2017年2月10日。

［3］中华人民共和国中央人民政府网. 中新互联互通南向通道开通钦州港至昆明班列［EB/OL］.［2018-05-18］. http：//www. gov. cn/xinwen/2018-05/18/content_5291939. htm.

［4］网易新闻网. 习近平首提"向海经济"：北部湾如何向海而生？［EB/OL］.［2017-04-21］. http：//money. 163. com/17/0421/05/CIH97AVO002580S6. html.

［5］张镇洪. 北部湾海洋文化的起源和早期发展［A］//北部湾海洋文化研究［C］. 南宁：广西人民出版社，2010.

［6］班固. 汉书·武帝纪［M］. 北京：中华书局，1982.

［7］［9］班固. 汉书·地理志［M］. 北京：中华书局，1982.

［8］合浦县志编纂委员会. 合浦县志［M］. 南宁：广西人民出版社，1994.

［10］刘锦藻. 清续文献通考［M］. 杭州：浙江古籍出版社，2000.

［11］［19］梁鸿勋. 北海杂录［M］. 香港：中华印务有限公司出版社，1905.

［12］北海市人民政府网. 历史改革［EB/OL］.［2018-08-20］. http：//xxgk. beihai. gov. cn/bhsdfzbzwyhbgs/tszl_85619/bhgk_87177/lsyg/201702/t20170221_979551. html.

［13］林希元. 嘉靖钦州志［M］. 上海：上海古籍书店景印原版，1961.

［14］广西地情网. 钦州市志（县级）［EB/OL］. http：//lib. gxdqw. com/view-c37-6. html.

［15］广西地情网. 防城县志［EB/OL］. http：//lib. gxdqw. com/catalog-c58. html.

［16］百度百科网. 北部湾［EB/OL］. https：//baike. baidu. com/item/%E5%8C%97%E9%83%A8%E6%B9%BE/318903？fr＝aladdin.

［17］高剑平. 北部湾经济区未来发展驱动因素研究［M］. 北京：中国社会科学出版社，2015.

［18］司马迁. 史记. 货殖列传［M］. 北京：中华书局，1982.

［20］广西北部湾网. 区位优势［EB/OL］.［2015-07-25］. http：//www. bbw. gov. cn/Article_Show. asp？ArticleID＝45509&ArticlePage＝1.

［21］搜狐财经网. 北部湾试获"日产千吨"油井 近10年罕见［EB/OL］.［2016-01-18］. http：//business. sohu. com/20160108/n433889323. shtml.

［22］嘉靖《钦州志》卷3《食货二》。

［23］崇祯《廉州府志》卷4《食货志》。

［24］搜狐新闻网. 广西北部湾红树林从五万公顷降至七千公顷［EB/OL］.［2016-06-06］. http：//news. sohu. com/20160606/n453276012. shtml.

［25］中华人民共和国商务部驻南宁特派员办事处. 2018年1~4月广西规模以上港口生产形势喜人［EB/OL］.［2018-06-19］. http：//nntb. mofcom. gov. cn/article/shangwxw/201806/20180602756744. shtml.

［26］桂经网. 21世纪海上丝绸之路助推北部湾港口经济发展［EB/OL］.［2015-05-28］. http：//www. gxi. gov. cn/gjw_zt/jjfz/21sjhssczl/index. htm.

［27］广西北部湾网. 政策优势［EB/OL］.［2015-07-25］. http：//www. bbw.

gov. cn/Article_Show. asp？articleid＝45520.

［28］凤凰网财经．曝光：16 次处罚，竟拦不住企业非法排污？北部湾环境告急．
［EB/OL］．［2018-07-23］. https：//finance. ifeng. com/a/20180720/16399033_0. shtml.

［29］央视网．焦点访谈－20180704 污染威胁北部湾［EB/OL］．［2018－07－04］.
http：//tv. cntv. cn/video/C10326/dd8e0780b5824677847f16fdf0de6854.

［30］搜狐财经网．它们曾经有些是钦州的地标，岁月却给它们蒙上了一层灰……
［EB/OL］．［2017-07-19］. http：//www. sohu. com/a/158419153_653533.

［31］搜狐财经网．习近平首提"向海经济"：北部湾如何向海而生？［EB/OL］.
［2017-04-21］. http：//money. 163. com/17/0421/05/CIH97AVO002580S6. html.

［32］李思屈．海洋文化产业［M］.杭州：浙江大学出版社，2015.

立足北部湾区位优势　培育广西边海大都市

百色市靖西社科联高级经济师　钟兴华

【摘要】 本文试图运用区域经济学增长极、点轴开发、梯度推进等相关理论，以及核心辩证法、矛盾分析法、系统论等方法，研究现代化大都市发展问题，提出蜘蛛网式发展模式，并从西部南向大通道入手，以培育北部湾边海大都市为例进行具体分析，提出将西部南向大通道建设上升为国家战略的建议，以及北部湾大都市开发建设的模式和路径，大体勾绘出北部湾都市区的蓝图，为北部湾的开发建设和都市化发展提供参考。

【关键词】 培育；北部湾；都市

一、引言

改革开放以来，随着城市化的提高，在率先发展地区开始出现城市群、大都市，而广西发展相对落后，经济社会发展缺乏大城市和城市群的驱动。本文从分析西部南向大通道入手，研究北部湾城市群的发展问题，提出将西部南向大通道建设上升为国家战略和建设北部湾边海大都市的思路对策。

二、新时代都市化发展趋势和广西城市化现状

在现代化进程中，西方国家形成一些诸如纽约、伦敦、东京等繁华的国际大都会；我国进入实现现代化新时代，在率先发展起来的地区也开始逐步孕育并形成大都市。现代化与城市化紧密相连，大都市伴随现代化的实现应运而生，都市化是城市集群化和高度城市化的集中表现，是现代化的重点方向，是经济社会现代化的必然结果，也是现代化水平的衡量标杆之一。

西方发达国家起步早，城市化率高，率先实现西式现代化。一些西方强国，形成了在世界上有影响力甚至主导过世界经济社会发展的繁华国际大都会（大城市会集的区域），如英国的伦敦、法国的巴黎、日本的东京、美国的纽约。城市化和都市化创造了当代世界繁荣的经济社会和人类文明，但也出现了一些问题，如环境污染、交通拥堵、无序扩张等城市病。目前，世界城市化正向科学化、生态化、数字化三个主要方向发展。

改革开放以来，我国现代化的速度大大加快，大踏步追赶世界现代化潮头，缩短了与现代化先进水平的差距。在这一进程中，城市化不断加快，城市化率不断提高，城市发展的质量不断提升，形成一批大城市，出现若干特大城市、超大城市，中小城市繁星式生成，东部沿海先进地区开始出现以大城市为核心的城市群、都市区（如京津冀、长三角、珠三角等地区）。我国城市化总体上处在中期阶段和加速发展区间，一般认为城市化率在40%~70%是加速发展期，城市化速度比较快。改革开放以来，我国城市化规模大、速度

快、质量不断提升，但也出现了不容忽视的问题，如摊大饼式扩张、无序城市化、低水平重复建设等，产生了一些城市病，忽视了资源环境承载力，偏离了现代化城市的发展方向。

党的十八大以来，我国进行了深层次、历史性的根本改革，取得了开创性、历史性的伟大成就，推动我国进入了实现民族复兴和现代化的新时代。在全面深化改革中，城市化、城市发展、城市治理方面也取得了举世瞩目的成就，城市化进入新阶段，面临新问题。随着城市化率的提高，城市发展在经济社会发展中的分量日益加重，逐渐成为发展的中心，居于核心地位，起着引领作用。城市化关系现代化的成败和进程，城市工作应成为党和国家工作的重心。新时代里，以经济建设为中心，以城市工作为重心，城市是重中之重，核中之核。

广西是老少边山穷地区，经济社会发展历来相对落后，城镇化率和城市化水平较低。改革开放以来，特别是西部大开发以来，广西发展进程加快，城镇化水平有所提高，在发展较快的地区开始形成城镇群和城镇带，但比较疏散，发展水平低，实力不强，未形成大都市。广西发展落后，在城市化方面的主要原因和表现是缺乏核心驱动：一是没有像上海市、深圳市、西安市、成都市等实力雄厚的大城市、特大城市的核心驱动；二是缺乏像京津冀、珠三角、成渝地区等大城市群的支撑和带动。要实现腾跃发展，在现代化进程中跃上新台阶，广西必须打造能提供足够动力的核心大城市，目前南宁市和柳州市最具备条件发展成为驱动核心城市；也必须培育实力强、能量足的大都市，当前北部湾城市群最具实力培育成为支撑发展的大都市区。

三、把西部南向通道建设上升为国家战略

自古以来，交通通道对于国家的经济、政治、军事具有举足轻重的战略意义。对经济社会发展起着基础性作用，通道完善，交流顺畅，则促进发展，反之则出现"瓶颈"制约。在依靠内河航运的古代，京杭运河起着南北主通道作用，连通海河、黄河、长江三大流域，灵渠的开通又连通岭南的珠江流域，灵渠在南北连通中原和岭南方面起着关键作用。在主要内河东西流向、连通东西的基础上，开凿京杭、灵渠等运河，增加南北通道，构筑形成联结东西、沟通南北的完善内河运输网，为我国古代经济发展、民族统一、国家疆域扩大奠定了交通基础。

当代交通方式日益多元化和现代化，陆地上从马车到汽车、火车，道路从一般公路到高速公路，从普通铁路到高速铁路，从管道到高压输电；水路从内河到海洋，从帆船到大型货轮；空中从飞机到运载火箭；陆水空构成立体交通体系，多维搭配形成综合性交通运输通道。

进入新时代，我国交通体系日趋完善，多方式科学组合成的交通通道日益顺畅。总体上东西通道较顺畅，南北较薄弱，东中部较完善，西部较落后。东中部较完善，主要是科学组合形成了交通大通道，比如从京津冀到长三角大通道、从京津冀到珠三角大通道。西部交通落后的主要表现是交通联系比较单一，缺乏科学组合，没有形成纵贯南北的主通道和完善的支通道。交通落后制约着西部大开发的深入推进，构成西部地区发展的一大"瓶颈"和"短板"。

打破发展的"瓶颈"，补齐经济"短板"，建设联结东西、沟通南北、交通顺畅的综

合交通通道，是进一步深入推进西部大开发的重点基础性任务。东西向的通道主要有：乌鲁木齐市—兰州市—西安市、拉萨市—成都市—重庆市、拉萨市—昆明市—北部湾，这是主要的支通道。南北向重点是呼和浩特市—西安市—重庆市—贵阳市—北部湾，这是重要的主通道。在西部地区，东西通道比较完善，南北通道比较薄弱，未形成纵贯南北、科学搭配的综合性通道。

呼和浩特市—西安市—重庆市—贵阳市—北部湾，是纵贯西部地区的南北交通大动脉，在西部连通黄河、长江、珠江三大流域，连接西安市、成渝地区、北部湾西部三大城市群，是名副其实的西部大通道，因其指向是向南至北部湾出海对接海上丝绸之路，出边对接纵贯中南半岛的中国—新加坡走廊，因此称之为西部南向大通道。

西部南向大通道主要有四个方面的战略意义：

（一）"一带一路"在西部海陆交汇和南北对接通道

丝绸之路经济带从北方陆路连通亚、欧、非三大洲，海上丝绸之路从南方海路联结亚欧非和全世界，其发源地一北一南，其连通方式一陆一海，是中华民族连通世界古老而文明的方式，"一路一带"倡议传承和弘扬这一古老方式，使之历久弥新、历久弥盛。西部南向大通道的构筑和完善，使"一带一路"在发源地实现海陆交汇和南北对接。

（二）优化国家发展的交通格局

当前，我国内陆的交通大通道和经济发展轴：纵向是哈尔滨市—沈阳市—京津地区—郑州市—武汉市—长沙市—珠三角地区，横向是上海市—南京市—武汉市—成渝地区的长江轴，两轴一纵一横十字相交，而京津地区—长三角地区、长三角地区—珠三角地区、珠三角地区—北部湾、北部湾—成渝地区—西安市、西安市—京津地区，组成五边五角的封闭环，环内有一纵一横十字相交。因此，构筑西部南向通道，补边成环，扩大通道布局，起着优化发展格局的作用。

（三）西部发展的黄金通道

西部南向大通道纵贯西部地区南北，连通黄河、长江、珠江三大流域，连接西安市、成渝地区、北部湾三大城市群，向南连接海上丝绸之路，连通东盟和世界，往北对接丝绸之路经济带，连通亚欧非大陆，将发展成为西部南北交通大动脉、经济发展轴和黄金通道。

（四）西部大开发的战略线

西部大开发是承东启西的，是有方向、有重点地由东向西推进，北面是以西安城市群为支点沿西安市—兰州市—乌鲁木齐市轴线向大西北推进，南边是以北部湾为支点沿南宁市—昆明市—拉萨市轴线推进，而中部则以成渝城市群为支点，秉承长江经济带的优势和强大能量，中间开花，向大西北和大西南推进，南向通道正好连接三大战略支点，连点成线，成为西部大开发的战略线。

构筑和完善南向大通道，外联"一带一路"国际合作，内关西部大开发和国家发展布局，涉及区域广，省份多，应由国家有关部门牵头，制定规划纲要，上报国务院批准，将其上升为国家战略。

四、发挥区位优势建设广西北部湾边海大都市

广西北部湾地区，区位独特，功能突出，条件优越，发展潜力巨大，是广西最有条件和基础发展成为都市区的地方。

（一）培育大都市的优势条件和基础

1. 独特的区位优势

临海沿边，背靠内陆，面向东盟，是北部湾独特的区位，海岸线长 1595 公里，边境线长 478 公里。陆上经河内通往中南半岛直到新加坡，海路连通东盟和世界各地，内有多条综合通道连接内地各方。

2. 富集的资源

生态良好，资源富集，有防城港、钦州港、北海港、铁山港等天然良港，有邕江、左江等通航条件好的内河，有青山绿水的生态环境。

3. 良好的发展基础

北海市是最早的沿海开放城市，引领北部湾开放区的发展，南宁市作为内陆开放城市快速崛起，驱动北部湾经济区的发展，为北部湾城市群进一步壮大打下经济基础。改革开放以来，北部湾地区城镇化进程加快，城镇化率和城市化水平不断提高，城镇体系初步形成，为都市化打下城镇基础。

4. 多重国家战略支撑和创新发展优势

北部湾区域发展，有沿海开放政策、沿边开发政策、西部大开发政策等国家多项政策的引领，有广西北部湾经济区发展规划、北部湾城市群发展规划、左右江革命老区振兴规划等国家战略的支撑，对外有中国—东盟自由贸易区的交流合作平台和机制，所有这些都有利于创新发展体制机制的建立完善，形成区域创新发展优势。

（二）北部湾的战略定位和区域功能

北部湾因其独特区位而具备特色的区域功能，从各个角度观察和分析，能给予其多重战略定位。

1. "一带一路"交汇对接的重要枢纽

"一带一路"，一陆一海，一北一南，要更好地发挥国际交流合作的战略功能，必须将两者连接组合，而北部湾的边海区位和外联内通功能，正能为"一带一路"的南北连通、陆海对接提供合适的平台，成为交汇联结的枢纽。

2. 西部地区出海出边的独特门户

我国地理区位特征是东南地区沿海，北部西部沿边。西部地区，北面、西北、西南都是内陆沿边，只有北部湾临海。所以北部湾是西南乃至西部出海最便捷的通道，也是中南地区出海南下西进印度洋的便捷通道。而从北部湾陆路进入中南半岛，直达新加坡，通达马来西亚、印度尼西亚。可谓出门边海两便，合作海陆联动。

3. 西部经济的大增长极

北部湾因其区位和全方位立体性的便利交通，能很好地吸引聚集资源，腾跃发展，成为我国西部地区乃至东南亚的经济增长极。

4. 南向通道经济带的龙头

随着西部南向大通道的构筑完善，以及南北交流合作的增强，将逐步形成南向通道经济带，而北部湾处于南端的边海枢纽位置，能加快发展，增强实力，从而带动南向通道经济带加快发展，起着龙头带动作用。

5. 西部大开发的战略支点

西部大开发和西部经济的发展，需要实力雄厚、活力强的大城市和城市群的战略支撑和龙头带动，西安市因沿通道线和历史发展而有实力，成渝地区因其沿长江和雄厚实力而具备条件，北部湾则因边海区位和对外开放而后起，三者并肩成为西部开发和发展的战略支点。

6. 广西"南向北联、东融西合"的平台

广西处于东西结合部，起着承东启西的作用，临海沿边，向南则外联东盟和世界，往北则内通祖国大地。北部湾向南陆上有南新经济通道连接中南半岛，海上依靠港口群走向世界，向东则通过珠江综合通道连接粤港澳大湾区和通过北部湾—长沙市—武汉市通道连通中原大地，融入中东部地区，往西有北部湾—昆明市—拉萨市直通西部内陆，往北则构筑南向通道连通重庆市、西安市，对接长江经济带和中华文明发祥地黄河流域。北部湾是广西"南向北联、东融西合"的重要平台。

（三）都市区的发展形态和建设路径

建设北部湾大都市，必须贯彻生态文明思想，落实绿色发展理念，以人为本，遵循城市发展规律。关键是要立足区位资源，突出边海特色，做足海和边的文章，强化开发建设，在增强经济实力的基础上，加快城市化发展，提高城市化率和水平，同时吸取国内外都市化的经验，避免和克服"大城市病"，对标国内外现代化大都市和雄安新区、深圳市、浦东新区等规划建设，使之发展成为美丽宜居的现代化边海大都市。

1. 开发范围和主框架

北部湾都市区的规划范围，与北部湾经济区的范围一致，包括南宁市、钦州市、北海市、防城港市、崇左市、玉林市6市，经济区上建都市区。开发的主框架为"一湾一核一边一轴一环"（即"五个一"），一湾就是东兴市—防城港市—钦州市—北海市，是沿海发展轴，一核就是南宁市城区及其扩展区，一边就是从东兴市至凭祥市的沿边发展轴，一轴就是凭祥市—崇左市—南宁市—横县—玉林市的横向发展轴，一环就是一湾一边一轴和玉林市—北海市发展轴围成的封闭环，环中有南宁市—钦州市、横县—北海市、崇左市—东兴市三条主要纵轴。

2. 发展区域布局

都市区的区域布局为五个功能区：沿海开放区，包括北海市全境，钦南区、钦北区、防城港口区、防城区、东兴市全境，灵山县、浦北县和博白县南部，建设港口，发展向海经济，是出海门户；沿边开发区，包括凭祥市、宁明县、龙州县、大新县、左州区和天等县、上思县西南部，建设边境口岸和通道，发展跨境合作，是出边境的"桥头堡"；核心驱动区，包括南宁市七城区和扶绥县、隆安县两县；生态涵养区，包括十万大山、四方岭、大明山、六万大山和云开大山等山区；发展腹地区，是除以上四区以外的区域，主要分布在北部湾东南和东北地区。

3. 外联内通协调发展

对都市区外，采取交流合作、共建分享、互利共赢的协同发展方式，对内采取一体化、同城化、统筹兼顾的协同发展模式。

4. 大都市的发展形态——蜘蛛网式发展

蜘蛛网式城市发展模式认为，由中心城市构筑若干条通向四周的辐射轴，环绕中心城区由里到外构筑若干条封闭的环绕轴（辐射轴、环绕轴都是交通轴和发展轴），辐射轴和环绕轴共同组成蜘蛛网式的结构，沿轴线建设城市功能区，特别在辐射轴和环绕轴交汇处建卫星城（城区），而离轴线和轴点较远的轴格内区域留着作为生态区和农业区（北京市称为留白增绿），特别是山地和湿地最适宜留作生态区，形成由里而外点轴式发展，使城市体系在大区域中多节点、有间隔、多层卫星城地进行科学布局。这是大城市和新都市发展的科学模式，有效避免摊大饼式和圈层式扩展的弊端，能克服许多大城市病难题。大都市的规划、开发、建设中要留有足够的空白区和绿化区，对大城市的中心区特别重要，控制密集度，不能超越资源环境的承载力。

5. 发展路径——核心扩展、梯度推进

都市区的开发建设，采用核心拓展和梯度推进两种方式，推进城市化，扩展都市区。核心拓展方式：在中心城周边构筑若干环绕轴和辐射轴结成网，在轴线两边和交叉处开发建设，并留白增绿，有方向、有重点地向周边扩展都市区。作为都市区核心的南宁市尤其适合核心扩展方式。梯度推进方式：一湾是开发建设的前沿，从湾区开发轴开始按规划的网轴由南向北推进，这种扩展呈扇形、有梯度，梯度由密到疏，推进方向也由密到疏，从而使都市不断扩大，逐步提高城市化率（东兴市的开发是小型化的梯度推进方式）。两种方式结合，加快北部湾区域开发，使之发展成为美丽的现代化边海新都市。

参考文献

［1］《广西北部湾经济区发展规划纲要》。

［2］《北部湾城市群发展规划纲要》。

［3］《左右江革命老区振兴规划纲要》。

［4］《北京市委关于进一步推进留白增绿的指导意见》。

［5］《京津冀协同发展规划纲要》。

大力发挥钦州市作为广西北部湾城市群
重要节点城市的作用研究

广西人力资源社会保障学会综合部主任讲师　廖振民

【摘要】 研究如何大力发挥钦州市作为广西北部湾城市群重要节点城市的作用，是着力培育和打造广西北部湾城市群的一大课题。钦州市作为广西北部湾城市群重要节点城市，拥有港口、区位、市场、产业、政策等方面的独特优势，但是，发挥重要节点城市作用，还需要具备集散、转口、服务、信息、宜居等方面的基本功能。为此，大力发挥钦州市作为广西北部湾城市群重要节点城市的作用，需要保持清醒的头脑，找准发展创新路径，既要讲原则，又要讲策略。

【关键词】 钦州市；"21世纪海上丝绸之路"；新枢纽城市

一、引言

在高速发展的城市化与区域经济一体化的推动下，城市群已成为广西参与全球竞争与区域分工的基本地域经济单元，更是推进广西经济高质量发展的重要战略支撑。2018年1月，广西出台了《北部湾城市群发展规划广西实施方案》，明确提出了以南宁市这一核心城市为支撑，以北海市、防城港市、钦州市、玉林市、崇左市为重要节点，构建"一湾双轴、一核两极"的广西北部湾城市群框架，建设宜居城市和蓝色海湾城市群。[1]钦州市作为广西北部湾城市群的重要节点城市，是古代海上丝绸之路的重要始发港之一，位于广西北部湾经济区的中心地带，是西南中南地区与东盟国家和地区交往交流的重要节点和前沿阵地，拥有港口、区位、平台、政策等多重叠加的优势条件，因而，研究如何大力发挥钦州市作为广西北部湾城市群重要节点城市的作用，是着力培育和打造广西北部湾城市群的一大课题。

二、钦州市作为广西北部湾城市群重要节点城市的独特优势

广西北部湾城市群包括南宁市、北海市、钦州市、防城港市、玉林市、崇左市六个城市。2017年，钦州市地区生产总值（GDP）为1309.8亿元，占广西北部湾城市群的13.09%，财政收入为145.08亿元，占广西北部湾城市群的10.96%，固定资产投资为1088.8亿元，占广西北部湾城市群的11.08%，社会消费品零售总额为411.7亿元，占广西北部湾城市群的10.7%。[2]总的来说，钦州市经济综合实力在广西北部湾城市群中居于第三位，同时，还具有重要的独特优势。

（一）港口优势

港口，是钦州市发挥广西北部湾城市群重要节点城市作用的核心资源。钦州港现已建

成万吨以上泊位上百个，其中 10 万吨以上的码头达 10 个以上，包括已建成的 30 万吨级支航道、中船配套航道及码头，而且口岸是全方位的对外开放，并与世界上 100 多个国家和地区的 200 多个港口建立贸易关系，开通了新加坡、泰国、越南、马来西亚等区域性国际定期班轮航线，其中，中新互联互通南向通道已建成，以钦州港为节点的"渝桂新"海铁联运常态化班列、"蓉欧+"东盟和"陇桂新"国际海铁联运班列已开通运行，正发挥着海铁联运陆海枢纽作用，集疏运网络不断完善。2017 年，钦州港吞吐量达 8338 万吨，集装箱吞吐量达 177 万标箱，居广西北部湾港之首。[3]

（二）区位优势

当前，广西北部湾城市群是构建面向东盟的国际大通道的核心地带，是把广西打造成西南中南地区开放发展新的战略支点的核心支点，是形成"21 世纪海上丝绸之路"和"丝绸之路经济带"有机衔接的重要门户的核心节点。钦州市正处在广西北部湾城市群的中心位置，区位优势尤为凸显，对外是促进广西尤其是我国与东盟全面合作的重要桥梁和窗口，是形成"21 世纪海上丝绸之路"和"丝绸之路经济带"有机衔接的重要门户城市，对内则是西南中南地区最便捷的出海大通道。同时，钦州市还可以发挥中马钦州产业园区、钦州保税港区、钦州港经济技术开发区等国家级平台作用，向内辐射陆上腹地西南中南地区，向外辐射海上腹地东盟国家和地区。

（三）市场优势

钦州市是广西尤其是我国面向东盟 6 亿人口大市场的"桥头堡"，与东盟的贸易合作正处于快速发展时期。2017 年，钦州市与东盟的货物进出口总额达到 11.68 亿美元，其中货物进口额增长 105.3%。[4]同时，还可以联动西南中南地区 6 亿人口市场的广阔内陆腹地。也就是说，在市场开发、产业合作、产品销售、人文交流等方面，钦州市面对着拥有 12 亿人口的对内市场和对外市场的发展空间，市场需求优势明显。

（四）产业优势

目前，钦州市已初步形成一批石油化工、粮油加工、电力能源、林浆纸和冶金等门类较为齐全的产业体系，正在全力发展修造船、汽车制造等装备制造业，现已成为我国西南地区最大的石化基地、能源储备基地、林浆纸生产基地。而"一带一路"沿线国家和地区，特别是东盟国家和地区的经济社会发展程度不一，产业结构具有较大差异，这与钦州市的产业具有明显的互补性，进而为钦州市产业结构转型升级提供了重大机遇与发展空间。

（五）政策优势

当前，钦州市享有多重叠加的政策优势。比如，具有中马钦州产业园区、广西北部湾经济区、钦州保税港区、整车进口口岸、钦州港经济技术开发区和钦州台湾农民创业园 6 个国家级平台的开放合作政策优势。另外，钦州市还可以享有深化国家西部大开发政策、少数民族地区区域自治政策以及国家产业转移配套政策等多重叠加的政策优势。

三、发挥钦州市作为广西北部湾城市群重要节点城市作用的功能

作为广西北部湾城市群的重要节点城市，钦州市不但应发挥好其独特优势，还应具备

发挥重要节点城市的基本功能。

（一）集散功能

钦州市作为广西北部湾城市群的重要节点城市，逐步形成了巨大的市场吸引力和引领力，能够将国内外的产品和服务的供应者和需求者会聚起来，成为区域性国际货物贸易和服务贸易的集散中心，即成为构建面向东盟及服务于"一带一路"沿线国家和地区的有形商品与无形服务的重要市场交易枢纽。这就需要具备巨大的供给与需求、便捷廉价的交通和通信、高效优质的各类服务、稳定优惠的对外贸易政策、综合素质高的人力资源等支撑条件。

（二）转口功能

作为广西北部湾城市群的重要节点城市，钦州市应充分利用好港口这个核心资源的作用和影响，使其成为国际上重要的区域性转口贸易城市。然而，把钦州市打造成为重要转口贸易城市的基础条件，包括具有高度发达的现代物流业，先进的现代港口设施，服务效率高效，运营成本低，方便快捷，信息畅通等，即构建面向东盟及服务于"一带一路"沿线国家和地区的国际航运枢纽。

（三）服务功能

作为广西北部湾城市群的重要节点城市，钦州市需要具备为各行各业提供优质的银行服务、保险服务、现代物流服务、会计和信息等专业服务，以及城市文化服务和生活服务等各领域的公共服务，即成为面向东盟及服务于"一带一路"沿线国家和地区的北部湾现代服务业中心，特别是应具有全方位的区域性国际金融中心功能。

（四）信息功能

作为广西北部湾城市群的重要节点城市，钦州市需要具备高度发达的现代信息中心功能。伴随着互联网的快速发展和普及，信息时代已来临，它已对经济社会各领域各行业的发展理念、发展模式、企业经营方式和管理手段等带来前所未有的颠覆性转变，及时快捷获取和处理信息已成为企业成败的关键。

（五）宜居功能

作为广西北部湾城市群的重要节点城市，钦州市需要具备宜商宜居的区域性国际城市条件。只有这样，才能引进更多的各类供求商、投资商和人力资源。而宜商宜居的区域性国际城市应商业发达，市场竞争公平，保护知识产权，城市文化生活丰富，城市医疗、健康、学校配套，自然环境和空气质量优良，城市幸福指数高，即成为构建面向东盟及服务于"一带一路"沿线国家和地区的滨海城市。

四、发挥钦州市作为广西北部湾城市群重要节点城市作用的途径

作为广西北部湾城市群的重要节点城市，钦州市拥有独特的优势条件，在将广西北部湾城市群构建成面向东盟的国际大通道的核心地带、把广西打造成西南中南地区开放发展新的战略支点的核心支点、形成"21世纪海上丝绸之路"和"丝绸之路经济带"有机衔接的重要门户的核心节点的进程中，节点作用日益凸显。为此，大力发挥钦州市作为广西北部湾城市群重要节点城市的作用，需要保持清醒的头脑，找准发展创新路径，既讲原则

又讲策略。

（一）发挥钦州市作为广西北部湾城市群重要节点城市作用的原则

1. 注重节点定位原则

从均衡式的城镇布局体系发展来看，在发挥城市群核心城市作用的"溢出效应"过程中容易受阻，并造成核心城市与节点城市的脱节问题，导致城市群各城市之间产生非理性的相互竞争，比如区位空间、市场要素、资源环境等方面的相互竞争，以至于出现各自为政、市场封闭、基础设施重复建设等不经济行为。为此，推进广西北部湾城市群建设，要立足于整体思路，从大局着眼，节点城市要自觉维护核心城市的"权威"，即要以核心城市南宁市为主导，节点城市钦州市自觉与南宁市保持一定的有序等级差异（其他节点城市如北海市、防城港市、玉林市、崇左市同样如此），以促进区域发展要素从高势位城市向低势位城市流动，从而避免广西北部湾城市群各城市之间因"平行化发展"而引起无序竞争。

2. 注重节点联动原则

广西北部湾城市群各节点城市间应形成发达的网络联通体系，推动形成由交通网络、市场网络、资本网络、信息网络等多层次网络空间叠加构成的广西北部湾城市群网络体系，以促进体系内人流、物流、资金流、技术流、信息流等发展要素的充分流动，并经节点城市的生产重组和整合后再"回流"到体系之中，如此不断地循环、积累，让各节点城市在增强自身优势的同时，扩散优势要素与其他节点城市形成优势互补，进而从整体上推进广西北部湾城市群各节点城市的联动发展。为此，钦州市作为广西北部湾城市群重要节点城市应积极利用体系内人流、物流、资金流、技术流、信息流等发展要素，来增强自身对发展要素的生产重组和整合作用，并"回流"到体系之中，与其他5个节点城市形成共生关系，共同推进广西北部湾城市群建设。

3. 注重节点放大原则

广西北部湾城市群作为构建面向东盟的国际大通道的核心地带、把广西打造成西南中南地区开放发展新的战略支点的核心支点、形成"21世纪海上丝绸之路"和"丝绸之路经济带"有机衔接的重要门户的核心节点，在充分发挥各节点城市重要作用的同时，也应让节点城市利用难得的机遇与优势独立发展自己，并通过内在联动机制流动发展要素，以放大发展要素效应。为此，钦州市作为广西北部湾城市群重要节点城市应充分利用国家战略机遇和政策支持，不断推进自身发展和进步，以放大广西北部湾城市群中的国家战略效应，惠及其他节点城市，从而提升其在广西北部湾城市群中的地位与作用。

（二）发挥钦州市作为广西北部湾城市群重要节点城市的策略

1. 打造海上互联互通的港口城市合作网络基地

钦州市作为广西北部湾城市群重要节点城市，应全面推进中国—东盟港口城市合作网络建设，形成以钦州港为基地，并覆盖东盟国家和地区的47个港口城市的航线网络，加快建设中国—东盟港口物流信息中心，以及中国—东盟港口城市合作网络机制机构。同时，要进一步推进与东盟国家和地区在航运物流、现代产业、区域文化、教育培训、旅游目的地等各领域的开放合作，打造面向东盟的全方位开放合作新局面，使钦州市在推进广西北部湾城市群建设中，成为中国—东盟海上互联互通的重要基地，进而在区域各港口城市之间形成航运物流带、港口合作带、临港产业带、港口城市联盟以及区域性国际旅游圈。另外，还应大力发展口岸跨区域合作，进一步加强跨区域港口间合作，加快港口公共信息共享平台建设，推进方便快捷的跨区域通关体系建设。[5]

2. 打造南向通道的区域性国际航运中心

钦州市作为广西北部湾城市群重要节点城市，应加快建设千万标箱集装箱干线港，重点开发三墩和三墩外港、大环等新作业区，以及大榄坪集装箱码头等深水航道和大能力泊位，开设航运服务集聚区，积极拓展直达陆上腹地西南中南地区主要城市的海铁联运，从而形成可以覆盖东盟国家和地区港口以及中东、非洲和欧美主要港口的航线网络。到 2020 年，钦州市要实现港口吞吐能力达到 2 亿吨以及吞吐量达到 1.5 亿吨，其中集装箱吞吐能力达到 800 万标箱，吞吐量达到 500 万标箱，[6] 从而基本建成面向东盟的区域性国际航运中心和北部湾千万标箱集装箱干线港。

3. 打造优势互补的区域性国际产业合作高地

钦州市作为广西北部湾城市群重要节点城市，应着力发挥中马钦州产业园区、钦州保税港区、钦州港经济技术开发区、整车进口口岸、钦州台湾农民创业园 5 个国家级平台的辐射拉动作用，承接国内外产业转移以及吸纳国内外产业资本，从而把这些园区建设成为区域性国际产业合作高地。其中，中马钦州产业园区、钦州保税港区和整车进口口岸、钦州港经济技术开发区、钦州台湾农民创业园将分别被打造成为共建"21 世纪海上丝绸之路"的先行示范园区，面向东盟的区域性国际物流中心和出口加工基地，石化、装备制造、造纸等临港产业的先进制造业基地和煤炭、矿石等能源保障基地及战略资源集散基地，以及广西与东盟国家和地区农业合作的示范平台。从而把钦州市打造成优势互补的区域性国际产业合作高地，辐射和拉动广西北部湾城市群其他节点城市的高质量发展。

4. 打造服务齐全的区域性国际金融中心

钦州市作为广西北部湾城市群重要节点城市，应抓住沿边金融综合改革实验区建设的契机，积极探索拓展人民币"走出去"的方式。例如，允许东盟财团或法人以人民币购买钦州市企业股权，以及东盟金融机构以境外人民币贷款方式投资钦州市重大产业项目等试点形式，从而将钦州打造成为面向东盟的人民币回流机制建设的先行试验区。同时，可以依托中马钦州产业园区的平台优势，开展跨境金融业务创新，推动离岸金融、航运金融、贸易金融等特色高端金融服务，以及为国际贸易、国际投资、人员往来等方面提供融资、担保、贴现、保险、结算等专业化金融服务支持。进而把钦州市打造成为与临港产业、港口航运、国际贸易等相适应的区域性国际金融中心，为共建"21 世纪海上丝绸之路"提供强有力的国际金融中心支撑。

5. 打造宜居宜商的区域性国际人才高地

钦州市作为广西北部湾城市群重要节点城市，应把丰富的人才资源作为推动经济高质量发展和企业做大做强做优的立足之本，因而需要有各方面的国际化、专业化、高层次的人才提供强有力的支撑。为此，一是要不断健全和完善用人机制及收入分配制度。人才任用机制应确保各方面的人才都能够得到真正发挥其才能的机会和岗位；人才收入分配制度应确保能够有效引导各方面的人才选择真正发挥其才能的岗位和职业。二是要消除影响人才自由流动的各种障碍。比如，高房价以及户籍制度在一定程度上影响了各方面人才的区位选择，这就应大力推进人才公寓建设，加大廉租房对各方面人才的倾斜和支持，彻底改革户籍管理制度，以解决人才的后顾之忧。三是要为人才营造宜居稳定和谐的社会生活环境。学校、医疗、社会秩序、公民素质等都可以影响人才的区位选择，所以应进一步加大对于教育和医疗的投入，促进公共教育资源均衡配置，完善社会治理机制，提升城市宜居水平和公众综合素质。从而将钦州市打造成宜居宜商的区域性国际人才高地，以服务于广西北部湾城市群建设。

6. 打造开放创新的钦州市自由贸易港区

自由贸易港区是在一国国境以内关境以外划定的特殊贸易区域，在区域内商品进出口可暂免关税，为有效拓展国际贸易提供了极大的便利。2013 年 9 月，中国（上海）自由贸易试验区正式设立，为在全国范围内建立更多的自由贸易试验区进行先行先试，积累一定经验后再推广到其他地区。为此，钦州市作为广西北部湾城市群重要节点城市，应争取早日设立面向东盟、服务"一带一路"的自由贸易港区，以在广西北部湾城市群建设中发挥更大的作用。当前，钦州市在区位优势、贸易优势、港口优势、保税区优势等方面具备了设立的基本条件，比如钦州市设有保税港区，在保税物流方面积累了一定经验，有利于保税港区向自由贸易港区转型。另外，钦州市还应进一步全面深化改革。一方面，要进一步推进简政放权，大力简化进出口手续，尽可能减少行政审批环节，不断提升贸易与投资的便利化水平，降低各类企业的进出口成本，有效保护知识产权，并不断提高办事效率。另一方面，要进一步强化制度创新，推进观念彻底转变，增强政府自身建设，全面促进依法治国和依法行政，不断提高政府公共服务能力和质量，加快深化政务公开的透明度和公平性。

参考文献

[1] 广西壮族自治区人民政府 . 广西壮族自治区人民政府关于印发北部湾城市群发展规划广西实施方案的通知 [EB/OL]. [2018-01-15], http：//www. gxzf. gov. cn/zwgk/zfwj/zzqrmzfwj/20180115-676353. shtml，2018-10-18.

[2][3][4] 钦州市统计局 . 2017 年钦州市国民经济和社会发展统计公报 [EB/OL]. [2018-06-27], http：//www. qinzhou. gov. cn/tjxx/tjgb/201806/t20180627_1153738. htm，2018-10-18.

[5] 陈武 . 发展好海洋合作伙伴关系——深入学习贯彻习近平同志关于共建 21 世纪"海上丝绸之路"的战略构想 [N].人民日报，2014-01-15（7）.

[6] 黄志文，李自荣 . 钦州：建设 21 世纪"海上丝绸之路"新门户和新枢纽 [J]. 广西经济，2014（9）：31-35.

广西北部湾城市发展浅谈

广西钦州市浦北县浦北中学教师　李伟

【摘要】 广西北部湾城市经济区应该引入生态美学维度，统筹规划广西北部湾城市群的整体景观格局，塑造城市群的鲜明个性形象，提高市民建设美好家园的参与度，整合和发挥中心城市和周边城市各自生态资源优势和景观特色，探索城市海洋经济创新发展、海洋文化交流学习、生态良好与发展南向通道的可持续发展道路，建设美丽的北部湾城市群。

【关键词】 北部湾城市；海洋；文化

一、引言

21 世纪是海洋的世纪，"向海则兴，背海则衰"。党的十九大提出了"加快建设海洋强国"的战略目标，进一步突出了海洋事业在国家战略中的地位。广西与东盟国家海陆相连，是我国西部唯一沿海沿边的少数民族自治区，发展向海经济具有不可替代的战略地位和得天独厚的资源禀赋优势。积极推进科技创新，加快海洋经济结构优化升级，提升海洋经济在经济社会发展中的地位，是广西向海经济健康发展的迫切需求，也是广西打造"21世纪海上丝绸之路"重要门户的必由之路。因此，这也是我们广西北部湾城市所要做的。

二、认识和把握北部湾城市海洋经济与科技现状

近年来，北部湾城市充分发挥发展向海经济的天然资源禀赋优势，海洋经济发展取得了可喜成绩。但与全国其他沿海城市相比，北部湾城市海洋经济总量和产业规模仍然偏小，长期在低位徘徊，尚未形成产业集群和规模效应。与全国海洋三产结构相比，海洋经济结构层次仍较低，传统海洋产业仍处于粗放型发展阶段；真正科技含量高的新兴海洋科技产业比重小，成规模的海洋高新技术企业仍处于稀缺状态。尤其是海洋科技创新基础较为薄弱，无论是学科平台、人才队伍、研究成果、经费投入或科技成果转化机制等方面都缺乏吸引力，尚不足以支撑和引领广西北部湾城市海洋经济的跨越发展。

三、打造海洋科技创新链的路径

围绕发展向海经济、打造广西北部湾城市创新驱动发展，结合落实《"十三五"广西海洋发展规划》和国家《北部湾城市群发展规划》，聚焦广西向海经济对科技创新的重大需求和"瓶颈"问题，重点围绕海洋环保、海洋生物资源开发、海洋运输与海洋工程、临海工业等领域，打造七条科技创新链，支撑引领广西向海经济健康发展（此处只列出五条）。

北部湾海洋生态环境保护创新链，包括海洋环境监测与污染防控和海洋生态系统恢复与保护。

北部湾滨海旅游创新链。以科技创新为手段，科学构筑滨海旅游新格局，突出海洋生态和海洋文化特色，建设北部湾全海域旅游云服务平台，以互联网理念和技术手段促进滨海旅游产业创新发展，从"景区旅游"转向"全海域旅游"。开展全域数字文化旅游智能服务技术研发与应用、智慧旅游服务及应用示范。建成具有鲜明地方特色和科技含量高的广西滨海旅游带。

北部湾海洋交通运输创新链。造船方面，通过造船新工艺、新材料、新装备等高新技术开发，发展大动力、高效益的集装箱船、散货船和特种运输船。港口物流方面，实施"互联网+高效物流"技术创新，加快培育物流新业态，构建由大宗商品交易平台、海陆联动集疏运网络、金融和信息支撑系统组成的"三位一体"现代港航物流服务体系，面向东盟开放。

北部湾海洋能源和矿产开发创新链。积极探索海水化学资源和卤水资源综合利用，在涠洲岛、斜阳岛等有居民海岛示范应用；充分利用广西沿海白龙尾半岛和涠洲岛较丰富的风能资源，科学布局近岸海域风电场，推广风力发电；研制精确勘探和钻采试验技术与装备，促进北部湾海洋油气和矿产资源开发；推进沿岸潮汐能、波浪能等海洋清洁能源的实验开发。

临海工业低碳化、集约化和高端化发展创新链。推进海洋油气勘探开发、临海炼油、石油化工和精细化工的链式发展；引导热电联产项目与海水综合利用相结合，探索循环产业链发展模式，实现产业生态化、清洁化和低碳化；以电子信息、新材料等高端制造业为核心，培育若干年产值超千亿元的临海高科技产业集群。

四、多举措加大科技研发投入力度

要实现广西北部湾城市海洋经济提速发展，就必须解放思想，加大对科技研发的投入力度，真正用好科学技术这一最高意义上的革命力量和有力杠杆。

加强顶层设计，组建广西北部湾城市海洋科技创新专家委员会。应建立海洋科技创新委员会，组织和统筹海洋科技事业和资源优化配置。理顺政府各部门与科技研发机构的关系，建立机制，实现科技创新工作"消除隔阂、相互配合、信息互通、资源整合、成果共享"。

加强海洋学科和平台建设，打造高端科研高地。加快建立国家海洋局第四海洋研究所、北部湾大学、北京航空航天大学北海学院；大力支持广西大学、广西民族大学等高校办好海洋学院，申报海洋专业学科点，支持广西大学建设以海洋学科为支撑的世界一流学科群；积极筹建中国—东盟国家海洋科技联合研发中心、监测预报中心、科技创新信息公共服务平台等；建立海洋技术创新和产业发展的战略联盟，推动"政产学研用"协同创新。

加大财政科技投入，按创新链系统部署科技项目。加大对海洋科技创新项目的投入力度，设立海洋科技创新专项经费。在广西海洋科技创新委员会的总体规划和指导下，遴选若干带动广西北部湾海洋经济指标显著提升的重大项目，分期分批实施，同时加强项目监管和评估，力争取得实效。

实施人才兴海战略，柔性会聚海洋科技人才。明确培养引进海洋人才的类型和重点，实施人才兴海战略。实施产业人才引进工程方面，组织有需求的企业到海洋经济发达省份和人才聚集地区开展专场招聘活动，满足当前广西北部湾城市海洋产业人才需求；在实施海洋产业紧缺人才培训工程方面，鼓励企业与区内外海洋专业培训机构合作，开展针对性强的技能培训和再培训，尽快补齐紧缺人才"短板"；在实施高端海洋人才引进工程方面，增加海洋经济和科技领域的高端人才引进指标，大力支持海洋经济与科技领域"人才小高地"建设，积极培育海洋高端创新能力。

深化产学研合作，构建"市场—孵化器—中介"三位一体的成果转化体系。首先，促进科技成果与市场需求的有效衔接，推进科技成果商品化、市场化、产业化，提高海洋科技成果转化率和对经济发展的贡献率。其次，鼓励大企业与科研院所和高校联合共建海洋科技孵化器、新型产业孵化基地和科技成果转化基地，建立和完善海洋科技推广体系。最后，加快推进科技中介的专业化。推动科技创业服务中心、技术产权交易所、科技咨询中心等服务机构的社会化、专业化建设；支持企业、社会团体或个人创办海洋科技中介机构，鼓励科技中介跨行政区设立分支机构；推动广西与国内外知名中介机构的交流与合作，尽快实现与东盟等国家的国际服务规范接轨。

党的十九大报告特别提出，"赋予自由贸易试验区更大改革自主权，探索建设自由贸易港"。习近平总书记在党的十九大报告中明确指出，文化是一个国家、一个民族的灵魂，没有高度的文化自信，没有文化的繁荣兴盛，就没有中华民族伟大复兴。

发展传承海洋文化，让海洋文化"活起来"，对北部湾城市海洋文化资源开展系统梳理和挖掘研究，建立海洋文化资源点、线、面保护利用相结合的系统网络，通过去粗取精、去伪存真，做到古为今用、活学活用。创新海洋文化，让海洋文化"传下去"。精心设计举办有影响力的品牌节庆文化活动，使之成为国内甚至国际海洋文化交流合作的平台，让海洋文化活跃起来，展现出来，使海洋文化得到开发、继承和发展。传播海洋文化，让海洋文化"走出去"。扩大海洋文化交流合作，拓展海洋文化传播平台，加强与国内外主流媒体的合作，做大对外文化贸易。

培育海洋意识，树立海洋生态文明观念。培养民众海洋生态的忧患意识、参与意识和责任意识，进而树立海洋生态文明的道德观、价值观、文化观，加快构建富有北部湾特色的海洋意识体系。规范海洋行为，提升海岛生态文明程度。加强地方立法，探索自由贸易试验区的各项制度创新，形成指导和规范各种海洋行为的制度文化。将海洋科技成果融入到新区建设的方方面面。引导全社会树立生态无价、保护生态人人有责的意识，营造珍惜海洋环境、保护海洋生态的社会氛围。突出海洋元素，加强城市海洋文化规划。建设一批有"海味"的城市文化地标，建造一批具有海洋文化元素和"海派"风格的桥梁、码头、楼宇、文化礼堂等公共设施，建设观音法界、国际海岛旅游大会永久性会址等具有海洋文化、佛教文化内涵的特色地标性建筑，打造海上文明城市样板和海洋文化博物馆，努力提升北部湾国际海洋文化名城的新形象。

牢记社会责任。坚持社会效益和经济效益相统一，把社会效益放在首位。我们鲜明的工作导向，决不能简单地以票房、收视率、点击率、发行量论英雄。加强政府引导。鼓励引导广大文艺工作者坚守艺术理想、树立远大志向、强化精品意识，潜下心来搞创作，精益求精搞创作。设立文艺精品专项经费，完善扶持引导方式，加大引导和扶持、奖励力度。

推动基层海洋文化阵地的延伸拓展。打响渔文化礼堂品牌，在建筑风格、布展布局、内涵挖掘等方面融入更多海洋文化元素，同时向城市、社区、企业等领域延伸拓展。加强基层海洋文化阵地的内容供给。做大做强"淘文化"平台，推动服务项目与渔农民群众需求有效对接，鼓励群众自办文化，最大限度地满足广大群众的精神文化需求。加强基层海洋文化阵地的管理。探索市场化服务方式，支持社会力量通过文化众筹、投资捐赠等方式参与建设，增加文化资源总量。

以更宽的视野、更高的境界、更大的气魄，广开选贤任能之路，构筑起北部湾文化发展的人才高地。培养复合型文化人才。重点培养善于开拓海洋文化新领域的拔尖创新型人才、掌握现代传媒技术的专业型人才、懂经营善管理的复合型人才和适应文化"走出去"需要的国际化人才。抓好培养环节。抓好实践锻炼、系统培训、学校教育、制度保障四个环节，为优秀人才脱颖而出、施展才干提供保证。壮大城乡基层文化人才队伍。配好配齐乡镇宣传干部队伍。重视培养基层文化人才，形成专兼结合、广泛参与的基层文化人才队伍格局。

要从文化延伸的角度来研究和发展产业，打造最具特色、最吸引人的北部湾城市。打好"特色牌"。包括海洋特色、佛教特色、新区特色等。要充分利用好北部湾城市的特色优势，积极推进邮轮、游艇、海钓、康体等时尚旅游新业态，做强中国海洋文化节等节庆品牌，培育新兴文化旅游业态，优先发展以文化旅游、节庆会展、体育休闲为重点的文化产业。同时，积极探索"文化+自贸区""文化+金融"等发展模式。

2018年"两会"期间，一个以往未被提及的话题忽然变成"热点"。广西代表团以全团的名义，向十三届全国人大一次会议提交了《关于加快建设中新互联互通南向通道的建议》，建议把中新互联互通南向通道建设纳入国家战略。广西、贵州、四川、甘肃、重庆、云南、青海、陕西8个省区市的23名全国政协委员联合提名建议将建设南向通道上升为国家战略。这种局面在近些年"两会"提案中是不多见的，南向通道好像是突然爆发的一个热点话题，在短短一年内受到普遍关注，并且得到西部地区、东盟各国、合作各方的高度响应。

北部湾港作为我国西部地区最近的出海通道，很早就勾画了西南出海大通道的格局。早在1992年5月，中央政府做出"要充分发挥广西作为西南地区出海通道的作用"的战略决策后，西南出海大通道建设开始启动。

2016年出台的《推进物流大通道建设行动计划（2016—2020年）》，再次明确了西南出海大通道的定义："西南出海物流大通道北起西安市、宝鸡市，经成渝地区，至云南沿边和广西沿海地区，主要依托包头市至防城港市综合运输通道和临河至磨憨综合运输通道，西安市（宝鸡市）至磨憨段、珠江—西江干流航道等，强化关中、成渝、滇中、北部湾等地区间的货运联系，并进一步沟通南亚、东南亚地区。"

从西南出海大通道概念的提出，到"一带一路"倡议的提出，西南出海大通道的建设重心放在了打通从重庆、贵州、广西北部湾的公路网络和北部湾港口群的建设上，西部地区连通北部湾的公路是在地质条件苛刻的喀斯特地貌上建立的，对中国西南各省区市交通环境的改善起到极大的促进作用。应该肯定，这段期间积累的基础设施建设的成果，是今天南向通道的宝贵财富。

二十多年西南出海大通道建设中，解决了一系列发展中的矛盾，为今天南向通道奠定了一定的基础。

（一）有效整合了北部湾港口群

北部湾港口群是我国最早完成整合的地区。北部湾港整合前，钦州市、北海市、防城港市三港相互竞争，内耗过重。北钦防三港原隶属于不同主管部门，由于地理位置、周边产业经济和管理方式的差异，在港口码头、泊位、装卸设施设备、航道等各方面形成了巨大的差异，从而导致各自为政、分散经营、货种分工混乱的局面，广西北部湾港口难以形成合力，以满足不断增加的货源需求。2007 年 2 月，广西壮族自治区政府将跨行政区划的钦州港、北海港、防城港 3 个港口进行资产重组，成立了广西北部湾国际港务集团有限公司，为广西壮族自治区直属国有独资企业，统筹三个港口的运营和建设，结束了过去三港无序竞争的局面。

（二）建立北部湾经济区，形成发展合力

广西为统筹北部湾地区的发展，将广西南宁市、北海市、钦州市、防城港市所辖区域范围，同时包括玉林市和崇左市两个物流中心，划为北部湾经济区。于 2006 年开始设立北部湾经济区办公室，2015 年更名为广西壮族自治区北部湾经济区和东盟开放合作办公室，负责统筹规划广西北部湾经济区的开发建设，协调区域内各方面的关系和重大事项，研究制定区域开放开发的具体政策措施等。在此推动下，北部湾经济区已经形成多个经济开发区，包括：广西—东盟经济开发区、南宁六景工业园、南宁高新技术产业开发区、南宁经济技术开发区、北海工业园、北海铁山港工业区、防城港经济开发区、广西东兴国家重点开发开放实验区、钦州港经济技术开发区、中马钦州产业园、广西钦州保税港区、玉林龙潭产业园、广西凭祥综合保税区等。

（三）抓住中国—东盟合作机遇，发展东盟多边合作

近十年，广西北部湾城市抓住了东盟合作这一重要的战略机遇，每年一度的东盟博览会给广西北部湾城市带来了许多合作机遇。正是有了东盟合作十年，新加坡对广西北部湾城市的投资力度不断加大。2015 年，新加坡港口集团（PSA）与北部湾港联合加大对钦州港的投入，成立合资公司，钦州港的集装箱作业能力有了大幅提升。

广西在建立西南出海大通道中，做了诸多努力，但是与预期差距较大，甚至有些观点认为，广西建立西南出海大通道是"小马拉大车"，凭一己之力，无法撑起中国西部这么大的外向经济发展局面，西南出海大通道建设速度相对华东地区、华南地区缓慢许多。

北部湾港口早期发展与铁路分离，自身航线资源也比较单一。北钦防三港与广东的湛江港地理位置邻近，都是我国西南地区出海的主要港口，其港口腹地也互相交错。而湛江港在其自身的发展过程中，一直与铁路保持密切的关系，有洛（阳）湛（江）铁路等国有干线铁路支撑，具备抢占内陆货源的先机，所以吞吐量一直遥遥领先。广西的北部湾三港的疏港铁路由于是地方铁路，只有在国有铁路饱和之后才会分到大西南的货源，严重受到限制。且因其运量不足，导致地方铁路货运成本高于湛江港，整个北钦防三港吞吐总量才勉强与湛江港相当，所以作为西南出海大通道的门户，发挥不出效益也不可避免。陆向发展由于和铁路的关系受阻，而海向延伸由于自身航线单一也捉襟见肘。

如今，"一带一路"倡议提出，让广西重新发挥自身重要的区位优势，开始挖掘通道

建设中的战略价值。中新（重庆）战略性互联互动示范项目，令广西北部湾港找到了打入纵深经济腹地的政治机遇。虽然该项目落户重庆市，但是凭借广西与新加坡多年合作的积淀，广西政府和港航企业敏锐地看到这一战略机遇，共同推动南向通道的建设。广西与东盟合作十年积累的资源，成为广西建设南向通道的先天优势。

2015年3月，习近平总书记参加十二届全国人大三次会议广西代表团审议时，为广西发展指明了"三大定位"："构建面向东盟的国际大通道，打造西南中南地区开放发展新的战略支点，形成'21世纪海上丝绸之路'和'丝绸之路经济带'有机衔接的重要门户。"显然，在南向通道建设中，无论是对南向通道的认识程度、建设力度还是成功的渴望，广西都走在前列。广西政府的高层领导调任甘肃地区后，也迅速带动了甘肃投入到南向通道建设中。

广西北部湾是南向通道汇流处，打造好北部湾战略支点对于广西和南向通道各方，都是成功的必要条件。广西在建设南向通道，打造战略支点的过程中，可谓百事待举。归集起来有五个方面。

1. 乘南向通道东风，尽快解决基础设施"瓶颈"

南向通道以海铁联运作为最具经济价值的物流模式。目前北钦防三港将集装箱航线归集到钦州港后，钦州市海铁联运换装能力不足将成为压力，加快港站建设刻不容缓。对于铁路线路、港口作业、边境换装、港口配套物流基地等，广西北部湾城市都需要大规模地改建和扩建。

2. 重新认识港口的经济引擎作用，形成海陆双向推动

港口在过去的发展中，是以航线资源作为主要竞争力，以发展大量临港加工和贸易分拨为货源基础。如今，随着内陆的开发需求不断加大，北部湾城市港口竞争以内陆资源的控制为竞争力，所谓"得内陆者得天下"。港口发展航线资源的途径，一方面是提高对境外港口的合作水平，另一方面是提高对内陆港的建设水平。以北部湾港积极布局内陆无水港为下一轮的战略突破口，在西部进行网络布局，形成海向一体化和陆向一体化的双向发展。

3. 推动"西南陆桥"建设，形成多式联运一体化服务

欧美陆桥运输模式本质上是多式联运服务。通过主要线路各合作伙伴的业务协同，共同推出"一柜到底""一单到底"全程责任的运输服务。

4. 整合广西物流资源，确立龙头企业，形成合力，推进通道建设

广西要通过通道建设实施陆向、海向双向扩展的发展模式，需要确立以北部湾港为龙头牵引的地位，区分江、边的细分市场，将北部湾港作为长距离、重载化、国际化的通道支点。

5. 担当南向通道信息联通的建设重任

南向通道沿途都建立有企业级或区域级的物流信息系统，作为南向通道的核心枢纽，需要提供境内外的港口、航运、铁路、陆港、货主、海关、口岸的信息互联平台，建立以统一运力资源的订舱服务、追踪查询、预制作业计划、一体化通关、单证服务和保险理赔等核心功能的多式联运信息系统。

目前，多省份纷纷出台南向通道建设方案，方案中都明确了南向通道建设对于本地经济发展的意义，下一步要各省份充分认识自身在南向通道中的存在价值，特别是几个主要

地区和节点的合作价值。广西北部湾城市如何打造高效便捷的海铁联运、跨境铁路的服务平台，如何成为南向通道战略支点？应要做到以下方面：南向通道双方合作的纽带就是"共商、共建、共享"的原则，这一原则执行的关键在于"分享、开放、尊重"，即分享资源、分享经验、分享彼此的市场；开放包容，容许更多的地区和企业加入，不断丰富产品线，不断融入其他的国际物流通道；尊重各自的核心利益，尊重各自的发展模式选择。

南向通道的精髓就是国际供应链重构。在建设南向通道过程中，需要多方努力，重塑运输链协同规则，挖掘海运规则、内贸规则、国际铁路联运规则最大公约数，推进多边通关便利，消除贸易便利化的减速器。需要伴随物流通道建设过程，重构国际贸易集散的空间布局，以多式联运枢纽带动新的贸易聚集。建设南向通道，需要厘清物流通道和经济走廊的边界。立足物流通道建设，面向沿通道地区经济增长需求，以物流效率为引擎，形成新的区域经济合作，这是南向通道的全部要义。

广西北部湾城市只有做到了创新发展海洋经济，深入了解与学习海洋文化，并和其他国内外地区与城市协同发展，广西北部湾城市才能得到更好的发展。

以港口建设促进广西沿海城市群协同发展

广西金融职业技术学院高级讲师　黄涛

【摘要】 本文从加强港口建设，促进广西沿海城市群发展的角度，指出当前北部湾港建设存在的主要问题和影响，结合国际国内先进海港建设经验，提出要强化南向通道生命线意识，发展临港产业经济，加强港口软硬件建设，推进大数据口岸管理，创造良好投融资环境，设立北部湾自由贸易区，促进沿海城市群协同发展，服务"一带一路"建设大局。

【关键词】 "一带一路"；北部湾港；发展战略；对策

一、引言

广西与中南半岛毗邻，既有陆地接壤又有海上通道，是中国内陆腹地进入中南半岛最便捷的出海门户，战略地位十分突出。2014 年习近平总书记向世界提出"一带一路"倡议，2017 年，国务院同意实施《北部湾城市群发展规划》，为广西沿海诸城市发展带来了千载难逢的机遇和挑战。

二、港口建设是沿海城市发展的重要载体

港口是沿海城市发展的重要载体，是辐射和带动区域经济发展的强大动力。港口必然带动物流、加工、制造、交通以及下游产业、金融、旅游和服务业的发展。依托港口发展临港产业，是国际通行惯例和成功经验。由于独特的地理位置，临港产业具有诱入、产生和集聚的功能，能有效增强城市的经济实力。如法国的福斯港，形成了炼油、石化、钢铁—冶金加工等为主体的工业体系，占该国工业的 1/4。日本的阪城工业带动了 6000 多家工厂，包括神户制钢、川崎重工、三菱电子等全部集中在沿海港口的一个只有 1~3 公里的狭长区域内。新加坡虽然是一个人口不足 500 万的国家，但凭借枢纽港便利，成为世界三大炼油中心之一、世界三大石油贸易枢纽之一以及世界金融中心之一。这是因为，物流的中心一定是资金流的中心，资金流的中心一定是金融的中心，世界各国银行因业务需要都到新加坡设立分行，外资银行有数千家，员工有几十万人。这一群体又催生了新加坡的商业中心、生活中心和服务中心。所以说，港口经济是城市发展的强大动力。国内其他港口城市的发展，也同样呈现出强大的产业集聚和经济辐射效应。例如坐落在天津市滨海新区的天津港集聚了以汽车、冶金、石化、生物制药、新能源、电子等为代表的制造业，成为北方经济运行中心的核心载体。现代港口连接铁路、公路和航空等多种运输方式，是国际物流网的重要节点，已经不仅仅是单纯进出口货物的关口，而是具有综合性服务功能，将多种产业兼融一体，并带动腹地经济发展的强大产业基地。大力发展临港产业，对于集

聚经济要素、推动沿海城市和区域经济发展起着重要的基础性作用。正如联合国《第三代港口的挑战》中指出："贸易港口作为海运转为其他运输方式（陆、空或内河航运）的必需过渡点的作用逐渐减弱，作为组织外贸战略要点的作用日益增强，成为综合运输链当中一个主要环节，是区域经济和产业发展的支柱。"对于一个沿海城市而言，港兴则城旺，港衰则城竭，充分利用良好的海港条件，加强港口建设，以港促城，是沿海城市经济社会快速发展的必要途径。

三、广西北部湾港的发展现状

（一）北部湾港口建设成效显著，面临机遇与挑战

自 2004 年中国—东盟博览会、中国—东盟商务与投资峰会永久性落户南宁市以来，北部湾港获得了前所未有的快速发展。2007 年，"广西北部湾港务局"成立，整合防城港、钦州港和北海港，实行统一规划、建设、管理和运营，明确三港功能区分。随着基础设施的不断完善，广西北部湾港综合竞争力不断提高，成为中西南物资出海重要通道及中国对接东盟国家最便捷的海上门户，钦州市、北海市和防城港市三市经济随之获得了快速发展。

北部湾港面向东南亚、东邻粤港澳、辐射大西南、贯通大西北，地理位置得天独厚，因此，在实施"一带一路"倡议的五年中，中国中西部省区市积极联手构建南向通道，即从中西部南向经川渝贵、广西北部湾到达新加坡、印度尼西亚、泰国等东盟国家，辐射南亚、中东、非洲等地区；同时，北经甘肃省、新疆维吾尔自治区等省区，通过中欧班列连接中亚和欧洲。由此，北部湾港经中国西部、中部地区将"一带"与"一路"有机衔接起来，为沿线国家、地区和人民带来更多福祉，推动和平、稳定与发展。目前，南向通道建设步入务实合作阶段，成果丰硕。连通中国重庆市至新加坡的北部湾港—重庆班列、北部湾港—中国香港航线和北部湾港—新加坡航线三个"天天班"实现了常态化运营，更使南向通道海铁联运干线运营实现常态化。同时，北部湾港至兰州市、贵阳市、昆明市、成都市等西部主要城市的海铁联运班列也相继开行。广西北部湾港口基本实现了东南亚、东北亚地区主要港口乃至欧洲主要城市陆海联运的全覆盖，深度融入"一带一路"发展大格局，广西北部湾港口已初步显现出强大活力与广阔前景。

总起来看，近年来北部湾港获得了巨大的发展，在规模、数量、质量和效益上上了一个崭新的台阶，但目前面临着新的发展机遇和更大的挑战。特别是 2017 年 4 月 19 日，习近平总书记在广西考察北海铁山港作业区时强调，写好海上丝绸之路新篇章，港口建设和港口经济很重要，一定要把北部湾港口建设好、管理好、运营好，要以"一流的设施、一流的技术、一流的管理、一流的服务"，加快港区升级改造，向建设"智慧港口、现代港口、绿色港口、国际港口"迈进，为广西发展、为"一带一路"建设、为扩大开放合作多做贡献。习近平总书记提出的"四个一流"，为北部湾港建设提出了更高的标准、更高的要求。

（二）北部湾港建设存在的主要问题和影响

1. 港口基础设施建设薄弱，航运条件较差，大型化、专业化深水泊位不足，承载吞吐能力有限

首先，缺少 20 万吨级至 40 万吨级泊位。广西北部湾港目前虽然拥有万吨级以上泊位

83 个，但码头泊位吨级普遍较低，吞吐能力有限。钦州港的运转情况稍好，30 万吨级航道刚建成，码头泊位配套设施尚在完善中，已建成并投入使用的有 10 万吨级航道和集装箱码头 8 个，万吨级以上泊位 30 多个，港口吞吐能力超过 1.2 亿吨，集装箱吞吐量达 180 万个以上。根据港口分工需要，目前防城港尚缺乏 30 万吨级矿石专业码头和 40 万吨级散货码头。北海市铁山港投入使用的 1~4 号泊位均为 10 万吨级，设计年吞吐量达 1200 万吨。5~10 号泊位正在建设或勘测推进之中，港口运力有限。

其次，港口装卸设备条件落后，承载能力不足。现有起重、输送和装卸机械多数为旧式机械，人工操作为主，智能化程度偏低，故障率高，装卸速度缓慢，三港货物年吞吐量只有 2.3 亿吨，平均每年不足亿吨，说明北部湾港装卸条件存在先天不足。由于广西实施北部湾港"一轴两翼"战略，航线归集钦州港以形成集约发展优势。南向通道贯通以后，大西南省份货物纷纷南下，而距码头约 4 公里的钦州港东站集装箱办理站，是铁海联运的关键节点，铁路运输到港的集装箱要在这里卸货再倒运至码头，完全依靠人扛车拉，效率不高。且集装箱办理站只有一条主轨，装卸的时候就不能运输，每天只能接两趟车共 200 个标箱，日接线、处置能力饱和。北海市铁山港因航道、泊位不足，运输能力目前并不乐观。

再次，出海航道不适应船舶大型化的要求，许多大型船舶需要在中小型船舶的帮助下中转才能完成装卸，延长了货物的滞港时间，作业效率缓慢，影响企业的经济效益。

最后，国际直达航线航班少，导致客货不足。北部湾港目前拥有 26 条外贸航线，其中国际集装箱班轮航线 15 条，但都需通过中国香港中转，航线密度低，且部分船期不固定，严重影响了货物按期交货，增加了企业的时间成本。如从深圳市蛇口出口普货到印度尼西亚雅加达仅需 6 天，但从北海港出口则要先到中国香港中转再到达目的地，前后需要 14 天。这是由于北部湾港国际直达航线航班少，导致运输周期长。

2. 口岸管理与服务系统不完善，配套设施相对落后

口岸管理是一个多层次、多环节、多指向、多功能的综合管理系统，主要包括交通运输、外贸、监督和服务四大块。北部湾港仓储存放条件落后，码头建设较为分散，难以形成聚集效应，周边配套不足，基础设施差，承接能力有限。2017 年钦州保税港区进口肉类超过 4000 吨，是 2016 年的 22.5 倍，2018 年继续保持激增态势，港区冷链仓库已经爆仓；整车进口红酒、木材等特色业务也快速发展，木材进口总量位居全国十大港口之列。现在看来，北部湾港口运输、仓储与加工、销售仍未能做到无缝对接，货物滞港现象突出；港口的功能仍然停留在装卸、仓储、运输上，不能提供综合物流服务；物流的统筹策划、精细化组织与管理能力明显不足，技术含量低，对企业缺乏吸引力；港口物流信息系统利用率不高，铁路、公路、航空、海运、管道运输等各种运输方式相对独立，导致物流业长期处于无序竞争状态。此外，为船舶等交通工具及其驾乘人员服务的供应、船舶代理、船舶引水、海员俱乐部，以及为进出口贸易服务的货运代理、仓储、理货等尚未完善，港口的综合联运服务体系有待构建。

3. 对外开放程度不够，内外贸存在政策"瓶颈"

近年来，北海市、防城港市临港经济快速发展，大量电子信息、汽车（机械）制造、食品药品、新能源新材料、钢铁冶金、电力等大型企业入驻，也投资建成了一批专用码头，但北部湾海域目前还不完全对外开放，严重影响港口的整体运转和效率。从有关部门

获知，北海市铁山港对外开放还在待批中，防城港市只有渔㵘港区为开放区，但现有 40 多个泊位大部分不在渔㵘港区，外轮不能停靠，运货只能停靠渔㵘港区排队装卸，再通过汽车运到相应企业，或停泊在港外锚地，通过小船接驳货物运到陆岸仓储或相关企业。由于海域开放程度不足，导致外轮运货停泊与卸货困难，港口口岸无法发挥其应有的作用，这给港口运营和企业发展带来了困惑。

此外，北部湾港开放程度不够还体现在国家自由贸易政策未能覆盖港区。在南向通道没有贯通之前，东南亚国家的货轮要运到中国大陆来，一般小规模货物需要集中到新加坡或者中国香港，跟外轮货物一起拼船，攒够了规定的集装箱数量才能一起出发，这个过程可能要 30 天或更长。但有了南向通道之后，东南亚国家的货物可以直达北部湾港，然后再从北部湾港发送到全国各地或者欧洲国家，这个过程只需要 15 天，无论是货企或者港企，成本都会大大下降。但是，这样操作又遇上新的障碍。因为在国外运货走的是外贸航线，但从北部湾港再运往国内其他港口，走的却是国内航线，两者在价格、税收方面有差异，这就存在一个外贸转内贸的问题。据反映，在铁路货运方面，还存在跨线运输后重复收取"基价"的现象①[3]，增加了企业成本费用，这些因素也导致许多企业不从北部湾港进出口货物。

据调查，北部湾港船运企业多为私营企业，普遍存在融资难、融资贵的情况，由于缺少资金扶持，船舶维护和更新难以正常进行，反过来又导致经营收入下降。有些船运企业减少了航次，有些不得不提前退出航运市场，进出港口货源相应减少。

4. 三港未能实现均衡发展，行政调控影响市场走向

自北部湾港整合以来，对北、钦、防三港实施了统一管理，但未能取得实质上的均衡发展。据统计，北部湾港"2017 年累计完成货物吞吐量达 1.565 亿吨，同比增长 12.1%。其中，集装箱完成 227.72 万标准箱，同比增长 26.86%。增幅明显高于同期全国沿海港口平均增长水平。"[4] 同期，防城港"全年港口货物吞吐量达 10355 万吨，同比下降 3.1%，集装箱吞吐量完成 26.89 万标准箱，同比增长 1.0%[5]。"显然，所谓北部湾港的增长主要是集中在钦州港的增长。

笔者注意到，防城港市 2010 年曾经制定有一个"三步走"发展规划，其中第二步是到 2015 年，防城港市港口货物吞吐量力争超过 2 亿吨，集装箱超过 600 万标准箱，第三步是到 2025 年，防城港市港口货物吞吐量达到 5 亿吨，集装箱力争超过 2000 万标准箱，基本建成国际枢纽大港。[6] 但早在 2012 年防城港货物吞吐量早已突破亿吨大关，达到 10058 万吨，其中集装箱吞吐量完成 27.02 万标准箱。无疑，防城港市的运输效能与 2012 年相比不进反退。

以上数据表明，北部湾港统计数据有涨有跌，有喜有忧，发展并不平衡，三大港的运营存在饥饱不匀的情况。比照原定规划，除钦州港外，多没有兑现。其中北海市铁山港原规划 2015 年建成 20 个泊位，目前建成 6 个，正式投用的只有 4 个，铁山港长达 24 公里的

---

① 基价：指铁路运输货物每吨运价采取"基价 1+基价 2×公里"计费。"基价 1"指每吨货物运输一次的价格，无论距离远近按次收取；"基价 2"指货物每吨每公里运输价格。目前，在广西沿海铁路范围内（即本线）运输的货运价格按照"基价 1+基价 2×运价公里"模式收费，超出广西沿海铁路管理范围（即跨线）运输的货运价格按本线范围内的"基价 1+基价 2×运价公里"+跨线后的"基价 1+基价 2×运价公里+铁路建设基金×运价公里"执行，实际上经北部湾港跨线转运的货物均存在两次收取"基价 1"的现象。

海岸线，目前只开发了近 9 公里。原本规划为亿吨级的大港，却没有想象中的热火朝天，空旷的码头略显冷清。特别是防城港，上述规划已经成为空谈。从 2017 年起，北部湾港实施集约化发展战略，将钦州港列为进出口的主要港口，通过集约化突出钦州港的地缘优势，这没有错，但因此而造成北海港、防城港进出口货物量下降，导致原有港口设备资源的浪费，企业成本的提升，并影响地方政府支持港口发展的积极性，以行政调控影响市场走向，明显得不偿失。北海港、防城港两港的发展势头在一定程度上被人为钝化，以致削弱了自身的竞争能力，影响了港口的良性发展。现阶段的整合，没能发挥港口服务于产业的作用，更像是让产业发展服务于港口建设。笔者认为，沿海港口城市的发展，必须依托港口的发展而发展，没有港口的良性发展，将严重影响广西沿海城市群的建设和发展，不利于贯彻落实国务院《北部湾城市群发展规划》和广西壮族自治区政府《北部湾城市群发展规划广西实施方案》等文件精神。显然，如何调动地方办港积极性，在坚持集约化、差异化发展的前提下努力做到三大港口的均衡发展，已经成为一个很紧迫的课题。

5. 港口运营智能化、信息化程度偏低

港口运营智能化、信息化主要包括硬件和软件两个层面。总体上看，北部湾港设备老化严重，港口装卸多靠人工操作，自动化程度偏低，危重劳务更是离不开人力，时效不高。在航道管理、物流配置、人力资源安排等环节，尚未能充分利用现代信息化手段进行编程管理，导致航班和物流的无序拥挤或饥饱欠匀。因此，推进港口的全自动化、全智能化建设，实现现代智慧港口管理也是迫在眉睫。

上述存在的五大问题，对北部湾港的发展造成了相当重要的影响。突出表现在：货运时间周期长、物流效率低、成本费用高，从而导致北部湾港的货物进出口严重受阻，港口建设滞后。以木桶理论看广西沿海北钦防三大城市，北海市和防城港市港口建设已经成为拖累两地经济社会发展的明显"短板"。

广西为集中力量打造出海干线港口通道，将防城港、北海港口的集装箱海上运输统一归集到钦州港中转外运。原本在北海港、防城港能灵活发运的集装箱必须到钦州港中转才能搭上发往全球的货轮。三个港口间须开设海上"穿梭巴士"，转运到钦州港后一装一吊，一个集装箱小柜要新增成本 50 元，大柜 80 元。造成物流成本高、效率低。如北海市相关公司生产的鲜牛奶、果汁等包装纸盒原料对物流仓储有很精确的时间要求，但由于转运归集等原因，物流效率反而比整合前下降。以往从北海市直发中国香港，3~4 天就有一班，现在 10 天左右才有一班。时间周期长使企业增加了费用成本，再加上货物经铁路跨线运输后要两次收取"基价 1"的费用，进出口货物从北部湾港运输成本比从外省港口运输成本要高 9.5 元~26 元/吨不等，增加了企业成本。从最近几年西南 6 省区市通过广西进出口货物的比重来看，除重庆市外，其他各省区比重不同程度下降。中南 5 省区通过广西进出口货物占比极小（仅为 0.3% 左右），且五年来没有提高。即使广西有货物，也有相当一部分不从北部湾港进出口，反而选择从较远的湛江市甚至深圳市、上海市进出口。如富士康南宁科技园 2016 年出口交货值达到 124 亿元，比 2015 年增长 3.8%，但其在广西北部湾港出口交货值仅为 5.5 亿元，比 2015 年下降 62.2%，公司通过北部湾港出口量占其出口总量的比重从 2015 年的 11.3% 下滑到 2016 年的 4.4%，绝大部分出口都通过广东港口出口；广西柳州钢铁（集团）公司 2016 年出口钢铁有 45% 的量是从湛江市出口；广西柳工机械股份有限公司 2016 年出口交货值为 15.7 亿元，2017 年仅有 2 单产品从钦州港出口，仅占出口发运总量的 0.5%，其余产品通过上海市和深圳市出口；广西大型企业玉柴机器集团有限公司主要通过深圳市蛇口港、盐田港和广州黄埔港出口，基本上不从北部湾港出口。

四、加强港口建设，协同发展北部湾城市群的对策

北部湾城市群的发展离不开港口的发展。在新的历史形势下，走什么样的发展道路，如何才能做到全面贯彻科学发展观，实现可持续发展，这是需要认真考虑的。笔者认为，当前北部湾港的发展应重点关注港口生态环境、经济辐射带动能力提升、发展方式转变以及现代化转型等问题，只有这些问题得到解决，港口以及沿海城市群的发展才能实现科学、协同、可持续发展。

（一）以北部湾港口为依托，发展临港产业经济

北部湾沿海城市要坚持发展以地方产业为支撑、与港口功能相适应的生态型临港产业。北部湾经济区拥有近 13 万平方公里的海域面积，蕴藏着丰富的内陆和海洋资源，各市要根据自身优势和现有基础，按照临港大工业、战略性新兴产业和加工贸易产业三大领域，科学布局相关产业集群。目前，北部湾临港产业已建成了装备制造、能源、轻工、生物医药与健康 4 个千亿元产业群；电子信息、冶金精深加工 2 个 3000 亿元产业群；以及石化、粮油和食品加工 2 个 2000 亿元产业群。各市产业差异化发展格局初步形成，未来需要进一步完善相应的产业链、创新链和供应链等环节，通过积极引进项目和产融对接，大力加强对相关产业的扶持，增强临港产业的规模效应，从资源开发和商品流通层面为北部湾港及沿海城市的腾飞提供物质支撑。

（二）强化南向通道是北部湾港及城市群生命线的意识，突出抓好南向通道建设

北部湾港资源丰富，区位独特，是中国大陆距马六甲海峡最近的港口，是西南地区最近的出海口。目前，北部湾港有了以高铁、高速公路为载体的南向通道，东南亚、阿拉伯半岛甚至非洲国家的轮船就可以停靠北部湾港，并通过南向通道直达欧洲。这比走上海港、广州港更便捷、省时和省钱，甚至还可以把中西部地区各省区市产业也带动起来，显然这是一个多赢的局面。因此，广西政府、部门和企业要进一步强化南向通道是北部湾港乃至沿海城市群生命线的意识，突出抓好南向通道建设。要充分利用多种媒介、商贸会议等，积极宣传推广南向通道。沿线省级政府要协调政策，加强基础设施建设，共同搭建南向通道合作平台，促进物流畅通、产业对接、项目落地。在海关、物流、质检等领域建立合作机制，有效解决通道建设推进过程中出现的问题。此外，还可以邀请通道沿线省份有关部门和企业参加投资合作圆桌会、项目对接、产品采购、旅游合作大会等投资及贸易促进活动，促进沿线省份与东盟及"一带一路"相关国家的开放合作。

（三）加强港口的硬件和软件建设，提高口岸管理服务系统智能化、信息化、科学化管理水平

加快港口的硬件建设，主要包括港口的基础设施建设，集疏运相关的标准航道、泊位、航标、吊装、卸运、仓储、交通、物流、园区设备等专业化和现代化建设。现代港口不同于 20 世纪依靠人工操作的生产条件，需要与智能化、信息化新技术相适应。因此，

港口的硬件建设不能再搞老式装备，而应亟须升级为现代版。未来新增泊位与码头，包括筹建中的防城港 30 万吨（水工兼顾 40 万吨级散货船）矿石码头、钦州港 20 万吨级集装箱码头以及北海市铁山港等系列码头均应以高技术、高起点来组织实施项目建设，以大数据实现智能化、信息化生产和管理。20 世纪 80～90 年代建设的港口设施，也应及时升级换代。在这一方面，上海市洋山港已经为我们提供了一个极好的参照样板。

大数据港口建设是软件建设的主要内容，对于发展高端航运服务业，提升港口服务水平和服务效率，建设港口集疏运体系和绿色低碳港航工程，吸引顾客，抢占供应链市场份额，提高港口经济效益具有重要意义。北部湾港当务之急是要提高口岸智能化、信息化水平，即将物联网、移动互联网、云计算、人工智能等高新技术与港口功能完美结合，构建一个以大数据技术为支撑，覆盖港口、海关、商检、货运代理、生产流通、仓储运输的网络平台和信息中心，让各工厂车间、各船舶、各港口码头实现互联互通，在信息感知和互联的基础上，实现港口集疏运体系、生产操作、仓库管理、物流跟踪、海关监管等方面的智能化，实现车、船、人、物与港口各功能系统之间无缝连接与协同联动的智能自感知、自优化，最终使港口形成安全、高效、便捷、绿色、可持续发展的形态，实现港口管理与服务的智能化、信息化和自动化，最大程度提升管理效率。

（四）构建现代口岸物流体系，改善口岸物流发展环境，培育现代口岸物流服务市场

现代口岸物流体系指港口城市以先进的软硬件环境为依托，涵盖物流产业链所有环节特点的口岸综合服务体系。包括保税区、进出口加工区、保税港、仓储区、口岸物流、保税物流、多式联运物流（水、公、海、空）以及相关的功能拓展等。北部湾港应针对目前口岸物流相关管理部门协调不足、政策滞后、管理手段低端、部门沟通不畅、配套服务欠缺、现代化技术手段运用不足等方面的问题，进一步深化改革和完善。要在硬件上提升口岸基础设施的高新科技含量；软件上包括政策、通关、市场、物流及金融环境等进一步交融整合，实现信息发布、网上通关、报税，商检、卫检等一个窗口服务，简化手续、方便客户、提高效率。当前要重点打造北部湾港集装箱海铁多式联运体系，构建能力匹配的集疏运通道，配备现代化中转设施，建立多式联运信息平台。借鉴欧美、中国香港、新加坡和中国内地发达地区一体化建设的经验，创建集装箱港口多式联运发展新模式。可考虑在南宁市建设集装箱多式联运核心枢纽站和西南多式联运监管中心，辐射西南地区物流货运发展、促进西部各大产业在广西北部湾港经济区聚集，形成推进"一带一路"建设的强力支撑，进一步提高广西沿海城市的经济社会发展水平。

（五）鼓励多元投资，创造良好的港口建设投融资环境

今后相当长的一段时期内，北部湾港仍将处于加快建设期，码头、航道等基础设施投资的资金需求巨大，运输需求也将不断增长，并对服务质量和效率提出更高要求。所以，在强化政府对港口非经营性项目的财政投资职能时，要坚持主权多元、投资多元的创新思路，吸引国内外金融机构、企业进行投资，促进国际金融业与临港经济的高度融合，从而解决港口建设资金不足，企业融资难、融资贵的问题。要大力引进战略合作伙伴参与港口建设，以市场化的姿态，逐步建立起开放的港口经营模式。政府职能部门要制定行业准入标准，鼓励和允许各类资本、多种经营主体参与北部湾港口建设、经营和公平竞争，提高北部湾港口发展活力。开展港口民营化试点，土地和岸线属国家所有，码头的基础设施和经营性设施建设采用私人投标和公开招标兴建。码头建成后,民营企业获得一定期限内的专用码头经营权,向国家缴纳土地和岸线的使用费,经营期限结束后,码头经营权无偿归还国家。在管理上,实行谁投资、谁决策、谁承担风险的原则。对投向港口产业、物流运输等的外商投资,国家在税收的减免期、土地的使用费等方面给予充分优惠。在"引进来"的同时,也鼓励本地区港航物流"走出去",参与东盟国家港口和云贵川渝等内陆港的投资建设,拓展港口市场、延伸港口服务。

构建多元化投融资体制是加快沿海港口建设的迫切要求,同时也是社会主义市场经济体制的逐步完善,以多元化产权结构为核心的港口建设投融资体制的实践与探索将是对传统港口管理体制的一次深刻变革。

(六)加强政策引导和市场调节,建设北部湾自由贸易区

当前,国家应尽快开放铁山港和扩大防城港口岸海域。取消跨线沿海铁路货运价格的"基价1",统一沿海铁路和国家铁路货运价格,实现广西沿海铁路与国内其他省区市的铁路"同网同距同价"。

港口整合要尊重市场规律,让市场说话,在加强顶层政策设计的同时,鼓励市场合理竞争,激发当地政府的办港积极性和港口的内生动力。在集约化管理问题上,现阶段有关轮船靠泊港口可暂行"长短有别""内外有别""行业有别"的管理方式,即长期按规划将航船归集钦州港,但短期应区别对待;外轮可以归集钦州港,但内轮宜区别对待;行业以专业分工为原则,同时参照属地管理区别对待。在智能化港口物流信息网络服务平台尚未启动之前,港口物流暂按"三有别"原则执行。货轮靠泊港口应由市场自我调节,遵循市场规律和企业意愿,由客货主体从缩短时间、降低成本角度自主选择。只有这样,航运、港口、企业才有生存发展的空间。如果港口管理不能做到最优化,将会导致外轮回避,客货流失,最终受损的肯定是港口本身。

"一带一路"背景下北部湾港口逐渐呈现贸易往来多样化、经济主体多元化的特征,但同时也带来了一系列新问题,沿海经济区的发展面临着内、外部的压力,广西货不走北部湾港的物流障碍客观存在,只开放局部地域、海域的做法明显不适应新的发展形势。有关外贸转内贸的困惑,便是导致内外轮不走北部湾港的原因之一。如同血管中的血栓堵塞一样,内外贸货轮在北部湾港这个地方运转不畅,这是北部湾港建设缓慢,并导致广西沿海城市发展缓慢的重要原因。为了促进北部湾沿海城市群的发展及港口贸易便利化,需要不断加强北部湾经济区的功能规划和开发建设,这就使北部湾自由贸易区建设成为当前一个特别紧迫的课题。因此,建议国家尽快批准成立北部湾自由贸易区,为南向通道沿线国家和地区提供一个自由贸易港,这是疏通管道、推进"一带一路"建设的重要布局,更是广西沿海城市群协同发展的重要举措。

参考文献

[1] 国务院国有资产监督委员会网站,广西国资委:《广西北部湾港 2017 年货物吞吐量同比增长 12.1%》,2018 年 1 月 18 日。

[2] 据 2016 年 2 月 26 日《经济日报》载《广西北部湾港口建设 加快国际化进程》,2017 年 9 月 30 日《广西日报》载《建设好北部湾港 打造好向海经济》两篇新闻

报道综合。

［3］广西统计信息网，广西统计局局长杨和荣：《关于扩大广西北部湾港建设有关权限有效推进中央赋予广西"三大定位"的建议》，2017年3月9日。

［4］中国统计信息网，防城港市统计局：《防城港市2017年国民经济和社会发展统计公报》。

［5］人民网广西频道：《将防城港打造成国际枢纽大港和生态滨海城市》，2010年1月30日。

［6］中国统计信息网，防城港市统计局：《防城港市2012年国民经济和社会发展统计公报》。

降低物流成本　突出比较优势
切实提升钦州市在南向通道中的竞争力

钦州市政协研究室　官锡金

一、引言

中新互联互通南向通道建设作为中国和新加坡战略性互联互通示范性重点项目，是贯彻落实习近平总书记关于南向通道建设讲话指示精神的重大举措。2018 年以来，广西壮族自治区党委政府高度重视北部湾经济区建设发展，举广西之力推进中新互联互通南向通道建设，取得了明显成效，"渝桂新"海铁联运班列实现常态化运营，"陇桂新""云桂新""蓉欧+东盟""钦州市至波兰马拉舍维奇"等海铁联运班列相继开通运营，北部湾港至香港特别行政区、新加坡集装箱班轮航线实现"天天班"，新增开通钦州港至泰国、中东、印度等 5 条集装箱航线，集装箱远洋航线实现零的突破，钦州港在南向通道的独特优势和作用进一步凸显。但是，由于从钦州港进出口的综合物流成本比较高，港口竞争力不够强，还不同程度存在着"广西货物不走钦州港""外地货物不愿走钦州港"的现象，这些问题亟须高度重视并采取措施加快解决。

二、影响钦州港综合物流成本偏高的主要问题及原因

（一）缺乏自由贸易试验区的优惠政策支持

由于广西北部湾港没能获批为自由贸易试验区，在通关、贸易、航运、跨境电商等方面没能享受到自由贸易的优惠政策，征收企业所得税较高，造成重庆市、成都市等地享受免检通关便利的货物在钦州港无法按照自由贸易试验区的通关措施通行，导致重庆市、成都市等西部地区的许多货源不愿意走钦州港。

（二）铁路联运综合运费偏高

虽然各省区市均实行对铁路运费下浮或补贴政策，但是铁路运费下浮后，仍比周边港口高，而且还未实现所有货物全覆盖，罐式箱、冷链货物、部分金属矿类并不在下浮范围内，享受不到运费下浮优惠政策。根据《广西关于加快推进中新互联互通南向通道建设的若干政策措施（试行）》，铁路联运上行运费下浮 30%，以后每年再下浮 5%，三年内达到下浮 45%。但是下浮后，收费仍然偏高。以重庆市到发站对比为例，铁路运费下浮 30%，但与长江江海联运成本相比，每个标准箱仍高出约 2500 元；下浮 45% 后仍高出 1600 元。

（三）港口码头及中介服务收费较高

目前钦州港的港务、港口、船务、拆装箱、装卸费、码头堆存费等收费较高。比如，政府定价的港口收费、港务费及港口设施保安费，钦州港按照交通部的收费标准（交水发

［2017］104 号）收取，而广州港、湛江港免除港务费地方留存部分的 50%、港口设施保安费公共统筹部分的 20% 收取。总体上看，钦州港码头总费用比广州黄埔、湛江、宁波、江阴等口岸高出大约 30%，其中装卸费高出 80%～200%，拆箱费高出 50%～200%。以进口汽车为例，从船务费用来看，钦州保税港区费用需要 3110 元，比宁波的 1940 元高出 1170 元，比江阴口岸的 2205 元高出 905 元，比广州黄埔港的 2190 元高出 920 元；从码头费用来看，钦州保税港区需要 1092 元，比江阴口岸的 895 元高出 197 元，比广州黄埔港的 560 元高出 532 元；从总费用来看，钦州保税港区为 4202 元，比宁波口岸的 3165 元高出 1037 元，比江阴口岸的 3100 元高出 1102 元，比广州黄埔港口岸的 2710 元高出 1492 元。此外，由于钦州港的总体外贸业务规模小，码头操作费、舱单录入费、换单费、设备交接单费等中介代理费平摊到单笔业务的费用偏高。

（四）铁路与码头不衔接，驳接运输增加物流费用

港口与腹地之间的联系不够顺畅，疏港铁路能力明显不足，港口铁路与码头连接不畅，部分港口主要泊位、产业基地没有铁路衔接，增加物流短倒环节和操作成本。如钦州港东站至中马钦州产业园区、大榄坪、钦州保税港区、三墩之间没有铁路连接线，在集装箱通过铁路运输之前必须靠集、卡、短、驳粗放型的汽车运输，从而增加了企业运输成本，由此多产生 300 元/组（海运集装箱）或 10 元/吨（散杂货）的短途运输费用。

三、降低综合物流成本，提升钦州市在南向通道中的竞争力的六点建议

（一）争取自贸港扶持政策支持

建议积极争取国家层面支持，将北部湾港（钦州港区）列为国际航运综合试验区，实施"启运地退税政策"；争取国家批准设立北部湾自由贸易试验区，赋予钦州港自由贸易试验区、自由贸易港的特殊航运、物流、通关、贸易等先行先试政策；争取批准设立国家级国际进口贸易促进示范区并支持钦州保税港区建设核心区，增加国家赋予钦州保税港区平行进口汽车、跨境电子商务综合试验区等政策；争取在钦州港与新加坡港、马来西亚关丹港之间探索试行对等的点对点产业链内国际自由贸易支持，对在南向通道沿线重点园区、港口注册的企业，开展以人民币结算的国际贸易业务部分，按 15% 税率征收企业所得税。对在钦州港区注册的航运企业，从事海上国际航运、仓储、物流等服务取得的收入免征增值税，切实降低物流运输成本，全面提升钦州港的竞争力。

（二）进一步降低铁路运价

建议广西壮族自治区层面协调中国铁路总公司，参照中欧班列和比照重庆市、成都市优惠支持政策，为昆明市、贵阳市、兰州市等南向通道铁海联运班列争取到了 2018 年底一次性下浮至 45% 的海铁联运费用，并推动运价下浮全覆盖所用货物，对南向通道新品名货物按照货物品名享受运价下浮政策，以稳定和培育货源市场。对适箱货源新增货物品名的，建议南宁市铁路局允许按照《铁路货物运输品名与代码表》的货物品类（除危险货物、铁总明确规定不能下浮的货物品类外）给予运价下浮优惠，不必再重新向广西沿海铁路公司、南宁市铁路局提交运价下浮申请和审批，简化审批手续，提高办事效率。同时建议将南宁市至广西北部湾三港的地方铁路交由中国铁路总公司统一管理、统一运营、统一收费，降低企业物流成本。

（三）进一步降低港口码头收费

建议参照国内其他主要港口的收费标准，调降进出口集装箱装卸、拆装箱等港口作业费用。既要争取上级交通部在（交水发〔2017〕104 号）收费标准的基础上，针对南向通道建设给予钦州港下调收费标准，也要协调地方收费部分适当减免，比如免除地方留存部分的货物港务费，经钦州港进出的中西部地区货物免征货物港务费，对海关查验没有问题进出口集装箱免除集装箱查验服务费和免收吊装移位仓储费。免除口岸查验有关费用，在口岸查验现场直接免除查验没有问题的外贸企业的吊装、移位、仓储费。对这些减免的费用，由广西壮族自治区财政和地方财政按照一定比例承担。使钦州港码头达到与国内其他主要港口相比是最低的收费，以收费的优惠吸引更多货物走钦州港。

（四）整顿清理和规范港口各项收费

大力推行"全流程阳光服务"清单，全面规范港口、口岸经营性收费项目，完善各类收费清单，严格按照目录清单执行，坚决取缔违规收费项目，强化收费标准公示和社会监督，纠正不合理收费行为。研究出台钦州保税港区中介收费指导价，降低港口船务及中介代理等收费，规范各类中介服务收费行为。

（五）加快完善南向通道钦州港枢纽基础设施

建议广西壮族自治区层面加大力度协调中国铁路集团、北部湾港务集团、广西交通投资集团等公司，加快建设和完善钦州港内外相连的铁路、公路、码头、航道，实现海运、码头、公路、铁路运输无缝衔接，切实减少货物接驳运输费用。加快建设钦州东至三墩铁路支线、钦州港东站至保税港区码头铁路专用线、钦港支线扩能改造、钦港线与钦州港至大榄坪支线之间的联络线、钦州港站至钦州港东站、南防线南宁市至钦州市段电气化改造等项目，加快打通海铁联运"最后一公里"。推动大榄坪建设一批集装箱码头，尤其是加快建设 20 万吨级集装箱码头及配套航道项目，推动钦州港东站集装箱办理站建设成为综合物流园区，提升钦州港集疏运能力，满足货物高速进港、快速离港的要求。

（六）加快健全港航综合配套服务功能

建议广西壮族自治区政府支持在钦州市规划建设北部湾航运服务集聚区及航运交易所，并在项目前期启动建设方面给予资金支持，集中检验检疫、海关、海事、边检等口岸职能部门，搭建功能完善的服务平台，吸引航运物流、订舱、船舶买卖、人才、信息、金融、保险、法律咨询等航运业态集聚，提升现代航运服务功能对外辐射能力，并参照上海市制定航运服务集聚区相关优惠政策，加快航运服务企业的集聚发展；在钦州市设立北部湾中心海关，布局建设北部湾海上智慧交通管理中心（VTS），逐步建立港航企业、港航服务机构、船舶、车辆、从业人员诚信数据库，建设港航大数据中心，打通港航物流供应链各环节的信息通道，实现港航服务各主体之间的信息联网和数据共享。

论广西北部湾城市合作与发展

——南向通道背景下的城市协同发展

钦州市浦北县金浦中学教师　冯光辉

一、引言

北部湾城市群背靠祖国大西南、毗邻粤港澳、面向东南亚，位于全国"两横三纵"城镇化战略格局中沿海纵轴的最南端，是我国沿海沿边开放的交汇地区，在我国与东盟开放合作的大格局中具有重要战略地位。北部湾城市群规划范围包括广西壮族自治区的南宁市、北海市、钦州市、防城港市、玉林市、崇左市，广东省的湛江市、茂名市、阳江市和海南省的海口市、儋州市、东方市、澄迈县、临高县、昌江县，陆域面积达 11.66 万平方公里，海岸线长达 4234 公里，还包括相应海域。2015 年末常住人口为 4141 万人，地区生产总值为 16295 亿元，分别占全国常住人口的 3.01% 和生产总值的 2.25%。北部湾城市群的规划期为 2017~2020 年，展望到 2030 年。

二、北部湾城市群发展进程中存在的问题

（一）经济发展水平总体不高

人均地区生产总值低于全国平均水平，人口密度和经济密度低于毗邻国家的一些地区，传统产业发展转型面临突出困难，先进制造业和现代服务业发展相对滞后，新旧动能转换仍需进一步加速。

（二）中心城市功能亟待加强

区域内缺乏辐射带动作用强的特大城市，南宁市等中心城市集聚和辐射效应不足，对高端生产要素吸引力不强，创新创业不够活跃，宜居水平有待提高，对外开放的枢纽作用尚待增强，城市综合竞争力仍需提升。

（三）城市数量少且联系不够紧密

城市群内仅有 22 座城市、538 个建制镇，每万平方公里城镇密度仅 48 个，城镇分布较为稀疏。港口城市多以重化工业为主，相互间经济联系不够紧密，港口间存在无序竞争现象。广西城市间缺少高效便捷交通通道，产业结构趋同，分工协作不够，孤立发展特征较明显。

（四）基础设施建设有待完善

基础设施投入不足、欠账较多，高等级运输通道较少，机场航线设置偏少，与国内外联系通道不畅。城际交通网络不健全，互联互通和运输服务水平亟待提高。

（五）湾区环境约束日益趋紧

北部湾为半封闭海湾，海流较弱，不利于污染物扩散与降解，近岸海域污染呈上升趋

势，海洋环境污染风险加大，生态系统服务功能退化趋势尚未得到根本遏制，开发与保护的矛盾日益突出。

三、北部湾城市群发展所面临的机遇

"一带一路"建设深入推进，中国—东盟自贸区升级版建设顺利开展，既为北部湾城市群充分发挥独特区位优势，全方位扩大对外开放和以开放促发展提供了更大空间，也为北部湾城市群的协调发展提供了难得的战略机遇。国家新型城镇化和西部大开发战略深入实施，为北部湾城市群发挥政策效应、做大做强各类城市、拓展发展新空间提供了更强劲的动力。国内消费结构升级和供给体系优化，为北部湾地区发挥生态海湾优势，发展绿色经济提供了更广阔市场。珠三角等发达地区进入产业转型升级新阶段，为北部湾地区发挥后发优势、承接产业转移、夯实产业基础提供了更有力支撑。

四、如何协同城市群发展

打破行政壁垒，强化协作协同，释放市场活力，探索建立以市场体系统一开放、公共服务共建共享、基础设施互联互通、生态环境联防联治等为重点的城市群协同发展模式，大力促进一体化发展。

（一）推进市场一体化建设

1. 率先建立一体化市场秩序

全面清理和废除妨碍城市群统一市场形成和公平竞争的各种地方性法规和政策，加快构建统一开放、竞争有序、充满活力的区域市场体系，探索建立区域市场一体化合作机制。统一市场准入，推行负面清单管理。加强市场信用体系建设，共建共享信用信息平台，培育发展区域信用服务市场，统一失信惩戒制度。健全市场监管体系，联合打击侵权假冒行为，共同维护企业和消费者合法权益。

2. 推进区域金融市场和产权交易市场发展

支持金融机构在风险可控的前提下依据相关规定在北部湾城市群设立分支机构。强化金融监管合作，合力防范和打击非法集资犯罪，逐步推进金融信息、外汇管理等金融管理服务一体化。建立北部湾知识产权、技术成果交易市场。按照"总量控制、合理布局、审慎审批"的原则，统筹发展排污权、水权、林权、海域使用权等交易平台；依托现有交易场所，探索发展面向西南和东盟的橡胶、能源、钢材、糖等特色商品现货交易。

3. 促进劳动力自由流动

深化户籍制度改革，放宽南宁市、海口市落户限制，全面放开其他城市户籍迁移限制。推进人口服务同城化建设，实现身份证换领补领、户口迁移网上审批、出入境管理、车辆管理等事项异地办理。建立北部湾人才市场，共享就业信息和人才信息，推行各类职业资格、专业标准的城市间统一认证认可。

4. 推进旅游市场一体化

依托北部湾（中国）旅游推广联盟，树立"美丽蓝色海湾"旅游品牌，联合打造精品旅游线路。加强城市间旅游市场合作，实现景点互推、游客互送，合力建设国际一流旅游目的地。规范发展旅游市场，统一服务标准，加强联合执法。

（二）建立公共服务协同发展机制

1. 加强教育合作

筹建北部湾大学、湛江科技大学，加快建设中国—东盟职业教育培训中心，推进职业教育集团化发展，提高人才培养能力和规模。鼓励开展多种形式的跨地区教育合作，支持优质学校跨地区共享教育资源，支持高校跨地区共建共用院校科研实验室、职业技能鉴定中心和实训基地。构建教育交流沟通平台，建立高校专家资源交流合作和教师培训交流合作机制。

2. 推进医疗卫生资源共享

加强城市群各级各类医疗卫生机构建设，提升整体服务能力和水平，打造"健康北部湾"。深化医疗卫生体制改革，全面建立分级诊疗制度，提高基层服务能力。鼓励城市群内医疗机构通过远程诊疗、派驻专家、交流进修等方式加大交流与合作。探索建立标准统一、接口统一的医疗信息化平台。积极探索重大疫情信息通报与联防联控工作机制、突发公共卫生事件应急合作机制和卫生事件互通协查机制。积极推进陆海空立体医疗转运与救治，探索建立海（水）上紧急医学救援基地。

3. 共同推动文化繁荣

研究建设北部湾"21世纪海上丝绸之路"博物馆、中国—东盟文化产业基地等。挖掘"南海Ⅰ号"品牌价值，弘扬北部湾海洋历史文化。共同承办全国性乃至国际性重大文化活动和联合组织对外商演展览。建立跨地区文化联盟，探索建立跨区域公共图书馆文献、地方文献共享网络平台。加强文化市场管理相关机构执法合作，建立信息互通、联合执法机制。加强跨地区体育交流合作，联合举办区域性竞技体育和群众性体育活动，共同承办国际重大体育赛事。

4. 推进社会保障管理服务一体化

推行"互联网+人社"，统筹推进社会保障等领域信息化建设，形成一体化的信息化应用支撑体系，逐步实现城市群内社保"一卡通"。建立和完善社保关系跨地区转移接续机制。探索建立跨地区异地就医结算机制，逐步实现城市群内参保人员信息互联共享、定点医疗机构互认和异地就医直接结算。健全基本医疗保险、大病保险、商业保险、医疗救助等"一站式"及时结算机制。完善跨部门社会救助家庭经济状况信息核对平台。

5. 强化公共事务协同治理

整合灾害信息资源，建立一体化的防灾减灾体制，探索城市群救灾应急行动的协调和指挥，加强防洪、抗台、病虫害防治、消防、地震预防合作。建立区域性食品药品检验检测中心，推进信息互通、资源共享、执法互助，协同保障食品药品安全。加强跨区域警务协作和联合执法，加强警务信息交流，建立群体性事件预警、案件应急处置、交通安全部门协作机制。严厉打击跨省区市犯罪和非法出入境、拐卖人口、走私贩毒、恐怖主义等违法犯罪活动，在维护社会稳定、处置突发事件等方面实现区域联动。

（三）创新利益协调机制

1. 研究建立北部湾城市群一体化发展基金

根据城市群建设实际需求研究筹建北部湾城市群一体化发展基金，积极引入各类社会资本，重点支持跨地区基础设施建设、生态联防联治、重大公共服务平台建设等。

2. 协同开展先行先试

探索将海南国际旅游岛建设先行先试和促进沿边地区开放的部分改革举措和政策，率先在北部湾城市群内推广，协同攻坚、共克难题。

3. 建立成本共担和利益共享机制

鼓励北部湾城市群建立产业跨行政区转移的利益共享机制，相关项目收益由合作各方分享。探索建立跨行政区水资源开发利用、生态环境保护和生态补偿机制。实现城市群公共交通"一卡通"和公路收费"一卡通"。

五、结论

培育发展北部湾城市群，协同城市发展，发挥其东承西联、沿海沿边的独特区位优势，有利于深化中国—东盟战略合作、促进"21世纪海上丝绸之路"和"丝绸之路经济带"的互动，有利于拓展区域发展新空间、促进东中西部地区协调发展，有利于推进海洋生态文明建设、维护国家安全。

南向通道背景下的城市协同发展

钦州市浦北中学　吴可军

一、引言

进入新时代的中国，同属于广西北部湾的南宁市、钦州市、北海市、防城港市四市应该如何去联动发展？尤其是在北部湾作为大西南的南向通道的背景下，能不能建立一个大型的大湾区城市群？新时代强调"以城市群为主体，构建大中小城市和小城镇协调发展的城镇格局"，现在已进入了城市"协同发展"的新时代。要提升北部湾港口吞吐量，加快对外开放。抓住港口整合的有利机遇，把港口资源优势转化为经济优势、竞争优势、发展优势，加快建成北部湾大湾区经济开放新高地。在城市群发展战略导向下，北部湾四市要成为国家重要经济增长的新极点，长远目标是能否升级为国家级大湾区城市群，所以广西要及时推进北部湾的各个方面的扩容，顺应时代发展的新要求。

新时代在强调区域协同发展的同时，更突出了城市的协同发展，从企业间经济合作走向城市间战略合作，形成分工合理、功能互补、集成耦合的城市网络，提升城市协同发展在新时代的重要性，未来城市竞争成为城市群的竞争。

二、北部湾城市协同发展的四项措施

北部湾城市群竞争要从群内城市协同发展做起，应从四个方面推进。

（一）要有大局意识，加强区域统筹，突破行政区划界线，着力形成沿海四市同向发力、优势互补、互利共赢的协同发展局面

达成发展双赢意识，同心协力，增强城市整体竞争力，增强北部湾大湾区的经济发展实力，以南宁市为中心城市带动沿海三市的物流大发展，重塑互利共赢新思维，持之以恒推进城市协同，从经济到社会文化各个方面各个领域，制定协同计划与方案，实现一张图规划、"一盘棋"建设、一体化发展。北部湾四市经济带建设是一项系统工程，必须牢固树立新发展理念，坚定不移走协同发展之路，在协同中推进一体化、高质量发展，实现资源合理配置和效益最大化，努力把北部湾四市经济带建设成为产业创新带、改革示范带、生态景观带、海岸旅游带，打造成广西转型升级的先行区和引领广西经济发展甚至全国经济发展的重要增长极。要提升港口吞吐量，加快对外开放。以推进港口能级现代化高端化为导向、以服务参与"一带一路"经济建设为引领、以南宁市国际物流中心建设为重点、以优化营商环境建设为先导、以举办中国—东盟博览会、环国际自行车赛为契机，抓住港口整合的有利机遇，把港口资源优势转化为经济优势、竞争优势、发展优势，加快建成北部湾大湾区经济开放新高地。北部湾四市城市群发展的"瓶颈"是城市人口规模小，工业

基础薄弱，各自为战，缺乏大局意识，四市整合仍需要时间，需要有效措施和办法。

（二）城市之间要有互动，联动发展，城市协同要注重整体谋划

各城市发展要遵循"一盘棋"思路，建一个城市群或一个经济大湾区，下好城市协同发展这盘棋，对城市人口进行扩容，夯实工业基础。从城市功能疏解入手，让北部湾各个城市承担各自分工角色，重构城市空间资源分配机制，资源实现多中心网络化配置。城市管辖下的各县区重点发展休闲旅游、生态绿色农业，也是一种协同发展思路。要抓好政策协同，加强北部湾四市横向联系，努力使北部湾四市经济带形成整体，避免无序竞争。要抓好改革协同，抓住机构改革、加强顶层设计，注重通盘统筹，为促进北部湾沿海经济带产业结构优化升级创造有利条件，提供有力保障。

（三）产业布局要合理，有重点，形成北部湾大湾区城市功能的合理布置

南宁市、钦州市、北海市、防城港市四市要加强彼此之间的协作关系。但北部湾四市分工定位现在更多的是停留在规划层上，实际上难以推进，主要是因为经济开放度不高，"肥水不流外人田"，造成各市的单打独斗、资源低配错配重配等弊端。防城港市港口经济发达，主导产业特色鲜明，主要是物流业发达；钦州市发展面貌焕然一新，重点发展临海工业；北海市主要是发展旅游业和轻工业；南宁市要成为国家级的大物流业中心，各个城市要在更大空间内更为有效地合理配置资源，以分工为纽带，让产业对接、让功能互补，是提高城市及城市群整体竞争力的必由之路。促进钦州市和防城港市成为国际航运中心，南宁市成为国际物流中心、区域性金融中心。要抓好产业协同，围绕推进北部湾经济带建设，进一步完善产业协同发展机制，南宁市要发挥好龙头带动作用，经济发展要向高端发展。紧紧抓住南宁市作为广西大物流中心的重大战略机遇，坚持资源共享、优势互补、互利共赢、协同发展，充分发挥对外开放优势，南宁市的经济发展要向南部发展，向海发展，向北部湾三市靠拢，起龙头作用，以促进区域经济一体化发展为目标、以深化改革为主线、以规划对接为先导、以区域战略协同为牵引、以完善合作机制为保障，在开放合作、产业发展、创新协同、基础设施、社会事业、人才交流、环境治理等领域加强务实合作。要立足各自优势、坚持特色发展，立足现实基础和特色优势，确立支柱产业，谋划项目载体，培育有带动力、影响力、竞争力的区域特色产业，集聚特色发展新优势，防止重复建设、产业雷同、同质竞争。自治区人民政府要一如既往地全力支持北部湾四市经济带发展，大力推动发展重点工业、重点项目，及时协调解决发展中遇到的困难和问题；自治区人民政府有关部门和单位要认真履行职责，全面做好服务，及时解决问题，全力推进落实。

（四）要有勇于创新、开拓进取的新路径

北部湾四市要把创新摆在核心位置，通过共享创新平台、加强联合攻关、开展战略联盟和共建人才高地等举措，推动新技术、新产业、新业态蓬勃发展，加快实现动能转换。

现在的行政体制，每个城市行政区划边界清楚，每个城市都是利益单元，追求地方利益最大化，城市竞争大于合作。北部湾四市尤其是钦州市、北海市、防城港市三市的城市规模、城市人口、经济容量是达不到湾区经济发展的规模，所以打破行政区划界线，要以经济区取代行政区，建立共享利益的分配机制，在税收分成机制下共建经济园区、科技园区。在保障各主体的利益前提下，共建共享是切实可行的路径。此外，还应加强科技创新

协同，探索跨区域城市创新协作新路径。鼓励城市间的合作开发，要从建立利益分享机制入手。协力攻坚，砥砺奋进，进一步加快北部湾四市经济带协同发展、转型发展、创新发展。

要成立广西壮族自治区级协调层，设立北部湾四市经济带四城市书记市长联席会议办公室，由四市组成的发展和改革委员会联合成立。主要职责是牵头做好日常沟通协调及联席会议筹备工作，落实联席会议的决策部署，协调推进重大合作事项。

成立广西壮族自治区级执行层，设立四市经济和信息化、教育、科技、人力资源和社会保障、环保、交通、港口、商务、文化、卫生、体育、旅游、金融等部门分别牵头成立的各自的专业委员会。主要职责是每年初研究提出需决策层或协调层商讨的重点任务及合作事项，牵头落实联席会议确定的重点任务或合作项目。内容涵盖了开放、创新、金融、产业、人才、旅游、社会事业、环境治理。

建立协同工作机制。建立四市领导年度会商制度；四市发展和改革委员会联合成立联席会议办公室，负责日常沟通协调及联席会议筹备工作。科学组织实施，进一步和加强领导、周密部署、创新机制、同心协力，确保各项任务和政策措施落到实处。

加强舆论宣传工作，营造全社会共同支持、参与北部湾四市经济带开发开放和四市协同发展的良好社会氛围。

强化抱团协同　释放广西北部湾城市群发展活力

广西发展改革委经济信息中心

杨丛丛　彭新永　喻颖杰　张卫华　李强

一、引言

伴随着经济全球化的发展，由部分城市抱团组成的城市群逐步成为发展的主流形态，有力促进了创新资源要素集聚和区域协调发展，有效激发了经济发展活力。城市群建设是党中央、国务院做出的重大决策部署，"十三五"时期全国重点建设发展 19 个城市群、两个城市圈，构建"两横三纵"城市化战略格局，北部湾城市群作为"十三五"时期重点发展的对象，具有背靠祖国大西南、毗邻粤港澳、面向东南亚，闪烁着"蓝色海湾，宜居宜业"两大亮点，在全国各个城市群中具有独特的优势。同时，"一带一路"倡议和西部大开发战略的深入推进，南向通道建设的顺利开展，粤港澳大湾区的产业转移为北部湾城市群发挥政策效应、做大做强各类城市、拓展发展新空间提供了强劲动力。然而北部湾经济群总体经济实力薄弱，核心城市辐射带动力不强，与经济腹地的联系还不够紧密，整体协同发展程度不高。未来一段时期北部湾城市群必须坚持抱团协同发展的主导方向，发挥其东承西联、沿海沿边的独特区位优势，强化与"一带一路"倡议、粤港澳、南向通道的融合和协同发展，进一步释放北部湾城市群的经济发展活力。

二、国内重点城市群发展的经验探索

当前京津冀、长三角和粤港澳三大城市群发展相对比较成熟，目前经济总量占全国经济的比重超过40%，京津冀引领着北方地区发展，长三角带动东部沿海和长江流域发展，粤港澳是中国南部的经济引擎，这三大城市群是我国最重要的经济中心，肩负着引领国内高水平城市群建设、打造世界级城市群的双重任务。因此，深入分析京津冀、长三角、粤港澳这三大城市群建设的经验对北部湾城市群发展具有重要的意义，如表1所示。

表 1　三大城市群的比较

城市群	包含城市	经济规模	人口规模	人均 GDP	平均每市 GDP
京津冀城市群	包含 14 个市：北京市、天津市、石家庄市、唐山市、秦皇岛市、保定市、张家口市、承德市、沧州市、廊坊市等	2017 年 GDP 达 9 万亿元	2017 年总人口达 1.15 亿	7.8 万元	6431 亿元

续表

城市群	包含城市	经济规模	人口规模	人均GDP	平均每市GDP
长三角城市群	包含26个市：上海市、南京市、无锡市、常州市、苏州市、南通市、扬州市、镇江市、泰州市、杭州市、宁波市、嘉兴市、湖州市、绍兴市、舟山市、台州市等	2017年GDP达16.5万元	2017年总人口达1.5亿	10.8万元	6339亿元
粤港澳城市群	包含11个市：中国香港特别行政区、深圳市、中国澳门特别行政区、广州市、珠海市、佛山市、东莞市、惠州市、中山市、江门市、肇庆市	2017年GDP达10.2万亿元	2017年总人口达0.66亿	15.5万元	9268亿元

资料来源：各省区市2017年统计公报，并核算。

通过对京津冀、长三角、粤港澳三大城市群建设和发展的研究分析，主要得到以下几点经验：

（一）协同合作是城市群较好发展的基础

长三角城市群、粤港澳城市群一体化发展态势明显，各大城市已连成一体，发展态势较好。反观京津冀城市群发展集中于北京市、天津市，北京市集全国人才、资金、技术等资源于一体，天津市承接一系列国家重大战略和重点项目工程，其他城市散点式分布在四周，如河北省虽然服务于北京但饱受去产能影响，不能得到较好的发展。如2017年保定市人均GDP 3.1万元，沧州市4.9万元，石家庄市5.9万元，与北京市、天津市相比差距不小，这也是京津冀城市群GDP（9万亿元）远低于长三角（16.5万亿元）与粤港澳（10.2万亿元）的重要原因。

（二）产业分工明确是城市群高质量发展的关键

长三角城市群属于全国规模最大、经济总量最大的城市群，上海GDP以超过3万亿元位居全国第一，同时苏州市、杭州市、南京市、无锡市4个城市均超过1万亿元，7个城市超过5000亿元。但与粤港澳城市群相比，长三角城市群城市人均GDP（10.8万元）低于粤港澳城市群（15.5万元），平均每市GDP总量（6339亿元）也比粤港澳城市群（9268亿元）低2929亿元，主要原因在于26个城市功能分工不明确、不少城市呈现出"大、全、散"的基本特征、产业同构的现象普遍存在。地区之间产业结构趋同会造成重复引进和生产，直接导致投资和资源的浪费。同时，一方面分散了生产，不利于规模经济的形成；另一方面也降低了地区专业生产水平，损害了分工效益。相反城市群各个独立的城市行政区域如果根据自身的先天优势和条件，选择适合自身发展的业态及产业模式，推动与其他城市的优势互补，可以实现合作共赢。

三、当前广西北部湾城市群协同发展挑战颇多

（一）经济活跃度低、协调性差

总的来看，近几年广西北部湾城市群发展迅猛，但与其他发达地区城市群相比，仍处于相对靠后的水平。一是从整个城市群看，水平低、进度缓。2017年广西北部湾城市群经

济外向度为 0.33，低于同样包含 6 个市，各市发展阶段接近的浙江杭州湾城市群的 0.5；内部经济活跃度为 0.39，与浙江杭州湾城市群的 0.43 也存在落差。同 2007 年相比，广西北部湾城市群内部经济活跃度从 0.37 提升到 0.39，增长 5.4%，10 年年均增长 0.5 个点；而同时期段的杭州湾城市群从 0.31 提高到 0.43，增长 38.7%，年均增长 3.3 个点。二是从群内部城市看，差距大、不协调。2017 年南宁市内部经济活跃度为 0.5400，高出 6 市中最低的崇左市 0.3800 个点，高出城市群平均水平 0.1500 个点；钦州市、玉林市内部经济活跃度与城市群保持相对平衡；北海市、防城港市、崇左市内部经济平均低于城市群 0.2 个点，拖了整个北部湾的后腿。2017 年防城港市与崇左市外部经济活跃度较高，助推了北部湾外贸经济的发展，而北海市、钦州市没有发挥好沿海、沿边经济的带动作用，也说明北海市、钦州市、玉林市等市在外贸方面仍具一定的发展潜力。而同时期杭州城市群内部经济活跃度和经济外向度相对较为平衡，表明协同发展程度较高（见表 2）。

表 2　广西北部湾城市群与浙江杭州湾城市群经济指标比较

城市	2007 年				2017 年			
	进出口总额（亿元）	经济外向度	社会消费品零售总额（亿元）	内部经济活跃度	进出口总额（亿元）	经济外向度	社会消费品零售总额（亿元）	内部经济活跃度
南宁市	96.72	0.09	515.62	0.48	607.10	0.15	2204.2	0.5400
北海市	37.53	0.15	64.36	0.26	230.84	0.19	250.13	0.2000
钦州市	63.32	0.21	95.32	0.31	340.47	0.26	411.75	0.3100
防城港市	109.75	0.69	30.84	0.19	768.54	1.04	124.02	0.1700
玉林市	27.85	0.06	177.71	0.35	33.66	0.02	728.86	0.4300
崇左市	69.78	0.30	36.71	0.16	1338.81	1.48	146.09	0.1600
北部湾城市群	**404.95**	**0.16**	**920.56**	**0.37**	**3319.42**	**0.33**	**3865.10**	**0.3900**
杭州市	3038.80	0.90	1112.40	0.32	5085.00	0.40	5717.00	0.4553
宁波市	3296.80	1.17	882.54	0.31	7600.00	0.77	4047.80	0.4111
嘉兴市	988.28	0.75	429.72	0.32	2469.70	0.57	1806.60	0.4148
湖州市	235.08	0.32	273.80	0.36	680.00	0.30	1068.90	0.4765
绍兴市	1089.40	0.66	440.64	0.26	1997.00	0.39	1978.00	0.3872
舟山市	211.81	0.64	113.97	0.34	783.00	0.64	506.00	0.4151
杭州湾城市群	**1134.50**	**0.87**	**3253.10**	**0.31**	**18615.00**	**0.50**	**15124.00**	**0.4300**

注：经济外向度为进出口总额/地区生产总值，内部经济活跃度为社会消费品零售总额/地区生产总值。

（二）经济联系度低、辐射带动力弱

1. 根据城市等级计算经济联系度

选取 4 个体现经济社会发展的主要指标，即地区生产总值、财政收入、固定资产投资和社会消费品零售总额，依次计算上述主要指标的城市中心职能强度指数①。根据计算结果，按照划分标注，对北部湾城市群进行等级划分，即南宁市为一级城市，玉林为二级城市，钦州市、北海市、崇左市为三级城市，防城港市为四级城市②。

经济联系度是用来衡量区域间经济联系强度大小的指标，反映的是各城市间的相互作用力大小。在前文城市分级的基础上，运用类似物理学中万有引力定律的公式来测度北部湾城市群各城市间的经济联系度，以反映各城市之间经济联系强度，以及城市经济网络和城市网络的发育状况，具体公式如下：

$$R_{ij} = \frac{\sqrt{P_i G_i} \times \sqrt{P_j G_j}}{D_{ij}^2} \tag{1}$$

式（1）中，R_{ij}表示两城市经济联系强度，P_i与P_j分别表示两城市人口规模（户籍总人口），G_i与G_j分别表示两城市经济规模（地区生产总值），D_{ij}表示两城市空间距离（选用两城市政府驻地两两之间的直线最短距离，用百度地图测距功能实现），结果如表3所示。

表 3　广西北部湾城市群与浙江杭州湾城市群各城市经济联系度比较

北部湾城市群	经济联系度		杭州湾城市群	经济联系度	
	2007 年	2017 年		2007 年	2017 年
南宁市—北海市	3.12	15.26	杭州市—嘉兴市	208.06	740.64
南宁市—钦州市	16.06	74.01	杭州市—绍兴市	600.63	2112.31
南宁市—防城港市	4.45	21.50	杭州市—湖州市	152.13	540.22
南宁市—玉林市	11.33	46.16	杭州市—舟山市	7.53	30.41
南宁市—崇左市	12.11	50.85	宁波市—嘉兴市	64.92	220.09
玉林市—北海市	2.94	13.71	宁波市—绍兴市	128.74	431.17
玉林市—钦州市	4.38	19.26	宁波市—湖州市	18.87	63.82
玉林市—防城港市	2.10	9.69	宁波市—舟山市	59.12	227.30
玉林市—崇左市	3.51	14.05	绍兴市—湖州市	32.29	103.22
北海市—防城港市	1.09	6.01	绍兴市—舟山市	6.26	22.76
钦州市—防城港市	13.44	70.07	嘉兴市—湖州市	75.62	244.67
崇左市—防城港市	0.23	1.09	嘉兴市—舟山市	4.96	18.23

---

①　主要指标的城市中心职能强度指数的计算公式如下，其中K_x为该指标的城市中心职能强度，X_i为影响城市经济社会发展的指标，i为研究区域中的不同城市，n为城市总数量。在分别计算上述四个指标的中心职能强度的基础上，进一步求出四个指标的中心职能强度均值，即为最终得到的各个城市中心职能强度K_e。

$$K_x = \frac{X_i}{\frac{1}{n} \sum_{i=1}^{n} X_i}$$

②　根据$K_e > 1.5$、$0.8 < K_e < 1.5$、$0.4 < K_e < 0.8$、$K_e < 0.4$分成四个等级。

2. 根据经济联系强度计算经济辐射力

城市间经济联系的强度反映的是城市的相互作用力大小，却无法反映各城市接收城市群上级中心城市经济辐射的强度。所以本文用经济联系强度进一步计算经济辐射力，具体公式如下：

$$F_{ij} = \frac{R_{ij}}{\sum_{j=1}^{m} R_{ij}} \tag{2}$$

式（2）中，R_{ij} 为城市间经济联系强度，m 为相对上一等级城市的次级城市的数量。

总的来看，无论是经济联系强度还是经济辐射带动力，广西北部湾城市群均处于相对弱势地位。一是北部湾城市群经济联系强度具有明显劣势。2017 年南宁市与钦州市的经济联系度为 74.01，为北部湾城市群中经济联系强度的最大值，而浙江杭州湾城市群经济联系强度最大的杭州市与绍兴市经济联系度为 2112.31，是广西北部湾城市群的 28.5 倍。浙江杭州湾城市群经济联系度超过 100 的达 8 个，而广西北部湾城市群一个都没有。从增长幅度来看，2007~2017 年，北部湾城市群与核心城市的联系强度虽然不断提升，北海市、钦州市、防城港市、玉林市、崇左市与南宁市的经济联系强度均年增长 15% 左右，但与杭州湾城市群相比仍处于偏低水平。二是北部湾城市群核心城市辐射能力未充分发挥。2017 年北部湾城市群核心城市南宁市与钦州市经济辐射强度最大值为 79%，南宁市到崇左市的辐射强度为 78%，而南宁市到其他地市尤其是到防城港市的辐射强度只有 20%，而杭州湾城市群核心城市的辐射带动作用较强，杭州市与绍兴市经济辐射强度达 83%。

（三）产业同构化态势明显、经济效益差

产业结构相似度系数是用来衡量产业结构同构化水平的重要指标，目前国内外权威机构统一认证的产业结构相似性的计算公式如下：

$$S_{ij} = \sum_{k=1}^{n} (X_{ik} X_{jk}) / \sqrt{\sum_{k=1}^{n} X_{ik}^2 \sum_{k=1}^{n} X_{jk}^2} \tag{3}$$

式（3）中，S_{ij} 代表产业结构相似度指数，X_{ik} 代表 i 区域 k 产业占整个产业的比重，X_{jk} 代表 j 区域 k 产业占整个产业的比重，S_{ij} 的取值范围为（0，1），当 S_{ij} 接近于 1 时，i 和 j 两区域的产业结构相似程度越高，当 S_{ij} 接近于 0 时，i 和 j 两区域的产业结构相似程度越低。

通过式（3）计算 2007 年和 2017 年北部湾城市群各城市之间产业结构相似度指数，结果如表 4 所示。

表 4　北部湾城市群各城市之间的产业结构相似度指数

城市	2007 年	2017 年	相似度上升或下将
南宁市—北海市	0.9644	0.9134	−0.051
南宁市—钦州市	0.9076	0.9473	0.0397
南宁市—防城港市	0.9394	0.9144	−0.025
南宁市—玉林市	0.9583	0.9794	0.0211
南宁市—崇左市	0.9190	0.9570	0.0380

城市	2007 年	2017 年	相似度上升或下将
防城港市—玉林市	0.9727	0.9666	−0.0061
防城港市—崇左市	0.9412	0.9720	0.0308
玉林市—崇左市	0.9907	0.9957	0.0050
北海市—钦州市	0.9821	0.9922	0.0101
北海市—防城港市	0.9861	0.9982	0.0121
北海市—玉林市	0.9974	0.9713	−0.0261
北海市—崇左市	0.9792	0.9804	0.0012
钦州市—防城港市	0.9564	0.9866	0.0302
钦州市—玉林市	0.9897	0.9919	0.0022
钦州市—崇左市	0.9966	0.9973	0.0007

从表 4 可以看出，北部湾城市群各城市之间产业同构化现象较为明显且有加剧迹象，主要体现在两个方面：一是北部湾城市群城市间产业结构普遍存在趋同现象。2007 年和 2017 年北部湾城市群之间的产业结构趋同程度均在 90% 以上，其中 2017 年北海与防城港的产业结构相似程度最高，相似度指数达到 0.9982；南宁市与北海市的产业相似程度最低，但相似度指数也在 0.9 以上。二是北部湾城市群产业结构趋同现象有所加剧。2007 年北部湾城市群产业结构相似度系数超过 99% 的有 3 个，而 2017 年产业结构相似度超过 99% 的上升至 5 个；2017 年 15 组相关联的城市中有 11 组产业结构相似度指数有所上升，仅有 4 组城市产业相似度在下降，相似度上升比重达到 70%。

四、强化协同发展，释放广西北部湾城市群活力

协同发展的关键要着眼于提升区域整体竞争力，充分发挥各地优势，科学定位各城市职能，形成优势互补、功能完备、城乡一体的协同发展格局。从广西实际出发，推动北部湾城市群的协同发展，当前可以从以下几个方面着手：

（一）全力扩内需和外贸，提升北部湾城市群经济活跃度

一是大力推动消费扩量提质。全面对照国家《关于完善促进消费机制体制进一步激发居民消费潜力的若干意见》《关于完善促进消费体制机制实施方案（2018~2020 年）》提出的促消费方向，进一步提升北部湾城市群信息消费、绿色消费、智能消费、跨境电商消费、健康养生消费等升级消费水平。重点指导各市开展专项促消费活动，支持南宁办好"北部湾车展"和"东盟汽博会"等促消费活动。完善促进消费的体制机制，进一步放宽服务消费领域市场准入，持续引导社会力量进入旅游、文化、体育、健康、养老、教育培训、家政等领域。二是全力提升外向型经济水平。密切关注中美经贸摩擦对北部湾城市群重点地区、重点行业、重点企业的影响效应。抓住国家支持加工贸易创新发展及向中西部地区转移的机遇，大力实施第二轮"加工贸易倍增计划"，重点支持北海市水海产品、玉林北流市陶瓷等一批外贸出口基地建设。加强对大豆进口重点企业的服务，鼓励企业调整进口市场，增加自南美及其他国家和地区大豆、豆粕等农产品进口。推进金融、教育、文

化、医疗等服务业领域有序开放，放开育幼养老、建筑设计、会计审计、商贸物流、电子商务等服务业领域外资准入限制。

（二）抢抓机遇加强协同合作，增强北部湾城市群辐射带动能力

一是提升北部湾城市群互联互通水平。加强与兄弟省区市的协同配合，不断拓展和开通新的海铁联运线路、航班和班轮，积极拓展和加密北部湾港至兰州、贵阳、成都等铁海联运班列线路，构建便捷的港口运输网络。围绕交通互通、产业协作、资金融通、生态共治、人才流动、政策衔接等领域，推进北部湾城市群积极对接融入粤港澳城市群建设。积极谋划连接北部湾和珠三角的重要通道，加快建设合湛高铁、广湛高铁、南宁市经玉林市至深圳市高铁，配合广西沿海城际铁路、粤西沿海高铁、深湛高铁，提升北部湾在开放中的集聚和辐射能力。加强北部湾城市群与东盟国家陆路互联互通，实现边境口岸与城市群内部多通道高效联通。二是提升南宁市核心城市的关键作用。积极借鉴其他城市群核心城市发展经验，进一步明确以加快建设南宁特大城市和区域性国际城市的目标定位，进一步强化区域经济中心、区域性国际交通枢纽、商贸中心、金融中心和科技创新中心等核心城市功能建设，进一步增强产业发展层次和城市能级，提升南宁核心城市综合功能和集聚辐射带动北部湾城市群的能力。三是加强城市群各城市之间的协同合作。做强做优北海市、钦州市、防城港市、玉林市、崇左市等节点城市，强化城市间分工协作，提升各城市辐射能力。北海市重点打造以信息技术和向海经济为重点的生态宜居滨海城市，防城港市和钦州市重点发展面向"一带一路"的港口城市，玉林市重点建设区域性先进制造业基地、国家现代农业示范区和南方药都，崇左市依托边贸优势重点发展沿边开发开放"桥头堡"和边关风情旅游带核心区。四是继续提升北部湾同城化水平。继续稳步推动广西北部湾通信、金融服务、户籍、交通、旅游、口岸通关一体化、产业一体化、教育资源一体等同城化任务。对通信、旅游、社保等已基本完成同城化任务的，巩固好现有成果，对交通、金融、教育同城化这些尚未完成的同城化要继续持续推进，对产业一体化等尚没有实现实质性进展的同城化任务要查明原因、精准施策。

（三）完善产业分工，提升北部湾城市群核心竞争力

一是加快构建产业协作平台。鼓励打破地域色彩旧观念，以新理念进行横向联系，突破区域协同发展的边界制约，推动资本、技术、人才、劳动力等生产要素在广西与广东、海南区域内自由流动和优化配置。进一步优化城市群空间结构，建立常态化的城市沟通协调机制，支持各城市间合作共建产业园区，促进各城市分工协作，实现资源互补与功能融合，提高城市综合承载能力。二是完善产业合理分工。各城市发挥各自比较优势，确定每个城市的产业发展方向和具有城市特色的产业和产品，确定重点产业在不同城市的主攻方向，提升产业分工层次。在现有产业布局基础上，积极引导形成若干具有鲜明发展特色和竞争力的产业集群，探索多种集群发展模式，提升区域产业竞争力。三是建立区域人才协同发展机制。人才是产业发展重要的生产要素，是创新的主体，要推动北部湾城市群全面发展，关键要充分发挥人才的溢出效应。充分利用广东、深圳等地区域中心城市发展基础好、人才"虹吸效应"大的特点，推动北部湾建立区域人才协同发展的平台和机制，充分对接东部地区等地的智力资源，增加北部湾城市群人才资本。

广西北部湾城市合作与发展

钦州市钦南区物价局 颜致琴

一、向海经济与创新发展

(一) 发展向海经济，是实现中央赋予广西社会经济发展战略定位的重要举措

习近平总书记要求广西要构建面向东盟的国际大通道，打造西南中南地区开放发展新的战略支点，形成"21世纪海上丝绸之路"和"丝绸之路经济带"有机衔接的重要门户，这是中央赋予广西社会经济发展的三大重要的战略定位。习近平总书记进一步要求"打造好向海经济"，是广西推进"创新驱动、开放带动、双核驱动、绿色发展"战略新的具体路径，更是落实中央赋予广西社会经济发展战略定位的重要举措。

(二) 发展向海经济，广西具有得天独厚的区位优势与战略机遇

北部湾港不仅是我国大陆地区距马六甲海峡最近的港口，也是与东盟47港构建互联互通的海上通道；同时，还是西南中南地区最近的出海口，周边铁路密集，布局完善。防城港、北海港、钦州港、铁山港北部湾四港与区内铁路网无缝对接，南昆铁路、益湛铁路、湘桂铁路、黔桂铁路、玉铁铁路五条铁路线直通港口。作为唯一同时服务"一带一路"的衔接门户，广西具有得天独厚的区位优势。以区位为依托，广西还打造了临港产业经济带、国际产能合作示范区等向海经济重要载体，辐射东南亚全境，战略机遇较为突出。

(三) 发展向海经济，是挖掘广西海洋经济发展潜力的迫切要求

广西海洋和渔业厅公布的《2017年广西海洋经济统计公报》显示，根据国家海洋部门《海洋生产总值核算制度》，2017年广西海洋生产总值为1394亿元（现价），达到历史新高，同比增长11.4%。

公报显示，广西2017年海洋生产总值占广西生产总值的比重为6.8%，占广西北部湾经济区4个城市（南宁市、北海市、钦州市、防城港市）生产总值的比重约为18.8%，占沿海3市（北海市、钦州市、防城港市）生产总值比重约为42.5%，区域海洋经济总体实力不断提升，海洋经济增长对沿海民生改善贡献突出，成为社会经济的重要增长极。

同时，据广西有关部门测算，2018年1~6月，广西海洋和渔业经济仍然保持高速发展态势，全区海洋生产总值713亿元，同比增长12.4%，主要海洋产业增加值297亿元，同比增长16.9%。这是在受渔业养殖生产周期和南海休渔影响，上半年水产品捕捞产量总体偏少等诸多不利因素影响下取得的成效。

自2017年4月习近平总书记考察广西时提出"打造好向海经济"以来，广西海洋和渔业经济结构不断优化，海洋生态文明和经济发展红利同步攀升，向海经济跑出"加

速度"。

（四）发展向海经济，应扩展区内外合作新视野

广西向海经济发展滞后，其原因不仅在于广西经济基础较薄弱、海陆互动欠佳，也有囿于一地、区内外合作停滞的因素。从广西的实际看，经济基础相对薄弱以及由此导致的项目、资金、技术、人才、资源等短板较为突出，对外寻求合作亟待开展。一方面，主动对接粤港澳大湾区，打造环北部湾港口群。北部湾港接受粤港澳大湾区城市群的辐射带动有待加强，正如新近获批的《北部湾城市群发展规划》扩及湛江市、茂名市、阳江市和海口市、儋州市、东方市、澄迈县、临高县、昌江县，超越行政区划的环北部湾港口合作机制应及早建立。另一方面，切实发挥"三大定位"作用，提升对内合作水平。作为西南中南地区开放发展新的战略支点，应提高与相关省区市合作的层次和水平，发挥国际大通道作用，更好地衔接"一带"和"一路"。此外，在"互联网+"背景下，更需贯彻习近平总书记要求的"在目标、任务、方式、政策、路径、举措等方面进一步前进"，扩大视野，加速发展。

（五）发展向海经济，应始终坚持贯彻"五大发展理念"

习近平总书记在提出"打造好向海经济"指示的同时，也要求广西"在推动产业优化升级上下功夫，在转变发展方式上下功夫，在提高创新能力上下功夫，在深化改革开放上下功夫"，这根本上也是落实"五大发展理念"的要求。发展向海经济，向海洋要资源要财富，拓展蓝色经济空间，是缓解发展资源和环境压力的重要手段。根据海洋经济发展示范区建设的要求，应着力优化海洋经济发展空间布局，构建海洋开发综合创新体系，优化升级海洋产业结构体系，强化海洋基础设施保障体系，完善海洋公共服务体系，建设蓝色生态屏障，实现向海经济与生态文明建设的协同发展。

二、海洋文化交流与合作

在历史的发展和经济社会的变迁中，海洋文化和海洋经济具有相生性，两者相互促进，互为发展的前提。可以说，没有海洋经济的发展就不会出现海洋文化的繁荣；没有海洋文化的繁荣也就不会有海洋经济更高层次、更高水平的发展。事实证明，只有大力建设海洋文化，才能促进海洋经济的可持续发展，带动海洋产业和沿海地区各相关行业的发展。

（一）古代海洋文化交流与海洋经济发展

回顾中国经济社会的发展历程，随处可以找到海洋文化与海洋经济相伴而生的佐证。在我国古代，海洋开放则促进海洋经济的发展，带动海洋文化的繁荣；闭关禁海则导致海洋经济倒退，影响海洋文化的发展。宋元时期，海洋政策比较开明，那时候以上海为中心，形成了"北贩南通，百货汇集"的盛况。东南沿海的商贩通过海运，将货物运到港口码头，而后靠全国各地的行商坐商转运流通，买卖交易，"听海商贸易，归征其税"。同时，船舶航运业的发展也给国家财政带来了丰厚的税赋。史料记载："东南之利，舶商居其一。"随着海洋经济的发展，海洋文化也逐渐兴起，最典型的是"妈祖文化"的出现。妈祖是沿海地区居民的守护神，被奉为"天后女神"。妈祖的故事是宋元时期产生的，经过后世不断演绎，成为千古佳话，至今在东南沿海一带和中国台湾地区还传唱着妈祖的故

事，有关妈祖的文艺作品也层出不穷。

（二）2016 年国家海洋局出台《全国海洋文化发展纲要》

国家海洋局出台《全国海洋文化发展纲要》（以下简称《纲要》），提出加快发展海洋文化公共服务，加快发展海洋文化产业，保护海洋文化遗产，促进海洋文化传播与国际交流合作，构建海洋文化理论体系，积极推动海洋文化事业发展。

《纲要》坚持"继承传统与发展创新相结合，海洋文化建设与海洋经济发展相结合，海洋文化建设与海洋生态文明建设相融合，海洋文化与海洋科技同步发展，全面发展与重点推进相结合"的基本原则，提出了全面推进海洋文化建设的发展目标：到 2020 年，全民海洋意识显著提高，初步形成全社会关心海洋、认识海洋、经略海洋的良好社会氛围；到 2025 年，海洋文化公共产品和服务的供给能力大幅提升，极地文化、大洋文化、海岛文化建设等明显加强，海洋文化重点领域取得跨越式发展，海洋文化遗产得到科学保护、有效传承和适度利用，海洋文化人才队伍基本形成，对外海洋文化交流不断深化，在推动"21 世纪海上丝绸之路"建设中发挥更大作用。

为实现上述目标，《纲要》要求加快发展海洋文化公共服务。加快海洋文化公共基础设施建设，加强海洋文化公共服务和产品供给，开展海洋主题文化创建活动，促进基层海洋文化发展，普及海洋知识，提升海洋意识。

加快发展海洋文化产业。推动海洋文化产业重点门类发展，优化海洋文化产业布局，构建环渤海、长三角、海峡西岸、珠三角、海南岛—北部湾五大海洋文化圈，大力发展海洋文化产业新兴业态，推动海洋文化产业大项目带动和集群发展，增强海洋文化产品与服务的出口能力，扩大海洋文化消费，规范市场秩序。

在保护海洋文化遗产方面，《纲要》提出，开展海洋文化遗产调查，提高海洋文物和海洋非物质文化遗产的保护能力，创新海洋文化遗产保护传承方式，拓展海洋文化遗产传承利用途径。

在促进海洋文化传播与国际交流合作方面，构建"21 世纪海上丝绸之路"人文交流平台，加快建设海洋文化推广的传播平台，开展海洋文化国际合作，创新海洋文化国际合作交流机制。

与此同时，《纲要》提出要积极构建海洋文化理论体系。开展海洋文化理论、海上丝绸之路与现代海洋文明以及妈祖海洋文化等方面的研究，弘扬中华海洋价值观。

为保障相关工作的实施和推进，《纲要》提出了加强海洋文化建设的组织领导，充分发挥沿海地区建设海洋文化的重要作用，加强海洋文化人才队伍建设，多元化、多渠道融资，构建海洋文化推广和激励机制 5 方面的保障措施。

（三）海洋文化交流与合作的意义

随着国家经济的发展和人民生活质量的提高，社会文化需求呈现快速增长态势，文化正在成为人类社会和人们生产生活中重要的不可或缺的组成部分，包括海洋文化。尤其是当今时代，海洋产业的开发程度、海洋经济的发展水平直接体现一个国家和地区的经济实力。甚至有专家断言："谁抓住了海洋，谁就掌握了未来。"在这种形势下，海洋文化产业作为生产、传播涉海文化产品和服务的有效方式，对整个海洋经济的影响不可小觑，其在经济社会发展过程中的作用也日益突出。

海洋文化产业为社会提供丰富多彩的涉海文化产品，满足人们不断增长的海洋消费需求。经济的发展促进人们收入水平的提高，而收入水平的提高导致了人们对文化产品的消费需求不断扩大，而且要求的层次和水平不断提升。就文化产品需求的内容而言，更多的人已经不满足于对现有一般意义上的文化产品的享受，更多的人瞄向新鲜的、刺激的、更加浪漫的涉海性文化产品，如滨海旅游、渔家乐、休闲垂钓、海洋工艺品收藏等。海洋文化产业的发展使普通大众能够更多地消费海洋文化产品，实现自身的更高层次的享受需求和发展需求，提升人们的精神文化素质。

海洋文化产业能够带动其他相关产业的发展，并为社会提供更多的就业机会。文化产业具有先天的渗透力和扩张力，能与一大批传统产业相融合，而这种融合对传统产业可以产生巨大的提升作用，使其价值更好地体现和增大。在沿海地区，海洋文化产业的发展，已经不仅是"软实力"的体现，它产生的"蝴蝶效应"能够带动当地建筑业、服装业、广告业、旅游业等，促进整个区域经济的发展。同时，随着海洋经济的发展，新的海洋文化生产、传播和服务企业不断涌现，为社会提供了大量的工作岗位。

海洋文化的交流有利于促进海洋合作，推进"21世纪海上丝绸之路"的建设，也是深化中国与东南亚及海上丝绸之路沿线各国文化交流与合作的需求。中国—东盟有着丰富的海洋文化资源和良好的政策环境，但也面临着一些问题。只有加大力度发展双方的海洋文化产业，加强人才培养和海洋文化传播能力，完善双方的合作机制，积极发挥华侨华人的作用，才能在"一带一路"建设中更好地促进双方的海洋文化交流与合作，助推中国与东南亚国家交流与合作的崭新启程。

三、南向通道背景下的城市协同发展

南北钦防城市群的发展是广西北部湾经济区发展最重要的组成部分，而省会南宁城市的发展又是南北钦防城市群的龙头和广西北部湾经济区发展的核心。建设广西北部湾经济区，做大做强广西北部湾经济区核心城市，是对广西区域未来发展的战略定位，是推动南宁城市经济社会在聚集中创新、在创新中提升、在提升中跨越的需要，必将进一步带动广西北部湾经济区的发展，更好地在广西区域经济社会发展中发挥带头、带动、示范、辐射作用。

（一）产业集聚是前提

产业集聚是广西北部湾经济区规模扩大、功能完善的主要前提基础，是广西北部湾经济区发展壮大最重要的驱动力。促进核心城市产业集聚，必须坚持以城市工业化推动城市国际化，以城市国际化带动城市产业集聚和现代化发展。坚持以城市工业为主导，着力发展以城市加工制造业为主体的城市工业经济，加快城市先进制造业基地建设。坚持以城市工业化带动城市交通运输、商贸物流、旅游、会展等现代服务业与城市生态农业的协调发展，形成系统的城市产业链，提高城市经济发展实力。

核心城市必须根据自身的资源禀赋和区位优势以及发展面临的机遇与挑战，明确核心城市的产业功能定位，科学合理统筹规划，确定城市产业发展的重点领域和方向，有针对性地投入与扶持，打造核心城市特色鲜明、基础稳固的产业基础，增强核心城市的经济发展动力和辐射带动能力。

南宁市、北海市、钦州市、防城港市作为广西北部湾经济区四大中心城市，要坚持走工业强市、先进制造业与现代服务业三位一体、携手并进的发展道路，发挥城市工业强大的推动力，使其和现代服务业互相促进，协同发展，综合利用港口区位优势和中国—东盟合作平台优势，建设城市产业集聚的北部湾经济区核心城市。

同时，要切实抓好核心城市与周边城市的产业关联与承接，加强与区域内外城市间的产业协作与分工合作，实现产业互动、市场互市、资源共享、发展共赢。充分发展南宁市、北海市、钦州市、防城港市四大核心城市的各自特色和比较优势，对广西北部湾经济区发展要做好协调分工，突出战略优势，实施错位竞争，以增强广西北部湾经济区城市间互动与集聚辐射能力。

（二）城市规划是关键

城市规划是城市发展的关键，是统筹城市与区域发展的指南针，也是政府推进城市建设的风向标。广西要围绕做大做强核心城市，严格按照城市规划和城市发展步调一致、和城市土地利用异曲同工、和城市生产力布局协同发展，进一步强化城市规划的思路，重点从城市规划布局上引导城市经济社会实现快速、持续、稳步、健康发展。

广西北部湾经济区内各城市要牢固树立"一盘棋"发展指导思想，认真贯彻统一规划、统筹布局、共建设施、共享资源、互补优势、发展共赢的总体要求，淡化城市行政界线，强化一体化发展观念，从城市规划的统筹安排和贯彻实施、资源要素的有机结合、城市设施的配套协同、社会力量的优化配置入手，加强广西北部湾经济区内城市间的携手合作，做好区域内城市间的联盟战略规划，促进区域内城市间经济与产业的有机融合，协同分工，共同打造区域经济发展的增长极。

进一步完善广西北部湾经济区内城市联盟战略研究和机制建设，要重点做好南宁市、北海市、钦州市、防城港市四大核心城市联盟试点和推广辐射。南宁市、北海市、钦州市、防城港市城市联盟要从项目建设入手，逐步在北部湾经济区建设的各项具体项目中，构建城际综合信息平台，加快城际交通向城市间公共交通转变，共同推进城市联盟项目实施，着重抓好城市间交通设施、基础设施、社会事业等项目的协同建设。

构建城市联盟的目的是积聚区域内聚力量，发挥经济整合功能，以北部湾经济区内各城市的比较优势为基础，平衡各城市的短期利益诉求，着眼广西区域整体发展，提高整个广西北部湾经济区的竞争力。

（三）城际交通是纽带

围绕深化中国与东盟合作构建广西北部湾经济区大交通网络，提高广西北部湾港口吞吐能力，加快经济区铁路、公路、水路通道建设，实现广西北部湾港口、核心城市与东盟区域和地区的铁路、公路、水路运输线路畅通。

要加快构建广西北部湾核心城市的快速交通网络，不断延伸区域城际交通骨架，拓展区域核心城市的发展空间。完善南宁市、北海市、钦州市、防城港市城市群内外交通的衔接，加快广西北部湾城际连接机场、港口、铁路、高速公路等现代交通网络和体系的快速干道建设，形成快速、便捷、成网络的区域交通体系。

在中国—东盟自由贸易区建设的发展框架下，优化广西北部湾城市交通资源的合理配置，加快构建中国南宁市—新加坡经济走廊、大湄公河次区域经济合作和泛北部湾经济合作的"三位一体"现代交通网络和体系，进一步发挥城际交通网络的综合效能与服务水平，加快核心城市交通基础设施建设，构建适度超前、功能完善、配套协调、高效便捷的现代化城市交通支撑体系，以高速公路、快速铁路、大型海港和空港为区域城际主骨架，以公路、铁路、港口通道建设为着力点，推进广西北部湾综合运输通道建设，增强广西北部湾经济区对外对内交通保障能力，全面深化中国与东盟的合作。

综上所述，根据广西北部湾经济区的发展现状、特点以及国家政策和发展目标，借鉴长三角、珠三角以及国外区域城市发展的成功经验，并结合区域城市整合以及北部湾核心城市的建立与发展应具备的条件，不断提升广西北部湾经济区核心城市的发展规模。重视广西北部湾城市合作与发展，能更好地促进双方的海洋文化交流与合作，助推中国与东南亚国家交流与合作的崭新启程。

岭南—北部湾经济一体化实现路径研究

桂林市社科联副主席　李春毅

【摘要】 首先，本文总结了泛珠合作战略目前的发展现状，分析了泛珠合作战略目前存在区域合作发展不均衡、区划壁垒无法完全打破、区域合作动力凝聚不足等问题。而要解决这些问题，泛珠合作需要进行分圈层经济一体化建设，其中岭南—北部湾经济一体化建设具备合作的独特优势。其次，本文提出了岭南—北部湾经济一体化的一些实现路径。

【关键词】 北部湾；岭南；经济一体化；泛珠合作

一、引言

岭南和北部湾都是泛珠合作的重要组成部分。为了实现岭南和北部湾的更好发展，就必须分析泛珠合作目前的发展现状和趋势，进而实现岭南—北部湾经济一体化建设发展。改革开放以来，我国经济发展形势最为可观的三大经济圈——长三角经济圈、京津冀经济圈和珠三角经济圈。其中，珠三角经济圈除了在工业增加值方面略有优势之外，其他方面的发展优势都不甚明显。因此，近年来推动粤、桂、琼、闽经济一体化建设，创新泛珠合作发展模式的呼声与日俱增。而根据粤、桂、琼、闽的区别特点，可以将其概括为"岭南—北部湾"经济一体化。实现"岭南—北部湾"经济一体化发展，从区域层面看，能够融合粤、桂、琼、闽的地理特点；从历史层面看，粤、桂、琼、闽有着共同的山海文化基础，一体化发展可以将岭南—北部湾的山海文化特质统一表达；从经济层面看，实现"岭南—北部湾"一体化发展，可以最大程度发挥其陆海联动，从而大大丰富我国海洋战略的内容和价值。

二、当前泛珠合作的发展现状和存在问题分析

近年来，在各方的不断努力下，泛珠区域经济在合作互利的基础上取得了非常可观的进展。泛珠合作是我国21世纪以来最早的区域合作，其涵盖范围包括广西、广东、福建、江西、湖南、海南、四川、贵州和云南9个省区以及中国香港特别行政区和中国澳门特别行政区。泛亚合作囊括了我国30%的人口、30%的经济总量和25%的国土面积。其中，广东（粤）、广西（桂）、海南（琼）、福建（闽）是泛亚合作的重要组成部分。回顾和分析这4省区的合作战略发展情况，基本就可以总结出泛亚合作所取得的成绩。

（一）泛珠区域合作取得的主要成绩分析

（1）区域合作机制已经成形。在泛亚合作战略推进的过程中，区域合作不断加强，如今已形成了比较完善的协调合作机制，合作领域与合作平台也是更加多元化。现在已经建

立的协调机制包括行政首长联席会议制度、政府秘书长协调制度、部分衔接落实制度等；已经建立的合作平台主要有泛珠三角区域经贸洽谈会、泛珠三角区域合作与发展论坛等；合作领域覆盖了基础设施领域、产业投资领域、商务贸易领域、旅游领域、信息化建设领域、环境保护领域等。因此，泛珠合作的协调机制已经成形，为泛珠合作的发展打下了扎实的基础。

（2）泛珠区域基础设施建设发展迅速。在基础设施建设方面，早在 2003 年泛珠区域合作成立之前，泛珠区域的交通线路总长度只有 79.8776 万公里。之后泛珠区域合作经过两年的发展之后，2005 年区域交通路线总长度就达到了 122.3325 万公里。随后泛珠区域的交通线路总长度逐年递增。在信息化建设方面，2003~2016 年泛珠区域内的互联网用户激增，互联网用户从 2003 年的 1.03 亿户增加到 2016 年的 6.45 亿户，增长了将近 5 倍。

（3）区域经济合作发展势头良好。产业发展方面，泛珠合作自成立以来，区域内三大产业产值得到了飞速增长，且相对来说第三产业产值增长要优于第一、第二产业。具体来看，第一产业增加值由 6743 亿元增长到 17658 亿元，第二产业由 21662 亿元增长到 98085 亿元，第三产业由 17861 亿元增长到 87220 亿元。尤其是第三产业增加值占比不断增加，由原先的不到 10% 增长到现在的 40% 以上。

（4）跨行政区域新平台已经形成。跨区域行政合作是衡量合作发展水平的一个重要指标。2011 年至今，岭南—北部湾已经建成 5 个跨行政区域合作园区（见表 1）。这些合作园区为泛珠合作发展提供了一个良好的基础和平台。

表 1　岭南—北部湾跨行政区合作园区

园区名称	跨行政区域	创立时间	战略目标
粤桂合作特别试验区	广东、广西	2011 年 12 月	到 2030 年，发展成为经济繁荣、社会和谐、生态良好、产业与城镇协同发展的现代化新区
粤桂黔高铁经济带合作试验区	广东、广西、贵州	2015 年 9 月	到 2030 年，引领粤桂黔高铁经济带实现跨越式发展
闽粤经济合作区	广东、福建	2015 年 8 月	采取"企业主体、混合经营、联动招商、利益共享"的开发建设模式，力争到 2030 年全面实现合作区发展目标
粤港澳大湾区	广东、中国香港特别行政区、中国澳门特别行政区	2016 年 9 月	构建一流创新生态体系，打造创新型城市群，推动湾区经济尽早从工业经济、服务经济阶段进入创新经济阶段
湘粤合作开放试验区	广东、湖南	2015 年 10 月	打造成中部地区和沿海开放经济区域合作的典范

（二）泛珠区域合作存在的问题

（1）区域合作发展不均衡现象比较明显。均衡发展是泛珠合作的一个重要目标，但当前泛珠区域 9 省区之间的发展不均衡问题仍然比较突出。相对来说，广东、四川、福建、湖南等省在产业投资、旅游、劳务、商贸投资等方面的优势比较明显，而贵州、云南、海南等省则发展比较滞后。虽然在泛珠合作的大背景下，各省的产业发展都取得了不小的增长和进步，可是区域之间的发展差异性问题则呈现出愈发扩大的趋势。

（2）区划壁垒还无法完全打破。打破区划壁垒，实现融合发展是泛珠合作的基本要求。虽然泛珠合作各省区在打破区域行政关系方面已经取得了一定的成绩，可是泛珠合作使得行政隶属关系非常复杂，以致于各自为政的问题仍然存在。无法完全打破区划壁垒，导致泛珠区域的资源无法实现融合运用，使得资源潜能无法最大化地发挥出来。以金融合作为例，一些地方政府出于自身利益最大化的考量，在金融合作中采取本地区利益最大化的策略，导致金融统筹发展的作用无法发挥。

（3）区域合作动力凝聚不足。由于泛珠合作涉及多达 11 个省区级经济体，并且这其中还牵扯到两种制度。在这种情况下，要想使区域合作动力拧成一股绳，困难无疑是很大的。泛珠合作十几年的推行过程中，由于各方的利益诉求存在差异，导致一些产业政策落实不到位。在产业政策具体落实的过程中，需要对各方不同的利益诉求进行协调，无形中大大增加了协调工作的成本和时间。因此，要凝聚泛珠区域合作动力，必须进一步处理好各方的利益诉求，一方面要找出各方的共同利益，另一方面还要协调好各方的利益。

以上分析表明，泛珠区域合作战略取得了公认的重大成就，大大推动了参与各省和特别行政区的经济和社会发展。可是泛珠区域合作所存在的问题，也说明泛珠区域合作已经到了深化创新发展的时期。

三、岭南—北部湾经济一体化——泛珠合作发展创新途径

经过 15 年的发展，泛珠区域合作已经在合作互利的基础上取得了可喜的成绩。因此，2016 年国务院发布了《关于深化泛珠三角区域合作的指导意见》（以下简称《意见》），这标志着泛珠三角区域合作正式上升为国家战略。《意见》的发布为泛珠三角区域深化合作发展提供了新的契机，也对泛珠三角区域发展提出了新的要求，即通过什么途径实现泛珠区域深化发展。

（一）实现《意见》的五大定位需要新的途径

在经济新常态下，《意见》赋予了泛珠三角区域战略新的身份和使命，即全国改革开放先行区、全国经济发展重要引擎、内地与港澳深度合作核心区、"一带一路"建设重要区域、生态文明建设先行先试区。根据泛珠区域合作战略这 15 年的实施脉络来看，仅依靠泛珠区域合作自身的力量是很难实现这五大战略定位的。

（1）仅靠泛珠区域自身难以实现五大战略定位。虽然泛珠区域的确是我国改革开放的先行区和火车头，可是近年来随着我国经济社会不断发展，与珠三角同等地位的长三角和京津冀地区的发展，已经在很大程度上超越了珠三角。截至 2013 年，总体来看，珠三角经济总量与京津冀处于同一水平。可是自 2014 年京津冀开始一体化建设之后，其发展速度已经超越了珠三角。在创新方面，京津冀的表现略好于珠三角，也成为京津冀日后发展动力所在。长三角则无论是经济总量还是创新方面都要好于珠三角。之所以形成今日的局面，与这三大经济圈的国土面积和人口数量是密不可分的。表 2 为三大经济圈地理面积对比情况。

表2　三大经济圈地理面积对比情况

经济圈	面积（万平方公里）
长三角经济圈	21.7
京津冀经济圈	21.8
珠三角经济圈	4.2

从表2可以看出，珠三角经济圈在国土面积上要远远小于长三角和京津冀经济圈，因此仅靠珠三角自身实现《意见》提出的五大战略定位，显然杯水车薪。因此，实现泛珠区域合作就成为一个必然选择。

（2）分层次合作是实现泛珠区域深化合作的现实途径。为了减少泛珠区域深化合作的难度，保证其深化合作的流程正常运转，那么就必须要进行分层次、分步骤的深化合作。这样可以将条件相同、利益相近的区域相结合，从而提高深化合作的效率。根据地理条件和经济联系来看，泛珠区域深化合作可以分为：滇贵川、湘赣、粤桂琼闽+港澳。其中，粤桂琼闽+港澳就是岭南—北部湾合作区。

（二）岭南—北部湾具备合作的优越条件

在泛珠合作中，岭南与北部湾合作的条件是最为优越的，具体表现在以下几个方面：一是区位同一性强。广东、广西、海南、福建都处在五岭以南和南海的北部湾沿岸。这些地方的气候和自然条件基本相同，产业结构也比较类似，在实现陆海产业联动发展方面提供了很多便利。二是文化认同度高。北部湾文化本身就是岭南文化的重要组成部分，具有山海交融的特点。三是合作基础牢固。自改革开放以来，在中国特色社会主义市场经济下，粤、桂、琼、闽之间的合作就十分紧密，尤其是粤桂合作特别试验区、闽粤经济合作区更是成为我国经济合作区的典范。因此，实现岭南—北部湾区域一体化建设，更加能够推动泛珠区域合作更快、更好地发展。

（三）岭南—北部湾经济一体化建设，可以有效深化泛珠区域合作

首先，实现岭南—北部湾经济一体化建设，可以大大丰富泛珠合作区域的经济社会发展条件基础。表3为2017年岭南—北部湾区域经济社会条件。

表3　2017年岭南—北部湾区域经济社会条件情况

指标	总人口（万人）	地区GDP（亿元）	土地面积（万公顷）	人均GDP（元）
岭南—北部湾区域	23012.7	130212.4	5767.4	60313.6
泛珠区域	50148.1	22045.9	19988.8	54511.8
占比（%）	45.9	59.1	28.9	110.6

从表3可以看出，岭南—北部湾国土面积已经占到了泛珠区域的将近1/3（28.9%），人口占泛珠区域的45.9%；尤其是经济发展非常突出，人均GDP达到了泛珠区域的110.6%。因此，如果能将岭南—北部湾进行经济一体化建设，其必然能够在泛珠区域合

作中起到不可估量的作用。

其次，岭南—北部湾的创新开发建设成绩十分可观。根据统计，岭南—北部湾区域共有国家级开发区 95 个，其中国家级经济技术开发区 21 个，国家级高新技术产业开发区 24 个。这些国家级开发区在招商引资、促进就业、发展新型产业、高新技术发展、自主创新等多个方面都能发挥十分关键的作用。

最后，实现岭南—北部湾经济一体化建设，能够有效解决北部湾存在十几年来的一些发展问题。例如，通过实现岭南—北部湾经济一体化建设，可以最大程度打破区划壁垒，实现岭南—北部湾资源高效利用。同时，通过经济一体化建设，还可以强化产业政策的协调性，找出岭南—北部湾的共同利益，从而最大程度发挥泛珠区域合作的路径优势。

四、岭南—北部湾经济一体化实现路径分析

（一）岭南—北部湾经济一体化总路径

岭南—北部湾经济一体化总路径可以概括为初级协同阶段、中级协同阶段和高级协同阶段。每个阶段的内容、模式和难度都不尽相同。每个阶段以阶梯度对接实现连接，越高级的阶段市场自组织能力越强，越低级的阶段政府管理参与的力度越大。

1. 初级协同阶段

岭南—北部湾地区的初级协同包含着两层含义：第一层是指岭南—北部湾区域内并非所有产业都需要实现对接融合，初级协同阶段只是部门产业实现对接融合；第二层是指发生连接融合的产业并不能立即实现平等。换言之，在初级协同这个阶段，岭南—北部湾的产业分工体系是存在缺陷的，尤其是它的整体性、联系性和均衡性是存在不足的。即便如此，我们也不能就此认定初级协同阶段工作是不重要的。相反，随着时间的推移，分工体系会在其自我进化中逐渐演化和发展，最终会解决产业不均衡的问题。在初级协同阶段，我们主要做好以下这几个方面的工作：一是由政府牵头设置权威性的协同组织结构，并且在协同组织结构领导下制定协同计划。二是形成自由流通的产品市场和要素市场。三是进一步改造和优化交通基础设施网络。四是引导粤、闽两省的劳动密集型企业向桂、琼两省转移。五是扶持粤、闽两省的产业升级。通过开展以上这五项工作，一方面可以大大提高岭南—北部湾区域内的交易效率；另一方面粤、闽升级后的产业与桂、琼两省的传统劳动密集型产业形成对接融合的产业竞争优势，这是实现协同效应的两个初始条件。

2. 中级协同阶段

虽然岭南—北部湾地区的初级协同阶段所建立的产业分工体系，已经构建了实现协同效应的开端基础，可是这只是实现了一个开端，并且其中是存在一定缺陷的。那么中级协同阶段的主要工作，就是对这个产业分工体系进行升级优化。对产业分工体系进行升级优化，主要通过以下几项工作来完成和实现：一是待粤、闽两省的产业实现升级之后，其在国际市场中将具备一定的竞争力。二是粤、闽两省的劳动密集型产业已经转移到了桂、琼两省，这会进一步提升桂、琼两省劳动密集型产业的国际竞争力。如此一来，桂、琼两省可以在国际上建立较低层次的国际分工体系，粤、闽可以在国际上建立较高层次的国际分工体系。

3. 高级协同阶段

经过中级协同阶段后，岭南—北部湾的产业分工体系将更具整体性、联系性和开放

性，可是区域产业不平衡的问题还没有解决。经过中级协同阶段后，粤、闽两省主要以知识、技术密集型产业为主，桂、琼两省主要以劳动密集型产业为主。由于这两类产业的分工、地位不同，导致岭南—北部湾的产业不平衡现象依然存在。因此必须对协同阶段进一步进行升级，即进入高级协同阶段。高级协同阶段的工作主要包括：一是粤、闽两省继续发展高端产业链和高附加值产品。二是桂、琼两省将劳动密集型产业转移至国外，从自身着手开展产业转型升级工作。这样一来，岭南—北部湾地区内部，以及与国内建立的分工体系将上升到新的高度，国内外协同发展程度更高，产业平衡性也会更强。

（二）对接与协同战略当前任务与侧重点

对接与协同战略是一项系统工程，不仅要着眼于长期的战略目标，而且还要关注眼下问题的解决。必须承认，岭南—北部湾地区的子区域融合较差是一个现实。据此，当前的岭南—北部湾经济一体化建设，可以从梯度对接入手，充分发挥政府职能，使当前岭南—北部湾经济一体化建设先进入初级协同阶段。如前文所述，初级协同阶段的主要任务是提升区域交易效率、培育区域对接融合产业竞争优势，进而形成岭南—北部湾良好的产业分工体系。

1. 提升区域内交易效率

（1）建立统一性的协同机构，打破行政壁垒。提升区域内交易效率，本质上就是加强本区域内的知识、资产和劳动力的自由流通。要实现这些生产要素的自由流通，就必须先设置统一的协同机构，从而打破行政壁垒。我国的行政壁垒问题的产生，主要是因为全国各地的经济发展与地方政府政绩考核挂钩。这种模式在我国过去经济发展水平较低的时期的确发挥了很大的作用，可是随着我国经济结构的转型升级，这种模式的弊端也愈发凸显。很多地方政府为了提高本地眼前的财政税收，绞尽脑汁将各类投资项目在本地区落地，也不管落地项目的技术水平如何，盲目地进行低水平、同质化竞争。久而久之，导致各地陷入了非此即彼的"零和竞争"，合作互利的动力越来越小，在很大程度上不利于区域的协同发展。因此，在岭南—北部湾经济一体化建设时，先要对政治体制进行针对性改革，改革核心目标就在于扭转地方政府的"短视"行为，加强地方政府之间的合作动力。同时要建立跨区域的权威性协同机构，从而进行跨省区协同发展的统一规划。

（2）建立一体化交通体系，强化产业的统筹规划。加强交通网络体系建设，是提高区域内交易效率最快捷的途径。因此，岭南—北部湾区域内的各省需要大力加强地区内的公路、铁路、水路和航路等交通基础设施建设，实现各省交通网络的无缝链接。同时，还要围绕着"多规合一"的目标进行产业的统筹规划，进而促进岭南—北部湾区域内产业分工体系的建立。

（3）制定权力清单，重塑市场活力。优化政府职能，监督公权的使用，提升政府调控国民经济运行的能力和效率，为激发市场活力营造良好环境。明确国有企业的生产目的，规范国有企业的经营行为。国有资本不是一般的资本，也不是一般的生产要素。资本的本质是追求剩余价值，是一种以剥削剩余价值为特征的生产关系；而生产要素的概念则抛开了生产关系，在生产函数当中发挥作用的投入都可称之为生产要素。国有资本在形式上先是一种生产要素，但其本质是公共占有方式的法的关系在金融上的体现，并不等同于资本主义的生产关系与占有方式，因此国有企业的生产目的只能是提供公共物品。国有企业的经营行为不应当产生拖累效应，即扭曲产品市场和要素市场，对民营企业发展施加不利的外部约束条件。

（4）实现公共服务统一开展，保障劳动力均衡流动。各地公共服务开展治理的质量不一，在很大程度上会影响劳动力的流动和流向。如，教育、医疗服务比较落后的地区，很难吸引到发达地区优质劳动力（特别是高级知识分子、高级技术人才）。再如，发达地区如果对外来人员设置住房、教育、社保、户籍等方面的歧视政策时，那么落后地区的劳动力就会谨慎选择到这些地方工作。因此，岭南—北部湾地区应该构建统一的公共服务网络，从而促进劳动力的自由均衡流动。

（5）加大金融改革力度，促进资金流通。金融领域的改革，主要是保障利率市场的稳定和创新。①利率不仅要在横向的时间上有所浮动，还要在纵向空间上保留一定的差异。例如，根据市场原则，经济落后的地区由于相对缺乏资金，那么经济落后地区的利率就可以相对提高一定的浮动。虽然这样会增加落后地区的贷款负担，却能吸引大量金融机构加大对落后地区的放贷总量。②要大力引导民间资本进入金融领域，民间资本的加入可以加剧金融领域的竞争，进而提升金融放贷的效率和质量。

2. 培育区域内对接融合产业竞争优势

目前岭南—北部湾地区没有实现协同发展，一个重要原因就在于没有培育出区域内的对接融合产业竞争优势。为此，笔者认为应该从以下三个方面加强区域内对接融合产业竞争优势的培育。

首先，加强广东和福建两省的产业升级。广东和福建产业长期以来的升级困难问题，主要是由于两省产业缺乏国际竞争力，进而造成广东和福建产业在国际市场上举步维艰，在国内又竞争不过国外产品。久而久之，造成融入分工体系十分困难。而要提升广东和福建两省产业的国际竞争力，主要靠政府的力量进行扶持。例如，在产品设计研发阶段，政府可以设置各类产品创新行为补贴；在产品生产阶段，搭建多元化的产品信息平台；在产品销售阶段，可以降低相关产品税率，从而提升国内产品的国际竞争力。

其次，加大产业向广西和海南转移的力度。近年来，劳动密集型产业在向广西和海南两省区转移的过程中，逐渐显现出转移黏性的问题。其主要原因有二：一是产业转移必须是整体性的转移，单一企业的转移必然会加大转移成本。二是长期以来西部地区为东部发达地区输送大量的廉价劳动力。然而近年来东部发达地区的高工资期望值又回输到西部落后地区，造成西部地区劳动力廉价优势不复当年。根据以上问题，一方面政府要加大力度鼓励更多劳动密集型企业向广西和海南两省转移。转移的过程中要注意统筹规划，确保产业的顺畅转移；另一方面政府可以推出更多的产业转移补贴和创业补贴，分担企业的转移成本。以广西省桂林市为例，桂林在食品饮料、生物制药、机械制造、旅游业等劳动密集型产业方面具备较强的实力，但是也存在产业集聚低、缺乏大项目、欠缺关联带动能力强的大企业等问题。如果将广东、福建两省的食品饮料、机械制造、生物制造等一些龙头企业转移至桂林，那么就可大大提升企业的自主创新能力和影响范围，增强产业集群带动力。而且随着其他省份的龙头企业转移至桂林，可以进一步吸引更多发达地区的高素质劳动力和更多的资本流入，实现劳动力、资本等生产要素的平衡流动。

最后，构建互补性生产要素梯度。所谓"互补性"是指同一生产要素在不同地区分化成相应的要素梯度。例如，劳动力是最基本的生产要素，它可以生产相对应的知识、技术型劳动梯度和廉价劳动力梯度。在岭南—北部湾区域内，粤、闽两省属于知识、技术型劳动力高梯度和廉价劳动力低梯度；桂、琼两省属于知识、技术型劳动力低梯度以及廉价劳动力高梯度。而互补性生产要素梯度就是要实现生产要素的分流，进而强化地区生产要素的专业性。因此，粤、闽两省应该聚集新兴产业的劳动力等生产要素，桂、琼两省应该聚集传统劳动密集型的劳动力等生产要素。而政府则需要制定相应的政策以实现生产要素的分流，如劳动力分流、资本分流、土地分流等。并且对不同地区设置差异化的补贴机制，从而构建互补性生产要素梯度。

参考文献

［1］程皓，林怡．岭南—北部湾地区城市协同对接水平研究［J］.经济与社会发展，2017，15（3）：32-37.

［2］程皓，罗文遥．岭南—北部湾地区城市工业集聚及竞争态势演化研究［J］.沿海企业与科技，2017（4）：48-53.

［3］程皓，阳国亮．岭南—北部湾经济一体化实现路径——粤桂琼闽多维度区域经济合作的思考［J］.改革与战略，2017（12）：143-148.

［4］许抄军，兰艳泽，陈臻．"一带一路"背景下北部湾经济圈港口城市间合作模式创新［J］.经济地理，2018（5）.

［5］廖春贵，熊小菊，陈依兰等．北部湾经济区社会——生态系统耦合关联分析［J］.大众科技，2018（1）：13-15.

［6］朱宇兵，黄宏纯．广西北部湾经济区向海经济加快发展思路与对策研究［J］.科教文汇（中旬刊），2018（2）：187-188.

［7］蒋红群．经济新常态下广西经济减速问题的影响与对策［J］.广西社会科学，2018（3）：36-40.

［8］罗胜．北部湾区域协同配送路径优化研究［J］.纳税，2018（13）：196+199.

［9］徐浩晨．泛亚大通道建设对区域经济合作的作用机理初探［J］.现代商业，2018（19）：64-65.

三、海洋文化交流与合作

"一带一路"背景下打造东兴京族海洋文化品牌

中共钦州市委党校　　何芳东

【摘要】党的十八大以来，以习近平同志为核心的党中央提出了"一带一路"倡议，倡导世界和谐、和睦、和平，以及合作共赢、和谐发展的共同愿景，是实现中华民族伟大复兴和构建人类命运共同体的新载体和新实践，其中建设"21世纪海上丝绸之路"是"一带一路"建设的主要内容。海洋是人类未来发展的希望，中国漫长的海岸线和广阔的海洋国土，造就了光辉灿烂的海洋文化。在国家建设"21世纪海上丝绸之路"的大背景下，京族作为我国唯一的海洋少数民族，拥有丰富的海洋文化内涵，是北部湾海洋文化的代表。新时代背景下，结合国家"一带一路"倡议，打造京族海洋文化品牌对于新时代下"向海文化"和"向海经济"的发展具有重要的现实意义。

【关键词】京族；"一带一路"；海洋文化；广西东兴；品牌

一、引言

《文化部"一带一路"文化发展行动计划（2016—2020年）》中提出，要积极倡导和打造"一带一路"文化交流品牌。广西北部湾是中国古代海上丝绸之路的始发港，具有深厚的海洋文化底蕴。生活于北部湾地区的京族自明代开始由越南陆续迁入我国，在广西东兴形成了著名的"京族三岛"。京族是一个跨境民族，是我国唯一一个既沿海又沿边的少数民族；600多年以来，京族人民伴海而生，形成了具有丰富内涵的海洋文化。在广西东兴，一年一度的京族哈节是京族地区影响力最大的传统民族节日，是最具海洋特征的民俗文化，是京族海洋文化的代表，也是京族海洋文化最亮丽的品牌。

二、京族海洋文化和海洋文化品牌资源概述

京族是一个海洋少数民族，京族的民族文化具有多元的海洋性特征，这是一种具有民族性的海洋文化。海洋文化的特征是开放与包容，而"一带一路"倡议正是秉持开放与包容的理念，以推动沿线国家的共同发展为宗旨，是构建人类命运共同体的具体体现。勤劳的京族人民所创造的光辉灿烂的海洋文化孕育了丰富的海洋文化品牌资源。

（一）京族海洋文化的内涵

京族人民生活的广西北部湾地区拥有优越的地缘优势和自然资源，孕育了具有包容性和创造性的北部湾海洋文化。海洋文化是人类在与海洋长期的共生共处中所创造出的物质文明和精神文明。京族海洋文化的形成有着北部湾优越的地理和自然等客观因素，更有着独特的人文因素，京族人民日常生活离不开海洋，京族人民对海洋有深厚的情感。京族是

一个海洋民族，京族的海洋文化具有鲜明的民族性，如京族服饰文化、节日文化和文学艺术等，而京族的民族文化又具有浓厚的海洋韵味。京族海洋文化集中体现在其民俗文化的内涵上，最先体现在京族的民间宗教信仰上，京族信仰道教，但又与传统的道教有明显区分，主要体现在"海神信仰"和"海神崇拜"，这种极具海洋性的宗教信仰是传统道教所不具备的，京族的"海神信仰"和"海神崇拜"不能简单概括为一种宗教信仰而更是一种民俗文化。

京族海洋文化还体现于京族的民歌中，京族民歌可称为"海歌"，歌曲的内容都是反映京族人民因海而生，与海共存共处，反映京族人民生存和奋斗的场景和精神，潮水、风云、摇船是京族民歌常见的内容。京族民间乐器独弦琴反映的也正是海与京族人民相互交融的动人乐章。同时，京族的民族传统节日"哈节"更是将京族海洋文化演绎得淋漓尽致，除了各种具有海洋性的祭祀仪式外，京族的哈节舞蹈也与海洋有着千丝万缕的联系。海洋展现于京族人民面前的是瞬息万变和变幻莫测，京族人民对于海洋有着深深的敬畏，海洋给予了京族人民日常生活所需，又能轻易夺走人的生命。所以京族民间舞蹈——"哈舞"充分体现了京族人民对于海洋的敬畏，京族舞蹈与生命、自然密切关联，与海洋紧密联系，是海洋文化精神的承载，是渗透于京族人民日常生活的祭祀仪式、生产劳动与海洋文化共同作用的结果。

（二）东兴京族海洋文化品牌资源分析

京族是我国唯一一个从事海洋渔业生产的少数民族，京族海洋文化品牌资源可分为特色的地域文化、民俗文化和民族艺术，广西东兴京族生活的北部湾地区是一个半封闭的海湾，海洋资源丰富。海洋文明与陆地文明在这里激烈碰撞，形成了具有特色的北部湾地域文化，进而深深影响了京族的民族文化。广西北部湾地区自然环境优越，年均降水量十分充沛，海岸线蜿蜒漫长、陆地河流众多、淡水湖泊和海岛星罗棋布，构成了北部湾海洋水文化体系，这种文化体系具有包容的特性，而包容性是海洋文化最显著的特征。京族人民靠海吃海，以海洋为生活中心，在广西北部湾独特的地域环境下，受到汉文化、壮族文化和越南文化的相互影响，形成了具有地域特色的京族海洋文化。

京族民俗文化和民族艺术中，如京族哈节、京族民歌和舞蹈、京族服饰、京族乐器和京族文学等都是京族海洋文化的重要组成部分，赋予了京族海洋文化浓重的民族色彩。哈节是京族最重要的传统节日，关于京族哈节的由来有着许多不同的传说，但都与海洋密切相关，如祭祀镇海大王等海神主要分为迎神、祭神、乡饮和送神四个环节，共历时 7 天。京族哈节以其独具特色的民族文化底蕴越来越具有影响力。近年来由于广西防城港市、东兴地方党委政府的重视和京族民族文化的独特魅力，京族哈节在国内外越来越具有影响力，每到一年一度的东兴京族哈节，许多国内外游客纷至沓来感受京族民族传统文化，其是京族海洋文化的品牌名片，也是发展京族民俗文化旅游中最独特的亮点。随着京族哈节影响力的日益提升，给广西防城港市和东兴市城市旅游带来了持续和深远的效应，每年的京族哈节正是展示防城港市和东兴市休闲旅游和民俗风情，打造具有地方特色旅游文化精品的最佳时机。

哈节的特殊地位在于它是京族人民唯一的民族传统节日，民族的就是世界的，京族哈节展现在世人面前的是民族文化与海洋文化的相互交融，不但具有民族性还具有海洋性，具有极高的旅游文化品牌价值。在京族哈节中，京族人民所展示的民族服饰文化、民歌文化、独弦琴艺术、舞蹈文化和乡饮文化是体现京族海洋文化的一道道亮丽的风景线。

三、"一带一路"是新时代下打造京族海洋文化品牌的重要平台

自 2013 年以来，"一带一路"倡议的提出倡导和推动世界和谐、和睦、和平，以及合作共赢、和谐发展的共同愿景。与沿线国家和地区实现经济互融、人文互通，是实现中华民族伟大复兴和构建人类命运共同体的新载体和新实践。随着党的十九大的顺利召开，中国走进新时代，新时代背景下文化事业是经济社会发展的助推器，21 世纪是海洋的世纪，新时代下，海洋文化事业发展的重要作用日益显现。

（一）"一带一路"建设是广西北部湾海洋文化事业发展的新契机

广西海洋文化主要在北部湾地区，广西北部湾是中国古代"海上丝绸之路"最早的始发地之一，是国家建设"21 世纪海上丝绸之路"的"桥头堡"。北部湾海洋文化是我国海洋文化的重要组成，有着丰富的海洋文化资源。2017 年 1 月 20 日，国务院正式批复《北部湾城市群发展规划》，如今，在广西迎来跨越式发展新机遇的背景下，将其上升为国家战略，有力地推动了广西北部湾地区经济社会的发展，而经济的发展离不开文化的推动，广西北部湾地区历经数千年的沧桑变化，积淀下了深厚的海洋蓝色文化。

广西北部湾拥有漫长的海岸线，西起东兴市的北仑河口，东至合浦县山口镇，长达1595 公里。广西是我国西部地区唯一一个既沿海又沿边的省份，有着丰富的海洋文化品牌资源。自汉代开始，广西的合浦郡作为海上丝绸之路的始发港造就了广西北部湾历史悠久的海洋文明和海洋文化底蕴。但在明清时期，由于封建统治者实行闭关锁国，以陆地发展为主，削弱了中华民族的海洋意识。1949 年后的一段时期，由于受客观因素影响，广西北部湾的发展长期处于"靠海却不识海"的尴尬局面。近年来，随着《广西北部湾经济区发展规划》《北部湾城市群发展规划》的发布和对接东盟及"一带一路"建设的实施，广西的海洋意识开始日趋强烈。在国家大力实施"一带一路"倡议的大背景下，加强广西北部湾海洋文化品牌建设对提升国际影响力具有重要的现实意义。

（二）充分挖掘京族海洋文化品牌资源，助力"一带一路"建设

"一带一路"倡议自提出以来，立即成为国际社会热议的焦点，如何推动"一带一路"建设是当前学界研究的热点问题。广西北部湾作为国家"一带一路"建设的前沿和对接东盟的"桥头堡"，积极融入"一带一路"建设是当前广西北部湾经济社会发展的重要任务。广西北部湾丰富的海洋文化资源，为打造具有广西特色的海洋文化品牌和利用国家"一带一路"建设契机提升广西海洋文化品牌国际影响力提供了坚实的基础。作为广西北部湾海洋文化典型代表的京族海洋文化，必须借助国家建设"一带一路"的契机，充分挖掘京族民族文化内涵、打造京族海洋文化品牌，提升京族海洋文化品牌的国际影响力。立足挖掘京族海洋文化、紧跟国家"一带一路"建设的契机，不断促进广西北部湾经济社会的发展。

京族海洋文化是北部湾海洋文化的代表，与此同时，京族又是一个跨境民族。我国京族主要由越南迁徙而来，随着国家"一带一路"建设的深入推进，为我国京族与越南等东南亚国家的民族文化交流提供了桥梁和纽带。不断传递和谐和合作共赢的理念，促进与东

南亚等"一带一路"沿线国家和地区的文明互鉴、民心相通、怀柔远人、和谐万邦，为倡导和构建新时代人类命运共同体贡献力量。

（三）"一带一路"建设是打造京族海洋文化品牌的新载体

文化是一个地方、一座城市旅游资源的主要内容，其中民族文化是旅游资源的精华和精髓。广西东兴京族民族文化区别于越南京族，因为它在保留民族传统的同时积极融入汉族文化和中华传统文化元素，不断丰富本民族文化的内涵，独树一帜。哈节作为京族独有的传统文化节日，是京族民族文化传承的结晶，是京族海洋文化最典型的代表。国家"一带一路"建设为打造京族海洋文化品牌带来了新机遇和提供了新载体，特别是在建设"21世纪海上丝绸之路"的关键节点，广西北部湾作为国家建设"21世纪海上丝绸之路"的"桥头堡"，树立国际品牌意识，加大对京族哈节海洋文化品牌的打造已成为广西防城港市和东兴市发展文化旅游的重要任务和趋势。如借助"一带一路"建设推动中越京族海洋文化交流和与其他东盟国家的民族文化和海洋文化互动，学习其先进经验。打造京族哈节海洋文化品牌不但会使京族民族文化进一步得到传播和发展，还可进一步扩大影响力，丰富旅游文化内容，促进广西北部湾旅游事业的发展。

四、融合"一带一路"建设，打造京族海洋文化品牌，提升影响力

广西东兴京族海洋文化内涵博大精深，孕育了具有丰富经济和社会效益的海洋文化品牌资源。当前，中国深入推进"一带一路"建设，不仅是经济建设的辐射带动，更是一种文化的相互交流与传播。京族是一个跨境民族，自迁入我国广西北部湾地区以后历经数百年传承与交融，融入中华传统文化元素，又因其因海而生，所以又是中国唯一的海洋少数民族，不断传承和演绎着光辉灿烂的京族海洋文化。文化品牌是"一带一路"建设的重要内容，推进海洋文化品牌建设是建设"21世纪海上丝绸之路"的重要基石。打造京族海洋文化品牌、提升京族海洋文化品牌影响力将有力推动广西北部湾地区经济社会发展和"一带一路"建设。

（一）注重保护京族民族文化传统，不断创意创新

民族文化需要传承和保护，京族民族文化通过节庆、舞蹈、服饰、饮食、建筑和文学艺术等展现自身民族文化传统。以京族哈节为例，广西东兴京族由越南一带迁入，而京族是越南的主体民族，哈节同为我国京族与越南京族最大的民族传统节日，虽然日期不同，却有相同的内容和形式，同样分为迎神、祭神、唱哈、乡饮、送神等环节，积淀着浓厚的海洋文化。京族民族文化体现的是海洋文化，京族哈节中展现的服饰、舞蹈和乡饮文化集中反映了京族人民生产生活的方方面面，也是京族海洋文化的集中体现。

随着经济社会的发展，现代文化的因素开始不断冲击着京族民族传统文化，京族社会已经进入了"后传统时代"，呈现"碎片化""物质化"。日常的民族传统服饰逐渐变成了仅在节日上的展现，一些传统和固定的民族习俗逐渐被淡化。而面对经济社会发展带来的变化，必须不断加强京族民族文化的创意创新，以"一带一路"建设为契机积极融入现代文化因素，如可以借助互联网大力宣传京族民族文化，形成"互联网+"模式，扩大和提升京族民族文化影响力。应以京族哈节、京族独弦琴艺术等为基础，以音频、视频等形式开设网络主题展馆，利用"一带一路"搭建的文化交流合作平台积极推介京族民族文化，

以现代科技手段传播京族海洋文化。

(二) 树立京族海洋文化的 "国际品牌" 意识

民族的就是世界的，随着国家 "一带一路" 建设的实施，要构建文化交融的命运共同体，打造文化品牌是文化 "走出去" 的重要条件，打造京族海洋文化品牌应该具备国际品牌意识。京族哈节等京族海洋文化品牌近年来不断走出广西，并在国内越来越具有知名度和影响力，每年的京族哈节吸引了国内新闻媒体和广西内外游客的关注，广西防城港和东兴地方党委政府也有意识地打造京族哈节节庆文化品牌。而 "一带一路" 建设为京族海洋文化品牌走向世界提供了新的契机和载体，"一带一路" 建设在推动沿线国家经济建设的同时，旨在不断扩大与沿线国家的文化交流。"一带一路" 背景下京族海洋文化须具有国际视野，京族海洋文化品牌的打造同样需要具有国际品牌意识。应不断加强和扩大与越南等东南亚国家的海洋文化交流，树立国际品牌意识，建立跨国民族文化交流合作机制，创建国际民族文化交流合作平台；打造一批具有京族海洋文化元素的文化国际品牌，充当 "一带一路" 建设的文化交流使者，展现京族海洋文化的独特魅力，不断提升京族海洋文化的国际影响力。

(三) 推动京族海洋文化传承，树立 "人才" 本位意识

京族民族文化传承的良好形态，是推动京族地区经济社会和谐发展的重要前提。海洋性是京族民族文化最显著的特征，京族海洋文化与民族文化融为一体，孕育了兼容并蓄的京族海洋文化。"一带一路" 背景下，打造京族海洋文化品牌离不开京族海洋文化的传承，而人才是京族民族文化传承的根本。当下，京族民族文化的精髓依靠老一辈传承人在苦苦支撑，市场经济大潮下，年青一代由于观念的原因未能很好地接过京族民族文化传承的接力棒。随着老一辈传承人渐渐老去，京族民族文化中最原汁原味的文化精髓面临断层失传的风险，而京族海洋文化品牌的打造离不开这些文化精髓。打造京族海洋文化品牌必须树立 "人才" 意识，积极探索与 "一带一路" 沿线国家和地区在京族民族文化的传承、保护和研究领域的国际合作。应重视京族民族文化传承人的培养，如文化和教育部门牵头组织编写京族民族文化读本作为京族地区中小学生的课外读物，培养中小学生的民族文化传承意识；同时积极鼓励年轻人传承京族民族文化，如每年一度的东兴京族哈节，随着广西防城港市和东兴市地方党委政府的重视，正逐渐成为体现京族海洋文化最响亮的品牌。同时，京族哈节影响力的提升带来了一定的经济效应，进而带动了年轻人传承京族民族文化的意识。

(四) 以实施乡村振兴战略为载体推动京族地区 "美丽乡村""特色小镇" 建设

随着城市化进程的日益加快，对于京族民族传统文化的影响是显而易见的。党的十九大以来，以习近平同志为核心的党中央提出了实施乡村振兴的战略部署，提出了产业兴旺、生态宜居、乡风文明、治理有效、生活富裕的总要求。新时代背景下，应以实施乡村振兴战略为载体，结合 "一带一路" 建设，以 "五大发展理念" 为引领推动京族聚居区的 "美丽乡村""特色小镇" 建设。对于建设 "美丽乡村" 广西东兴京族聚居的 "京族三岛" 即巫头、万尾、山心三个京族传统村落而言，可以根据各自的特色进行民族村寨、传统民族建筑和京族海洋渔业遗迹方面的保护和打造，划定京族聚居区乡村建设的民族文化保护线；发挥京族传统的 "翁村" 组织制度优势，京族 "翁村" 蕴含的许多合理性因素

有利于京族地区的和谐社会建设，推动和谐乡村和乡村文明建设。同时不断加强京族乡村公共文化建设，丰富京族人民的精神生活，打造实施乡村振兴和"一带一路"建设下具有京族民族特色的"美丽乡村"品牌样板。同时积极打造东兴京族民族文化和海洋文化特色小镇品牌，建立京族海洋文化和非物质文化遗产展览馆，展示京族海洋文化的独特魅力；积极加强京族民族文化传承基地建设，发挥政府主导作用，积极鼓励社会力量参与发展具有京族民族文化含量的文化特色旅游产业，积极融入国家"一带一路"建设，发挥京族自身特色地域文化、民俗文化和海洋渔业生产生活文化等传统民族文化特色优势，打造东兴京族海洋文化"特色小镇"品牌。

（五）政府主导、政策扶持推动东兴京族海洋文化品牌产业化

《文化部"一带一路"文化发展行动计划（2016—2020年）》中提出，支持"一带一路"沿线地区根据地域特色和民族特点实施特色文化产业项目。广西北部湾作为"一带一路"对接东盟的"桥头堡"，打造京族海洋文化品牌需要政府主导，发挥政府引领统筹作用，积极提供相应的政策扶持，逐步形成格局和规模，而产业化是京族海洋文化品牌发展的必由之路。京族海洋文化内涵丰富、独具特色，迫切需要地方政府部门的科学谋划与支持，搭建京族海洋文化展示的舞台；对以展示京族海洋文化为主题的经济和文化产业予以政策扶持，大力发展京族海洋文化旅游产业。依托"一带一路"建设大力发展广西防城港市和东兴市海洋国际生态旅游文化产业，在旅游文化方面做足"海"和"京族"等文化元素的文章；文化和旅游部门要充分依托海洋优势打造具有国际影响力和京族民族特色的海洋文化节日品牌，如京族哈节。以京族海洋文化资源为基础发展中越边境特色旅游，推动京族民族文化和民族艺术等海洋文化品牌产业化，带动广西东兴市旅游事业的发展，进而实现以民族文化带动经济发展，产生经济效益，不断提升京族海洋文化影响力。

五、结论

"一带一路"倡议坚持文化对外开放布局，广西防城港市和东兴市地方党委政府应该充分发挥自身优势，以"一带一路"建设为契机积极打造京族海洋文化品牌，推动本地区经济社会发展。以创新为动力，使京族海洋文化品牌在保留民族传统文化精髓的同时不断创新，进一步推进京族海洋文化品牌的产业化、国际化。为实现"一带一路"建设所倡导的互利共赢、构建文化交融的人类命运共同体贡献力量。

参考文献

［1］黄小明. 京族哈舞之海洋文化特征［J］. 广西师范大学学报（哲学社会科学版），2013（6）.

［2］王红. 海洋文化精神的诗性表达：京族史诗研究［J］. 广西社会科学，2012（3）.

［3］兰波. 东兴京族海洋文化产业的优势和契机分析［J］. 贵州民族研究，2016（2）.

［4］何芳东. "一带一路"背景下钦州历史文化名人精神的传承——以刘永福、冯子材为例［J］. 广西教育学院学报，2018（3）.

［5］人民网. 习近平"一带一路"5周年座谈会金句速览［EB/OL］. http：//world. people. com. cn/n1/2018/0828/c1002-30255192. html，2018-08-28.

［6］吕俊彪，赵业.后传统时代民族文化遗产保护的困境与出路——基于广西京族社会的田野考察［J］.黑龙江民族丛刊，2017（3）.

［7］吴小玲.京族文化传承与防城港市经济发展的互动关系研究［J］.玉林师范学院学报，2016（6）.

［8］张瑞梅，林代松.广西东兴京族哈节旅游营销策略的思考［J］.东南亚纵横，2010（6）.

［9］周艺，袁丽红.传统社会组织与京族地区和谐社会建设［J］.广西地方志，2007（4）.

［10］文化部关于印发《文化部"一带一路"文化发展行动计划（2016—2020年）》的通知［EB/OL］.新华网，http：//www.xinhuanet.com/culture/2017-01/06/c_1120256880.htm，2017-01-06.

［11］廖国一.东兴京族海洋文化资源开发［J］.西南民族大学学报（人文社科版），2005（1）.

［12］要从中国—东盟的视野高度制定京族文化发展规划——访广西中国—东盟文化研究会副会长、广西师院教授何颖［EB/OL］.http：//www.fcgsnews.com/news/xqs/dx/bd/20110909/15837.shtml，2011-09-09.

［13］谢万忠，陆丹丹，利运晶.京族文化旅游开发研究［J］.合作经济与科技，2017（6）.

［14］吴勃，张鹏."一带一路"战略下民族文化品牌建设的思考［J］.辽宁省社会主义学院学报，2016（2）.

［15］丹珠昂奔."一带一路"国家战略与民族文化"走出去"［J］.西南民族大学学报（人文社科版），2017（5）.

［16］何明霞."一带一路"建设与中华文化传播的融合研究［J］.学理论，2018（6）.

广西妈祖信仰的晚清嬗变与发展风险

——兼及节庆文化的传承策略

广西民族大学政治与公共管理学院　杨天保

【摘要】 宋元以降，妈祖信仰"正统化"，历代王朝适时建构出新的"国家—社会"供需关系，确保其向内陆传播。不过，晚清道光、咸丰时期（1821~1861年），妈祖信仰在广西郁林州（现"玉林"）和昭州（现"平乐"）一盛一衰的发展格局，呈现了横向传播上的空间差异。为合理开发节庆文化资源，政府须调整"本土化"环节的供需格局，通过扩大知识再生产，创新基层公共文化知识体系，既推动传统文化的现代转型，又提升公共产品质量，激励和巩固社会主义的核心价值。

【关键词】 文化地理学；节庆文化；公共产品；本土化；内卷化；内地化；劳动伦理

一、从民间信仰到官方载记

所谓文化，皆是一种"自然的人化"，承载了人类与自然之间的接触与交往关系，它至少拥有器物文化、制度行为文化和精神文化三个层面。发轫于福建民间的妈祖信仰，就彰显了中国东部沿海地区基层民众的海洋情结、渔业伦理及相应的利益关系。但其后来的传播史，除了地域空间上的不断扩散之外，又是传统"国家—社会"二元结构作用下的政治化产物。

特别是宋元明清的历代中央王权，终将其成功纳入国家典制，这一做法，也为众多王朝建构了新的意识形态和巩固了认同，提供了新的公共资源。更重要的是，"国家—社会"的双边互动之中，国家意志与社会需求日趋接近；围绕妈祖信仰的文化传播，双边日渐形成一种新型的政治关系。

这种新式关系，在妈祖信仰的知识再生产和价值生成过程中，足见发明。例如，原本由民间创制的生平传说，从其出生到升天，主要包括：妈祖诞降、救父寻兄、菜屿长青（湄洲岛）、祷雨济民（莆田）、挂席泛槎、化草救商（文甲）、降伏二神（顺风耳与千里眼）、解除闽浙水患、医治莆田县尹之病、收伏二怪（嘉应与嘉祐）、窥井得符、驱除吉蓼怪风、收伏晏公、收高里鬼、铁马渡江、湄屿飞升等。但在后来的"正统化"进程中，经由官方授意的知识再生产，妈祖传说远超前者。

现据历代主要的官方载记，北宋至鸦片战争时期的显圣传说内容逐渐丰富：宣和初年（1119年），拯救身陷飓风的莆田人洪伯通；宣和五年（1123年），在东海海域救助北宋出使高丽的船队；绍兴二十五年（1155年），以圣泉解救兴化沿海瘟疫；绍兴二十八年（1158年），托梦建庙，保障莆田；绍兴三十年（1160年）、乾道三年（1167年）、嘉定十年（1217年）和景定三年（1262年），四度显威，助军擒获海寇；淳熙十一年（1184

年），助剿温州、台州流寇；嘉定元年（1208 年），神助宋师缓解金兵合肥之围；绍熙三年（1192 年）、嘉定十年（1217 年）和宝祐元年（1253 年），相继示梦下雨，解除闽地旱情；嘉熙三年（1239 年）和宝祐五年（1257 年），修固钱塘江堤，两度抵御海潮洪流；明代永乐时期（1403~1424 年），郑和多次下西洋；永乐七年（1409 年）、永乐十三年（1415 年）、洪熙元年（1425 年）、嘉靖十一年（1532 年）、嘉靖十三年（1534 年），五度神助钦差大臣出使西洋和琉球；康熙二年（1662 年）、十二年（1672 年）、五十八年（1719 年），乾隆二十年（1755 年），道光十九年（1839 年），先后显灵庇祐琉球使节脱险；康熙十九年（1679 年）、乾隆五十二年（1787 年）和嘉庆十一年（1806 年），庇祐官兵擒获海贼；康熙二十一年（1682 年），以甘泉救济施琅水师，且助其收回失艇；次年，又助战澎湖；康熙四十二年（1703 年）与乾隆二十五年（1760 年），两助南巡官员海上脱险；道光六年（1826 年），庇祐漕运船队，顺渡黑洋。特别是，道光二十一年（1841 年），侵华英军进驻上海潮州会馆，妈祖显圣惊退英军。

不过，无论是民间口耳相传，还是官方史志载录，流播中国的所有传说，在其价值生成环节上，"公共性"的目标追求几近一致。双边自发运行着一种"讲故事—价值生成"的内在机制，从不同角度综合促成妈祖信仰功能的普遍实现。其中，谋求一份理想的公共安全和社会秩序，确保海洋渔业生产的顺利开展和稳定性增长，始终是妈祖传说的价值内核。

当然，在不同历史时期，因需求的纵向变动，政府供给范式出现细微差异。宋代积贫积弱，故主要强调妈祖护国庇民的神功；元代疆场万里，国家转输艰辛，为保证供给与分配，漕运顺畅最是重点；明代渐入近世，出海使洋转成风气，于是保驾护航升为首职；清初，助战澎湖，自然化为神职；迄至晚清，西人与鸦片同时入境，反侵略又渐成新题；现代以降，"海峡统战女神"之说，更与华人华侨一起跨海渡洋，翻成"文化中国""文明输出"等时代新曲。

但是，这样一份基于生产劳作生成的可贵信仰及其价值诉求，受制度化供需关系的支撑，从沿海传入内地之后（如广西），由于客观存在一种横向差异性（即地理空间和文化空间），能否还令其一如既往地坚守着自身的发展逻辑与信仰主题，继续深入地发扬光大？

二、晚清广西妈祖信仰的发展差异：昭州与郁林州

岭南远在天南，原是少数民族聚居地，昭州和郁林在重巫信鬼的传统背景下，并不缺少那些原创性的文化生产力。后来，移民接连涌入，"十里不同风"，人口结构、民族成分、宗教派系，更趋复杂。旧俗新风，交流对话，共存性发展，日积月累，终于造就了一个丰富多元的民俗"景观园"。总之，岭南本土对于神道、佛法、鬼怪的虔诚膜拜，既根深蒂固，又极具多样性和开放性。现在看来，妈祖信仰逐渐成为岭南地方性知识体系中的新元素。俗话说：一方水土养一方人，所有这些新旧杂陈的奇风异俗，终会凝聚成一股强大的"文化合力"，以一种既不言而喻又不可抗拒的方式，潜移默化地影响着本土人士的精神境界、道德指向和政治选择。

不过，单就一个具体的时段而论，发展到晚清道光和咸丰之际（1821~1861 年），进入广西的妈祖信仰，在郁林、昭州两个异质空间下，演绎出两种极具差异性的轨迹。

（一）平乐妈祖信仰的道光之衰

道光二十四年（1844 年），苏宗经调任平乐（古昭州地）学官后，登游仙宫岭，祭拜北宋元符年间（1098~1100 年）一度居此的贬官邹浩（1060~1111 年），① 碰巧对当地的妈祖信仰独有观察。事后，他撰《仙宫岭怀古》诗，写道："昭州城北仙宫岭，旧日繁华有佳景。亭台楼阁多嘉名，花木园池布齐整。鸣鸟游鱼意趣生，骚人墨客胸怀骋。而今低处耕为田，四旁原隰草芊芊。只有图经记历落，询之父老皆茫然。数十年来时未久（雍正中此景尚存），陵谷变迁翻覆手。富贵谁从事后看，蜃楼海市原无有！"显然，尽管雍正时期地方政府和社会精英遵从朝廷旨意，坚守着供需关系，大力标榜女神新功，成就了一幅令今人追忆的"繁华佳景"，但此地后来的妈祖文化，并未能一如国家所愿。道光时期，"旧日繁华"已不再说，且已经开始淡出民众记忆，几近消失。

据调查，平乐县境内目前共有 1 座天后庙、3 座粤东会馆的天后宫供奉妈祖，即沙子古镇天妃庙（沙子镇）②、平乐老街粤东会馆（平乐镇）、榕津古街粤东会馆（张家镇）和华山古街粤东会馆（同安镇），足见今日信仰之盛。但是，以上 4 处，皆非晚清诗人苏宗经的游览之地。现参考平乐县"感应泉"这一名胜古迹可知③，苏诗中的"仙宫岭"今属平乐县阳安乡，而古今的平乐县治从未选址阳安④。再者，现存雍正、嘉庆两朝《广西通志》，先后都没有此前平乐天后宫及其发展格局的任何相关记载⑤。仅光绪朝《平乐县志》卷二《坛庙》载，"龙池庙，在骆家桥右，祀龙母之神，祈雨应之。"此古庙后来更名"古天后庙"，且至万历十四年（1586 年）在县城创建粤东会馆时，县人将其神像迎入会馆供奉。这段历史，足资考证平乐"古天后庙"与平乐老街粤东会馆之渊源流变，以及昔日的信仰发展特点（详见下文）。但前朝古庙也好，明代会馆也罢，它们刚好就与道光之际仙宫岭的衰微，形成时空上的鲜明对比。

（二）郁林"妈祖热"

咸丰十年（1860 年），68 岁的苏宗经不仕归里，休养于"江岸苏"家园时，恰好又亲睹郁林州城妈祖信仰之盛况⑥，且撰《天后神出游（又三月二十二）》诗，写道："菩

---

① 其《仙宫岭怀邹道乡》诗曰："一疏千秋运（道乡以论刘妃被谪），长为乐土宗。文章清似水，人品秀如松。烟瘴终难犯，甘泉久未封（所开井尚在）。木良塘已变，何必问芙蓉。"（苏宗经：《醽江诗草》（卷七），据光绪十八年刻本影印，第 364 页）。

② 民国《平乐县志》卷 8《古绩》载："天妃庙，祀天后元君，在协和乡景行街附近祖云洞。清康熙间创建，雍正五年重修。"（张智林纂修，民国二十九年铅印本）其中，"协和乡"当是沙子镇"协中乡"。

③ 雍正朝《广西通志》卷一四《山川》载："感应泉在城北，宋邹浩谪居昭州仙宫岭下，有泉涌出，及将北归，一日泉忽涸，旋有人至门厉声呼曰'侍郎归矣'。求之不可见。翌日，果拜命。杨时挽诗'泉甘不出户，客至岂无神？'指二事也。今嘉应庙侧有侍郎井，即此。"（金鉷纂修，《文渊阁四库全书》影印本）。又，参见邹浩《道乡集》卷三三《感应泉铭》。

④ 考古学家发现，宋代平乐县治位于南洲村，在今县治的西部偏南处，中间为桂江阻隔。

⑤ 雍正朝《广西通志》卷四二《坛庙》载："天后庙在城外江浒，康熙三十七年建。"乾隆朝《昭平县志》卷二《建置部》称："天后庙，在县城外大街庆恩坊，清康熙三十七年粤东士商同建，叶文敬、黄国栋各捐铺地一间，光绪季年重建。"（陆焞纂修，据光绪十七年再补刻本影印）所以，同属古昭州管辖之县，昭平妈祖信仰显盛于邻县平乐。

⑥ 据嘉庆《广西通志》卷一四六《建置略》载，"天后庙在城南一里，乾隆十八年（1753 年）修。"（谢启昆纂，广西人民出版社 1988 年版，第 4210 页）又，光绪朝《郁林州志》卷四《舆地略》载："城东五里谷扬堡有高冈庙，亦名天后宫。举人陈科绢记《重修天后宫碑》，称宫之建始于万历间。"（冯德材纂修，据光绪二十年刊本影印）

萨心清静，何曾爱热闹。而况为女神，游荡岂所好？俗人慕英烈，华丽装庙貌。求福遂纷然，何殊媚奥龟。诞期未祭享，先日游街道。锦伞驾銮舆，鼓吹扬旗纛。后生群扶从，鲜华饰衣帽。迓祭供鸡豚，官衙亦迎到。妇竖挤观看，杂沓履相蹈。那料无情天，忽来风雨瀑。躲避都无所，衣濡鞋踏淖。何如我闲居，闻音只冷啸。所幸近乡里，年来已息盗。海市与蜃楼，只把钱银耗。"这一私家表达，亦可与官方志书相印证。例如，光绪朝《郁林州志》卷四《舆地略四》载："三月廿三日，天后神诞，南桥之庙为下庙，高冈之庙为上庙。先两日，下庙以銮舆迎神像，有仪仗鼓乐彩亭彩式龙凤狮象诸戏，异草奇花等簇簇为前导，巡游近地，至上庙而回。次日，上庙亦如之。各演梨园弟子数日。乡村神庙亦时有舆神出游，而惟此为繁华热闹。"

农历三月二十三是妈祖诞辰日，据以上官私文献可知，晚清郁林人在农历三月二十二提前游街，以为迎神，足见隆重。而且，庙宇伞盖、旗帜鼓吹等器物文化，极尽"华丽"；上庙下庙之构成，显是地方创意；流官达贵一依旧例，参与庆典，官民同乐，足见制度化的合法保障。剩下的问题就是，在精神文化层面上，郁林此时的妈祖信仰是否坚守了海洋文化的本旨或"内在心法"了呢？可惜的是，在诗人苏宗经看来，郁林这样一股狂盛的"妈祖热"，虽然与平乐适成鲜明对比，一盛一衰，但在精神内核上，南北两地却殊途同归。

三、文化传播与公共产品供给

据史载，嘉定十年（1217 年），宋宁宗赐封"灵惠助顺显卫英烈妃"；嘉熙三年（1239 年），宋理宗赠封"灵惠助顺嘉应英烈妃"；宝祐二年（1254 年），宋理宗又诰封"灵惠助顺嘉应英烈协正妃"。可见，为抗击侵扰，表彰妈祖"英烈"，维系安宁，由来甚久。细读苏诗，就能发现，古代郁林遵照朝廷礼制，建庙立神，原本最大的需求考量正是"慕英烈"。作为西南边疆民族地区，广西位居传统中国的政治边缘地带，国土安全和地方安宁问题，最显珍贵。多数情况下，一方面，国家难以对"边陲社会"实施有效治理；另一方面，地方多种社会势力竞相登台博弈。所以，人心思安，郁林迎立妈祖神位，既是地方民众最为接受的项目，又是朝廷自上而下推行的政治性结果。

其中，平乐县地近桂北，夹在梧贺一线以西、桂柳一线以东之间，远隔海洋；虽然借助桂江—西江水运，尚可辗转入海，但总体无改于"内陆型"文明的本质特性。因此，妈祖信仰进入平乐后，一方面，受国家礼制保护，其"本土化"的最成功之处，就是逐一实现了对原有地方民间信仰的制度性整合。上文所述骆家桥侧畔祭祀龙母的龙池庙，已变为天后娘娘的圣地，即是其一。苏宗经游览的仙宫岭，更是典范。北宋邹浩《道乡集》卷五《仙宫岭》诗，曰："晓云生岭端，遮日成清阴。炎氛遽辟易，兴逸安能禁。仙宫风尘表，高高百千寻。石路上曲折，健足犹难任。绰约两仙子，双鬟坐沉吟。巫觋意何许，门窗藤蔓深。樵叟向我言，自古传至今。去州五十里，有峒郁森森。陶家李家女，年各胜巾衿。恍惚若逢遇，相与登崎嵚。一朝作蝉蜕，英魂不坠沉。乡人共祠之，仿佛来顾歆。水旱祷辄应，民吏同所钦。此宫乃行宫，春秋荐诚谌。言已叟仙去，四望祛烦襟……"可知，宋代"仙宫"中的主神，原是本地"陶家李家女"；"民女"起源及其神职，皆与妈祖相类，而且"乡人共祠""官吏同钦"的格局，恰好为后来妈祖信仰的"本土化"奠定了基础。另一方面，受地缘因素限定，平乐传播妈祖信仰的长远风险，就在于海洋文化的后续无力。数十年间，一旦国家的海洋关注力略有收缩，制度性供给不力，结果就是无法扭转海洋信仰"内陆化"的宿命：要么因为"国退民进"，地方宗族和基层组织（如会馆）趁机接管其事，将信仰化为传统农耕文明或内地贸易文明的变种；要么就一如苏宗经所见的仙宫岭，退地还田，毁庙归农，空留一个海陆不分、极具模糊性的文化符号。

以往学界都认为，妈祖信仰主要是借助了移民潮、区域性商贸活动等路径，走出福建且完成传播。民间流动性群体的安全诉求，的确强化了异地再生的妈祖信仰。其中，近代广西诸多粤东会馆，甚至已经奉之为新"商神"。不过，理当注意的是，官方正统礼制的社会化进程才是主流。基于帝制的政治保障，传统文官体系无疑是妈祖信仰流布四境的最主要凭藉。各级地方大员在动员民众、规范礼制、组织仪式、知识再生产和控制舆情等环节上，动用心智，巧妙安排，一步步将妈祖信仰从沿海推入内陆，供奉于内陆的封闭之域、边隅偏远之区、草原游牧之野、高山奇峻之巅。中国传统文官系统中的诸多个体，既是帝制王权的地方代理人，又适时充当了妈祖的自然"护法"。

目前，内陆基层社会引以为豪的，自然就是各个地方宗族或基层组织（如会馆），在整理、建构和宣传集体记忆与象征资本时，争相号称本宗族、本组织对于妈祖信仰的独特贡献。实质上，地方宗族与基层组织如此强调的一个内在旨向，是为了帮助厘清和揭示妈祖信仰的真实传播史。因为明清时期，对待妈祖的态度和处理方式，已经是中国地方家族和基层组织最一般性的发展策略。在政治变动中，通过主动参与建构国家的正统礼仪秩序，确立起自身新的政治身份、社会象征和正统地位，进而改变地方权力格局，参与地方政治和公共事务，为其获取更多话语权、发展空间和集团利益。

所以，今日各级政府希图借助妈祖信仰，在基层建构一种公共型的现代海洋文化，服务地方，重视民间力量和民俗文化资源，将国家建设与社会建设相统一，既合情合理，亦责无旁贷。为基层提供公共产品、创制公共文化，政府须强化公共治理理念，基于公平与正义性原则，促成妈祖信仰的现代转型。

四、文化"内卷化"与公共治理策略

从起源来看，妈祖信仰产生的生态环境异于传统农耕文明，而与古代中国海洋渔业生产及其海事活动密切相关。因此，保护海洋渔业生产，发展"蓝色经济"，保证出海安全，是福建民间"造神"的最原始动因。

在郁林与平乐"一南一北"的对比格局中，不难发现，基于自北向南独自入海的南流江，郁林拥有独特的出海地理优势，且历史性地建构出一种少有的"港口—腹地"一体化城市发展范式和相对应的"海洋—陆地"文明一体化城市品性。基层社会千年累积而成的这种固定结构，始终为海洋文化的持续输入、本土化和转型升级提供便利。于是，妈祖进入郁林后，一直不缺支撑其生存发展的同质性的海洋文化元素。自古以来，北部湾与南海始终都是激励"蓝色玉林"的两个资源要点。

不过，"所幸近乡里，年来已息盗"。地方一旦由乱入治，世道太平，政府主导的"英烈"与国土安全考量，发生了变化。或者说，郁林妈祖文化仍在，但是"国家—社会"双边供需关系的政治内涵，已悄然生变。在祥和安逸的政治生态下，节庆文化逐年的机械再生产，进一步助长"游荡""媚神""耗钱银"之风，为颓废、散漫和奢靡之俗的生成发展，埋下祸根。

例如，咸丰五年（1855年），苏宗经写有《二月二》诗，曰："二月二，家家祭土地，无论官署与民间，都是奉神为财利。可怜主财神，酬应难纷纭。人生难尽富，安得无穷贫。王恺石崇富不足，颜渊原宪贫无欲。富者自富非关神，神岂逢人都作福。从渠奉三牲，拜跪心虔诚。盗跖仪隆神亦吐，正直断不贪膻腥。孔云鬼神敬而远，罔利时常笑垄断。儿童循俗都由渠，翁自信天懒照管。"俗话说："二月二，龙抬头，龙不抬头天不雨。"龙抬头，意味着云兴雨作。对于古代中国这样的农耕大国而言，每逢二月初，春回大地，百虫出蛰，是开始农事的天赐良机。古人选在这个自然性的时间节点上组织活动，举行祭土耕地仪式，就是要提醒天下人，现在该是开始劳作的时候了。但晚清时期，"家家祭土地，无论官署与民间，都是奉神为财利"，已然忘却节庆文化的本旨，彻底丢失了劳动精神，而寄希望于不劳而获。甚至出现"儿童循俗都由渠"，节庆文化依然还有传承者，但"以文化人"的勤劳原则将荡然无存。

看来，妈祖从海上进驻郁林，对于本土农耕文明体系中这一节庆变故，并未能及时发挥自身的功能优势，且对症下药地推动郁林劳动伦理的近代升级。"诗言志"，作者苏宗经以诗记事，采用古典"诗教"策略，去讽劝家乡人，也恰好彰显出广西妈祖信仰"本土化"进程的另一种不健全——政府偏执于"英烈"取向的供给策略，已将引入的海洋精神，推入一个猝不及防的"内卷化"深渊①——世道趋缓，它就令妈祖信仰在内陆衍变成"世俗化"的节庆文化，鼓励民众追求纯粹性的文化消费和娱乐刺激；节日如故，庆典犹在，供需关系犹在，"繁华热闹"逐年翻新，但皆无助于新的价值生成。

事实上，道光、咸丰年间，郁林风声鹤唳，地方匪乱屡起，兵旅数出。苏宗经所言的"息盗"之世，仅是其中一二年的短暂光景。诗人如此缱思赋兴，以我心写我乡，实要将一个真问题留待后人：一旦"平安玉林"到来之后，"英烈"不再是首要的供给主题，那么，地方是继续"世俗化"一路狂欢，还是一如平乐县那般任其衰败而不顾？

上文已述，妈祖信仰的可贵处，诚在于与大陆传统农耕文明既相通又相异——注重生产是其相通点，强调出海冒险、奋勇拼搏是其不同点，而绝不是一种安土重迁、保守持稳的催化剂。基于此，解脱苏宗经150多年前的"世纪之忧"和今日基层文化发展的"内卷化"魔咒，主要策略就是尊重郁林本土"港口—腹地"（生产层面）、"海洋—大陆"（文化层面）的优势结构，超越单一式的"英烈"供给路径，重新发现妈祖信仰的多元构成，以海洋文化中的拼搏精神和胆识气度，推动新的知识再生产，一方面有效破除内陆传统农业发展中的桎梏和"瓶颈"；另一方面焊接上农耕文明体系中合理的劳动伦理，进而在社会主义市场经济体系下，集中激励本土生产与现代劳作，将信仰从"世俗化"倾向中拯救出来，在做好文化传承的同时，成功培育出立足新型现代农业且扬帆出海的新一代劳动个体。

一叶知秋，妈祖文化对于中国基层社会的普遍性价值，同样是在生产环节上，深入增进基层民众新的劳动热情和生产智慧，进一步完善城乡发展所需的精神动力、经济伦理和资源构成，大力促成现代城乡经济的结构转型和总体增值。相反，如果仅停留在分配与消费环节上，将其视为刺激地方经济发展的纯粹诱因，片面强调节庆文化的经济学贡献，那

---

① 内卷化，意指一种"没有发展的增长"现象。学界已有晚清"农业内卷化"（黄宗智）、近代中国"政权内卷化"（杜赞奇）、"乡村治理内卷化"（贺雪峰）等多种解释。

么，短时间内"拉动消费"固然有之，但从长远来看，它终会激变出一个个让人深忧的只懂享乐而不事拼搏的基层新群。

综上，当下中国基层文化建设中的每一份信仰，新旧也好，中西也罢，都是一种潜在的文化资源、知识体系和动力结构。政府理当基于公共治理视野，密切关注基层需求变化，坚持供给侧改革，探究信仰的多元构成和内在要素，进一步优化公共产品质量，引导民众将理性的"本土化"进行到底，有效地再生产出中国特色社会主义的核心价值。

参考文献

［1］朱天顺．试论妈祖信仰的起源、传播及其特点［J］.史学月刊，1991（4）.

［2］李露露．妈祖神韵——从民女到海神［M］.北京：学苑出版社，2003.

［3］朱天顺．妈祖信仰的起源及其在宋代的传播［J］.厦门大学学报，1986（2）.

［4］王海冬．元代海上漕运与妈祖信仰的发展［J］.莆田学院学报，2016（4）.

［5］刘福铸，王连弟．论明代福建妈祖信仰的特征［J］.中国海洋大学学报，2006（4）.

［6］蒋维锬．清代台湾官员推崇妈祖信仰探析［A］//福建省炎黄文化研究会编.闽台文化研究［C］.福州：海峡文艺出版社，2006.

［7］郑世雄．妈祖文化与爱国主义［J］.福州大学学报，1990（2）.

［8］陈炎．海上丝绸之路与中外文化交流［M］.北京：北京大学出版社，1996.

［9］许永璋．东南亚华侨华人的妈祖信仰［J］.黄河科技大学学报，2012（5）.

［10］本刊编辑部．岭南那些与水相亲的神明［J］.神州民俗（通俗版），2016（2）.

［11］黄秀琳．妈祖信仰文化社会功能的演进与新说［J］.岭南文史，2005（2）.

［12］谭世宝．论妈祖信俗的性质及中国学术与宗教的多元互化发展［J］.学术研究，1995（5）.

［13］杨天保．"归途千里一空囊"——晚清玉林第一廉士苏宗经研究系列论文一［J］.桂林师范高等专科学校学报，2012（4）.

［14］杨天保．苏氏"养廉法"——晚清玉林第一廉士苏宗经研究系列论文二［J］.桂林师范高等专科学校学报，2013（1）.

［15］杨天保．劝廉篇（上）：劝士人官吏——晚清玉林第一廉士苏宗经研究系列论文三［J］.桂林师范高等专科学校学报，2013（2）.

［16］杨天保．劝廉篇（下）：劝风俗——晚清玉林第一廉士苏宗经研究系列论文四［J］.桂林师范高等专科学校学报，2013（3）.

［17］苏宗经．醽江诗草［M］.桂林：光绪十八年雕本影印.

［18］全文炳．平乐县志［M］.光绪十年刊本影印.

［19］冯德材等．郁林州志［M］.台北：台湾成文出版社，光绪二十年刊本影印.

［20］郑维宽．历代王朝治理广西边疆的策略研究——基于地缘政治的考察［M］.北京：社会科学文献出版社，2014.

［21］邹浩．道乡集［M］.文渊阁四库全书影印本.

［22］陈尚胜．清代天后宫与会馆［J］.清史研究，1997（3）.

［23］庄国土．12—18世纪闽南海商的兴起与妈祖信仰的传播［J］.文化杂志，2003

（48）.

[24] 滕兰花.清代广西天后宫的地理分布探析[J].中国边疆史地研究，2007（3）.

[25] 郑振满.明清福建家族组织与社会变迁[M].长沙：湖南教育出版社，1992.

[26] 刘志伟.在国家与社会之间——明清广东里甲赋役制度研究[M].广州：中山大学出版社，1997.

[27] 杨天保.新"港口—腹地"文化模型：广西南流江流域文明史的再发现[J].玉林师范学院学报，2011（3）.

探寻广西北部湾海洋文化的发展路径

中共防城港市委党校讲师　朱华丽

【摘要】 广西北部湾地区历史悠久，文化源远流长，具有独特的蓝色海洋文明，在国家开发开放战略背景下，广西北部湾海洋文化面临发展的重大障碍，也成为构筑当代广西北部湾海洋文化发展新格局的重大挑战。为解决这些发展困境，激发广西北部湾海洋文化发展的生命活力，亟须探寻广西北部湾海洋文化发展的路径。

【关键词】 广西北部湾；海洋文化；发展

一、引言

广西北部湾地区地理位置优越，海洋物产富饶，自然风物优美，人文景观独特，拥有得天独厚的发展优势。而其海洋文化历史悠久，与广西著名的"山"文化、"水"文化共同构成了多元一体的文化格局，形成了辉煌灿烂的八桂文化。从古至今，通过"海上丝绸之路"架起通往东南亚及其跨文化交往交流的桥梁，也在这片海域上筑起"海上万里长城"，抵御外侵，保卫祖国边疆，筑起一道国防安全的铜墙铁壁，形成历史悠久、文化深厚、资源丰富、特色鲜明的广西北部湾海洋文化。在新的历史时期，时代的发展对北部湾海洋文化的发展提出了新的要求，面临着前所未有的机遇和现实困境，对寻求广西北部湾海洋文化的发展路径，推动广西北部湾沿海城市的开放开发，具有重要的现实意义。

二、广西北部湾海洋文化概况

海洋文化作为引领时代发展的"蓝色文化"，伴随着国家建设海洋强国战略目标的提出，有关海洋文化的研究风生水起，广西地处沿海沿边地区，面临北部湾大开发、中国—东盟自由贸易区建设、对外与越南及东南亚区域合作的机遇和挑战，广西北部湾海洋文化发展及研究迫在眉睫。

（一）何为海洋文化

曲金良教授指出："海洋文化就是源于海洋而生成的文化，即人类对海洋的认识、利用和因由海洋而创造出的精神的、行为的、社会的和物质的文明生活的内涵。是人类在探索、开发和利用海洋的社会实践过程中形成的精神成果和物质成果的总和。"简单地说，所谓海洋文化，就是在以海洋活动为主导的社会实践中，人类所创造的物质财富和精神财富的总和。

海洋文化可分为海洋物质文化和海洋精神文化等具体内容，而海洋文化价值观则是对海洋文化价值意蕴和文化功能的整体观照，居于海洋文化的最深层，深刻并持久地发挥着重要的作用。中国的海洋文化价值观通过理论面向实践的方式对海洋文化的发展建设发挥指导作用，使海洋文化建设实践得以在整体海洋发展战略的轨道内进行。

（二）广西北部湾海洋文化概述

处于中国西南边陲的广西北部湾沿海地区，拥有东起合浦县山口镇，西至东兴北仑河口的长达 1595 公里的海岸线，由北、钦、防三个沿海城市构成新月形中枢地带。这一地带面向东南亚、背靠祖国大西南，是西南出海大通道的门户，同时因与越南接壤，是中国中西部唯一的沿海、沿边地区，地理位置十分重要。世居这里的人们赖以靠海为生的生活与生产方式，拥有与海打交道的种种文化生活。广西北部湾海洋文化是广西北部湾地区人们在参与海洋实践中所形成的物质成果和精神成果的总和。

长期以来，由于不重视对本区域的海洋文化进行挖掘、研究和宣传，广西北部湾海洋文化并没有引起很多的关注和重视。自广西北部湾的开发开放被纳入国家发展战略后，广西北部湾的发展风生水起，以这些地方为代表的广西海洋文化也成为研究热点，广西北部湾城市的政府部门也高度重视，各出妙招，争相实施海洋文化名城的发展战略，打造相应的海洋文化品牌。那么，究竟有哪些基本要素可以作为广西北部湾海洋文化的代表性文化符号呢？

广西北部湾海洋文化不仅包含海湾、海滩、岩礁、海洋生物等丰富的海洋自然生态资源，还包括海洋历史人文遗迹、海洋民俗文化、海洋宗教文化等海洋人文历史资源。根据历史发展的实际，能够代表广西北部湾海洋文化精髓的主要有：以北海疍家人为代表的渔家渔猎文化，以京族为代表的海洋少数民族文化，以山口红树林为代表的海洋湿地文化，以三娘湾海豚为代表的海洋生态文化，以涠洲天主教堂为代表的海岛宗教文化，以北海骑楼老街为代表的开埠通商文化，以合浦珍珠为代表的南珠首饰文化，以合浦大汉古港为代表的"海上丝绸之路"文化，等等。这些典型代表文化不仅兼顾了环北部湾广西各沿海地区和城市的历史文化中海洋活动的显著地方特色，也考虑了其知名度和影响力，能够反映出广西北部湾海洋文化的基本概貌。

三、广西北部湾海洋文化的特点

广西北部湾海洋文化有哪些独特之处呢？张令品认为，广西处于山之口、地之角、海之门的独特地域，是古代"海上丝绸之路"的始发地之一。长期以来，古今文化的传承，中西文化的交流、海洋文化、山水文化、中原文化及岭南文化都在这里交汇融合，使广西北部湾文化呈现兼容并蓄、外向开放、多元异质等特性。

追溯历史，广西北部湾有着深厚的历史底蕴，汉代的合浦郡是"海上丝绸之路"的始发港之一，是最早对外开放的窗口，又是汉王朝在南方的政治、经济和文化中心，也是国际文明交流的中心，曾经的繁荣辉煌奠定了北部湾海洋文化的深厚底蕴；广西北部湾地处中国南海的西北端，西邻越南，被中越两国的陆地和海岛所环抱，是一个半封闭的海湾，沿岸岛屿繁多，有平原也有山地，形成别样的海疆风貌特征；广西北部湾地区多民族杂居，多元文化交融，中原文化、高原文化、外来文化和海洋文化长期共生互融，在地缘、方言、习俗等方面具有鲜明的民族特色。

那么，作为精神层面的海洋文化，应该以怎样具体的"性格魅力"来更好地服务于物质层面的广西北部湾海洋经济的开发呢？当下，广西沿海地区和城市纷纷掀起海洋经济开发的热潮，开展争创海洋文化名城的活动。这正是这些地方软实力、正能量的重要彰显。但是，这种彰显力度提升的发展战略，应该结合各地的发展实际，倡导一种经济、社会、文化共同发展的模式。那么，广西北部湾海洋文化的发展现状又是怎样的？

四、现阶段广西北部湾海洋文化的发展困境

北部湾地处广西边缘，其边缘地位决定了经济建设的被忽略，再加上过去北部湾沿边沿海之地因战事、备战与防务等各种历史原因，无暇顾及投资建设，形成某些真空地带。

当今国内外海洋形势的变化与发展，使我们深刻感受到了广西北部湾海洋文化发展的紧迫性和必要性，也使我们深入思考构筑当代广西北部湾海洋文化所面临的现实问题。正如当前中国文化面临着现代转型与重构一样，广西北部湾海洋文化也面临着创新与发展的重大历史任务，面临着海洋文化发展的理念与海洋经济社会发展、海洋制度建设与海洋生态文明建设的不适应，与扩大海洋事业开放水平和重建"21世纪海上丝绸之路"的发展要求不相适应等，从海洋文化内在逻辑角度看，这些现实问题主要表现在以下三个方面。

（一）海洋文化意识不强

长期以来，广西文化中有较高知名度的文化资源如桂林山水、刘三姐等被重点扶持，学术界也将研究的重点放在这些热门文化品牌上，而广西北部湾海洋文化就在一定程度上被忽视了，其独特价值也无法充分彰显。在这种背景下，广大民众也忽视了对海洋文化品牌的重视，长久以来造成了社会对于海洋文化意识的缺失。同时，广西属于后发展地区，在经济发展中结构失衡，工业化的城市发展模式破坏了生态环境，影响到主体的海洋文化发展观念和创新意识，直接导致了广西北部湾海洋文化的发展滞后。

（二）海洋文化发展的专业人才匮乏

专业人才在海洋文化的发展中起决定性作用，如果海洋文化发展的人才体系建设滞后，势必会成为制约广西北部湾海洋文化发展的"绊脚石"。当前，广西的海洋高等教育发展落后，涉海的高校和科研机构数量较少，与先进省份的差距很大。海洋文化科研人才也无法跟上北部湾海洋文化发展的形势，科研成果的数量和质量都无法令人满意；海洋文化产业经营管理人才队伍数量较少，结构不合理、专业化程度不强。政府的决策和规划缺乏前瞻性，项目策划缺乏新意和创意，无法做大做强海洋文化品牌。对企业而言，也缺乏熟悉文化产业运作及经营管理经验丰富的高素质人才，缺乏竞争力；对文化创意创作人才的激励机制不健全，降低了创意创作的热情和质量。

（三）现阶段广西北部湾海洋文化资源的开发利用还处于粗放型发展阶段，存在急功近利、涸泽而渔的情况

主要表现在以下方面：①传统优秀海洋文化品牌日渐没落，缺乏创新，竞争力弱，而新的优秀海洋文化品牌空缺。②海洋文化产业的发展盲目性较强。地方政府和企业没有对本地的海洋文化现状进行充分细致的调研，定位不准，盲目复制发达海洋城市的开发模板和经验，摒弃了本地海洋文化的特色，造成海洋文化内涵的缺失，可持续性发展遭到破坏。③对广西北部湾海洋文化遗迹的保护重视不够，缺乏对海洋文化资源内涵的挖掘，科技附加值低，即便是开发相对成熟的海洋休闲体育运动项目，还是略显单调，仅限于渔船

出海观光、摩托艇冲浪等形式，游客的高端需求尚欠缺。

上述现实问题是广西海洋文化发展的重大障碍，也是构筑当代广西北部湾海洋文化的重大挑战。

五、延续海洋文化的生命活力，探寻广西北部湾海洋文化发展的路径

广西北部湾海洋文化的发展是一项综合的系统工程，要促进其完成现代转型，破除北部湾海洋文化的发展困境，找到实现广西北部湾海洋文化发展的路径。

（一）全面提升海洋文化意识

广西北部湾海洋文化发展面临的种种困境，归根结底是缺乏海洋文化意识，应不断发挥海洋文化主体的创造性、批判性和超越性，通过充分发掘广西海洋文化的历史内涵与文化特色，以达到对广西北部湾海洋文化的自觉与自信，逐渐培养优秀的海洋文化意识，实现当代广西海洋文化构建的主体自觉。广西经济社会发展的海洋意识与海洋观念的强化，是其文化自觉与文化自信的标志。要加大新闻媒体的宣传力度，丰富形式，同时政府以政策进行合理引导，高校加大科研成果的研究和转化，通过政府、社会和高校三方的联动形成合力，全面强化海洋文化意识。

（二）加强海洋学学科建设与专业研究

广西地处沿海地区的区位优势及面临北部湾大开发战略发展机遇，有必要大力建设和发展海洋学学科及相关学科，培养海洋研究与应用开发人才。一方面应该在广西高校设置海洋学及相关专业，加强科学研究的学科专业基础理论与应用的研究；另一方面应该在高等专科技术教育与高等职业教育中设立海洋学院或学校，同时在一些科研院所设立海洋研究机构及相关学科专业研究机构。慎重考虑如何整合优势资源、优化结构、强化海洋学科专业性、加强基础理论建设与应用研究。

（三）合理统筹，加大对广西北部湾海洋文化遗迹的保护力度

政府和社会要做好海洋文化的合理开发与保护，高度重视保护海洋文化遗迹的工作：

（1）对海洋文化遗迹进行保护与开发的前提就是加强对海洋生态系统的保护。伴随着广西沿海地区经济的开发，工业化、城市化的发展对海洋生态造成了不可逆的破坏。因此需要政府层面制定相关的保护海洋文化遗迹的政策进行引导，通过主流媒体宣传推广，并引进相关人才，强化海洋生态伦理观。

（2）做好广西北部湾海洋文化遗迹的全面、系统普查工作，登记造册，加大研究力度，对分布零散的广西北部湾海洋文化遗迹进行合理整合，根据不同海洋文物遗迹的特点进行有针对性的保护和开发。

（3）广西北部湾地区政府与高校加强战略合作，针对北部湾海洋文化遗迹的保护问题进行科学研究，政府拨研究经费，高校解决研究人才与研究成果的难题，以达到实效。

（4）与东盟国家创办联合大学，拓宽具有国际视野的高端研究人才和管理人才的培养路径，建立海洋文化遗迹科学保护的专业人才机制。

（四）着眼于海洋文化的创新与发展，以海洋宽阔胸襟与视野创造新的历史与新的文化

北部湾属海湾气候，温暖湿润，且海洋灾害较少，是理想的避风港，成为安逸闲适生

活的理想之地，加上随着近年对外开放交流的扩大，外来文化交流频繁，形成了北部湾兼容并蓄、乐观外向的文化属性，体现在民俗节庆活动中生命力的彰显和热情活力的尽情挥洒，如防城港龙舟版"速度与激情"，龙舟赛过去仅是对海洋的敬畏，而今承载更多的是民众驾驭海洋的自信和狂欢。

淡化民俗文化的自然色彩，增强北部湾海洋民俗文化的人文意识，合乎社会规范，建设现代化的北部湾海洋特色民俗文化，既保留原型文化的精华，又提炼出具有区域特色的人文规范性，将民俗节庆的意义升华到符合区域社会功能与精神诉求的人文色彩上，如防城港推出的国际龙舟节，可以成为联结深受海洋文化影响的北部湾华人华侨、远航的游子与故乡的灵魂纽带。

（五）大力发展广西北部湾海洋文化产业，打造海洋文化品牌

主要从以下几方面着手：①地方政府和企业要做好全面、充分的调研工作，实施全方位的统筹开发，挖掘本土海洋文化的特色和潜力，对北部湾海洋文化产业的发展做出合理的定位，追求产业发展的效益与质量，形成特色海洋文化的优势互补、集群化、可持续发展的态势。②加强海洋文化要素的结合和产业信息的交流，构建文化产业发展的平台。对北部湾地区的海洋文化资源进行整理提炼，通过政策引导、技术支持、网络媒体的宣传，完善北部湾海洋文化产业的发展。③挖掘北部湾海洋文化的内涵，开拓市场，延伸文化产业链。海洋文化产业内涵丰富，在产业开发的链条上要做好全方位的规划，发展多维度、复合型的海洋文化产业，满足更高层次的精神需求，比如把休闲渔业、休闲体育活动与海洋观光、娱乐演艺等休闲活动进行统筹，健全文化产业的丰富性、延续性和开放性。④充分利用节庆活动，亮出海洋文化特色，打造知名品牌。如广西北海的外沙海鲜岛投资建设的中国疍家民俗村，还有防城港从 2011 年开始每年举办的防城港国际海上龙舟节龙舟赛、端午非物质文化遗产民间体育大汇展等不同层次、规模、形式的文化艺术交流活动，构建起北部湾与东盟各国和地区各民族多元文化交流的平台，成为北部湾地区的经典文化品牌和具有浓厚文化底蕴的文化名片，提高了北部湾海洋文化的现实影响力。

参考文献

［1］吴小玲. 广西海洋文化资源的类型、特点及开发利用［J］. 广西师范大学学报（哲学社会科学版），2013（1）.

［2］郭燕群. 文化产业未来 10 年将成广西千亿元产业［N］. 南国今报，2010-01-14.

［3］吴锡民. 广西海洋文化研究［J］. 桂海论丛，2013（4）：102-105.

［4］余益中，刘士林，廖明君. 广西北部湾经济区文化发展研究［J］. 广西民族研究，2009（2）.

［5］吕庆华，任磊. 文化业态演化机理及其趋势［J］. 理论探索，2012.

"一带一路"下北部湾地区少数民族文化融入幼儿教育的路径研究

钦州学院教育学院讲师　麦融冰

【摘要】民族文化融入幼儿教育是国家政策的考量。北部湾传统民族文化具有意愿性、开放性、开发性、发展性的地缘特色价值，但现阶段，北部湾地区少数民族文化融入幼儿教育在现实层面困难重重，原有路径办园规格与本土适性不强、双语师资发展不力、飞速发展与文化内核滞后、缺乏融入导向与评估机制。传统民族文化"一带一路"倡议惠及北部湾地区，为北部湾传统民族文化融入幼儿教育带来新思路：文化回应性已成为评价幼儿教育质量的因素之一，因此研究北部湾地区少数民族文化融入幼儿教育的路径具有了新的意义与方向依据，以此明确发展路径为：具有少数民族特色的办园主基调、文化易位的课程设计、"生活化"的环境创设、双语师资队伍建设、预见性的动态监管体系。

【关键词】"一带一路"；北部湾地区少数民族文化；幼儿教育；融入路径

一、引言

2013 年，"一带一路"中长期发展规划的倡议直切经济与文化的前沿脉络，然其海上丝绸之路覆盖的我国北部湾地区，幼儿教育相对落后、民族文化淡出视野等问题已成为普遍性、发展性的问题。2017 年 1 月，中央办公厅、国务院办公厅印发了《关于实施中华优秀传统文化传承发展工程的意见》（以下简称《意见》），《意见》提出以传统文化融入校园为重点任务，"要深入挖掘中华优秀传统文化价值内涵"，把中华优秀传统文化全方位融入教育过程之中，"贯穿启蒙教育""以幼儿、小学、中学教材为重点，构建中华文化课程和教材体系"。应集中全力突出当地的文化环境，办好地区幼儿教育。陈鹤琴先生也充分肯定文化环境对学前幼儿的"经验"作用，文化环境突出幼儿教育的氛围引导，应该有目的地选择、组织幼儿所处的自然环境与社会环境①。因此，发展少数民族地区幼儿教育必须秉持少数民族心理特征与地区文化特色，借助"一带一路"倡议这一文化繁荣的历史机遇，充分发展北部湾少数民族地区幼儿教育。

二、文化价值：地缘特色的北部湾少数民族文化

杜威指出，幼儿的世界与大人的理性世界截然不同，"幼儿世界的主要特征，不是与外界事物相符合这个意义上的真理，而是自我的感情与同情。学校里见到的课程所提供的材料，应该无限地回溯过去，同时从外部无限地伸向空间"。这便说明少数民族文化的

---

① 朱家雄.幼儿园课程[M].上海：华东师范大学出版社，2009：14.

"在场"具备意愿与感知方面的价值①。北部湾地区拥有特殊的少数民族文化资源,包括自然与人文、物质与非物质的文化遗产,诸如独弦琴、铜鼓、民歌、渔牧等以及相邻国家不同性质的文化。这些特殊的少数民族文化资源具有天然的幼儿教育价值。

(一) 意愿性价值——朦胧意识的认同

京族"哈节"与以海洋文化为主体的北部湾民族文化,具有从小耳濡目染的向心力。如以"鲶汁"下饭的沿海饮食文化,以及糯米糖粥、"风吹饼"等家庭饮食习惯,这些都是幼儿从小体验"家""族"的一环,是最熟悉也是最容易被唤醒的经验。幼儿的"朦胧"意识体现在民族多元文化教育与国家一元化教育之间的意识混淆,没有关于个人或直指民族与国家之间关系的定位,需要外界进行价值干预。作为区域文化本身,即是乡土心理与家园责任的融合体,是从环境、生存、血缘等属性中演变而来的先天性认同,并通过后天实践产生新的归属意义。北部湾地区少数民族文化的融入,促使幼儿在受教育过程中持续经历超个人意义的民族共同文化心理,最终统合成导向性的育人结果。张诗亚教授指出教育标准首先应该是文化认同,这里的认同不是顺从与迎合,而是在接受了本民族文化的基础上主动踏入更广域的世界中②。

(二) 开放性价值——沿海少数民族的包容心理

当前我国幼儿教育过分推崇西方思想,将中国本土幼儿教育依国外标准"削足适履",这便割裂了幼儿的原生文化与幼儿园学习生活的联系,漠视了可能发生的文化生命递进,将幼儿置于"突如其来"的所谓西方现代先进教学氛围之中,这种现象对落后地区的影响远大于发达地区③。北部湾沿海少数民族文化的特点便在于自古以来的商贸异域性,关键词便是"包容"。文化包容通过引入"包容"为主题的文化理念,有助于促进幼儿在幼儿教育中尊重自身文化与接纳他者文化,并最终将"他者"与"自我"放在平等位置。

(三) 开发性价值——多样化的文化优势

京族的男性服饰为袒胸上衣,配以彩色腰带,幼儿会从中思索缘由——方便海上渔猎与标识;壮族的男性身披白色长袖打底衣,幼儿将思索南方避暑,同时长袖避虫的地域特性。滨海与多民族的地域特色构成了多样化的文化优势,有助于幼儿培养多元化思维能力。维果茨基认为,幼儿的思维能力生成起源于外部活动,诸如防城港疍家风俗、妈祖信仰,钦州陶艺雕塑、风土歌谣,都属于这样的外部活动,"这一原理无论是对随意注意、逻辑记忆、概念的形成还是意志的发展都是同样适用的"④。北部湾地区的多民族文化展现出了多样化的外部活动优势,打破了幼儿认知观念的单一,进入多样化的事物分析视角,从"个体"到"复数",从一元到多元,这样的文化优势,既利于身心健康,也利于长远发展,符合幼儿认知阶段的一般规律。

(四) 发展性价值——和谐的文化导向

京族老中青三代服饰各有不同,辨识性强,同时具备颜色搭配的审美情怀,具有外部

---

① [美] 杜威. 杜威教育名篇之幼儿课程[M].赵祥麟,王承绪译. 北京:教育科学出版社,2006:65.

② 张诗亚."位育"之道——全球化中的华人教育路向[C].全球化背景下的多元文化教育国际论坛,2006.

③ 左瑞勇,杨晓萍. 在文化哲学视域下重新审视幼儿园课程内容的选择[J].学前教育研究,2010(9):3.

④ [美] 维果茨基. 维果茨基幼儿心理与教育论著选[M].龚浩然等译. 杭州:杭州大学出版社,1999:45.

审美的发展性价值。除了对幼儿受教育的内部评价以外，外部评价还包括开发少数民族文化中丰富的教育资源，如瑶族布染、壮族大声歌、苗族刺绣、京族独弦琴等，这都是幼儿从小接触，同时又与国外幼儿教育项目区分开来的本土资源项目。因此，文化融入路径的外部标准便在于如何使幼儿始终处于主动学习、积极参与的环境中，排除传统幼教课程规则的约束，能更好地体验童年乐趣，促成自我人格的和谐全面发展。幼儿的全面发展包括性格与身体、智商与情商、社会与自然多种构建。

三、现状反思——民族文化融入幼教的路径问题

《国务院关于当前发展学前教育的若干意见》（〔2010〕41 号）明确指出，要"致力搭建适合当地、覆盖贫困地区的学前教育公共服务体系，保障学前幼儿接受有质量的、合格的教育"。2014 年，联合国幼儿基金会、联合国教科文组织提出了关于"文化回应性"（Culturally Responsive）的幼儿教育质量评价，即不同文化价值观的影响与制约将是各个评价环节外的第三方评价。这一主张充分强调幼儿教育质量绝非单一的、静态的，而是多元的、变动的，综观办学、师资、对象，每一样指标都应考虑文化回应性。

海上丝绸之路覆盖的北部湾地区，幼儿教育起步晚、发展慢、设备落后、民族文化意识淡薄，还存在办园模式脱离本土文化、限制文化内生发展的当地特殊问题。虽然在国家政策支援下，民族地区幼儿教育短时间内快速发展，但路径已然偏差——在基础未稳的情况下，脱节传统民族文化，在追求数量的同时忽视文化教育内涵，导致地区幼儿缺乏社会信息与文化认知，教育的文化回应性低下，造成了融入路径效果的双向折损。

（一）文化剥离：办园规格与本土适性不强

在幼儿教育底子薄、资金缺乏的基础上，北部湾少数民族地区政府及幼儿教育工作者都秉持向先进地区办园经验靠拢的观念，这在建立幼儿教育基础事业时期具有指导作用，但在已然建立起地区幼儿教育事业的基础规格后，若依然以国外为准、以发达为趋、以名师为导，在办园风格上高度统一、"生搬硬套"，便割裂了少数民族地区特有的本土文化，剥夺了少数民族幼儿生长的特殊性，这是趋利短视的办园方式。维果茨基提出幼儿应具备物质生产工具与精神生产工具的平行学习，美国学者艾伦·C. 奥恩斯坦等认为导致教育变革失败的主要原因在于"忽略了文化背景和环境特性"[1]。例如，美国学前教育理念强调实践互动，但本质上是精英取向的个体主义文化；但我国少数民族地区幼儿却是以族群为生，其血脉基因仍是集体主义文化，这便区分了幼儿成长的内在规定性。本土文化特殊性的失落必将导致幼儿信仰、心理、智力、情感多方面的失调，因此需重新拟定关于少数民族地区幼儿教育的评价标准与分析框架。

（二）后发无力：双语师资发展瓶颈

师资队伍的文化素养决定了幼儿教育的师生沟通、文化涉猎、效果彰显等工作是否有效。北部湾地区未曾出现少数民族幼儿园，因此深谙少数民族文化的师资队伍的培训欠缺强有力的政策支援，在资金、场地、时间上都是开环，并有没有形成系统性、意向性的师

---

① ［美］艾伦·C. 奥恩斯坦，巧朗西斯·P. 汉金斯. 课程：基础、原理和问题［M］. 柯森译. 南京：江苏教育出版社，2002：311.

范体系。在培养成本过大的情况下，少数民族教师储备量极少，对于深入落后的少数民族聚居地从教意愿不足，转岗教师在幼儿教育经验方面严重欠缺。在先天不足、后天不良的师资发展下，使得学前教师缺乏应有的文化修养，更遑论提高文化教学质量。在这样的基础上，幼儿园少数民族文化课程普遍有名无实，甚至部分地区悄然喊停。

（三）内涵稀释：飞速发展与文化内核滞后

近年，在"一带一路"倡议的区域辐射以及国家相关政策的影响下，少数民族地区幼儿教育飞速发展，根据《教育部等四部门关于实施第三期学前教育行动计划的意见》（以下简称《意见》），到 2020 年，全国学前三年毛入园率达到 85%、普惠性幼儿园覆盖率达到 80% 左右。秉承《意见》导向，广西、新疆、青海、甘肃等少数民族地区，均在短时间内达到了 75% 以上的毛入园率，但这揠苗助长般的发展也造成了幼儿教育的文化内涵失衡。总体来看，少数民族地区幼儿教育侧重于普及率快速提升，而教育质量与内涵建设相对滞后，普遍缺乏传统民族文化内核，专注于学前教育的门面工程，并未形成文化内核驱动下的本土化的幼儿教育科学体系。

（四）路径不稳：缺乏融入导向与评估机制

"一带一路"倡议背景下突出地域开放与教育质量的优势并行发展方式，少数民族地区"扎根"程度与文化融入正相关。教育部五年来推行的"传统文化进校园"，精神内核就在于让教育接受生活化语言、投射地域化面貌、加强民族化认识、反映生命化本真，在"地域化"的反馈上唯有布局合理，办园典型，才可能让传统民族文化还原真实。当前少数民族地区幼儿教育在发展路径上不仅缺乏资金投入，还在于文化融入受众不足、布局短视、后期评估滞后等一系列根源为"系统性""评价性"的导向问题，因此应聚焦后续性的跟踪、评估、改进机制。当下主要包括三方面评估不到位：文化载体、对象定位、后续规划。北部湾民族地区发展起步晚，幼儿园公共承载力弱、总量不足、覆盖率低，分布不均，文化融入的载体明显不足。传统民族文化融入的目的是提高幼儿教育质量，对象定位应是"少数民族幼儿"，在培养上具有与当地环境、舆论、社交相结合的特殊内涵。然而教育部门户网站出具的关于 2017 年少数民族学生占学前教育总人数的百分比仅为 7.70%，及至西南地区甚至北部湾的少数民族地区，仍有许多地区因交通、贫困、家长教育观念意识淡薄等原因，忽视学前教育，如笔者实地调研所见，山村里或邻近村都没有幼儿园，部分瑶族适龄幼儿靠在背篓里，由家长常负于背，翻山越岭的同时照顾子女。2015 年联合国教科文组织出版的《反思教育：向"全球共同利益"的理念转变》中道出的"假如教育系统忽视弱势学生以及生活在贫困国家的众多学生的教育需要，将教育机会集中在富裕阶层，使得高质量的培训和教育高不可攀，则会加剧这种不平等"[①]。这便是原有路径的针对性出现了偏差，在培养意识上倾向于主流文化而忽视弱势群体文化，尤其是在少数民族地区的幼儿园建设中直接采取主流价值的汉族学制，鲜少考虑少数民族地区的节日、农时、习俗。问题直指原有路径的可持续性，后期反馈的缺失更是直接导致了路径效果不稳定，由于缺乏独立的评估部门将其系统"串联"，因此在布局可行性上缺乏预判与长远考虑，在学前教育机会、投入、质量方面均严重影响少数民族文化融入当地学前教育领域。

---

① 联合国教科文组织. 反思教育：向"全球共同利益"的理念转变[M]. 北京：教育科学出版社，2017：15.

四、乘势而上——"一带一路"文化先行带来的路径思路

当前北部湾少数民族地区过度聚焦于规格与数量的幼儿教育体系，致使当地文化与传统知识不足，幼儿长期缺失精神文化将积重难返。教育部近年来大力发展中华优秀传统文化，将文化作为校园建设的固本和铸魂工程，该举措反映文化融入对校园建设的重要意义——精神为本，文化为魂。"一带一路"倡议的提出，一方面有着振兴中华民族文化的宏大愿景，另一方面也有着深挖区域文化实力的实践支撑，从文化、发展、质量层面为少数民族地区幼儿教育的文化症结提供了修复机会。北部湾少数民族地区正处于"一带一路"的规划腹地，应抓住契机乘势而上。

（一）"一带一路"带来文化重视与发展契机

国家发改委、外交部、商务部联合发布《推动共建丝绸之路经济带和 21 世纪海上丝绸之路的愿景与行动》，旨在推进"一带一路"国际合作的同时加强文化输出与传播，创新与别国文明的交流与文化互鉴；在此基础上，文化部提出《"一带一路"文化发展行动计划（2016—2020 年）》，该项计划的核心是在"一带一路"精神下，建设中国传统文化品牌，以"开放""交融"为关键词，既是对内的文化倡导，亦是对外的文化张扬。换言之，文化价值在"一带一路"倡议下，成为"质量"发展内涵的中坚力量。

当前要加强少数民族地区幼儿教育，除了从办园规模设计、幼师专业素养、活动教具创新、资金吸引投放等常规硬件措施以外，还应充分认识到在"一带一路"机遇下文化先行的意义，并在"一带一路"肩膀上架构少数民族文化生命的融入机制，以此进行少数民族文化倾向下的政策倾斜、资源整合、师资培养、规格适应。2001 年 5 月 22 日国务院发布的《中国幼儿发展纲要（2001—2010 年）》规定："发挥学校、家庭、社会各自的教育优势，充分利用社会资源形成教育合力，促进学校教育、家庭教育、社会教育的一体化。"然而文化资源的融入路径并非仅制度与口号便能完成，需要精神结果与价值观念的评价反馈，以及地区家庭、民族社区、当地政府财政支援等多方面的合力。

（二）"一带一路"背景下传统民族文化融入幼儿教育的新意义

首先，在陶冶幼儿精神的同时突出文化共享机制。"一带一路"倡议以沿线地区的优秀传统民族文化作为共享内容，通过复数的路径传承、开发、交流。北部湾地区与川藏甘疆地区的文化呈现块状，并无共享的有效路径，而幼儿教育作为"一带一路"文化共享建设的文化生产者与媒体搭建者，以幼儿饱满精神的养成为皈依，通过文化融入构建服务对象的学习领域，升级幼儿主体的精神交流场域，由幼儿组建空间形态下的合作、共建，因此在讨论生产幼儿精神食粮的手段上，延伸出"文化版权"的本土保护、"文化空间"的积极构造以及"文化数字化"的资源开发这些新的教育可能。

其次，在加强教育内涵的同时突出文化可持续发展。"一带一路"文化建设的精神强调文化发展的长效性。幼儿教育内涵应避开短视、短时的表面形象的肤浅类别，打造可持续发展的管理评估机制，一改爆发式的文化融入路径带来的形象工程印象，而从发展节奏、师资培养、专业环境、幼儿接受程度等方面开展管理评估以及后续的跟踪调研。

最后，在反映地域特征的同时突出开放包容。"一带一路"精神下的地域特征包括物质与非物质文化的技艺产品，更包含现代与非现代的技术资料，强调突破地区与个体的封

闭性。幼儿教育的文化融入应"去权威中心化",摆脱主流与非主流的差别观念,从校园文化的本质精神构建上,吸收与再生产文化内容。

(三)"泛北部湾东盟文化圈"文化支援体系

北部湾总览东盟文化,彰显沿海民族文化,形成南国氛围的"泛北部湾东盟文化圈",同时身处"一带一路"文化地图腹地,在深化文化对外开放交流的浪潮上,具备全国独一无二的文化资源优势,形成了以海上丝绸之路为格局的全新的幼儿教育文化支援体系,通过异国视角、国际对比、文化互补完善幼儿教育系统。

五、实践范式:文化支援体系下的北部湾地区少数民族文化融入路径

教育部提倡的"进校园"强调文化在制度、课程、师资、校园文化四方面的把控①,"一带一路"倡议下文化活动具备了"文化共享""繁荣互惠""文化可持续性"的主题,加之"一路"开放前沿的北部湾地区产生了国际效应,也因此产生了"共享""导向评估"的幼儿教育新内涵。结合上文所论述的文化支援体系,在北部湾少数民族地区幼儿园发展上,既要重视数量覆盖,也要重视文化反馈的培养质量,因此路径的选择必须具有可操作性与文化适切性。北部湾地区少数民族文化的融入需要体现灵动性、国际性、专业性,通过基础、课程、环境、师资、预见性谋求文化二次发展,拓展幼儿个体生命宽度。路径的实施需要以开放、发展、融合的心态进行微观把控,同时脱离落后、固化的意见的影响。

(一)制度路径:具有少数民族特色的办园主基调

1. "民族不是特色,是属性"

幼儿的本我定位先是北部湾众多少数民族的其中一员,这并非外界强加的事物。应先转变少数民族地区幼儿教育长期以"民族特色"为基的定位,须知在民族地区,本土化代表正是少数民族本身,"特色"反而是外界主流,应将北部湾文化根植在办园理念之中,崇尚开放性、创新性、冒险性的海洋民族精神,在此基础上开枝散叶、引进先进办学理念,而不是本末倒置地先统一规格办学,再加入"少数民族特色"。

2. 民族化的专业化

当前北部湾地区学前专业力量的介入是表面的,既无幼儿民族心理场域的体系建设,也无特殊地域下智力发展的量表。专家以考察的形式现场寻找问题,然后对问题进行解释补充,缺乏源头基调的定位。传统民族文化融入校园最大的困境便是如此,先从实践展开,从结果反馈进而讨论措施的改良,缺乏元问题的追思以及基础科学原理的验证。西方国家的学前教育便具有清晰的前论证结构。在参考西方办学的专业化经验上,将"民族化"主基调"专业化",由政府支持专家学者将幼儿园办学作为项目运作,设置科学严密的理论验证期,北部湾地域的特殊性、文化开放的运用、民族文化的突出、校园文化的定位、师资培养的来源、文化课程的开发、文化区域的建设、民族形式的引入,都需经过逻辑学术探讨;在吸引经费投资、引入公益力量的问题上,采取专家责任制,并赋予人事决

---

① 教育部门户网站. 陈宝生做客央视网谈传统文化进校园 [EB/OL]. http://www.moe.gov.cn/jyb_xwfb/xw_zt/moe_357/jyzt_2018n/2018_zt07/zt1807_bzzs/201803/t20180320_330629. html,2018-03-17.

策权与资金调配权给专业团队。

（二）课程路径：文化易位的课程设计

北部湾文化游散、感性、随缘的特点，导致了文化的书面记载缺失，同时热情、洒脱、乐观、积极的沿海民族精神内核开始断层。2011 年《扶持人口较少民族发展规划（2011～2015 年）》的颁布，强调将少数民族幼儿教育放在优先战略地位，明确了学校主体应通过课程手段书面化少数民族文化，通过编写、开发少数民族园本教师用书，开设相关校本课程，避免传统民族文化失传、流失。综观政策与现实，课程设计应体现幼儿文化包容心理与多维能力的养成特点。

1. 园本文化课程目标的定位

京族人的"独弦琴""唱哈""竹竿舞""跳竹杠""跳天灯""跳乐"和"花棍舞"的接触性观摩与感受将带来北部湾当地园本文化课程质的改变。美国学者休伊特认为："学校课程与本地文化毫不相干，导致学校文化与本民族文化的间断，引起归属丧失，产生深刻的适应问题。"① 当前，北部湾少数民族地区幼儿园采用的课程计划及使用的教师用书与汉族幼儿园统一，整体的课程任务仅是完成规定方向的阶段性内容。应坚定开发园本课程的路径，从整合、发掘民族文化课程资源的意识抓起，打破"语言活动、特色环境"的"蜻蜓点水"式窠臼，以课程内容为主，构建民族本色的园本课程。课程设计的路径首先应考虑"本土化"，唯有"本土"契合才能推进幼儿认同。其次，应突出幼儿意识随年龄阶段发展的顺序性。再次，保持与先进幼儿课程的契合。北部湾地区少数民族文化融入并非放弃原有的甚或先进的课程基础，事实上这是一个"相互附着"的过程，本质在于拓宽原有园本课程的生命内涵，重构当前不切实际的地区幼教，挖掘少数民族文化的教育意义。最后，不过分拔高民族文化的虚无力量，以至于增加构建园本课程的成本，例如避免对"民族"特色的过度追捧，而应将心力用于开发文化育人的资源。

2. 多种文化载体的绘本传承

民族文化背景反映当地所处的现实情境，是绘本内容的来源。如京族沿海流传的海洋神话与民间故事，体现着朴实人民的劳动智慧与处世端正，像《镇海大王》《宋珍和陈菊花》《田头公》《计叔》《刘二打番鬼》等。将京族、壮族、瑶族歌谣、传说、叙事诗等内容加入绘本图书，并通过让幼儿模仿并表演，培养文化包容意识；少数民族歌舞、乐器的启蒙内容，有助于完善幼儿情感，补充个体性格中的开朗与热情，加强自我表现力；民族体育的融入，有助于增强幼儿的团队意识以及竞技能力。还有树立课程视角的前瞻性，现代通信媒介的广泛使用也是传承民族传统文化资源的新书面形式，未来必将成为幼教工具新领域。现代通信媒介影响大、普及率高、消费低的矮门槛效应，扩大了课程的承载力，也拓宽了传统民族文化融入幼儿教育的书面路径。

3. 引导自我超越的活动课程

雅斯贝尔斯曾指出文化的目标本身就具备"人"属性超越的合理性②；幼儿在活动课程中实现自我的超越。传统民族文化在活动场域中的融入在于确立了自我游戏与群体合作

---

① 冯增俊. 教育人类学[M]. 南京：江苏教育出版社，2001：298.
② ［美］W. 考夫曼. 存在主义[M]. 陈鼓应等译. 北京：商务印书馆，1987：143.

的定位与目标，即贴近生活的"体验性"，强调幼儿获得的感受，从合作到创造，其来源于方法论的感知、直观经验的生产。可采用小型小组合作、简单技能学习的方式使幼儿获得更强烈的直观经验。

（三）校园文化路径："生活化"的环境创设

教育部关于印发《幼儿园教育指导纲要（试行）》提出："情感、态度与价值观是幼儿发展的第一要素。"为符合意识、心理、思维、生活的四重标准，文化环境创设路径需反映民族生活本真，如京族忌讳说"焦"，因为"焦"与"礁"同音，这便是生活情境原貌的材料。京族、瑶族、苗族在本民族节日下通常会举行朝拜、祭祀、庙会。幼儿教师应熟知当地的文化传统，积极组建贴近幼儿生活、为幼儿所接纳的文化资源活动体系，形成具有传统魅力的幼儿教育。方式上以开办"迷你庙会""模拟节日"为方向，在环境区域创设民族传统节日的集会情景，制造民族文化符号的教具，设法调动幼儿活动的亲近性，吸引幼儿进入活动语境，如北部湾"哈节"文化，属于京族的本土春节，突出的活动特征便是"当众表现""随机自愿"，活动内容便是自行抒发的歌舞内容。环境创设路径的落脚点在于"可行性"与"操作性"，扬弃传统文化中含糊不清的内容，通过教师强化、清晰已有的生活经验联系，尽量将晦涩的文化转化为简明扼要、深入浅出的对话与经验体系。在此基础上，家长的参与尤为重要，家长是传统民族文化本身的活载体，更是地域风俗、经济结构、建筑设计、语言服饰的制造者与参与者，因此环境创设应广泛邀请家长的参与，通过家长会、开放日、通信媒体部落、幼儿园博客互动等形式，引导家长在文化领域协助办园，为创设具有浓厚人文环境的园区共同努力，保证传统民族文化活动的质量。

（四）师资路径：北部湾文化型幼儿师资

幼儿师资是北部湾地区少数民族文化融入幼儿教育的实际组织者与实施者，更是课程编排的一线工作者。应加强教师职业规范建设，形成民族地区有少数民族语言特色的幼儿师范高职、中职院校，构建少数民族语言专业体系。该体系应包括对少数民族文化的实际"复盘"能力培养，从还原少数民族文化出发，加大形成性考核的比例，注重相关少数民族手工技能的监督，以期提高教师自我灵活开发新课程（包括微课程、精品课程）的能力，探索开发传统民族文化大数据背景下设计的网络课程，以此实现文化型幼儿师范教育的可持续性。

（五）共享路径：文化园区合作共育

园区合作共育是在"一带一路"倡议下文化资源互通的宣传上所构建的路径，应将合作共育的首要目的放在提高幼儿教育的传统文化质量上。通过园长会议进行文化资源统合与梳理，由文化融入改革实践成功的幼儿园带领，与别家或数家实践阶段的幼儿园合作，联合办园，互相提供文化场地与教具设施，通过带队观摩、"手拉手"模式，举办城乡教师交流活动，通过对口单位派遣支教骨干、培养少数民族地区幼师、送课进少数民族山区、组织城乡校运会等形式，资源互鉴，成果互通，以赢得家长支持与社会认可，实现区域内资源跨界流动。

（六）导向评估路径：预见性的动态监管体系构建

文化融入质量本身无法测量，所以无法管理，如园区地域位置不同、生源的民族不同，这些不确定性需要有超前的预判才能使文化融入持续健康的发展，此谓文化育人与知识育人的根本差异。因此路径构建的最后一环需要从现实层面打造专属的导航部门，该导航部门始终以四项路径标准为方向，把控整体的路径建设。导航部门以共同规划实体（幼儿园、教育局、民委）为核心，协同运作、定期检查成效。传统民族文化的融入过程需要评价与监督，以及科学的结果评判，应包括幼儿发展与"文化浓度"两方面的细致考量。建立文化收集小组，除形成效果干预所必须参考的档案库，还可提供教材建设所需的文化公共材料；设置动态监管人员，对于某些对文化融入投机取巧、华而不实、"融"而不"入"的幼儿园进行规范与指导，对"逐利性"的幼儿园进行介入与疏导；定期组建专家队伍进行风险预判，对文化风向进行"诊脉"，改变单一不变的办园策略，确保育人效果。

参考文献

［1］朱家雄．幼儿园课程［M］.上海：华东师范大学出版社，2009：14.

［2］郑金洲．教育文化学［M］.北京：人民教育出版社，2000：106.

［3］联合国教科文组织．反思教育：向"全球共同利益"的理念转变［M］.北京：教育科学出版社，2017：15.

［4］［美］艾伦·C. 奥恩斯坦，巧朗西斯·P. 汉金斯．课程：基础、原理和问题［M］.柯森译．南京：江苏教育出版社，2002：311.

［5］梁漱溟．梁漱溟全集（第5卷）［M］.济南：山东人民出版社，1992：677.

［6］费宗惠等．费孝通论文化自觉［M］.呼和浩特：内蒙古人民出版社，2009：149.

［7］［美］杜威．杜威教育名篇之幼儿课程［M］.赵祥麟，王承绪译．北京：教育科学出版社，2006：65.

［8］张诗亚．"位育"之道——全球化中的华人教育路向［C］.全球化背景下的多元文化教育国际论坛，2006.

［9］左瑞勇，杨晓萍．在文化哲学视域下重新审视幼儿园课程内容的选择［J］.学前教育研究，2010（9）：3.

［10］［美］维果茨基．维果茨基幼儿心理与教育论著选［M］.龚浩然等译．杭州：杭州大学出版社，1999：45.

［11］［德］马克思，恩格斯．马克思恩格斯全集（第19卷）［M］.中共中央马克思恩格斯列宁斯大林著作编译局译．北京：人民出版社，1972：44.

［12］冯增俊．教育人类学［M］.南京：江苏教育出版社，2001：298.

［13］［美］W. 考夫曼．存在主义［M］.陈鼓应等译．北京：商务印书馆，1987：143.

"一带一路"背景下广西跨境民族文化传承的现实需要及价值呈现

钦州学院副教授　陈鹏

【摘要】"一带一路"沿线分布着许多跨境民族，他们分属不同的国家和地区，但他们民风、习俗相同，姻亲血缘相连。"一带一路"背景下的广西跨境民族，对民族文化的传承和保护有着现实的需求，分析广西跨境民族文化传承中遇到的现实困境，探寻在"一带一路"背景下广西跨境民族文化传承的现实价值，积极探索广西跨境文化传承的路径，构建起民心相通的命运共同体，不仅有利于解决我国跨境民族问题，而且对广西融入国家"一带一路"倡议和发展中国—东盟合作机制具有重要的现实意义。

【关键词】"一带一路"；跨境民族；文化传承

一、引言

"丝绸之路经济带"和"21世纪海上丝绸之路"于2013年习近平总书记提出后，"一带一路"设想的深刻内涵和积极意义，得到了国际社会的积极响应和广泛认同。我国政府也通过努力，成立了与之相配合的机构和组织，来推动"一带一路"沿线各国的经济发展，包括成立亚洲基础设施投资银行和发布《推动共建丝绸之路经济带和21世纪海上丝绸之路的愿景与行动》等。这些举措都表明，"一带一路"政策已经成为当前我国经济社会发展的一项重要的发展战略。"一带一路"倡议秉承和谐包容、开放合作、互利共赢的原则，积极在政策沟通、设施联通、贸易畅通、资金融通、民心相通等方面加强与沿线各国的交流和合作。其中"民心相通"不仅是"一带一路"倡议的主要内容，也是推进这一倡议的群众基础和措施保障。

广西作为中国—东盟经济发展的前沿阵地，要利用广西特殊的海陆地理位置及广西跨境民族的分布广且有着深厚的传统民族文化的优势，积极利用文化风俗相同、血脉相连的社会根基，在"一带一路"倡议的带动下，充分培养跨境民族的中华文化纽带，增强广西跨境民族的民族文化认同，将广西跨境民族与整个中华民族连为一体，培养他们的中华民族共同体意识，对于改善周边关系，维护地区稳定，加强中国—东盟合作机制的可持续发展提供强有力的社会基础。

二、广西跨境民族文化传承的现实需要

(一) 跨境民族的界定

学术界关于"跨境民族""跨界民族""跨国民族"的内涵界定还存有一定的分歧。

根据研究的需要，本文使用"跨境民族"这一概念。其内涵指的是：分别在两个或两个以上的国家长期居住，但又保留了原来共同的某些民族特色，彼此有着同一民族的认同感的民族。他们虽然长期分居于不同的国家，受当地的主体民族或其他民族的影响，在语言、服饰、物质文化与精神文化等各方面有了不同程度的变化，但是在他们的传统文化的底层以及日常生活的深处，与原来的民族传统又有着千丝万缕的关系。与"跨界民族""跨国民族"相比较，跨境民族更强调的是民族传统文化在民族之间关系链接中的重要作用，淡化了国家主权和意识形态色彩。

"文化是人类的特性，是通过濡化传递的习惯性的行为和信仰。文化依靠人类的学习能力，文化包含人类群体中内在化的规则，引导人类以特定的方式思考和行动。民族文化是同族人共享的文化体验、信仰、习得的行为模式和价值观。文化传承最核心的问题就是文化的民族性。"广西地处祖国南疆，聚居着壮、汉、侗、瑶、苗、京、布依、仫佬、毛南、水、彝、仡佬 12 个民族。广西与越南的谅山、广宁、高平等 4 个省 17 个县毗邻，广西有那坡、大新、龙州、凭祥、宁明、防城和东兴 8 个县（市）与越南接壤。中越两国是山水相连的近邻，在长达 1150 公里的边界线居住着壮族、瑶族、京族、苗族、彝族等跨境少数民族，这些少数民族在长期的迁徙、定居和交往中互相融合。据考证，分布在中国边境上的壮族与越南的岱族、侬族、布标族、拉基族、山斋族在历史上是同源民族，他们分居在国境两侧，至今仍语言相通、习俗相近、联系密切、互相通婚、民心相通。在"一带一路"倡议的带动和发展下，我们要充分利用跨境民族的这一得天独厚的条件，积极推动他们的文化认同，构建起民心相通的共同体，在发展两国经济和文化交往中起到桥梁和纽带作用。

（二）现实需要

1. 化解文化冲突和维护国家文化安全的需要

本尼迪克特·安德森认为共同的文化才是民族认同的决定性因素，民族认同从根本上讲就是文化认同。"民族国家的冲突主要是由民族文化的冲突而引起的。因此，我们必须尊重民族文化的差异性和多样性，尊重中国跨境民族地区的宗教信仰与风俗习惯，这样才能赢得他们的支持和认同。""一带一路"倡议的实施就是顺应当今和平与发展的时代潮流，充分吸收了我国传统的"和为贵"的文化思想，在平等、互利、共赢的理念支配下，与沿线各国各族人民共同分享世界经济发展的红利，打造人类命运共同体。这种新的文化传承理念，也是化解"一带一路"沿线各国各族人民之间文化冲突的关键所在，搁置意识形态差异，共谋经济发展大局。广西跨境民族在开展"引进来"和"走出去"的文化发展战略过程中，与沿线各国各族人民的交流和交往变得更为便捷，但同时，"也使其原有的传统文化和思想观念受到国外跨境民族和西方强势民族文化的影响和渗透"。若不能对本民族文化传承和保护做出相应的措施，则很容易被境外敌对势力所利用，甚至面临消亡或被境外文化取而代之的危险。因此，开展跨境民族的文化传承工作，也是国家文化安全的需要。

2. 民族文化的社会功能

文化本身就具有一定的社会功能，而民族文化则在一定范围内的民族之间发挥巨大的社会功能。民族文化是在各民族的社会需求中产生的，同时，也为适应本民族发展而不断变化和探索。民族文化的正向的社会功能，可以为民族文化的发展提供良好的发展环境。民族文化的社会功能存在于社会生活的各个方面，充分反映在人民生活中的宗教信仰、风俗习惯、民族工艺、婚嫁习俗等方面。"一带一路"背景下所倡导的民族文化的传承和发展，要求我们充分尊重民族文化的社会功能，在此基础上充分利用民族文化的社会功能，响应国家政策，为广西民族文化的发展创造有利的环境。同时，要充分利用跨境民族中语言相通的社会优势，维护边疆稳定，加强与周边各国民族之间的文化交流和文化传播，达成共识，共同促进经济繁荣发展。

3. 民族文化"走出去"战略和开展国际合作的需要

民族文化"走出去"是中央的号召，也有利于服务国家"一带一路"。民族文化"走出去"就是"要建立在充分了解所在国文化的基础上，以我国丰富多彩的文化去满足、应对多样的所在国文化群体的需求，进而用文化来打动对方，使对方接受、欢迎，进而产生文化影响"。我国有着丰富的民族文化，而且很多民族属于跨境民族，其本身具有与邻近国家民族在族源认同、民风习俗、婚庆礼节、宗教信仰、民族语言、服装头饰等方面的相似性。这些相通性和相似性也为进一步生成民心相通的社会根基提供了文化基础。跨境民族在国家"一带一路"倡议和文化"走出去"中，更具有其自身的优势，也是国家经济、文化、政治发展和开展国际合作的需要。

4. 民族文化多样性和共同性的需要

"文化形成于特定的生态环境之中，依存于特定的生产、生活方式，表现出独特的哲学观念、文学艺术、宗教信仰、伦理道德及价值取向。"广西跨境民族具有文化多样性的特征，如广西东兴市的京族是以海洋为特色的中国唯一的海洋民族，具有特有的独弦琴、喃字及"哈节"文化。广西各跨境民族对本民族文化中的包括语言、文字、风俗习惯、宗教信仰等文化传承机制各具特色，其文化传承的内容也各不相同，这就构成了广西跨境民族文化传承中的民族文化的多样性和共同性的特征。"一带一路"沿线各民族虽然分属不同的国家，有着不同的价值观念，但在民族形成过程中，却有着共同的历史文化，这些都决定了跨境民族文化的整体性和共同性。因此，在"一带一路"倡议大背景下，在倡导文化"走出去"战略的需求下，"一带一路"沿线各民族在文化传承过程中，需要秉承民族文化的多样性和共同性，这也是国家发展战略的需要。

5. 民族文化保护和发展的需要

民族文化是一个民族的灵魂，广西有着丰富多彩的民族文化，这是广西人民的宝贵财富。但广西的民族文化存在精品不多、产业规模小、开放程度低等问题。因此，广西要把握"一带一路"倡议赋予广西民族文化这一新的历史发展机遇，要积极打造民族文化品牌，营造民族文化产业经济，实现民主文化的传承与发展。随着我国城镇化的发展，少数民族地区因其所处的地理位置等因素，成为人口的净流出地，民族聚居区人口多以外出务工为主。在城镇化的发展浪潮中，许多少数民族村寨也出现了"空壳村"，年轻一代外出务工，许多民族传统技艺、传统体育活动处于流失和失传的危险境地。从国家的文化"走出去"战略角度分析，我们要先做好跨境少数民族文化的保护和传承发展工作，只有做出了自己的文化精品和文化品牌，才能在沿线各国各民族间的文化交流中产生吸引力，才能凸显我国跨境民族民心相通的重要价值。

三、广西在"一带一路"背景中的跨境民族文化传承中的困境分析

(一) 文化分散力问题

广西居住着多个少数民族,其中与周边邻国跨境的有壮族、京族等5个少数民族。"一带一路"倡议实施后,广西与沿边少数民族交流更为密切,开放程度更高,但同时也带来一系列跨境民族问题。"一带一路"倡议为跨境民族文化交流带来更为便利的交通,民族之间的交往也更为密切,这有利于加深与周边国家民族之间的关系;同时,在"一带一路"的大背景下,我国跨境民族所在的民族地区也加大了对外开放的力度,这种包容的民族文化环境也存在容易被境外民族分裂势力渗透的可能,跨境民族的密切交往也容易带来人口的非法流动和跨国犯罪的发生。如果我们在开展跨境民族文化传承发展交流的过程中,不能有效解决此类问题,不仅会影响广西沿边地区经济的发展和社会稳定,也会影响我国在世界上的地位和形象。

(二) 文化传承的困境

"文化是民族的命脉,是人民的精神家园。要实现中华民族伟大复兴的中国梦,必然要促进包括各少数民族文化在内的中华民族文化的复兴。"1949年以来,我国一直致力于民族文化的保护和开发工作,并取得了显著成效,保护和开发好少数民族文化,为与"一带一路"沿线国家开展文化交流与合作提供了良好的文化基础。但目前我国"一带一路"沿线少数民族的文化基础设施相对薄弱,文化流失情况严重,文化保护工作任务重。以广西为例,广西沿边各跨境民族因历史等方面的原因,文化基础设施相对薄弱,社区、村级文化活动场所匮乏;民族文化保护的主体和手段单一,基本为政府的投入和宣传,民众自发地、主动地参与民族文化的传承和保护的热情不高。只有动员各方面的力量,使其都愿意并主动地参与到保护和传承民族传统文化的事业中来,才能真正有效地传承和保护民族文化,更好地服务"一带一路"建设发展。同时,"一带一路"沿线各少数民族文化也受到现代化和城镇化的冲击,文化流失情况严重。传统的服饰、仪式、风俗、传统建筑等因保护意识欠缺而逐渐消失,传统文化传承人也出现了断层的危机,后继乏人,这些都对当前的民族文化传承工作提出了挑战。

(三) 学校教育中的文化传承功能乏力

民族教育是民族发展的关键,在多元化文化的背景下,民族教育的形式和内容必然是多样化的。随着城镇化的加速发展,民族文化也呈现出被遗弃或消亡的情景。作为民族文化传承和培养少数民族学生文化认同感重要阵地的学校教育,在文化传承过程中则应担负起重要责任和使命。然而,综观我国民族地区基础学校,在文化传承和发扬方面所做的努力还有较大的空间。民族特色学校在传承民族文化方面,缺乏足够的动力和资金支持。

"民族地区中小学教育也是应试教育,对与升学率无关的民族文化的教育不够重视,很多学校只是简单地将民族文化教育内容分散到各个学科里去,没有把传承民族文化列入学校教育的目标,民族文化教育还未制度化。"民族地区的学校教育,不单单是培养后代,还要肩负起传承民族传统文化的任务,要把民族传统文化的传承和现代教学手段结合起来,通过编制具有传统文化内涵的校本读本,让少数民族学生从小就对本民族的语言文字、音乐舞蹈、传统工艺、体育活动等有更深刻的认识和了解,提高学生对本民族文化的

认同感，进而提高他们自我保护本民族传统文化的意识，更好地服务民族文化的传承工作。然而，目前民族地区学校教育中的校本课程开发、民族文化进校园方面还留有较大的深层挖掘的空间，有些活动仅停留在直观感受层面，未能从情感深处来重塑学生的民族文化认同。在学校教育中，如何真正将这种隐形课程的效果发挥出来，是目前民族地区学校教育需要重点思考的问题。

（四）民族文化安全问题

"一带一路"倡议提出的与沿线国家各民族之间要遵循政治互信、经济融合、文化包容的原则，建设人类命运共同体。在这一国家发展的新举措下，我国跨境民族文化传承和发展也随之出现了新的发展，但同时也给跨境民族文化安全和边疆稳定带来相应的挑战。"文化安全是一个动态变化的客观存在，随着国际、国内的条件变化会不断地辩证运动，但是不管怎么变化，文化安全始终以维护国家利益为准绳，它是指国家的文化主权不受侵犯、国家的民族精神和凝聚力不被威胁、国家传承的信仰和追求得到保护。""民族文化安全指的是保护本民族的传统文化和意识形态不受外民族文化形态的侵犯，确保本民族文化保存固有的传统性并且继承延续至永久。"广西特殊的地理位置决定了广西跨境民族在民族文化的交往过程中存在复杂的变数，跨境民族壮族、瑶族、京族、苗族、彝族等主要分布在广西的凭祥市、东兴市等县（区），与越南的谅山市和芒街市的岱依族、京族、华族、赫蒙族等10个少数民族陆上相邻。

文化交流是"一带一路"倡议中的重要内容，通过文化合作和交流，深入挖掘跨境民族中的特色的文化资源，组织跨国文化交流，促进不同种族、不同文化国家间共享和平，共同发展，让中国的优秀的特色民族文化"走出去"，让沿线各国人民更好地了解中国。广西跨境民族在"一带一路"倡议中本着开放、包容的文化姿态，广迎沿线各国各族人民，但在境外各种政治思潮的影响下，特别是极端民族主义、民族分裂主义、境外宗教思潮等，给民族文化安全带来不利影响。

四、"一带一路"背景下广西跨境民族文化传承的价值呈现

（一）"民心相通"的社会根基

"民心相通是'一带一路'建设的社会根基。"跨境民族间的文化交流为民心相通提供了重要条件，也是实现跨境民族之间、跨境民族所属国家之间友好关系的重要纽带，而跨境民族间的文化交流则是民心相通最直接和最有效的体现。跨境民族之间通过语言相通、族内通婚、民间传统体育文化交流、传统节日互动、共同的宗教信仰等方式，在语言情感认同、亲缘连接、民族文化认同、节庆同祝、宗教文化信仰等方面加强联系和认同。通过跨境民族间得天独厚的条件，在跨境民族间架构起"民心相通"的社会关系网络，加强了沿线各民族间的心理认同，为民心相通提供了深层的心理链接。跨境民族利用其与周边国家民族同源的关系，利用共同的语言、族内通婚等形成的亲缘关系，在传统体育活动和传统文化节日的互动下，提升跨境民族的民心相通认知度，为进一步推动"一带一路"沿线各国对区域建设的认同和发展，同时促进"一带一路"沿线各族人民共同参与，提供强有力的精神纽带。

（二）尊重民族文化多样性的价值呈现

广西的跨境民族主要由壮族、瑶族、京族、苗族、彝族等民族组成，每个跨境民族的成员都带有本民族的特征，同时，也共同构成了中华民族这个大家庭。因此，我们在谈论跨境民族文化传承的问题时，要尊重民族文化的多样性，让其感受到国家的重视，和本民族文化在国家发展战略中所具备的优势。以广西的跨境民族为例，就要充分认识到自身的发展优势及在中国—东盟经济合作发展中的重要引领作用。跨境民族通过发挥自身的地缘、文化优势，加强与邻国同民族之间的文化交流，使其在民族文化、历史、风俗习惯等方面得到传播与发展，并且得到沿线其他国家和民族的认同，进而使我国边疆地区的多元民族文化"走出去"。通过对广西跨境民族文化传统的保护、发展和传承，让其意识到自身民族文化在国家发展中的重要作用，进而在民族文化认同的基础上，加强国家认同意识。通过对跨境民族传统文化的传承和保护，实现跨境民族文化的多样性，使得跨境民族在"一带一路"倡议中，寻找到本民族文化的角色定位，进而通过文化交流和合作，推动"一带一路"倡议的发展。

（三）树立民族文化品牌的重要途径

广西作为"一带一路"上的重要门户，政治、经济、文化等领域也随之迎来重要的发展机遇。因此，广西应抓住发展的契机，借助"一带一路"倡议，对民族文化进行传承和创新，打造民族文化品牌。在"一带一路"倡议背景下，广西跨境民族应充分利用其文化传承的重要价值，构建互惠互利、不同文化互相借鉴的平台，积极发展文化交流合作之路，全面提升广西的综合竞争力。广西应充分利用其沿海沿江沿边的重要区位优势，紧紧围绕"一带一路"打造区域经济、文化交流的"文化圈"，促进文化交流的国际化，带动民族文化发展的新机遇。广西应立足自身，抓好品质，积极推进民族文化品牌战略的实施，利用好"一带一路"倡议的契机，加强对民族文化品牌的培育和创造。要充分利用诸如"中国—东盟文化产业论坛""中国—东盟艺术教育成果展演"等文化交流平台，把广西最具民族特色、最具价值的优秀民族文化推向世界，充分做到文化交融、共同合作、共同发展。在对跨境民族文化品牌打造和传承的过程中，我们要注意做好民族特色文化遗产的保护和传承工作，把握好民族的本质，真正打造出民族文化品牌。

（四）民族文化软实力的文化表征

"一带一路"背景下，我们应响应国家号召，实行文化先行，实施"走出去"的文化战略，加强民族文化的对外交流与合作，提升中华民族文化的软实力。这一文化发展战略要求各民族积极弘扬优秀传统文化，在吸收现代文明的基础上，积极打造文化品牌，加强区域文化交流与合作，维护国家文化安全。同时，要建立民族文化信息宣传网络平台，编辑出版民族文化书籍、视频等资料，通过民族歌舞表演、民族传统体育活动，打造国家级对外文化交流精品项目。广西作为"一带一路"南向发展的重要门户和中国—东盟长效合作机制的桥头堡，更应在文化宣传和合作中建立长效机制，可以与东盟各国开展"中国—东盟传统体育运动会"，并通过精心打造，使其成为广西与东盟各国文化交流的一个品牌，利用跨境民族文化的相近性，通过体育活动拉近与东盟各国各族人民的距离，在体育文化交流中呈现我国民族文化的软实力。我们要充分利用跨境民族与周邻国家语言相通、文化相近等优势，积极开展跨境文化旅游和经济合作，充分发挥民族文化的软实力。广西跨境民族要充分利用广西在中国—东盟经济合作中的区位优势，与周边国家民族同源同宗的族源关系，主动融入到国家的"一带一路"倡议中，发挥文化同质和文化多元的优势，积极开展民间文化交流和合作，实现广西跨境民族优秀传统文化的传承和发展。

（五）"一带一路"倡议的南向发展和中国—东盟（10+1）合作机制的助推力

中国的"一带一路"理念"不认为世界上各民族、国家是分等级的，而认为世界是浑然一体的，各国家、各民族互为中心、互为边疆，共同来建设我们这个星球，人类将在文化多元共存的基础上实现共同的繁荣"。广西作为"一带一路"倡议的重要节点和门户，要充分利用自身的区位优势，借助国家南向发展的重要战略，充分挖掘沿线跨境民族的文化要素，在文化传承中促进国家的发展。同时，广西作为中国—东盟"10+1"合作机制发展的桥头堡，更要在文化交流中借助自身优势不断挖掘和深化，坚持本地区民族文化的传承和发展，助推文化"走出去"战略，成为中国与东盟国家之间进行政治、文化、经济往来的重要平台。

五、小结

广西跨境民族在历史长河中，逐渐与其生活的特定的自然和人文环境相适应，经过长期的发展与民族融合形成了居住建筑、饮食文化、衣着服饰、传统礼仪、节日庆典、宗教神话等独特的传统文化，这些传统文化都是其本民族的重要特征。广西在充分推进"一带一路"倡议中，应当重视和保护广西跨境民族的传统文化。

目前随着城镇化进程的加快，广西跨境民族传统文化也受到严重冲击，某些地方政府一味追求经济增长，对传统文化的保护缺乏足够的政策支持和财政投入，造成民族传统文化的流失和消亡，这对我国文化"走出去"战略和"一带一路"倡议中所提出的文化先行政策是相悖的；也影响到国家通过"一带一路"倡议来促进沿线各国各族人民，在民族文化相识相近的媒介作用下，构建民心相通的命运共同体。因此，要通过跨境民族传统文化的心理链条来与周边国家进行文化交流，传承古丝绸之路精神，要坚持文化先行，构筑民心相通的纽带，实现在与周边国家的政治互信、文化交流和经贸合作中提供软支撑的重要价值。

参考文献

［1］胡起望．跨境民族探讨［J］.中南民族学院学报（哲学社会科学版），1994（4）：49-53.

［2］朴婷姬，李瑛．东北跨境民族的文化变迁与传承保护［J］.黑龙江民族丛刊，2016（6）：137-141.

［3］崔海亮．"一带一路"背景下中国跨境民族的中华民族认同［J］.云南民族大学学报（哲学社会科学版），2016（1）：35-41.

［4］谷亚华，吴霓，古文凤．论"一带一路"背景下云南跨境民族文化安全与双语教育［J］.民族教育研究，2017（5）：73-76.

［5］丹珠昂奔．"一带一路"国家战略与民族文化"走出去"［J］.西南民族大学学报（人文社会科学版），2017（5）：58-61.

[6] 朴婷姬，李瑛. "一带一路"视阈下东北跨境民族文化传承与发展[J].大连民族大学学报，2016（6）：543-551.

[7] 李忠斌，李军，余涛. "一带一路"战略视域下少数民族经济发展路径选择——以云南为例[J].红河学院学报，2016（1）：32-38.

[8] 穆慧贤. "一带一路"沿线少数民族文化保护开发研究[J].中南民族大学学报（人文社会科学版），2017（4）：69-72.

[9] 金海燕. "一带一路"战略下朝鲜族文化传承与保护研究[J].满族研究，2016（2）：1-4.

[10] 周鸿，黎敏茜. "一带一路"战略与广西边境地区民族文化安全研究[J].广西师范学院学报（哲学社会科学版），2016（4）：62-67.

[11] 郝时远.文化多样性与"一带一路"[N].光明日报，2015-05-14（5）.

[12] 李曦辉. "一带一路"语境下的多元文化模式——基于新型全球化的讨论[J].中南民族大学学报（人文社会科学版），2017（6）：78-82.

弘扬海洋文化　发展广西北部湾旅游业

钦州市钦南区大番坡镇葵子小学教师　宁益樱

【摘要】 在海洋世纪与经济全球化的时代背景下，海洋文化的建设是"21世纪海上丝绸之路"的基础和载体。广西北部湾地区是个具有沿边、沿海优势的地区，有着丰富的海洋资源和海洋文化。在海洋强国的战略下，发展广西北部湾海洋文化已经成了一个势不可挡的趋势。把北部湾海洋文化的生态资源转化为旅游产业去发展，能够进一步拉动投资，促进经济发展。

【关键词】 北部湾；海洋文化；旅游

一、引言

在广西北部湾经济区的发展局势下，开发利用广西北部湾海洋文化，既面临了机遇也面临了重重的挑战。广西北部湾海洋文化历史悠久、资源丰富，特征鲜明。发展广西北部湾海洋文化旅游产业是适应当前局势下新时代、新任务、新机遇的一个举措。

二、认识广西北部湾城市的海洋文化的类型

海洋文化是人类文化的一个重要构成部分和体系，就是和海洋有关的文化，就是源于海洋的文化，即人类对海洋本身的认识、利用和因有海洋而创造出来的精神的、行为的、社会的和物质的文明生活内涵。

广西北部湾地区海洋资源丰富，有着种类多样化的海洋文化。主要集中在北海、防城港和钦州这三座城市与其周边地区。主要分为生态资源和历史人文资源两部分，包括海洋民俗文化、海洋生态文化、海洋港口文化等，这些都是千百年来人们劳作创造的结晶。我们只有全面认识这些文化，才能更好地将其保护和传承下去，并利用到开发海洋旅游产业上来。

（一）海洋生态文化

广西海岸线位于我国海岸线的西南端，东起粤桂交界处的洗米河口，经英罗港、丹兜海、铁山港、北海半岛、廉州湾、大风江、钦州港、防城港、珍珠港，西至中越边境的北仑河口。广西沿海岛屿众多，生态环境优良，滨海植被丰富多样，同时还栖居着鱼类500余种，虾类200多种，头足近50种，蟹类190余种，浮游生物近300种。在钦州市三娘湾还有着国家一级保护动物中华白海豚。

在北部湾地区有着东方夏威夷美称的北海银滩、神奇的怪石滩、中国最大最年轻的火山岛——涠洲岛、海滩与海岛连成一片的茅尾海红树林、南国蓬莱钦州七十二泾、风景如

画的金滩、白浪黑沙的大平坡、宁静的沙督岛等特色的沿海旅游资源。漫长的海岸线打造了广西北部湾沿海地区的独特海岸风格。

（二）民俗海洋文化

广西北部湾地区多民族文化共存与相融。人们在世世代代与海洋共存中形成了独特的生活方式和习俗。其中比较有特色的民俗文化有水上木偶戏、独弦琴、京族"哈节"文化等。水上木偶戏主要是反映渔民撒网捕鱼、渔翁垂钓以及民间狂欢等。独弦琴是京族古老的民间竹制乐器，不论是在节日还是在农闲之时，人们都要在它的伴奏下，唱起即兴编成的民歌。京族人民的重大节日就是哈节，是京族的传统歌节，也是国家级非物质文化遗产之一。京族哈节活动由祭祖、乡饮、社交、娱乐等内容组成。

在广西北部湾民间口口相传着很多关于海洋的传说，如"美人鱼"儒艮的传说、南珠之乡"割股藏珠"的传说、钦州三娘湾的"三娘石"的传说、京族独弦琴的传说等。这些有趣的传说给广西北部湾地区的民俗文化添加了一笔神奇的色彩。

在宋元时期，钦州、廉州成为中国南方对外贸易的主要港口，对外开放的模式，让一批批外来商人和僧侣等在这里出入，从而带来了基督教、天主教、佛教等外来宗教文化。它们与本土的民间传统宗教文化交相辉映，在这里组成了独特的广西北部湾海洋宗教文化。现广西沿海地区有着佛教文化、道教文化、天主教文化以及以海神崇拜为核心的多神崇拜等民间信仰，这些宗教文化影响着北部湾沿海人们的思想意识以及生活习俗。民间信仰主要是海神崇拜，主要有妈祖、龙王、伏波神、雷神、孟尝神等。其中孟尝神的崇拜与"珠还合浦"的故事有关。在节庆时人们会举办不同形式的祭祀活动。在广西北部湾地区独具特色的民俗活动有着京族哈节、钦州"跳岭头"、中越边境的伏波庙会以及北海外沙龙母庙会等。随着时间的变化和时代的发展，最初的宗教酬神祭祀活动演变成一个个有趣的民间娱乐活动，以表达人们祈求新的一年风调雨顺的美好愿望。

节庆活动是民俗文化中的一个重要载体，广西北部湾节庆活动多，除了祭珠神、吃岭头、送顺风、酬神还愿的民俗活动外，还有防城港国际龙舟节、钦州耗情节、钦州三娘湾观潮节等。

（三）海洋港口文化

在广西沿海 1629 公里的曲折海岸线上，分布着众多的天然优良港口。可发展建港的岸段有勒沟港、铁山港、北海港、钦州港、防城港、珍珠港、大风江口、暗埠江口等 10多处港湾及河口。北部湾是我国大西南地区出海口最近的通路。广西北部湾拥有许多港口，钦州港、防城港、北海港是广西北部湾的重要大港。这几个港口呈扇形分布在我国的广西北部湾北部，是我国与东盟各国海上货物及贸易路径最短的出海通道。其中防城港是中国西部地区第一大港，是中国大西南和华南地区货物的出海主通道。2008 年 5 月，国务院批准在钦州港设立中国第六个保税港区——钦州保税港区，这是中国西部沿海唯一的保税港区。

三、加强北部湾海洋文化旅游业建设的重要性

文化是城市之魂，是跨越发展的持久活力。海洋文化是人类文化的一个重要构成体系，调整着人与海洋和谐共处的关系。21 世纪，广西北部湾正走在崛起和发展的道路上，

海洋文化作为北部湾城市群的一个发展文化基石，要充分挖掘广西北部湾海洋文化资源，努力建设开放性、合作性、国际性以及创新性的海洋文化，从而推动广西北部湾经济的发展和建设。

旅游业是现代服务业的重要组成部分，其融合度高、覆盖面广、链条长、拉动力强，具有"一业兴、百业旺"的功能作用，是调整经济结构、转变发展方式的重要着力点。不论是从历史的角度看，还是从目前我们所面临的形式来看，发展旅游业已成为广西北部湾城市发展的必然选择。我们必须把类属海洋文化的旅游产业作为广西北部湾城市发展的重头戏之一，满足人民日益增长的生活需求，顺应消费结构，打造一条特色化的优势旅游发展之路。

四、广西北部湾海洋文化旅游产业的现状

近年来广西各地召开两会，政府工作报告纷纷出台。广西北部湾城市群相继把旅游业放在重点发展的地位，并且对近年的旅游工作进行了明确的部署。

（一）广西北部湾海洋文化的优势

广西北部湾地区的民族多，各种文化的交集形成一个独特的文化局面，文化种类多，内容丰富，而且民俗节庆活动以及海边地方性艺术也相对盛行。广西北部湾海岸线长，港口多、海产品丰富，很多原生态地区还没有被开发污染，纯属自然景观，风景优美，气候宜人，适合人类居住和动物栖息。

（二）保护海洋生态环境的意识薄弱

打造海洋旅游业要依附大自然的赐予，只有在保证环境可持续发展的基础上，我们才能大力发展广西北部湾的海洋旅游业。一直以来的"重陆轻海"意识，导致人们的海洋环境保护意识薄弱以及海洋保护环境观念落后。在北部湾的部分海岸边仍旧漂浮着大量人类生活垃圾，给环境的保护以及旅游业的发开带来了一定的难度。

（三）北部湾海洋文化的宣传信息相对滞后

广西北部湾海洋文化发展相对滞后，很多特色的海洋文化除了当地人熟知之外，外地人很少听闻并了解。由于越来越多年轻人往更大的城市发展，导致一些民族的海洋文化精髓开始逐步遗失，只剩下老一辈的口口相传。

在网络上，对北部湾海洋文化的传播仍然滞留在学术研究论文中，跳出的页面也只有防城港市的北部湾海洋文化公园的介绍，没有介绍实质性的北部湾海洋文化内容，缺失饶有趣味又通俗易懂的大众化文章。网络上关于北部湾海洋文化的非官方性新闻相当匮乏，只有官方性的学术字样，缺少大众闲暇时阅读的文章。

（四）广西北部湾海洋旅游业发展不成熟

1. 广西北部湾海洋旅游的项目不够新颖，形式单一

我们可以向其他海洋旅游产业相对成熟的城市学习，借鉴别人优势的旅游项目，结合本土的民俗特色开发出更新颖、更吸引人、更符合大众休闲娱乐的旅游项目。

2. 海洋旅游项目的基础设施不完善

北部湾的旅游项目很多，一些已经完善了，但是还有很大一部分旅游基础设施的建

设不完善。一般基础设施主要表现在道路交通、游客中心、游道设计、餐饮住宿、停车场等。因为广西北部湾旅游景区有些已开发，有些未开发，所以景区的基础设施建设水平参差不齐。很多景区的厕所比较老旧，没有跟上时代的进步，而且很多地方连基本的厕所都没有或者公厕的设置较少，并且距离较远。很多通往景区的交通很不方便。

关于当地特色的旅游基础设施的建设仍需要加强管理。很多游客来到广西北部湾海边都想体验一下当地的捕鱼钓、撒网、挖沙虫、钓鱿鱼等渔家生活，但是旅游区域没有比较权威的游客集散中心为他们规划行程，都是靠亲朋好友的介绍，或者是当地人拉客。对于出海的渔船也没有出台相关的接客管理要求和规定，存在很多渔船私自拉客的行为。有些渔船仍是老旧的渔船，存在一定安全隐患。

3. 在广西北部湾的景区中动态的表演相对缺少

在动态的表演上可以加入广西北部湾海洋的特色民族文化，如少数民族的生活习俗、嫁娶仪式、服饰等。表演要注重游客的参与，以及文化展示的真实性，并且运用现代科技灯光设置、3D 效果之类的技术来增强表演的精彩度。动态的表演会给景点加分，使其展示的文化可以更生动、更全面、更直观。

4. 北部湾海洋旅游产业的管理体制混乱

仍旧存在很多个体户拉抢游客的现象。个体经营者为了个人效益随意拉拢游客，哄抬价格，导致海洋旅游市场的秩序混乱，有损城市形象。同时缺乏科学的旅游路线的设计以及配套的旅游线路交通。

五、加快广西北部湾海洋文化旅游产业发展的措施

(一) 各级部门做好民俗文化的保护和宣传工作

要发展北部湾海洋文化，则需要以整合和保护海洋文化为基础。有了基石，才可以建筑高楼。北部湾的海洋文化分布相对零散，收集起来也有一定的难度。但是我们先要做的就是对北部湾海洋文化进行整合。把需要重点保护的民俗文化以及民俗遗址整理出来，让相关的政府部门出台关于北部湾海洋环境管理的政策以及法规。只有把民俗文化的保护工作落实了，我们才能进一步考虑挖掘和发展。做好保护海洋文化的宣传工作，并且将其普及到学校的地方教育上，在各个单位中开展保护广西北部湾海洋文化的主题活动。增强人们保护海洋文化的意识，对培养优秀的海洋文化人才也有一定的影响。

在海洋环境的保护中，我们先要在当地沿海居民中普及海洋保护的相关知识，提高沿海居民的海洋环境保护意识。在游客游玩中沿海居民或向导要及时进行海洋保护的宣传，让其了解海洋的现状，明白海洋环境所处的危机，理解海洋污染的各种原因。拒绝把垃圾投入大海是人人可做到的保护海洋环境、恢复海洋生态最基本和最简单的行动方式之一。现在是网络时代，我们要善于利用网络，增强人们对海洋生态环境保护的意识。将宣传融入人们的日常生活，我们才能最大化地培养人们保护广西北部湾海洋文化的意识，发动更多民众自发保护广西北部湾的海洋生态环境以及海洋文化遗产。

(二) 创设专属北部湾城市海洋文化的品牌

城市文化是一座城市特质的体现，相当于城市的一张名片。要打造专属而有特色的名片，就需要我们为自己所在的城市文化做出相对应的品牌和形象的设定。广西北部湾城市

的海洋文化都有着各自城市的特点和专属的海洋文化，我们要善于利用自身独特的海洋文化资源量身打造一个相对应的形象以及品牌。广西北部湾城市群一共有6个城市，我们需要为每一个城市打造一个相对独立，又与其他5市紧密联系能组合成一个整体的海洋文化品牌。只有将海洋文化与旅游相结合，将文化作为旅游产业的内在属性去思考，不断扩充旅游品牌的内涵，品牌才不空洞。

引进与旅游相关的企业，让企业带动旅游市场。区域海洋文化的建设需要加上区域海洋文化品牌建设的营销理念。文化营销理念是指把商品作为文化的载体，通过市场交换进入消费者的意识，它在一定程度上反映了消费者对物质和精神追求的各种文化要素。文化营销既包括浅层次的构思、设计、造型、装潢、包装、商标、广告、款式，又包含对营销活动的价值评判、审美评价和道德评价。只有将文化营销理念运用到北部湾海洋文化建设中来，才能将北部湾海洋文化转换为拉动北部湾经济发展的动力以及优势。广西北部湾海洋文化的内容丰富，除了对大的城市进行定位，设定品牌，还可以将其所在的城市附属的海产品以及海洋文化拓展为各种子文化品牌。如京族三岛文化、珍珠、红树林创设相对应的系列性海洋文化产品，让其具有传承性和创新性以及系列性。在这一点上如今的北部湾城市的步伐相对缓慢，甚至都不为大众所熟知。

社会调查显示在消费人群中"70后"的消费注重的是品质的消费，"80后"的消费注重品格的消费，而"90后"以及"00后"的消费注重有品位的消费。现在的主要消费群体占据大部分市场，主要是"90后"和"00后"的消费，其看重的是产品背后的故事以及文化，一个以文化作为基石的品牌则更能吸引新生代的消费。

（三）建立城市专属海洋文化公共场所

公共场所是一个城市空间不可缺少的元素，直观地体现了一个地区的文化水平和经济发展水平。当前广西北部湾关于科普海洋文化的公共设施和公共机构正在发展阶段（见表1）。

表1　广西北部湾科普海洋文化的公共设施和公共机构

公共场所	所属城市	类别
海洋之窗	北海市	博览馆
海底世界	北海市	海洋馆
南珠博物馆	北海市	博物馆
涠洲岛国家地质博物馆	北海涠洲岛	博物馆
北海贝雕博物馆	北海市	博物馆
钦州市三娘湾海洋生物科普体验馆	钦州市	科普馆
北部湾海洋文化博物馆	防城港市	博物馆
防城港市科技馆	防城港市	科技馆

广西北部湾的海洋文化集中在防城港市、钦州市以及北海市。提倡在这3个城市中打

造专属自己城市的海洋文化博物馆、科技馆、海洋运动项目的场所、海洋剧场以及海洋文化图书馆等公共设施。

博物馆在城市文化中扮演着重要角色，是城市文化的集中展现、是典藏人类文明的殿堂。在博物馆可以展示广西北部湾海洋人文历史文化资源，将海洋文化划分为多个板块去介绍，如过去与现在、经济与人文、学术与艺术等。整合广西北部湾独有的特色海洋文化，让来参观的群众可以对广西北部湾海洋文化有一个系统又直观的了解。科技馆的海洋主题丰富有趣，深受公众喜爱，充满探索与体验乐趣。在科技馆可以展示关于海洋科技的技术，以及海洋中的一些有趣的互动实验，采用声、光、电相结合的高新技术让参观者可以体会到广西北部湾海洋的发展潜力。海洋运动场所的设立可以推广沙滩排球等海边运动、海洋剧场可以演出关于广西北部湾海洋文化的剧目。

当下北部湾海洋文化传播的场所相对来说比较少，主要集中在防城港市，并且没有特别突出北部湾海洋文化的特色亮点，同时符合大众的趣味性以及创新性的又不够，对外的宣传力度也不大。我们要进一步加大宣传力度，扩大宣传面，同时渲染北部湾海洋文化的氛围。建议与教育部门以及青少年学生校外活动中心展开活动，周末海洋运动项目的场地可以设置一些亲子活动，让学生和家长一起去体验。也可以开展弘扬北部湾海洋文化等的主题活动，以班级或者年级的形式周末集体去参观博物馆，了解和学习北部湾海洋文化。只有我们重视海洋文化的建造，才可以吸引更多的人来了解我们有特色的海洋文化。

海洋剧场也是一个传播海洋文化的重要场所，但是在广西北部湾地区基本较少。除了大型的节庆演出，日常的海洋剧场演出基本没有。建设海洋剧场后可以设置在不同时期表演关于本土海洋文化的大型歌舞。如《梦幻北部湾》《老杨公》《三娘湾海豚之恋》《采茶戏》等，可以设置周播场和日播场，还可以引入外地的演出团队来巡演。

关于海洋运动场所的建设少之又少。这几年虽然世界沙滩排球巡回赛都在钦州开赛，但是除了专业比赛设置了排球场地，在其他时间海滩上难见沙滩运动的运动设施，对于大众的海洋运动日常化的普及明显不足。

现在建设起来的很多场所宣传都不到位，而且因为设置的地方相对市区比较远，交通不便利。这些方面需要着手去改善和强化。

（四）重点打造广西北部湾城市联合海洋文化旅游业

1. 明确广西北部湾旅游产业发展的方向

用大海加大陆的理念去开发旅游项目，譬如登上高处去一览海洋风光。打造从赶海吃海鲜到出海养生的一系列行程。将"国际化"与"本土化"相结合。打造海岛度假、邮轮旅游、海洋运动旅游、海洋文化旅游等符合当前旅游市场需求的产业。突出海上旅游度假、特色文化艺术、休闲、居住等功能特色，全岛分为主题游乐度假区、创意产业园区、滨海养生住宅区、海景别墅区、文化产业区等七大功能区，打造国际化的海景旅游文化岛。

2. 加快旅游景点建设，提升旅游质量

（1）打造海洋旅游城市景点建设的相关方向。广西沿海旅游资源形成背景、条件优越，广西沿海经过多次的地壳运动及海洋侵蚀、沉积作用而形成奇特多样的地貌；广西沿海地处亚热带，气候温和（年均22~23.40摄氏度），雨量充沛（年均1500~2000毫米），有利于各种动植物繁衍；沿海有悠久的人类居住史，历史文明遗迹丰富；沿海居住着汉族、瑶族、壮族（我国最大的少数民族）、京族（我国最小的少数民族），民族风情各异。广西沿海旅游资源包括自然类旅游资源和人文类旅游资源。自然类旅游资源包括火山景观、海蚀景观、海积景观、群岛曲径景观和生物景观。人文类旅游资源包括建筑景观和风俗风情景观。

要打造海洋旅游城市，城市经营、景点建设、文化塑造都需要去重点思考。关于景点的建设，我们要做到满足游客的食、宿、行、游、购、娱六大要素。要做到淡季有活动，旺季有高潮。广西海村京族立足特有的美丽海景和民族文化资源，将碧海蓝天自然景观与独特的民族风情开发结合起来，充分发挥跨境民族的人文优势、开发国内和国外大量旅游市场，打造民族文化旅游与国境边关旅游相促进、相辉映的海村旅游产业，发展旅游产品加工、优化服务行业等相关产业，进一步优化海村经济发展结构。将京族"以海为伴，捕鱼为生"的传统经济增长模式，拓展为依托沿海沿边开放、边贸占主导、涉海类、旅游服务、手工副业等多业态协同互动、综合集群的民族经济发展新格局，不断提升海村农民生活水平，从而强化其政治认同。

（2）加快旅游设施的建设。旅游景区想要吸引更多的游客，就必须利用现有资金进一步改善自身条件，例如交通、道路、水电一类的基础设施，只有这些基础设施得到保障，人们才愿意来旅游，满足了人们的需求，人们才愿意花费更多的资金。在旅游景区改造设施的同时，要尽量创造一些有本地特色的能够吸引人眼球的服务设施，现有的旅游业就是文化与创意的营销，有了特色有了"故事"，大家才会喜欢来玩，旅客称心如意了，不仅使本地的设施得到充分的利用，同时能够带来更多的收益（见表2）。

表2 当今广西北部湾海洋旅游景点比较有名气的地方

类型	景点名称	所属城市
沙滩水体	银滩	北海市
	涠洲岛	
	三娘湾	钦州市
	月亮湾	
	麻蓝岛	
	沙督岛	
	天堂滩	防城港市
	大平坡	
	玉石滩	
	怪石滩	

类型	景点名称	所属城市
滩涂生态	山口国家级红树林生态自然保护区	北海市
	广西北海滨海国家湿地公园	
	党江红树林生态旅游区	
	合浦国家级儒艮自然保护区	
	茅尾海红树林自然保护区	钦州市
	渔洲坪城市红树林旅游区	防城港市
	北仑河口国家自然保护区	

对于已经有名气和品牌的旅游景点，要添加更多新时代的多元化的旅游元素进去，才能够满足游客的旅游休闲要求。对于陈旧的景区设施应该重新装修。对于还没有得到开发和正在开发的景区，我们在保护生态环境的同时要加快步伐完善所有的景点基础设施。对于每个景点的游客散集中心，我们都应该联合宣传广西北部湾的景点，尽量做到景区与景点之间的交通便利。

（3）整合零散的个体户。因为广西北部湾周边的村落较多，很多渔民在自家门前建立起休闲娱乐的场所，分布相对零散。相关部门应该联合起所有的个体户，打造广西北部湾特色名镇、名村，并且完善其周边的交通网络布局，重点做好渔村主题旅游集群建设。打造一个适合居住、休闲娱乐以及家庭聚会等的海边乡村旅游基地。

（4）设置更具吸引力的海洋娱乐项目和娱乐活动。海洋娱乐项目的设置可以借鉴其他旅游业发展成熟的海边城市，如青岛、海南等。北海银滩作为全国有名的旅游景点，娱乐项目比较单一，除了海水沐浴之外其他海上娱乐活动相对少，为了让游客获得更好的旅游体验，应该设置一些跟上科技发展的、更具吸引力的娱乐设施，如水上冲天、海洋乐园、帆船出海等。

在民俗特色方面，可以在海岸边设置民俗活动体验区，让游客参与到民俗活动中来。例如体验独弦琴、踩高跷、取生蚝等活动。

（五）做好广西北部湾海洋旅游业的宣传工作

创新宣传渠道，可以联合旅行社以及一些游玩机构，打造私人定制的旅行路线或者常规路线。可以在一些社交网站发布一些分享广西北部湾的旅游攻略的文章，如豆瓣网、去哪儿网、携程网以及途牛等。在当前最热门的抖音视频、美拍视频中推广广西北部湾的海洋风光。建立专属微信公众号以及微博账号来宣传广西北部湾海洋文化以及一些旅游景区。发布的文章可以是大众化的旅行记录，也可以是专业化的海洋文化知识学术文章，并且可以联合各大媒体做宣传，尽量激起大众捕捉信息的兴趣。现阶段关于广西北部湾海洋文化的学术性以及政治性的文章较多，但大众生活中的软文较少。在宣传的时候多撰写一些关于北部湾海洋旅游方面的软文，从而突出北部湾的地域性、文化性、怡人性等，打造符合大众审美的关键词，从而提升点击率。在网络上形成只要输入"广西北部湾"便会延伸出许多与其相关联的链式关键词和文章资讯的链式效应，满足大众的需求。

绘制新颖的手绘宣传旅游地图，在火车站、机场以及汽车站等地方发放。并且面向群众征集多样创新的广西北部湾海洋景区的创意明信片。可以在各大海洋景区打造专属的旅行纪念品以及旅游纪念币。适时推出旅游节庆惠民活动以及一些摄影活动或者市民亲子活动等，营造全民旅游舆论氛围，宣传城市旅游品牌形象。

六、结语

要发展广西北部湾海洋旅游产业就需要坚持可持续发展、整合现有的海洋文化，加快旅游景点建设与加大宣传力度，提升旅游质量。打造一个具有国际影响力的、适合人类居住、景色宜人的广西北部湾城市群，为广西北部湾经济的发展做贡献。

参考文献

［1］吴小玲，黄家庆，银建军. 多彩的广西海洋文化［M］.桂林：漓江出版社，2013.

［2］潘琦. 广西环北部湾文化研究［M］.南宁：广西人民出版社，2002.

［3］陈锋. 海村京族国家政治认同整合研究［J］.钦州市社会科学界联合会，2014（8）.

［4］赵越. 中国旅游产业在国民经济中的重要性［J］.环球市场信息导报，2015（41）.

［5］曹庆先. 广西海岸滩涂开发利用现状及潜力分析［M］.北京：科学出版社，2016.

广西海洋文化对外交流与合作的对策研究

钦州学院北部湾海洋文化研究中心教授　吴小玲

【摘要】广西开展海洋文化对外交流与合作有着独特的优势。近年来，广西发挥海上丝绸之路的枢纽和门户的优势和作用，实施对外文化交流"多路并举"的方略，"请进来"与"走出去"相结合，利用官方、民间、企业实施全方位、多层次、广覆盖的海洋文化对外交流与合作活动，成为中国海洋文化走向东盟的前沿窗口。但与"一带一路"倡议的要求，与广西"海洋强区"战略所赋予的历史使命和任务相比，还存在着诸多不足。要进一步加强广西海洋文化的对外交流与合作，必须充分利用各种资源，拓展海洋文化对外交流和传播渠道，培育外向型骨干海洋文化企业，制定并实施海洋文化对外交流重大工程项目等。

【关键词】广西海洋文化；对外交流与合作；对策

一、引言

"一带一路"倡议是中国目前全方位对外开放的重大倡议。推进"一带一路"建设，需要扩大人文交流，提高文化开放水平，充分发挥以文化人、以文促情、以文建信的重要作用。这就提出了文化如何"走出去"、如何进行对外交流与合作的问题。

在国家"一带一路"倡议中，广西的定位是构建面向东盟区域的国际通道，打造西南、中南地区开放发展新的倡议支点，形成"21 世纪海上丝绸之路"与"丝绸之路经济带"有机衔接的重要门户。广西与周边的东盟各国具有地缘近、人缘亲、文缘深的比较优势，近年来，广西发挥海上丝绸之路的枢纽和门户的优势和作用，在与东盟各国日益密切的经贸与文化往来中，组织多姿多彩的海洋文化对外交流与合作活动，发挥文化"走出去"的作用，取得了不少成绩，积累了一定的经验，同时也遇到一些问题与矛盾。面对泛北部湾地区各国多元文化日趋激烈的竞争，深入研究具有广西特色的海洋文化对外交流与合作的对策，对增强中国文化"走出去"的成效和力度具有重要现实意义。

二、广西开展海洋文化对外交流与合作有着独特的优势

广西与东盟国家水陆相连，区位优势独特，民族相近、习俗相似，文化交流历史悠久，拥有特色鲜明的海洋文化，文化资源丰富，在我国实施加快文化"走出去"战略中发挥重要作用。

（一）地理优势

广西地处中国南疆、北部湾北部，海岸线东以英罗港为起点，西至北仑河口，长达

1629 公里，有"一湾连七国"的优势，与东南亚既有陆地相连，又有海洋相连；既背靠我国云南、贵州、四川等大西南地区，又毗邻海南省、广东省及中国香港特别行政区和澳门特别行政区，面向越南、泰国等东南亚国家，具有沿海、沿边、沿江的区位优势，是华南经济圈、西南经济圈与东盟经济圈的结合部，是广西和中国西南地区通向东南亚和非洲、欧洲，进入国际市场的最便捷出海通道，是连接中国内陆地区与东盟市场的重要通道与地理中心。目前，广西有防城港、钦州港、北海港等沿海良港，有 25 个沿海沿边开放口岸（其中国家一类口岸 17 个、二类口岸 8 个），还有 25 个边民互市点。北部湾港已开辟了通往新加坡、曼谷、海防、胡志明、巴生等港口的多条国际直达航线，并建立以钦州为基地，覆盖东盟国家 47 个港口城市的中国—东盟港口城市合作网络。不但可以利用东南亚和国内两地资源来开展海洋文化交流与合作，还可以把东南亚和国内的海洋经济和文化资源与广西的地理位置有机地结合起来，实现资源的优化配置。

（二）人文优势

广西与东盟国家民族相近、习俗相似，文脉相通，人缘相亲。广西壮族与越南、老挝、泰国的多个民族有民族学上的亲缘关系。由于民族起源、历史承传、地理风习以及文化交流等原因，广西与东盟国家同属于东方文化体系，有文化认同理念和稳定的友好关系，价值观相近，人文交流历史悠久。目前，居住于东盟 10 国的广西籍华人达 500 万之多。广西沿海地区的风俗文化、建筑风格与东盟国家有诸多相似。

（三）与东盟各国的传统交往基础深厚

自古以来，广西沿海就有较为发达的造船业，是中国对外交往的海上丝绸之路的重要出海港，是中国与外来文化交流的重要前沿地带。公元前 111 年，汉武帝以合浦港等为始发港开辟了海上丝绸之路。史书上有"自汉武以来，朝贡必由交阯之道"，"南海舶，外国船也，每岁至安南、广州"，"每岁，广州常发铜船过安南货易"等记载，都是广西沿海与海外进行交往的重要证据。中国丝织品、珠宝远销世界各地，域外物品不断传到中国来，合浦汉墓出土的各式玻璃、水晶、宝石、"马面形"托灯陶俑即是明证。宋朝钦州博易场，是越南等国外商人前来贸易的重要交易地。到清朝乾隆时期，《廉州府志》描写当时的广西沿海地区是"各国夷商无不航海梯山源源而来……实为边海第一繁庶地"。1876年后，北海被辟为通商口岸，各国领事馆、商行、学校、医院、教堂纷纷建立，北海成为西方文化传入广西的一个窗口。

（四）拥有特色鲜明的海洋文化

广西沿海地区是中国海洋文化的重要发源地之一。自古以来，这里的人们崇海、爱海、敬海，创造了灿烂的渔俗文化、航海文化、海洋文学、海疆文化、伏波文化和海洋生态文化，积淀了丰富的海洋性物质文化遗产，有新石器时代贝丘遗址、古运河、古商道、伏波庙、白龙珍珠城、大型汉墓群、明清城墙遗址、寺庙塔亭、百年老街、西洋建筑群等，还有京族哈节、珠还合浦及三娘湾的神话传说等一大批记录和展示人类海洋精神文化的非物质文化遗产。广西海洋文化有鲜明的南疆特色、有其特有的海洋文化元素，如南珠、北部湾渔场、沙滩、礁石、红树林、海岸、海港、渔村、渔船等，还有银滩、涠洲岛等一批国家级海上风景名胜区。

（五）广西拥有多重政策优势，对外交流与合作的基础和能力不断增强

广西拥有多重政策叠加的优势，2006 年，南宁被定为举办中国—东盟博览会的永久地址，2008 年，《广西北部湾经济区发展规划》将广西北部湾经济区定位为面向东盟的区域性国际经济合作区。2009 年底，国务院出台了《关于进一步促进广西经济社会发展的若干意见》，明确提出广西是中国面向东盟的重要门户和前沿地带，是西南地区最便捷的出海大通道，在深化与东盟开放合作中具有重要战略地位。2015 年 3 月，国家发布《推动共建丝绸之路经济带和 21 世纪海上丝绸之路的愿景与行动》，提出："发挥广西与东盟国家陆海相邻的独特优势，加快北部湾经济区和珠江—西江经济带开放发展，构建面向东盟区域的国际通道，打造西南、中南地区开放发展新的战略支点，形成 21 世纪海上丝绸之路与丝绸之路经济带有机衔接的重要门户。"近年来，广西与东盟各国的经贸关系日益紧密。2006 年至 2015 年，广西与东盟的贸易额从 18.3 亿美元增加到 290.1 亿美元，年均增长 37.2%，10 年翻了 4 番。东盟已连续多年成为广西第一大贸易伙伴、第二大利用外资来源地和广西企业"走出去"的重点地区，为加强双方的文化交流与合作奠定了基础。

三、广西开展海洋文化对外交流与合作的现状

近年来，广西发挥海上丝绸之路的枢纽和门户的优势和作用，实施对外文化交流"多路并举"的方略，"请进来"与"走出去"相结合，利用官方、民间、企业等多种方式实施全方位、多层次、广覆盖的海洋文化对外交流与合作活动，已成为中国海洋文化走向东盟的前沿窗口。

（一）搭建海洋文化交流与合作的平台

利用中国—东盟博览会、中国—东盟文化论坛、中国—东盟商务与投资峰会、南宁国际民歌节、泛北部湾经济合作论坛等大型国际会议平台及多边外交平台，广西与东盟国家签订了一系列文化交流合作协议，搭建了多个交流与合作平台，开展了一系列海洋文化交流与合作活动。如"海上新丝路东盟万里行"大型外宣活动、桂版图书宝岛巡回展销活动、中国图书东盟（印度尼西亚、泰国）展销活动、第四届中泰广电业务合作座谈会、第五届"中泰友谊歌会·美丽 2014"展演活动、2014 中国（广西）—新加坡电影周、中越歌曲演唱大赛等。2011 年 4 月，广西制定了"广西与东盟文化合作行动计划"，通过打造文化外宣品牌，建立创新型交流载体，建设开拓性对外文化贸易品牌，让广西成为中国文化走向东盟的前沿窗口。中国—东盟博览会已在南宁成功举办了十五届、中国—东盟文化论坛在南宁成功举办了十三届，近几年的主题与文化交流密切相关，如 2013 年第八届中国—东盟文化论坛的主题是"对话与合作——非物质文化遗产的保护与传承"，2014 年第九届论坛就"国际性艺术节的管理与实践"展开讨论，2015 年第十届论坛的主题是"新常态、新合作——东盟共同体建成后的'10+1'文化合作"，2016 年第十一届论坛的主题是"交流与共享——中国—东盟艺术教育合作与发展"，2017 年第十二届论坛主题为"中国—东盟传统艺术传承与发展"，2018 年第十三届论坛主题为"传承创新发展共赢——中国—东盟文化创意产业的交流与合作"。

（二）拓展广西海洋文化"走出去"的方式

通过组织广西文化舟、文化年等活动，不断拓展广西海洋文化"走出去"的方式。

2007 年"广西文化舟"在马来西亚举办活动；2011 年，"广西文化舟"赴泰国和中亚四国参加"欢乐春节"演出活动、参加新加坡第 26 届"春到河畔"活动；2012 年，"广西文化舟"赴韩国参加文化年活动。2014 年春节期间，广西派 3 个艺术团分赴毛里塔尼亚、突尼斯、印度、不丹、泰国开展"欢乐春节"演出活动；还组织文化艺术团到悉尼举办"广西文化日"和"2014 悉尼·广西文化周"活动；2014 年 7 月，广西在香港特别行政区举办《瓯骆汉风：广西古代陶制明器展》，广西博物馆参与"丝路帆远——海上丝绸之路文物精品图片展"，在纽约联合国总部展出等。2015 年，广西在马耳他、美国举办"美丽中国·美丽广西"海外"欢乐春节"专场活动。通过以上活动，广西较好地融入了主办国的活动或节庆，放大了海洋文化传播效应。如 2011 年 5 月，广西北海市歌舞团携大型历史舞剧《碧海丝路》赴马来西亚、斯里兰卡等国进行访问演出，产生了轰动效应。

借助对外网络平台和新闻媒体等新媒体，扩大海洋文化"走出去"的途径。广西建立了中国—东盟中心网、北部湾网、南博网、中国—东盟协会网、中国—东盟在线、中国—东盟博览会网等一系列网站，为关注者提供了解中国—东盟经济、政治和文化的窗口。广西广电系统采用双向互动的方式与东盟国家广播电视机构合作开展联合报道、节目交换、合作制片和频道落地。广西卫视开办了《聚焦泛北部湾》和《连线东盟》、广西卫星广播开设了《广西与东盟》、广西对外广播开设了《区域合作潮涌广西》等专栏。2007 年，广西邀请东盟国家媒体参加"聚焦广西"广播电视国际采访活动，派记者到东盟进行"中国—东盟合作之旅"联合采访。2007 年广西电视台与印度尼西亚国家电视台联合举办"山水之约·美在巴厘"大型直播文艺晚会；2008 年 9 月，广西主办了"聚焦广西北部湾"国际广播电视联合采访活动。2015 年 8 月，由广西侨办、钦州市、中新社共同举办的"文化中国·海外媒体聚焦广西'一带一路'建设"活动走进钦州坭兴陶产业园。广西广播电视系统还与泰国、越南、老挝、缅甸等国的 21 家广播电视媒体签订协议，举办广西电视展播周，形成交流合作机制。广西电视台国际频道、中国国际广播电台的"北部湾之声"采用英语、泰语、越南语、普通话、广东话 5 种语言播出，覆盖广西沿海、中越边境 1020 公里边境线和北部湾海域、柬埔寨、马来西亚及泰国东南部地区，搭建中国与东盟信息交流的平台。

（三）积极承接国家级的大型文化交流活动，推动海洋文化交流与合作

2008 年起，广西连续多年承办文化部海外"欢乐春节"品牌在印度尼西亚、泰国以及韩国的文化交流活动。以制作人梅帅元为核心的广西创作管理运营团队与越南合作建设的下龙湾海上实景演出《越南越美》、与柬埔寨合作建设的吴哥窟实景演出《微笑的高棉》2 个项目已列入文化部对外文化贸易重点项目；2008~2011 年，广西先后承办由国家新闻出版总署批准、在东盟国家举办的中国—东盟书展，开拓东盟文化市场，与越南、泰国、印度尼西亚国家出版机构签订战略合作协议，共同开发面向东盟市场的特色文化产品。

（四）开展海洋文化旅游合作

广西与周边各国旅游资源丰富，亚热带和热带滨海旅游特色浓郁，适宜联合开展观光游览和休闲度假旅游。广西拥有中国（桂林）国际旅游博览会等大型国际性平台，正在筹建中越国际旅游合作区，积极探索与东盟国家的旅游深化合作模式。多年来，广西定期组

织"走进东盟—广西旅游国际大篷车"大型宣传促销活动，邀请东盟媒体和旅行社到广西采访和考察，开拓东盟国家客源的文化旅游市场。2011年，广西接待入境旅游者302.79万人次，其中东盟国家旅游者达84.94万人次，占全部外国旅游者人数的49.53%。近年来，东盟地区已经成为广西最大的海外旅游客源地之一。马来西亚、印度尼西亚、越南到广西的游客每年都以20%以上的速度增长。广西现已拥有北海—越南下龙湾、防城港—越南下龙湾两条海上旅游航线，现正将其延伸，拟联合打造北海—越南（下龙、岘港、胡志明）—柬埔寨（西哈努克市）—泰国—马来西亚—新加坡—印度尼西亚—文莱—菲律宾—香港特别行政区—海口—北海的泛北部湾海上跨国邮轮旅游环线等，建设具有丝绸之路特色的国际精品旅游线路和旅游产品。

（五）不断创新与周边国家及地区开展海洋文化交流的方式

广西与周边国家及地区的人员互访逐步增多，各种双边或多边交流活动不断发展，海洋文化交流与合作的机制不断创新。2006年，广西配合文化部打造中国—东盟建立对话关系15周年纪念峰会专场文艺晚会"金凤送来山水情——风情东南亚·相约在南宁"；以山水实景演出模式开创了广西与东盟交流合作的新境界。近十年来，防城港市利用与越南接壤的区位优势，创造性地开展了组织国际龙舟赛，中越文化艺术交流文艺演出，中国—东盟港口青年联谊晚会，中越边境（东兴—芒街）商贸旅游博览会，中国东兴、越南芒街元宵足球友谊赛，京族哈节等一系列促进文化交流和增进中越边民友谊的活动。自2013年以来，每年农历三月初三，防城港市以"打起陀螺唱起歌"的独特方式，邀请中越两国的京族、瑶族、壮族、苗族等族同胞汇聚防城区峒中镇江口村，增进边民情谊和民间文化交融。2016年5月9日，防城港市江山半岛白浪滩举办"山海放歌""三月三"歌节，中越两国各族群众3万多人欢聚一堂，举行原生态舞蹈、山歌对唱、采茶舞、广场舞、民乐演奏等节目，京族独弦琴演奏《过桥风吹》，老挝特色歌舞《璋芭蒙捞》，越南歌舞《海屋春顶》，泰国舞蹈《波琅沙岸》等都在此上演。2016年4月，钦州市组团到马来西亚关丹市开展"两市双日"活动，将国家层面的合作延伸到城市之间的交流合作，从产业合作延伸到文化体育艺术的交流合作，从官方合作延伸到民间各个领域的交流合作。

四、对外交流中存在的问题

近年来，广西海洋文化对外交流取得了显著成果，但与"一带一路"倡议实施的要求，与广西"海洋强区"战略所赋予的历史使命和任务相比，还存在着诸多不足：

（一）思想观念上还不够重视

无论是官方层面还是民间层面，广西总体上不够重视海洋文化对外交流与合作。"重经贸交往、轻文化交流"的思想观念仍占有一定的市场，认为发展经济是主流，文化交流无足轻重，举办大型对外文化交流活动，无非是想通过"文化搭台、经济唱戏"，给本地带来直接收益，没有看到文化交流与合作对本地区将会产生的长期效应。对文化"走出去"的重要性和紧迫性的认识不足，对文化"走出去"的政府职能、主体责任、市场定位认识不清。对"走出去"缺乏长远的战略规划。

（二）"走出去"的平台和渠道狭小，运行机制不够灵活，市场化程度偏低

目前，广西的对外文化交流多以政府派出、随团出访和商业演出三种方式进行，尤其

是以前两种形式为主，"走出去"主要依靠官方的平台，渠道狭小，运作机制不灵活。特别是民间文化交流的规模不大，而且大多为被动式的、配角式的交流，积极性没有充分调动，作用未充分体现，需要建立健全文化交流的体制。如广西文化代表团到越南、新加坡、马来西亚、泰国等国的交流活动，都是由政府搭台，这对于推动广西海洋文化"走出去"起到积极作用，因为在政府层面能够更好地实现国与国之间的沟通和协商，汇聚各方文化资源、组织起强大阵容"走出去"。但也要看到，政府行为的文化"走出去"，更多的是承担外交和政治任务，它所带来的经济利益及推动文化产业发展的作用要进一步商榷。如《碧海丝路》到东南亚、南亚各国的演出等，基本上是外交活动，无法进行市场化运作。

（三）海洋文化资源品牌塑造的力度不够，精品不多，持续影响力不强

广西由"唱山歌"转向"唱海歌"的时间不长，对海洋文化资源的挖掘和培育还停留在初级阶段，优秀海洋文化资源品牌不多，文化精品还未能有效地以产品为载体对外传播文化资源，以精品来开辟海外市场，引起消费者的兴趣，产生持续的影响力。

（四）海洋文化合作的层面还不够深入

广西与周边国家和地区的海洋文化交流与合作还停留在较浅的层次，局限于你来我往，建立平台、文艺演出、图书展览、广播电视节目交流等，总体上还缺乏对文化交流有效形式的研究，把文化交流简单地理解为一种对外宣传，只注重内容，不注重形式，对于如何更好地吸引受众形式和载体的研究不够，未能把广西海洋文化的信息以完美的形式或者与海洋文化产品的形式很好地结合起来，更好地传播出去。

（五）文化交流的人才不足

目前广西海洋文化国际文化传播方面的专业人才还比较缺乏，特别是既熟悉文化产品生产流程，又了解东盟国际市场运作规则的复合型国际化的高端文化产业人才不多。

五、进一步加强广西海洋文化对外交流与合作的对策

要进一步加强广西海洋文化的对外交流与合作，必须充分利用各种资源，扩大开放，创新改革体制机制，探索新时期"海上丝路"发展模式，进一步提升广西海洋文化的影响力和竞争力，使广西成为中国—东盟进行文化交流合作的聚集区，成为中华文化走向东盟的主力军和生力军。

（一）拓展海洋文化对外交流和传播渠道

1. 积极参与国家层面的对外文化交流活动，打造外宣文化品牌

要继续承办文化部海外"欢乐春节"品牌在印度尼西亚、泰国等东南亚国家的文化交流活动；强化"广西文化舟"、中国—东盟博览会、南宁国际民歌艺术节三大文化品牌的建设，打造广西与东盟文化交流新品牌，向国内外推介广西海洋文化、中国海洋文化，打造广西对外宣传的亮丽品牌，提升广西的国际新形象。

2. 发挥多元载体的文化传播作用

要利用官方、民间、企业等多种方式，举办艺术表演、艺术展览、理论研讨、文化考察、人才培训等活动，推动歌舞、音乐、戏剧、杂技、木偶、书法、民间工艺等海洋文化

艺术活动的开展。借助东南亚各国的电视节、艺术节、书展、博览会、文化论坛等平台，积极推介广西海洋文化产品和服务。拓展民间交流合作领域，鼓励人民团体、民间组织、民营企业和个人从事对外文化交流。扩大商业性展演、展映和文化产品销售。加强与东南亚各国和我国香港特别行政区、台湾地区、澳门特别行政区等地区的互访交流，输出一批具有广西北部湾特色和风格的海洋文化精品，实现对外文化交流的品牌化。整合广西海洋文化的民间艺术形式，如北海外沙龙母庙会、伏波庙会、钦州跳岭头、钦州海歌、北海咸水歌、西海歌、京族独弦琴、采茶剧等多种民间艺术形式，组成广西民间艺术团参与国际文化节，推动广西海洋文化对外传播。

3. 加强与世界主要国家和地区的文化交流合作

要重点加强与东南亚、港澳台地区等周边国家和地区的海洋文化交流与合作，推动建设一批经济效益高、社会影响大的人文合作项目，特别是合作建设具有各国特色的海洋文化项目。继续办好中国—东盟博览会、中国—东盟商务与投资峰会、南宁国际民歌艺术节，防城港国际龙舟赛、北海国际珍珠文化艺术节、钦州国际海豚文化节、京族哈节、中越边境（东兴—芒街）商贸旅游博览会等节庆，开展中国—东盟文化艺术交流文艺演出、中国—东盟港口青年联谊晚会、中国—东盟国际电影季等一系列活动，促进广西沿海地区与周边国家间的经济发展、文化交流。完善政府、企业和相关组织多元合作主体互动机制，联合开发旅游文化资源和开展宣传促销，培育中国—东盟黄金旅游文化线路等精品旅游文化线路。以海上旅游、跨境旅游为突破口，扩大与沿线各国的旅客往来，推动建设海上丝绸之路旅游圈。加强广西沿海城市与世界主要国家和地区的友好城市间的文化交流，开展城市间的高层互访、经贸往来、民间交流等活动。双方互办商贸文化节、文化周、艺术周、海洋文物展等工作，把友城资源建设成为海洋文化对外交流的主渠道。充分发挥海内外华人的作用，积极参与和支持由他们发起的国际文化活动。

4. 加快与国际旅游文化市场服务标准接轨

按照国际旅游文化市场的通行规则和服务标准，探索建立和完善与之相应的旅游文化市场规则和服务标准体系，重点推行相关行业的国际服务标准和国际质量认证，促进旅游文化经营管理、服务设施和服务技能与国际标准接轨，不断提高旅游文化产业发展的国际化水平。

（二）培育外向型骨干海洋文化企业

要整合资源，突出重点，积极培育外向型文化企业，发挥其在文化"走出去"中的主导作用，做大做强对外文化贸易品牌，扩大广西海洋文化的覆盖面和影响力。

1. 积极培育外向型骨干海洋文化企业，做大做强对外文化贸易品牌

重点扶持具有广西海洋文化特色的文化艺术、演出展览、电影、电视剧、动画片、出版物、民族音乐舞蹈和杂技等产品和服务的出口，支持动漫游戏、电子出版物等新兴文化产品进入国际市场。发挥国有文化企业在对外文化贸易方面的主导作用，鼓励投资主体多元化，形成一批具有竞争优势的品牌文化企业和企业集团。力争有一批文化企业和海洋文化项目列入国家文化出口重点目录。组建并支持广西文化出口企业做大做强。支持一批成长性好、带动力强的民营海洋文化出口产业做大做强。鼓励有条件的海洋文化企业在境外设厂和兴办出版社、广播电视网、出版物营销机构等文化实体，购买媒体播出时段，开办

广播电视频率频道等文化传媒渠道，设立办事处等驻外联络机构和产品营销网点。依托自治区级文化产业园区（基地），引进一批牵动作用明显的外向型海洋文化企业和机构，形成文化出口规模效应和产业集群效应。鼓励符合条件的海洋文化企业开展对外劳务合作。

2. 培育对外文化中介机构

积极发展从事演出展览、广播影视、新闻出版等业务的对外文化中介机构。支持广西区内文化企业与国际知名演艺、展览、电影、出版中介机构或经纪人、大型文化传媒集团开展合作，向规模化、品牌化方向发展。培育专业贸易公司和代理公司，构建完整有效的投资信息平台和文化贸易统计分析体系。积极参与中国—东盟文化贸易规则的制定。

3. 推动文化产品和服务出口

要充分利用广西的区位优势，推动文化产品和服务出口。扶持文化企业开展跨境服务和国际服务外包，生产制作以外需为取向的文化产品。扩大版权贸易，保持图书、报纸、期刊、音像制品、电子出版物等出口持续快速增长，支持电影、电视剧、纪录片、动画片等出口，扩大印刷外贸加工规模。开发一批在境外长期驻场或巡回演出的演艺产品，积极扩大文化产品和服务出口规模，推动开拓国际市场。深入挖掘广西海洋民族文化资源，充分运用高新技术手段提升广西海洋文化产品的表现形式和质量，开发国外受众易于接受的文化产品和服务。加强中国—东盟文化产品和服务交易平台及营销网络建设，办好重点国际性展会。

4. 扩大文化企业对外投资和跨国经营

鼓励具有竞争优势和经营管理能力的文化企业对外投资，兴办海洋文化企业，经营影院、出版社、剧场、书店和报刊、广播电台、电视台等。鼓励从事具有广西海洋文化特色的影视作品、出版物、音乐舞蹈、戏曲曲艺、武术杂技和演出展览等文化企业采用多种形式开拓海外市场。吸收外资进入法律法规许可的海洋文化产业领域。鼓励文化单位同东南亚地区有实力的文化机构进行海洋文化项目合作，学习先进制作技术和管理经验。

（三）制定并实施海洋文化对外交流重大工程项目

1. 实施重大海洋文化产业项目带动战略

按照"政府引导、市场运作、分级管理"的原则，以文化企业为主体，加大政策扶持力度，充分调动各方面力量，加快在广西建设一批具有重大示范效应和产业拉动作用的重大文化产业项目，如广西文化产业城、广西电视台新传媒中心、中国—东盟文化产品物流园区、中国—东盟文化产业（传媒）人才培养基地、中国—东盟数字出版基地（北部湾国家数字出版基地）、钦州坭兴陶文化园、北海（竹林）文化创意产业城、中国—东盟（防城港）国际影视文化产业园等。加快建设一批剧院、图书城、电影院和其他艺术表演场所，借助"中国—东盟博览会"的国际平台，推动品牌的拓展和提升，实现与市场资源的整体战略对接，提高广西海洋文化的国际知名度和市场占有率。支持和加快发展具有广西海洋文化特色的文化产业群。

2. 实施对东南亚及中国港澳台地区文化交流工作基地与合作示范点建设项目，探索新时期"海上丝绸之路"发展模式

在海外举办"广西文化周""八桂文化海外行"等品牌活动，开创"海上龙舟"文化品牌，与当年海上丝绸之路沿线各国开展经贸文化合作，在沿线城市建设文化交流工作基

地与合作示范点，探索新时期"海上丝绸之路"发展模式。进一步做大做强广西钦州坭兴陶艺有限公司、广西榜样传媒集团有限公司等国家文化产业示范基地和北海国发南珠宫珍珠首饰制造有限公司等自治区文化产业示范基地。

3. 实施海洋文化对外交流精品项目

充分利用、挖掘、整合以汉代海上丝绸之路始发港（合浦）、合浦汉墓群、潭蓬古运河、合浦东坡亭、涠洲岛天主教堂、沿海贝丘遗址、伏波庙、刘永福故居等为代表的历史人文文化，以疍家文化为代表的渔家盐业文化，以京族文化为代表的少数民族文化，古代港口遗址和现代港口并存的海洋港口文化，以大清界碑遗址和古炮台为代表的边海防军事文化，以红树林为代表的海洋湿地生态文化等海洋文化精髓，适时举办北部湾海洋文化论坛、海洋博览会、海洋文化节等文化活动，大力实施海洋文化发展工程。进一步打响"海上实景"演出、南宁国际民歌艺术节、北海水彩画等老品牌，不断打造坭兴陶、长寿文化等新品牌，创作生产一批特色鲜明、立得住、传得开的文学、戏剧、音乐、影视、出版作品。继续扶持广西北部湾书画院和北海水彩画派创作，建设一批书画创作、生产、销售基地。大力发展雕刻、珠宝、奇石等艺术加工产业，重点发展北海合浦"南珠"加工业、北海贝雕和角雕、钦州坭兴陶业和东兴红木艺术品加工业，重点建设一批乡村传统手工艺品生产基地，进一步推动京族服饰和疍家服饰、芒编、竹编、藤编、铜鼓、独弦琴、天琴等特色手工艺发展，不断提高工艺美术业的档次和品位、规模和效益。整合各类艺术资源和工艺资源，以实施工艺美术品牌战略为突破口，进一步提高广西海洋工艺美术品在国内外的知名度和市场占有率。

4. 实施海洋文化教育对外交流与合作项目

加强广西高校与世界主要国家和地区院校间的交流合作，加强双方互派交流学生和互派交流教师的项目建设，进一步建立和推进研究型对外交流模式。加强广西高校走进东盟开展汉语培训的项目。加强广西与泰国、老挝、印度尼西亚等国大学孔子学院的建设。建设好广西高校的东盟学院。与东南亚各国合作开展技能培训。组织广西高校与越南、泰国、印度尼西亚、马来西亚等国共同举办广西国际教育展。支持沿海高校积极探索，通过各学科发展基金、对外交流奖学金等方式实施大学生国际交流计划。

5. 推动广西海洋文化产品和服务出口

鼓励文化企业通过独资、合资、控股、参股等多种形式，在国外兴办海洋文化实体，建立海洋文化营销网点，实现落地经营支持境外舞台艺术精品演出、非物质文化遗产展示等。支持文化企业参加境外艺术节、图书展、影视展等国际文化活动和展会。鼓励广西实景演艺团队开拓国内外市场，推动广西海洋文化产品和服务出口。

总之，在"共建'21世纪海上丝绸之路'"背景下，只有进一步开展广西海洋文化的对外交流与合作，才能做好中国与周边国家之间社会文化的互联互通、文化资源的合作与交流，为建设中国—东盟共同体文化伙伴关系，发挥文化的软实力和影响力奠定基础。

论中国古代诗歌中广西北部湾的地域意象[①]

钦州学院国际教育与外国语学院副教授　林澜

【摘要】 本文经过梳理、归纳中国古代诗歌中广西北部湾具有代表性的地域意象，如"合浦杉叶""合浦珠还""伏波""铜柱"和"薏苡"等，阐释了古诗中这些意象与其他意象常见的组合方式：并列式、对比式和递进式，得出结论如下：北部湾地域意象不仅反映出北部湾是蛮荒、偏远之地，也表现出了北部湾的廉吏文化、珍珠文化，还表现出防守边关、建功立业的英雄主义情怀。运用意象理论来探讨中国古代诗歌中的广西北部湾地域意象，有助于对该领域进行更深入、更系统的研究。而且，北部湾是岭南的一部分，其地域意象与其他意象的组合使用说明岭南文化是中国文化不可或缺的组成部分。

【关键词】 广西北部湾；中国古代诗歌；地域意象

一、引言

　　袁行霈在其专著《中国诗歌艺术研究》中如此定义意象："意象是融入了主观情意的客观物象，或者是借助客观物象表现出来的主观情意。" 如果在诗歌中，"'一种特定情趣和意味的艺术符号的意象'，被用以表现特定区域的人文景观、地方特色，并且由于大量、长期、反复地使用，以致成为承载该区域地方经验、历史记忆、文化遗产的故实，不仅流传于当地，而且流通于外地，那么，这种意象即可称之为地理文化意象，也即……地域意象"。北部湾地域意象就是被用以表现该区域的人文景观、地方特色，并成为承载该区域地方经验、历史记忆、文化遗产的故实。

　　古代广西北部湾开发较晚，一般而言，对古代诗歌中南方、岭南的意象解读基本都会出现"南方卑湿""南方多虫毒""南方多瘴"及"南方佳山水"等典型的南方意象，又有的将广西六大意象群分为炎荒意象群、瘴疠意象群、山水意象群、蛮夷意象群、贬地意象群和边防意象群。

　　在中国古代诗歌中，北部湾的地域意象虽然有炎荒多瘴之可怕含义，但是也另有其独特之意，如表达流寓偏远之地而思归、渴望再获重用的"合浦杉叶"意象；比喻人去而复还或物失而复得，对其人其物含有称美之义，也用以称颂地方官（或领导者）政绩卓著的"合浦珠还"意象；以及表现英雄含义的"伏波"意象和表现守边、抗敌等意义的"铜

---

　　① 基金项目：钦州学院北部湾海洋文化研究中心 2018 年度开放课题重大项目"中国古代诗歌中广西北部湾地域意象的生成研究"（项目编号：2018BMCA05）。

　　作者简介：林澜（1969 年—），女，钦州学院国际教育与外国语学院英语副教授、北部湾海洋文化研究中心兼职研究员，英语文学硕士。

柱"意象和英雄受屈的"薏苡"意象。

二、中国古代诗歌中的广西北部湾地域意象

在古诗中，较具代表性的北部湾地域意象主要有下列几个：

（一）"合浦杉叶"意象

"合浦杉叶"这个文学意象的产生形成与流寓文人的心态有很大的关系。晋代刘欣期的《交州记》叙述如下："合浦东二百里，有一杉树，叶落，随风飘入洛阳城内。汉时，善相者云：'此休征，当出王者。'故遣千人伐树，役夫多死。三百人坐断株上食，适足相容。"我国现存最早的植物志、西晋嵇含的《南方草木状》"卷中·木类"也记载了合浦杉叶的故事。流寓文人在此基础上把"合浦杉叶"发展成了表达思归的诗歌意象，如南朝陈代诗人江总30多岁时开始流寓岭南，直到45岁才结束在梁代的生活，转而做了陈朝的臣子，开始了人生另一个阶段的生活。诗人在广州遇到陈朝使臣，送别使者时写下《遇长安使寄裴尚书》托其带给裴尚书。开头四句"传闻合浦叶，远向洛阳飞。北方尚嘶马，南冠独不归。去云目徒送，离琴手自挥。秋蓬失处所，春草屡芳菲"。[①]唐长安三年（703年），被流放钦州的一代词宗张说在《南中送北使二首》中一开始就是"传闻合浦叶，曾向洛阳飞。何日南风至，还随北使归"。之后的诗句"红颜渡岭歇，白首对秋衰。高歌何由见，层堂不可违。谁怜炎海曲，泪尽血沾衣。待罪居重译，穷愁暮雨秋。山临鬼门路，城绕瘴江流。人事今如此，生涯尚可求。逢君入乡县，传我念京周。别恨归途远，离言暮景遒。夷歌翻下泪，芦酒未消愁"把流放地的生活写得凄苦不堪，北归的愿望更加强烈。另一大诗人沈佺期比较幸运，他被贬驩州（今越南荣市，一说广西崇左）不久就遇赦北归，写下《喜赦》一诗，其中有"喜气迎冤气，青衣报白衣。还将合浦叶，俱向洛城飞"，以"合浦叶"的典故表达自己重回朝廷的喜悦和急切心情。宋之问在唐睿宗即位的710年被贬钦州，后改贬桂州（今桂林市），其诗作《桂州三月三日》（一作"桂阳三日述怀"）有云："荔浦蘅皋万里馀，洛阳音信绝能疏。故园今日应愁思，曲水何能更祓除。逐伴谁怜合浦叶，思归岂食桂江鱼。不求汉使金囊赠，愿得佳人锦字书。"使用了好几个意象：洛阳、曲水、汉使，表达被流放到此地的官员强烈的凄苦之感、失落乃至绝望之情，也因此心里的思乡之情和北归朝廷之意难以分清。皇甫冉的《太常魏博士远出贼庭江外相逢因叙其事》："多士从芳饵，唯君识祸机。心同合浦叶，命寄首阳薇。耻作纤鳞煦，方随高鸟飞。"以"合浦叶"和"首阳薇"之典表达心有效力朝廷之意，但生不逢时只好抗节不仕的隐逸心态。明代文学家、史学家王世贞在他的几首诗中都使用了合浦叶飞的典故。如《初秋端居即事效初唐体》中写道："孤心合浦叶，远调峄阳桐。"峄阳桐即峄阳孤桐，是峄山南坡所生的特异梧桐，古代以为是制琴的上好材料。其出自《书·禹贡》："羽畎夏翟，峄阳孤桐。"孔传："峄山之阳，特生桐，中琴瑟。"《欧祯伯自岭南寄书经岁始达时已谒公车矣》中有"心随合浦能飞叶，句似罗浮寄远梅"；《立秋日旅怀为陈人体》有"身如合浦初黄叶，心在江东欲紫莼"。他将合浦叶飞意象与其他意象组合，如"孤心合浦叶，远调峄阳桐"就将合浦叶之典和峄阳桐之典组合使用，"心随合浦能飞

---

① 本文所引的诗句除了标注的之外，皆出自"搜韵—诗词门户网站网"，https：//sou-yun.com/，2017-12-30。

335

叶，句似罗浮寄远梅"也用了两个地域意象：合浦和罗浮山，"身如合浦初黄叶，心在江东欲紫莼"用的是合浦叶和江东莼两个地理意象。在此，合浦叶飞意象已经没有重返朝廷再获重用的意思了，只是表达孤寂、思念之情。同是明代的学者胡应麟（1551~1602 年）在其《林囧卿过访作》中的"旌移合浦风前叶，传拥罗浮雪后梅"与"心随合浦能飞叶，句似罗浮寄远梅"有异曲同工之妙。胡在《咏黄叶同区孝廉纯玄太史用孺作·其一》中再次使用合浦叶飞之典："合浦飘仍远，长安落未终。千林俄失翠，一水间流红。寂寞经秋雨，彷徨后夜风。"此后明清相继使用该意象的还有：王弘诲的《嬴惠庵十景诗为邓元宇将军赋·其十·石室仙踪》中云："石门幽鸟语关关，仙子游踪不可攀。总为伤情无尽处，年年合浦叶飞还。"欧大任的《始至江都学舍适逢新秋京口姚伯子见过同冯刘二僚长小集》中云："何来合浦叶，偶向清淮流。蒋径吾初扫，萧斋客共留。"薛始亨的《西江》中云："合浦何年叶，随风到洛城。"明末清初陈子升的《半醺》中云："合浦风生杉叶起，番禺秋老桂枝芬。"岑徵的《与谭非庸夜话》中云："合浦朝飞京洛叶，淮南秋老小山枝。"明末清初著名岭南学者屈大均的《高廉雷三郡旅中寄怀道香楼内子·其五》中云："飞飞合浦叶，何日始还乡。"

由上述例子可追寻出"合浦杉叶"意象含义的偏离轨迹：汉朝时是小说家言，到南北朝和唐时，深受流离之苦的文人在诗歌中以合浦叶向洛阳飞的意象衍生出心怀强烈北归之念的含义，且与其他意象组合使用，如"心同合浦叶，命寄首阳薇"以"合浦叶"和"首阳薇"之典连在一起，加强了对不幸命运的哀叹；"逐伴谁怜合浦叶，思归岂食桂江鱼"，因为后一句，更加凸显思归之意。到了明清两代，这一意象在与其他意象组合使用后，还生出了孤寂惆怅、清幽和思念之诗意以及解读不尽的艺术魅力。

（二）"合浦珠还"意象

东汉时合浦珍珠业的发展达到了高峰，可是由于连年滥采，珍珠资源遭到了严重破坏，因此有了著名的"珠还合浦"典故："先时宰守，并多贪秽，诡人采求，不知纪极，珠遂渐徙于交趾界。于是行旅不至，人物无资，贫者饿死于道。尝到官，革易前敝，求民病利。曾未逾岁，去珠复还，百姓皆反其业，商货流通，称为神明。"后遂用"合浦珠还、合浦还珠、珠还合浦"等比喻人去而复还或物失而复得。南北朝刘孝绰（一说是吴均所作）的《诗》就出现了这一典故："行衣侵晓露，征舸犯夜湍。无因停合浦，见此去珠还。"唐邓陟则以《珠还合浦》为题介绍了合浦珍珠，其中提及这一典故"昔逐诸侯去，今随太守还"。唐宋诗人颇多使用"珠还合浦"的典故。如大诗人李贺在《合浦无明珠》的开头就以合浦珍珠与李衡龙阳植柑之典，讽刺官吏贪求："合浦无明珠，龙洲无木奴。足知造化力，不给使君须。"继而讲述官吏逼越妇缴税赋的故事。宋代大诗人苏东坡结束贬谪生涯时路过合浦所作的诗歌也用了合浦珠还的典故，如《廉州龙眼，质味殊绝，可敌荔支》中的"坐疑星陨空，又恐珠还浦"。此外，该典也有对为官清廉者歌颂赞美之意，如宋代陶弼的《题廉州孟太守祠堂》中云："昔时孟太守，忠信行海隅。不贼蚌蛤胎，水底多还珠。"还有其《合浦还珠亭》中云："合浦还珠旧有亭，使君方似古人清。沙中蚌蛤胎常满，潭底蛟龙睡不惊。"还有大戏剧家汤显祖与涠洲岛的一段佳话，那便是他写的《阳江避热入海，至涠洲，夜看珠池作，寄郭廉州》。这首诗无疑是替涠洲岛做的最雅致的广告：风物还是涠洲好。其中，"为映吴梅福"用的是班固《汉书·

梅福传》所记载的西汉末年梅福隐吴之典故，"回看汉孟尝"用的就是孟尝太守"合浦还珠"之典故了。

但是，"合浦珠还"典故在不同的人、不同的心境、不同的环境中，都有不同的隐喻，而与其他典故一起使用则会产生偏离获得新意。如盛唐著名诗人王维送别友人的《送邢桂州》中写道："铙吹喧京口，风波下洞庭。赭圻将赤岸，击汰复扬舲。日落江湖白，潮来天地青。明珠归合浦，应逐使臣星。"这是令人振奋的送别诗，因为"珠还合浦"和"使臣星"之典故表现的是政治气候的清明和仕途的顺畅无阻。骆宾王写的《上兖州刺史启》中有"甘雨随车，云低轻重之盖；还珠合浦，波含远近之星"，用"还珠合浦"之典故与"甘雨随车"喻德政广施。合浦珠在宋代诗文中还与零陵郡复乳穴之典故一起使用，更为强烈地揭示吏治对人民生活的影响之大。如宋洪咨夔的《龙州麸金丹砂到官后民告所得倍於他时喜为赋》云："乳到零陵竭，珠辞合浦行。地非悭所产，人自晦於征。砂粒层层长，金麸点点明。盛衰非自尔，利莫与民争。"刘克庄的《送明甫赴铜铅场六言七首》云："旦市有攫金者，地灵岂爱宝哉。零陵贪而乳尽，合浦清而蚌回。"两首诗中的"零陵乳竭（尽）"之典故应是出自柳宗元的《零陵郡复乳穴记》，所谓石钟乳的告罄，其实就是穴人对以前的刺史之"贪戾嗜利，徒吾役而不吾货也"的盘剥的反抗和斗争，"复乳穴"是新刺史实行仁德政治的结果。正如合浦珠尽后经孟尝施行仁政又复还的故事一样。

此外，明清小说、杂剧等使用合浦珠还典故的非常多，基本都是珍贵之物或人失而复得之意。如，明张凤翼的传奇作品《红拂记·奇逢旧侣》有唱词云："延津宝剑看重会，合浦明珠喜再逢。""延津剑合"指晋时龙泉、太阿两剑在延津会合的故事。后以"延津剑合"或"延津之合"比喻因缘会合。此处以"延津剑合"和"合浦珠还"之典故一起强烈表达出战乱重逢之喜出望外。明末清初的《巧联珠》第十三回末诗云："合浦珠还日，延津剑合时。"还有清初以珠为线索写才子佳人故事的烟水散人的小说《合浦珠》，在第十四回"明月珠东床中选"中，钱生对程信之保证道："只在小弟身上，包兄珠还合浦，剑返延津"，也是将"珠还合浦"和"延津剑合"的典故连用。清朝陈端生的《再生缘》第四十五回起首诗中有云："年少英雄美丈夫，良缘中折负欢娱。玉楼锁月虚弦管，金屋藏春想画图。守义连城能返璧，神伤合浦未还珠。一朝忽慰云霓望，奏请君王降敕符。"晚清言情小说《泪珠缘》第五十九回回目云："连城璧合宝珠迎亲，合浦珠还蓬仙失喜。"这些都把"连城璧"和"合浦珠还"的典故连在一起，强调了因缘会合之意。《快心编传奇三集》卷之四第八回插入的诗句："合浦珠还路不迷，鸳鸯拆散复同栖。"等，也是如此。

（三）"伏波""铜柱""薏苡"意象

"伏波"指东汉伏波将军马援，因功累官伏波将军。建武十六年（40年），交趾郡女子征侧、征贰举兵叛汉，攻破交趾、九真、日南、合浦等郡。翌年，马援率水陆大军万余人，沿今浦北南流江经合浦，进入钦州乌雷整训，渡海南征交趾。建武十八年（42年），大败叛军，并立铜柱于林邑（今越南中部）以标汉界。汉章帝于建初三年（78年）追谥

"忠诚侯"并诏"所在皆为立庙",于乌雷立庙祀之①。立铜柱一事,"西晋张勃《吴录》(《初学记》六引)、东晋裴渊《广州记》(《后汉书·马援传》注引)、俞益期的《交州笺》、佚名《林邑记》(均《水经·温水注》引)、佚名《交州以南外国传》(《御览》七九一引)等书,皆明著其事……"因此,伏波是英雄的意象,铜柱是南方疆界、守边、抗敌的意象。

南北朝荀济的《赠阴梁州诗》中写有:"副尉西域返,伏波南海还。"副尉是汉代西域副校尉的简称,可知当时西北的校尉和南方的伏波是守边的代名词。

三、广西北部湾地域意象与其他意象的组合方式

由上述种种例子可知,古诗中北部湾的地域意象大都是和其他意象产生组合,解不尽的艺术魅力,取决于意象的最佳组合。关于意象的组合方式或结构,学者们各有不同意见,如陈植锷就将古诗的意象组合方式分为五大类,即并置、脱节、叠加、相交、幅合,同时每一大类又分为若干小类;丁芒则分为递进式意象组合、复叠式意象组合、交替式意象组合、并列式意象组合、对比式意象组合、辐射式和辐辏式意象组合六种;赵炎秋和毛宣国则将其分为平行式意象结构、递进式意象结构、重叠式意象结构、辐射式意象结构、向心式意象结构、复现式意象结构和对比式意象结构七种。大体而言,古诗中北部湾地域意象与其他意象的组合方式主要有下列三种:

(一)并列式意象组合

所谓并列式意象组合,就是两个或两个以上的同等意象——它们的关系是相互并列的,而不是互为包容的——凭借想象力而组合起来的并置。首先是单个意象要由想象开掘出来,然后,要由想象力来完成不同意象的有机并置。如此,才能形成一个"组合"。《遗源雄诗》中写道:"交河骠骑幕,合浦伏波营。勿使麒麟上,无我二人名"。"骠骑"指汉朝骠骑将军霍去病,"交河",在今新疆吐鲁番市西北20里雅尔湖西,西汉时为车师国都。唐李益的《塞下曲》中写道:"伏波惟愿裹尸还,定远何须生入关。莫遣只轮归海窟,仍留一箭射天山。"借英雄伟业抒壮志情怀。"定远何须生入关"说的是班超的故事。东汉班超投笔从戎,平定西域少数民族贵族统治者的叛乱,封定远侯,居西域31年。后因年老请求调回,有"但愿生入玉门关"句。唐朝诗人李翰编著的以介绍掌故和各科知识为主要内容的儿童识字课本《蒙求》中写有"伏波标柱,博望寻河",把伏波"立柱"之典故和张骞"寻河"之典故组合在一起。清朝冯敏昌的《舟过乌雷门,望伏波将军庙作》中写道:"楼船横海伏波回,海上旌旗拂雾开。自古神人当血食,谅为烈士岂心哀。山连铜柱云行马,地尽扶桑浪吼雷。漫语武侯擒纵略,汉家先有定蛮才。"在历朝历代的诗人眼中,马援和张骞、霍去病、班超、诸葛亮等是可以相提并论的。

宋爱国诗人陆游的《即事》提到:"盛衰莫问萧京兆,壮老空悲马伏波。"萧京兆指

---

① 详见《后汉书·马援列传》。

萧昊，唐天宝二年，官京兆伊，依附李林甫，后杨国忠得势，被贬为汝阴太守，由盛至衰。① 作者分别用萧昊和马援抒发心中感慨。苏轼的《南乡子·旌旆满江湖》中云："旌旆满江湖。诏发楼船万舳舻。投笔将军因笑我，迂儒。帕首腰刀是丈夫。粉泪怨离居。喜子垂窗报捷书。试问伏波三万语，何如。一斛明珠换绿珠。"诗中伏波的意象是功绩赫赫，赢得无数赞誉的将军，然而结尾诗人又拿绿珠的故事来反衬英雄的无奈。上述诗句将伏波之典故与其他典故形成强烈的对比，更加凸显了英雄马援的伟大。

对于马援立铜柱一事，很多诗人都铭记于心。"铜柱"意象或是表示南疆疆界之意，如杜甫的《偶题》中写的"南海残铜柱，东风避月支"，元稹的"骑田回意象体"，它一经组成，其内涵就大大超出了单个意象的简单总和，故能开掘出无限丰富的艺术境像。如李贺的"合浦无明珠，龙洲无木奴"；汤显祖的"为映吴梅福，回看汉孟尝"；"甘雨随车，云低轻重之盖；还珠合浦，波含远近之星"；"乳到零陵竭，珠辞合浦行"；"延津宝剑看重会，合浦明珠喜再逢"；"珠还合浦，剑返延津"；"守义连城能返璧，神伤合浦未还珠"；"醇醪共饮思公瑾，薏苡何伤谤伏波"；等等。"珠还合浦，剑返延津"就通过想象把东汉珠还合浦的故事与晋时龙泉、太阿两剑在延津会合的故事进行有机并置，开掘出丰富的艺术镜像。

（二）对比式意象组合

通过两组高度提炼的典型意象组合，或互为对立，或互相映衬，产生鲜明的视觉效果，从而起到深化主题的作用。如"心同合浦叶，命寄首阳薇""逐伴谁怜合浦叶，思归

---

① 详见通鉴纪事本末卷三十一．四库全书荟要．史部、资治通鉴卷二百一十五唐纪三十一、二百一十六唐纪三十二"北顾，铜柱指南邻"；孟浩然的"蓟门天北畔，铜柱日南端"；徐夤的"火山远照苍梧郡，铜柱高标碧海乡"；曹松的"君恩过铜柱，戎节限交州"；何梦桂的"身在金台天北阙，手提铜柱地南荒"；林光朝的"铜柱参天桂叶稠，公侯遗爱在南州"；元吾丘衍的"汉界踰铜柱，蛮邦近越裳"；元末明初蓝智的"州连铜柱山多瘴，水接朱崖地有雷"；明区大相的"南过铜柱元标汉，西出榆关更射胡"；史谨的"白象来经铜柱北，紫驼生系玉关西"；明末清初屈大均的"马留铜柱少，人入玉关迟"，等等。铜柱也表示守边卫国的英雄伟业之意，如唐刘禹锡的"玉环庆远瞻台坐，铜柱勋高压海门"；元张宪的"南山石烂歌逾缓，铜柱沙沉迹未移"；明梁元柱的"岭外殊勋铜柱在，图麟肯让霍嫖姚"；等等。更有不少诗要成就一番伟业的豪迈气概，如唐杜牧的《送容州唐中丞赴镇》："莫教铜柱北，空说马将军"；宋陶弼的《望海岭》："将军有意还铜柱，俯看南溟气欲吞"；元张弘范的《木兰花慢·征南》："爱铜柱新功，玉兰奇节，特请高缨。胸中泠然冰雪，任蛮烟瘴雾不须惊。整顿乾坤事了，归来虎拜龙庭"；明姚光虞的《送沈库部守廉州》："汉家铜柱今犹在，此去凭君一借筹"；胡曾的《咏史诗·铜柱》写马援平生，表对英雄的赞许："一柱高标险塞，南蛮不敢犯中原。功成自合分茅土，何事翻衔薏苡冤。"此外，也有诗人用该意象表达借古讽今之意，如宋陶弼的《望安南海口》："何时良将收铜柱，不日屠王弃膏街。惆怅藤桥兵死鬼，年年沙上哭坟骨。"《三山亭》本来写的是钦州一带的热闹生活，结尾却有英雄没落的惆怅："……云台志节悲歌外，铜柱封疆醉眼中。所惜溪头好崖石，只书诗句不书功。"元吴讷的《李将军歌》："前锋不见李将军，何人为发千钧弩……英雄报国如等闲，马革裹尸铜柱间。"明屈大均《廉州杂诗·其一》："交趾兵频入，戈船使未还。何时铜柱折，吾见灭南蛮。"这些都以古人之丰功伟绩来哀叹现世衰落。另外，诗歌还通过人与自然的相互呼应、相互感染令伏波、铜柱意象表现出一种宇宙意识。如唐项斯的《蛮家》中的"领得卖珠钱，还归铜柱边"写出了生活情趣，徐夤的"火山远照苍梧郡，铜柱高标碧海乡"；李峤的《安辑岭表事平罢归》中的"天涯望越台，海路几悠哉……境遥铜柱出，山险石门开"把岭南边疆的战事与美丽风光糅合在一起，让人对岭南不那么心生恐惧。

伏波和铜柱两个意象比较常组合使用，更加突出歌颂英雄和他的伟业，如"马皮远裹伏波骨，铜柱高标交趾惊""伏波将军昔征南，功业虽壮身不还。曾出封疆铸铜柱，竟留种族依荒山""何年铸铜柱，请为问伏波""龙媒入贡汉天子，铜柱重闻马伏波"等。还有一个与伏波关系极为密切的意象是薏苡，是以有白居易的"侏儒饱笑东方朔，薏苡谗忧马伏波"；宋朱翌的"客来切勿令观此，薏苡犹能困伏波"，以及其他诗人的"君不见马伏波，后车薏苡珠玑多""伏波南来自交趾，可笑汗牛推薏苡"等，都替马援被屈一事鸣不平。

岂食桂江鱼""铜柱华封尽，昆池汉凿空""心同合浦叶，命寄首阳薇""闻道牂江空抱珥，年来合浦自还珠""交河骠骑幕，合浦伏波营""为映吴梅福，回看汉孟尝""零陵贪而乳尽，合浦清而蚌回""延津宝剑看重会，合浦明珠喜再逢""珠还合浦，剑返延津""守义连城能返璧，神伤合浦未还珠""戈船荣既薄，伏波赏亦微""盛衰莫问萧京兆，壮老空悲马伏波""宁为伏波死，不作李陵生""菊引陶彭泽，鸢惊马伏波""公旦金縢功阁刊，伏波铜柱师何壮""伏波惟愿裹尸还，定远何须生入关""盛衰莫问萧京兆，壮老空悲马伏波""宁为伏波死，不作李陵生""南海残铜柱，东风避月支""铜柱华封尽，昆池汉凿空""云台志节悲歌外，铜柱封疆醉眼中""扶桑日上春无瘴，合浦珠还夜有光""披发怜交趾，扬威忆伏波"，等等。这些组合的意象互相映衬，深化主题，一起给世人留下深刻印记。

（三）递进式意象组合

递进式的组合意象之间就存在着时间、空间上的先后顺序，或存在意义上的层进、深入关系。可以指诗的意象采用顺移推进的方法，带有较强的叙述性甚至情节性特点。除了以时间先后次序为承续关系，还有一种递进式意象结构在时间上没有承续关系，但却有情感逻辑上的承续关系。如"明珠归合浦，应逐使臣星"具有意义的层进，"试问伏波三万语，何如。一斛明珠换绿珠""莫教铜柱北，空说马将军""将军有意还铜柱，俯看南溟气欲吞""爱铜柱新功，玉兰奇节，特请高缨""千古伏波多志节，一时薏苡谤珠还"等，叙述性甚至情节性都较强，或者有情感逻辑上的承续关系。

四、结论

北部湾意象组合方式的意义在于：当意象之间的性质相近或相似时，这种并列并置的意象之间就产生一种视觉"和声"或"和弦"的效果；而当意象之间性质对立甚至矛盾时，这种组合在一起的意象则更具有一种对比和冲突的空间张力；递进式意象组合产生金线串珠的艺术效果。无论哪一种组合，最后都形成一个整体的具象可视的意象（或意境）。事实上，在很多诗歌中，诗人为了强化诗的表现力和表情力，往往将几种组合方式同时运用。正是这种意象的审美结构才将一个个互不相关甚至矛盾对立的意象组织在一起，从而构成一个富有生命力的有机体。北部湾是岭南的一部分，其地域意象与其他意象的组合使用说明岭南文化是中国文化不可或缺的组成部分。

参考文献

［1］袁行霈．中国诗歌艺术研究［M］.北京：北京大学出版社，2009.

［2］潘泠．汉唐间南北诗人对地域意象的不同形塑——以《乐府诗集》为中心［D］.华东师范大学博士学位论文，2015.

［3］赵仁龙．唐代宦游文士之南方生态意象研究［D］.南开大学博士学位论文，2012.

［4］张超．此心安处是吾乡——唐宋时期中原流寓文人作品的广西意象［D］.广西大学硕士学位论文，2012.

［5］李昉．太平御览（第957卷）［M].北京：中华书局，1960.

［6］崔宏伟．江令君诗歌校注及创作考论［D］．江西师范大学硕士学位论文，2011.

［7］彭定求．全唐诗［M］．延吉：延边人民出版社，2004.

［8］罗竹风．汉语大词典（第7卷）［M］．上海：汉语大词典出版社，1993.

［9］范晔．后汉书［M］．北京：中华书局，2007.

［10］逯钦立辑校．先秦汉魏晋南北朝诗［M］．北京：中华书局，1983.

［11］周晓薇，王锋．唐宋诗咏北部湾［M］．南宁：广西人民出版社，2010.

［12］范翔宇．涠洲史话千秋精彩［N］．北海日报，2010-06-06.

［13］柳宗元．柳河东集［M］．上海：上海人民出版社，1974.

［14］http：//www.guoxuedashi.com/a/1340p/33902g.html.

［15］陈端生．再生缘［M］．郑州：中州书画社，1982.

［16］http：//www.guoxuedashi.com/a/8363e/65048n.html.

［17］周去非．岭外代答［M］．杨武泉校注．北京：中华书局，1999.

［18］杨年丰．小罗浮草堂诗钞校注［D］．广西大学硕士学位论文，2006.

［19］高晨阳．中国传统思维方式研究［M］．济南：山东大学出版社，1994.

［20］丁芒．意象组合方式种种［A］//中华诗词年鉴（第3卷）［M］．上海：学林出版社，1992.

［21］赵炎秋，毛宣国．文学理论教程［M］．长沙：岳麓书社，2000.

［22］龙超领．中国古典诗歌中的并列意象组合初探［J］．广西师范大学学报（哲学社会科学版），1990（3）.

［23］吴晟．诗歌意象组合的几种主要方式［J］．文艺理论研究，1997（6）.

［24］李晓明．纳兰性德诗词意象组合方式及其所呈现的美学风貌［J］．理论月刊，2007（11）.

粤语歌曲在北部湾城市群发展中的作用与影响

广西艺术学院　　何文干

【摘要】粤语，在广西又称白话，在广西北部湾城市群中是极为通用的地方性语言，与广东"粤语"可以无障碍沟通交流。歌曲是文化的桥梁。粤语流行歌曲不仅在靠近北部湾的沿海地区流行，更是由华侨客商传播到海内外及东南亚，粤语歌曲作为"两广文化交流的纽带"，在广西"东融"的战略中，将起到积极的推动作用。我们应该发挥"粤语歌曲"文化纽带作用，进一步加强广西北部湾城市群的交流与合作，提升城市文化形象，增强文化软实力和文化自信。

【关键词】粤语歌曲；流行音乐

一、广东粤语索源

粤语是中国的七大方言之一，最早可以追溯到 2200 年前的秦朝，是一种非常有历史的语言。粤语在唐朝时期一度盛行，可谓是粤语在中国历史上的定型时期。"粤语"又称"唐话"，唐朝盛世由于"海上丝绸之路"的繁荣，使得我们国家在世界扬名，同时"粤语"也走向世界各地。"粤语"又作广东话、广府话，俗称白话，很多人顾名思义"粤"即广东，那就是广东发源的，其实并不正确，追根溯源现代粤语的起源，在 1995 年两位语言学家叶国泉（中山大学教授）、罗康宁（广东省政府参事副教授）经过深入研究，在《语言研究》杂志上发表了论文《粤语源流考》，首次提出"粤语起源于古广信——今之广西梧州，广东封开"。广东与广西是密不可分的，今天的封开县，始建于汉武帝时期。当时南粤刚平，统治者对初开之地施以广布恩信而得名。广信也由此成为整个岭南的首府，它管辖着现在的广东、广西和越南的大片土地。广信作为"封中"的门户，从秦汉开始，首先得到了中原和楚国进步文化和生产技术的传播，广信也就成为了岭南最重要的地方。而广东、广西的地名也由此产生。从现在的行政区域看，广西的贺州市、梧州市、玉林市、北海市与广东相连。广西的钦州市、防城港市、北海市原来是广东的行政区域，1952 年划归广西。所以，广西讲白话的人很多，广西使用"白话"的人数约占广西总人口的 2/3，有九个设区市讲白话：南宁市、梧州市、钦州市、北海市、防城港市、玉林市、贵港市、崇左市、贺州市本地话都是以白话为主。广西"北部湾城市群"的六个城市方言都以白话为主，钦州市、北海市、防城港市三个城市为沿海城市。广西讲白话的城市大多与广东相接壤，这是广西"东融"战略非常有利的交流基础，也是海洋文化交流的有利条件。

粤语历史悠久，是中原汉族的语言，保留最早的语法、韵味、音调。粤语是一种属汉藏语系汉语族的声调语言。据考证，"粤语"开始时并不是指"广东话"，是广义上的岭南语，即岭南地区的语言。随着广东经济的发展，广东的地位和影响增大，特别在改革开放中，广东人解放思想，走在全国前面，当时广东的深圳是中国改革开放的一面旗帜，带动了中国改革开放的发展，广东的知名度和影响力不断增强，粤语地区的经济发展以中国香港、中国澳门、广东为中心，广东简称"粤"，所以人们把"广东话""白话"统称为"粤语"。粤语与海外贸易及文化交流关系甚密，影响很大。广府话结合了大量海外语汇，构成其区别于国内其他民系方言的一大特色。汉唐始，随着印度、阿拉伯、波斯等地商人进入广府，其方言和宗教经典的大量音译词夹杂在粤语中。如三国时开始出现的"舶"字应为外来语。16世纪初葡萄牙早期殖民者涌入广府，粤语与海外语言也形成了融合，中国澳门因此形成"中华拉丁"的文化特色。广府方言受英语的影响更显著。"菲林"（Film）、"波"（Ball）、"摩登"（Modern）、"泡打粉"（Powder）历史都比较长。一些单词作为构词素产生了众多的复合词，如"波"构成波赛、靓波、波鞋等复合词。一些像粤语中土生土长的词亦有其海外文化底蕴。粤语有两大区域，一是中国区，二是外国区。在中国区，粤语分布在中国香港、中国澳门、珠海、广东及广西东部。由于广东人做生意走南闯北，中国港澳人到中国内地发展，中国香港影视、歌星进入中国内地等的影响，使粤语歌曲传播到全国各地，粤语也就随着粤语歌传入各地。粤语是联合国的日常通用语言。海外许多国家说粤语的人多于普通话，影响力大，全世界使用粤语的人口已超过了9000多万，使用率非常高，在国际上是十大语言之一。中国人擅长对外贸易，建立了古丝绸之路，北海合浦作为中国海上丝绸之路的始发港，对粤语文化的传播起到了非常重要的作用，进一步加强了中国海洋文化与世界的交流和合作。

二、粤语歌曲在北部湾城市群中的传播与影响

北部湾城市群是国务院于2017年1月20日批复同意建设的国家级城市群，规划覆盖范围包括广西壮族自治区南宁市、北海市、钦州市、防城港市、玉林市、崇左市，广东省湛江市、茂名市、阳江市以及海南省海口市、儋州市、东方市、澄迈县、临高县、昌江县。北部湾城市群包括桂粤琼三省区的15座城市，城市群规划陆域面积达11.66万平方公里，海岸线长达4234公里。《广西北部湾经济区发展规划》提出，北部湾城市群的打造将彰显湾区特色，强化南宁市核心辐射带动，夯实湛江市、海口市的支撑作用，重点建设环湾滨海地区和南北钦防、湛茂阳城镇发展轴，提升国土空间利用效率和开发品质，打造"一湾双轴、一核两极"城市群框架。其中，"一湾"指以北海市、湛江市、海口市等城市为支撑的环北部湾沿海地区，并延伸至近海海域；"双轴"指南北钦防发展轴、湛茂阳城市发展轴；"一核"指南宁市核心城市；"两极"指以海口市和湛江市为中心的两个增长极。北部湾城市群的总体定位是：发挥地缘优势，挖掘区域特质，建设面向东盟、服务"三南"（西南、中南、华南）、宜居宜业的蓝色海湾城市群。北部湾城市群背靠祖国大西南、毗邻粤港澳、面向东南亚，位于全国"两横三纵"城镇化战略格局中沿海纵轴最南端，是我国沿海沿边开放的交汇地区，在我国与东盟开放合作的大格局中具有重要战略地位。北部湾城市群的建设，对推动广西六市的发展，提升广西影响力，促进广西经济社会发展有着深远的历史意义。

北部湾城市群与中国香港和中国澳门有着十分密切的关系，因中国香港和中国澳门地区很多人的祖籍都是广东，都与北部湾城市群有着密切的关系。自古以来，中国香港人、

中国澳门人、广东人善做生意，走南闯北，足迹遍及海内外，随着贸易的发展，他们将"粤语"文化传播到海内外。而粤语歌曲作为粤语文化的代表得以广泛传播，与中国香港人和广东人分不开。20 世纪 40 年代末期，中国内地特别是接近中国香港的广东省有大量移民进入中国香港，而涌入中国香港的大多数是广东农村人员和一些来闯世界的打工族，休闲时人们把传统粤曲的唱段选出来吟唱，从粤剧滋生出纯演唱的粤曲，大多在茶楼内供人品茶听曲，消费大众化。20 世纪 50 年代初期，中国香港真正流行的音乐是粤曲。20 世纪 60 年代，中国香港经济、政治上越来越与国际接轨，中国香港开始寻找属于自己的音乐。这时，温拿、莲花、玉石等中国香港乐队像雨后春笋一般冒出。20 世纪 60 年代末 70 年代初是中国香港电影电视剧的繁荣期，中国香港影视的主题曲成为了经典的粤语歌曲传唱至内地。20 世纪 70 年代，"文化大革命"一定程度上制约了经济发展和与港澳的交流。1979 年中国内地开始改革开放，中国香港的经济发展为中国内地的经济发展提供了经验和借鉴，同时给中国香港的电视剧、电影、流行歌曲进入中国内地打开了大门。改革开放使中国香港和中国澳门流行音乐对内地流行音乐的发展起到非常大的启蒙与积极推动作用，带动了中国"粤"文化的兴起。当时，年轻人以能唱粤语歌曲为时尚，学唱粤语流行歌曲是一种潮流。20 世纪 80 年代是中国香港乐坛的全盛时期，粤语歌曲以其独特的风格吸引了众多中国人和世界各国的华人，张国荣还数次作为中国流行音乐的代表出国访问交流。粤语歌曲以其独特的语言魅力，平和的词曲，大众的演唱风格深受人们的喜爱。

20 世纪 90 年代，中国香港歌坛产生了张学友、刘德华、黎明、郭富城等为代表的歌手，他们成为中国香港 90 年代最耀眼的明星，垄断了中国香港乐坛的各种奖项。当时，中国香港产生了"K 歌"文化，"卡拉 OK"成为粤语歌曲传播的加速器，也正是这种方式，让更多人学会了演唱粤语歌曲，认识了更多的粤语歌星。1997 年，香港地区回归祖国，作为中国香港文化重要组成部分的粤语歌曲，随着与祖国的不断交流迎来了新的发展机遇，中国香港歌星到内地开演唱会的数量大增，为粤语歌曲的传播发展提供了更广阔的舞台。粤语歌曲也随着时代的发展，在交流碰撞中与时俱进，传承发展，放射出新的光芒。粤语歌曲的兴起让中国许多非讲粤语的城市对中国香港文化产生了浓厚的兴趣，而北部湾城市群由于语言上的相通交融，对粤文化特别是粤语歌曲更是情有独钟。广西的南宁市、北海市、钦州市、防城港市原本就从广东分出来的，文化和生活习惯与广东相同，粤语文化在广西北部湾城市群中的传承与发展有着深厚的根基，粤语歌曲在广西讲白话的地区一直深受欢迎，广为流传。音乐是生活中不可或缺的调剂，在失意时给予人鼓舞与希望，在高兴时将欢乐的气氛烘托，许多人在峥嵘岁月里得到了粤语流行歌曲的激励和启迪，李克勤的《红日》、谭咏麟的《朋友》、张国荣的《风继续吹》、Beyond 的《海阔天空》等经典粤语歌曲至今在广西北部湾城市群 KTV 的点唱排行榜中常年居高不下。每当中国香港歌手如谭咏麟等到广西举办演唱会，讲白话的粉丝从四面八方汇集到现场，有全场同唱一首歌的热烈场面，让你感受到粤语歌曲的魅力。粤语歌曲得以广泛流行深受欢迎，笔者分析有以下四点原因：

（一）粤语的独特性

粤语自有九声六调，有抑扬顿挫之感，音调与旋律的高度黏合使得歌唱如说话一般直指人心。又由于声调之多，所以给人感觉歌词内容丰富，在歌曲抒情上具有天然优势。对于老一辈为改革开放事业奋斗的人有着信仰一般的魅力。

（二）粤语拥有悠久的历史

粤语在歌词写作运用中保留了古代文言文的文法，例如一些倒装句的运用，强调单字、单词。一些词的淬炼使人觉得细品非常有韵味，内容感觉精简而饱满。歌唱时犹如吟诗作赋一般，舒坦人心、直抒胸臆。

（三）词曲朴实，且有故事性，贴近生活

粤语歌词内容平实易懂，内容丰富，善用身边小事，平凡的语言说出深奥的哲理。故事性的叙说配上丰富的粤语曲调，更凸显出故事的诉说性，让人感同身受。特别是能激发在外奋斗拼搏的人们对家乡的眷恋，以及在挫折危难时鼓舞人心，例如 Beyond 乐队的《真的爱你》。这对于改革开放初期勇踏他乡奋斗的北部湾人是心灵的慰藉，在无形之中给予了他们奋斗的希望，给予了他们奋斗的动力。

（四）歌曲旋律的大众性

粤语歌曲的曲调很大众化，比较中性，没有大高或大低，易于传唱。所以，许多粤语歌曲只要懂粤语，每个人都基本能按歌曲的原调唱出来，这就是粤语歌曲能广泛流传的基础，例如红遍大江南北的李克勤的《红日》，因其简单的旋律节奏、励志的歌曲内容在聚会时候总是可以很容易引起大合唱，这种可以引起合唱的粤语歌曲对团体的凝聚力是不容忽视的，在他乡的聚会上白话人听到"乡音"会不自觉地融入这个粤语歌曲的欢乐海洋。

粤语歌曲鲜明的特点造就了粤语歌曲不凡的魅力。在音韵的框架里多样性发展，字曲的高度黏合，"阳春白雪，下里巴人"共俱的音乐促成了粤语歌曲在广西讲白话的地方深受欢迎，在市民文化生活中长期占据着非常重要的地位。现如今不论是音乐餐厅，还是酒吧，抑或是 KTV 聚会，你总会听到粤语歌曲的声音，共通的语言、相似的文化背景让粤语流行歌曲成为市民文化中音乐的主角，影响了一代又一代的白话人，也成了北部湾城市群独有的城市文化。如今广西提出了要加强"东融"。"东融"建设指导思想与广西和广东有着共同粤语的传承，通过加强"粤"文化与"桂"文化的相互交流，学习广东的先进经验来促进广西的发展，在粤桂文化交流中，粤语歌曲作为粤语文化的重要组成部分，是一股不可忽视的力量。

三、粤语文化在北部湾城市群建设中的作用

粤语作为一个源远流长的民族语言，也是中国民族文化的重要组成部分。在 15 个北部湾城市群中，大部分城市是讲粤语的，都有着共同的地方文化根源、爱好和特色，这为城市间的交流提供了原始的基础。北部湾城市群关系密切，广东和广西（以下简称两广）自古以来关系密切，同为岭南区域。海南大约在 3000 多年前，古代百越族的一支从两广横渡琼州海峡到达海南岛，这就是今天黎族的祖先。现在国家将三省区的沿海相关 15 个城市（县）建成北部湾城市群，又将三省区更紧密联系在一起，对进一步促进三省区的交流合作和发展起到了积极作用。

2018 年 4 月 8~11 日，广西壮族自治区党委书记鹿心社在钦州市、北海市、防城港市调研时强调，当前要以中新互联互通南向通道建设为载体，内聚外合、纵横联动，在南向、北联、东融、西拓上下更大功夫、取得更大实效。南向，要办好中国—东盟博览会

（以下简称东博会），加快互联互通基础设施建设，构建贸易、物流、产业、金融、港口、信息、城市等多领域合作新平台，深化与海上东盟国家的合作。北联，要加强与贵州、四川、重庆、甘肃等省市的合作，突破"瓶颈"制约，更加通畅地联通"渝新欧"，把"一带"与"一路"连接贯通起来。东融，要主动融入对接珠三角、粤港澳大湾区发展，进而与长三角、京津冀等沿海发达地区加强合作，主动承接产业转移，着力引进资金、技术、人才等，借力加快发展。西拓，要联合云南等省份，大力推进基础设施的"硬联通"和政策、规则、标准的"软联通"，深度参与澜沧江湄公河区域合作，开拓新兴市场。

社会的发展通过竞争而进步，在竞争的过程中，最终是人才和文化的竞争。广西经济社会发展的快慢，很大程度上取决于广西人思想解放的程度和文化提升的成熟度。广西要发展，就一定要注意学习先进省、自治区、直辖市的先进经验，学习吸收和积极融入发达省区市的经济理念和发挥文化作用，以加快广西的发展。广东作为改革开放的先进地区和发达省份，粤港澳及长三角地区作为发达地区有先进的理念、广阔的市场和大量的高端人才，广西作为欠发达地区有良好的自然环境，有背靠大西南、面向东南亚的区位优势，有丰富的热带亚热带水果资源以及相对廉价的劳动力资源，如果能把广西的自然资源优势和粤港澳及长三角等发达地区的市场和研发优势结合起来，就能产生效益，以推动广西快速发展。广西"东融"建设能否成功，在于能否把广西的自然资源优势和粤港澳及长三角等发达地区的市场和研发优势结合起来，形成若干条"全产业链"；在于如何更好地发挥广西美丽的自然风光、丰富的民族文化资源、旅游和大健康产业的优势，主动推动"东融"；在于两广文化如何取长补短促进交流发展。广西与广东土壤相接、海域相连，在两广文化交流发展中，粤语文化有着天然的区域性，粤语歌曲将会在两广的交流发展中发挥积极的作用。

广西"南向"建设是否有成效，在于如何发挥广西作为中国面向东南亚的前沿阵地，在积极加强经贸交流的同时，注意加强人文交流，和而不同，共创双赢。广西北部湾的海域"辐射"着东南亚，是大西南最便捷的出海通道。目前，东南亚的华人人数占世界各地海外华人总数的近80%。华人中有很多是广东人、中国香港人、中国澳门人。中国香港影视在世界特别是东南亚的传播影响很大，粤语歌曲在国外华人中占有相当高的地位。粤语歌曲作为中国文化的一份子，作为中国的文化瑰宝之一，是中国文化自信的体现。中国与东南亚国家关系密切，交往深远。粤语歌曲在东南亚的传播有着广泛的文化和听众基础。在"南向"的建设中，要注意发挥东南亚华人的作用。作为龙的传人，海外华人的根在中国，海外华人的魂就是中华文化，华人永远忘不了中国的乡愁。粤语歌曲在东南亚的传播，加强了华人的爱国情怀，传播中国的文化，讲好中国故事。在增强与东南亚国家的民心相通、共建美好家园中发挥桥梁纽带作用。在坚持五项基本原则的前提下，中国以平等的姿态加强与各国的沟通交流，在尊重、平等、合作、共赢中共同促进广西与东南亚国家经济、社会、文化的繁荣发展，促进"南向"的建设发展。

音乐是一种文化，是人类情感交流的形式，其无国界的特性是情感联系的纽带。粤语歌曲作为中华文化的组成部分，应成为在东南亚及海外华人的传播和传承发展中弘扬中华文化，讲好中国故事的北部湾城市群建设的新篇章。通过文化的力量，粤语歌曲的载体，团结感召广大海外华人，常回家看看，为中国的繁荣发展贡献力量，为广西"南向"建设发挥应有的作用。

广西作为中国三大侨乡之一，拥有独特的侨乡文化，在广西的侨乡文化中，粤语文化占主导地位。粤语歌曲承担着传承传播弘扬中华文化，讲好中国故事的广西篇章的责任。粤语歌曲要积极发挥特有的作用和影响力，在"一带一路"建设和推动构建人类命运共同体进程中传播弘扬中华文化；在北部湾城市群发展中积极发挥粤语文化的作用，讲好城市发展故事；在广西"南向"建设中，发挥广西文化的作用，谱写新时代粤文化的新篇章。

参考文献

［1］李新魁等．广州方言研究［M］．广州：广东人民出版社，1995.

［2］高名凯等．汉语外来词词典［M］．上海：上海辞书出版社，1984.

［3］黄霑．粤语流行曲的发展与兴衰：香港流行音乐研究（1949～1997）［D］．香港大学博士学位论文，2003.

借助千年古城"四个优势"打造海洋文化"四个品牌"

钦州市人民检察院副主任科员　陈明

一、引言

"品牌"是文化软实力的重要标志。一个地方的竞争力、吸引力很大程度上取决于文化的品牌效应。钦州市是千年古城，文化资源十分丰富，不但是我国近代著名民族英雄刘永福、冯子材的故乡，而且是中华白海豚的故乡；不但以"中国荔枝之乡"和"中国香蕉之乡"享誉国内外，而且以中国四大名陶之一的"钦州坭兴陶"闻名海内外。因此，钦州市应借助以上"四个优势"，打造海洋文化"四个品牌"。

二、借助"英雄城市"优势，打造"刘冯文化"品牌

文化品牌是一个城市的形象，是一个城市的"名片"。一首歌能唱响一个地方，甚至带动一个地方，比如《克拉玛依之歌》《美丽的太阳岛》，而文化品牌的作用更是如此。钦州市是英雄城市，"刘冯文化"就是出自钦州市的近代民族英雄刘永福和冯子材，并且成为钦州市海洋文化的品牌之一。因此，钦州市应借助"英雄故里"优势，打造"刘冯文化"品牌。

纵观刘永福和冯子材的一生，他们为国家安宁、民族尊严、家乡振兴和百姓福祉而浴血沙场。他们的铁血抗争、敢打敢拼的奋斗精神和睦邻安边、辅民济世的和谐精神，始终鼓舞着钦州市人民。"刘义打番鬼，越打越好睇"，"冯公守海疆，百姓心不慌"，为钦州市人民世代传唱。刘永福曾说过："人生在世，如遇极不难之事，何妨当难视之，如遇极难之事，且当不难视之。"这既是刘冯精神内涵，也是钦州人"自强不息、目光远大、思想超前、不怕困难、迎难而上"的精神内涵。正是这种精神，26年前在那个荒凉的小渔村，如今有一个举世瞩目的大港横空出世；正是这种精神，26年前在国家没有资金投入、单靠老百姓一分钱一毛钱一元钱捐款的境况下，却有两个投入几亿元的万吨级码头拔地而起；正是这种精神，在那一片自古以来都是茫茫飘渺的海域，用了一年多时间竟会靠吹沙填海、人工造地建起了中国第六个保税港区；正是这种精神，使钦州人上下全力推动钦州市在构建"一带一路"国际陆海贸易新通道进程中赢得了主动；正是这种精神，使钦州市"稳增长、促改革、调结构、惠民生、防风险"的工作走在广西前列，使"大开放、大通道、大港口、大产业、大物流"五大引擎成为建设"一带一路"南向通道陆海枢纽城市、加快建设富裕文明和谐的新钦州市的强大动力。

刘冯精神的内涵，其实就是一种文化内涵。因此，钦州市应以"六个一"打造这一最具特色，最有感染力、生命力和生产力的"刘冯文化"品牌：一是由市政府组织制订出一个突出打造品牌的规划，并交由人大、政协以及有关的专家学者论证认可；二是对于刘冯

丰富的文化史料，要在观念、形式和表现手法上大胆探索创新，通过一批文艺作品（电视剧、小说、戏剧、图书等）进一步丰富刘冯文化产品的内容、风格、样式和品种；三是追求一种轰动效应，运用各种宣传方式，加大宣传力度，结合钦州市旅游文化的打造，诉说刘冯的丰功伟绩，讲述"刘义打番鬼，越打越好睇"，弘扬民族精神，使其产生轰动效应；四是发挥基地作用，注意抓好刘永福故居、冯子材故居的修缮和维护工作，充分发挥刘永福故居、冯子材故居作为"全国中小学生爱国主义教育基地"的作用，通过大力宣传，吸引全国的中小学生到钦州市来观光学习；五是开辟一个论坛，举办有关刘永福和冯子材的纪念活动和各项研讨会或论坛；六是举办一个文化节，由于刘永福和冯子材是我国近代史上打败外国侵略者的民族英雄，而且很多外国人都对我国浓厚的历史文化深感兴趣，所以应该举办一个大型的国际性的"刘冯文化节"，如山东曲阜的"孔子文化"一般，钦州市精心地打造好"刘冯文化"品牌，可使钦州市的城市知名度和城市竞争力得到极大的提高，钦州市的未来也会充满希望。

三、借助"千年陶都"优势，打造"古陶文化"品牌

文化产业的发展离不开文化品牌，在现代社会，文化品牌是文化生产力和竞争力的浓缩，是文化产业发展所需要的重要推动力。钦州坭兴陶有1300多年历史，1997年国务院颁布的《传统工艺美术保护条例》中，广西只有壮族织锦和钦州坭兴陶被批准列入，可见，钦州坭兴陶被认定为目前广西最具民族特色的二宝之一。古陶文化是钦州市海洋文化的品牌之一。因此，钦州市应借助"千年陶都"优势，打造"古陶文化"品牌。

田汉曾赋诗："钦州桥畔紫烟腾，巧匠陶瓶写黑鹰。无尽瓷泥无尽艺，成功何止似宜兴。"千百年来，坭兴陶驰名中外，历代名人辈出，特别是近百年来，多次参加国际和国家博览会，先后40多次获国际和国家级金、银奖。其历代作品，珍藏于20多个国家博物馆。在漫漫的历史长河中，经过一代代坭兴人的艰苦创业钦州坭兴陶，在中国香港钦州街、中国澳门钦州街、上海市钦州街上留下了历史足迹，皆因钦州市的坭兴陶的广泛流传、集散销售才有此"三条街"的命名，永载史册。考证坭兴陶的历史，在清朝中叶时期，还没有确切的名称，传至清朝咸丰年间，钦州市陶器发展达到鼎盛时期，坭器得以广泛兴用，故得名"坭兴"，钦州坭兴一时扬名海内外，与江苏宜兴紫砂陶、四川荣昌陶和云南建水陶同被誉为"中国四大名陶"。钦州市古老而悠久的人文造就了钦州市坭兴陶世界独有的灵气与魅力，钦州坭兴陶以其配方独特的陶土泥料、变幻莫测的窑变神奇、精美绝伦的雕刻工艺，不但成为了与宜兴紫砂陶、四川荣昌陶、云南建水陶相媲美的中国四大名陶之一，更成为"中国一绝"。

千年古陶特色，其实就是一种历史和文化的特色，这一特色让钦州蕴藏多年深厚的文化内涵厚积薄发，成为钦州市城市文化发展中浓厚的内涵。因此，钦州市应以"六个加快"打造这一钦州人独一无二"古陶文化"品牌：一是加快制定产业发展纲要。结合钦州市实际，借鉴我国陶瓷先进产区的经验和做法，及早制定符合钦州市实际的坭兴陶产业发展规划纲要。二是加快培育规模企业。引导企业建立现代企业制度，全面提升企业管理水平，积极引进制陶项目，鼓励社会以多种形式、各种规模的企业投资开发坭兴产业。三是加快工艺技术创新步伐。建立和完善企业技术开发体系，积极推进产学研结合，加快新产品设计开发，切实提高产品质量。四是快加调整产品结构。弘扬坭兴艺术

陶，调整日用陶，研发坭兴建筑陶，把钦州坭兴陶产业做大做强。五是加快实施名牌战略。坚持把实施名牌战略与产品结构调整、推动企业技术进步和整顿规范市场秩序结合起来，打响"钦州坭兴陶"品牌。六是加快推进坭兴陶市场建设。特别是加快千年古陶城的建设，使集艺陶制品生产中心、展示博览中心、商务贸易中心、物流服务中心、信息技术中心和文化旅游中心于一体，销售辐射各地，成为坭兴陶产业发展的"加速器""推进器"。

四、借助"滨海风光"优势，打造"海洋文化"品牌

文化品牌能够铸造地区竞争力。抬眼看世界，文化建设和发展是世界各国的共同抓手。既有时代先进文化气息又有民族特色的文化，不仅能带来巨大的经济效益，还能给人带来无尽的快乐，使生活和工作更有意义。有人片面地理解，物质生产才是生产力，其实，当今社会是一个经济与文化共融的时代，文化生产力是影响程度深、持续时间长、辐射范围广的生产力。我们可以理直气壮地说，抓文化就是抓生产力，就是抓发展。钦州市是滨海城市，未来的钦州市是一个面向中国—东盟的区域性国际航运中心和物流中心及通江达海、宜居宜商的现代化滨海城市。因此，钦州市要借助"滨海风光"优势，打造"海洋文化"品牌。

海洋文化是一种城市文化，体现了人类文化最新发展成果，有鲜明的时代标志。海洋文化是悠久的历史文化。早在 500 年前，海洋就成为钦州市通向世界的桥梁。钦州市海域面积为 908.37 平方公里，海洋资源十分丰富。小岛屿 303 个，陆地海岸线长 520.8 公里。这里不但是海上丝绸之路始发地，还是郑和下西洋始发港；这里不但有魅力四射的神话传说、海豚文化、古陶文化、珍珠文化和奇石文化，还有令人心醉的采茶、海歌、跳岭头、唱春牛、舞青龙、耍花楼等渔家文化；这里不但有迷人的三娘湾、麻蓝岛、仙岛公园、茅尾海、龙门岛、亚公山、青菜头、绿岛、五马归槽，还有"南国蓬莱"七十二泾、被誉为海底活化石的数千亩连片红树林；这里不但有不可多得的天然深水良港和孙中山先生在《建国方略》中规划的"南方第二大港"——钦州港，还有对虾、大蚝、青蟹、石斑鱼四大名贵海产品。

以上这些，都是钦州富有特色、内涵丰富、富有活力的海洋文化。因此，钦州市要通过"六个推进"打造"海洋文化"品牌：一是推进海洋文化遗产挖掘。要深入挖掘、悉心整理钦州市与海洋文明息息相关的古遗址、古遗迹和古典籍，重视挖掘整理和利用历史文化遗产，唤醒沉睡多年的海洋文化遗风，赋予其崭新的时代内涵，彰显钦州市海洋文化的独具特色。二是推进海洋文化布局构筑。要依托滨海城市发展规划，精心、合理构筑海洋文化新的发展布局，根据港口及工业岸线、城镇建设岸线、旅游观光岸线、休闲游憩岸线、养殖岸线、生态保护岸线及其他岸线等以及规划建设钦州市海洋文化组团，构筑钦州市海洋文化规模宏大的人文社会景观。三是推进海洋文化特色彰显。要大力彰显城市海洋文化形象，展现开发利用海洋资源的广度和深度，彰显海洋文化"海味港风"的特色，继续全力打造"中国广西钦州国际海豚节开幕""中国广西钦州三娘湾观潮节"。四是推进海洋文化核心建立。要加速推进现代化功能性、标志性文化基础设施建设，承担起区域性、国际性交流服务功能，逐步使滨海新城中心城区成为以先进文化发展为主导、适应多层次文化需求、具有较高文化生活质量、良好文化生态环境的先行区。五是推进海洋文

精华展示。要充分利用钦州市港口发展空间布局、滨海休闲旅游、临港产业等区位优势、港口优势和政策优势，建设沿海观光带，打造亲海文化岸线，展示海洋文化魅力。六是推进创建海洋文化基地。要扩大海岛、海港风情旅游的港岛文化效应，加大以此为主题的海洋休闲观光娱乐基地建设力度，利用港岛遥相呼应、特色鲜明、渔民集中聚居、海洋文化资源丰富的有利条件，沿岛港向纵深延展，扩大规模、深度策划、精心打造具有东方色彩、古典韵味和高档服务功能的"岛港海洋文化区"。

五、借助"生态之乡"优势，打造"生态文化"品牌

文化品牌是活生生的文化载体，是文化品格、内涵和精神的全面反映，对于外地人、外国人来说则是一种文化的解码和经济交往的桥梁。钦州市是闻名全国的"生态之乡"，应走高效生态经济的发展道路，使钦州市实现可持续发展。生态文化是钦州市海洋文化的品牌之一，因此，钦州市应借助"生态之乡"优势，打造"生态文化"品牌。

生态文化是指人类遵循自然生态规律，保护与维持生态平衡，实现人与自然、人与社会及人自身和谐发展的观念成果的总和。钦州市生态环境良好，生物资源、旅游资源丰富。三娘湾旅游景区是北部湾最具发展潜力的旅游胜地，"七十二泾"被誉为"南国蓬莱"；坐落于市区的民族英雄刘永福故居、冯子材故居是国家级重点保护文物；浦北县连片 1.47 万公顷的红椎林为全国之最；灵山县古民居大芦村被誉为"广西楹联第一村"。

全面推进以富裕钦州、文化钦州、生态钦州、平安钦州为中心内容的和谐钦州建设，不但是钦州市"十一五"规划，更是钦州市的长期战略目标。因此，钦州市应以"六个抓手"打造"生态文化"品牌：一是以开展主题教育为抓手，深化生态道德教育。要组织开展"建设生态新钦州市、探索科学发展新路子"主题教育活动，开展"普及生态理念、强化生态教养"系列教育活动，开展"保护生态资源、促进科学发展"系列宣讲活动，开展"营造生态氛围、实现绿色崛起"系列文化活动，倡导适度、节俭、低碳、绿色的生活方式和消费方式，在全社会营造保护生态光荣、破坏生态可耻的道德风尚，使生态道德广泛深入人心。二是以大力开展生态文明示范村（镇）园区创建为抓手，推进生态文明实践。大力开展生态村（镇）、生态县（区）、生态工业园的创评，着力培育环境友好型产业，大力发展绿色经济、循环经济和低碳经济，促进群众性生态文明创建活动的蓬勃开展。三是以挖掘特色文化资源为抓手，发展生态文化产业。生态文化产业主要是以精神文化产品为载体，发展传播生态、环保、健康、文明信息的朝阳产业，这既是一种无污染、低消耗、高效益的产业，又为生态文化的广泛传播起到了重要作用。例如发展坭兴陶文化创意产业，三娘湾的海上看海豚文化产业，两县两区的荔枝园、香蕉园的文化旅游业等文化产业，都是具有核心竞争力的特色生态文化产品。四是以开展群众性文艺活动和文艺精品创作为抓手，优化生态文化服务。要把生态文化的传播融入群众性文艺活动，全力打造"中国灵山荔枝节""中国浦北香蕉节"，让广大人民群众共享生态文化建设成果。组织好具有本土特色的文艺精品创作，充分发挥文艺精品教育人、感染人、鼓舞人、激励人的积极作用。五是以发挥生态文化效能为抓手，正确处理好保护生态与开发利用的关系，把生态优势转化为经济优势，把绿水青山变成金山银山。正确处理好当前发展与长远利益的关系，既要抓紧解决当前经济社会发展亟待解决的突出矛盾和问题，积极创造"显

绩",又要尊重自然生态规律。正确处理好宣传教育与法规约束的关系,一方面要加紧生态文化的宣传教育,另一方面要严格执法,逐步规范公众的行为,使之自觉遵守生态道德规范和相关法律法规,形成良好的社会风尚。六是以"国家园林城市"为抓手,向"园林生活十年计划"做最后冲刺。2016 年,钦州市荣获"国家园林城市"称号,钦州市应此为抓手,2020 年争取创建成为国家生态园林城市。

以海洋文化手笔打造"刘冯文化"品牌的思考

钦州市群众艺术馆办公室主任　李秀兰

一、引言

英雄是一个地方的骄傲，由英雄孕育而成的英雄文化是一个地方的软黄金。钦州市是民族英雄刘永福和冯子材的故乡，"刘冯文化"映射了钦州市独特的人文特征，是北部湾海洋文化的瑰宝，是中国历史文化中不可多得的宝贵文化遗产。中法战争时，刘永福率领黑旗军援越抗法，"一战而法驸马安邺授首，再战而李威利分尸，三战而法全军焚灭"，因成功抗击法国的侵略而名闻中外。在"台湾保卫战"中，刘永福率领义军击毙日军近5000人，后来虽清政府已无粮饷支援，仍誓死与中国台湾共存亡；晚年近80岁高龄的刘永福闻悉袁世凯与日本签订"二十一条"卖国条约，"一时愤慨填胸，白发怒举"，愿以"老朽之躯"充当先锋。刘永福的一生，抗击了法国、日本两大帝国主义国家的侵略。冯子材是晚清一代抗法名将。1885年初，67岁的冯子材率军在中越边境的镇南关前隘一战歼灭入侵国境的法军主力，取得了名震中外的镇南关大捷。镇南关大捷使清军在中法战争中转败为胜，振奋了民族精神。法军战败的消息传至巴黎后，导致茹费理内阁倒台。孙中山高度评价刘永福和冯子材两位民族英雄："余少小即钦慕我国民族英雄黑旗刘永福及镇南关一役。"2001年，刘永福和冯子材旧居建筑群成为国家级重点文物保护单位。

历史文化资源是一个城市文化品位的重要表现，是一个城市文化个性的生动体现，也是一个城市成为文化名城的一种最独特的文化优势。像世界文化名城意大利的佛罗伦萨，是欧洲文艺复兴中心，曾经产生过但丁、达·芬奇、米开朗基罗等一大批世界名人，它是一个完全靠历史文化资源而名扬世界的城市。比萨、威尼斯也是如此。在国内，像曲阜也是完全靠历史文化资源而蜚声国内外的。因此，钦州市应致力挖掘和开发"刘冯文化"，以海洋文化手笔打造"刘冯文化"品牌，让"刘冯文化"走出钦州市，走向全国，走向世界，从而提高文明程度，提升城市品位，为经济发展提供精神动力、智力支持。

二、让"刘冯文化"点亮海洋广场文化的魅力

一个城市最能让人读懂的就是城市广场。一个城市如果没有一个代表城市文化博大精深的广场，城市就显得苍白和无味。城市广场是一个释放城市三气的巨大磁场：释放人气，城市有人气才有发展、才有吸引力；释放文气，城市有文气才有诗情画意、才有文化品位；释放生气，城市有了生气才有生命力、才有独特魅力。综观世界著名城市，没有一个城市不是以广场文化而著名的。意大利佛罗伦萨的米开朗基罗广场文化，永远散发文艺复兴的光芒；马德里的西班牙广场上，塞万提斯的目光永远那样明亮；威尼斯、圣马可的广场文化，永远让人肃然起敬；奥地利维也纳政府广场上，永远荡漾着美妙绝伦

的音乐。

为了让民族英雄刘永福和冯子材成为经济社会发展中的"金名片"，钦州市于 2005 年投资 1300 万元在刘永福故居前建成了"永福广场"。广场中央树立了刘永福跃马扬鞭的大型铜像，让人们缅怀英雄当年率领的黑旗军跃马扬鞭，在中越边境和中国宝岛台湾，奋力抵抗外国侵略者，他们前赴后继、浴血奋战、重创敌寇，保家卫国、战绩卓著，扬我士气，壮我国威。但也应该看到，永福广场除了这一铜像，其他设施很少，只有拱桥、荷花池、六角亭等，广场占地面积也只有 1.8 万平方米，而且冯子材这一历史文化亮点也没有在广场文化中得到充分利用。

因此，钦州市应把进一步打造英雄广场文化作为城市建设最重要的头等大事来抓，立足于高起点规划、高标准设计，再造一个高品位的刘永福和冯子材文化广场。刘永福和冯子材文化广场应定位为爱国主义教育基地，设计风格应定位为"大浪淘沙"，即在一只只腾跃的海豚和一簇簇飞溅的浪花中，刘冯英雄雕塑矗立在广场之中，构成一座刘冯雕塑山，给人一种大浪淘沙、千古风流、惊天动地的伟岸气魄。在刘冯雕塑山周围，为了着力体现古与今、新与奇的思路，通过建设巨型雕塑墙，描绘刘冯的英雄史篇和历史画面。并让与刘冯有关联的典型人物走出"历史"，走上广场，凸显钦州市历史文明，表现钦州市特有的人文情怀。此外，在广场主道矗立巨石，重笔镌刻广场碑记，通过名石承载、名家撰文、名人书丹、名匠勒石，重点突出钦州市刘冯文化广场的文化内涵。在展示手段上，充分运用水景光电等高科技手法。夜晚，让刘冯激光肖像在广场夜空中闪动，让刘冯霓虹在广场周围闪亮。节假日期间，由群众文艺团体组织刘冯主题文化"快乐周末"晚会，让整个城市的文化活动都融入广场的刘冯文化活动中，形成独特的文化品牌。让广场"刘冯文化"成为城市文化的一道亮丽的风景线。从而使刘冯文化广场成为城市文化有形的诗篇、凝固的音乐、绚丽的画卷，成为城市文化灵魂情感释放的精神磁场。

三、让"刘冯文化"诠释海洋音乐文化的内涵

音乐是一种奇妙的艺术，音乐有神奇的力量，音乐有会飞的翅膀。音乐在人们的生活中起着非常重要的作用，有音乐的陪伴，人们的生活才会更加美好；有音乐，人们才能创造更美好的城市生活。冰城哈尔滨的发展一直与音乐为伴，黑土地的滋润，松花江的养育，让哈尔滨人的音乐细胞精美绽放。《太阳岛上》《我爱你，塞北的雪》《在希望的田野上》等耳熟能详的经典曲目，更让哈尔滨盛名享誉海内外。

钦州市是音乐的源泉，是一座独具特色的美丽而神奇的城市。这里既是滨海城市，又是海歌之乡；既是英雄城市，又是坭陶故里；既是港口城市，又是工业新都；既是旅游城市，又是海豚故乡；既是荔枝城市，又是蕉乡蔗海。近年来，一首《湾湾歌》唱响祖国南疆，成了钦州市的名片，也使钦州市乘上歌声的翅膀飞向大江南北，飘向海陆天空。但也应该看到，钦州市除了一首《湾湾歌》，再没有更多的音乐来彰显这座城市的独特文化内涵。特别是"刘冯"作为中国十分宝贵的历史文化资源，也没能化为美妙的音乐，给人们的生活带来更多的自豪与欢乐，成为引领人们前行的更大精神力量。

因此，钦州市应把打造刘永福和冯子材英雄音乐作为城市文化腾飞的翅膀，以"刘冯文化"主题音乐诠释城市文化的内涵，让钦州市这座滨海新城乘着刘永福和冯子材英雄歌声的翅膀引吭高歌，勇往直前。"刘冯文化"主题音乐应设计如下系列主题音乐歌曲：

《刘冯颂》《钦州——刘冯的故乡》《钦州——英雄的摇篮》《今日刘冯星光灿烂》《刘冯精神赞》《钦州英雄城》《民族英雄的情怀》《走进英雄城》等。这些歌曲要求主题鲜明，立意新颖，富于激情。歌曲中，要把"刘冯文化"内涵、钦州市城市风光及大海一样的情怀，充满艺术激情地展现在世人面前，让世人从"刘冯文化"主题音乐中领略到英雄城市的魅力。

通过这些音乐歌曲，把钦州市的城市文化定位在刘永福和冯子材两位英雄身上。并且把刘永福和冯子材的故事通过 MTV 表现出来，从而让更多的人知道钦州市就是英雄的城市。将英雄的概念传递给世界观众，以提高钦州市英雄城市的国际知名度。要让这些歌曲从不同角度，歌颂刘永福和冯子材两位英雄，歌颂钦州市山海风光，从而形成钦州市独特的音乐文化载体。因此，钦州市政府应在拍摄过程中大投入、大制作，在制作上一定要请国内、国际一流水准的导演来拍摄，达到中国名人主题音乐 MTV 风光片制作的最高水准。制作的效果越好，人们对钦州市英雄城市的憧憬越多；制作的效果越佳，钦州市英雄城市的人气会越旺。让每一个人看完"刘冯文化"主题音乐 MTV 后，都产生一种激情、一种冲动、一种向往，都想到钦州市这座古城，一睹钦州湾大海的魅力，一睹"刘冯文化"的魅力。

四、让"刘冯文化"刷新海洋文化艺术节的品位

以节兴市，是城市发展的最好的途径。一个城市举办什么档次的节日，定位什么节日的品牌，这对一个城市的经济、文化发展相当重要。举办什么节日已经和提升城市竞争力上升到一个战略地位。一个城市举办什么样的节日，就是一个城市品牌化的具体象征。城市品牌就是城市的无形资产，而城市的无形资产可转换为巨大的有形资产。1998 年时任深圳市委书记高丽和时任市长李子彬带队到大连考察，他们看到大连国际服装节举办得红红火火，不禁心动，一个提升城市竞争力的构思就此形成：把一年一度传统的荔枝节改为深圳市高科技产品交易节。2000 年，深圳市高科技产品成交总额达 64 亿美元。南宁市本来默默无闻，但从 1999 年和中央电视台、文化部联合举办"南宁国际民歌节——大地飞歌"以来，在海内外引起了强烈反响，一时间海内外对南宁市刮目相看，城市知名度提高，旅游游客数量以 30% 递增，外商纷纷到南宁市投资开发。

为了实施"以节兴市"战略，自 2004 年以来，钦州市一年一度的"钦州国际海豚文化节"已经成功举办五届，这是钦州市集文化、娱乐、旅游为一体的综合性年度重大节庆。"钦州国际海豚文化节"以恢宏的气势展现了广西北部湾经济区风生水起的景象，同时体现钦州市扬帆引领北部湾、打造发展新高地的决心。"中国钦州三娘湾观潮节"也已连续成功举办六届，以海潮传情，让神奇、壮丽的三娘湾大潮"涌"出钦州市，"涌"向全国，成为中外游客竞相争睹的一道大自然奇观。但也应该看到，随着钦州市的大开放和大开发，钦州市国际海豚文化节和三娘湾观潮节已经容纳不下钦州湾大海的海文化内涵，而且观潮节只限于观潮这一单纯内容上，与开放型的形势发展战略存在着较大距离，两个节日很难成为具有国际知名度的城市品牌。

因此，钦州市应在打造城市文化设计中，在原来的"中国钦州国际海豚文化节""中国钦州三娘湾观潮节"两节日基础上，重新设计"刘冯文化节"。"刘冯文化节"应以深厚的英雄文化底蕴和浓烈的国际情调，成为钦州市面向世界的城市名片。要求从主题到形

式，从内容到规模，要达到国内任何城市节日的艺术水平，成为中国城市举办节日的品牌之最。从而使钦州市一夜之间让世界刮目相看，把世界的注意力集中到钦州市滨海新城身上，让钦州市受到世界瞩目。

五、让"刘冯文化"放飞海洋园林文化的理念

园林文化是一个城市的灵魂，以其承载的文化内涵生动地展现着城市的品位高度、发展速度和文明程度，已经成为城市竞争力的重要内容。因为当今世界经济发展的主流是实现可持续发展的绿色经济、环保经济。环境、生态、绿化建设已经作为绿色 GDP，成为一个城市、一个地区经济发展的竞争力和生产力。而建设有特色的城市，迫切需要学习国际先进园林艺术经验，加强园林文化建设，提高城市园林绿化的水平，推动生态文明建设，把城市建设得更美、更好、更宜居。深圳市是 1980 年国务院批准设立的我国第一个经济特区，是由一个昔日的边陲小镇发展成为具有一定国际影响力的新兴现代化城市。建市不到 15 年，深圳就通过实施规划建绿、见缝插绿、拆墙透绿、垂直挂绿、屋顶造绿、拆迁增绿等措施，于 1994 年被国家建设部授予"国家园林城市"，2006 年又被国家建设部确定为创建"国家生态园林城市"示范市。

随着城市现代化进程的加快，创建生态园林城市，打造园林文化，是钦州市责无旁贷的必然选择。2010 年，钦州市委、市政府提出实施"园林生活十年计划"，努力实现十年"三级跳"目标。争取到 2012 年，创建成为广西园林城市；到 2015 年，创建成为国家园林城市；到 2020 年，创建成为国家生态园林城市。通过建设一批生态保护区、一批城市公园、一批林荫大道、一批街头绿园、一批园林式单位，营造林在城中、城在林中、人在景中的城市生态景观，形成城市公园和街头绿园星罗棋布、园林单位和绿化庭院比比皆是、一街一景、步移景异的绿化园林格局，实现四季常青、四时花香、青山绿水、碧海蓝天。但目前钦州市打造园林文化还缺少一种"建设蕴含'刘冯文化'特色的生态园林城市"的理念，因此创建国家园林城市还缺少一种刘冯英雄历史文化的融合。

因此，钦州市在打造园林文化中，应把"刘冯文化"艺术元素融入所有的园林景观中去，让每一处园林景观都体现出"刘冯文化"的意象。在园林绿化景观中，用各种花卉设计成不同立体的和平面的刘冯景观图像，用各种草坪设计成不同图案的刘冯景观图像。用低矮的树木设计成钦州市英雄城、"刘冯文化"艺术节、刘冯学术论坛、刘冯故居等景观图像。让"刘冯文化"在整个园林景观中体现出来，赋予城市园林景观"刘冯文化"精神的内涵，使城市园林变成一种鲜活的自然语言与刘冯对话和情感沟通，让人们体会到钦州市"刘冯文化"的无处不在和浓烈气氛，让城市园林真正成为"刘冯文化"的一道景观，让没有文化的园林景观变成一种表现"刘冯文化"的城市绿色景观画卷，让钦州市在城市公共视觉艺术上找不到一个"刘冯文化"的空白点。

六、让"刘冯文化"彰显海洋旅游文化的特色

文化和旅游是新时期最大的看点和卖点，已被列入各地政府全力培育的支撑产业和倾力发展的支柱产业。旅游文化已成为时下人们求新、求知、求乐的一种时尚社会活动。名人文化是历史累积的结晶、是一个地方独具特色的深厚传承、是旅游中弥足珍贵的资源、是人们梦寻的精神追求。一个拥有历史名人的城市，才是一个人文色彩丰盛的城市。广州

有着 2000 多年的历史，名人辈出，近年来广州整合资源开发名人旅游，把毛泽东、孙中山、鲁迅等在广州留下的一连串的历史足迹"串"起来，成为了一条条极有价值的名人文化旅游线路。

为了提升钦州市的文化内涵和品位，发扬光大钦州市"刘冯文化"，使"刘冯文化"成为钦州市举世瞩目的"标签"与旅游吸引点，钦州市努力打造"刘冯文化"。2001 年 6 月，国务院公布刘冯故居为全国重点文物保护单位，先后有 40 多个国家及中国港澳台数百万中外游客前来参观，留下 100 多件赞颂英雄的墨宝。但目前刘冯旅游文化内容单一，刘冯故居规模小、缺少内涵。这就要求钦州市不能深处独特刘冯英雄文化资源中不知其重，手捧着金饭碗讨饭吃，要有仰视英雄而自疚，传播英雄而尽责的情感，迅速行动起来挖掘打造钦州市特有的"刘冯文化"品牌。

因此，钦州市打造"刘冯文化"旅游品牌应抢抓机遇乘势而上，整合和发挥"刘冯文化"资源优势，使之成为加快钦州市经济发展的助推器。一是要高起点规划，高标准发展。科学制定完善《钦州刘冯文化旅游发展规划》，做到科学性强、标准高、管长远、特色明。二是要培育市场主体，借资壮大规模。按照"谁投资、谁管理、谁受益"的原则，采取政府搭台、企业运作的形式，引导金融机构、国内外知名的旅游企业、民间资本进军旅游市场，形成多元化的"刘冯文化"旅游开发投入机制。三是要开发建设骨干景点，借力开发"刘冯文化"资源。要按照"创建特色、打造精品"的要求，抓住"刘冯文化"这个灵魂，尽快建设刘冯雕塑主题公园、刘冯艺术大道、刘冯文化广场、刘冯梦幻公园、刘冯园林景观等景点，并围绕刘永福和冯子材的传奇轶事开发一批配套景点，形成"刘冯文化"旅游景区体系，打造精品景点，提高钦州市旅游景点的品位和核心竞争力。

北部湾海洋文化遗产的保护与传承探析

钦州市群众艺术馆办公室办事员　黄晗晗

一、引言

广西北部湾是一座文化宝库，这里蕴藏的文化资源极为丰富。在长期的历史发展进程中，这里的汉族、壮族、瑶族等十二个民族不仅创造了大量有形的物质文化遗产，而且创造了丰富的海洋文化遗产。海洋文化遗产是一个地方的历史记忆、是文化积累和文化涵养的魅力体现。抢救与保护海洋文化遗产，是传承北部湾文明的重大课题。

二、广西北部湾的海洋文化遗产是一座珍贵的文化宝库

（一）一部珍贵无比的文化"百科全书"

海洋文化遗产的产生发展离不开大海洋、大自然的馈赠，离不开乡土的滋润，离不开生活的点点滴滴，不仅是劳动人民质朴的文化观念的反映，还是一种源于生活而高于生活的艺术追求。北部湾地处岭南西部，面向东南亚，特殊的地理环境造就了特色鲜明的北部湾海洋文化、丰富多彩的民族文化和带有异国风情的边疆文化。北部湾海洋文化遗产蕴含其中，钦州市的海豚节、大蚝美食节、海歌节，东兴市的京族"哈节"，南宁市的国际民歌节，北海市的珍珠节等民族民间文化遗产数千年薪火相传，丰富多彩，变化多端，造型独特，形式多样，还蕴含着丰富的哲学思想、美学意蕴，是一部珍贵无比的文化"百科全书"。

（二）一首灿烂辉煌的民族"史诗"

广西北部湾的海洋文化遗产资源十分丰富，是一首灿烂辉煌的民族"史诗"。从汉代链接东西方文明的"海上丝绸之路"，北宋时期商品交换贸易的钦州"博易场"，明清时期专门贸易珍珠的"廉州珠市""珠还传说"，到今天的"南宁国际民歌艺术节""东兴京族哈节""钦州海豚节""钦州大蚝美食节"等一些大型活动，不仅展现了北部湾滨海地区灿烂辉煌的海洋文化遗产，还激发了民众保护海洋文化遗产的意识。一行行字符，一个个历史故事，诉说着北部湾海洋文化遗产的灿烂辉煌。即使历时久远，但也不会被历史尘封，更不会被历史遗忘。

（三）一块古老独特的民间"活化石"

虽然钦州市处于少数民族地区，但是各地区民族风俗不同，地域风情与民族文化还是有点差距的。如钦州市的海豚节、大蚝美食节、海歌节，东兴市京族"哈节"，南宁市的国际民歌节，北海市的珍珠节等，这些艺术成就展现了原始艺术形态的显著特征，是古老民族先民的智慧结晶，是一块古老独特的民间遗产"活化石"。

三、广西北部湾海洋文化遗产保护的现存问题

广西北部湾的海洋文化遗产正面临着严峻的形势，主要表现在：保护观念落后，方法存在误区和偏差；专业保护人员匮乏，研究不充分；保护机制不够完善，脱离了群众基础。

（一）保护观念落后，方法存在误区和偏差

海洋文化遗产从一开始就处于草根状态，被认为不登大雅之堂，因此，长期以来一直被人们所忽略，没有得到应有的重视与保护。但是，近年来，情况有所改观，随着人们保护海洋文化遗产意识的觉醒，这种现象虽然有所减弱，但保护观念仍然落后，方法仍存在着误区和偏差。在大多数人的观念意识中，海洋文化遗产的保护，并没有什么重大价值、意义，甚至被认为是一种落后的、淘汰的环境举动，或者被认为是 20 世纪进行民间文艺集成工作的翻版。随着科学技术的发展，许多保护机构、单位开始在保护过程中大量地利用科学技术，在这样潜移默化的意识观念影响下，海洋文化遗产应有的神秘感逐渐消失。海洋文化遗产的保护和评审甚至被当地很多政府部门当作一个发展地方经济和提高地方知名度的商机，忽视了海洋文化遗产应有的价值。由于保护观念的落后，许多海洋文化遗产传承的乡村农民群体还没有意识到海洋文化遗产的精神内涵，对海洋文化遗产缺乏应有的人文关怀。由于方法的误区和工作的偏差，属于广西北部湾的南宁市有"壮族歌圩""邕剧"等国家级海洋文化遗产保护名录，而其他的城市只有一个国家级名录。

（二）专业保护人员匮乏，研究不充分

广西北部湾位于中国南海西北部，毗邻东南亚，有着古朴的海洋风味和丰富多彩的民族民间生态文化。但由于专业保护人员的匮乏和研究的不充分，致使许多海洋文化遗产流失。据相关信息反映，当今社会十分缺乏既掌握民间文化又有研究能力的人，这就使得海洋文化遗产的保护更加困难。相对于北部湾海洋文化的博大精深，目前的研究是不够深、不够广的，而是大多是一己之见，并没有出现整体、系统的整合，并且很多开发方向并不明确，工作力度不够，因而并不能适应现代形势的发展。

（三）保护机制不够完善，脱离群众基础

广西北部湾虽一直秉承"保护为主、抢救第一、合理利用、传承发展"的保护、利用、开发方针政策，并陆陆续续出台了大量相关的海洋遗产法律保护文件，但是直至现在，始终没有形成一个有效、完整的整体运行机制，相关的配套措施、方法也没有落实到位，而且海洋遗产保护的力度更是缺乏各种监督保护措施，有待进一步地提高和完善。《广西壮族自治区民族民间传统文化保护条例》虽然已经公布，但是，无论是体制上还是机制上，无论是奖惩方面还是监督方面，海洋文化遗产的保护工作尚需要进一步地完善。作为民族民间文化，海洋文化遗产的存在和保护必须依靠人民群众的实际参与，这也是海洋文化遗产公共性的体现，人民群众通过学习、利用和传承，以及各种动态活动的阐释，不仅体现了海洋文化遗产独特的魅力和内涵，还营造了一种良好的文化环境。脱离了群众基础，就相当于失去了营养支撑，对海洋文化遗产的保护也是缺乏生命力。

四、广西北部湾海洋文化遗产保护的建议及对策

作为广西各族人民世世代代传承的广西北部湾海洋文化遗产，不仅与广西群众生活密切，更是扩展了当地固有的传统文化表现形式，扩大了百姓日常文化生活空间。并且，作为一种当地珍贵的文化历史资源，作为广西历史发展的见证，加强广西北部湾海洋文化遗产的保护是我们未来广西北部湾发展的必然方向。北部湾位于中国西南部，毗邻东南亚，是各个民族聚居之地，有着悠久的历史和独特的海洋风味。北部湾文化遗产不仅是当地人民智慧的结晶，更是在维系各族人民感情与祖国统一方面发挥着不可替代的作用与功能，这一丰富的海洋文化遗产在不断发展自我的同时，更是丰富着整个中华传统文化的形式与色彩。但是，在当前科技的发展下，环境污染加剧，许多海洋文化遗产遭到了破坏，及时抢救、保护和传承各地区各民族的海洋文化遗产具有非常重要的意义。

（一）因势利导，采用动静结合的方法

对海洋文化遗产的保护要因势利导，采用动静结合的保护方法。从实际出发，一方面采取确认、立档、保存的静态保护，另一方面进行宣传、弘扬、传承、振兴的动态保护，采取动静结合的保护方式。静态的保护是以设置博物馆、海洋文化遗产保护中心等物质载体的方式将其固定化。而动态的保护则是通过多种方式予以整合，如实物、工具等物质载体，以及录像、声音、多媒体等手段，这样不仅扩大了海洋保护的可利用空间，而且通过这些多元化的手段的整理、收集、归档，教育传承和新闻媒体等渠道也得到相应的扩展。通过教育来传承，适当地开设具有地方特色的海洋文化遗产课程，普及相关知识，培养传承人。通过新闻媒体，大力倡导和宣传，使广大民众充分认识到海洋文化遗产对中华民族、华夏文明的重要性，形成保护海洋文化遗产的主动积极态度。

（二）拓宽研究，完善开发保护的体系

无论是广西北部湾海洋文化遗产的海洋调查，还是其传承发展，都必须以相应的制度作为前提和保障。近年来，广西出台了一些关于民间传统文化保护条例，尽管如此，对海洋文化遗产的保护仍需要建立更详细和更全面的管理体系、确认体系、评估体系、传承体系以及知识产权保护体系，构建、完善不同岗位所需的相关技术规范和操作办法。首先，明确各个参与主体的权利与义务、职责是任何保护措施完善的基础。其次，确认保护对象，以县、乡保护管理中心为主体，通过各种途径确认海洋文化遗产的相关知识的科普与文化价值，更要明确文化遗产的传承者、拥有者等；组成评估机构，对未确定的海洋文化遗产进行审议和实地考察，当然，对于已经确认的海洋文化遗产也不能松懈，仍然要对其进行价值与濒危程度的评估；构建传人传承和文化生境的传承模式，选拔和培养海洋文化遗产的传人，研究如何传播带有海洋文化遗产的绝技，对文化生境的传承环境进行保护。最后，实行知识产权保护制度，如属于海洋文化遗产中的歌曲、故事、诗歌等可根据《中华人民共和国著作权法》的相关规定进行保护，如少数民族的医药、手工技艺等则可通过《中华人民共和国专利法》的相关规定进行保护。

（三）以人为本，营造全民保护的氛围

作为一种与人民群众生活密切相关的活的文化遗产，一种世世代代、薪火相传的非物质文化遗产存在形态，北部湾的海洋文化遗产的保护应时时刻刻强调以人为本的理念，这

不仅包括人的技艺、经验，还包括从人的精神方面把握这种活性的海洋文化遗产，形成一种全民保护的良好氛围。首先，任何非物质文化遗产的保护关键在于人的保护，因此，应注重对于海洋文化遗产这种传承人的培养，加大民族文化生态保护工作队伍的培养力度。鉴于当代各种文化娱乐活动的丰富与复杂，现代生活节奏的加快，民族文化在这些复杂情形的冲击之下，能够继承与传承当地民族文化的优秀人才越来越少，因此，民族文化面临着无人继承、绝迹的危机。如广西北部湾的钦南区海歌，会唱的都是六七十岁的老人，年轻一代根本不会唱；再如东兴市京族独弦琴的弹奏技艺，仅有苏春发一位独弦琴艺术代表。因此，我们应当时刻秉承以人为本的精神，不仅签订各种协议，资助培养传承人，以稳定传承人的心理，减轻他们的经济负担，同时，应当通过官方来予以认定和命名各种级别的传承人，从而使得他们的社会地位得到有效提高，将祖先珍贵的记忆代代传下去。其次，要营造氛围，全民参与保护。把国务院实行的"文化遗产日"作为契机，利用各种媒体手段、宣传渠道开设专题、专栏和举办展示、讲座、论坛等活动，使民众更多地了解海洋文化遗产的深刻内涵；另外，营造一种社会保护氛围，使得民间社会保护积极性得到显著提高，并在这种良好的氛围下，通过民间的力量自主传承，如独弦琴等，最终达到培养出民族文化生态保护与社会经济发展的复合人才的目的，形成一种人人爱保护、人人会保护的氛围。

（四）摸清家底，扩大保护资金的投入和使用

资金投入不足，这是当前广西北部湾海洋文化遗产保护的当务之急。为更好地保护北部湾海洋文化遗产，首先应先摸清各种海洋文化遗产的家底，确认其等级和价值、评估资金投入的多少，避免投入了资金而没有起到任何效果。其次是落实、保障、监督保护资金的投入和使用，确保保护工作有着充足的资金支持。最后，完善资金的筹措机制与管理花费机制。要不断地扩大民间组织以及相关社会团体的筹款力度，而非仅仅限于过去的单一政府筹措机制。

（五）开发利用，促进与旅游服务业的协调统一

当今世界不少海洋文化遗产正面临着灭绝和消亡的危机，由此可见，对海洋文化遗产资源进行开发与利用具有重要意义。广西北部湾毗邻东南亚，依山傍海，海洋文化遗产丰富多彩，富有地方民俗文化特色，因此可以采用开发利用的方式来促进保护。一方面，把海洋文化遗产引入市场，经过仔细的实地调查研究后，通过将海洋文化遗产引入市场，从而达到在激烈的市场竞争中激发其内在活力的目的。另一方面，促进海洋文化遗产与旅游服务业的协调统一，以旅游这种媒介方式拓展海洋开发、保护的有效途径。应当借鉴"越是濒临灭绝和消亡的东西，越吸引当今的都市旅游者"的启发，如通过举办"东兴京族哈节""钦州大蚝美食节""中国钦州国际海豚节"等一些大型活动，不仅展现了北部湾滨海地区珍贵的海洋文化遗产，还拓展了海洋文化遗产的生存空间，提高了海洋文化遗产传播度。

浅谈广西北部湾海洋历史文化资源保护与开发利用

钦州市群众艺术馆办公室办事员　黄晗晗

一、引言

文化是一个民族的根，是一个民族的魂。海洋历史文化资源既是城市文化建设最基本的依据，也是城市的根脉。对于海洋历史文化资源的研究也就是对人类自身文明发展规律的研究。广西北部湾历史悠久，海洋历史文化绚丽多彩，独具特色。秦末汉初的北海"海上丝绸之路"，唐代的钦州"坭兴陶"，宋代的"钦州博易场"，明代的防城古街，还有合浦石湾的大浪古港，防城港市的企沙码头、茅岭古渡、洲尾古码头，钦州乌雷码头、江东博易场遗址、龙门港等古码头遗址，潭蓬运河遗址、伏波故道等古运河，北海造船遗址、白龙珍珠城遗址及七大珠池遗址等生产遗址，烽火台和炮台、军营和屯寨等海防、海战遗址，东坡亭、东坡井、海角亭、惠爱桥、防城港市境内的"大清国1~33号界碑"、海上胡志明小道等历史人物足迹或历史场景，以及防城港市的京族"哈节"、钦州市汉族的"跳岭头"、北海市的"咸水歌"等，都是广西无价之宝贵遗产。保护与开发利用广西北部湾海洋历史文化资源，实施文化带动战略，打造广西文化品牌，彰显广西北部湾地域特色的文化亮点，走出一条文化与经济完美结合之路，是广西北部湾文化在创新中继承与发展的重要途径。

二、广西北部湾海洋历史文化资源的八个显著特点

（一）重大历史事件多

仅1840年鸦片战争以来就有黑旗军抗法、镇南关大捷、"台湾保卫战"等重大历史事件。其中1895年"台湾保卫战"是中日战争中刘永福率部与中国台湾军民抗击日本侵占中国台湾进行的保卫战。1895年6月中旬，日军分两路进犯中国台湾新竹，刘永福率部会同抗日义军徐骧、吴汤兴、姜绍祖等部奋勇迎战，据险抗击，打得日军溃不成军。

（二）杰出历史人物多

钦州市有抗法英雄刘永福和冯子材，东兴市有粤军将领陈济棠上将；南宁市有中国妇女运动的杰出领导者邓颖超、解放军高级将领莫文骅；合浦县有梅艳芳。

（三）国家级历史文物保护单位多

广西北部湾有多处国家级重点文物保护单位，如合浦县的大士阁，合浦县的合浦汉墓群，北海市的北海近代建筑群，钦州市的刘永福和冯子材旧居建筑群，防城港市的广西沿边市县的连城要塞遗址，南宁市的昆仑关战役旧址。

（四）"中国历史文化之最"多

一是中国铜鼓最多的博物馆。位于南宁市的广西博物馆现收藏铜鼓 300 多个，占世界铜鼓收藏的 1/5。二是世界上采集天然珍珠最早的地区。据《汉书》记载，广西合浦县的采珠业从汉朝就已开始，到东汉达到鼎盛时期，迄今已有 2000 多年的历史。三是三娘湾是世界上白海豚最多的海湾。目前三娘湾的白海豚达 1000 多只，占世界白海豚总数的 1/3。

（五）风景名胜多

目前，广西北部湾沿海共有 5 处自治区级风景名胜区，即北海市的南万—涠洲岛海滨风景名胜区，钦州市的六峰山—三海岩风景名胜区，南宁市的青秀山风景名胜区，防城港市的江山半岛风景名胜区和京岛风景名胜区。

（六）国家级森林公园多

有 3 个国家级森林公园，即北海市的冠头岭国家森林公园、南宁市良凤江国家森林公园、防城港市上思县的十万大山国家森林公园。有 1 个国家级旅游度假区，即北海银滩旅游度假区。

（七）民族风情多

广西北部湾是以壮家、客家为主体的多种少数民族聚居之地，他们各自不同的语言、不同的服饰、不同的建筑物、不同的工艺特产和不同的烹调技术，构成了多姿多彩的沿海民族风情，不同的生活习惯、不同的风土人情、不同的喜庆节日和不同的民间艺术，为民族风情观光旅游提供了良好的条件。如南宁市壮族的三月三歌圩、防城港市京族的"哈节"、钦州市汉族的"跳岭头"、北海市的"咸水歌"等，都充满着浓郁的民族风情。

（八）方言多

广西北部湾沿海的方言之多，堪称全国之最。流传比较广的语种有 6 种：流传在南宁市、钦州市、防城港市、北海市一带的"粤语"；流传在合浦县一带的"客家话"；等等。

三、广西北部湾海洋历史文化资源保护与开发利用存在的八个问题分析

（一）文化资源保护和文化产业开发的规模较小

由于广西北部湾文化资源保护和文化产业开发起点低，底子薄，缺乏科技含量，发展后劲不足。特别是许多从事文化产业的企业，受资金、技术、文化程度等方面的制约，各自为营，零散经营，抵御市场风险能力弱。如杰出历史人物的保护与开发利用缺乏统一规划，钦州市的"刘冯文化"等缺乏科技含量。

（二）文化资源保护和文化产业开发的发展水平不平衡

由于广西北部湾的文化产业发展大多是依靠旅游业，因此文化产业开发和经营状况较好的企业，基本上集中在历史文化名城南宁市，其他城市则相对滞后，绝大部分优秀民族民间文化还得不到更深层次的挖掘和充分的开发利用。如南宁市的国际民歌艺术节被中国节庆协会评为最具影响力的十大节庆活动之一，而钦州市的国际海豚艺术节起步艰难。

（三）文化资源保护和文化产业市场化程度相对较低

由于大多数文化活动依靠政府操办，未独立进行市场化运作，直接经济效益有限。扁

平式的简单重复建设，活力明显不足，使大多数文化经营单位都在相对较低的水平上，像桂林市的山水实景剧《印象·刘三姐》这样的产业化运作太少，而像钦州市的坭兴陶以传统作坊的方式运作太多。资金、人才、劳务、科技、产权等要素市场发展滞后，这些问题严重阻碍了把文化产业作为支柱产业培植的进程。

（四）民族民间优秀传统文化的保护难度正在加大

随着经济的发展，广西北部湾对外开放的势头迅猛发展，外来文化对本地民族传统文化的冲击越来越大。广西北部湾许多优秀的民族民间文化大部分都保留在贫困地区，如防城港市京族的"哈节"、钦州市汉族的"跳岭头"、北海市的"咸水歌"等，没有得到很好的开发利用。

（五）面临着文化资源保护和文化产业开发的人力资源制约

由于对现有的人力资源利用不充分、引进人才不够、对人力资源的培养不够，具有专业水准的文化资源保护和文化产业开发经纪人、制作人、策划人、代理人十分稀缺。

（六）资金的短缺是最大的难题

由于资金的短缺，很多文物古迹年代久远且缺乏修缮，显得十分破败。钦州市的刘永福、冯子材旧居建筑群是国家级重点文物保护单位，但资金的短缺让这一国家级重点文物保护单位在维修维护上感到捉襟见肘，出现问题只能缝缝补补，不能从根本上解决发展的"瓶颈"问题。

（七）历史文化挖掘深度不够

广西北部湾很多历史文化内涵丰富、意蕴深刻，如"黑旗军抗法""台湾保卫战"等，具有重要的历史和现实意义。但由于在研究开发海洋历史文化资源时，人们往往只注重其历史文化价值的开发利用，没有深度挖掘其所蕴含的时代价值，没有从发展先进文化、提供精神动力、做好历史文化产业等方面下功夫。因此，到目前为止，广西北部湾拥有较高知名度的历史文化产品相对不多。

（八）海洋历史文化资源保护与开发利用的意识亟待增强

在海洋历史文化资源保护与开发利用过程中，由于一些领导的保护与开发利用意识不强，重开发利用，轻资源保护；还有相当多的具有很高价值的文物古迹还没有发挥其应有的作用，在有些地方文物古迹遭到严重破坏的情况不断发生，利用文物古迹进行封建迷信活动的情况也不鲜见；还有些地方的行政长官，打着建设"文明村""小康村"的旗号，对文物古建大动干戈，不惜以损毁历史文化为代价，来建树自己的所谓"政绩"。

四、广西北部湾海洋历史文化资源保护与开发利用的八项对策研究

（一）争创历史文化名城

历史文化名城，是一种荣誉与骄傲、是一座城市富有文化品位的标志，也是一座城市延续发展的重要资源。争创历史文化名城，是一座城市文化底蕴深厚、进步向上的体现。但是，在全国 133 座国家历史文化名城中，广西只有桂林市、柳州市和北海市入选。钦州市自秦汉以来一直是我国南方重要的商埠，是海上古丝绸之路始发港。钦州得名于 1400 多年前，而钦州市的坭兴陶艺作品已有 1300 多年历史，在 1915 年参加美国巴拿马旧金山

举办的国际博览会上获得金奖，名列中国四大名陶。钦州市人才辈出，清代冯敏昌是广西古代壮族文人留下著作最多的作家，诗文累计 200 多万字。钦州市对外贸易历史悠久，早在东汉就有在合浦开珠市的孟尝，孟尝开市标志钦州开始了对外贸易。钦州市成为南方历史悠久的贸易中心，可以追溯到元、明两代。钦州市涌现了一大批英烈志士。晚清的刘永福 18 年坚持抗法，并在中国台湾勇击倭寇；冯子材在镇南关抬棺抗敌，大败法军。辛亥革命时期，黄明堂和陈德春两位将军追随孙中山，反抗清王朝。抗日战争时期，驻钦州军民抗击在龙门港登陆日军，歼敌 3500 多人。钦州市历史悠久，文化遗产丰富，拥有 47 处文物保护单位，刘永福、冯子材旧居建筑群被列为全国重点文物保护单位。钦州市风景胜地数不胜数，拥有孙中山先生在《建国方略》中规划的南方第二大港——钦州港。拥有明清两朝评出的王岗春色、六峰缀秀、龙泾环珠、刘冯宝第、灵东浴日、麻蓝仙岛、越州天湖、椎林叠翠"钦州八景"。此外，钦州市的采茶、海歌、山歌、跳岭头、舞狮舞龙、节日对歌等历史文化名誉国内外。因此钦州市完全有条件创建历史文化名城。

（二）积极探索与东盟文化产业合作的新路子

广西北部湾作为中国—东盟文化交流与合作前沿枢纽，近年来以中国—东盟博览会为代表的会展品牌、以南宁市的国际民歌艺术节为代表的节庆文化品牌、以《八桂大歌》为代表的广西民族歌舞品牌，在东盟国家社会各阶层产生了广泛影响。当前，广西北部湾应加大力度办好文化产业论坛，高起点搭建中国—东盟文化交流合作平台。做好"中国—东盟文化产业合作基地"规划，推进中国—东盟博览会文化产业馆建设、面向东盟的广电制作与传播平台构建、大型文化巡展和综艺巡演、文化人力资源开发等重点项目。借鉴中国《印象·刘三姐》的经验，在东盟国家开展多种演艺经营项目，形成多条互惠共赢的海洋文化旅游演艺产业链。

（三）以打造旅游品牌保护海洋历史文化遗产

当前，一个不可阻挡的趋势就是利用历史文化遗产资源，促进地方旅游产业发展。世界发展历史证明，经济越发达的地区，历史文化遗产保护得越好。广西的实践也证明，历史文化遗产保护得越好，旅游经济发展得就越快。例如贺州市昭平黄姚古镇，古城的保护越好，旅游发展带来经济效益越可观。因此，当前，广西北部湾应进一步加大中国台湾抗战历史文化、刘永福和冯子材抗法等历史文化的开发利用，不断促进广西北部湾海洋历史文化旅游业的发展和历史遗址知名度的提高。

（四）实施可持续旅游发展战略

在海洋历史文化旅游资源开发与保护中，要以资源保护为前提，努力开发和推广海洋历史文化绿色旅游产品。同时用好海洋历史文化旅游资源开发的收益，在保护旅游资源和改善、美化资源环境中取之于资源，用之于资源。

（五）融入现代元素实现推陈出新

要大力张扬与发展原生态存在的历史资源其蕴含的文化，要让历史文化与时俱进，融入现代元素实现推陈出新。例如《印象·刘三姐》融入现代元素，近年来吸引越来越多的消费者。因此，开发利用海洋历史文化资源仿古不能泥古，必须与现代科技结合，融入现代元素，达到推陈出新的效果。

（六）提炼文化符号塑造品牌

历史文化资源是一种丰厚的文化底蕴，提炼文化符号、塑造品牌，是开发利用历史文化资源创造价值的重要保证。如桂林市打造的"南宁国际民歌艺术节"，就是利用"民歌"文化符号塑造品牌的典范。"南宁国际民歌艺术节"于1999年11月成功举办了大型广场文艺晚会《大地飞歌》后一炮走红。这是因为"南宁国际民歌艺术节"以开阔的国际视野和强劲的现代气息和浓郁的民族风情，赢得了国内国外的赞誉。"南宁国际民歌艺术节"每届新创意都有新的收获，例如在2005年国际节庆协会（IF-EA）行业评选活动中，"南宁国际民歌艺术节"获最高奖——综合类铜奖，并入选"中国最具国际影响力十大节庆活动"。这是中国节庆协会组织在国际节庆领域的第一次获奖。此次评选活动共有来自世界各地的1500多个节庆协会参加角逐。

（七）通过创意将海洋历史文化资源转变为经营资本

创意产业是一种新兴产业，创意是将文化资源转变为经营资本的前提，是促进经济全面协调可持续发展的推动力，是打造民族文化品牌的保证，是弘扬民族文化、提高自身的综合竞争实力的原动力。"南宁国际民歌艺术节"于2002年改变传统节庆文化的办节思路，实现文化品牌向产业品牌的转化。1999年首届民歌节时，南宁市的对外经贸洽谈签约额为70亿元左右，到2018年，签约额已超过1000亿元。

（八）设立海洋历史文化专项基金

广西北部湾经济区市、县各级财政应设立海洋历史文化资源保护工程专项基金，用于各级海洋历史文化资源文史资料的搜集、整理和宣传工作，用于收集和收购珍贵历史资料和实物，用于修缮和陈列各地海洋历史文化资源，使之真正做到产业化发展。

提升广西北部湾海洋文化软实力初探

钦州市中级人民法院　黄婷婷

一、引言

文化是一个地方的根脉，面对激烈的竞争，只有认识文化的价值，重视文化建设，才能大力发展、大有可为。软实力是文化和意识形态吸引力体现出来的力量。表面上文化似乎很"软"，但却是一种不可忽略的伟力。习近平总书记指出，提高国家文化软实力，关系"两个一百年"奋斗目标和中华民族伟大复兴中国梦的实现。为此，广西北部湾必须从战略上思考和谋划海洋文化软实力的提升。

二、让民间艺术成为提升广西北部湾海洋文化软实力的联动器

广西北部湾有粤剧、采茶、跳岭头、鹩剧、海歌、八音、唱春牛、舞麒麟、舞青龙、竹马舞、耍花楼、木偶戏、烟墩大鼓等形式多样的具有北部湾特色的民间艺术。特别是国家级非物质文化遗产名录、中国四大名陶之一的"坭兴陶"以其精巧的工艺和独特的窑变技艺闻名海内外，与壮锦一起并称为广西"二件宝"。广西北部湾还有刘永福和冯子材故居、中国楹联第一村"灵山大芦村"、浦北大朗书院客家民俗文化村等具有岭南风格的古建筑群，以及丰富的文化旅游资源。这些文化资源是广西北部湾发展文化产业的根基和优势。因此广西应从增强城市竞争力的战略高度来做好文化工作，实施文化品牌带动战略，培育好文化产业发展环境，充分利用与整合广西北部湾各种文化资源，将资源优势转化为产业发展胜势。

当前，应凭借国家建设"海上丝绸之路"之势，培育和发展文化产业。一是要充分利用好国务院实施广西北部湾经济区开放开发战略等政策资源优势，找准发展的切入点，争取上级政策和资金支持，建设大型海洋文化主题公园、海洋文化艺术人才培训基地、东盟接待基地、茅尾海海上旅游基地、特色旅游购物与餐饮场所等文化旅游项目，加快会展和节庆产品开发，促进广西北部湾文化会展业、文化旅游业、艺术人才培训业等产业的发展。二是要研究开发、策划和包装这些文化资源，积极化零为整，通过开发建设北部湾岭南民俗文化一条街、广西北部湾千年古陶城等产业园区，将北部湾境内的各种民俗文化资源、文化元素整合起来，形成海洋文化产业规模和优势。注重把文化产品的生产与服务联结起来，形成良性互动的发展格局。注重培育和发展本地市场，积极拓展海内外市场，实现"两条腿走路"。三是加快海洋文化产业园区规划建设。学习借鉴先进地区的成功经验，利用广西北部湾科教园区大中专学校集聚、人才资源集中的优势，依托科教园区规划建设广西北部湾海洋文化产业园区。加强与高等院校合作，形成园区开发、企业入驻、产学研相结合的文化产业发展之路。四是文化扶持政策落到实处，推动市委市政府制定扶持文化

产业发展的优惠政策，通过项目补贴、贷款贴息、土地优先使用、政府奖励等方式支持海洋文化产业发展。积极鼓励文化创新，支持重要海洋文化产品开发，对创新成绩突出的企业和个人给予一定的奖励，形成文化创新的浓厚氛围。加快文化创新技术和成果转化，促进文化产业与创新的紧密结合。

三、让品牌文化成为提升广西北部湾海洋文化软实力的调控器

一是打造"刘冯品牌文化"。广西北部湾有着优秀的海洋历史传统文化，同时是一个少数民族地区，拥有长期积累、不断发展的优秀的民族特色文化；广西北部湾又是处在北部湾经济区的前沿，它吸收并发展着现代文化。广西北部湾要发掘优越的民族文化资源，继承和弘扬优秀历史文化和民族特色文化，塑造民族精神。要通过历史文化、民族文化和现代文化的有机结合和发展，努力建设具有新时代特色的广西北部湾文化。当前要打造"刘冯文化品牌"，提高广西北部湾的文化品位，增强广西北部湾城市的影响力，提高广西北部湾城市的知名度。刘永福和冯子材都是我国近代民族英雄，刘永福在越南抗法18年，在中国台湾勇击日寇，冯子材在镇南关大败法军，刘永福、冯子材保家卫国，抗法御边，名扬中外，传诵至今。孙中山先生赞誉说："余少小即钦慕我国民族英雄黑旗刘永福及南关一役。"著名诗人田汉诗云："近百年多来痛史，论人应不失刘冯。"因此，打造"刘冯文化品牌"，不仅可以提高广西北部湾的文化品位，而且可以增强城市的影响力、提高城市的知名度，对拉动城市经济发展起着积极的促进作用。

二是打造千年"古陶文化品牌"。具有1300多年历史的广西北部湾坭兴陶是中国四大名陶之一，20世纪初期，广西北部湾坭兴陶两次荣获国际金奖。近百年来，获国际国内大奖40多项。第三届"中国东盟博览会"上，广西北部湾坭兴陶"连心碗"被指定为国宾礼品赠送给东盟国家，广西北部湾坭兴陶风光无限，令世人瞩目。这是一个含金量很高的文化品牌，广西北部湾应把这一品牌做大做强。第一，要不断研制出文化韵味浓厚、造型独特奇巧的坭兴陶工艺品；第二，积极组织产品参加世界博览会、广州交易会等重量级的展销会；第三，尽快建成广西北部湾坭兴陶展览馆和博物馆，为广西北部湾增加新的具有厚重文化底蕴的旅游景点；第四，每年举办大型的坭兴陶文化节；第五，把坭兴陶的发展历史、生产流程和美轮美奂的造型艺术编写成地方教材，让广西北部湾一代又一代的中小学生接受坭兴陶文化的熏陶；第六，成立广西北部湾坭兴陶学校，专门培养坭兴陶文化、坭兴陶工艺的传人。

三是打造"海洋旅游文化品牌"。广西北部湾各市要建设旅游强市，开发旅游资源，除了自然风光之外，海洋文化也是具有开发价值的资源之一。要将广西北部湾迷人的海洋风光、悠久的海洋历史文化、绚丽的海湾风光、斑斓的海洋文化和优美的亚热带海洋生态环境很好地结合起来，实现文化与旅游、文化与经贸、文化与生态的结合。提升文化品位，创建文化品牌，营造整体效应，使海洋文化资源的开发成为广西北部湾经济发展新的增长点。

四、让和谐文化成为提升广西北部湾海洋文化软实力的助推器

一是科学做好和谐文化规划。由于新的社会阶层"社会人"的属性，他们与社区产生了密切联系，非公有制企业的管理和科技人员、自由职业者、私营企业主等都相对集中地

居住于某个小区，属于某社区管辖，这是建设好阶层和谐文化的有效途径。阶层文化和谐是社会文化和谐的基础。阶层和谐文化规划与建设成为社会生活和城市发展的内在动力和标识，是城市文化建设的重要基础工作。对于广西北部湾来说，规划与建设阶层和谐文化体系，成为城市文化建设中非常必要的工作。广西北部湾各城市应结合新一轮全国文明城市创建、人文社区建设、老城区改造和背街小巷改造工作，以丰富阶层和谐文化内涵、提升阶层和谐文化层次、展现阶层和谐特色文化为目标，加大开展"快乐周末""海难沙龙"主题文化建设力度。要通过成立社区各界人士联谊会、议事协商委员会、俱乐部等各种深受新的社会阶层人士欢迎的组织，把社区中的新的社会阶层人士组织起来，发挥他们在科技、文化等方面的优势和特长，引导他们投身到"快乐周末""海难沙龙"等社区文化建设中来。要广泛吸纳热心社区工作、爱好文化体育的新的社会阶层人士参与，建立社区文化队伍，鼓励他们定期组织开展"快乐周末"等生动活泼、丰富多彩的社区文化活动，使不同文化修养及情趣爱好，不同阶层的居民都能各展其长，各得其乐，在活动中增强他们对社区的认同感、提高他们对社区建设及地方四个文明建设的积极性。

二是科学设计和谐文化活动。新的社会阶层人员主要分布在非公经济领域，集中在新经济组织和新社会组织即"两新"组织中，因此，广西北部湾要大力加强"两新"组织的企业文化建设，引导和动员他们为国家、为社会服务。要结合"两新"组织党的建设，进行企业精神的培育，增强员工的主人翁意识，激发他们的责任感，使员工自觉地把个人目标纳入企业目标的轨道，使员工懂得企业价值观与个人价值观是统一的，把自己的命运同企业命运联系起来。应精心设计、组织策划高雅文化、本土文化等大型演艺和比赛活动，积极开展健康向上的文化娱乐活动。通过经常举办企业文化体育节、企业青年歌手擂台赛、"戏曲大家唱"等企业文化活动，丰富员工的业余文化生活，使员工在紧张的生产、工作之余身心得到放松，精神得到愉悦。通过共同活动、相互交流，加强彼此之间的了解、增进相互之间的友谊，不断提高对党组织的信赖度，增强党组织的凝聚力。

三是科学提升新的社会阶层人士的社会地位。当前，随着新的社会阶层经济地位的逐步提高，他们的政治参与意识也越来越强，希望得到社会认可、尊重的愿望也越来越迫切。因此，在加强文化建设中，广西北部湾要善于发掘依法经营、诚信经营的典型，发掘"富而思源，富而思进"的典型，发掘服务社会、奉献社会的典型，通过有关会议和报刊、广播、电视等新闻媒体，给予宣传、鼓励。对他们中的优秀分子，要通过评选先进、优秀中国特色社会主义建设者等办法，树立典型，给予表彰，大力宣传他们的优秀事迹。引导他们按照合格"建设者"的政治定位、经济定位和社会定位要求自己，把自身企业的发展与国家的发展结合起来，把个人富裕与全体人民的共同富裕结合起来，把遵循市场法则与发扬社会主义道德结合起来，带动整个群体爱国、敬业、诚信、守法、贡献，争做优秀中国特色社会主义事业的建设者。

五、让海内外联谊文化成为提升广西北部湾海洋文化软实力的催化器

海内外同胞联谊文化是在中国港澳台和海外统战工作的实践中形成的，为中国港澳台同胞和海外侨胞所接受的，对祖国、对故乡故土的认知和情感。广西北部湾的中国港澳台和海外华侨同胞有 38 万人，分布在 46 个国家和地区。他们身上留有中华民族传统文化的深刻烙印，与广西北部湾根脉相连，与家乡地缘相近，与家人血缘相亲，形成了"爱国怀

乡、和衷共济、奋斗拼搏"的独特的华侨文化。因此，广西北部湾应着力建设发展海内外联谊文化，让海内外联谊文化成为和衷共济的催化器，进而引导海外华侨同胞发挥在科技、知识、资金上的独特优势，为广西北部湾的开放开发建设添砖加瓦。

一是以弘扬悠久历史文化感召人心。广西北部湾历史悠久，人文荟萃，素有"英雄故里""千年陶都""海豚之湾""荔枝之乡"等美誉。其中，浦北县泉水镇旧州江口是中国"海上丝路"的始发港；三娘湾是中华白海豚的故乡；广西钦州市城区是刘永福和冯子材的故居；灵山大芦村是中国楹联第一村。此外还有安州古城遗址、越州古城遗址、苏东坡天涯亭、久隆古墓群、"灵山人"遗址等。在历史的长河中，广西北部湾还涌现出许多彪炳史册的名人贤达。如清末抗法抗日民族英雄刘永福、冯子材和辛亥革命前期反清英雄黄明堂、陈德春，乾隆进士、翰林编修并称"岭南三子"，广西古代壮族文人留下著作最多的作家冯敏昌等。这些不可多得的文化载体，为广西北部湾开展海内外同胞联谊文化建设提供了良好条件。因此，广西北部湾除了在"走出去"介绍宣传悠久历史文化外，更多地应"请进来"，让海外侨胞开启"寻根之旅"，以弘扬悠久历史文化感召人心。

二是以展现优美山水风光留得人心。爱美之心，人皆有之。广西北部湾依水临海，自然风光迷人，是富有特色的滨海旅游胜地。千年的历史，让广西北部湾文物古迹众多，传统文化灿烂，是桂南著名的旅游胜地。北宋大诗人苏东坡、清末民初著名画家齐白石、现代诗人田汉都曾在广西北部湾留下他们美好的诗词书画佳作。广西北部湾的自然风光秀丽，这里有阳光明媚的三娘湾海湾，三娘湾内的白海豚追逐嬉闹，是众多摄影师的绝佳题材，也是广西北部湾人最大的骄傲；有南国蓬莱之称的海上风景名胜区七十二泾，世界上最大的孙中山铜像就立于此；还有山峦叠翠的六峰山和海上仙山麻蓝岛。广西北部湾的古迹众多，有古迹保存完好的大芦村古宅，以及爱国名将冯子材、刘永福的故居等。因此，广西北部湾要着力做好山水文章，以景动人。要让海外侨胞在领略美丽风光的同时，感受家乡魅力，从而引发思乡、爱乡之情。

三是以家乡特色文化吸引人心。广西北部湾山海相连，"海上北部湾"和"山上北部湾"创造了丰富的物产，又因为这里有着历史文化传承所留下的丰富民间文艺样式，使得广西北部湾拥有了特色鲜明的民间艺术，以及众多的特产。这里是"中华白海豚之乡""中国坭兴陶之乡""中国荔枝之乡""中国奶水牛之乡""中国香蕉之乡""中国大蚝之乡"。这些乡土风情可以拨动海外侨胞心中思乡的琴弦，勾起他们对家乡的深切怀念。因此，广西北部湾要通过开展文化交流活动展示家乡特色文化，传递乡情乡谊，进一步拉近海外侨胞与家乡的距离，增进家乡人民与海外侨胞的友情，增进海外侨胞对家乡的感情，为扩大广西北部湾在海外的影响，进一步开展经济和科技文化交流奠定基础。

打造北部湾海洋文化应以十大手笔勾画

钦州市文联 黄孟林

一、引言

500 年前，海洋成为各国间往来的桥梁，世界上大国的崛起表明，海洋注定要成为孕育大国的摇篮。同样，在海洋商业活动中发展的海洋文化，也注定要成为孕育大文化的沃土。"海纳百川"，开放与开拓、包容与进取，这是海洋文化的最大特点；海洋文化开放热烈，强调征服自然和崇尚流动，这是海洋文化与大陆文化最大的区别。

海洋文化有鲜明的时代标志，体现了人类文化最新发展成果，它是一种城市文化、市民文化。其内涵包括近代的民主理念、平民意识与自由思想，从根本上提高了人的文化素质与精神境界；其外延涵盖当代的科技发明、商业流通与社会进步。海洋文化既具有地域性与民族性，又具有时代性与世界性，标志着新时代的先进文化。

广西北部湾经济区的一片海，这是我国实施"一带一路"、面向东盟开放合作的重点地区，对于我国实施"一带一路"倡议具有重要意义。随着"一带一路"倡议的实施，广西北部湾经济区将成为中国通达蓝色的向海之路，成为"一流的设施、一流的技术、一流的管理、一流的服务"的物流基地、商贸基地、加工制造基地和信息交流中心；广西北部湾三大港将建设成为"智慧港口、现代港口、绿色港口、国际港口"，成为背靠西南、面向东盟的区域性国际航运中心。广西北部湾经济区的风生水起，为北部湾海洋经济的迅猛发展，特别是海洋文化的建设提供了百年一遇的发展机遇，海洋文化发展步入了一个百年一遇的黄金发展机遇期。建设富有特色、内涵丰富、富有活力的广西北部湾经济区海洋文化，是广西北部湾经济区作为建设国际区域经济合作区的灵魂和生命，是推动广西北部湾经济区科学发展、跨越发展的动力源泉，是其发展根系和建设的根本。因此，必须从广西北部湾经济区发展的全局和长远考虑，科学谋划，精心规划，制定目标，重在建设，大手笔勾画、大气力推进。

二、"一整一扶"挖掘海洋文化遗产

充分挖掘、整理和弘扬北部湾"三港一市"（北海市、钦州市、防城港市和南宁市）海洋文化的丰富悠久的历史遗产，激活历史文化沉淀。挖掘海洋文化遗产应做到"一整一扶"。"整"就是整理，即要深入挖掘和利用"三港一市"的古陶文化、海豚文化、奇石文化等北部湾特色海洋文化，让北部湾特色海洋文化闪烁出海洋历史文化的光芒，从而点亮北部湾"三港一市"滨海城市海洋的文化氛围，把海洋文化气息传递给全国以及世界；要对"三港一市"与海洋文明息息相关的古遗迹、古典籍和古遗址进行挖掘和悉心整理，特别是挖掘整理和利用海上丝绸之路始发地的历史文化遗产，让海洋文化遗风在多年的沉睡中唤醒，从而使北部湾海洋文化赋予新时代内涵。"扶"就是扶持，即注重扶持和再包装具有北部湾地方特色的海洋文化艺术资源，加大北部湾文化遗产的保护力度。根据北部湾"三港一市"不同的文化艺术资源，要采取分类扶持、分类保护的策略。对具有广西地方特色的采茶、海歌、跳岭头、唱春牛、舞青龙、耍花楼等，可通过新曲目创排、传统曲目挖掘、抢救性保护、专业艺术院团展演、借脑借力运营及引导性公益鉴赏等方式，例如钦州市打造的"中国国际蚝情节""中国国际海豚节"和北海市打造的《碧海丝路》等，使这些富有海洋特色的文化艺术从民间走向市场、走向社会，使其成为广西沿海群众文化娱乐消费中最具民族特色、最具本土特色的一道亮丽景观，使其在"一带一路"对外国际交流方面发挥独特的作用。

三、"一类一重"构筑海洋文化布局

依托滨海城市发展规划，精心、合理构筑广西海洋文化新的发展布局。构筑海洋文化布局应做到"一类一重"。"类"就是类别，即按照城市、农村和生态三个类别，根据港口及工业岸线、城镇建设岸线、旅游观光岸线、休闲游憩岸线、养殖岸线、生态保护岸线及其他岸线七种类型以及规划建设南宁市组团、钦（州市）防（城港市）、北海市、铁山港（龙潭镇）、东兴市（凭祥市）五个功能组团，在城市、港口、产业等不同层面，依据不同的要求，做好海洋文化的发展规划，重点做好滨海新城、临海工业、沿海产业带、七十二泾和金滩、银滩、三娘湾度假区的海洋文化大文章，构筑广西海洋文化规模宏大的人文社会景观。"重"就是重点，即重点打造一系列海洋文化项目：文化投资、文化旅游、文化新村、文化交易等。南宁市应发展会展节庆业和文化产品物流业；钦州市应发展以历史文化名城为内涵的民族风情娱乐业；防城港市应发展文化旅游业；北海市应发展以海洋文化为核心的休闲观光艺术广告业；等等。

四、"一海一港"彰显海洋文化特色

大力彰显城市海洋文化形象，展现开发利用海洋资源的广度和深度。彰显海洋文化特色应做到"一海一港"。"海"就是"海味"，"港"就是"港风"，即彰显海洋文化"海味港风"的特色。当前，由南宁市、防城港市、钦州市和北海市组成的"三港一市"抱团加快建设，海洋文化也要抱团风生水起。要把海洋文化中的物质组成，表现于"三港一市"形象的点点滴滴，融于"三港一市"建设的角角落落，既有港口、码头、渔港、航标、航线、海上交通工具等涉海设施，又有包括海洋雕塑，海洋建筑，海洋文学艺术、绘画，海洋生物标本展览，海滨海上旅游鉴赏等与"海洋"有关的艺术表现；既有附着于城市高楼大厦、街头巷尾的海洋文化特征海洋艺术，又有滨海城市标志、海洋景观、滨海大道、海族馆等标志性建筑。要通过大力度的物质建设，使人们漫步于广西"三港一市"，无论是宾馆名、企业名、品牌名、霓虹标牌、酒店名、招幌广告，还是城名、港名、岛名、湾名、街名、地名等，"海"字文化琳琅满目，海洋文化触目即是。

五、"一推一快"建立海洋文化核心

从广西北部湾发展的远景看，"三港一市"中心城区应成为具有较高现代化程度的海洋文化核心区，因此，要做大海洋文化效应、做强海洋文化产业，让海洋文化在城市化、现代化过程中发挥更为重要的指导作用；从广西北部湾文化功能看，海洋文化应成为文化产业、公共文化服务和文化市场发展的国际化和现代化示范区，因此，要做美海洋文化环境、做浓海洋文化氛围，让海洋文化在区域化、国际化过程中发挥更为重要的核心作用。建立海洋文化核心应做到"一推一快"。"推"就是推进，即加速推进区域性海洋文化基础设施建设，让"三港一市"市民在享受物质繁荣的同时得到更充分的艺术享受和人文关怀；加速推进北部湾国际性交流服务功能的海洋文化基础设施建设，让北部湾成为具有较高海洋文化生活质量、适应多层次文化需求、拥有良好海洋文化生态环境的先行区；"快"就是加快，以海洋文化为主导，在"三港一市"中心城区加快海洋文化产业布局，使海洋文化产业尽快形成支柱产业，从而形成发挥带动和辐射作用的产业集群，使"三港一市"中心城区海洋文化产业成为面向国际的制作基地，成为面向区域的生产基地，成为面向市场的制作和传播基地。

六、"一优一气"展示海洋文化精华

"三港一市"集中了广西海洋文化发展的精华，要在海洋文化建设中倾情展示。展示海洋文化精华应做到"一优一气"。"优"就是优势，即充分利用"三港一市"港口优势和政策、滨海休闲旅游、港口发展空间布局和临港产业等优势，利用出口加工、国际采购、国际配送、国际转运、国际转口贸易等方面的便利条件，有针对性地发展海洋文化对外服务贸易，定向引进大型海洋文化服务贸易企业和海洋文化产品对外加工企业；打造亲海文化岸线，建设沿海观光带，展示海洋文化魅力；"气"就是商气、人气，要发展人气、商气旺盛、上档次的海洋文化休闲娱乐服务项目，要与港口高层次、多元化人群特殊的海洋文化需求相匹配。不但要充分发挥高档居住区、都市商务、休闲娱乐比较集中的优势，也要充分发挥旅游度假优势和科研教育优势，选择人气、商气旺盛地段，集中布局音像、图书、工艺品、娱乐、礼品、休闲、茶饮等特色鲜明的海洋文化商务街区，构建集文化商贸中心、文化商务办公楼宇、健身房等于一体的海洋文化商务服务区。

七、"一区一城"创建海洋文化基地

依托港口群、岛屿群等自然人文资源，打造"三港一市"海洋文化特色基地。创建海洋文化特色基地应做到"一区一城"。"区"就是"港岛海洋文化区"，即扩大海港、海岛风情旅游的港岛文化效应，加大以"港岛海洋文化区"为主题的海洋休闲观光娱乐基地建设力度，利用渔民集中聚居的优势深度策划，利用特色鲜明的优势扩大规模，利用港岛遥相呼应的优势精心打造古典韵味，利用海洋文化资源丰富的有利条件，沿精心打造具有东方色彩和高档服务功能的"港岛海洋文化区"，大力发展海洋风情休闲娱乐项目，大力打造海洋文化特色旅游项目。依托广西北部湾经济区国家发展战略，吸引创业人才、重大项目和企业进一步落地；依托广西北部湾临海临港文化创意，吸引展会策划、包装装潢、产品设计进一步集聚；依托广西北部湾文化教育、文化信息和文化休闲配套服务功能，吸引动漫创作、艺术传播、音像制作、影视制作、视觉创意、演艺经纪等进一步汇聚。"城"就是古城，即依托钦州市古城深入挖掘发展蕴藏于其间的海洋文化。例如，深入挖掘发展钦州市千年古老的滨海港口城区，不但挖掘发展其集聚的北部湾古海洋文化精华，还要挖掘发展其集聚的北部湾历史文化积淀，从发掘潜藏于其中的海洋文化元素，唤醒激活埋藏于其中的海洋文化因子，让其在新时代大放光芒、闪耀光彩。

八、"一集一政"推进海洋文化建设

从国际性海滨城市建设要求出发，要加快北部湾海洋文化基本建设的速度，加快建设一批惠及北部湾民众、贴近多元需求、便利群众享用、承载区域功能等的北部湾海洋文化基础设施。推进海洋文化建设应做到"一集一政"。"集"就是集中力量，即集中力量规划、推进广西北部湾"三港一市"公共文化基础性主体工程，用10年左右时间，使广西北部湾"三港一市"滨海新城的重大文化基础设施，不但能够引领区域文化发展和能够承办国际文化活动，而且还具有国际先进水平。"政"就是政府引导，即政府引导大力引进各类国际资本、社会资本，规划先行和政策，着力推进面向世界和面向未来的海洋文化传播、市场运作和开放领域，大力实施海洋文化休闲度假、海洋文化创意产业等城市文化产业基础性主骨工程。到2025年，使北部湾"三港一市"滨海新城的公共文化设施人均面积达到国内先进沿海城市平均水平，形成覆盖"三港一市"千万市民的海洋文化设施体系。

九、"一合一化"打造海洋文化精品

高起点、高标准打造在国内外沿海城市立得住、叫得响的海洋文艺精品工程，开创海洋文艺创作的繁荣局面。打造海洋文化精品应做到"一合一化"。"合"就是结合，即注重把"精品工程"与海洋文化结合起来，与海滨城市结合起来，与城市精神结合起来，精心组织、策划和推进海洋文艺精品创作。"化"就是艺术化、形象化、魅力化，即以新时期城市精神和海洋文化的艺术化、形象化、魅力化为主线，集中展示影视、演艺、舞蹈、戏剧、美术、文学、音乐等方面文艺创作成果，逐步提高北部湾海洋文艺作品在广西、在全国的影响力。抓名导做强阵营，抓名团做大规模，抓名角做活市场，抓名品牌做优机制，抓名剧做实平台，从而把广西北部湾打造成为海洋文艺名城。

十、"一依一特"培育海洋文化产业

海洋文化产业既是北部湾海洋经济的"半壁江山"，又是北部湾海洋文化建设的标志产业，更是北部湾"三港一市"现代服务业发展的支柱产业，因此，北部湾海洋文化产业应与公共文化建设同步培育。培育北部湾海洋文化产业应做到"一依一特"。"依"就是依托，即依托北部湾港口、海洋、旅游等独特资源，围绕"向海经济"发展主题，打造一批演艺、影视、文化旅游、图书音像电子、休闲娱乐等海洋文化产业。在操作上，加快面向海洋核心产业提供服务、具有"海洋经济"配套特征的传媒信息服务业集成化发展。依托国际会展中心、商务中心，大力发展面向北部湾、面向大西南、面向"一带一路"的会展产业。"特"就是特点，即利用北部湾奇、神、海、幽、古的海洋文化特点，特别是别具特色的海豚文化、神话传说、古陶文化、港口文化、珍珠文化等，大力开发海洋文化艺术资源，发展一批海洋文化创意业、海洋文化演艺业，加快推进海洋文化娱乐、文化信息内容服务、文化传媒和文化旅游品牌化发展；大力开发一批海洋文化游乐业、海洋文化休闲娱乐业，加快推进文化传媒、文化旅游、文化会展贸易、影视制作等领域的集团化发展。

十一、"一纳一创"推进海洋文化交流

积极吸纳世界先进港口城市海洋文化建设成功经验，努力挖掘本土海洋文化资源，弘扬中国传统文化精华，充分发挥"三港一市"滨海新城建设后发优势，以城市文化形象对外展现为抓手、以海洋文化交流为依托、以国际海洋文化为特点、以北部湾海洋发展历史和海洋文化为基础、以科技教育对外协作为纽带，广泛开展国际海洋文化交流。推进海洋文化交流应做到"一纳一创"。"纳"就是吸纳引进，即注重吸纳引进国际先进港口创意、项目、文化资源、人才、技术等要素，努力将富有广西北部湾特色的文化风格、品牌、气派、特色和内容，贯穿于国际性滨海城市建设的始终，实现中西合璧、古今融汇、全面创新。扎实推进海洋文化理论研究，把侧重点放在深入揭示海洋文化的品质特征、内容形式和嬗变规律上，及时把握发展趋势，精心营造发展格局，准确阐释海洋文化发展历程，合理预测海洋文化的成长前景和未来走向。"创"就是创办。灵活采取社会捐赠、政府资助的方式，创办海洋文化研究主体"北部湾国际海洋文化"研究机构；同时，采取多方协作的创办方式，吸引国内外著名海洋文化研究机构、国内外著名海洋大学、国内外著名海洋文化专家积极参与，为广西北部湾海洋文化建设提供直接智力支持和重要理论支撑。

以海洋文化促进"海上丝绸之路"建设

——以广西钦州市为例

钦州市群众艺术馆戏剧曲艺科科长、国家二级演员　罗云

一、引言

广西位于我国西南沿海地带，是我国唯一临海的少数民族自治区、西部唯一的沿海地区，是我国对外开放、走向东盟、走向世界的重要门户和前沿，是大西南最便捷的出海口。从古代秦汉时期，广西就已经成为了"海上丝绸之路"当中关键的始发港口以及贸易港口之一，是我国陶瓷、丝绸与东南亚乃至欧洲有关国家毛织品进行交换的关键性枢纽。近年以来，广西努力建设开发自由开放化的经济，争取建设成为我国与东盟自由协作的主要物流中心、贸易中心以及加工制造中心、信息互动中心，打造我国沿海地区主要的国际区域经济协作区，构建我国西南地区与中南地区崭新的发展支点。全面建设"21世纪海上丝绸之路"，为广西进一步扩大对外开放、加快广西经济社会发展提供了前所未有的机遇与优质优效的平台，广西钦州市作为重要的战略区域应当被予以足够的重视。

二、广西钦州市"海上丝绸之路"的概述

（一）广西参与"21世纪海上丝绸之路"建设优势

广西具有先天良好的地理位置，为其开展对外合作提供了契机。经过了40年的改革开放，广西如今已充分具备了稳固的对外开放协作发展基础，尤其是在促进我国与东盟合作方面，起到了带头作用。广西拥有丰富的实践经验，为积极参与"21世纪海上丝绸之路"建设奠定了雄厚的基础，具有自身显著的优势，具体表现在以下四个方面：

第一，国家出台的相关政策为推动广西对外开放发展提供了有利条件。中央政府将北部湾经济区的全面化开放作为国家战略发展的重要任务，将其定位为主要的国际地区经济协作区，并发展成为我国与东盟国家合作的物流基地、商业贸易基地、生产加工基地以及信息交互中心。此外，广西沿海以及沿江的建设也被纳入到了国家发展规划中，进一步助力广西的繁荣发展。

第二，广西当前已拓展了充足的对外协作空间，对外交流体制也日益成熟完善。近些年来，广西始终都在踊跃参加与泛珠三角区域之间的协作，努力加强与中国港澳台地区之间的长期稳定合作，努力推进泛北部湾经济合作，同时还加入了我国与越南的"两廊一圈"项目合作以及南宁地区与新加坡共同建设的经济走廊等，全面提高了广西整体的国际化发展水平，增强了其为中国—东盟自由贸易区建设所服务的综合实力。

第三，广西与东盟国家所建设的国际产业基地、交通设施以及海关口岸等方面都获得了满意的成绩。2013年，广西开始迎来高铁时代，将进一步推动其与东盟国家交通网的互

动。广西也在加强公路、航空等综合性的交通运输系统建设，努力促进口岸开放、基础设施及智能化口岸建设，深化地区通关协作，革新通关业务流程，提高通关工作效能。

第四，广西与东盟国家不同地区展开了长期的教育合作，举办了文化产业论坛、国际文化艺术节等丰富多彩的活动，为进一步深化广西与东盟国家产业协作及媒体协作提供了高效平台，加强了彼此之间的文化交流，建立了深厚的友谊，消除了文化不同所带来的隔阂，为双方长期合作奠定了坚实的基础。

（二）历史上钦州与"海上丝绸之路"的关系

钦州市位于广西南部沿海，濒临北部湾，北距南宁市 120 千米，大陆海岸线长达520.8 千米，为东南亚与大西南两个辐射扇面的轴心，是西南经济协作区最便捷的出海口，扼广西沿海 3 个地级市与广西内地及大西南交通联系的咽喉。钦州市所处的北部湾旧称"东京湾"，位于我国南海西北部，是三面陆地环绕的海湾，海岸线曲折，全长 3680 千米。沿岸主要港湾有中国的八所港、洋浦港、后水湾、安铺港、铁山港、北海港、龙门港、防城港、珍珠港及越南的下龙湾等。

钦州市历史悠久，早在新石器时代就已经有古人从事生产、生活活动。公元前 221 年，秦始皇统一天下后在岭南地区设立象郡，钦州市所在的今北部湾地区开始接受中央政府的管辖。钦州河网密布的地理环境提供了便利的水路运输条件，秦始皇下令开凿的灵渠沟通了长江和珠江水系，东汉马援开凿的桂门关（今鬼门关），基本连接了北流江和南流江，打通了中原地区经桂江、北流江转南流江的出海通道。而"海上丝绸之路"的开辟为钦州市的发展提供了重要的契机，钦州市人民积极投身到"海上丝绸之路"带来的经济、文化交流中。钦州市沿海近边的地理位置和便利的水路交通，使钦州市及今北部湾区域的船舶可以通过南流江向北运输货物，经小段旱路转北流江、西江上漓江进入长江流域；南运的物品亦可以由北流江转南流江，南下合浦郡治、乾体港，西出东南沿海各国，或者东出粤西、海南。在漫长的历史长河中，勤劳的钦州市人民创造了丰富的物质、精神财富，留下了宝贵的文化遗产。

（三）钦州市的海洋文化发展

海洋文化，作为人类文化的一个重要构成部分和体系，是人类在长期对海洋认识利用的基础上，通过海洋实践创造的物质文明和精神文明的总和，它包含了海洋制度、海洋意识及海洋观念等方面，具体表现在沿海居民缘海而成的行为方式、性格特征、思想意识以及一系列与海洋文化相关的语言文学艺术、衣食住行习俗、节庆、景观等众多领域。

在当下实现广西北部湾海洋文化建设，就应当针对其中的海洋文化予以传承和创新，在此基础之上才能够不断推进新时期下的海上丝绸之路建设。钦州市的海洋文化是在海洋经济活动中逐渐形成和发展起来的。在新石器时代，伴随着早期简单的捕捞等耕海活动，形成了最原始的海洋文化。但因钦州市"面临大洋，西接交趾，去京师万里"，加上五岭的阻隔，与外界的交往尤其是中原诸国的往来极其不便，只有少数越国人氏通过海路有简单的贸易往来。因此在相当长的时期内，钦州市的海洋文化发展缓慢。但钦州市现存的独料、芭蕉墩等新石器时代遗址说明钦州市在很久以前便有了海洋文化。

三、广西钦州市参与 21 世纪北部湾建设规划

（一）建设的目标

从广西钦州地区的实情以及建设的阶段性特点出发，根据《广西钦州北部湾经济区发展规划（2006—2020）》《北部湾城市群发展规划》《国务院关于进一步促进广西钦州经济社会发展的若干意见》等相关文件对北部湾经济区以及广西壮族自治区建设的目标，新形势下的广西钦州市"海上丝绸之路"建设过程中的主要目标应为：我国西南乃至西北区域更加便利的出海通道，与衔接粤港以及西部区域的关键通道，我国与东盟相互联通特别是海上互通的节点，我国与东盟自由开放协作的首要平台，与东盟实施经济科技以及贸易沟通的主要渠道，针对东盟各地区的国际航运机构，西南与中南区域自由建设支点，推动我国东部地区与东盟国家产业转移与接受产业转移当中的区域化的商务贸易物流中心与信息共享中心、高新制造产业基地、能源材料原产地、特色农产品生产及其加工中心以及区域化的旅游地区，全国重点生态安全保护，边疆民俗特色文化以及各民族协同发展示范区域等。

（二）建设的重点

目前，要将大产业、大港口、大物流以及大城建作为重点，将加强广西北部湾经济区尤其是北部湾的影响带动能力作为切入点，全部纳入到"21 世纪海上丝绸之路"的建设当中。广西钦州市应加快建设具有北部湾区域特性的国际航运机构，着力构建以南宁市核心城市为支撑"一湾双轴、一核两极"的北部湾城市群框架，打造拓展影响西江经济区、贵溪资源聚集区以及周围省市集中约束型的交通网络，加强广西钦州市北部湾海湾与陆地经济之间的紧密关系，全面强化区域影响力与核心竞争力，构建中国与东盟相互联通的关键支点、西南沿海区域交通枢纽以及运输中心。例如，加快建设贵溪资源集中区的密集路网，推动百色市与相邻的革命振兴区域以及能源使用示范区的发展，以期更好地融入北部湾经济区。又如，西江经济区主要将黄金水道作为基础，以梧州市、贵港市等为重要节点，构成树状形的便捷水运网，持续推动粤桂合作试点区域的建设，促使三角地带资金、科技及产业能够更快地向西部移动，拓展大西南与东盟国家市场的关键通道。与此同时，以构建国际旅游地区及目标地为基础目标，重点打造精品旅游路线，增强海上丝绸之路、桂林山水文化、边境民俗风情等各种精品旅游路线，建设以丰富的海洋资源、新兴能源使用为主要内容的蓝色经济区并促进海洋经济实现绿色发展。

四、广西钦州市参与 21 世纪北部湾建设策略

共建海上丝绸之路的着力点应该向"一带一路"倡议规划的"五通"目标靠拢，根据上述 SWOT 分析结果，钦州市与东盟地区具备了政策沟通、设施联通的现实条件，以及民心相通的历史条件，当前重点应放在实现贸易畅通和资金融通，将社会效益转化为经济效益。具体如下：

（一）加强产业互补合作

东盟国家经济发展水平大致有三个梯队，第一梯队为新加坡，已迈入发达国家行列，服务业在国民经济中比重超过 75%，是支柱性产业。第二梯队主要是"亚洲四小虎"，即

泰国、马来西亚、菲律宾和印度尼西亚，其农业在国民经济中占比较低，工业和服务业比例基本持平。越南大致处于第二梯队，农业占比略高于上述四国，服务业发展程度不高。

钦州市现阶段立足于打造石化、装备制造、现代服务业三个千亿元产业，重点发展装备制造业、电子信息、新能源、新材料、生物医药五大战略性新兴产业。在东盟国家中，新加坡在电子、石化、精密制造、生物制药、现代服务业方面具有很强的实力。泰国、越南、马来西亚、印度尼西亚等在电子、汽车和汽车配件、化工、机械、钢铁、纺织和皮革鞋类等产业中也具备一定基础。钦州市可以根据自身产业发展需求，利用中马钦州产业园区政策优势，及国家、广西壮族自治区、市县重点园区体系优势，与东盟有关国家加强产业对接，形成产业互补合作优势，借用东盟地区力量加快自身产业发展。

（二）加强商贸物流合作

在东盟国家中，新加坡、马来西亚、印度尼西亚的航运业较为发达。越南的胡志明市港、岘港、海防港、鸿基港，文莱的麻拉港，菲律宾的马尼拉港，马来西亚的关丹港等港口直面中国南海。钦州港位于北部湾的顶部，与南海直接相连，具备海上距离近，航运成本相对较低的优势，钦州市应利用中国—东盟自由贸易区升级版、"21世纪海上丝绸之路"建设以及中国—东盟港口城市合作网络钦州市基地建设等机遇，选择性地与东盟相关港口加强合作。

在商贸物流合作上，钦州市应立足于带动西南中南地区开放发展的重要引擎的定位，在国内市场应当将视野放宽到西南和中南地区各省市，利用钦州港平台加强与内陆省市建设无水港的契机，加强政府和出口型企业合作，重点关注对东盟具有出口优势的机械、电子、轻工、纺织等商贸领域，拉动内地商贸物流经钦州港出口东盟。在东盟市场要重点加强与具备港口优势的国家和城市合作，充分摸准东盟各国对中国贸易的优势商品，如棕榈油、橡胶、石油等资源型大宗商品，以及东盟各国的优势商品，争取东盟国家出口中国的商品经钦州港进入内地，拉动钦州市本地商贸物流发展。

（三）加强文教产业合作

钦州市是粤文化、中原文化、壮族文化的交汇地，作为古代海上丝绸之路的重要港口，同时具有海洋文化传统，与东盟地区国家的许多华人华侨有着天然亲近感，乃至血缘血统关系。钦州市与东盟地区开展文化交流合作，应突出海洋文化的主题，梳理古代海上丝绸之路钦州与东盟地区的人文交流、商贸合作、宗教传承等文化脉络。同时，彰显粤文化和壮族文化，以粤文化加强与东盟地区华人华侨的纽带联系，以壮族文化等少数民族文化作为特色吸引点。

钦州市应发挥自身职业教育资源优势。钦州市在广西沿海城市中拥有较好的教育基础，拥有广西沿海唯一一所本科院校和一批大中专院校，构成相对完备的教育体系。钦州市在加强与东盟教育合作时，应当利用好钦州市学院筹建北部湾大学的机遇，发挥高等院校的领头作用，与东盟地区高校特别是教育欠发达地区的高校加强合作，通过合作办学和两校合作委培的形式，争取更多东盟学生到钦州市就读并了解和认可钦州市，为钦州市城市发展储备人脉资源。东盟许多国家将承接国际产业转移作为国家发展的战略，许多中国企业也到东盟投资，通过建立校企联系平台，争取落户东盟的外资企业尤其是劳动密集型企业，委托钦州市高职、中职学校培养产业工人，提升产业工人技能水平。

（四）加强旅游医疗合作

钦州市拥有海、山、民俗、文化等优质旅游资源，有三娘湾风景区、八寨沟风景区等旅游景区，钦州市应当利用好自身资源优势，与东盟地区著名旅游城市签订合作协定，将自身旅游资源融入东盟资源体系中，让更多东盟人士了解钦州市旅游，增强钦州市旅游吸引力，争取建设成为区域旅游目的地。

钦州市区拥有4家三级甲等医院，县区还建设有一批二级以上医院，旅游资源丰富，医疗体系完备。随着中国与中南半岛高铁的建设，以及中国与东盟公路、航空、海运体系的不断完善，钦州市发挥自身医疗资源优势和生态环境优势，进一步更新完善对接东盟人士服务的各种硬件、软件，吸引东盟人士到钦州市就医、保健、疗养。

（五）促进港口建设与互联互通

当前，限于基础建设、产业技术水平，钦州市与东盟共建的"21世纪海上丝绸之路"仍有很大开发潜力。在钦州市全面推进"十三五"规划，逐步完成产业升级后，共建优势将得到拓展，新的机遇将逐步显现。海上丝绸之路以港口建设及互联互通为重点，对安全、高效的海上航道具有需求。北部湾沿岸也是中国与东南亚经济交往的渠道，截至目前，中国的海上合作基金已用于东南亚和印度洋具有战略重要性沿岸国家建设港口、铁路、公路等基础设施，主要用于帮助该地区港口和道路建设，未来还要扩大对外发展海关、质检、电子商务等能力建设，实现基础设施标准协调化以及通关制度便利化。钦州市应依托港口和物流优势，作为支点为海上丝绸之路解决所需的港口软硬件建设问题和海上互联互通技术问题。钦州市应发挥港口优势，加快建成"一带一路"有机衔接重要门户港，加快完善港口基础设施，进一步加快航道和码头建设，构建畅通便捷疏港体系，新建或改扩建进港高速公路和一级公路，建成连接北海市、防城港市的滨海公路，拓宽滨海公路钦州港段；加快优化老作业区道路，做好大榄坪片区对外通道规划。加快钦州东至中马产业园等钦州港后方铁路通道建设，加快推进港口各作业区的铁路资源优化整合，推进铁路专用线建设，强化铁路站场和货场建设，动工建设铁路集装箱办理站。打造高效港航物流网络，开辟钦州保税港区"中国（钦州）—东盟的穿梭巴士"，争取开通至马来西亚巴生等港口的航线。加快完善贵阳市—钦州市无水港基础性工作，推动实施昆明市、成都市无水港建设。全力配合广西壮族自治区推进"渝桂新"战略性互联互通项目。

（六）促进海洋产业发展

海上丝绸之路建设以经济海洋和海洋经济为重点，需要以海洋船舶、海洋工程装备等综合性较强的配套产业为基础，发展海洋科考、海洋调查、远洋运输和渔业合作。同时，海洋船舶和海洋工程装备需要提供的原材料、配套产品、运输系统、石化产业、海洋高新技术成果的商品化和产业化等也有待规模化。钦州市应依托产业基础，加强建设基础设施和相关配套的产业链。加强海洋渔业发展，加大现代渔港规划建设，完善犀牛脚、龙门渔港配套设施，建设规划沙角渔港，制定深海远海捕捞鼓励政策。加快推进大蚝标准化生态示范养殖项目，争取规划建设国家级海洋牧场。加大水产品冷冻加工基地、专业批发市场招商力度，培育水产品专业市场。加强海洋船舶与工程装备制造发展，以中船大型修造船及海工基地为龙头，加强修造船配套等延伸产业引进。依托集装箱干线港，加快海洋工程、集装箱制造、港作机械等装备制造业。加强海洋药物发展，力争引进一批国家级、自治区级重点实验室和有实力的海洋药物企业在钦州市设立分支机构，大力培养和引进海洋药物领军人才队伍，建立配套试验基地。加强海洋服务业、旅游业发展，围绕港口的辐射带动和产业引领功能，重点引进和发展海洋运输、国际贸易、现代物流、保税仓储、分拨配送、出口加工等海洋服务业。以滨海新城、钦州港区和三娘湾旅游度假区及毗邻海域为重点，不断完善基础设施建设，加快引进和布局海上运动、健康养生、休闲渔业等项目。

（七）促进自身统筹协调和产业升级

广西正在以钦州保税港区、中马钦州产业园区、钦州港经济技术开发区为基础和范围申报广西北部湾自由贸易港区，东盟地区和海上丝绸之路是自由贸易区核心资料来源和面向对象。钦州市应把握这一政策机遇和区域优势，整合各现有园区建设，推进对东盟贸易便利化，坚持国际标准和规则，完善和规范海关程序，实现通关便利化，在商品检验检疫、食品安全、质量标准、电子商务、法律法规透明度等领域开展贸易投资便利化合作，提高服务贸易和高新技术产品等高附加值产品在东盟贸易中的比重，把握建设自由贸易区背景下开展统筹协调、推进产业升级的主动权。今日钦州市对于中国对外交流，特别是同东南亚地区友好邻邦的经济文化交流互通，边疆民族和谐稳定，发挥着不可替代的重要作用。钦州市应破除体制机制障碍，加快完善开放合作体系，提升综合竞争力，加快与周边城市推进户籍、港口、园区、通关、金融及人才开发、行政管理等重点领域和关键环节改革，激发市场活力，扩大开放合作，提升辐射能力，优化营商环境。

（八）有效通过钦州市海洋文化的开发促进海上丝绸之路的建设

1. 立足北部湾、面向东盟树立面向全局的海洋文化交流理念

树立区域一体化观念。充分利用海洋文化的开放性、包容性以及巨大的影响力，将钦州市的海洋文化置于立足北部湾，面向东盟，走向世界的前提下进行开发利用，使其与各地文化一起，成为推动钦州市经济社会发展甚至北部湾经济合作的动力源泉。树立经济政治文化和谐社会协调发展观念。经济政治文化一体化是社会和谐发展的趋势。中国特色社会主义事业的总体布局从两个文明建设到物质文明、精神文明和政治文明一齐抓，发展到今天经济、政治、文化与和谐社会建设四位一体的布局，不但是共产党人认识上的进步，也是中国特色社会主义事业发展的需要。开发利用钦州市海洋文化，就是要以科学发展观为统领，全面协调这四个方面共同发展。树立海洋资源开发保护一体化观念。海洋资源的开发利用，推动了经济的飞速发展，但在海洋开发迅速升温的同时，海洋资源也正在承受着前所未有的压力。随着钦州市临海大工业的发展，如何将海洋资源的开发利用和海洋环境的保护统一起来，走一条可持续发展的路子，是开发利用钦州市海洋文化必须关注的问题。

2. 重视对钦州市海洋文化的挖掘与保护

组织人员对钦州市海洋文化进行普查和调研。以钦州学院的"北部湾海疆与海洋文化研究团队"为中心，组织科研人员对钦州海洋文化进行收集整理并汇编成册以便研究；以钦州学院图书馆为基地建设北部湾海洋文化资源数据库，收录已有的科研成果及各类特色文化资源；各级政府对现存的各种非物质文化遗产、大片的红树林、中华白海豚与一些反映钦州市海洋文化的文物古址古迹等历史遗存采取切实措施加以保护。尽快建立完善涉海的相关法律、制度及规划，形成涉海资源开发的良好秩序。多渠道宣传钦州市海洋文化。

组织人员编撰钦州市海洋文化科普教材及读物，并将钦州市海洋文化设为中小学生必修课；以各级党校为阵地对钦州市各级领导干部进行强化海洋意识的教育；继续组织各类涉海文化的宣传活动，如钦州市国际海豚文化节、钦州市三娘湾观潮节、"天下名龟出钦州"暨"千年古陶——钦州坭兴"旅游文化节等，这些能起到宣传作用的文化节庆活动应继续举办，还应举办钦州市海洋文化节或与防城港市、北海市联办北部湾海洋文化节；以研讨会或笔会等形式，定期召集各地专家学者及相关工作者，为弘扬和开发利用钦州市海洋文化出谋划策，如由防城港市科学技术协会承办的"北部湾海洋文化论坛"就取得了很好的效果；尽快建设集收藏、展示于一体，兼具文化教育宣传和经济意义的钦州市海洋文化博物馆。借滨海新城建设之机，大力彰显城市海洋文化形象。展现钦州市海洋文化的魅力需要物质作载体。钦州市在建的滨海新城是北部湾临海大产业的重要配套服务区，是钦州市人实现滨海而居、发展海洋经济、走向海洋文明的重要标志。打造具有岭南风格、滨海风光、东南亚风情的高档次旅游度假区、高层次国际商务区和高品质生活居住区是钦州市滨海新城的建设目标和理念。除了要建设一批体现北部湾海洋文化特色的景观项目，如主题公园、海上丝绸之路博物馆等，设置具有海洋意味的雕塑小品、公共设施等之外，在建设中还应将与"海洋"有关的各种文化以各种建筑艺术、名字或广告等多种形式充分展现出来。

3. 坚持科学发展观，通过海洋文化资源的利用完善丝绸之路

弘扬钦州市海洋文化关键在于人才，要重视各类涉海人才的培训、培养及提高。一是借深化县乡党校教学体制改革的机会，将钦南区各类海水养殖、捕捞从业人员有计划定期集中到钦南区委党校统一培训相关的业务知识。二是以钦州学院的海洋学院和商学院为基础，为钦州市培养各类涉海专业和物流业的高素质专业人才。三是积极开展人才的对外交流与合作。有计划地选派涉海专业人员到发达国家和地区研修，培养具有世界水准的专业人才。四是定期组织钦州学院的"北部湾海疆与海洋文化研究团队"、市县区党校及相关文化单位的科研人员，到广东、浙江或山东等海洋文化较发达的地区参观学习。

根据钦州市旅游资源与防城港市、北海市甚至越南相似的特点，钦州市的滨海旅游业应定位于休闲、度假型，辅之以观光游览以区别于兄弟城市，着重做好以下工作：一是整合钦州港、三娘湾、大环村、茅尾海以及麻蓝岛、七十二泾等海边及海上旅游资源，开展观海豚、品海味、拾海贝、挖沙虫、海边垂钓、水上或沙滩运动等一系列的滨海观光生态体验游。二是整合大芦村、千年古陶城、刘冯故居等古迹古址开展玩坭兴、赏楹联、品荔枝、听英雄故事，感受民族精神的边海文化观光体验游。三是着力培育海洋文化产业消费市场。与北海市、防城港市携手开发滨海旅游资源。尽快开通钦州市与海南、东盟各国的跨省区及远洋跨国旅游线路，同时借助钦州市滨海新城的建设，积极发展休闲度假、商务会议、节庆会展、接待服务、海洋运动等各项服务业，将钦州市的滨海旅游融入大北部湾旅游圈，把钦州市打造成北部湾重要的旅游集散地。四是滨海旅游业的开发与历史文化遗产保护工作要相协调，既要让大工业与白海豚共存，也要让旅游业与悠久的历史文化共发展。

4. 积极发展休闲渔业

钦州市要发展以休闲、度假为主，辅之以观光游览的滨海旅游业，钦南区发展休闲渔业便成为需要。钦南区除了传统的海洋捕捞外，近年来的海水养殖业发展很好。一是利用

浅海吊养或笼养，如龙门港镇的大蚝吊养非常有名。二是利用盐酸田改造的虾塘养殖对虾等海产品。三是利用房前屋后庭院养殖金钱龟、黄沙鳖等特色庭院水产。钦南区可以在这个基础上拓宽渔业发展空间，建设传统渔业与现代旅游业相结合的休闲渔业，通过垂钓、品、食、住、看一系列旅游活动，从而带动养殖、餐饮、旅游业、海产品加工等服务业的发展。钦州市近几年来积累了一些节庆会展经验，应继续深挖。但与北海市相比，钦州市滨海休闲体育业几近空白，应充分利用举办区运会所建的一些场馆设施，开发建设有钦州市特色的滨海休闲体育业，想方设法将各方的客人留下来，将钦州市的海洋文化宣传出去。

浅论北海市海洋文化的交流

中共北海市委员会党校教授　黎友

一、引言

21世纪是海洋的世纪，谁掌握了海洋，谁就掌握了世界。占地球表面71%的海洋蕴藏着无尽的资源，人类的生命离不开海洋，人类的文明因海洋而得以广泛传播。海洋文化自古就是中华文化的渊源和重要组成部分。早在旧石器时代，中国沿海地区就已有了人类活动的足迹。几千年来，位于北部湾畔的北海市人民面海而居、靠海而活，他们用勤劳的双手创造了独特而深厚的北海市海洋文化。研究北海市海洋文化的交流与传播，对打响北海市海洋文化品牌、提升北海市海洋文化品牌的价值和促进北海市经济社会的发展具有重要的意义。

二、北海市蕴藏着丰富的海洋文化资源

（一）关于海洋文化的内涵的阐释

由于文化作为区别于自然的存在物，它必须是人类活动的成果。因而可以这样理解，海洋文化是人类创造的、与海洋有关的、因海洋而生成的一切物质文化和精神文化的总和，是人类对海洋的认识、开发、利用和因海洋而生成和创造的文化。"海洋文化的本质，就是人类与海洋的互动关系及其产物"[1]。也就是说，只要留下了与海洋有关的人类活动的痕迹，无论是精神的还是物质的，都可称之为海洋文化。可见海洋文化内容非常丰富，它包括了人们对海洋的认识、态度、观念、思想、意识以及由此而形成的人们的生活方式、风俗习惯、宗教信仰、仪轨制度、语言文学、人文艺术景观等，都属于海洋文化的范畴。具体而言，海洋文化包括海洋物质文化、海洋制度文化和海洋精神文化三个层次的内容。其中居于表层的、可以直观感知的是海洋物质文化，这是人们认识、开发、利用和保护海洋的能力和活动的物质表现，如船帆桨橹、盐田渔具、海产加工等；海洋精神文化则是存在于人们心中的、以不同的形式表现出来的深层次的文化，如妈祖崇拜、龙母信仰、以海洋为主题的文学作品以及反映人们对海洋的心理、认识、观念等；而海洋制度文化则是介于海洋物质文化和海洋精神文化之间的中间层次的文化，它是指人们在与海洋打交道的历史过程中形成的人与海洋、人与人之间关系的各种成文或不成文的法律、政策、制度、禁忌、仪式、风俗、惯例、典范、规则等。海洋制度文化是与海洋物质文化和精神文化迥然不同的具有相对独立性的一种特殊存在，它一经形成，就会对与海洋活动有关的人们的物质生产和精神生产产生规范和引导作用。鉴于时间和篇幅所限，本文在此只对北海的海洋精神文化做粗浅研究。

（二）北海市丰厚的海洋文化资源

北海市人民几千年和海洋的相处，使北海市形成了独具特色的海洋文化资源，具体包括北海市的海丝路文化、南珠文化和海洋信仰文化等。

1. 海丝路文化

"丝绸之路"一词，原是由19世纪70年代德国地理学家、地质学家李希霍芬在其《中国旅行记》（第1卷）首先提出的用于特指大量的中国丝绸和丝织品经西域到希腊、罗马的陆上交通运销贸易路线。后来，凡经中国沿海港口和城市与世界各国进行经贸往来以分享人类创造的文明成果的通道，就称为海上丝绸之路。从中国沿海起航的海上丝绸之路主要有两条：一是东海丝绸之路，二是南海丝绸之路。其中南海丝绸之路是最早开辟的最主要的航线。而北海市的合浦县就是南海丝绸之路的始发港。

北海市的前身是合浦，合浦自公元前111年汉武帝时设合浦郡以来，就是郡治（行政办公中心）的所在地、军事要地，还是岭南地区重要的政治、经济、文化中心，更是我国与南海诸国进行商贸和文化交往的"海上丝绸之路"最早始发港。据最早记录中国"海上丝绸之路"的正史《汉书·地理志》记载，"自日南（现在的越南）障塞，徐闻、合浦，船行可五月有都元国（现在的柬埔寨）……黄支之南有已程不国（今斯里兰卡）……有译长，属黄门，与应募者俱入海市明珠、璧琉璃、奇石异物，赍黄金杂缯而往"，这里说的是早在汉武帝时代，就有由官方组织的商团和民间商人一道，带着钱物从合浦港出发，往东南亚航行，先后经过越南、柬埔寨、缅甸、马来西亚，到达印度和斯里兰卡等国，与外国交好，开展贸易，互通有无。商团向海外诸国出口丝绸、绢锦、明珠、陶瓷、黄金饰物等，进口玛瑙、玳瑁、琉璃、钻石、香料、药材、象牙、犀角、珠宝等。这就是历史上著名的古代海上丝绸之路。这条著名的丝绸之路在北海市合浦港留下了丰厚的历史遗存。在合浦县，被列为全国重点文物保护单位的汉墓群有汉墓上万座，从其中的近千座汉墓的发掘中出土有大量高等级的文物（国家一级文物21件，二级文物93件，三级文物99件），如琥珀、玛瑙、玻璃器皿、波斯陶壶等。这足见北海市合浦港作为海上丝绸之路始发港当年商贸的繁荣。

海上丝绸之路不仅是商贸往来之路，也是文化交流之路。中国的纺织、制瓷、指南针、造纸、印刷、火药等工艺技术，中国的绘画等艺术手法，中国的儒家、道家思想等通过海上丝绸之路传播到海外。与此同时，西方的舞蹈、音乐、雕塑、绘画、建筑等艺术，天文、历法、医学等科技知识以及佛教等宗教，通过海路传入中国，与传统文化互相融合，成为中华文化的重要组成部分。

这条在和平时期开通的以北海市合浦港为始发点的海上丝绸之路，自汉代开始及至后来唐宋元明清各朝代，都没有间断过。到宋元时期与中国有交往的国家、地区有140多个。在明代永乐时期有46个国家经由海丝路到中国来朝贡。

1984年北海市成为沿海开放城市后，特别是2017年4月习近平总书记视察广西，专门到古代海上丝绸之路始发港的北海市了解广西参与"一带一路"建设的情况，这更凸显了北海市（含合浦县）作为海上丝绸之路始发港这个海丝路文化资源的价值。

海上丝绸之路具有在非战争时期和平、开放、合作、交往、共赢、发展和繁荣的文化内涵。这一文化内涵于今天的意义，并非是要求我们一定要重建历史时期的对外贸易路线，也不仅是局限于历史时期的国际贸易路线，而且是弘扬历史海上丝绸之路这一文化资源所蕴涵的精神，谋求在和平时期扩大开放、加强合作交往、共赢发展和共同繁荣之路。

2. 南珠文化

珍珠是南珠文化的物质文化形态。南珠古称"合浦珍珠"或"廉珠"，原产地北海市的合浦县是扬名四海的南珠之乡，素有"南珠故郡，海角名区"之美誉，北海市因之有"珠城"之称。

北海市合浦县的南珠是珍珠中的极品。自古就有"东珠不如西珠，西珠不如南珠"[2]之说。这里所说的南珠指的是北海合浦珍珠。南珠能成为珍珠中的极品是由合浦湾具有适合珍珠生长的特定而优良的自然条件决定的。合浦湾是生产极品珍珠的最佳场所，合浦湾的海域和水温等条件适于马氏珠贝的生产，而马氏珠贝与其他产珠贝类的不同之处，在于其石灰质甲壳内，包藏着一个简单的内脏团，内脏团外层有一对分泌贝壳的外套膜，其他内脏器官连同头足相接，也排列在柔软的内脏团里，这便于较大的沙泥砾石进入珠贝内成为珠核，从而生成大规格的珍珠。南珠也因其凝重结实、粒大浑圆、色泽艳丽而久负盛名，并被誉为"宝石中的皇后"。

南珠从汉代至今已有 2000 多年的采捕、养殖、加工历史，与南珠悠久的历史相联系，形成了内涵丰富而深刻的南珠文化，其中最突出的是包容精神和廉政精神。这可以从与南珠相关的两个成语"蚌病成珠"和"合浦珠还"得到体现。

反映珍珠形成过程的成语"蚌病成珠"体现的是南珠文化的核心精神：包容精神。珍珠是当珠贝张开时，由外面的寄生物或沙粒等侵入珍珠贝体，珍珠贝体在受到外物侵犯损伤感染（生病）的情况下，为避免外侵的异物继续摩擦损伤自身，贝体珠囊壁的外表皮细胞不断分泌珍珠质，逐层包裹侵入物，渐渐地每一粒异物就形成一颗光滑的小圆球，这就形成了天然的珍珠。南珠形成的过程体现着动人的包容精神。无论是沙粒，还是别的与自身不同的异物，珠贝都不排斥而是敞开胸怀全部包容。而且这种包容不是简单的包容，而是兼收并蓄、和谐共生的包容；不是为了包容而包容，而是为了改造、发展而包容；不是被动的包容，而是主动拥抱的包容；当然更不是请君入瓮的"包容"，而是通过用自己生命的最好精华来营养异质外物，滋润异质外物，使它最终实现质变和飞跃，生成出光辉灿烂的南珠。正是包容精神使南珠成其为南珠，也正是包容精神使北海拥有了境界和气度。

与南珠相关的另一个成语"合浦珠还"体现的则是南珠文化的廉政精神。"合浦珠还"的成语反映的是汉代历史上的清官孟尝被称赞为明智如神的典故。在孟尝以前的合浦郡的官员大多贪婪污秽，不知限度，珍珠不堪其苦，逐渐迁到交趾界内去了，民不聊生。孟尝到任后，访求百姓疾苦，兴利除弊，不到一年，迁徙到交趾的珠蚌又回到合浦郡，百姓因之得以安居乐业。

"合浦珠还"体现的廉政精神反映了人们对廉吏的呼唤和期待。自"合浦珠还"后的2000 年间，留存于世的还珠亭、海角亭、还珠村等物质形态和以"珠还合浦"演绎的各种戏曲歌剧等，都是对南珠文化体现的廉政精神的升华。

3. 海洋信仰文化

由于大海的神秘莫测和来自大海的难以抗拒的自然灾害的影响，使傍海而居的北海市人民产生了强烈的信仰崇拜。而大海的开放性和包容性，又使得北海市人民的信仰呈现出多样性和复杂性，既有纳入官方认可的制度化的宗教信仰，如佛教信仰、基督教信仰、天主教信仰、道教信仰、儒教信仰等，也有不属于官方宗教信仰系统的民间信仰，如妈祖信仰、龙母信仰等。这些不同类型的信仰在北海市同时并存，兼收并蓄，形成色彩斑斓的海洋信仰文化系统。

（1）北海的佛教信仰文化。北海市的佛教信仰文化渊源深厚久远。北海市是佛教文化从海路传入中国传播发展的主要通道。据《萍踪小扎》和《金陵小识》等史籍记载，北海市是"海上丝绸之路"印度佛教文化传入中国的最早驿站之一，历史上南朝萧梁时期天竺高僧达摩祖师渡海而来，曾到过北海市合浦县的东山寺参禅礼佛，东山寺是广西现存最早的庙宇之一；又据在曲樟灵隐寺的碑文抄本记载，明代崇祯二年（1629 年），天竺高僧海滨法师到过北海市曲樟灵隐寺讲经传法。北海市历代都建有不少庙宇，在北海市合浦县有"一寺三庵七十二庙"之说，可以说几乎个个村落都建有庙宇。由北海市的普度震宫于 2011 年易地重建的北海普度寺是依据合浦县汉墓群出土文物中有佛像、佛珠，以及西域僧人陶俑的历史事实，以修行佛法、弘扬圣教、倡善导德、净化人心为主的非商业化的道场，是北部湾最好的园林寺院。目前，北海佛教活动场所有 18 个，主要场所有北海普度寺，合浦县的东山寺、保子庵、北山庵。教职人员有 13 人，其中比丘有 8 人，比丘尼有 5 人。

（2）北海市的天主教和基督教信仰文化。北海市的天主教信仰文化有超过百年的历史，是 1858 年清政府与法国签订不平等的中法《天津条约》、允许法国传教士在中国自由传教的产物，这与当年清政府对北海涠洲岛重开岛禁有关。1867 年清政府对涠洲岛重开海禁后，在广西或其他省区市的 6000 客家人（其中 1/3 是罗马天主教徒）到岛上定居，法国天主教神父与客家人民一道首先进入北海涠洲岛，在岛上传教。1869 年开始用 10 年时间建成哥特式教堂——盛塘天主教堂，该教堂楼高 21 米，总建筑面积达 774 平方米，连同附属建筑在内总面积达到 2000 余平方米，是广西沿海地区最大的天主教堂，2001 年被列为全国重点文物保护单位。19 世纪 70 年代，法国天主教传入北海市区，最初在泰街（珠海东路）传教，1881 年迁建到当时的广西行（中山东路百货大楼）后面。1918 年法籍颜神父设计和主持修建了一座建筑面积为 250 平方米的教堂。20 世纪 90 年代北海市在市区兴建了海门广场天主教堂。在 19 世纪 70 年代至 20 世纪 50 年代中期，先后共有 17 任神父在北海市天主教堂传教。当前北海市天主教教职人员有 17 人，其中神父有 5 人，修女有 12 人，教徒有 3426 人；活动场所有 5 个，主要有北海天主堂、涠洲盛塘天主堂、涠洲城仔圣母堂。

北海市基督教信仰文化传入北海市已经有 140 年历史。自 1876 年《烟台条约》签订、北海市被辟为对外开放通商口岸之后，1878 年时任中国香港维多利亚教区会督——包尔腾主教到北海市成立传教会，传播基督教。1886 年，英国安立间教会的柯达医生在北海市区建有圣路加堂（北海市人民医院内），1900 年建成德国基督教粤南信义会礼拜堂（北海市公安局内），1923 年建成美国基督教五旬节圣洁会礼拜堂（北海市政府小礼堂附近），此外，在合浦县、常乐镇、南康镇、福成镇、党江镇等地也设有分堂或布道所。1984 年北海市政府拨地拨款，在珠海西路重建了今天的礼拜堂。

（3）北海市的民间信仰文化。北海市先民多靠海为生，在科学缺乏的年代，变幻莫测的海洋条件和相对落后的航海设备，随时有可能夺走海上捕捞者的生命。面对大海人们倍感自身渺小，需要祈求在他们看来确实存在的可以掌握自身前途命运的"超人间的神明"

的帮助和护佑，于是就有了与大海相关的许多民间信仰文化。"天妃信仰"（或称"妈祖信仰""天后信仰""三婆信仰"）就是其中最为普遍的一种民间海洋信仰文化。

"天妃妈祖"是中国最有影响力的航海保护神。"天妃妈祖"信俗是中国首个被联合国教科文组织正式列为世界人类非物质文化遗产的信俗类世界遗产。

北海市民间信仰"天妃妈祖"历史悠久。合浦县最早的天妃庙始建于宋代，最繁盛时，仅县城廉州及周边的天妃庙就达三十余座。其中合浦乾江天后宫（北海市合浦县重点文物保护单位）是北部湾地区最大最古老、保存最完整的天妃道场。至今，合浦县每一个乡镇都建有不同规模的天妃庙，民间的天妃信仰遍及全县城乡，天妃信众更是数以万计。涠洲岛早在1732年就建有妈祖庙，后被山体塌方压倒，近年重建妈祖庙后，信众仍然踊跃。

北海市的民间海洋信仰文化中另一个很突出的是"疍家龙母"信仰。疍家人是我国粤、闽、桂等沿海地区水上居民的统称，属于汉族居民的一支，他们"以舟楫为家，采海物为生"[3]。北海市的疍家人是明朝时候从广东陆续寓居北海市的，北海市的西场沿海，北海市区外沙、侨港、地角一带，党江沿海一带，合浦县东南沿海一带是他们的主要聚居地，总人数在30000左右。疍家人在耕海、牧渔中信仰龙母，他们常把自己的命运寄托在龙母的保佑上。早在1823年，疍家人就在北海市外沙建有龙母庙，至今已有100多年的历史。每年的正月十六，疍民们都会在龙母庙举行隆重的祈福仪式向龙母祈福，祈求全年风调雨顺，出海平平安安。到农历十二月十六日这一天，则要向龙母庙还福。

北海市的海洋信仰文化凝聚着北海市民众的价值取向和精神寄托，寄托了北海市民众对海洋的祈盼、感恩之情，是人与自然对话的一种形式，值得人们细细倾听和体悟。

三、北海市在推进海洋文化交流中存在的主要问题

文化交流是促进文化发展的重要途径。北海市丰富的海洋文化资源，只有得到充分的交流，才能防止中断和失传，才能维系它的持续发展。

（一）近年来北海市海洋文化交流的成果

近年来北海市在推进海洋文化交流工作上付出了很多努力，也取得了不俗的成绩。一是将海丝路的品牌——大型舞剧《碧海丝路》组织参赛，获得由文化部和陕西省人民政府主办的首届丝绸之路国际艺术节"优秀演出奖"和第十四届文华奖"优秀剧目奖"；参加中国东西部合作与投资贸易洽谈会广西海丝文化展演，并在国家大剧院进行商演，赴瑞士、德国、比利时参加"中华风韵"欧洲四国巡演，提高了北海市海洋文化精品的影响力。二是组织推动北海市文艺交流中心、非物质遗产文化保护中心赴粤港澳和瑞士、德国、比利时等国家演出，提升北海市的海洋文化的影响力。三是开展"北海遇见北海""暖冬遇见北海"等系列活动，将北海市的海洋文化的特色通过媒体的渠道向外界进行推介和交流。四是打造大型3D动画片《海上丝路南珠宝宝》，获广西"五个一工程"奖，并在中央电视台开播，此外电视连续剧《沧海丝路》《北部湾人家》等在北海市拍摄，也把北海市的海洋文化推向一个新高度。五是举办"2016年世界海洋日暨全国海洋宣传日"主场活动，举办汉代海上丝绸之路考古与汉文化国际学术研讨会，举办北海民间文化艺术博览会，扩大北海海洋文化的交流。六是制定实施《关于加强海上丝绸之路文化遗产保护

利用的行动方案》，积极推进海丝路申遗工作，持续开展与东盟各国的文化交流；出台民间博物馆等文化产业扶持政策，加强文物的保护利用，提高非物质文化遗产保护传承水平。七是建设合浦县汉文化博物馆、北海市群艺馆新馆，建成园博园"天天演"基地等一批文化项目以及北部湾国际文化广场等文化项目前期工作。八是培育骨干文化企业，加强文化院团建设，繁荣文艺创作，打造文化精品，加强对外文化交流。

（二）近年来北海市海洋文化交流存在的主要问题

1. 北海市海洋文化交流的内容单一

从近年来北海市的文化交流所取得的成果看，主要还只是围绕着"海丝路"这一文化资源而展开，而北海海洋文化中的南珠文化特别是南珠文化资源中内含的许多文化典故还没有合适的载体进行交流；北海市海洋文化中的海洋信仰文化也仍然没有找到合适的渠道加以交流和传播。

2. 北海市海洋文化交流的手段比较匮乏

北海市的海洋文化交流手段还比较匮乏。例如，海丝路文化的交流，也还只是局限于打造品牌剧在媒体上进行宣传，而海丝路的开放精神、和平商贸、互通互联精神以及南珠文化的包容精神、廉政精神和海洋信仰文化中的追求精神寄托等内容，既没有很好的手段进行深入挖掘，也没有合适的载体进行交流。北海市许多好的海洋文化资源也还只停留在当地人比较狭隘的范围内或口头流传，或只存留在图片和史料中，还没有丰富多样的方式和手段使之在更大范围，更广区域和更高层次上得到交流和传播。

3. 北海市海洋文化交流的效果欠缺

由于对北海市海洋文化资源研究尚欠深入，未能对海洋文化资源进行全面、充分的挖掘利用，北海市海洋文化产品的创意、制作和营销都仍处在较低水平，再加上文化服务的意识不强、服务层次不高等因素，都会影响北海市海洋文化交流的效果。

四、推进北海市海洋文化交流的对策

（一）从内容上加大对北海市海洋文化的挖掘和打造力度

北海市的海洋文化资源不仅只有海丝路文化，不能止步于《碧海丝路》和《海上丝路南珠宝宝》的打造和交流，而是要像打造《碧海丝路》和《海上丝路南珠宝宝》那样，加大挖掘海丝路文化、南珠文化、海洋信仰文化的内涵的力度，继续打造出更多像《碧海丝路》那样能够反映出海洋文化内涵和精髓的影视品牌作品。如南珠文化中有"蚌病珍珠"的成语，这可结合西汉时期的京兆尹[①]王章的夫人被流放至北海市合浦县后采珠贩珠而致富的史实，挖掘南珠文化所体现的包容精神，打造出引人入胜的影视历史剧；又可根据南珠文化中的另一个成语"合浦珠还"的典故，倾力打造出可以弘扬北海市廉政文化的政治历史影视作品，塑造北海市历史上的廉吏形象。又如可根据北海市的海洋信仰文化中达摩祖师等高僧远涉重洋登陆合浦的史迹，打造海洋信仰题材的影视作品，也可扩大北海市海洋信仰文化的交流面和影响力；此外，还可以根据北海市民间的"天妃信仰"和"龙母信仰"开发出影视作品来扩大北海市海洋文化的交流。

---

① 京兆尹是官名，指首都地区的行政长官。

（二）从形式上增加北海市海洋文化交流的平台和方法

文化交流是通过不同区域、不同民族、不同种族之间人们的互动而实现的。文化交流的形式多种多样，历史上曾经通过殖民、战争、传教、迁徙、贸易、杂居、通婚、旅游、留学、书籍流传、外交等方式实现文化交流。但在互联网时代，虽然文化产业是文化交流最核心、最有效的形式，但仍需要拓展其他形式的文化交流。除了影视文艺作品展演、新闻出版、文物博览等传统的交流方式外，还要增加拓展文化教育、文化旅游、学术往来、文化论坛、文化贸易等文化交流的形式，通过多种平台和途径，讲好北海市海洋文化故事及其背后的价值根源，向外界传播北海市海丝路文化、南珠文化、海洋信仰文化所承载的开放、和平、包容、廉政和敬畏海洋、感恩海洋的精神。只有这样才能把富有魅力、具有时代价值的北海市海洋文化精神弘扬起来、传播出去。

（三）从效果上推进海洋匠心文化的建设

以工匠般的细雕慢琢追求完美的精神，打造出富有特色又形式多样的文化精品是文化交流的重要载体。要增强北海市海洋文化交流的效果，前提是要培育出能反映北海市海洋文化精神的精品。为此，要加大对海洋文化内涵挖掘的人力、物力和财力的支持力度，在北海市、广西壮族自治区、全国范围内聘请北海市海洋文化专家、学者和创作人员，划拨专项经费用于北海市海洋匠心文化作品的挖掘和开发，进一步打造北海市海洋文化交流精品品牌。只有这样，北海市的海洋文化交流才能收到好的经济效益和社会效益。

参考文献

［1］曲金良．海洋文化概论［M］．青岛：青岛海洋大学出版社，1999.

［2］屈大均．广东新语（下册）［M］．台北：中华书局，1997.

［3］罗新．北海疍家龙母信仰文化及其旅游开发研究［J］．语文学刊，2011（5）：104-106.

广西北部湾对海上丝路的区域贡献

北海市合浦社科联副主席　范翔宇

一、引言

《汉书·地理志》记述："自日南障塞，徐闻、合浦、船行可五月，有都元国，又船行可四月，有邑卢没国；又船行可二十余日，有谌离国；步行可十余日，有夫甘都卢国。自夫甘都卢国船行可二月余，有黄支国，民俗略与珠厓相类。其州广大，户口多，多异物，自武帝以来皆献见。有译长，属黄门，与应募者俱入海市明珠、璧流离、奇石异物，赍黄金，杂缯而往。所至国皆禀食为耦，蛮夷贾船，转送致之。"

这就是关于以合浦为始发港的海上丝绸之路的最早记载。这里明确清晰地记述了 2000 年前，中国海上对外贸易主要商品、贸易方式和远洋航线。这条起航于汉代的海上丝绸之路航线的贸易区域，正好与 2010 年建成并运行中的中国—东盟自由贸易区基本吻合。由此见证了海上丝绸之路始发港所在的北海地区（本文所称的北海地区是指汉合浦县及此后的廉州府辖地，下同），是中国最早开展海上对外贸易的地区，也是古代中国与东南亚和印度洋等沿海国家进行经贸文化交流的前沿区域。

由于海上丝绸之路始发港所在的合浦郡及后来的廉州府，在历史行政区域沿革的管辖权中，都包括了钦廉四属，即相当于今广西北部湾沿海地区，因此，在海上丝绸之路始发港建立及其对外贸易航线形成的历史进程中，许多重大事件和重要的工程设施，都是依托北海地区的区域地理优势和社会基础条件而实施的，由此奠定了北海地区在海上丝绸之路中的地位与作用。

北海地区能够担当起海上丝绸之路始发港的历史使命，并不是孤立的现象，而是自秦汉以来，朝廷为开辟中国的海外交通航线所做的不懈努力的结果。在此之前，先有秦始皇四次巡游海上，此后又有汉武帝的七次巡海行动，这都是为了致力于开辟海上交通，致力与海外各国交流往来，也为建立以合浦为始发港的海上丝绸之路打下了决策基础。

而在当时，虽然有陆地丝绸之路作为汉王朝与外国开展商贸文化交流的通道，但陆地丝绸之路沿线的西域属国之间，或不断地相互侵扰，或反叛连年。在这种混乱的状况，"朝廷不能禁，议者因欲闭玉门、阳关，以绝其患[①]"。加上这条陆地丝绸之路"拒玉门、阳关者四万余里，靡不周尽焉"，"自建武至于延光，西域三绝三通[②]"，到和帝时（公元 89~105 年）"西域反畔，乃绝[③]"。因此，合浦始发港的建立及海上丝绸之路航线的形成开通，正好填补了这一对外贸易链接的断档。在这一期间，北海地区具有的"一江一港三道"的地理区域优势，发挥了重要的作用。

---

①②③　出自《后汉书·西域传》。

二、"一江"的重要作用

"一江"，就是有"中原水路出海黄金通道"之称的南流江。南流江起源于广西北流大容山，流经玉林市、钦州市境地后，自北而南贯穿北海合浦全境，分成六大入海口汇入北部湾，全长 287 公里，流域面积达 9704 平方公里，造就了面积达 550 平方公里南流江三角洲和面积达 128 万亩的南流江冲积平原，分别成为广西最大的三角洲和广西第二大平原。因此，南流江是广西南部独自流入大海诸河中，流程最长、流域面积最广、水量最丰富的河流，被称为北海市、玉林市、钦州市三市共同的"母亲河"。

南流江干流流域范围内，自南北朝以来，曾设置的州、郡、县等行政区域就有 20 多个。这就为汉代海上丝绸之路始发港的建立及其海外贸易航线的开通发展，提供了区域性的社会基础条件。

南流江作为中原水路出海黄金通道的功能，则是随着各个历史时期的社会发展而形成的。秦始皇二十八年（公元前 219 年），秦始皇发动了征服岭南的战役，这就是著名的"秦戍岭南"或称"秦瓯之战"。在这场战役中，由于当地的古越族人不愿臣服于秦王朝，而纷纷逃进丛林中，推选出勇猛强悍的族人做将领与秦军对抗，还杀死了秦军的将领，使得秦军陷入了三年不解甲驰弩的相持僵局中。为了解决军队运送兵员和粮草之需，秦始皇令监御史禄率军队在桂林兴安挖通了连接北流江、南流江的运河，时称"秦凿渠"，即今灵渠，才使运输军队粮饷的船队得以沿南流江流域深入沿海一带，迅速改变了力量对比，对古越族人展开决战，取得了胜利。由于南流江在其中发挥了重要作用，因此有"秦军运粮水道"之称。

秦始皇平定岭南后，设岭南三郡（南海、桂林、象郡），时赵佗为南海郡龙川县县令，后接任南海尉统领三郡。岭南三郡在赵佗的治理下，赢得了较长一段时间的安定局面，促进了岭南社会经济的发展，积聚了丰富的物资基础。赵佗为了解决将士的婚姻问题，"使人上书，求女无夫家者三万人，以为士卒衣补。秦皇帝可其万五千人"[①]。由此，南流江又多了一个中原"移民通道"的功能。

公元前 204 年，赵佗趁秦末农民大起义之机，割据岭南三郡，建立了南越王国。公元前 137 年，赵佗去世。公元前 113 年，南越王国宰相吕嘉把持朝政，杀死汉朝使臣，反叛汉王朝。元鼎五年（公元前 112 年）秋，汉武帝派出 10 万大军，分兵五路进攻南越王国，以平息吕嘉之乱。这五路大军中的其中一路由伏波将军路博德率领，沿南流江直下进攻南越王国。路博德的大军到达合浦（时属秦设岭南三郡中的象郡）后，时属象郡辖地的交趾、九真两地区的头领带着腊制的一百头牛、千钟酒和这两个地区的居民户口簿到路博德指定的合浦地点献降进贡。路博德在合浦接受献降进贡后，指派两位头领仍然担任原来的职务，并按既定的规制进行管理。由此，南流江又成为东南亚地区向汉朝廷运送贡品的进贡通道。

元鼎六年（公元前 111 年），汉武帝平定南越，将南越王国所属区域划分为南海、苍梧、郁林、合浦、交趾、九真、日南七郡，后增设的珠崖、儋耳二郡（今海南岛），这就是史书所说的汉武帝平南越立岭南九郡。

---

① 出自《史记·淮南衡山列传》。

三、"一港"的重要作用

汉武帝设立合浦等岭南九郡后，广西北部湾地区的区位优势凸显，与中原地区的交往常态化，中原先进的生产技术、工具、农耕物种也随之源源不断地进入合浦及广西北部湾地区，从根本上改进了当地的产业结构和社会经济格局。南流江的社会功能迅速扩展，一条以南流江流域为主干，联通中原水运网络的出海黄金通道形成。"一港"，就是汉代海上丝绸之路始发港。

汉武帝合浦立郡后，合浦优越的地理位置，天然的港口条件，丰富的物产资源等区域优势得到了激活及开发，特别是合浦珍珠市场的功能迅速扩展。原先，人们只是用珍珠来交换粮食，成为赖以谋生的主要物资，由此形成了以珍珠为主的，以物换物的市场，也就是珠市。随着社会生活的需要，珠市上交换的品种不断增加，经营范围不断扩大，交流方式不断增加，市场的辐射力也不断地扩大。特别是南流江黄金水道开通后，中原商贾和东南亚、印度洋等国家的客商到合浦珠市采办合浦珍珠成为常态。在合浦珠市效应的牵动下，一个以合浦珍珠为主导商品，由中原的丝绸、农具、诸夷奇石异物等商品组成的物流集散中心在合浦古港口形成，中原商贾则带着丝绸来到合浦珠市销售，以经营所得来采购合浦珍珠带回中原销售获取厚利；东南亚、印度洋一带的客商从海路闻风而至，带着琉璃玛瑙等奇珍异宝到合浦珠市销售，以经营所得来采购中原丝绸。于是就形成了"先有珠（合浦珍珠），形成市（珠市），引来丝（丝绸），建立港（对外贸易港口始发港），开通路（海上对外贸易通道）"的产业依存关系。

汉武帝时期合浦立郡后，依托这些关系条件建立了以合浦为始发港的海上丝绸之路，并将其纳入官府管理，对外贸易的航线得到迅速扩展伸延。于是就有了《汉书·地理志》中关于海上丝绸之路商贸经营的记述。

以北海市合浦始发港为中心，向东伸延，产生了徐闻、广州、泉州、福州、杭州以及江苏、山东等沿海港口城市的不同时期中心港口，随着海上丝绸之路外贸业务的扩展，这些海上丝绸之路航线上的沿海港口城市得以在更大范围内发挥作用，分别承担起不同时期的历史使命。

以北海市合浦始发港为中心，向西伸延形成了联通东南亚、印度洋沿线各国的西线海上对外贸易，文化交流的交通网络，产生了日南、扶南、都元、象林、谌离国、邑卢没国、夫甘都卢国中心港口及城市。因此形成了以海上丝绸之路连接而成的国际商贸次区域。

以北海市合浦始发港为中心，向北连接中原水运网络的南流江黄金水道为大动脉，形成了连接漓江、珠江、湘江水系的交通网络。

以北海市合浦始发港为枢纽，为西南地区的商品进入大海开辟了一条新的通道，同时也为西南地区参与海上对外贸易提供了一个平台和出海口，因此奠定了广西北部湾地区作为大西南出海大通道"桥头堡"的历史地位。随着海上丝绸之路贸易的扩展，广西北部湾地区产生了以合浦始发港为龙头，以钦州港、防城港等港口相辅的海上丝绸之路对外贸易港口群。

四、"三道"的重要作用

"三道"是伏波运道、廉州水路、西南海道（入安南通道）。

首先是"伏波运道"。"伏波运道"是汉武帝征南越平乱时开辟的一条战时通道。如前所述，元鼎五年（公元前112年）秋，汉武帝派出10万大军，分五路进攻南越王国，以平息吕嘉之乱。这五路大军中的一路由伏波将军路博德率领。由于伏波将军一职，是汉武帝为征讨南越而始置的，而路博德则是第一个任此将军职衔者。路博德在合浦（时属秦设岭南三郡中的象郡）接受交趾、九真两个地区的头领献降进贡，史称"伏波运道"。

"伏波运道"到了东汉建武年间，又因伏波将军马援征交趾二徵的军事行动，得到了进一步的综合开发利用，为广西北部湾地区的对外交流发挥了更大的作用。

据《后汉书》"马援列传"记载：（建武十七年）"交趾女子征侧及女弟征贰反，攻没其郡，九真、日南、合浦蛮夷皆应之，寇略岭外六十余城，侧自立为王。于是玺书拜援伏波将军，以扶乐侯刘隆为副，督楼船将军段志等南击交趾。军至合浦而志病卒，诏援并将其兵。遂缘海而进，随山刊道千余里。十八年春，军至浪泊上，与贼战，破之，斩首数千级，降者万余人。"这就是历史上著名的马援平交趾之战。

当时，马援率水师在合浦整训后，乘船从合浦大风江入海口向交趾进军。进入交趾后，由于合浦当地无法供应军粮，只有靠南流江水路运输，随着战争的纵深发展，运粮水路也转而海路并进。除了增加海路波涛的风险之外，还经常受到海寇的侵扰，造成了军粮的损失。为了消除这个祸患，马援勘察地形，决定在大风江入海口的赤蚝墼一带开凿一条海路水路相通，使运粮船只能绕过海浪险阻的海域而达钦州七十二泾的人工运河，运河两端均通海潮，河水随海潮上涨而伸延扩展，这是一个非常奇妙的构思，完全解决了安全运粮的通行问题。为了纪念马援的功绩，后人就把这条运河称为"伏波运道"又称"运粮遗道"。

这条新的"伏波运道"开通后，保证了粮草兵员的补充供给，马援很快就平定了二征之乱。马援在平定边患、维护国家海疆安全的作战过程中，所过之处，都会帮助当地修筑城池，兴建街市发展商贸，修建水利发展农耕。在制定政策法令时，还尊重当地的风俗习惯，使百姓都能够理解和接受，利于发挥引导制约作用。因此，岭南地区的百越民众"常奉马将军故事"，传颂马援的事迹。如《水经注》卷三十七中记："马援以西南治，路径千里，分置斯县。治城郭，穿渠，通导溉灌，以利其民。"《南越志》记述："马援凿通九真山。又积石为坻，以遏海波，由是不复往涨海。"《文献通考》卷三百二十三中记："使马援平定交部，始调立城郭，置井邑。"《广东新语》记述："铜船在合浦，相传马援铸铜船五，以其四往征林邑，留一于此。天阴雨浮出湖面，樵捕者常得见之，因名湖曰铜船湖。"

"伏波运道"经过两个伏波将军的开发建设，为汉代海上丝绸之路始发港的建立及其航线的开通，积聚了基础性的条件，广西北部湾地区日益成为迎送外夷使臣和诸番商贾的"桥头堡"，是中原风帆驶向四海的始发地区。

其次是廉州水路。廉州水路是以海上丝绸之路始发港的交通优势为依托而形成的国际航道。

唐宋之间，朝廷为了加强对东南亚一带的商贸文化交流，除了扩大常规性的交往的同时，还在广西北部湾的沿南流江及沿海地区，设置了专门用于接待东南亚及印度洋使臣的驿所传舍，还为这些沿海上丝路航线到来的外国商客设置了货场仓库（博易场）、指定地点建立边贸市场，以方便边民小额的贸易经营。广西北部湾地区成为岭南最活跃的对外交易商贸集散地，知名度空前提高。廉州水路航路成为中原商贾，域外使臣往返东南亚行程的首选。东南亚来使通过廉州水路进入南流江北上中原，朝廷派往东南亚的使臣则通过南流江进入廉州水路出发到东南亚及印度洋各国。这些史迹在历代的史籍中均有记述。

《宋史》列传第一百九十九记述："李度端拱初，籍田毕，交州黎桓加恩，命度借太常少卿充官告国信副使，上赐诗以宠行。未至交州，卒于太平军传舍，年五十七。"文中提到的"端拱初"，即北宋宋太宗年号的"端拱"，时间为公元 988 年。这里的"太平军传舍"是当时朝廷设在廉州的专门用于东南亚及印度洋各国来使机构，相当于官方招待所。

淳化元年（公元 990 年），宋朝廷派王世则出使交趾，安南王黎桓"遣东内都指挥使丁承正等以船九艘，卒三百人至太平军来迎[①]"。也就是说，安南王的特使带领船队来到廉州迎接宋朝廷的使者。从这些重大的事件中可见，当时的廉州是非常重要的对外交流重镇。

又如，南宋乾道九年（1173 年），安南中卫大夫尹子思等入宋朝京都（临安，今浙江杭州）向朝廷进贡，回程到了静江府城（今广西桂林）的时候，静江府的官员建议尹子思等经南流江到廉州走廉州水路，告诉他：可先从静江水路达郁林州（今玉林），到郁林州后，可乘回程的运盐船只到廉州，再经过一日的海上航程即达交趾。在这条 2000 余里的水路航程中，可以不役一夫而顺利回到安南。静江府官员向尹子思等建议选择的这条便捷通道，就是宋代著名的南流江盐运水路。因为在宋代，朝廷对廉州的海盐生产经营采取了严格的管制措施。元丰三年（1080 年），朝廷规定廉州每年产盐 3 万石，以每石 110 市斤计，年产达 1650 吨，规模相当大，要供应广西的 19 个州。到了绍兴三十年（1160 年），廉州府"每岁纳盐货"已达 3000 吨。这 3000 吨海盐是必须完成的指令性计划，得按时纳贡。廉州水路因此成为宋代重要的运盐通道，朝廷在南流江至北流江，及至漓江一带的漕运沿线都设立有专门的盐运机构，漕运的回程航船可以节省大量的人力、物力和时间。

周去非因此在《岭外代答》"财计门"中记述："今日广右漕计，在盐而已。盐场滨海，以舟运于廉州石康仓。客贩西盐者，自廉州陆运至郁林州，而后可以舟运。斤两重于东盐，而商人犹艰之。自改行官卖，运使姚孝资颐重，实当是任。乃置十万仓于郁林州，官以牛车自廉州石康仓运盐贮之，庶一水可散于诸州。凡请盐之州，曰静江府、融、宜、邕、宾、横、柳、象、贵、郁林、昭、贺、梧、藤、浔、容州，各以岁额来请。"由此可见，宋代廉州水路航线路上，商贸文化往来的繁荣景象。

"庶一水可散于诸州"，正是廉州水路的交通优势所在。

朝廷借助南流江水路的便利，将廉盐运送到所需的州府，以资民生。而廉州盐赋，与成都织锦、上供钱、经制钱的经营所得一起，成为南宋朝廷买马的主要经费。在当时，岁买良种马 1500 匹以上，因此，廉州水路实际上就是岭南的盐马古道。

---

① 出自《宋史》（卷四百八十八）。

最后是西南海道（入安南通道）。"西南海道"是一条为了加强与东南亚等国的经贸往来而开辟的一条综合性的通道。航行的线路是以廉州湾为中心，向东承接由广州港出发的航船，向北承接由南流江黄金水路南下的航船。东来南下的航船到达廉州湾后，沿"伏波运道"向西南进发，"北风顺利一二日可抵交之海东府，若沿海岸行则乌雷山一日至永安州白龙尾，白龙尾二日至玉山门，又一日至万宁州，万宁一日至庙山，庙山一日至屯卒巡司，又二日至海东府"[①]。由于航行的方向是在廉州府的西南方向，故称为"西南海道"；而这条通道的航线第一站都是直达安南境内，历史上又称为"入安南通道"。

"西南海道"的开辟最早可追溯到唐咸通年间的高骈廉州海门屯兵。唐咸通三年（公元862年），因南诏兵入侵安南，朝廷任命湖南观察使蔡袭出任安南经略使救急，南诏兵又攻交趾，为了解救交趾之危，朝廷又调蔡袭屯兵海门，结果蔡袭战败。咸通四年，安南被南诏军攻陷。朝廷先后将交州行营和安南都护府设置在廉州。唐咸通六年，朝廷命高骈治兵廉州，收复了安南。高骈治兵廉州，收复安南期间，为了解决水路运输问题，修筑了天威运河。周去非的《岭外代答》中详记此事："安南静海军地皆滨海，海有三险，巨石矻立，鲸波触之，画夜震汹。漕运之舟，涉深海以避。少为风引，遵崖而行，必瓦碎于三险之下。而陆有川遥，顽石梗断焉。伏波尝加功力，迄不克就。厥后守臣屡欲开凿，以便漕运。锥镵一下，火光煜然。高骈节度安南，斋戒祷祠，将施功焉。一夕大雨，震电于石所者累日，人自分沦没矣。既霁，则顽石破碎，水深丈余。旁有一石犹存，未可通舟。骈又虔祷，俄复大尔震电，悉碎余石，遂成巨川。自是舟运无艰，名之曰'天威遥'。"

"天威遥"开通后，廉州府及钦州进入安南的海路"自是舟运无艰"。航船由钦州海岸出发，顺风扬帆，一日可到达交州的潮阳镇。进一步加强安南等地的经济贸易，各种商贸文化交流活动日益频繁。如《宋史》志第七十二中记载："建炎四年，南平王魉，差广南西路转运副使尹东珣充吊祭使，赐绢布各五百匹，羊、酒、寓钱、寓彩、寓金银等，就钦州授其国迎接人，制赠侍中，进封南越王。"《宋会要辑稿·食货》中记载："广南西路经略使曾布言：'钦、廉州宜各创驿安泊交人，就驿置博易场，委州监押、沿海巡检兼管勾。''从之。'"《文献通考》卷三百三十四中记载："太中祥符三年，求互市于邕州，诏止。仍旧制止许于廉州及如洪寨互市。"

从以上的史籍记述中可知，当时"西南海道"航线上的商贸文化交流活动是非常活跃的，已经是一条成熟的对外海上贸易通道。

到了明代嘉靖年间，廉州知府张岳曾率众疏通"西南海道"，以加强廉州府至安南航线的管理，开辟了从冠头岭至安南海东府、海阳府、新兴府的不定期直达航线。

"西南海道"经过了历代朝廷的经营开拓，不但促进了海上丝绸之路始发港对外商贸文化的多元化交流发展，也提高了广西北部湾地区的区域地位。

五、结论

广西北部湾沿海地区由于具有"一江一港三道"的交通便捷优势，不但为东南亚、印度洋各国通过以合浦为始发港的海上丝绸之路与中国加强商贸往来及文化交流合作，提供了安全便捷的通道，也为佛教文化从海路传入中国开辟了新的通道。广西北部湾沿海地区

---

① 出自《廉州府志》。

因此成为佛教文化从海路通道进入中国的中转站。以广西北部湾沿海地区这个中转站为新起点，形成了新的传播格局，对佛教文化在中国乃至世界的发展产生了巨大的影响。

《广东海上丝绸之路史》记述："到东晋时代，也就是法显生产的年代（公元 337~422 年），广州已取代徐闻、合浦等地正式成为海上丝绸之路的始航线，广州外贸中心城市的地位由此确立。这里可以确定，在此之前，沿海上丝绸之路进出广州的商人或佛教僧人，绝大部分都是合浦始发港登陆上岸后才转道的。"

若谷的《广西佛教文化的历史述略》里记述："查我国古籍，有明确文字记载的海外通道，为《汉书·地理志》记载汉武帝时从广西合浦始发的出海航线，沿中南半岛过马六甲海峡达南亚。按当时的航海技术，只能沿海岸而行，靠海流及季风的助力，以合浦作为理想的停泊港。合浦前临北部湾直达交趾，背靠南流江经苍梧入长沙或下广州，较为方便。秦末赵佗以至东汉马援南征，走的都是这条道，海外的苦行僧东来亦当沿着这条海道。"

蒋适瑜的《广西唐宋时期佛教遗迹略》里记述："东晋时期，天竺的佛像有从海路经过合浦传入中国内地的可能。苏东坡《菩萨泉铭并序》说到，晋人陶侃在广州任刺史时，在海上得到阿育王铸造的有款识的文殊师利像，后来被转送到武昌寒溪寺了。《南齐书·祥瑞志》载，永明七年（公元 489 年），越州（古属合浦）人采到一颗像思维佛像的珠子，也献给了皇帝。齐武帝为此赐了一座禅灵寺把它作为佛像供奉。这些又为天竺佛像经合浦传入中国内地增加了旁证。"

"晋、南朝时期的'广州'，辖区包括今广东、广西大部分地区。这些外国僧人到所谓广州，其中也应包括在广西合浦登岸者"。

林志杰的《论佛教在桂北的兴盛及其原因——兼论"桂北文化现象"》中记载："广西地处祖国南方边陲，濒临南海，北部湾的合浦、乌雷又是'古代海上丝绸之路'的最早启锚地之一。根据考古材料，早在西汉晚期，佛教已从海路传入北部湾沿海一带，然后通过'交广通道'由合浦沿南流江、北流江抵达苍梧（今梧州市），再由苍梧溯桂江、漓江传往桂北。"

加快特色小镇建设　推动广西县域经济发展①

北部湾大学钦州发展研究院　傅远佳

【摘要】 特色小镇是我国新型城镇化建设的有机组成部分，是乡村振兴战略发展格局的重要组成部分，是新时代县域经济发展的全新载体。广西培育和建设特色小镇有沿海、沿边、沿江等区位优势，有矿产、农业、食品、旅游、人力等资源优势，有海上通道、陆路通道、空中通道等交通优势，有深厚的民族文化底蕴和悠久的历史文化传统。近年来，广西初步建立了一批国家级、自治区级和市级的特色小镇，培育和建设成效显著。但广西特色小镇量少且质不高；对特色小镇理解不够且创新不足；产业层次不高且特色产业主导不强；融资过少且资金不足；政府支持力度不够。以特色小镇为载体全方位发展县域经济，应当加强组织领导，强化统筹协调；加强产业主导，壮大特色产业；加强政策扶持，落实要素保障；加强政府引导，激发市场活力；加强观念创新，突出建设重点。

【关键词】 特色小镇；县域经济；广西；对策

一、引言

2016 年 10 月 14 日，住房和城乡建设部公布了第一批中国特色小镇名单，进入这份名单的小镇共有 127 个。特色小镇成为网络热词，人们普遍认为，特色小镇对于解决城乡二元结构问题起着关键作用，是推动新型城镇化，发展特色经济的重要力量。

二、加快特色小镇培育和建设的必要性

（一）发展特色小镇是新型城镇化战略的重要内容

特色小镇是我国新型城镇化建设的重要组成部分。[1]《国民经济和社会发展第十三个五年规划纲要》明确指出要"因地制宜发展特色鲜明、产城融合、充满魅力的小城镇"。《关于深入推进新型城镇化建设的若干意见》则进一步具体指出了"发展具有特色优势的休闲旅游、商贸物流、信息产业、先进制造、民俗文化传承、科技教育等魅力小镇，带动农业现代化和农民就近城镇化"。

（二）建设特色小镇是加快新型城镇化进程的重要举措

党的十八大提出新型城镇化建设的重要战略部署后，全国各省、自治区、直辖市高度重视，纷纷采取措施快速推进。如 2014 年 4 月海南省出台了《海南省特色风情小镇建设

---

①　基金项目：2017 年中国民建广西壮族自治区委员会议政课题"加强特色小镇建设，推动县域经济发展"终期成果，2018 年钦州发展研究院重大专项项目"钦州特色小镇培育和建设研究"阶段性成果。

指导意见》；2015 年 5 月浙江省出台了《关于加快特色小镇规划建设的指导意见》。目前，浙江省首批 37 个特色小镇按照 3 年近期和 5 年远期的规划正在稳步推进。

（三）特色小镇是地区经济转型升级的全新载体

特色小镇已成为我国推动城镇化进程方面重要的经济增长点。比如在山东省，200 个示范镇 2012~2015 年 GDP、农民人均纯收入年均增速分别增长 23.96%、15.59%，远超过同期山东省增长幅度。在陕西省，重点示范镇第二、第三产业增加值占 GDP 比重从 2011 年的 88.8% 增加到 2015 年的 95.0%。浙江省杭州市的 GDP 在 2015 年达到了 10053 亿元，成为国内第 10 个万亿级城市，在促进杭州市发展众多项目中，特色小镇的出现，更是增添了绝对动力。仅 2015 年，浙江省首批 37 个特色小镇的新入驻企业达 3207 家。

三、广西特色小镇的培育和建设的优越条件

（一）区位优势

广西位于中国西南部，面向东南亚国家，培育和发展特色小镇的优势明显。

（1）广西具有沿海优势。第一，广西海岸线曲折，从东到西分布着铁山港、钦州港、防城港等重要港湾。其中防城港、钦州港、北海港均适合建设泊靠能力万吨以上的港口，极具发展潜力。第二，广西沿海港口的水域广阔且具有一定深度、淤积少、风浪小、无结冰期。第三，距粤港澳地区及东南亚港口的距离较近，比如北海港与中国香港港的距离约425 海里、钦州港距新加坡港约 1338 海里。例如，北海市铁山港区南康镇作为一个优质的生态文明旅游休闲小镇，是离不开铁山港工业区支持的。

（2）广西具有沿边优势。广西地区与越南的边境接壤，约有 8 个县（市），另外还有约 25 个边民互市贸易点，这些贸易点都有公路相通。从广西到越南的首府河内市直线距离较近，如从凭祥市友谊关至河内约 180 公里。此外，陆路交通体系已初步形成，湘桂铁路与越南铁路相连，可直接到达河内市，交通条件较为便利。例如，崇左市的凭祥等地则可以利用其与越南交壤的区位优势，借助北部湾经济区的政策，以进出口贸易为主导产业，发展出具有自身特色的小镇。

（3）广西具有沿江优势。广西的梧州市、贵港市等城市由珠江水系贯穿，向西流经云南省、贵州省；向东流经广州市出海。西江作为珠江水系的支流，在广西壮族自治区内有年吞吐能力万吨以上的内河港口 77 个，经过国家重点整治后的西江，其运输能力更是大大提升，目前仅次于中国第一大河——长江。其中，西江下游的梧州市，作为一个内陆口岸，在历史上曾是繁华的商埠，距中国香港特别行政区与中国澳门特别行政区约为 400 公里，交通条件十分便利。例如，梧州市苍梧县六堡镇则正是依靠这一黄金水道，出口六堡茶，打响了自身特色小镇的品牌。

（二）资源优势

（1）矿产资源。广西拥有丰富的矿产资源，铝、锰、锡、铟、稀土等矿产储量位居全国前列。

（2）农业资源。茉莉花、木材、桑蚕、秋冬菜、成品糖、木薯、柑橘等农业产品的产量居全国第一，尤其是南宁市横县校椅镇的茉莉花产量更是达到了世界的 60%。崇左市江州区新和镇则是依托蔗糖种植为核心，以制糖产业、旅游产业为主导，形成产业的循环发

展。广西的中草药种类位居全国第二，有"南方药都"之称的玉林市，则可以依靠这一资源，发展集中草药种植、加工、展示、出口为一体的特色小镇。

（3）旅游资源。自然环境优美，气候宜人，空气清新，沿海区海水洁净，未遭受过多的破坏，而且鱼类资源丰富，开发利用潜力巨大。如北海市银海区的侨港镇，则是利用了沿海的优异旅游条件，乘着"一带一路"政策的东风，发展成为集海滨旅游和海洋产业于一身的特色小镇。

（4）人力资源。广西 2017 年高校毕业人数超过 20 万人，大量高素质人才可投入到特色小镇建设之中。一些以工业为主导产业的小镇，如广西灵山县陆屋镇，则可以吸纳大批高素质的人才到轻重工业之中，提高产业的创新能力和效率。

（三）交通优势

广西是我国与东盟商贸文化沟通的重要通道，是"西进""东出""南下"的重要交通枢纽。"一中心一枢纽五通道五网络"项目正在加紧实施建设，其中北部湾、南宁市分别为国际航运中心和国际区域性交通枢纽。加快完成下列通道建设："海上东盟通道""陆上东盟通道""南北陆路国际新通道""西南中南方向通道""粤港澳方向通道"；全面构建以铁路、公路、水路、航空为基础的交通信息网络，力争在 2020 年，把"高速县县通、高铁市市通、民航片片通、内河条条通"的战略目标实现。

（1）海上通道。经过多年建设，沿海港口吞吐能力超过 3 亿吨。西江水系贯穿广西境内，运输能力全国第二，广西地区约 14 个地级市均可通过珠江—西江水系直达粤港澳地区。

（2）陆路通道。2016 年广西高速公路新增 367 公里，总里程达到 4603 公里，广西公路总里程突破 12 万公里，新增大新、天等、三江、融水、融安 5 个县通高速公路，县县通高速公路率达 85%。高速铁路运营网络覆盖面广，运营里程约 1751 公里，以南宁市为中心辐射广州市、昆明市、长沙市等周边省会城市，到达国内主要中心城市也十分便捷，约 10 小时。例如，贵港市港南区桥圩镇处于广昆、三北高速交汇点，依靠其处于两条高速的区位优势，大力出口农产品、羽绒服装和轻工业小商品。

（3）空中通道。据统计，自 2016 年起广西航线总数为 264 条，其中国内航线 222 条、地区航线 8 条、国际航线 34 条；此外，通航城市 105 个，基本覆盖了国内省会城市、粤港澳台地区、东盟国家等。与此同时，广西加快建设"一带一路"国际空中大通道，以东盟为中心，构建包括北海市、百色市、梧州市及河池市在内的机场等。

（四）历史文化优势

广西少数民族众多，独特的地形地貌酝酿了浓郁的民族文化底蕴和悠久的历史文化传统，特色的建筑风格、民族节日、手工艺品、戏剧、山歌等民族文化的瑰宝，都是可以加以开发的特色小镇资源。如河池市宜州区刘三姐镇的壮族文化、来宾金秀的瑶族文化、百色的红色革命文化、贺州市八步区贺街镇的宗祠文脉特色和临贺古城等，都是广西宝贵的历史文化遗产，可加以利用和开发。恭城瑶族自治县莲花镇有古色古香的朗山民居，山清水秀的兰洞天池，还有以"赏果园风光，品瑶乡风情"为主题，集生态农业、旅游观光为一体的文化生态旅游红岩新村。

四、广西特色小镇培育和建设的现状

（一）以特色小镇为载体，全方位发展县域经济

党的十八大提出新型城镇化建设的重要战略部署后，广西壮族自治区和各市党委和政府也采取了一系列措施推进小城镇和特色小镇建设。2016 年 10 月，广西壮族自治区住房和城乡建设厅、发展和改革委员会、财政厅联合印发的《广西百镇建设示范工程实施方案》明确提出，广西壮族自治区将着力推进 100 个特色小镇建设，以经济为基础，综合布局配套设施、环境建设等方面。

2017 年，广西先后发布了 9 个（"1+6+2"）系列政策文件，全方位支持广西境内以县为单位的经济发展。相关文件《关于加快县域经济发展的决定》对农业、工业、旅游、特色小镇等方面做了详细的发展规划，特色农业、特色工业、特色旅游、县域城镇化、生态环保、开放合作是县域经济 6 大重点领域。特色城镇方面，提出实施中小城市培育工程，力争 2020 年广西所有县城（不含城区）建成区人口规模达到 5 万人以上，其中人口规模 5 万人至 10 万人的 34 个，10 万人至 15 万人的 17 个，15 万人至 20 万人的 10 个，20 万人以上的 10 个。在发展特色农业方面，广西提出了品种品质品牌"10+3"提升和"一县一品"，紧紧围绕县域农业特色经济和工业、农业、服务业融合发展，大力发展农产品加工业；依托产业发展，进一步打造田园特色的综合发展体系。在发展特色工业方面，争取每个县内建设发展 2~3 个主导产业，以产业园区模式来推动发展；在特色旅游方面，广西地区积极培育 30 个特色旅游小镇，加大"民宿经济"发展支持力度，争取每个县有各自的主题旅游产品。

此外，广西还出台了多项鼓励政策，如广西财政部门对每个特色小镇拨付 2000 万元培育资金；鼓励集群产业商标品牌建设，地理标志证明商标注册、使用及保护。

（二）初步建立了一批国家级、自治区级和市级特色小镇

近年来，广西大力开展广西特色名镇、百镇建设示范工程和民族乡建设等工作，小城镇建设取得长足进步，一批基础设施完善、公共服务健全、经济发展活跃、城镇特色凸显的小城镇脱颖而出。[2] 2016 年 10 月住房和城乡建设部公布的我国第一批 127 个特色小镇名单，其中包括广西的 4 个特色小镇，分别是桂林市恭城瑶族自治县莲花镇、北海市铁山港区南康镇、柳州市鹿寨县中渡镇、贺州市八步区贺街镇。其中，中渡镇作为一座具有悠久历史的古镇，主要是依靠喀斯特特色地貌建设生态旅游小镇。2017 年 9 月住房和城乡建设部评出了我国第二批 276 个小镇，广西有 10 个小镇入选，分别为河池市宜州市刘三姐镇、贵港市港南区桥圩镇、贵港市桂平市木乐镇、南宁市横县校椅镇、北海市银海区侨港镇、桂林市兴安县溶江镇、崇左市江州区新和镇、贺州市昭平县黄姚镇、梧州市苍梧县六堡镇、广西灵山县陆屋镇。

2018 年 8 月，广西评出了第一批 45 个特色小镇，分别是南宁市横县校椅镇的茉莉小镇、南宁高新技术产业开发区的林科小镇、柳州市柳南区太阳村镇的螺蛳粉小镇、柳江区百朋镇的莲花小镇、鹿寨县中渡镇的喀斯特山水古韵小镇、三江侗族自治县丹洲镇的柚香小镇、桂林市灵川县大圩镇的滴水文化小镇、兴安县溶江镇的漓江三花小镇、永福县的罗汉果小镇、荔浦县的衣架小镇、恭城瑶族自治县莲花镇的月柿小镇，梧州市苍梧县六堡茶

小镇、蒙山县丝艺小镇，北海市海城区涠洲镇的浪漫岛小镇、银海区侨港镇的海洋小镇、铁山港区南康镇的滨海宜居小镇、合浦县的月饼小镇，防城港市防城区华石镇的金花茶小镇、东兴市江平镇的京族海洋小镇，钦州市钦北区大寺镇的飞翔小镇、灵山县陆屋镇的机电产业小镇、浦北县龙门镇的红椎菌小镇，贵港市港北区的电动车小镇、港南区桥圩镇的温暖小镇、桂平市木乐镇的运动服智造小镇、平南县大安镇的节庆装饰品小镇，玉林市玉州区仁厚镇的中医药文化小镇、玉东新区茂林镇的南药小镇、北流市民安镇的陶瓷小镇、容县自良镇的沙田柚小镇，百色市田阳县百育镇的壮乡芒果风情小镇、田东县祥周镇的商贸物流小镇、平果县新安镇的工业小镇，贺州市八步区贺街镇的宗祠文脉小镇、昭平县黄姚镇的旅游文化小镇，河池市宜州区刘三姐镇的天丝小镇、巴马瑶族自治县甲篆镇的养生养老小镇、南丹县的丹泉小镇、东兰县的铜鼓小镇，来宾市象州县石龙镇的轻工业小镇、忻城县思练镇的银白龙石材小镇，崇左市江州区新和镇的甜蜜小镇、扶绥县山圩镇的木艺小镇、龙州县水口镇的边贸小镇以及广西农垦国有良圻农场的芳香小镇。

（三）特色小镇培育成效显著

近年来，广西各市根据住房和城乡建设部、广西壮族自治区特色小镇培育的工作要求，结合各市产业特色、文化底蕴、旅游资源实际，按照分类培育思路，积极开展特色小镇谋划建设工作，取得了一定的工作成效。

广西第一批4个国家级特色小镇迅速完成了基础设施建设项目。鹿寨县中渡镇很快就完成了古镇南大门、古镇西大门古城墙修复、地下管线改造、污水处理站设备安装工程及水车工程等项目；恭城县莲花镇的红岩AAAA级景区、柿子博览园、县全域旅游精品示范带等项目也很快完成了规划设计工作，目前各项目建设工作基本完成；北海市铁山港区南康镇已建成广西第一家乡镇3D影院，小街小巷改造项目很快完成场地平整，并采取PPP模式争取社会资金投入特色小镇建设；贺州市八步区贺街镇也很快完成了特色小镇的策划和规划方案编制工作，贺街镇旧住宅综合整治项目和易地扶贫移民（一期）工程已完工。

广西第二批10个国家级特色小镇特色产业发展迅速。各小镇依托特色产业，加快了对基础设施的建设，吸引众多企业投资落户，为当地提供大量就业岗位，提升就业率；各市县围绕广西壮族自治区政府对特色小镇在产业定位、空间布局、投资、功能集成等方面要求，优化产业结构，促进经济发展转型，加快了城镇的发展速度，提高了经济水平。如广西贵港市港南区桥圩镇吸引规模以上企业达31家，2016年工业总产值达58.5亿元，对带动当地工业发展、帮助当地农民致富发挥了极其重要的作用。

五、广西特色小镇培育和建设存在的问题

（一）特色小镇量少而质不高

虽然广西的特色小镇数量在不断增加，但和浙江等省份相比，广西的特色小镇数量很少，国家级别的才有14个。广西的特色小镇，基础设施建设水平较低，公共服务水平不足，地区特色不够突出，而且品牌知名度不够。

（二）对特色小镇理解不够，创新意识不强

有些地区小镇只是为了享受国家政策的扶持而去建设特色小镇，并未深入地思考"如何建设特色小镇""特色小镇的内涵是什么""建设特色小镇的真正意义到底是什么"等

问题。

（三）产业层次不高，特色产业主导不足

广西特色小镇的产业以旅游、农业、轻重工业等产业为主，产业整体层次不高，结构松散，产业与产业之间未能形成足够多的联动，创新能力低弱，并未能打造成多种结构、多种功能的特色小镇。

（四）融资渠道过少，建设资金不足

特色小镇的融资渠道过少，且融资成本较高，而特色小镇的基础设施，如道路、服务设施等工程需要大量的建设资金。但由于广西财政收入的制约，缺乏足够的财政资金支持，各特色小镇的规划建设落实困难较大。

（五）政策不完善，政府支持力度不够

广西区政府对于特色小镇的培育和建设还没有投入足够的重视，政府支持力度不够，针对特色小镇出台的政策还不够全面和完善，许多配套政策并没有提出。与国内其他地区相比，广西特色小镇的培育和建设滞后，政府支持力度不够，在城镇公共设施和交通基础设施建设等领域财政投入不足。

（六）发展严重滞后，特色资源没有得到合理开发

相比较于浙江省的特色小镇，广西的特色小镇发展过于迟缓，浙江省首批特色小镇已经基本建设完毕并取得较好的效果，而广西的特色小镇则还处于规划和培育之中，而且知名度远低于浙江省的特色小镇。特色小镇发展定位不准，特色小镇发展与毗邻的城市地区没有充分联动起来；很多小镇有自己特色的产业和产品，品质好，但量不大、附加值不高；对资源优势的利用不够，造成闲置甚至是浪费；广西在成功申报特色小镇后，有的地区没有对其进行持续性监督和建设。

六、加快广西特色小镇培育和建设，发展县域经济的对策建议

2015 年习近平总书记明确指出抓特色小镇、小城镇建设大有可为。2017 年习近平总书记又在党的十九大报告中提出了实施区域协调发展战略，要求以城市群为主体构建大中小城市和小城镇协调发展的城镇格局；实施乡村振兴战略，推动农业农村优先发展。这为新时代广西特色小镇培育，建设指明了方向。广西在地理、气候、区位、产业、交通、海洋、生态、文化等很多方面有独特优势，广西有必要也有可能紧抓乡村振兴战略机遇，以特色产业为核心在广西创建一批特色小镇，让特色小镇在推动广西经济转型升级方面发挥重要的作用，成为县域经济领域新的增长点。为此，笔者提出如下建议：

（一）加强组织领导，强化统筹协调

一是完善特色小镇培育，建设工作领导小组和工作联席会议制度，进一步明确政府和各部门工作职责，建立协同推进机制，落实创建特色小镇的有关镇（街道）和产业平台的主体责任。二是统筹规划，高起点规划广西特色小镇发展，确保与广西的国民经济和社会发展规划、城乡发展总体规划、土地利用总体规划、环境功能区规划等统筹衔接。[3]三是分类指导，自治区、市、县（区）三级政府和相关部门要根据广西各个特色小镇的功能定位，加强对特色小镇的分类指导。尽快选择出具有产业、文化、旅游和社区功能叠加功能

的特色小镇名单，主要以产业鲜明、生态良好、文化丰富、项目落实的小镇为主要培育对象。四是要精细化对特色小镇相关理论的调查与研究，准确把握其建设规律和方法，引进人才资源，建设专家库，发挥专业作用。五是基础设施建设方面要根据各市实际和小镇类型提出不同的条件和要求，优先考虑产业发展和公共基础设施建设要求，重点建设特色小镇的交通基础设施和公路网络，对非旅游小镇要淡化对旅游设施的要求。

（二）加强产业主导，壮大特色产业

特色小镇一定要有和它相匹配的特色产业，广西特色小镇必须加强培育和发展主导产业。一是科学确定产业发展定位。要结合各镇产业实际，加强产业发展与小镇发展的融合，促进工业化与城镇化的联动发展，实现城镇化与农业现代化的协调发展。二是要建立特色产业项目储备库。各个特色小镇培育对象要按照"一镇一库"的要求，围绕特色产业定位，进一步细化排定重点项目，加紧形成特色产业项目储备库。要抓好特色产业项目前期及项目落地的协调工作，开设绿色通道，加快项目审批，为项目实施创造良好条件。三是要多面突破，形成多元的特色产业集群。一定要依托现在的产业资源，形成规模，针对未开发的资源项目进行最大限度地挖掘、研究、提炼，努力形成精品、拔尖的特色产业。一定要紧扣产业升级趋势，孵化产生新业态、新产业，如商业贸易、休闲旅游、文化创意等。一定要借助互联网，带动特色产业链的层次提升或旅游人气的上升，使特色小镇做特、做精、做强。四是要充分利用现有自然资源和生态资源，将生态环境优势转变为产业优势和经济优势，使其成为建设特色小镇的得力推手。

（三）加强政策扶持，落实要素保障

一是在财政资金方面，整合统筹各种相关政策资金，同时设立特色小镇发展财政基金，对刚起步建设的特色小镇，按不同等级给予启动资金。对列入自治区、市级、县（区）级创建名单的特色小镇，在每年年度考核合格后，按不同等级给予奖励资金。二是在建设用地方面，要按照节约集约用地的要求建设，积极盘活存量土地和利用低丘缓坡资源，根据多规合一的要求，结合城乡规划、土地利用总体规划修编与调整，优先保障广西特色小镇建设的用地需要。三是在投融资方面，落实金融机构关于金融支持特色小镇建设的相关政策，创新特色小镇金融产品，探索特色小镇投贷联动业务。在特色小镇基础设施建设，如市政、交通、公共服务和城镇化提升等方面，灵活运用选择 PPP 模式。同时积极探索各种基金模式，设立创投基金、产业基金、发展基金，通过市场机制引入社会资本参与广西特色小镇建设。四是在人才方面，对广西特色小镇急需的高端人才、特殊人才，采取"特事特办、一事一议、一人一议"，并将整合现有各类人才资金与特色小镇发展结合起来。

（四）加强政府引导，激发市场活力

一是要按照"政府主导，企业主体，市场运作"的要求，明确特色小镇建设、运营、管理相关主体的权责利。特色小镇的责任体可以是政府及其平台公司，也可以是市场主体，还可以是政府与市场联合主体。应当根据广西各类特色小镇的实际情况，充分发挥各类责任主体的优势，合力建设特色小镇。二是广西特色小镇培育和建设一定要与农民致富、农民脱贫结合起来，要通过产业的带动发展，让特色小镇吸纳周边村镇的剩余劳动力就业，充分吸纳各镇农村留守人员、返乡农民工和大学生、失地农民和失海渔民就业创

业，带动周边区域发展，实现美丽村镇建设和扶贫目标。三是把市场机制引入小城镇建设，鼓励引导社会各类资本运用多种方式，投资小镇开发项目和特色产业项目。

（五）加强观念创新，突出建设重点

一是引导吸引投资者对广西地区特色小镇进行统一的规划开发，防止开发碎片化，造成资源浪费。二是要让特色小镇先行先试。与国家有关的改革试点项目优先申请上报、优先实施、优先进行创新突破。三是要加快建设特色小镇基础设施，着力提升发展承载力。要营造良好的社会环境，聚集人气，吸引客商投资、吸引农民回乡发展、吸引游客旅游。四是要大力挖掘和培育特色，走"人无我有，人有我强"的路子，创新特色小镇重点项目，挖掘地方特色的传统工艺文化，与现代科技相结合，形成独特的文化标识，与产业融合发展。五是要扶助建设一批科技类、职教类、国际类特色小镇，发挥科技创新、教育创新和开放创新在特色小镇建设的作用。

参考文献

[1] 徐豪. 特色小镇的内涵[J]. 商周刊，2017（7）：14-16.

[2] 徐丰超. 特色小镇的市场机遇与政策风险[J]. 中国房地产，2018（17）：49-52.

[3] 杭州市特色小镇规划建设政策解读[J]. 杭州科技，2016（2）：36-37.